Entrepreneurship
Innovation
Entrepreneurial Mind
Venturekipedia
Clean Commerce
Sustainable Enterprise Movement

Founder
Resources
Opportunity
Team
Core Attributes
Courage
Commitment

# 认 识

# NEW VENTURE CREATION
## Entrepreneurship for the 21st Century
### 10th Edition

Personal Entrepreneurial Strategy
Business Plan
Timmons Model
of the Entrepreneurial Process
Leadership
Angel Investing

Determination
Revenue Model
Private Equity
Cash Flow
Debt Capital
Family Enterprising

# 创 业 （原书第10版）

[美] 斯蒂芬·斯皮内利
（Stephen Spinelli, Jr.）

著

[美] 罗伯特·亚当斯
（Robert J. Adams, Jr.）

赵剑波 焦豪 王曦若 等译

Venture Capital
Screening Opportunity
Ethics Decision
Franchising
Entrepreneurial Finance
Corporate Finance

Harvest
IPO
Startup
Crowdfunding
Social Entrepreneurship

机械工业出版社
CHINA MACHINE PRESS

本书旨在提供创新创业理论、培养创业技能和树立创业意识。全书设计了案例研究和创业练习等，吸引读者主动探索和发现创业的关键要素，培养识别和开发利用不同创业机会所需要具备的能力、专业知识、经验、态度、资源和关系网络。除此之外，本书还通过深入解读蒂蒙斯创业过程模型，为读者认识创业提供了新思路，并让他们沉浸在关键的学习经历中，如批判性的自我评估和商业计划的制订等。本书分为5部分共18章。第1～4部分详细介绍了创业的驱动力，即商机识别、商业计划、创始人和创始团队以及资源需求；第5部分讨论了企业获得成功的战略、如何管理快速增长的企业、家族创业以及企业的收获退出等事宜。

本书适合所有创业者、有意向创业的人士以及企业管理者阅读。

Stephen Spinelli, Jr., Robert J. Adams, Jr

New Venture Creation: Entrepreneurship for the 21st Century, 10th Edition

ISBN 978-0-07-786248-8

**北京市版权局著作权合同登记　图字：01-2021-1761 号。**

## 图书在版编目（CIP）数据

认识创业：原书第 10 版 /（美）斯蒂芬·斯皮内利（Stephen Spinelli, Jr.），（美）罗伯特·亚当斯（Robert J. Adams, Jr.）著；赵剑波等译 .—北京：机械工业出版社，2023.10

书名原文：New Venture Creation: Entrepreneurship for the 21st Century, 10th Edition

ISBN 978-7-111-73978-4

I. ①认…　II. ①斯…②罗…③赵…　III. ①创业－研究　IV. ① F241.4

中国国家版本馆 CIP 数据核字（2023）第 209402 号

机械工业出版社（北京市百万庄大街 22 号　邮政编码 100037）

策划编辑：吴亚军　　　　　　责任编辑：吴亚军　李晓敏
责任校对：梁　园　张　薇　　责任印制：邹　敏
三河市宏达印刷有限公司印刷
2023 年 12 月第 1 版第 1 次印刷
170mm×230mm·39 印张·3 插页·631 千字
标准书号：ISBN 978-7-111-73978-4
定价：199.00 元

电话服务　　　　　　　　　　网络服务
客服电话：010-88361066　　　机　工　官　网：www.cmpbook.com
　　　　　010-88379833　　　机　工　官　博：weibo.com/cmp1952
　　　　　010-68326294　　　金　书　网：www.golden-book.com
封底无防伪标均为盗版　　　　机工教育服务网：www.cmpedu.com

## 致　敬

杰弗里·蒂蒙斯：教授、学者、导师、挚友

蒂蒙斯长期致力于创业教育和创业研究，被誉为
"创业教育之父"，引领了全球创业教育的方向。他相信
创业课程是一个完美的工具，可以创造更好的生活和更
好的世界。

蒂蒙斯一直致力于改善人类的生活状况，他在课
堂上和实践中对创业的贡献改变了"创业教育"这个领
域。他接纳了学者和企业家的建议，并通过与他们合作
使两者都变得更好。成千上万的学生和老师被他的研究
贡献所影响，世界因为他而变得更加美好。

　　"创业教育之父"杰弗里·蒂蒙斯（Jeffry Timmons）等所著的《认识创业》首次问世以来，先后被 *Inc.* 杂志、《成功》杂志和《华尔街日报》列为"经典"的创业学教科书，还被 *Inc.* 杂志评选为创业人士的八本"必读书"之一。在 40 多年的时间里，这本书逐渐成为美国乃至世界创业教育的框架和标准，是创业领域公认的权威教科书。美国哈佛大学、斯坦福大学、杜克大学等近千所高校和培训机构将这本书选为创业学课程的核心教材，我国清华大学、南开大学等高校和中欧国际工商学院也把这本书选为创业学课程教材。

　　作者在这本书中提出的蒂蒙斯创业过程模型（Timmons model of the entrepreneurial process）成为创业学教材的基本骨架，犹如菲利普·科特勒（Philip Kotler）的 4P 理论之于营销学教材、哈罗德·孔茨（Harold Koontz）的计划—组织—领导—控制体系之于管理学教材一样，是创业研究与教学的基础。

　　对我国创业教育来说，杰弗里·蒂蒙斯教授做出了一定的贡献。杰弗里·蒂蒙斯教授亲临南开大学，2006 年 4 月 12—14 日在"百森－南开首期中国创业教育师资研习班"上做了系统的经验分享，来自新加坡、中国大陆、中国台湾及中国香港的 65 名教师和企业家学员参加了这个研习班。这绝对是中国最早的创业师资培训课程。三天的课程，蒂蒙斯教授亲自给老师们讲解如何讲授创业课程，创业课程有什么不同，应该掌握什么样的独特方法，尤其是创业教学方法的独特性打破了传统的填鸭式教学模式。创业课程的教室是思想观点碰撞的场所（clashroom），而不是一般班级意义上的教室（classroom）；要从做中学（learning by doing），而不是死记硬背（learning by heart）；要进行有效的团队学习（team learning），而不仅仅是个人学习（individual learning）；结果是采取行动（taking action），而不是停留于记笔记（taking notes）。这是当年蒂蒙斯教授在南开大学授课课件中的内容，时至今日仍然有用。当年作为"学生"的老师早已成为中国开拓创业教育的主力，平日相聚，讨论创业教育，很自然地就会提起蒂蒙斯教授，大家对蒂蒙斯教授的感激是由衷的。

2006 年创业教育师资研习班是集体授课，蒂蒙斯教授和本书的其中一位作者斯蒂芬·斯皮内利（Stephen Spinelli，Jr.）教授是主讲教师，百森商学院亚洲中心主任、华人学者伍建民教授和清华大学高建教授也参与了此次授课。斯皮内利教授当时是百森商学院的副校长，之后离开百森商学院，2019 年回到百森商学院担任校长。蒂蒙斯教授很喜欢中国，和参加研习班的老师在互动研讨中建立了友谊，回到美国后还经常联系，解答老师们的问题，并表示希望再次来中国。不幸的是，蒂蒙斯教授于2008 年 4 月 8 日逝世，年仅 66 岁。

近些年，我国创业教育全面普及开来并得到进一步的拓展，对创新型人才培养做出了贡献。《认识创业》不断修订再版，蒂蒙斯创业过程模型犹在，内容不断更新，对中国创业教育事业来说，仍可以称得上是创业学的经典读物。

## 新著作：面向世界范围内新一代创业领袖的著作

过去 50 年，创业成为一种全球化的普遍现象，全球掀起了一场创业革命。

技术无疑在这场全球创业革命中发挥了重要作用，尤其是互联网技术。2011 年，全球互联网用户总数超过 20 亿。创业和互联网相结合，正在以惊人的速度让世界越来越扁平化，并创造了大量的机会。

在这场令人震惊的革命中，全球采用创业思维模式的企业呈现指数级增长。这种新的创业思维模式越来越重视可持续发展，现在正影响着跨国公司和非营利组织的战略。创业逻辑、价值创造、价值捕获和慈善事业的黄金时代已经到来。

## 新版本：面向这一充满不确定性和非凡机遇的时代

21 世纪，不仅是充满全球性的挑战和不确定性的时代，而且是遍布非凡机遇的时代。这些机遇来源于技术、全球通信进步，也来源于具有社会、经济和环境责任感的新创企业的发展。和过去几代人一样，新时代的创业者面临着终极和最苛刻的平衡——同时平衡婚姻、家庭、社区和新创企业永不满足的需求。

## 新指南：一本关于创业过程实践及基础的指导书

本书认为，创业是一个真实发生的过程，即开创新的企业或事业，发展它并成功地收获回报，然后重新开始。

《认识创业》是现实世界的创业实践经验和创业领域大量研究成果的结晶，旨在吸引读者主动探索和发现创业的关键要素，培养识别和开发利用不同的创业机会所需要具备的能力、专业知识、经验、态度、资源和关系网络。没有什么能代替身体力行——真正创办一家公司。除此之外，本书还可以让读者接触到许多至关重要的议题，并让他们沉浸在关键的学习经历中，比如批判性的自我评估和商业计划的制订。

令人兴奋的消息是，读者可以从别人的经验、诀窍和智慧中学习，不需要通过自己的实践就能获得知识。通过充分利用这本书中的材料——必要的分析、案例研究、创业练习——读者可以显著压缩自己的学习曲线，减少最终的风险和痛苦，并从实践经验中获得更多诀窍。

本书分为 5 部分。第 1 部分到第 4 部分详细介绍了创业的驱动力：商机识别、商业计划、创始人与创始团队以及资源需求。第 1 部分描述了全球创业革命，并提出了应对挑战和追求丰厚回报所需的思维模式。第 2 部分阐述了发现和选择真正的机会（不仅仅是一个创意）的过程，内容包括机会的筛选，创建具有高增长潜力的企业（可接受的风险和权衡），可持续进取，以及实现社会创业的机会。第 3 部分阐述了创业领袖、创业团队和个人道德。第 4 部分论述了作为一种创业工具的特许经营，以及如何进行资源整合、创业融资和筹资。第 5 部分讨论了实现成功、管理快速增长的企业以及实现收获的战略。

一旦读者了解了成功创业者的想法、行动和表现，就可以建立目标来模仿他们的行动、态度、习惯和策略。这本书旨在解决实际问题，如以下一些问题。

我真正的才能、优点和缺点是什么？我怎样才能发挥自己的才能和长处，最小化自己的弱点？我该如何判断一个机会是否不仅仅是一个好创意，它是否符合我的个人心态、能力和人生目标？为什么有些公司的销售额迅速增长到几百万美元，随后却举步维艰，只发展一种产品？抓住机会和建立业务的关键任务与障碍是什么？我需要多少钱，何时、何地以及如何以可接受的条件得到这笔钱？在整个创业过程中——从创业前期到创业初期的成长阶段，再到创业的收获阶段——我能运用什么样的融资来源、战略和机制？

要控制机会，我最少需要什么样的资源？我如何做到这一点？需要商业计划吗？如果需要，应是什么类型的？我应该如何和何时开发？我必须为哪些人创造或增加价值，以实现积极的现金流并不断发展直至实现收获？我的企业估值是多少？我该如何协商放弃什么？当一家公司的销售额从 100 万美元增长到 500 万美元，再到超过 2 500 万美元时，企业管理的关键转变是什么？

我需要预测和应对哪些陷阱、雷区和危险？我需要接触和发展哪些关系？

我知道我做什么、不知道什么、该怎么做吗？我如何制订一份个人的创业计划来获得成功所需的经验？

创业领域的时机有多关键和敏感？创业精神和创业领导力似乎被矛盾包围着：

- 模糊性和不确定性 vs. 计划性和确定性
- 创造性 vs. 规范性
- 耐心和毅力 vs. 紧迫性
- 组织和管理 vs. 灵活性
- 创新和适应性 vs. 系统性
- 风险回避 vs. 风险管理
- 短期利润与长期权益

《认识创业》的价值体现为它不仅是一本创业学的系统教科书，也是创业项目的路线图。

## 第 10 版：新视角、新案例

本书特地将新创企业在较长时间内经历的动态起伏纳入案例研究中。通过掌握创业者面临的决策难题（贯穿从创业到收获全过程），本书提供了一个广泛且丰富的视角洞察经常动荡和不可预测的创业过程的本质。

本书案例研究中创业企业应对互联网泡沫、2007 年的次贷危机和 2008 年的经济衰退的策略具有一定的参考价值。

进入 21 世纪的第二个 10 年，创业已成为各种规模的公司在全球经济竞争中的一种战略形式。我们有信心，本书对创业的研究将帮助你作为一名学生、一名创业者，以及一名在全球商业舞台上的参与者不断追求新的成功！

**斯蒂芬·斯皮内利（Stephen Spinelli，Jr.）**
邮箱：SpinelliS@PhilaU.edu
网站：www.philau.edu
**罗伯特·亚当斯（Robert J. Adams，Jr.）**
邮箱：rob.adams@mccombs.utexas.edu
网站：www.drrobadams.com

## 第 2 部分　商业机会

## 第 5 部分　启动和超越

第 1 部分

# 创始人

创业过程中最核心的要素就是创始人：他是初创企业背后所蕴含的能量、灵魂和驱动力。创始人是为迫在眉睫的市场问题寻找创新型解决方案的激情之源。

创业者需要掌握哪些技巧才能战胜困难并走向成功呢？基于以往的成功创业实践，我们能够识别出哪些创业模式可以提升创业成功的概率？本书面向的重点读者群之一就是创业者。我们会详细阐述推动创业成功或者导致失败的思维方式、态度和习惯。

我们不可能通过列出一个"失败清单"来促使创业者获得成功或者识别出创业者应该具备的特质。在本书中，我们会考察成功的创业者如何思考、如何感知、如何响应，并将这些特质当作识别成功创业者和成功创业企业的关键。有个案例可以说明这一点：

里克·亚当（Rick Adam）在 20 世纪 90 年代末通过创业进入软件领域并积累了大量财富，其实他还在通用航空领域发现了一个绝佳的创业机会。作为一名狂热的飞行爱好者，亚当深知在任何价格区间，新型飞机产品都是非常稀缺的，主要原因是设计和制造飞机必须要获得联邦航空管理局（FAA）的认证，按照现有的认证流程，一款产品推向市场的成本实在太高了。据业内资深人士估计，认证流程成本约为

2.5 亿美元，并至少要耗费 10 年的时间。尽管此前没有任何制造业经验，但亚当还是拿出数千万美元的自有资金成立了"亚当飞机公司（Adam Aircraft Inc.）"。亚当利用先进的建模技术，并将在软件开发过程中积累的经验应用于产品设计和工程实践，仅花了不到 6 000 万美元，就开发出了 A-500 型飞机——一种轻型中线推进双发活塞飞机。它仅用了 5 年时间就获得了联邦航空管理局的认证。使用相同机身结构的私人喷气式飞机 A-700 原型机仅额外多花费了 2 000 万美元便实现了首飞。到 2007 年秋天，A-700 已基本满足联邦航空管理局的认证标准，公司报告称该型喷气机的累计订单额约为 8 亿美元。里克·亚当对这项创业活动的评论如下：

当你发现一个巨大的商业机会时，你应该认真思考，如果这是一个巨大的机会，为什么其他人没有抓住它？我了解什么，或者我看到了什么别人看不到的内容？在很多时候，创业机会的出现是因为一系列事件（特别是技术）汇集到了一起，而你则在那一刻突然具备了取得成功的所有要素，时间太早或者太晚都不行。接下来，只要你是一个优秀的商人和优秀的执行者，仅需保持专注并坚持下去，你就能达到目标。

对于创业者而言，挑选与自身优缺点和创业需求互补的合伙人、关键业务伙伴和职业经理非常重要。值得注意的是，创业者需要找到正确的人，因为创业者的短板可能会成为初创公司的致命弱点，而团队力量能够弥补这些弱点，因为团队的力量总是大于个体能力的加总。

---

○ 亚当飞机公司是一家飞机制造商，成立于 1998 年，唯一的一款市场化产品就是 A-500 型飞机，A-700 并未投产，2008 年公司破产并被收购。——译者注

第 1 章

# 创业变革

## 越来越扁平化的世界

● **导 读**

"我们正处在一场静悄悄的大变革中——它是全世界人类创造精神和创业精神的胜利。我相信它对 21 世纪的影响将等同于或超过 19 世纪和 20 世纪的工业革命。"

——创业教育之父杰弗里·蒂蒙斯

创业的意义远不止创立新的企业，它是创造经济和社会流动性的唯一的、最为强大的力量。

## 全球创业革命

创业和互联网相结合，正在以惊人的速度使世界扁平化，并在此过程中孕育出蕴藏机遇的沃土，全球各国都试图在此沃土上耕种和收获。如何正确认知这场全球创业革命呢？

作为引子，我们在表 1-1 中可以看到，那些互联网领域的创业者已经将业务触角在全球范围内延伸。表中所列的卓越的互联网企业只是全球互联网经济的冰

山一角。尽管互联网正在以惊人的方式重塑世界，但全球创业精神的传播远不止
于此。可以参考以下几个案例。

表 1-1　互联网商业模式的复制与扩散

| 美国 | 掘客网（digg） | Facebook | 领英（LinkedIn） | YouTube |
|---|---|---|---|---|
| 其他国家复制与扩散的对应互联网商业模式 | | | | |
| 巴西 | Linkk (linkk.com.br) | — | — | Videolog (videolog.uol.com.br) |
| 中国 | 中国掘客 | 人人网 (renren.com) | 若邻网 (wealink.com) | 56 视频 (56.com) |
| 法国 | Scoopeo (scoopeo.com) | Skyrock (skyrock.com) | Viadeo (viadeo.com) | Dailymotion (daily-motion.com) |
| 德国 | Yigg (yigg.de) | StudiVZ (Studivz.net) | Xing (xing.com) | MyVideo (myvideo.de) |
| 印度 | Best of Indya (best-ofindya.com) | Minglebox (mingle-box.com) | Rediff Connexions (connexions.rediff.com) | Rajshri (rajshri.com) |
| 以色列 | Hadash Hot (hadash-hot.co.il) | Mekusharim (meku-sharim.co.il) | Hook (hook.co.il) | Flix (flix.co.il) |
| 墨西哥 | Enchilame (enchilame.com) | Vostu (vostu.com) | InfoJobs (infoJobs.com.mx) | BuscaTube (buscatube.com) |
| 荷兰 | eKudos (ekudos.nl) | Hyves (hyves.net) | — | Skoeps (skoeps.nl) |
| 俄罗斯 | News2 (news2.ru) | V Kontakte (vkont-akte.ru) | MoiKrug (moiKrug.ru) | Rutube (rutube.ru) |
| 南非 | Muti (muti.co.za) | — | — | MyVideo (myvideo.co.za) |
| 土耳其 | Nooluyo (nooluyo.com) | Qiraz (qiraz.com) | Cember (cember.net) | Resim ve Video (resim-video.org) |

资料来源：*Business 2.0*. ©2007 Time Inc.

**案例 1**：印度一家名为撒哈拉家庭服务的公司（Sahara House Care），通过向在美国工作的外国人提供多达 60 种可为家人购买的产品和服务，成功进入了这一市场。公司提供鲜花配送服务、房产中介服务，也提供详尽的在线商品目录，甚至还提供陪护亲人就医等服务。

**案例 2**：如果能够在 18 轮的车辆底盘上建造一个超大型房车，就可以将其改造为一个最多可容纳 44 人的移动旅馆。36 岁的西班牙人费尔南多·萨恩斯·德·特哈达（Fernando Sáenz de Tejada）就建成了这样的移动旅馆——

Hotelmovil。第一批（5 辆）这样的移动旅馆将在意大利的一家工厂里生产，售价为 50 万美元 / 辆，或以每周 8 000 美元的价格出租。

**案例 3**：在挪威，创业者扬－奥拉夫·威鲁姆斯（Jan-Olaf Willums）通过投资太阳能公司 REC 获得了巨额财富，目前他正在组织开发一种可联网、零排放的电动汽车，他称之为 Think。他与赛格威（Segway）的创始人迪恩·卡门（Dean Kamen）、谷歌创始人拉里·佩奇（Larry Page）和谢尔盖·布林（Sergey Brin），以及硅谷和欧洲的其他投资者合作，共筹集了 7 800 万美元来开展这项业务。他的愿景是：通过改变汽车制造、销售、拥有和驾驶方式，颠覆百年以来形成的基于化石燃料的汽车工业模式。

**案例 4**："任何事情在卢旺达都有可能发生"，前旧金山居民约什·鲁辛（Josh Ruxin）常常这样说。他和妻子艾莉莎（Alissa）拿出毕生积蓄 10 万美元，在卢旺达首都基加利创立了天堂咖啡（Heaven Café）。尽管这个拥有 800 万人口的非洲国家曾在 1994 年经历过种族屠杀，但现在却吸引着来自全球的旅游、电信、采矿、农业和房地产等领域的创业者来此创业。

**案例 5**：近年来，几乎所有人都意识到中国经济正在变得极具活力，中国市场上充满着创业创新机会。我们可以看看有关爆炸性增长的例子。2004 年，一篇报道中写道："中国电脑用户数量从 1999 年的 210 万增加到了 2004 年的 6 800 万，增长了约 30 倍。"预计 7 年后，用户数量可能接近 10 亿。根据大众汽车公司统计，中国 2003 年的家庭轿车年产量为 444 万辆，到 2010 年则增长到 1 300 万辆以上。从 1998 年到 2004 年，中国手机年产量从大约 1 000 万部激增到 3.5 亿部以上。2011 年，中国智能手机市场出货量约为 9 亿部。

## 创业与诺贝尔奖

《华尔街日报》2006 年 10 月 10 日的头版头条是：新晋诺贝尔奖得主对创业活动做出了精彩的论证。这位获奖者是哥伦比亚大学的埃德蒙德·S. 菲尔普斯（Edmund S. Phelps）教授。菲尔普斯教授获得诺贝尔经济学奖是对长期致力于该领域研究的学者以及对创业学科最为隆重的学术认可。

这一奖项颁发没多久，诺贝尔和平奖被授予了一位支持微型企业并创立孟加拉乡村银行（也译作格莱珉银行）的经济学家穆罕默德·尤努斯（Muhammad Yunus）。2006 年 10 月 14 日，美联社的法里德·侯赛因（Farid Hossain）在新罕布什尔州曼彻斯特写作《工会领袖》一文时谈道："'90 美元贷款'是一个简单但具有创新性的创意，它使孟加拉村民摆脱了世代延续的灾难性贫困。昨天，这个向希望通过创业摆脱贫困的穷人提供小额贷款的创意为经济学家尤努斯赢得了诺贝尔和平奖。"

短短 4 天的时间，这两项诺贝尔奖就永久性地改变了创业学作为教育和研究沃土的学术与实践意义。这将激发人们更乐于选择把创业学作为自己的研究领域。

## 推动创业革命的典范

菲尔普斯和尤努斯的成就，以及前面提到的案例，说明了充满活力的创业者及其公司是如何改变全球商业格局的。帕特·迪克森（Pat Dickson）在他为普雷格视角（Praeger Perspectives）撰写的一篇文章《走向全球化》中对相关研究进行了综述，这些研究显示出全球化是非常普遍的现象。80% 的中小企业受到了国际贸易的影响或参与了国际贸易，技术、制造和物流的进步为各种规模的公司开展国际竞争创造了机会。迪克森再次重申了托马斯·弗里德曼（Thomas Friedman）在《世界是平的》一书中提出的观点：即使那些资源有限、地域偏远的国家和企业也可以融入全球市场。该书回顾了科技和全球性事件的融合，以及这一融合对传统价值链的影响及其带来的重大变化。

美国的创业革命曾经被全球商界人士、教育工作者和政策制定者推举为典范。例如，欧盟委员会为了实现"使欧盟成为最具竞争力的经济体"这一宏大愿景，制定了下列具体目标：

- 激发创业思维。
- 鼓励更多的人成为创业者。
- 促进创业者成长并提升其竞争力。
- 改善财务状况。
- 创建一个对创业者更友好的监管和行政体系。

这些具体目标反映了美国成功推动创业革命的关键因素。欧盟委员会为实现这些目标采取了后续行动，提出了通过学校教育培养创业思维的建议。具体的行动也采纳了美国的成功经验：

- 将创业课程纳入国家的各级正规教育（从小学到大学）体系中，具体内容既可以横向拓展，也可以作为特定的专题课程。
- 培训和激励教师从事创业教育。
- 促进"做中学"项目的应用，例如通过创新工场、虚拟企业和小微公司的方式来实施。
- 让创业者和当地公司参与课程设计，并举办创业实践活动。
- 在除了经济和商科之外，高等教育体系中——特别是在理工大学——增设创业课程，并在大学的商业教育中突出创业创新的内容。

## 创业从四个方面改变了世界

创业至少从四个方面对人类的生活、工作、学习和休闲方式产生了深远影响：

- 创业是一种新的管理范式。创业思维和推理模式在充满活力、潜力更大、实力雄厚的新创企业中十分普遍，现在正融入美国企业的战略和实践中。
- 创业催生了新的教育范式。
- 创业正成为非营利组织和新兴的社会企业领域的主导模式。
- 创业正迅速超越商学院的范畴，工程、生命科学、建筑、医学、音乐、人文和 K12 教育是探索和拥抱创业的新领域。

### 新的管理范式

实际上，现在流行的每一种管理模式都可以从过去 40 年内伟大创业公司的实践中找到根源。研究者发现，那些充满活力和创造力的创始人与领导者大多来自新创企业以及高速增长的企业，而很少来自成熟的大型企业。

然而，直到 20 世纪 70 年代，学术研究和案例开发普遍关注大型企业，新创企业或规模较小的企业大多被忽视了。后来的一些最新研究成果令人耳目一新，新管理模式有时与传统模式截然不同，比如扁平化组织、创新创业、适应性变革、混沌管理、团队成就、以绩效为导向的股权激励，以及共同决策等。研究人员还发现创业企业中普遍存在一种文化和价值体系，如正直、诚实、道德、对环境和社区负责，以及公平竞争等。如今，那些试图持续重塑自我、参与全球竞争的企业所追求和认同的许多内容，都已经体现出创业所包含的许多原则、特点和概念。

商学院正在拓展与创业相关的主题和问题的研究，包括在会计、金融、营销和信息技术等传统课程中突出创业研究的重要性。作为一个细分领域，没有什么比研究新公司的诞生、成长、调整，以及它们成长过程中面临的复杂问题更令人兴奋的了。

### 新的教育范式

创业教育项目之所以能够快速设立，并吸引大量的学生参与，主要还是因为创业课堂直接邀请创业者参与，或者使用了大量的真实创业案例。这些创业者都是非常成功的企业创始人和建设者，对教育教学有着发自内心的渴望和个人天赋。学生们对令人兴奋的课堂氛围和教学质量赞不绝口。

### 新的企业领袖培育范式

创业教育已经成为一种新的教育范式，改变了在校学生学习的内容和方式。在学习和教学的基本理念、对教师角色的定位，以及学生和教师的相互关系等方面，新的教育范式与传统教育完全不同。

我们可以关注一些重要的变化。首先，创业教育以学生和机会为中心，而不是传统教育的以教师为中心。新教育范式认为专业知识、经营智慧和关键诀窍不仅仅存在于教师的大脑中，或者藏在图书馆里，或者通过谷歌搜索就可获得。创业教育反对传统的授课模式：学生们坐着、准备好笔和脑袋、被灌输知识、记住知识、重述知识并以此来获得高分，然后周而复始。与此不同，有一种更以学生为中心、强调"做中学"的理念，它更注重实践，并认为学习过程不应局限于课堂上，而是可以采用类似学徒制的模式，类似于医学院"边看、边做、边教"的教学模式。创业学院的教师更倾向于将自己视为学生的导师、教练和支持者。其次，每个人都应该承认，我们无法准确预测谁将成为下一个比尔·盖茨、史蒂夫·乔布斯或汤姆·斯坦伯格，有些人甚至连尝试的机会都没有。我们也不可能预测，在座的学生谁会成为最优秀的企业家，在课堂上提出的创意中有哪些会最终胜出。但是我们必须让学生明白，他们必须要从一个通常没有答案，甚至毫不相干的问题开始："我能成为一个优秀的企业家吗？"思考这一问题将为他们的学习生活带来一个关键转变。他们逐渐变得成熟，会思考更多相关的问题：这是一个值得追求的创新业务吗？我是如何发现它的？还有谁能够发现它？它的风险和回报是什么？我能做些什么来加以改善？

最后，学科教育、创业课程、企业培训等内容的丰富性和创造性不断提升，这才是新教育范式的核心部分和重要维度。在过去 10 年里，创业课堂作为理论、实践、思想和战略发生思维碰撞和实践交流的场所，正在成为许多学校的重要知识支柱。

### 新的非营利组织和慈善管理范式

在过去的几十年里，人们一直关注慈善活动，非营利组织已经利用创业精神和新的创业模式从零开始创建各种新型的慈善基金。在这一过程中，它们就运用了许多方法和原则将创意概念化，把创意转化为机会，组建智库，筹集资金，构建管理团队和组织机构，它们表现得就好像自己是一个新的创业企业一样。

### 能量创造效应

充满活力的教师和学生的课堂互动过程也推动着全球创业教育迅速发展，尤其在中国、印度、日本、俄罗斯、南美洲和其他东欧国家，甚至在更多的发展中国家。

第一，从其实质和性质来看，教育领域的繁荣意味着汇聚了更多具有高度创业精神的人。从历史上看，在美国和全球绝大多数校园里，创业思想家和实践者数量非常少。现在，这些富有创造力、干劲十足、坚韧不拔、充满激情的人把他们创业的思维方式、行为方式和创造方式带到了相关课堂教育、学术研究和培训机构中。他们才是推动变革的重量级人物。

第二，他们的创业抱负给大学和校园带来了新思维，他们就像是学校的主人一样思考和行动。他们有创造力、有勇气、有决心让梦想成真。他们组建团队，践行自己的主张，推动企业不断成长。他们可能不是商科的毕业生，但这并不妨碍他们成为优秀的商学院教师。正是他们的榜样作用，学生、院长和教授们才能够充满活力。

第三，即使作为导师，创业者也偏好从机会的角度思考问题。创业导师知道资本市场通常会追逐优秀团队和优良机会，所以他们就不断创造出这些团队和机会。他们一边在创业资源相对匮乏的大学校园中收集创意、筹集资金和开设课程，一边将这些创意兜售给富有的企业家或者创业基金，以为启动创业项目获得足够的资金支持。

第四，团队合作是被所有创业实践证实的基本原则，创业者与其他人（包括同事、校友和企业家）建立了强大的战略联盟。能够置身于高智商且兼具创造性的企业家中间，会令创业者感到兴奋和欣喜。这些人也总是能给其他教师和学生带来启发。

## 永远保持创业精神

在本书中，我们鼓励大胆思考。失败是整个学习过程的一部分，只有通过这一过程才能走向成功。企业会面临失败，战略可能会无效，产品可能还有缺陷，但要永远保持创业精神。对于刚刚进入创业领域的新手来说，最关键的是要少投资、多学习。

未来的路已经非常清晰，除了会计、金融、现金流管理和商业计划等基本知识以外，还有一些可以教授也可以学习的知识，例如将能力、概念和原则转化为具体的战略、战术和实践等，可以显著提高创业成功的概率。如果你参与创建一个新企业，这些都是整个创业内容和过程的核心。你需要掌握的核心命题是，如何区分好的创意和机会，如何将创意开发并塑造成机会，如何实现投入最小化并控制创业资源，以及如何节约资源和自我持续优化。

对创业者而言，即使经历了1 000次失败，创业者的思维也应该像托马斯·爱迪生那样，"那不是1 000次失败，那只是1 000种不成功的方法"，创业绝对是一个巨大的、永恒的学习难题。

## 创业精神："创新 + 创业"带来经济和慈善事业的繁荣

创业现象及其与经济增长的相关性，以及对经济增长的重要性，使得我们必须谨慎制定相关社会和经济政策。成立于 1999 年的全美创业协会发起了一项创业意识教育倡议，以帮助立法者、州政府和决策者了解创业型经济的贡献和潜力。

2001 年 6 月，有着悠久历史的美国参议院小企业协会改名为小企业和创业协会，这已经向外界传递出非常重要的信息。全美州政府协会还将创业纳入其工作日程和政策制定讨论中。

### 创造就业机会

20 多年前，麻省理工学院的研究员戴维·伯奇（David Birch）发布了一项具有里程碑意义的发现，这一发现推翻了此前所有的观点，即传统大型企业是国家经济的支柱，是创造就业机会的载体。实际上，有一位诺贝尔经济学奖得主曾因"证明"了任何经济干预和政策制定不会影响员工少于 100 人的企业经营行为而获奖。伯奇的研究结论震惊了所有研究人员、政策制定者和商界人士，他认为从 1969 年到 1976 年，那些从创业开始成长壮大的中小型企业创造了 81.5% 的新增就业岗位。此后，这种模式作为一种通用模式在经济增长的过程中一直在重复。

创业公司所创造出的就业机会在新增就业中占据很大比重（以最低 10 万美元收入为基数，连续 4 年年增长率超过 20%）。这些被戴维·伯奇称为"瞪羚企业"的企业数量只占全部企业数量的 3%，但它们却在 1994—1998 年创造了 500 万个新增就业岗位。根据美国中小企业管理局的数据，2004 年在全美 2 680 万家企业中，员工数量小于 500 人的中小企业占比为 99.9%。在过去的 10 年里，中小企业创造了 60% ~ 80% 的新增就业岗位。2010 年的统计数据显示，中小企业提供了全部新增就业岗位。回顾微软在 20 世纪 70 年代后期的创业经历，这些有关创造就业机会的新发现就不足为奇了。例如，在 1980 年，微软只有 800 万美元的营业收入和 38 名员工。到 2010 年年底，其销售额已接近 900 亿美元，员工数量超过88 000 人，总市值超过 2 550 亿美元。

我们很容易就会发现，创业企业数量的激增对就业模式造成了深远的影响。在 20 世纪 60 年代，大约 25% 的人在《财富》500 强公司工作。即使到了

1980年，这一比例也维持在20%左右。但到了2010年，这个数字急剧下降到不足9%。

### 新创企业的建立

传统创业的概念意味着要去创立新的企业。但是，在本书中你会发现，创业的意义远不止于此。创业可以说是创造经济和社会流动性的唯一的、最为强大的力量。创业只注重结果和回报，而不考虑宗教、性别、肤色、社会阶层、民族出身等其他因素，让所有人都能够追求和实现自己的梦想。

女性在创业过程中的作用尤其值得关注。让我们看看在短短一代人的时间里能够发生些什么。1970年，女性拥有的企业主要限于细分服务市场，这些企业的雇用人数不足100万。女性创办的企业数量只占所有企业数量的4%。卫士人寿保险小企业调查研究于2010年发表的一份报告曾做出预测，女性拥有的小企业就业数量占美国全部就业人口的16%；美国劳工统计局预测，到2018年的1 530万个新增就业岗位中，女性拥有的企业将能够创造其中的1/3。

在各种族裔和种族群体中也可以看到类似的趋势（见表1-2）。美国人口调查局数据显示，在2007年的企业主调查统计数据中，非裔拥有近200万家企业，这一数字比2002年的数据增加了60%以上。这一增长水平是所有美国企业平均增长率的3倍还多，也是所有少数族裔企业中增长率最高的。

表1-2 不同族裔和种族群体创业的增长趋势

| 所有者 | 拥有的公司数量/家 | | | 销售收入/十亿美元 | | | 员工人数/百万人 | | |
| --- | --- | --- | --- | --- | --- | --- | --- | --- | --- |
| | 1997 | 2002 | 增长率/% | 1997 | 2002 | 增长率/% | 1997 | 2002 | 增长率/% |
| 非裔美国人 | 780 770 | 1 197 567 | 53 | 42.7 | 88.6 | 107 | 0.7 | 0.8 | 14 |
| 西班牙裔美国人 | 1 120 000 | 1 573 600 | 41 | 114.0 | 221.9 | 95 | 1.3 | 1.5 | 15 |
| 亚裔、大洋洲裔美国人 | 785 480 | 1 133 137 | 44 | 161.0 | 331.0 | 106 | 2.2 | 2.24 | 1 |
| 本土美国人 | 187 921 | 201 387 | 7 | 22.0 | 26.8 | 22 | 0.3 | 0.19 | 37 |

2007年，西班牙裔美国人在美国50个州和哥伦比亚特区经营着230万家非农业企业，较2002年增长了43.7%。这些由西班牙裔美国人拥有的企业数量占美国所有非农业企业数量的8.3%，其就业人口数占就业人口总数的1.6%，其收入

占企业总收入的 1.1%。此外，在美国 242 766 家非农业企业当中，西班牙裔和非西班牙裔美国人拥有的企业数量比例是 50% ： 50%。

### 以创业者为榜样开始行动

统计数据表明，"自我雇用"的愿望已经深深根植于美国文化中。2004 年盖洛普民意调查数据显示，90% 的美国父母表示，如果自己的一个或多个孩子追求创业，他们会同意。青年创业组织"青年成就"（Junior Achievement）在 2006 年对 1 474 名美国初高中学生进行了问卷调查，结果显示，70.9% 的人希望在人生的某个时间点成为自我雇用者。这一数据在 2005 年是 68.6%，2004 则为 64%，一直在不断提升。全美自我雇用者协会（National Association for the Self-Employed）预测，到 2006 年年底，该协会的会员数量将从 1988 年的 10 万人增加到 25 万人左右。2004 年，《今日美国》（*USA Today*）对全美范围内的男性和女性进行了抽样调查——如果他们在未来一年内可以从事任何自己想要的工作，他们会选择什么工作？调查结果显示，创业者的形象在美国社会已经根深蒂固，有 47% 的女性和 38% 的男性表示，他们希望能够自己经营一家企业。令人惊讶的是，对于男性来说，这一比例甚至高于希望成为一名职业运动员的比例。

2006 年的一项研究表明，以创业者为榜样的年轻人更有可能在商业、学校和生活中取得更加广泛的成功。总体而言，自我雇用者的个人满意度、挑战性、自豪感和报酬水平最高。

温斯顿·丘吉尔爵士（Sir Winston Churchill）在他的著作《当英格兰沉睡时》（*While England Slept*）中写道："世界归根到底是年轻人的。"当时，他可能并没有想到新的创业一代即将出现。然而，这可以完美地描述过去 30 年里所发生的事情——20 多岁的年轻创业者们构想、创立并促进新企业发展壮大，催生了全新的行业。表 1-3 列出了几个在 20 岁左右就开始创业的超级企业家。

表 1-3  在 20 岁左右就开始创业的超级企业家

| 企业 | 创始人 | 企业 | 创始人 |
|------|--------|------|--------|
| 微软 | 比尔·盖茨和保罗·艾伦 | 捷威 | 特德·威特 |
| 网景 | 马克·安德森 | 麦克考移动电话公司 | 克雷格·麦克考 |
| 戴尔 | 迈克尔·戴尔 | 苹果电脑 | 史蒂夫·乔布斯和史蒂夫·沃兹尼亚克 |

（续）

| 企业 | 创始人 | 企业 | 创始人 |
| --- | --- | --- | --- |
| DEC | 肯·奥尔森和斯坦·奥尔森 | 联维科技 | 凯文·麦柯迪 |
| 联邦快速 | 弗雷德·史密斯 | 雅虎 | 杨致远和大卫·费罗 |
| 谷歌 | 谢尔盖·布林与拉里·佩奇 | PayPal | 马克斯·莱文 |
| 基因泰克 | 罗伯特·斯旺森 | Skype | 贾纳斯·弗里斯 |
| 宝丽来 | 爱德华·兰德 | Facebook | 马克·扎克伯格（19 岁） |
| 耐克 | 菲尔·奈特 | YouTube | 查德·赫利 |
| 莲花电脑 | 米奇·卡普尔 | MySpace | 汤姆·安德森 |

在这场全球创业革命中，还有许多不太知名的参与者，在本书中，你将了解并欣赏其中一些人的做法。例如 Globant（一家总部位于阿根廷布宜诺斯艾利斯的 IT 外包公司）的创始人马丁·米古亚（Martin Migoya）。他和他的团队在 4 年的时间里创建了一家拥有 240 多名员工的公司，销售额接近 1 200 万美元，客户遍布欧洲和美洲。他们的目标是，建立一个可以与 Infosys、IBM 和埃森哲等业内主要企业并驾齐驱的离岸 IT 外包公司。

罗珊·昆比（Roxanne Quimby）是一位与众不同并且非同凡响的创业者。在缅因州森林中的一个小农场里，她过着简朴的生活。她想到了用蜂蜡和其他天然成分研发纯天然产品的创意并创办了新公司。但她的新公司发展缓慢且不稳定。公司搬到了北卡罗来纳州之后开始蓬勃发展，最终以近 2 亿美元的价格出售。昆比回到了缅因州，用她的很大一部分财产购买了缅因州北部未开发的大片土地，她希望有一天这里能够成为联邦自然保护区的一部分。

杰克·斯塔克（Jack Stack）辍学后，一直在密苏里州斯普林菲尔德国际收割机厂的收发室和车间辛苦工作，直到 20 世纪 80 年代初，工厂宣布可能要关闭。这时他和几个同事共同筹集了 10 万美元，并从当地一家银行借了 890 万美元（使用 89：1 的杠杆率），然后以每股 10 美分的价格买下了这家工厂，试图挽救这家企业和他们自己的工作。这家工厂在倒闭时的营业收入仅为 1 000 万美元。最初的业务是在美国市场上为梅赛德斯发动机提供维修服务，后来客户扩展到 20 多家企业。最终他们成功挽救了这家濒临破产的企业，并实现了 2 亿美元的营业收入。斯塔克的《伟大的商业游戏》称得上是一部商业经典著作。

布莱恩·斯库达莫尔（Brian Scudamore）仅凭中学学历、700 美元和一辆破旧的小货车，于 1989 年创立了他的公司"1-800-GOT-JUNK？"。2006 年，公司的销售额超过 1.12 亿美元，而 2000 年只有 200 万美元。他们 2005 年在澳大利亚、2006 年在英国设立了分公司，国际扩张在一定程度上能够帮助他们到 2008 年实现营业收入再翻一番的计划。"1-800-GOT-JUNK？"是世界上最大的垃圾清除服务商之一，约有 330 家连锁服务点和 250 家加盟服务商。

韦恩·波斯塔克（Wayne Postoak）是一位年轻的美国印第安人教授，也是 20 世纪 70 年代堪萨斯州劳伦斯市哈斯卡尔印第安民族大学（以下简称"哈斯卡尔大学"）一名非常成功的篮球教练。哈斯卡尔大学是唯一面向美洲原住民的四年制国立大学，招收来自北美近 200 个部落的学生。哈斯卡尔大学还在 1995 年创办了第一个部落创业研究中心。波斯塔克的孩子们渴望进入大学和医学院学习，但他知道自己作为教师和教练的薪水负担不起孩子们的学费。于是他决定创办自己的建筑公司，该公司巅峰时期拥有 100 名员工，销售额超过 1 000 万美元。

2001 年，14 岁的希恩·贝尼克（Sean Belnick）投资了 500 美元，以客厅为场所，创办了一家办公家具直营公司。2006 年这家位于佐治亚州的公司年收入达 2 400 万美元，其业务范围已扩展到家用家具、医疗设备和学校家具。它拥有包括微软公司、《美国偶像》（*American Idol*）节目和五角大楼等在内的一些著名客户。

20 多岁的马特·科芬（Matt Coffin）在 1999 年创立了 LowerMyBills.com 网站。他的公司与超过 20 个不同类别的供应商合作，提供房屋抵押贷款、房屋净值贷款、购物贷款、债务合并贷款、信用卡、汽车贷款、保险和移动电话等服务。该公司设计了各种各样的在线创意广告，以吸引客户使用免费服务，使客户与最能满足他们需求的公司相匹配，并通过收取中介费获利。科芬是一个充满活力的激励型领导，他白手起家，精打细算，以数字化技术为管理手段，筹集了共计 1 300 万美元风险资本，同时保留了 25% 的股权，这真是个伟大的壮举。2005 年 5 月，他将公司以约 4 亿美元的价格卖给了益博睿（Experian）。

### 新行业的形成

这一代变革者已经成为新行业的创造者和领导者，而不仅仅是创建了几家卓越的企业那么简单。正是因为存在数量惊人的初创企业，涌现出了许多领先的创新者和创造者，这些企业最终往往成了新兴行业的主导企业。从表 1-3 可以明显看出这一趋势，那些创业者只有 20 岁左右，并且为数众多。表 1-4 中列举了一些新兴行业，这些新兴行业是推动经济发展的主要力量，而在以前这些行业可能根本就不存在。

表 1-4　"电子产品一代"创造出的新兴行业

| | | | |
|---|---|---|---|
| 个人电脑 | 移动通信服务 | 手持设备、PDA | 宠物照料服务 |
| 生物科技 | 光驱 | 保健产品 | 基于互联网的语音通信 |
| 无线电视 | 网络出版和购物 | 寻呼机 | 绿色建筑 |
| 快捷油箱更换服务 | 台式电脑 | CAD、CAM 技术 | 大规模的风能和太阳能发电 |
| 计算机操作系统 | 虚拟成像技术 | 语音邮件 | 电力系统 |
| 计算机桌面信息 | 食品便利店 | 科技服务 | 生物燃料和生物材料 |
| 无线网络通信 | 数字媒体和娱乐 | | |

这些新兴行业改变了经济发展方式。按照约瑟夫·熊彼特（Joseph Schumpeter）提出的"创造性破坏"的情境，这些新兴行业颠覆并替代了大部分的传统产业。戴维·伯奇的研究显示，20 世纪 60—90 年代，这种颠覆和替代的速度在不断加快，第一轮的颠覆和替代差不多用了 20 年的时间才取代了当时《财富》500 强中 35% 的公司。到 20 世纪 80 年代后期，新一轮颠覆和替代差不多 5 年就会发生一次，而到了 20 世纪 90 年代，则只需要 3～4 年。

在 21 世纪初期，Skype 最初是作为一种软件程序被开发出来的。Skype 由瑞典的尼克拉斯·曾斯特罗姆（Niklas Zennström）和贾纳斯·弗里斯（Janus Friis）共同开发，允许用户免费通过计算机网络打电话给其他 Skype 用户，也可以付费打给固定电话和手机。Skype 和网络电话（VoIP）客户端的主要区别在于，Skype 被设计成点对点模式，而不是传统通信业的"服务器 - 客户端"模式。作为一个去中心化的系统，Skype 用户数量的扩张不需要传统通信业复杂且昂贵的基础架构即可实现。

这一独特的概念很快被世界各地的消费者接受。2005 年下半年，Skype 被 eBay 以 26 亿美元的价格收购，如果 Skype 能在 2008 年或 2009 年实现财务目标，eBay 还将再支付 15 亿美元。2007 年，该公司推出了 SkypeOut 系统，允许 Skype 用户付费拨打包括手机在内的传统电话号码。到 2007 年第二季度，Skype 报告称，近 2.2 亿活跃用户共使用了 71 亿分钟的 Skype 通话时间，并使用了 13 亿分钟的 SkypeOut 通话，其第二季度总收入为 9 000 万美元。2011 年 5 月，微软宣布以超过 80 亿美元的价格收购 Skype。

一次又一次，在一个又一个行业中，创业企业的愿景、动力和创新颠覆了《财富》500 强老牌企业。相比传统巨头，资本市场更关注这些新兴企业的未来价值。以三大汽车制造商为例，它们是 20 世纪 50 年代和 60 年代的行业巨头。到 2006 年年底，三家企业的总销售额为 5 680 亿美元，拥有 92.34 万名员工，但市值仅为 928 亿美元，或者说 1 美元收入对股价的贡献只有 16 美分。英特尔、微软和谷歌三家企业 2006 年的总销售额为 962 亿美元，雇员只有 17.58 万人，但总市值为 5 176 亿美元。这是汽车行业三巨头总市值的 5.6 倍，它们 1 美元收入对股价的贡献是 5.38 美元，是汽车行业三巨头的 34 倍。

高市值几乎是每一个新兴行业的主要特征，当创业者直接与行业中的主导企业进行比较时，也是如此。2006 年，美国航空、大陆航空和达美航空共有 181 600 名员工，2006 年它们的总销售额为 541 亿美元，总市值为 154 亿美元，1 美元收入对股价的贡献约为 28 美分。相比之下，捷蓝航空、西南航空和边疆航空共有 45 400 名员工，2006 年的总销售额为 131 亿美元，总市值为 148 亿美元，1 美元收入对股价的贡献几乎是前面三家行业主导企业的 4 倍。一些企业的销售额、员工数量与市值对比数据如表 1-5 所示。

表 1-5　创业对美国新旧行业巨头的影响

| 企业名称 | 2006 年的销售额 / 十亿美元 | 2006 年的员工数量 / 千人 | 2006 年 12 月末的市值 / 十亿美元 |
|---|---|---|---|
| 福特汽车 | 162.4 | 283.0 | 14.0 |
| 通用汽车 | 198.9 | 280.0 | 17.1 |
| 戴姆勒－克莱斯勒 | 206.7 | 360.4 | 61.7 |
| **总计** | **568.0** | **923.4** | **92.8** |
| 英特尔 | 36.0 | 94.1 | 116.4 |
| 微软 | 49.6 | 71.0 | 255.1 |
| 谷歌 | 10.6 | 10.7 | 146.1 |
| **总计** | **96.2** | **175.8** | **517.6** |
| 达美航空 | 17.9 | 51.3 | 4.1 |
| 美国航空 | 22.6 | 86.6 | 7.3 |
| 大陆航空 | 13.6 | 43.7 | 4.0 |
| **总计** | **54.1** | **181.6** | **15.4** |

（续）

| 企业名称 | 2006 年的销售额 /<br>十亿美元 | 2006 年的员工数量 /<br>千人 | 2006 年 12 月末的市值 /<br>十亿美元 |
| --- | --- | --- | --- |
| 捷蓝航空 | 2.5 | 8.4 | 2.5 |
| 西南航空 | 9.4 | 32.7 | 12.0 |
| 边疆航空 | 1.2 | 4.3 | 0.3 |
| **总计** | **13.1** | **45.4** | **14.8** |

创新精神

　　创业过程的核心是创新精神。回顾美国的发展历史，从本·富兰克林到托马斯·爱迪生，再到史蒂夫·乔布斯和比尔·盖茨，历史已经表明才华横溢的创业者和创新者一直不断涌现。多年来，媒体、公众和政策制定者都认为，第二次世界大战后大企业的研发活动，以及 1957 年人造卫星发射升空后开启的太空时代，是推动美国创新的主要动力。

　　美国国家科学基金会、商务部及其他机构在 20 世纪 80 年代和 90 年代公布的研究报告令许多人都感到惊讶，与之前就业机会创造的观点类似，大企业和太空时代是美国创新动力这一判断可能不太准确。报告发现，自第二次世界大战以来，小型创业公司占据了美国国内 50% 的创新活动，以及 95% 的颠覆性创新。其他相关研究也表明，小型创业公司的研发活动比大型企业更加有效、更加稳健：小型企业每投入 1 美元研发资金，就能产生 2 倍于大型企业的创新成果；在小企业工作的科学家的创新数量是大型企业的 2 倍；与那些员工数量超过 1 万人的大企业相比，小企业 1 美元研发费用所带来的创新收入是大企业的24 倍。

　　作为美国创新经济的发展引擎，小企业创造出许多重大新发明和新技术。表 1-6 列出了其中一些主要的创新成果。

表 1-6　美国小企业的主要创新成果

| | | |
| --- | --- | --- |
| 悬挂扬声器 | 气雾罐 | 空调 |
| 飞机 | 人造皮肤 | 流水线 |
| 磁带录音机 | 自动裁剪机 | 自动传送装备 |
| 电木 | 人工合成胰岛素 | 石油催化裂化技术 |
| 连续铸造 | 棉花采摘机 | 流量计 |
| 灭火器 | 网格球形穹顶 | 陀螺仪 |

（续）

| | | |
|---|---|---|
| 人工心脏瓣膜 | 热敏传感器 | 直升机 |
| 外差无线电 | 高能计算机 | 液压制动器 |
| 机器学习 | 林克训练器 | 核磁共振 |
| 集群管理器 | 个人电脑 | 预制活动板房 |
| 压电性材料 | 宝丽来相机 | 移动电话 |
| 速冻食品 | 旋转式石油钻头 | 安全剃须刀 |
| 六轴机器人手臂 | 软性隐形眼镜 | 声呐鱼群探测仪 |
| 光谱网格 | 立体影像传感 | 拉链 |

资料来源：美国小企业管理局宣传办公室（Office of Advocacy of the U.S. Small Business Administration）。

今天，创新的步伐正在不断加快。生物科技和纳米科技的突破正在推动下一轮创新浪潮。纳米的意思是十亿分之一，所以一纳米是一米的十亿分之一或人类头发直径的八万分之一。纳米技术在生物制药、光学网络和散装物料等领域广泛使用，因而吸引了大量的研究基金和私募股权投资。

### 创业投资和成长资本

创投资金为美国创业引擎提供了动力。传统的创业投资者在很早的时候就像教练和合作伙伴一样与创业者和创新者合作，帮助构建新创企业并加速其发展。那些获得过创业资本支持而实现快速增长并获得巨大成功的公司就好像是"经济界明星"，例如苹果电脑（Apple Computer）、财捷（Intuit）、康柏电脑（Compaq Computer）、史泰博（Staples）、英特尔（Intel）、联邦快递（Federal Express）、思科（Cisco）、eBay、星巴克咖啡（Starbucks Coffee）、纳克斯泰尔通信（Nextel Communications）、瞻博网络（Juniper Networks）、雅虎（Yahoo!）、太阳微系统（Sun Microsystems）、亚马逊（Amazon.com）、基因泰克（Genentech）、谷歌（Google）、黑莓（Blackberry）、微软（Microsoft）以及其他成千上万类似的企业。一些典型的既创造了新企业又引领新行业发展的传奇投资案例如下。

**案例 1**：1957 年，美国现代创业投资之父乔治·多里奥特（George Doriot）将军与他在美国研究与发展公司（ARD）的年轻同事比尔·康格尔顿（Bill Congelton）共同出资 7 万美元，收购了由肯尼斯·奥尔森（Kenneth Olsen）带领着 4 名麻省理工学院研究生所创办的新企业 77% 的原始股。到 1971 年，他们将这些股票出售的时候，其市值已高达 3.55 亿美元。这家新企业就是数字设备公司

（Digital Equipment Corporation，DEC），它在20世纪80年代成为全球微型计算机行业的领导者。

　　**案例2**：1968年，戈登·摩尔（Gordon Moore）、罗伯特·诺伊斯（Robert Noyce）和亚瑟·洛克（Arthur Rock）三人联手，每人出资25 000美元，最终以合计250万美元的投资创立了英特尔。如今英特尔是半导体行业的领导者。

　　**案例3**：1975年，亚瑟·洛克（Arthur Rock）为了追求"改变人们生活和工作方式"的理想，投资150万美元创办了苹果电脑公司。1978年苹果上市时，这项投资总价值已经超过1亿美元。

　　**案例4**：在连续29个月亏损超过100万美元后，一家推出次日达服务的小件包裹快递创业公司终于扭亏为盈。这家公司就是联邦快递（Federal Express）。当公司上市时，原始投资为2 500万美元的公司市值已经变为12亿美元。

　　一个半世纪以来，无论太阳能资源利用方式多么创新，仍然难以对抗化石能源的成本优势。多年来，创业投资者一直在太阳能领域进行适度投资，但在2006年情况发生了变化（见图1-1），创业投资者总共投资了49项太阳能技术，合计5.9亿美元，高于上一年的41项和2.54亿美元。截至2010年，太阳能发电技术在100多个国家和地区得到广泛应用，虽然太阳能发电量只在全球所有能源发电容量中占据很小一部分，但它是世界上增长最快的发电技术。

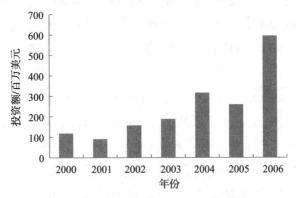

图1-1　太阳能技术领域的投资额不断飙升

资料来源：汤姆森财经数据。

注：这些统计数据只是美国风投机构对太阳能和光伏企业的投资总额。

　　近期创业投资对生物质能项目的兴趣激增也反映了这种投资趋势。生物质能项目的商业模式专注于利用植物和废品创造出廉价的化石燃料替代品，这是资本密集型投资，所需资金大约是软件初创企业平均水平的 10 倍。生物质能企业通常需要以债务融资或项目融资的形式，并需要准备高达 1 亿美元的未来发展资金。利好的一面是，生物质能领域的"埃克森美孚"（Exxon/Mobil）迟早会出现，这将会改变现有的能源利用和生产格局。

　　数据表明，超过 1/3 的美国人会使用由创投资金支持的生命科技企业生产的医疗产品或提供的医疗服务。根据环球视野（www.globalinsight.com）的数据，由创投资金支持的美国公司创造了超过 1 040 万个就业岗位和超过 2.3 万亿美元的营业收入。几乎每 10 个私营部门的工作岗位中就有 1 个来自创建时得到创投资金支持的公司。创投资金支持的企业贡献了美国近 18% 的 GDP。更为重要的是，这些岗位都是全新的工种，而且基本上都是在新兴行业领域，如表 1-6 所示。

　　创业资本投资额在 2008 年和 2009 年大幅缩水，但自 2010 年开始，天使投资的投资金额和项目数量都实现了增长。根据新罕布什尔大学创业研究中心的数据，2010 年的投资总额为 201 亿美元，比 2009 年增长了 14%。2010 年共有 61 900 家创业公司获得了天使投资，比 2009 年增长了 8.2%。2010 年活跃投资者数量为 265 400 人，较 2009 年增长了 2.3%。

　　和创业投资者类似，天使投资人给创业过程带来的不仅仅是金钱。作为成功的企业家，天使投资人为所投资的公司带来了经验、人脉、智慧和成熟度。作为董事和顾问，他们扮演着教练、密友、导师和啦啦队队长的角色。

### 慈善和领导力：回馈社会

　　鲜为人知的是，美国创业者还是慈善家和富有创造力的社区领袖，以往这一点在很大程度上被忽视了。

　　正如我们所想象的那样，当一个成功的企业家参与非营利部门工作时，这种参与也会涉及商业战略技能，如制定长期规划、组建董事会、招聘高管团队、维护和利用社会关系。这些高参与度的企业家对规模较小、数量更精简的投资伙伴有更强烈的关注和更大规模的投资，并且对他们的长期努力抱有远大的期望。

　　回馈社会是成功的企业家普遍考虑的，他们创建了多个美国领先的基金会，例如卡耐基（Carnegie）、奥林（Olin）、福特（Ford）、凯洛格（Kellogg）、礼来

（Lilly）、盖茨（Gates）和巴菲特（Buffett）。在美国的大学里，没有一座建筑、体育馆、科学或艺术中心不是依靠非常成功的企业家所创造的财富以及他们的天赋建造起来的。

## 白手起家的百万富翁

苹果电脑、联邦快递、史泰博、财捷和莲花电脑等大公司的创始人在公司上市后成为百万富翁。但这些创始人中的大多数并不为普通美国大众所熟知，也绝对不是媒体所塑造出的那种老套的富翁形象。《邻家的百万富翁》一书的作者托马斯·J. 斯坦利（Thomas J. Stanley）和威廉·D. 丹科（William D. Danko）分享了对这个群体的一些新见解：

> 我们在电视上看到的美国富人形象是不正确的：真正的富人基本上不会高调招摇，也不会浮夸浅薄。相反，他们是一群坚持不懈、纪律严明的普通人，经营着普普通通的业务。

在美国，1亿个家庭中就有310万个是百万富翁，这一数据意味着，只要保持努力工作、严格自律、未雨绸缪、勤俭节约等美德，就能积累财富。在这些百万富翁中，有2/3的人是自我雇用、白手起家的，并且仍保持着工作的习惯。他们之中超过80%的人都是普通人，他们在一代人的时间里就积累了大量财富，但仍过着量入为出的生活。比起追求社会地位，他们更喜欢经济独立。他们赚的可不是"快钱"，这些百万富翁的平均年龄是57岁。他们的业务都是些普通的生意，如救护车服务、种植柑橘、自助餐厅服务、柴油发动机改造、咨询服务、清洁服务、职业培训学校、肉类加工商、移动家庭乐园、害虫控制、新闻出版、种植水稻和喷砂处理服务等。

## 私募股权：股权创造价值的新时代

价值创造不是一个线性的过程，需要采用历史视角来理解。尽管美国的投资和资本市场推动着创业革命，但我们更需要认识到资本推动创业这个体系具有长期的韧性。

从 2001 年到 2010 年，美国的私募股权基金通过召集 1 674 家基金筹集了共 1.5 万亿美元。从规模上看，2007 年美国私募股权基金筹集了 3 250 亿美元，相当于丹麦的 GDP 总量。2005 年，私募股权融资首次突破 1 000 亿美元大关。一年后，便突破了 2 000 亿美元，再过一年又突破了 3 000 亿美元。从 2003 年到 2007 年，融资额增长了 6.7 倍，但基金数量仅增长了 2.4 倍。

## 构建一个创业导向的社会

### 脱贫致富

许多传统的社会学家和经济学家一谈及贫困问题，就会认为这是美国的社会经济阶层固化所造成的，在他们眼里好像社会阶层一定会固化一样。尽管要摆脱贫困的城市生活，沿着社会层级向上流动需要坚持不懈、自我提升和超过常人的品德约束，但这种情况在美国并非特别罕见。凯瑟琳·纽曼（Katherine Newman）在她的著作《滑道和梯子》（*Chutes and Ladders*）中描述了许多来自哈莱姆区的非裔和拉丁裔工人的财富积累与个人发展经验。哈莱姆区是纽约一个高贫困率、低社会期望的社区。尽管现实如此，但在她过去 10 年跟踪调查的员工样本中，有超过 20% 的人摆脱了贫穷。他们的坚持使他们得到了回报，获得了教育学位，提高了生活水平，找到了有福利和养老金的高薪工作。通过这样做，他们能够挣脱束缚，让自己和家人离开一个看似无望的社会和经济环境。以下是其中三位。

#### 亚当：工会之路

亚当（Adam）是霍雷肖·阿尔杰（Horatio Alger）笔下人物在现实中的原型。他在布鲁克林长大，是贫穷的非裔，他的母亲在被他的父亲抛弃后靠领取社会福利金生活。他的母亲从低薪工作开始做起，并投入大量时间在工作上，以提升生活水平，最后不再依靠福利救济。亚当在生活中坚持相同的职业操守。他在 10 年级时从高中辍学，27 岁时，申请当地一家汉堡店的一个低级别的职位还被拒绝了。他坚持不懈，靠微薄的工资生存了下来，最终在纽约市的一家受工会保护的快递公司找到了一份入门级的工作。他接受公司要求的任何轮班时间安排，还拿到了商业驾照，薪水和能力都在不断提升。

　　如今，36 岁的亚当是公司备受尊敬的资深驾驶员，年薪 7 万美元，还能享受全额福利。多年来，他多次拒绝了进入管理层的机会："公司主管经常被解雇，而我更喜欢工会的保护。"亚当受一位丝网印刷公司客户的启发，为自己创造了第二份工作，在家里经营一家 T 恤印花公司。他和妻子通过经营这家公司每年能赚到 3 万美元。这笔额外的收入至关重要，因为他现在拥有前一段婚姻中所生的两个孩子（13 岁的女孩和 6 岁的男孩）的监护权。他们在布朗克斯区租房，但他们计划在北卡罗来纳州建造自己的房子，那里离亚当家人的居住地更近一些，那里的学校也比他的孩子现在在市里上的学校好些。虽然要搬到南方，但他还会为同一家快递公司工作，新岗位依旧会是一项挑战（工资水平相当，但没有全额福利），但亚当相信他能找到解决办法。

### 海伦娜：进入管理层

　　10 年前，21 岁的多米尼加后裔海伦娜（Helena）已婚并育有一个两岁大的男孩。她的第一次就业经历是高中时在一家大型保险公司实习。实习期间她还在哈莱姆区附近的一家汉堡店兼职，后来她找到了一份保险公司初级行政助理的"真正的工作"。海伦娜立即意识到，她已经抓住了内部晋升阶梯中的较低一级，这一级别意味着可以慢慢增加工资，并相应在工作中承担更多的责任。

　　正式就业能够帮助她提升资历和技能，保障职位安全而不会失业，同时她还充分利用了公司提供的教育津贴和培训项目。在和丈夫及亲属抚养孩子并创造性地兼顾养育责任和工作安排的同时，她在纽约市立大学初等学院拿到了副学士学位，然后进入纽约城市学院攻读公共管理学士学位。这一安排对双方都有利，她的雇主有了一名技能更强、教育程度更高的员工，可以给予她晋升的机会，而海伦娜最终拥有了一份更漂亮的简历，比她必须自己承担教育成本所能获得的简历要好看得多。现在她婚姻美满且育有两个孩子，自己在保险公司担任呼叫中心经理的全职工作，包含福利的年薪超过了 6 万美元。

### 拉妮丝：创业之路

　　作为一个住在哈莱姆区的非裔美国青少年，拉妮丝（Lanice）一直在努力寻找一份稳定的工作。汉堡店不愿雇用她，她曾经工作过的几家公司要么倒闭了，要么搬走了。拉妮丝并不挑剔，她说只要有机会晋升，她愿意为任何类型的公司工作。她高中毕业后参加了一些成人教育培训。一年之内，她申请了 20 多份工作，大部分是在零售店。她所找到的每一份工作工资都很微薄，即使这样，每份工作似乎也从未持续很长时间。

凭借近乎鲁莽的自信，拉妮丝在娱乐业找到了一份工作。她的老板就像个苛刻的监工，在一年里就换掉了 17 名行政助理。但他立刻就喜欢上了拉妮丝，因为她风度优雅，学习能力强，并且特别包容，她不会因为桌上留下的一堆便笺而生气，还会在这些便笺上用大写字母和下划线记下并强调那些计划要做的事情。她在那里工作了两年，挣了 4.2 万美元，她很享受那份工作的每一分钟。

经验和成功让拉妮丝更加雄心勃勃。26 岁时，她找到了自己喜欢的工作，但她很清楚自己不想在那里度过余生。现在她有了更为宏大的计划。拉妮丝正在创办自己的公司，那是一家咨询公司，它将帮助个人、学校、小型企业筹集资金和建立网络。她已经与一家会计师事务所和一家法律服务机构建立了联系，并打算通过自己的方式（和人脉）进入大联盟。

## 创造机会平等，而不是收入平等

在关于财富和平等的辩论中，让人遗憾的是收入平等既不可取，也不可能。最重要的是，要让那些有所准备并进入市场竞争的人都能获得平等的机会。创业过程将促进经济增长，并带来社会阶层之间的流动。达拉斯联邦储备银行最近的一项研究为此提供了宝贵的见解。例如，在 20 世纪 70 年代的一项实验中，5 组加拿大籍的参与者自愿在虚拟经济状态中工作，他们都是 20 多岁，都至少受过 12 年的教育。在虚拟经济实验中，他们唯一的工作就是在小型手工织布机上制作羊毛腰带。他们可以随心所欲地安排工作时间，每根腰带可以挣到 2.5 美元。98 天之后，实验结果完全不一样，现实收入最高的那一组总共获得了全部收入的 37.2%，现实收入最低的那一组仅获得 6.6%。

## 创业促进经济和社会的流动性

美国联邦储备委员会研究报告的作者绝对会同意上面的案例，这些案例表明创业革命导致了美国经济的根本性转变。他们的数据还显示，这仍然是一个充满机遇的领域。1975—1991 年的美国家庭收入状况表明，1975 年收入最低的 1/5 人口中有相当一部分人收入有所上升，其中有 29% 的人收入上升至收入最高的阶层。就绝对增长而言，经通胀调整后的数据显示，穷人的致富速度更快。

研究得出了以下几个重要结论：自强不息不仅仅是个人美德，还播下了经济增长和技术进步的种子。不可否认的是，创业导向让一些美国人变得更富有。收入平等并不是美国经济增长和繁荣的原因。"这是机遇……美国人的文化偶像不应是普通人，而应是那些靠自己奋斗的人"。

另一份比较数据显示，1995 年占美国家庭数量 10% 的底层家庭生活水平实际上高于 1970 年的平均水平。显然，美国创业者的成功正在使创业成为一种全球化的现象。正如美国制定创业政策，并把支持创业作为优先事项一样，世界各国也紧随其后，并且在此过程中也不断促进和确保上述机会的流动性。

## ⊕ 创业练习 1-1　创建终身学习日志并拜访创业者

### 创建终身学习日志

新建一个计算机文件，或者购买一个笔记本或活页夹，在里面记录你的创业目标、成功、挫折、教训。你可以在重大事件之后记录或者定期记录。例如，你可以在危机期间写下你正在经历的事情，并在年末总结这一年的成就和下一年的目标。记录个人见解、观察和经验教训至少可以帮助你做出艰难的决定，并使你的阅读变得有趣。

### 拜访创业者

采访那些在过去 5 ～ 10 年里创办了年销售额超过 200 万美元并实现盈利的创业者，这可以帮助我们了解创业者创办和经营企业的原因、战略、方法和动机。通过访谈收集信息是一种很有价值的方法。如果你准备周全，可以从短时访谈中学到很多东西。

采访至少两名有着不同经历的创业者，比如一名是有快速成长经历和巨大成长潜力的公司的创始人，另一名则是一家"养生型"企业的创始人（这种类型的企业能让他过着舒适的生活但不会改变世界）。

**步骤一：与你选择的受访人联系并预约**

解释你为什么想要预约以及你需要多长时间。

**步骤二：确定想要询问的具体问题和信息**

使用开放式的问题组合，例如"你是怎么开始创业的？""接下来发生了什么？"也可以问更具体的问题，例如"你的创业目标是什么？""你一定要找合作伙伴吗？"这将有助于维持访谈的重点，同时允许意料之外的评论和见解。

**步骤三：进行访谈**

记录采访内容，除非你的访谈对象不同意这么做。记住，如果你是一个表现出极大兴趣的倾听者，你会学到更多。

1. 访谈设计

准备收集信息的相关问题。

（1）请谈一谈第一次创业之前你是什么想法。

- 在成长的过程中，你认识已经创办或拥有了自己企业的人吗？如果有，他们是如何影响你的？你 21 岁时曾经打算做什么？
- 你的父母、亲戚或朋友是创业者吗？他们是如何开始创业的？
- 你有学习的榜样吗？
- 你受过什么教育或有什么军旅经验？事后看来，这有帮助吗？在哪些方面有所帮助？
- 你在成长过程中做过生意吗？
- 你在创办公司之前有销售或市场营销经验吗？在你创办公司的时候，这些经验重要吗？你感觉缺乏这些经验吗？
- 你是在什么时候，在什么情况下，在谁的帮助下，对创业产生了兴趣，并学习了关于创业的一些重要经验？

（2）请描述一下你是如何决定自己创业而不是在大企业里工作的。

- 你是如何发现这个机会的？它是如何出现的？
- 你的目标是什么？你的生活方式需求或其他个人需求是什么？你是怎么把它们组合在一起的？
- 结合成功的关键因素，你如何评价这个机会？是竞争，还是市场带来的？你有想要达到的特定目标吗？
- 你找到或者有合作伙伴了吗？你做了什么计划？你有什么样的融资方式？
- 你有商业计划吗？如果有的话，能否具体谈一谈？

- 你需要多长时间把想法变成具体业务？你每天工作多少小时？

- 你需要多少资金来启动并运营业务？你的企业花了多长时间来实现正现金流和达到盈亏平衡点？如果你没有所需的足够资金，那你如何融资（以物易物、贷款等）？请谈谈初创期的生存危机和压力。

- 你得到了什么外部帮助？你有经验丰富的顾问（如律师、会计师、税务专家、专利专家等）吗？你是怎么找到他们的？花了多长时间？

- 外部顾问如何对你的公司产生影响？

- 你创办公司时的家境如何？

- 你认为你的公司具有的优势和劣势是什么？

- 你最得意的时刻是什么时候？你最糟糕的时刻是什么时候？

- 你想有合作伙伴吗？为什么想或为什么不想？

（3）当你开始创业：

- 在公司迅速发展时，最难填补的短板和最需要解决的问题是什么？

- 你是否根据特定的个人品质或态度来寻找关键合作伙伴、顾问或经理，因为你认为这些品质或态度能使他们与你相适应并帮助你的公司成功？你是如何找到具备这些特质的人的？

- 在合伙人和咨询顾问身上，你有没有想要避免的特质？

- 你的生意变得更易预测还是更难预测？

- 与早年相比，你现在花在生意上的时间是多了，还是少了？

- 你觉得现在的管理能力更强了，创业能力更弱了吗？为什么？

- 你打算维持、扩张还是出售你的企业？

- 在理想情况下，你一年想工作多少天？请解释一下为什么。

- 你打算退休吗？为什么？

- 你的目标改变了吗？你实现这些目标了吗？

- 你的家庭财富状况改变了吗？是怎样改变的？

- 你从成功和失败中学到了什么？

- 你面临的最棘手的冲突或抉择是什么（事业与个人爱好或家庭等）？

- 公司有没有过现金流枯竭的情况？如果有的话，这给你、你的企业和你的家庭带来了什么样的压力？你都做出了哪些努力？你从中学到了什么？

- 你能描述一下一次失败的创业经历吗？它是如何让你为下一次创业做好准备的？

2. 访谈总结

- 你认为什么是你最有价值的资产，能保证你获得成功？
- 如果可以重来一次，你会再次选择创业，甚至以同样的方式吗？
- 要让你的公司起步并发展到今天，需要的最关键的概念、技能、态度和知识是什么？在未来 5 年里，你最需要的概念、技能、态度和知识是什么？你大概能学到什么程度？
- 做一名创业者压力很大吗？与其他"热门职位"（大公司的领导、大型律师事务所或会计师事务所的合伙人）的工作相比如何？
- 作为一名创业者，你觉得自己有什么收获和满足？回报、风险和取舍是什么？
- 哪些人应该尝试成为创业者？哪些人不应该？
- 你会给一个有抱负的创业者什么建议？你学到的三个最重要的教训是什么？我怎样才能在成本最低的情况下学习它们呢？
- 你能给我推荐另一名创业者来访谈吗？是谁？
- 有没有我没问到的问题也可以给我提供更多宝贵的经验？

**步骤四：评估你学到了什么**

总结访谈中获得的最重要的洞察和见解，尤其要注意他们愿意选择高品质的生活方式，还是愿意成为一个高潜力的创业者。谁能够成为企业家？令你感到最惊喜的一点是什么？你对创业有什么看法？你有哪些新的见解？这对你的个人发展和职业抱负有什么影响？

**步骤五：写一封感谢信**

写一封感谢信不仅可以凸显你的礼貌，而且如果你想接着访谈，它也会让接受访谈的创业者更好地记住你。

---

### ⊕ 创业练习 1-2  创业百科全书：时间就是一切

做点无预算的研究和尽职调查

在大学里，你的学业、体育运动和其他课外活动负担过重，没有多少社交机会。

但是，任何事情都可以先分类，然后划分出优先级——必须做的事情、应该做的事情和能够拖延的事情。将分级与"二八法则"相结合（80% 的创造性工作由你最先付出 20% 的努力所完成，或者 80% 的销售额由 20% 的销售团队完成，等等），你可以通过一些有效的方法来设定目标，确定优先级，管理你的时间。这里有一个工具可以帮助你在做研究、尽职调查和其他类似任务时有效地利用时间。

### 创建你自己的"创业百科全书"

#### 步骤一：思考关键词和关键用语

在整个创业教育过程中，你需要研究不同的任务、不同的问题和不同的机会。在任何情况下，你都可以从关注关键词开始。这些词是通用的，比如创造力或新企业，也可以是更具体的，比如创业思维、机会识别、机会评估、节约型创业（bootstrapping）<sup>○</sup>、团队组建、可持续的商业机会、导师选择、商业计划、资产负债表和社会化创投。对那些能够启发你和鼓舞你的关键词语要特别敏感。

#### 步骤二：进一步扩展搜索范围

举例来说，假设你在大学毕业后接到了加入家族企业的邀请，不管是来自你的家族还是来自别人的家族。一旦确定了与家族企业和该公司所属行业相关的关键词，你就可以在维基百科中搜索这些关键词以及与业务紧密相关的短语。

#### 步骤三：进行分享和讨论

在维基百科上阅读至少一篇关于家族企业的文章，并与对该话题同样感兴趣的同学和同事分享你学到的东西。通常这篇文章会包含与该主题信息相关的其他链接列表。打开这些链接可以找到、阅读和分享至少两篇关于家族企业的其他相关文章。确定并讨论与家族企业未来发展相关的关键问题和挑战。你会创办或者加入这样的企业吗？为什么加入？在什么条件下加入？为什么不加入？你发现了哪些信息能够强化你现有的认知，或者你提出了哪些以前没有考虑过的问题？

#### 步骤四：创建网络日志

每天都记录你所获得的新知识，可以以查询网站来命名，因此我们称之为网络日志。网络日志中也可以包括其他同学所发现的网站和他们的心得体会。

---

○ 节约型创业，也称低成本创业，是一种区别于风险融资支持的创业模式，即不融资、自力更生的创业模式。——译者注

**拓展应用**

创业百科全书练习方法很容易应用到其他领域。例如，可以思考这学期或这季度你正在关注和推进的新创业机会。用这种方法做低投入的相关研究和尽职调查，你会节省时间并取得更好的效果。

## ⊕ 案例研究  映像咖啡

**引言**

映像咖啡（ImageCafé）正在与财务不确定性做斗争，小克拉伦斯·伍滕（Clarence Wooten, Jr.）面临着一个艰难的抉择。由于资金消耗率已经接近每个月 5 万美元，累计 71 万美元的过桥贷款与天使投资人仍然无法使企业实现盈亏平衡。正当他在为新一轮 300 万美元的融资努力时，一家总部位于弗吉尼亚的互联网公司——Network Solutions 公司开始与伍滕就收购事宜进行商谈。

他是应该将映像咖啡出售给 Network Solutions 公司，还是承担破产的风险去努力实现融资并争取更高的收益呢？如果他决定出售企业，那么合适的价格是多少？显然时间并不站在他这边。

**小克拉伦斯·伍滕**

小克拉伦斯·伍滕曾有一个典型的童年梦想：成为富翁。然而他的童年早期却并不是那么具有典型性。伍滕对电子游戏很着迷，在一个圣诞节，他说服父母为他购买了一套雅达利（Atari）游戏机。伍滕很快就发现游戏卡带太贵了，他根本就买不起。有一天，一个朋友告诉他，以康懋达 64 为代表的家用电脑使用的是磁盘，而不是磁带。空白磁盘可以从原版的磁盘中复制游戏内容，从而避免支付购买游戏卡带所需的费用。伍滕还了解到，如果拥有了电脑，就可以通过传统的电话线、调制解调器和 BBS 下载游戏。BBS 服务器是一台 24 小时运行的计算机，这样人们就可以登录这个网站并从中下载文件。在第二年的圣诞节，伍滕说服他的父母为他购买了一台配备有调制解调器的康懋达 64 家用电脑。

从 12 岁开始，伍滕放学回到家的第一时间就坐在电脑前，一直玩到午夜时分他的父母让他去睡觉为止。他沉迷于电脑世界，沉迷于下载最新的游戏，直到他 14 岁那一年，他的父母认为有必要对他进行干预。父母禁止他使用电脑，并将电脑锁在了橱柜中，长达 3 个月的时间都不让他碰一下。他回忆道："他们是如此冷酷无情，就如同把一个黑客送到监狱中。但正是因为有这样的经历和背景，我一直都很精通电脑。"

**成长期**

伍滕是独生子，在他十几岁的时候，他的父母都已经成为独立的创业者。因此，家庭的收入取决于他父母生意的成功与否。伍滕一家在巴尔的摩市区有一处住所，当市场行情好的时候，他们会把这处房屋出租，并在郊区租房住；当市场行情不太好时，他们就会搬回城里住。

家庭住址频繁地在巴尔的摩市区和郊区换来换去使伍滕总共转了 8 次学，家庭地址、学校和同学的不断变换给伍滕带来了很多困扰。然而，这种生活方式使他总是能够很快适应不同的环境。伍滕还将创造财富的动机归功于这种混乱的生活，他不希望自己长大了还像父母一样，被收入的微小波动折腾得疲惫不堪。

**暗夜传说般的创业经历**

在巴尔的摩郊区，伍滕成为"破解小组"的一员。伍滕和其他成员化名为"考兹王"（King Kaoz），用电脑破解电子游戏的复制保护功能，以便于复制。他的父母不知道的是，伍滕已经成为高手如林的计算机黑客群体中的"精英"。"精英"一词指的是在一款新游戏发布后 24 小时内成功破解或获得破解版本的人。伍滕表示，他更感兴趣的是破解游戏，而不是真去玩游戏，破解过程是一场竞技比赛。凭借着他的电脑技术和智慧，他开始认为没有什么事是他做不到的。

磁盘很容易被复制，但是软件公司开始在磁盘上写入代码以保护版权。这正是伍滕和他的团队的切入点。这个小组是一个团队，每个人在程序的复制过程中都需要执行一项任务。一些有钱的同学在游戏发行之初就购买这个软件；破解者能够消除软件的复制保护功能，然后在游戏中添加"破解小组"的简介；伍滕作为发行者将游戏发布在虚拟的 BBS 社区，然后这个软件被分发给世界各地的黑客们。在 BBS 公告板上分销盗版软件仍旧绕不开传输和下载软件时因为拨号上网所产生的电话费。成为"精英"的"入学考试"之一就是自学，因为黑客从来不会将他们的技巧告诉其他人。伍滕解释说：

最终我用我的电脑试着运行我自己设计的 BBS 社区——Kastle Kaoz，并昼夜不停地连接着电话线，以便人们可以登录。如果你是"精英"，那我会给你访问权限，这样你就可以下载所有最新的游戏。世界上只有 15 ~ 20 个人可以访问我的 BBS，如果你有访问能力，那么你就像一个"造物主"。我们团队至少在 6 个月的时间内是康懋达 64 的使用群体中最大的用户，所以当你回想起来的时候，这就像是一个企业，就像是《财富》500 强榜单上的一个企业。

### 大学时代：从建筑学到计算机制图

1990 年，18 岁的伍滕想进入大学学习建筑学。一些为他提供篮球专业奖学金的学校也有著名的建筑学专业。伍滕认为学习建筑学可以满足他的创作欲望，但是他不得不将专业选择限制在那些能为他提供奖学金的项目上。伍滕获得最佳奖学金后，决定去马里兰州的卡顿斯维尔社区学院学习。在那里，他在篮球课和建筑学课程之间不断平衡着自己的时间，同时也在决定他最终转入哪所大学。

20 世纪 80 年代末和 90 年代初的经济衰退使很多人失业，他们重返学校以获取更具有市场价值的专业能力。伍滕认识了很多专业建筑师，他们回到教室学习最新的计算机辅助设计（CAD）。伍滕了解到，建筑师通常要在 40 岁左右才会有体面的收入，并开始创办自己的公司。这引起了他对建筑学专业的怀疑，因为他选择职业的标准就是希望在少于平均水平的时间内取得高于平均水平的财务回报。他想起了自己儿时在一个朋友家中参加派对时的经历，"宴席筹备"的真实含义使他感到震惊，以前他并不知道厨房工作居然如此烦琐。在那个看似富裕的社区中，每个家庭中的爸爸都是在某种程度上相当成功的企业家，妈妈们大都是家庭主妇。

当还在参加建筑学课程学习时，伍滕就向 *CADalyst* 杂志举办的一项竞赛提交了一个计算机程序源代码。在这项竞赛中他获得了第一名，凭借制作的三维建筑立体动画获得了 *AutoDesk Caddie Image* 奖。伍滕的 CAD 应用和动画制作技术水平逐渐超过了他的老师。因此，在他还是学生的时候，学院让他负责一门动画课程的教学，他也接受了。

### 创业 1：视觉设计公司

在 20 岁的伍滕还只是卡顿斯维尔社区学院的学生时，他就利用他的 CAD 技术和动画制作能力创建了一家公司——视觉设计公司（Envision Design）。伍滕的想法是为建筑师提供制作三维立体动画的程序，就像他在 *CADalyst* 杂志竞赛中获奖的那款软件一样。

伍滕认为公司主要是与建筑模型制造企业竞争，建筑师仍在使用泡沫和纸板按比例制作建筑模型。一些建筑公司愿意为这种模型支付 1 万～ 5 万美元。他决定按照建筑模型市场价格来定价，并对一个完整的三维动画程序收取 1 万～ 2 万美元的费用。他试图通过给从巴尔的摩到华盛顿特区的电话簿上的每一家小型建筑公司写信来吸引客户。遗憾的是，视觉设计公司失败了。在与一家小公司完成一份付款合同后，它只能草草收场。

### 从头再来：从中吸取的经验教训

尽管视觉设计公司失败了，但伍滕还是希望继续制作动画。为此，他试图学习更多关于特效制作和电影动画的知识，最终了解到他还需要学习如何使用最新的并只能在硅图计算机（Silicon Graphics Computers，SGI）上运行的高端计算机动画软件。马里兰大学（巴尔的摩校区）正在建造一座配有 SGI 计算机的最先进的计算机科学大楼，于是伍滕转学到了那里。在马里兰大学（巴尔的摩校区），电脑动画师佩吉·索瑟兰（Peggy Southerland）负责管理这所大学的影像研究中心，她曾三次获得艾美奖。伍滕不断向索瑟兰提出问题并寻求职业生涯的建议，最终她给了他一个实习机会。

## 创业 2：形变工作室

伍滕利用他对 SGI 动画软件的了解，与安德烈·福特（Andre Forde）一起创办了他的第二家公司"形变工作室"（Metamorphosis Studios）。伍滕和福特在一次聚会上相遇，当时伍滕无意中听到一群大学生（包括福特）正在谈论 SGI 软件。

形变工作室专注于特效制作和多媒体演示，该工作室使用基于个人电脑的动画和创作软件包进行制作，因其创始人买不起高端的硅图计算机。该工作室开发了各种媒体的演示文稿和电子手册，包括软盘、CD-ROM 和触摸屏。形变工作室的第一个客户宾瓦（Bingwa）是一家 K12 教育软件公司，它们签订了为期一年的服务合同。合同要求形变工作室在一年的时间内每个月开发一款软件产品，共 12 款，每个年级（1 ～ 12 年级）分别一款。形变工作室可以从每款产品中获得 3 万美元的报酬，到年底总共能够获得 36 万美元。但是在为 1 年级和 2 年级的软件产品支付了 6 万美元后，宾瓦要求伍滕和福特搬迁到新泽西州的普林斯顿，并敦促他们成为宾瓦的雇员。

虽然他们将得到 8 万美元的年薪待遇，但他们还是拒绝了。他们知道自己要去做更大的事。

**"换挡"**

在与宾瓦合作之后，伍滕决定从服务导向转向产品导向。他想绕过在与宾瓦这样的客户打交道时出现的付款和承诺问题。伍滕认为一味地向客户提供服务是不可靠的。

当伍滕和福特考虑下一步行动时，他们得出的结论是，他们最大的失败点就是缺乏专注力和对特定任务或目标的奉献精神。多媒体技术给了他们太多的选择。要想成功，他们必须选择"最"正确的产品和理念，从始至终、心无旁骛地进行开发。

伍滕和福特面临的另一个问题是，形变工作室在新产品开发周期内不会有现金流收入。在这种情况下，似乎缺乏足够多的资金来支撑这个新项目，尤其是对于年轻的非裔美国创业者来说。从传统观点来看，非裔美国人创业者往往比白人创业者更容易陷入低成本创业模式所遭遇的投资困境，因为他们更难获得成长资本。伍滕认为社会、文化、种族等级制度和偏见是造成高加索地区投资者人数过多，以及非裔美国创业者能够获得的成长资本数额偏小的罪魁祸首。尽管伍滕能理解这些投资者的风险规避心理，但他觉得结果是非常不幸的。尽管有这样的看法，但伍滕依然没有退缩。一旦确定了下一次创业的想法和目标市场，伍滕和福特就以 2 万美元的价格出售了形变工作室及其所有资产。

**再次回到学校**

伍滕对成功创业者及其创业故事相当着迷，并尽可能地去了解他们的生活和所经历的一切。他发现弗雷德·史密斯（Fred Smith）、雷金纳德·刘易斯（Reginald Lewis）和比尔·盖茨（Bill Gates）的故事特别具有启发性。伍滕意识到，这些成功创业者身上存在的共同点是，他们都懂金融。基于此，他将专业换成了工商管理和金融，并进入约翰斯·霍普金斯大学就读。伍滕知道，要成为一名成功的创业者，无论他在计算机技术方面多有创意，都需要对金融有更深入的了解。除了金融知识，伍滕还想知道如何扩大和发展业务，这两个核心是伍滕认为的取得成功的必要条件。伍滕于 1998 年获得了商学学士学位。

自 1995 年起，互联网行业开始以指数级速度增长。即使是缺乏资源聘请专业网页设计公司的小企业也需要在线服务。创建网站对伍滕和福特来说似乎是一件自然而然的事。事实上，这也是他们最擅长的。而且伍滕知道如何让为公司创建网站成为一种产品，而不是一种服务。这一次，他相信他们有足够的知识和专注力去取得成功。

### 创业 3：映像咖啡

伍滕开始迷上网站。据行业分析师预测，1996 年全世界大约有 8 万个网站，到 2001 年大约有 5 000 万个网站。网站追踪和分析公司 Netcraft 在 2014 年 3 月通过对网络服务器的调查发现，活跃的网站有 9.195 亿个。

伍滕认为，一家公司可以通过两种方式建设自己的网站：一种是聘请一家专门的网页设计公司，费用大概从 3 000 美元到 6 000 美元不等；另一种是使用相对便宜的软件程序来设计自己的网站。伍滕指出两种方式都存在问题。形变工作室的创业经验告诉他，小企业支付不起网页设计公司的全套服务费用，自己设计则存在着一个陡峭的学习曲线，需要具备很强的创造力才能采用。如果没有足够的技术能力和艺术水平，结果往往是网站显得很廉价且不专业。伍滕看到小企业对他的创新产品存在明确的需求。他知道自己可以满足其中的一些需求，于是在 1998 年年初创立了映像咖啡。

伍滕希望能够为小企业创建出全球第一个出售预制网站的在线大型超市。凭借丰富的软件知识和高超的艺术水平，映像咖啡可以设计网站模板，能够模仿那些完全由专门的网页设计公司所设计的定制网站。伍滕将这些模板称为"可定制的网站大师"，他觉得这个关键词应该很有市场前景。通过预制"网站大师"，映像咖啡在不牺牲网站外观的前提下降低了成本。网站设计模板成为一种可以快速复制的产品，从而使之免于成为一种服务。映像咖啡将通过在线超市向客户提供网站模板。客户可以注册一个账户，登录后购买一个网站模板，然后就可以使用映像咖啡的在线网站管理器工具轻松地进行定制化设计。伍滕说：

小企业是很难应付的客户，因为它们想拥有整个世界，但它们又不愿意为此付出代价。企业经营者认为网站就像电话一样必不可少。他们无法想象没有电话进行经营的状况，他们对网站也持同样的看法。

对于预制网站模板，映像咖啡将收取低于 500 美元的费用，如果网站是专门定制的，成本会高一些。对于小企业来说，这具有不可思议的价值。伍滕的口号是"只需 500 元，就像 500 强"。映像咖啡发现并解决了导致之前两家公司倒闭的陷阱。伍滕了解这个市场，他专注于自己熟悉且能做得最好的事情，并按计划从服务过渡到产品业务。

**寻找资本**

一旦伍滕彻底考虑清楚了映像咖啡的理念和经营模式，下一步就是为它筹集足够的资金。近期，伍滕阅读了《烧钱速度》（*The Burn Rate*）一书，其中提到了硅谷的WSGR 律师事务所。伍滕认为成为 WSGR 律师事务所的客户将有助于获得筹集资金所需的信誉背书。

伍滕阅读了 WSGR 网站上的律师简介，挑选了四名与他年龄相近的合作者，希望能将他们与他的目标联系起来。他给他们发了电子邮件，称他已经创建了一家位于东海岸的电子商务公司，不仅在寻找位于硅谷的法律代表，还在寻找风险投资资金。

伍滕引起了律师迈克·阿灵顿（Mike Arrington）的注意。在阅读了映像咖啡的运营模式摘要并查看了网站的原型之后，阿灵顿认为伍滕和福特肯定能够获得风投资金。几天之后，伍滕和福特就有了专职的 WSGR 的法律服务代表。伍滕已经谈妥了总额为 4 万美元的一套法律服务方案，但是如果映像咖啡无法获得资金支持，这笔费用可以被取消。

**对资本的不懈追求**

从此，映像咖啡开始了对资本的追求。伍滕认为，他需要会见其他可能有兴趣并支持他达成目标的企业家或个人。其中一位是德韦恩·沃克（Dwayne Walker），一位带着股票期权、渊博的技术知识和创办 Techwave 的愿望从微软离职的员工。正如伍滕所说："他是一个筹集了 1 000 万美元的非裔美国人，这使他成为我需要去会见的人。"在与沃克保持一段时间的通话后，伍滕最终来到沃克的家乡西雅图与其会面。会面结束后，沃克宣布他想成为映像咖啡的第一位天使投资人。

这次会面有两个意外。首先，沃克想在西雅图地区孵化映像咖啡。伍滕和福特雇用了两个人兼职负责后台程序，他们同意在筹集到资金后，能够以股票或现金的形式获得 3 万美元的报酬。当沃克提出要约时，映像咖啡的在线超市建设进度已完成60%；在关键的最后时刻，伍滕觉得迁到西雅图将使他无法安置整个团队。其次，50万美元的天使资金将按照网站建设进度以每笔 2 万美元的形式支付给映像咖啡。伍滕和福特听到后拒绝了这一建议，在道谢后与沃克分道扬镳。

### 继续前进

WSGR 为伍滕和硅谷的风险投资公司牵线搭桥，举行了几次会议。在等待飞往西海岸的航班时，伍滕想起读到过的一篇关于非裔美国人厄尔·格雷夫斯（Earl Graves）的报道，格雷夫斯之所以获得百事可乐瓶装产品的特许经营权，一部分原因是他与一位百事可乐的高管一起坐在头等舱相邻的两个座位上。伍滕说服一位空姐朋友帮助他升舱，然后发现自己坐在波士顿罗伯逊·史蒂文森银行的负责人比尔·丹尼尔斯（Bill Daniels）旁边。伍滕回忆说："在整整 6 个小时里，这个听众被我迷住了，我说了我为什么要去硅谷，我要去见谁。我给他看了商业计划书。"当飞机着陆时，丹尼尔斯已经成为第一个真正对伍滕感兴趣的天使投资人。

从硅谷回来后不久，伍滕决定向他的家人和朋友筹集数十万美元。事实证明，向亲朋好友筹资绝对是一项挑战。然而，他的女朋友（现在的妻子）把他的商业计划发给了她的表妹，她的表妹在为新泽西州的一位医生桑尼·斯特恩（Sonny Stern）工作。斯特恩在风险投资领域已经有很多年的经验，原来是比尔·丹尼尔斯的客户，正是伍滕在硅谷之行中遇到的那位比尔·丹尼尔斯。斯特恩在与丹尼尔斯商议并派伍滕去纽约会见其他潜在投资者之后，决定与丹尼尔斯一起在新一轮天使投资中领投。伍滕让 WSGR 事务所也参加了这轮投资。

伍滕希望能够以 300 万美元的估值为基准，获得 30 万美元的资本金，这意味着他将放弃公司 10% 的股份。事实上，映像咖啡从 10 位天使投资人那里只获得了 11 万美元，但伍滕却付出了 11% 的公司股权。伍滕感到失望，他本来希望可以获得更多资金。

1998 年 12 月，网站建设与产品开发工作完成了 70%，但 11 万美元却远远不够维持下一步发展。带着一点酸酸的味道，伍滕回忆说："我当时已经有了一个产品原型，还有一个不错的计划。我从硅谷跑到硅巷一直在筹集资金。我认为 300 万美元的估值是非常合理的，但是我却抓不住也拿不到。"

1999 年 4 月，映像咖啡的网站建成并准备启动，但是伍滕和福特已经没有资金了。映像咖啡一经推出，就受到了媒体足够的关注，吸引了新的潜在投资者，这使伍滕能以过桥贷款的形式，从公司现有的投资者那里获得 15 万美元的额外贷款。在第一轮风险投资结束时，这笔贷款将以小幅折价的方法转换为股份。伍滕预计将能从一家或多家风险投资公司那里以 1 000 万美元的估值募集到 300 万美元。

在 15 万美元到手之前，伍滕就已经找到了一个大客户。最大的互联网服务提供商（ISP）之一 Mindspring 同意在伍滕和福特完成映像咖啡的产品设计之前就承诺使用这些产品。要知道那时他们只有一个半成品，而完成产品设计计划需要数百万美元。伍滕回忆道：

我们想利用已有的渠道，即互联网服务提供商。它们有很多小企业客户。我们总体上允许它们使用联合品牌，创建属于它们自己的子品牌，我称其为虚拟特许经营权，即它们自己的映像咖啡超级商店，例如 Mindspring、Earthlink、AOL 的映像咖啡。这对它们来说是件好事，因为这让它们可以获得更多的服务器托管业务。它们想托管网站，我们想出售网站以及我们的网站管理器。我确定我们不会涉足托管业务，因为我不想让我们的渠道分裂。这是一个非常美妙的商业模式。

不过，映像咖啡仍没有获得他们所需的资金。虽然伍滕和福特已经花光了 26 万美元（最初 11 万美元的股权投资加上 15 万美元的过桥贷款），但是他们还是成功推出了这款产品，并吸引了大量客户。

在与 Mindspring 交易的同时，伍滕也在寻求与 Network Solutions 公司的合作，后者几乎垄断了所有互联网域名。伍滕认为 Network Solutions 公司将是映像咖啡最完美的分销渠道。数以百万计的人在 Network Solutions 公司的"信用卡在手"平台上购买域名，然后下一步自然是建立（或购买）一个网站。因为映像咖啡提供的是一种购物体验，而不是一种建设体验，所以 Network Solutions 公司可以将映像咖啡添加到其购买流程中。一旦小企业客户购买了域名，也可以购买映像咖啡的网站定制产品。伍滕回忆说："这并没有损害它们的销售渠道，因为它们的域名经销商大多是网络服务提供商。因此，我们还可以帮助到它们的顶级经销商，让那些购买了映像咖啡网站设计的客户将托管业务委托给这些经销商。"

伍滕会见了 Network Solutions 公司的新任 CEO 吉姆·鲁特（Jim Rutt）。他喜欢映像咖啡，并认为它是 Network Solutions 公司业务的完美扩展。

### 产品步入正轨，但是资金不足

1999 年 6 月，映像咖啡再次面临资金短缺问题。几个月来，伍滕一直在努力安排他认为最完美的一轮融资，并让两家风险投资公司和 Network Solutions 公司组成主要投资者。以 1 000 万美元估值为基准，伍滕希望从每位投资者那里获得 100 万美元，即融资总额为 300 万美元。一家公司认为估值过高。随着谈判的进行，另一家公司同意先向映像咖啡贷款 15 万美元。尽管伍滕愿意以 50 万美元的股权认购权证让交易条件更加丰厚，但是由于估值问题，谈判仍在缓慢继续。

在估值讨论期间，Network Solutions 公司提出了一个潜在价值为 2 100 万美元的收购要约：1/3 的现金、1/3 的股票、1/3 的盈利分红。伍滕拥有映像咖啡的大部分股份，这一出价显然意味着一笔巨大的收入。但是交易有一个障碍。伍滕从风险资本那里得到的最后一笔过桥贷款附有一个为期 90 天的排他条款。眼下资金不足，而且要到 9 月才能出售公司，于是伍滕来到了一家名为中大西洋风险投资（Mid Atlantic Venture，MAV）的公司，该公司一直对投资感兴趣。

映像咖啡拥有 20 多名员工，每月 5 万美元的资金消耗率，资金减少得很快。尽管对此十分感兴趣，但 MAV 在完成尽职调查之前无法进行投资。与此同时，了解到伍滕迫切的资金需求，MAV 向他推荐了两位新的天使投资人，他们同意向他提供 30 万美元过桥贷款并以 600 万美元的估值提供股权认证，这至少可以让映像咖啡度过整个夏天。伍滕深深地记得，"我花费了这么多时间和精力试图完成这一轮既成功又完美的融资，我想要 1 000 万美元的估值，而在一个周日下午，我最终出于现实需要放弃了这一轮融资"。

到了 9 月，公司又一次出现资金短缺，伍滕需要做出一个艰难的决定：为了实现映像咖啡的收支平衡，他现在应该出售还是获得更多的资金来继续战斗？

第 2 章

# 创业思维

## 制定个人的创业战略

● 导 读

*"如果你不知何去何从，那么请沿着路一直走。"*

*——《绿野仙踪》*

任何人都可以成为创业者？

创业者是无法培养的，是天生的？

创业者是为了赚钱？

创业者都是赌徒？

创业者单打独斗不需要"伙伴"？

## 创业者都是优秀的领导者

在 21 世纪，创业者不仅存在于初创企业之中，而且存在于诸如西南航空、谷歌或通用电气等大公司内部。今天，创业代表着一种战略形式，而不再局限于公司规模的概念。

在任何环境下，卓有成效的创业者都是能自我激励又精力充沛的领导者，他们能容忍模糊性，分散风险，善于将技术商业化，同时注重创新，善于发现并把握机会，能够通过整合多元资源来创造新市场，应对不可避免的竞争。

## 创业者的特质

许多分析人类行为的方法在创业研究领域有着借鉴意义。有关创业行为的心理动机方面的学术研究现在已经被普遍接受。这些研究认为人们的行为主要受到三种基本需求的激励：成就需求、权力需求和归属需求。

- 成就需求是有关追求卓越并取得可衡量的个人成就的需要。
- 权力需求是通过影响他人来实现目标的需要。
- 归属需求是与他人建立关系的需要。

这里的关键问题是，只有那些有远大抱负、为了实现长期目标而日复一日坚持工作的创业者才会创建一家成功的企业。完全受金钱激励的创业者通常不可能创建真正具有巨大价值的企业。

如表 2-1 所示，学术界一直在努力刻画创业者的特质。从我们自己的研究和经验来看，成功的创业者往往拥有一些基本素质：敏感性、韧性，以及抓住新机会的适应能力。创业者具有"使事情得以发生"的能力，同时也有投资新技术的意愿，更为重要的是，在这期间，他们还能一直保持着专业的态度和高度的耐心。现有研究表明，享受创业过程、对创业有兴趣，以及将创业视为一种生活方式等观念相当重要。麦肯锡咨询的一项研究表明，对于那些中等规模的成长型企业（销售额为 0.25 亿～ 1 亿美元，年销售额或利润增长率连续 5 年增长超过 15%），成功的首席执行官具备三项特质：坚持不懈、善于建设、敢于承担风险。

表 2-1　学术界对创业者特质的研究

| 年份 | 研究者 | 创业者的特质 |
| --- | --- | --- |
| 1848 | 米尔（Mill） | 风险承担能力 |
| 1917 | 韦伯（Weber） | 正式权威的来源 |

（续）

| 年份 | 研究者 | 创业者的特质 |
| --- | --- | --- |
| 1934 | 熊彼特（Schumpeter） | 创新，主动性 |
| 1954 | 萨顿（Sutton） | 责任意识 |
| 1959 | 哈特曼（Hartman） | 正式权威的来源 |
| 1961 | 麦克利兰（McClelland） | 风险承担能力，对于获得成功的需求 |
| 1963 | 戴维斯（Davids） | 雄心，独立意识，责任感，自信 |
| 1964 | 皮克尔（Pickle） | 内驱力，人际关系，沟通能力，技术知识 |
| 1971 | 帕尔默（Palmer） | 风险衡量 |
| 1971 | 霍纳迪与阿邦德（Hornaday and Aboud） | 对于获得成功的需求，权威，侵略性，权力，组织认可，创造性或独立性 |
| 1973 | 温特（Winter） | 权力需求 |
| 1974 | 布兰德（Borland） | 内部权力核心 |
| 1982 | 卡森（Casson） | 风险，创新，权力，权威 |
| 1985 | 加特纳（Gartner） | 变革与权威 |
| 1987 | 贝格莱与博伊德（Begley and Boyd） | 风险承担能力，对模糊性的容忍能力 |
| 1988 | 卡尔德（Caird） | 内驱力 |
| 1998 | 罗珀（Roper） | 权力和权威 |
| 2000 | 托马斯和穆勒（Thomas and Mueller） | 风险，权力，内部控制核心，创新 |
| 2001 | 李和曾（Lee and Tsang） | 内部控制核心 |

## 创业思想的汇聚

### 应具备且能养成的态度、习惯和行为

所有成功的企业家都有着充沛的精力和过人的智慧。越来越多的证据表明，创业者一方面具有一些天生的个人特质，另一方面也有一些能在学习和成长过程中经过不断训练而形成的素养。相关研究发现存在三种有利于创业成功的特质：①对挑战和错误的积极反应；②个人主动性；③坚持不懈与毅力。

#### 新的研究视角

普拉格丛书（*Praeger Perspectives*）是自 2007 年起连续出版的三部系列丛

书，这三个系列分别从个人、过程和地点三个视角研究创业。该丛书汇集了一些世界顶尖学者对创业领域的见解。我们在本书中大量引用了丛书中的研究成果。

丛书第一卷是《个人》，将创业视为一种广泛意义上的个人行为，并讨论了认知、经济、社会和制度等因素对于创业行为的影响。为什么一个人要创业？个体如何制定创业决策？在个体做出创业相关决策时，社会和经济环境因素发挥什么作用？制度因素重要吗？在创业时，诸如外来移民和女性等特殊创业群体会面临一些特殊问题吗？

丛书第二卷是《过程》，聚焦于新企业的创建过程，重点关注这一过程中的一些关键步骤，包括创意产生、机会筛选、团队组建、资源获取、成长管理、市场扩张等。这一卷的研究成果表明，我们在创业过程方面的研究已经取得了相当大的进步。

丛书第三卷是《地点》，主要讨论的是影响创业者和创业过程的一系列情境化因素，这些因素更加宽泛、更加多元。这一卷中的相关研究从国家和社区层面、从经济到社会视角考察了公共政策与创业支持体系对于创业的影响。

我们还参考和引用了斯蒂芬·科夫斯基（Stefan Kwiatkowski）教授和纳瓦兹·谢里夫（Nawaz Sharif）教授的研究成果，他们是 *Knowledge Café* 系列丛书中《智力创业和勇敢行动》栏目的编辑。本书参考的是斯蒂芬·科夫斯基教授编写的第 5 版，在这一版中，一些研究在创业思维方面——特别是与创造新的知识产权和知识型创新企业相关的创业思维方面——提出了新的见解。

## 七大主题

学术界对七大主题达成了共识，如表 2-2 和图 2-1 所示。

表 2-2　七大主题应该具备并且可以培养的创业态度与行为

| 主题 | 态度与行为 |
| --- | --- |
| 承诺和决心 | ·顽强和果断，能快速做出承诺或再承诺<br>·坚持不懈解决问题，严格自律<br>·愿意做出自我牺牲<br>·完全追随使命 |

（续）

| 主题 | 态度与行为 |
|---|---|
| 勇气 | · 道德力量<br>· 勇于尝试<br>· 不畏冲突和失败<br>· 对风险具有强烈的好奇心 |
| 领导力 | · 积极主动，严格要求但不是完美主义者<br>· 团队建设者，英雄塑造者，激励他人<br>· 推己及人，富有同理心<br>· 与所有共同创造财富的人分享财富<br>· 诚实可信，建立信任，注重公平<br>· 不是孤军奋战，卓越的学习者和老师<br>· 既有耐心，又有紧迫感 |
| 对机会的痴迷 | · 塑造机会的领导力<br>· 熟知客户的需求与痛点<br>· 市场驱动<br>· 着迷于价值创造和增长 |
| 对风险、模糊性和不确定性的容忍能力 | · 承担权衡过的风险<br>· 风险最小化<br>· 风险分散<br>· 善于处理两难困境和冲突<br>· 能容忍不确定性和结构性缺陷<br>· 能承受压力和冲突<br>· 能解决问题并整合解决方案 |
| 创造力、自我依赖和适应能力 | · 不墨守成规，开放，横向思维（直升机思维）<br>· 不安于现状<br>· 能够调整、适应和改变，创造性的问题解决者<br>· 快速学习，无畏失败<br>· 善于总结归纳，提炼概念，注重细节 |
| 追求卓越的动机 | · 目标和结果导向，目标高远但不脱离实际<br>· 追求成就和成长<br>· 对地位和权力的需求较低<br>· 相互支持（非相互竞争）<br>· 了解自己的弱点和优点<br>· 具有看问题的不同视角，富有幽默感 |

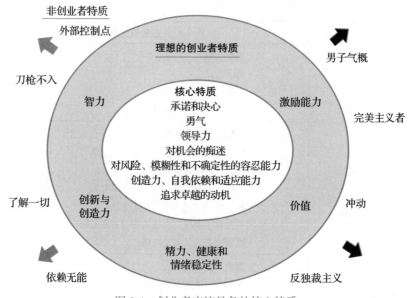

图 2-1　创业者应该具备的核心特质

### 承诺和决心

在七大主题中，承诺和决心是最重要的创业特质。拥有承诺和决心的创业者能克服难以置信的困难，同时这也能在很大程度上弥补其他弱点。

大学毕业16年后，马里奥·里奇尔德利（Mario Ricciardelli）创立了一家面向学生群体的旅行社。他忍受着捉襟见肘的生活，遭遇了无数挫折，甚至数次濒临破产。里奇尔德利和其创业伙伴杰奎·刘易斯（Jacqui Lewis）说服陷入困境的母公司拿出部分股票以并购这家陷入现金流危机的在线旅游网站。由于缺少足够的资金，该网站无法在其他业务领域扩张。到了2003年，这个互联网创业团队将其资源重新聚焦于打造最具综合性、最令人激动的在线春假旅游项目。通过将全部注意力集中于这一细分市场，该网站得以大幅度提高其预订率和盈利能力。在在线旅游网站实现独立经营的第一季度，它创造了接近100万美元的现金流。到2004年年初，随着在线预订量同比实现100%的增长，创业团队决定寻找一个买家。90天后，这家名为"学生城"（StudentCity.com）的在线旅游网站被欧洲一家市值高达50亿欧元的旅游公司"度假首选"收购，里奇尔德利和刘易斯进入了美国百万富翁的行列。如今，里奇尔德利经营管理着该旅游公司的一个分支机构，年营业收入上亿美元。

几乎所有的创业企业都需要创业者全身心投入。几乎无一例外的是，创业者生活在巨大、持续的压力之下——首先他们需要保证企业度过创业初期，然后保证企业能继续存活，最后还要推动企业不断成长。创业者需要把时间、情感和忠诚优先分配给创业企业。因此，承诺和决心通常意味着需要创业者做出个人牺牲。创业者的承诺可以用多种方式来衡量，例如，是否愿意将其大部分的净资产投资于创业企业，是否愿意因拥有创业企业的部分股权而降薪，以及是否愿意在其他生活方式和家庭环境方面做出牺牲。

### 勇气

斯蒂芬·科夫斯基教授和纳瓦兹·谢里夫教授做出的研究认为，勇气是构成创业者特质的重要维度。

在《到底怎么样，让我们试一下》一文中，斯蒂芬·科夫斯基断言，勇气不是由于缺乏特定的信息而产生的盲目勇敢，也不是因错觉而产生的胆量。相反，勇气源自广博的知识、经验和正直的品质。为了证明自己的观点，科夫斯基在谷歌上搜索了"必须具备的核心素质"和"创业"两组词的组合。表 2-3 列出了这一检索的结果，同时还列出了 2005 年 3 月进行的其他两项检索的结果。

表 2-3　网络搜索"创业""必须具备的核心素质"的结果

| 蒂蒙斯 / 斯皮内利主题词 | 谷歌搜索 | EBSCO 数据库 | ProQuest 数据库 |
| --- | --- | --- | --- |
| 承诺 | 534 000 | 151 | 7 042 |
| 勇气 | 81 000 | 10 | 647 |
| 领导力 | 1 200 000 | 377 | 7 230 |
| 抓住机会的能力 | 9 010 | 1 | 0 |
| 对机会的痴迷 | 14 000 | 0 | 0 |
| 风险承受能力 | 57 600 | 4 | 53 |
| 适应能力 | 50 400 | 21 | 688 |
| 成就 | 370 000 | 192 | 4 169 |

资料来源：S. Kwiatkowski and N.M.Sharif. *Knowledge Café for Intellectual Entrepreneurship and Courage to Act*. (Warsaw, Poland: Publishing house of Leon Kozminsky Academy of Entrepreneurship and Management, 2005), p. 231.

注："对机会的痴迷"不属于蒂蒙斯 / 斯皮内利的主题。

随着对创业思维研究的深入，我们认为，勇气应该在七大主题中排第二位。勇气至少包括三个重要方面：第一，道德力量和纪律，这意味着个人的性格、明辨是非的正直品格，以及采取相应行动的意志和承诺。第二，做一个勇敢的试验者。勇敢意味着对传统的反叛和对现状的挑战。这种持续的努力将因勇气的第三个方面而得到加强。第三，无畏于试验失败以及可能随之发生的冲突。换句话说，勇气就是一种坚韧不拔的精神，难以被恐惧所影响，但也不是对可能的后果浑然不知或简单地漠视。

## 领导力

成功的创业者通常掌握着大量与他们将要参与竞争的市场有关的专业知识，拥有良好的综合管理技能和丰富的从业经验。

从根本上看，成功的创业企业具有三个明确的维度：创业领导者、创业团队和外部环境影响，如表 2-4 所示。这三个维度如同"三驾马车"，每个维度都代表了一组成功因素。"三驾马车"在创业者的愿景和梦想驱动下驶向成功。

表 2-4    创业领导力的范式

| 创业领导者 | |
| --- | --- |
| 自我意识 | 具有现实主义者的态度，而不是自以为全知全能 |
| 性情诚实 | 值得信赖：一诺千金，说到做到，承认有所不知 |
| 领跑者 | 精力充沛，富有紧迫感 |
| 勇气 | 能做出艰难的决定：制定宏大目标并为之拼搏 |
| 沟通技能 | 能与创业团队、市场和其他机构进行有效的沟通 |
| **创业团队** | |
| 组织风格 | 创业领导者和创业团队将各自的技能融合在一起，从而在共同参与的环境中实现合作 |
| 伦理行为 | 严格遵守商业道德 |
| 忠诚 | 始终履行或超越所承诺的责任与义务 |
| 专注 | 对长期的创业战略目标保持专注，但允许战术方式的多样性 |
| 绩效 / 回报 | 建立较高的绩效标准，卓越的绩效能得到公平公正的回报 |
| 适应能力 | 能对快速变化的产品或技术周期做出反应 |
| **外部环境影响** | |
| 利益相关者的需求 | 满足组织的需求，同时满足企业所服务的其他群体的利益 |
| 以往经验 | 能够运用以前的丰富经验 |
| 咨询指导 | 寻求和利用他人的能力 |
| 问题解决 | 出现新问题能够快速解决或优先考虑 |

（续）

| 外部环境影响 | |
| --- | --- |
| 价值创造 | 高度重视为投资者、客户、员工和其他利益相关者创造长期价值 |
| 技能重点 | 市场技能比技术技能更重要 |

资料来源：A.J. Grant. " The Development of an Entrepreneurial Leadership Paradigm for Enhancing Venture Capital Success," *Frontiers of Entrepreneurship Research*: *1992*, ed. J.A. Hornaday et al. Babson Park, MA: Babson College, 1992.

成功的创业者不需要经过正式授权，也具有影响他人的综合能力，并且善于解决冲突。要经营好一家创业企业，创业者需要学会与许多不同的客户、供应商、财务支持者、债权人、合作伙伴以及其他相关人员打交道。在企业内部环境中，这一关键特质就是"英雄塑造者"——为企业培养成功的创业式经理人。这些经理人具有处理人际关系的能力，善于协调各人员之间的意见分歧，把他们的注意力集中到要实现的共同目标上来。

## 对机会的痴迷

成功的创业者会持续关注市场机会，而不仅仅关注金钱、资源、关系及其他要素。创业者的信条是首先考虑机会，最后才是金钱。创业者会一次又一次地创立新公司，即使已经创办了一家非常成功的企业，他们也会创办另一家新企业。他们拥有所有人梦寐以求的金钱和物质财富，就像艺术家、科学家、运动员、音乐家一样，他们为新的发现而奋斗。

经济型航空公司捷蓝航空（JetBlue）的创始人大卫·尼勒曼（David Neeleman）。几年前，尼勒曼在莫里斯航空（后被西南航空收购）发明了第一张电子机票。1998 年，他为一家新航空公司制定了独特的愿景，并与自己长期的支持者及朋友——来自 Weston-Presidio 基金的合伙人迈克尔·拉扎鲁斯（Michael Lazarus）共进晚餐。拉扎鲁斯问道："为什么你会想到开办一家新的航空公司？你看到了什么重大机遇？"尼勒曼回答道："我不过是想让人们能飞到他们想去的地方！"这是一个简单而又聪明的创意，在那些大型航空公司盘根错节的机场枢纽系统里，别人眼中只有行业进入壁垒，他却看到了巨大的机会。

### 对风险、模糊性和不确定性的容忍能力

成功的创业者不是赌徒，他们承担风险前会进行精心测算。一项研究发现，虽然创业者会规避风险，但是他们会通过对未来的清晰认识和乐观态度保持勇气。成功的创业者会将压力促进绩效的积极效应最大化，同时将疲惫和挫折带来的消极效应最小化。有两项研究表明，无论其所创立的企业成功与否，与职业经理人相比，创业者的满意度相对较高，但面临着更大的压力与紧迫感。

### 创造力、自我依赖和适应能力

创业企业面临着高度的不确定性和快速变化的外部环境，这意味着企业必须具备快速反应能力。最成功的创业团队往往能专注于单一目标并具有良好的执行能力，同时在面临市场和环境的变动时，他们需要有足够的灵活性来进行及时的调整。此外，创业者通常不惧怕失败，相反，他们更专注于走向成功。

### 追求卓越的动机

成功的创业者都是自我驱动者，他们在很大程度上受到内在的强烈竞争意识和实现挑战性目标的愿望所推动。这种对取得个人成就的需求可以追溯到麦克利兰的激励理论和阿特金森关于动机的开创性研究，现在已经成为创业文献中相当成熟的理论。最优秀的企业家对自身和合作伙伴的优势与劣势，以及周围的竞争环境都保持着敏锐的认知。

## 行动导向的创业思维

成功的创业者如何思考？他们做了些什么？他们如何创建新企业？通过理解这些成功创业者的态度、行为、管理能力和技能，我们就能归纳出用于指导实际行动的标杆实践做法。表 2-5 说明了机会在创业过程中的重要性。

表 2-5　机会来源和机会类型的数量（和比例）

| 机会的来源 | 创业者 | 非创业者 |
| --- | --- | --- |
| 之前的工作 | 67（58.3%） | 13（48.2%） |
| 之前的职业 | 36 | 6 |
| 之前的咨询工作 | 11 | 4 |
| 之前的行业 | 20 | 2 |

（续）

| 机会的来源 | 创业者 | 非创业者 |
|---|---|---|
| 社会网络 | 25（21.7%） | 8（29.6%） |
| 社会关系 | 7 | 6 |
| 商业关系 | 18 | 2 |
| 类比思维 | 13（11.3%） | 6（22.2%） |
| 合作伙伴 | 10（8.7%） | —— |

| 机会的类型 | 创业者 | 非创业者 |
|---|---|---|
| 利基市场的扩张或需求未被满足的利基市场 | 29（25.2%） | 7（29.2%） |
| 顾客需求 | 34（29.6%） | 6（25.0%） |
| 拥有公司的需求 | 6（5.2%） | 1（4.2%） |
| 更好的技术 | 46（40.0%） | 10（41.7%） |

资料来源：Zietsma, Charlene, "Opportunity Knocks——Or Does it Hide? An Examination of the Role of Opportunity Recognition in Entrepreneurship." In *Frontiers of Entrepreneurship Research*: *1999*, eds. P.D.Reynolds et al. Babson Park, MA: Babson College.

注：人数等于样本中分配给每个类别的总人数。括号中的数字等于调查总数的百分比。

　　成功创业者的人格类型相当宽泛，有关创业者的研究主要集中于基因、家庭、教育和职业经验等因素。研究表明，创业者并非因天生特质而获得成功的，而是因一系列后天习得的技能而实现卓越的。正如百森商学院的一位教授所言："不要过度强调性格这类因素的重要性，即使它确实存在一定的影响。"

　　"没有证据表明世界上存在着完美的创业者特质。成功的创业者既可以是与人相处融洽的，也可以是永远保持低调的；既可以是分析型的，也可以是直觉型的；既可以是富有魅力的，也可以是沉闷乏味的；既可以是专注细节型的，也可以是不拘小节型的；既可以是民主型的，也可以是控制型的。创业者所真正需要的是通过某些关键方法推动有效执行的能力。"那些成功的创业者就反复谈及这种能力。例如，有两位著名的创业者就具备这种坚定的承诺和毅力。以经营巧克力曲奇闻名的威利·阿莫斯（Wally Amos）说："你可以做任何你想做到的事。"约翰逊出版社的创始人也说："你需要让自己走出困境，设法满足消费者的需求，并且永远不要接受'不行'的回答。"

　　虽然管理者的技能和创业者的技能存在重合，但管理者更多的是资源驱动型的，而创业者则往往是机会驱动型的，如图 2-2 所示。

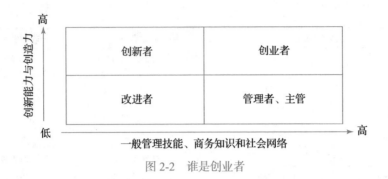

图 2-2 谁是创业者

## 创业见习期

### 塑造和管理见习期

如果你观察任何一位成功的创业者，你会发现他至少在相关领域积累了 10 年的经验。那些更成功的创业者在创立自己的公司之前，就已经开始为雇主赚钱了。如下面的案例：

- 苹果公司的创始人史蒂夫·乔布斯和史蒂夫·沃兹尼亚克是计算机发烧友。他们在 20 岁左右创立苹果公司时，已经积累了相当丰富的行业经验。
- 当约翰·克鲁格聘用保罗·托宾创办 Cellular One 时，托宾没有一点手机行业方面的经验，但他曾在商业卫星公司从事了 6 年的营销工作，并且之前曾经用 5 年的时间创建了自己的公司。
- 杰夫·帕克曾在三家大型投资银行从事了 10 年的债券交易业务，并在那里学到了计算机技术。他利用这些技术为债券交易员编写程序。帕克利用自己在债券交易行业的经验和计算机技术上的优势，以 10 万美元的资金创办了技术数据公司（Technical Data Corporation）。几年以后，帕克以 2 000 万美元的价格将公司出售给了德励公司（Telerate）。

### 见习期：获取大量的实践经验

越来越多的关于创业者和自由职业者的职业路径研究表明，经验和诀窍是创业成功的关键。除此之外，获取和处理信息并采取相应的行动仍然至关重要。有证据表明，成功与事先准备和周密的计划息息相关。这就是需要获得大量实践经验的意义所在。

另一项研究也发现，创业者相信创意并尝试新创意的观点是机会识别最重要的组成部分，这种观点会决定企业最终是失败还是成功。

## 榜样的力量

大量研究表明，榜样的存在与创业者的出现之间有着密切的联系。例如，早期的一项研究显示，超过半数的创业者，其父母都拥有自己的企业。同样地，在那些创办了科技企业的麻省理工学院毕业生中，有 70% 的人的父母是创业者。

## 神话与现实

**神话 1**：创业者是天生的，不是后天培养的。

**现实**：虽然创业者天生就具备一定的天赋、创造力和活力，但这些天赋本身就像未成型的黏土或未绘制的画布。一个创业者的诞生需要积累相关的技能、知识、经验以及多年的人脉，其中还包括大量的自我修炼。形成能够预见并追求一个创业机会的创造力，至少需要 10 年的经验。

**神话 2**：任何人都可以创业。

**现实**：那些能认识到创意和机会之间的差异，以及格局足够大的创业者才有更大的成功概率。从某种程度上说，运气也是必要的，但是机会是留给有准备的人的。开办公司是很容易的，而维持生存、持续经营以及让创始人有所回报才是最困难的部分。也许只有 1/20 ～ 1/10 的创业企业能够存活超过 5 年，并给创始人带来丰厚的投资收益。

**神话 3**：创业者都是赌徒。

**现实**：成功的创业者在承担风险时是非常谨慎的，会精心测算风险的大小。他们试图通过与他人分担风险、尽量避免风险或将风险最小化，以提高成功的概率。他们经常把风险分成更小、更易承受的部分，然后再投入时间和资源。他们不会有意去承担更多的风险以及不必要的风险，但也不会去规避不可避免的风险。

**神话 4**：创业者只想表现自己。

**现实**：创业者拥有并掌控整个创业过程，实际上是给企业增长设置了一个上限。单打独斗的创业者通常只能维持简单的生计。通过一个人的努力来发展一个具有高潜力的企业是极其困难的。具有高潜力的创业者通常会组建团队，完善组织架构，从而推动企业成长。此外，百分之百的"无"还是"无"，所以创业者要努力与别人一起把"馅饼"做大，而不是仅仅占有最大的一块馅饼。

**神话5**：创业者是自己的老板，并且是完全独立的。

**现实**：现实中的创业者绝对不是独立的，他们必须服务于许多利益相关者，包括合作伙伴、投资人、客户、供应商、债权人、雇员、家庭成员以及那些履行社会责任和社区义务的人。然而，创业者具有选择回应对象、回应时间和回应方式的自由。此外，单凭一己之力打造一个销售额在100万～200万美元的企业是极其困难和罕见的。

**神话6**：创业者比大公司的职业经理人工作时间更长、更努力。

**现实**：没有证据表明所有的创业者都比职业经理人工作更繁忙。有些创业者工作时间长，有些人则不是，有些人甚至比职业经理人的工作时间更短。

**神话7**：创业者承受着巨大的压力，他们付出了高昂的代价。

**现实**：创业者往往承受很大的压力，但没有证据表明创业者比其他许多高要求的职业角色更有压力。相反，创业者对自己的工作满意度很高，他们有很强的成就感，比那些打工者更健康，更不轻易退休。在数量上，计划永不退休的创业者是职业经理人的3倍。

**神话8**：一旦创业失败，再次创业就不可能获得投资。

**现实**：真正的创业者（有才华、经验丰富的创业者）由于追求有吸引力的机会，能够吸引合适的人、必要的资金和其他资源来推动创业走向成功，所以他们往往是成功的创业者。更多的情况是，创业失败了，但创业者不会失败。失败的经验往往是锻炼创业者的烈火，让他们不断积累经验，变得更加精明。

**神话9**：资金是创业最重要的资源。

**现实**：如果有其他方面的资源和天赋，资金自然就会随之而来，但这并不意味着，如果一个创业者有足够的资金，他就会成功，资金是创业成功最不重要的因素。资金对于创业者就像油漆和刷子对于艺术家一样，是一种惰性工具，它们要在合适的人手中才能创造奇迹。

**神话10**：创业者应该是年轻且精力充沛的人。

**现实**：尽管这些特质有助于创业，但年龄并不是障碍。创业者创业的平均年龄在 35 岁，但 60 多岁创业的例子也不胜枚举。创业的关键是要掌握相关的专业知识、行业经验和人脉，这些都能极大地促进对机会的识别和追求。

**神话 11**：创业者的创业动机仅仅是追求万能的金钱。

**现实**：在现实生活中，立志创立高潜力企业的创业者更多地受创办企业和实现长期资本收益的驱动，而不是通过获得高额的工资和福利来及时行乐。个人成就感、掌控自己的命运、实现自己的愿景和梦想也是强大的动力，金钱被视为一种工具和一种评价方式，而不是目的本身。创业者在一次又一次的努力和精神激励的过程中不断成长。此外，即使一个创业者已经赚到了几百万美元或者更多，他还是会为了一个新的愿景而努力，再去创办一家新企业。

**神话 12**：创业者追求权力和对他人的控制。

**现实**：在现实中，成功的创业者受到责任、成就和结果的驱动，而不是为了权力本身。他们依靠成就感和战胜对手来获得成长，而不是通过支配和控制他人来表达对权力的需求。成就可能会给他们带来权力和影响力，但这些都是创业过程的副产品，而不是其背后的动力。

**神话 13**：如果一个创业者很有才华，那么他在一两年后就能成功。

**现实**：风险投资业流传一句格言，"柠檬"（失败）两年半就可以成熟，但"珍珠"（成功）则需要七八年。鲜有创业者能在三四年内便奠定扎实的成长根基。

**神话 14**：任何拥有一个好创意的创业者，都能获得风险资本。

**现实**：在拥有好的创意、寻找风险投资的创业者中，只有 1% ～ 3% 的人能获得投资。

**神话 15**：如果一个创业者有足够的启动资金，他就不会错失机会。

**现实**：事实往往正好相反。也就是说，一开始投入太多的钱往往会让人精神亢奋，产生"溺爱儿童综合征"（spoil-child syndrome）。随之而来的是缺乏控制的冲动性消费，这通常会导致严重的问题和失败。

**神话 16**：创业者往往特立独行，缺少和他人共事的能力。

**现实**：最成功的创业者是那些能与同事、董事、投资者、关键客户、关键供应商等建立良好团队和有效关系的领导者。

**神话 17**：除非你的 SAT 或 GMAT 成绩名列前茅，否则你永远不会成为一名成功的创业者。

**现实：**创业智商是创造力、动机、正直、领导力、团队建设、分析能力以及处理模糊性和逆境能力的独特组合。

以上列出了有关创业者经久不衰的 17 个神话以及经研究证实的现实。研究表明，90% 的创业者会选择在他们工作过的市场、技术或行业中进行创业。而其他一些研究则发现，创业者往往有学习的榜样、8 ～ 10 年的行业经验以及良好的教育背景。而且，成功的创业者似乎在产品、市场和跨职能管理领域都拥有丰富的经验。研究还显示，大多数成功的创业者在 30 多岁时就开始创业，其中一项针对波士顿 128 号公路（Route 128）两旁的高科技公司创始人的研究显示，这些创业者的平均年龄为 40 岁。

## 成功创业者聚焦哪些问题

贯穿全书的有关年轻创业者的案例都是真实的，包括一些我们过去教过的学生。当你创业时，也将同样面临这些有抱负的创业者在逐梦时曾面临的情况。这些案例将帮助你解决创业时会遇到的概念、实践、财务和个人问题。本书将提升你创业成功的概率，它将引导你把注意力集中在那些最重要的问题上，以及为之寻找答案的过程中，这些问题包括：

- 创业意味着什么？
- 机会与创意的区别是什么？
- 什么是适合我自己的最佳机会？
- 为什么有些公司的销售额在一开始时能够迅速增长到几百万美元，后来却步履蹒跚，没有发展成为多元化的企业集团？
- 在抓住机会和创建企业时，关键任务和障碍分别是什么？
- 我需要多少钱？何时、何地、如何才能得到这些钱？
- 我有哪些融资渠道？我可以使用哪些融资策略和机制？
- 我的最小资源需求是多少？
- 我的冒险值得吗？我该如何做出放弃的选择？

- 当一家公司的销售额从 100 万美元增长到 500 万美元，再从 500 万美元增长到 2 500 万美元时，创业管理的关键转变是什么？
- 对于 21 世纪的创业者以及互联网、清洁技术和纳米科学等产业而言，商业格局发生了怎样的变化？
- 我需要发展怎样的人际关系和社会网络？

毋庸置疑，我们可以显著改善学生的创业决策质量，同时提高他们想做的事与特定机会之间的匹配度。这些选择往往会引导他们走向创业或受雇于新兴的、可持续发展的公司，包括那些能认识到"创业战略是 21 世纪成功的关键"的企业。其他人则会在金融机构或者专业服务公司里谋职，这些企业都是创业生态系统的一部分，例如风投机构、私募基金、投资银行、商业银行和咨询公司。

## ⊕ 创业练习 2-1　创业者自我评估和创业战略制定

制定个人创业战略就像制订商业计划一样，过程和规则是关键，这些过程和规则能帮助人们评估自己所做的选择，帮助人们做出决定和采取行动，而不是仅仅让一切发生。树立长期的方向和目标具有强大的激励作用，它还可以帮助创业者决定何时说"不"（这要比说"是"难得多），以及如何驯服自己的冲动，不断围绕战略目标前行。这些事情很重要，因为今天的选择将成为明天的历史。

虽然个人创业战略是无价的，但我们尚不能盖棺定论。它可以而且会随着时间改变。为创业生涯制定个人创业战略的过程是非常个性化的，从某种意义上说，这是一个自我选择的过程。

制定个人创业战略的原因与制订商业计划的原因类似（参见第 7 章）。其中，进行规划有助于创业者管理未来的风险和不确定性，帮助他们更努力、更聪明地工作，保持他们的前瞻性，通过与他人共同检验他们的想法和方法来帮助他们开发和提出更敏锐的战略，帮助他们缓和自己的怒气，使他们更加注重结果导向，帮助他们有效地管理和应对这个本质上充满着压力的角色。

也有不进行规划的理由，如计划一旦完成就会过时等，具体我们将在第 7 章中讨论。没有人知道明天会发生什么，所以拥抱不确定性是危险的。谨慎、焦虑的人可能会发现制定个人目标会带来额外的压力和对失败的恐惧。此外，计划可能会将未来或未知的选择排除在外，而这些选择可能比计划更有吸引力。

专注于一个职业导向型的目标可能为时过早，尤其是对于那些没有太多实际经验的年轻创业者而言。对于强迫型和痴迷型的竞争者或成功者来说，设置这样的目标可能会火上浇油。一些无法控制的事件和环境因素可能会推动或破坏看起来最为周密的计划。

个人计划失败的原因与商业计划的一样。当人们不能立即投入工作，或在从活动导向型的行为转变为目标导向型的行为方面存在困难时，他们可能会感到沮丧。其他问题包括：根据任务而不是目标来制订计划（如提升绩效），以及在制订计划时没有预见到障碍，缺少关键时间点或反思等。

### 自我评估的概念框架

图 2-3 展示了一个名为"乔哈里窗口"（Johari Window）的概念框架，可用于帮助创业者实施自我评估的过程。根据这一概念框架，关于自我（即个人）的信息来源主要有两个：一个是自己，另一个是他人。同时，一个人可以从三个角度去学习和了解自我。

| | 为创业者和创业团队所熟知 | 创业者和创业团队了解甚少 |
| --- | --- | --- |
| 为潜在的投资者和利益相关者所熟知 | 区域1：熟悉区域（你的所见即所得） | 区域2：盲区（我们不清楚自己不了解什么，但你们知道） |
| 潜在的投资者和利益相关者了解甚少 | 区域3：隐藏区域（未被共享的，你们不知道我们在做什么，但是在你们发现前，交易不会发生） | 区域4：未知区域（没有企业是确定的或没有风险的） |

图 2-3  "乔哈里窗口"概念框架

资料来源：J.McIntyre, I.M.Rubin, and D.A.Kolb, *Organizational Psychology*: *Experiential Approach*, 2nd ed., © 1974.

自我评估是件困难的事，因为获得反馈信息本身就是困难的，而接受反馈信息并从反馈信息中获益更是难上加难。因为每个人都有一个参考系、价值观（它们会影响第一印象）等方面的框架，所以想要获得无偏见的他人评价几乎是不可能的。此外，在大多数社交场合下，人们所呈现出来的自我形象是他们想要保留和受到保护的形象，而行为规范禁止他人挑战这些形象，即使对这些形象的描述并不准确。

自我评估的第一步是通过观察自己的想法和行为，以及通过从他人处获得的反馈信息来生成数据。这一过程可以帮助创业者：① 了解自身的盲区；② 强化或改变对自己优缺点的现有看法。

一旦个体生成了数据，接下来的步骤就是研究这些数据，培养洞察力，然后树立见习期目标以获得知识、经验等。

最后，一个人可以选择需要实现和把握的目标与机会。

## 创业战略制定步骤

### 第一部分　分析过去

对个体而言，开始自我评估和规划过程的一个实用方法是考虑自己的创业根源（自己做过什么）、自己想做什么，以及自己偏爱什么样的生活方式和工作风格。除非创业者喜欢自己正在从事的工作，否则拥有大量的财富将会是一种非常空洞的成功。

### 第二部分　分析当前

描述现状是非常有用的。在创业过程中，具有某种个人创业态度和行为（例如"创业思维"）与创业成功息息相关。这些态度和行为涉及如承诺、决心和毅力、成长的动力、朝着目标的方向前进、主动负责等因素。

此外，追求机会的过程使创业者起到各不相同的作用。正如我们将在第 6 章中描述的一样，外部商业环境、高潜力的商业需求以及关键参与者的有效价值和完整性等条件都是既定的。创建、拥有和运营企业需要创业者具备以企业为家、承受压力等素质。根据创业的要求，对创业者自身的创业态度和创业行为进行客观评价是自我评估中一个非常有用的部分。

自我评估的另一部分是对管理能力及经验、技能和所需发展的人际关系等方面进行评估。

### 第三部分　得到建设性的反馈

成功的创业者有一个共同的特点，那就是他们都渴求知道自己表现优劣以及地位高低。

从他人处获得反馈信息是非常有难度的。以下准则可以提供一些帮助。

（1）一个人应该从他非常了解和信任的人那里寻求反馈。他应该首先考虑自己是如何与这些人相识的。例如，一个人从同事那里得到有关他在管理技能方面的反馈，可能比从朋友那里得到的反馈更可靠。然而，一个好朋友能够更好地评价你的决策动机，以及该决策将如何影响你的家庭。在要求对方提供书面意见并在其最有资格评论的方面给出反馈之前，与对方交谈也是很有帮助的。

（2）一个人应该就对事业成功特别重要的方面征求他人的意见，如果反馈不明确，则应当要求对方提供更为详细的信息。检验自己是否已经理解了该陈述的一个可行的方法就是对它进行转述。你需要鼓励反馈者去详细描述并举例说明那些影响其印象的具体情况或行为。

（3）反馈应该是可操作的。其中既有积极的评价，又有消极的看法，这样的反馈是最有帮助的。

（4）反馈应当以书面形式呈现，这样你就可以有足够的时间思考问题，同时能汇总不同来源的反馈。

（5）在寻求反馈时，你应该对自己和他人诚实坦率。

（6）接受反馈信息时，你应该避免产生自我防卫心理，不要把负面评论当成是针对自己的。

（7）仔细倾听别人的意见对引发对方思考是十分重要的。同时，应当尽量避免回答、辩解，或解释它的合理性。

（8）征求反馈的人应该评估自己是否考虑了所有的重要信息，并思考自己得出的推断和结论是否现实。

（9）在确定共同的线索或模式、自我评估数据和某些缺点（包括可替代的推论或结论）可能带来的影响以及缺少有关资料时，你应当寻求帮助。

（10）你应当从其他方面去寻求额外的反馈，从而核实反馈信息并补充数据。得出最终结论或决定这个步骤应当留到最后去完成。

### 第四部分　汇总

创业机会与创业者的相对匹配度如图 2-4 所示。决定匹配度的依据如下：

（1）创业者相关的个人特征和行为。

（2）创业者具备相关的管理技能、经验、专有技术和人脉。

（3）创业机会对创业者的角色要求。

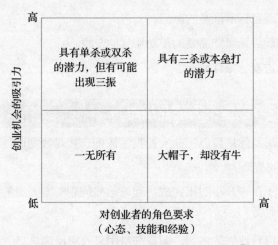

图 2-4 创业机会与创业者的相对匹配度<sup>⊖</sup>

单纯的评估几乎是不可能的。自我评估没那么简单。这是一个不断积累的过程，比如，企业家如何克服弱点要比找到具体的弱点重要得多。

**第五部分 思考未来**

目标设定对于个人创业计划和商业计划一样重要。目标设定是一个过程，一种与外界产生联系的方式。有效的目标设定需要时间、自律性、承诺和奉献以及实践。目标确定后不会是一成不变的。目标设定涉及许多不同的步骤，这些步骤随着约束条件的变化而不断重复执行：

（1）所设立的目标符合 SMART 原则，应当是特定的、具体的（而不是抽象、没有重点的）、可衡量的、与时间相关的（即具体说明何时应该做什么）、现实的，并且是可实现的。

（2）确定优先事项，包括冲突和抉择以及如何解决这些冲突和抉择。

（3）识别可能会阻碍目标实现的问题和障碍。

（4）说明完成目标的行动步骤。

（5）决定如何衡量结果。

（6）确定完成目标的时间进度表。

---

⊖ 原文的 singles, doubles, triples, strikes 和 home runs 都是棒球术语。big hat, no cattle 是源自美国得克萨斯州的俚语，字面意思是牛仔只有大大的帽子，却没有牛，实际上是讥讽那些打肿脸充胖子、死要面子活受罪的人。no hat, no cattle 本书译为"一无所有"。——译者注

（7）识别为实现目标所涉及的风险。

（8）识别为实现目标可能需要的帮助和其他资源。

（9）定期审查进度、修订目标。

## ⊕ 创业练习 2-2　制定个人创业战略

下面的练习将帮助你从自己和他人处收集数据，并对数据进行评估，从而在此基础上制定个人的创业战略。

这项练习需要 1.5～3 小时来完成。回答这些问题需要大量的时间，答案没有正确和错误之分。

虽然这是一项自我评估的练习，但是它是用来收集反馈信息的。你是否选择征求他人的反馈意见，以及你选择与他人分享多少数据，这些都由你自己决定。这项练习的价值取决于你是否诚实和客观地对待它。

能否成为一个成功的创业者取决于一系列复杂的因素。没有人能具备创业所需的所有人格品质、管理技能和其他技能。即使有人做到了，他的价值观、偏好等因素也可能会使他无法成为一名成功的创业者。

具备或不具备任何单一因素都不能决定创业者的成败。在开始练习之前请记住，伸手去摘星星却没有摘到，这并不尴尬。不去摘星星才是一种失败。

第一部分　分析过去

姓名：

日期：

**第一步**：检查你的个人偏好。

什么能让你精力充沛？为什么？它们可能源于你的工作、休闲活动，或两者兼有。

| 让你精力充沛的活动或情况 | 让你快乐或满意的原因 |
| --- | --- |
|  |  |

什么会让你消耗精力？为什么？

| 让你消耗精力的活动或情况 | 原因 |
|---|---|
|  |  |

对你刚刚所列出的项目进行排序：

| 获得精力 | 消耗精力 |
|---|---|
|  |  |

在 20 ～ 30 年后，你理想的生活是怎么样的？描述你想要的生活方式、工作方式、收入、朋友等，说说这种理想的生活方式在哪些地方吸引着你，在哪些地方让你讨厌。

完成第 5 章的创意生成指南，找出你最想进入和最不想进入的 10 家企业，并列出它们的共同属性。

| 属性（最想进入的企业） | 属性（最不想进入的企业） |
|---|---|
|  |  |

在这些属性中，哪些能给你带来精力，哪些会消耗你的精力？为什么？

| 属性 | 带来或消耗精力 | 原因 |
|---|---|---|
|  |  |  |

完成这个句子："我愿意 / 不愿意创建一家自己的企业，因为……"

讨论已经出现的任何模式、问题、见解和结论。

请按重要性由高到低的顺序对下列项目进行排序。

| | 重要 | ← | —— | → | 不相关 |
|---|---|---|---|---|---|
| **位置** | | | | | |
| 地理（特定区域） | 5 | 4 | 3 | 2 | 1 |
| 社区规模和自然条件 | 5 | 4 | 3 | 2 | 1 |
| 社区参与度 | 5 | 4 | 3 | 2 | 1 |
| 通勤距离（单程）： | 5 | 4 | 3 | 2 | 1 |
| 20 分钟以内 | 5 | 4 | 3 | 2 | 1 |
| 30 分钟以内 | 5 | 4 | 3 | 2 | 1 |
| 60 分钟以内 | 5 | 4 | 3 | 2 | 1 |
| 超过 60 分钟 | 5 | 4 | 3 | 2 | 1 |
| **生活方式和工作方式** | | | | | |
| 经营规模： | | | | | |
| 销售额不足 200 万美元或员工人数不足 5～10 人 | 5 | 4 | 3 | 2 | 1 |
| 销售额超过 200 万美元；员工人数为 5～10 人 | 5 | 4 | 3 | 2 | 1 |
| 销售额超过 1 000 万美元或员工人数为 40～50 人 | 5 | 4 | 3 | 2 | 1 |
| 实际增长率： | | | | | |
| 快（超过 25%） | 5 | 4 | 3 | 2 | 1 |
| 适中（10%～15%） | 5 | 4 | 3 | 2 | 1 |
| 慢（低于 5%） | 5 | 4 | 3 | 2 | 1 |
| 工作负荷（每周）： | | | | | |
| 超过 70 小时 | 5 | 4 | 3 | 2 | 1 |
| 55～60 小时 | 5 | 4 | 3 | 2 | 1 |
| 低于 40 小时 | 5 | 4 | 3 | 2 | 1 |
| 婚姻 | 5 | 4 | 3 | 2 | 1 |
| 家庭 | 5 | 4 | 3 | 2 | 1 |
| 出差时间： | | | | | |
| 超过 60% | 5 | 4 | 3 | 2 | 1 |
| 30%～60% | 5 | 4 | 3 | 2 | 1 |
| 低于 30% | 5 | 4 | 3 | 2 | 1 |
| 不出差 | 5 | 4 | 3 | 2 | 1 |
| **生活标准** | | | | | |
| 前期节俭或后期获得资本收益 | 5 | 4 | 3 | 2 | 1 |
| 平均或有限的资本收益 | 5 | 4 | 3 | 2 | 1 |
| 高或没有资本收益 | 5 | 4 | 3 | 2 | 1 |
| 变得很富有 | 5 | 4 | 3 | 2 | 1 |

（续）

| | 重要 | ← | —— | → | 不相关 |
|---|---|---|---|---|---|
| **个人发展** | 5 | 4 | 3 | 2 | 1 |
| 　技能和教育的运用 | | | | | |
| 　个人成长机会 | 5 | 4 | 3 | 2 | 1 |
| 　对社会的贡献 | 5 | 4 | 3 | 2 | 1 |
| 　对机会的定位 | 5 | 4 | 3 | 2 | 1 |
| 　获得重要的人脉、经验和技能 | 5 | 4 | 3 | 2 | 1 |
| **地位和声望** | 5 | 4 | 3 | 2 | 1 |
| **对生态环境的影响：可持续性** | 5 | 4 | 3 | 2 | 1 |
| **资本的获得** | | | | | |
| 　从自己处获得 | 5 | 4 | 3 | 2 | 1 |
| 　从他人处获得 | 5 | 4 | 3 | 2 | 1 |
| **其他考虑因素** | 5 | 4 | 3 | 2 | 1 |

假设你有 1 000 美元可以花在上述项目上。请说明你将如何分配资金，最重要的项目收到最多的钱，第二重要的项目收到次多的钱，等等。你可以给多个项目分配相同的金额，也可以不分配任何金额。一旦你分配完这 1 000 美元，按重要性对这些项目进行排序，最重要的排为 1。

| 项目 | 分配比例 | 重要性排序 |
|---|---|---|
| 位置 | | |
| 生活方式和工作方式 | | |
| 生活标准 | | |
| 个人发展 | | |
| 地位和声望 | | |
| 对生态环境的影响 | | |
| 资本的获得 | | |
| 其他考虑因素 | | |

这些排名意味着什么？

**第二步**：回顾你的个人经历。

列出：①过去曾为你提供过经济支持的活动（例如，你曾经从事的工作或你拥有过的企业）；②能提高你幸福感的活动（例如，为你的教育或爱好融资）；③你自己完成的事情（例如，建造一些东西）。

请讨论你为什么要参与这些活动，以及是什么影响了你的决定。哪些决定是由资金需要驱动的，哪些是由机会驱动的？

请谈谈你对自己、自主创业、职业经理人，以及为了金钱而受雇于其他企业而不是创造或抓住机会并白手起家等的认识。

请谈谈你的全职工作经历，包括描述你在创新和领导方面的具体事例，你领导过多少人，是否取得了成功等。

请讨论你为什么会参与到每一项工作中，以及是什么影响了你的决定。

请讨论你对自己，对创建、创新或发起一个项目、社团或企业，以及对盈利方式的了解。

请列出并讨论你参加过的其他活动，如体育活动。每项活动是个人性质的（如国际象棋或网球）还是团队性质的（如足球）？如果是团队性质的，你是否担任过领导的角色？

你从这些活动中获得了哪些经验和见解？你是如何将这些经验应用于创业过程中的？

如果你曾辞职或被解雇，请说明你当时所从事的工作、你辞职或被解雇的原因和情况、你学到了什么，以及这给你自己或其他人的工作带来了什么影响。

如果你更换了工作或调换了岗位，请说明你当时所从事的工作、变更原因和情况，以及你从这些经历中学到的经验教训。

那些最能指导和影响你的人是否拥有自己的企业或者是否独立从业（如注册会计师）？这些人是如何影响你的？你如何看待他们和他们的角色？你从他们那里获得了什么有关自我雇用的认识（包括吸引或击退你的事物、他们必须权衡的因素、他们所面临的风险和他们所享受的回报，以及对他们有用的进入战略）？

如果你曾经创办过任何类型的企业或者曾在小公司工作过，请列出你最喜欢的事项和最不喜欢的事项，并说明原因。

| 最喜欢的 | 原因 | 最不喜欢的 | 原因 |
| --- | --- | --- | --- |
|  |  |  |  |

如果你曾经为一家大公司（员工数量超过 500 名或销售额超过 5 000 万美元）工作过，请列出你最喜欢的事项以及你最不喜欢的事项，并说明原因。

| 最喜欢的 | 原因 | 最不喜欢的 | 原因 |
|---|---|---|---|
|  |  |  |  |

## 第二部分　分析当前

**第一步**：测试你的"创业思维"。

测一测你的态度、行为和技能，按 1～5 对自己进行打分。

|  | 最强 | ← | —— | → | 最弱 |
|---|---|---|---|---|---|
| **承诺和决心** |  |  |  |  |  |
| 果断 | 5 | 4 | 3 | 2 | 1 |
| 韧性 | 5 | 4 | 3 | 2 | 1 |
| 纪律 | 5 | 4 | 3 | 2 | 1 |
| 坚持解决问题 | 5 | 4 | 3 | 2 | 1 |
| 沉浸于任务中 | 5 | 4 | 3 | 2 | 1 |
| **勇气** |  |  |  |  |  |
| 道德的力量 | 5 | 4 | 3 | 2 | 1 |
| 无惧试验 | 5 | 4 | 3 | 2 | 1 |
| 无惧冲突和失败 | 5 | 4 | 3 | 2 | 1 |
| 对风险的强烈好奇心 | 5 | 4 | 3 | 2 | 1 |
| **对机会的痴迷** |  |  |  |  |  |
| 塑造机会方面的领导力 | 5 | 4 | 3 | 2 | 1 |
| 了解客户需求 | 5 | 4 | 3 | 2 | 1 |
| 以市场为导向 | 5 | 4 | 3 | 2 | 1 |
| 痴迷于价值创造和提升 | 5 | 4 | 3 | 2 | 1 |
| **对风险、模糊性和不确定性的容忍能力** |  |  |  |  |  |
| 承担经测算后的风险 | 5 | 4 | 3 | 2 | 1 |
| 风险最小化 | 5 | 4 | 3 | 2 | 1 |
| 风险分担 | 5 | 4 | 3 | 2 | 1 |
| 对不确定和无结构性的容忍能力 | 5 | 4 | 3 | 2 | 1 |
| 对压力和冲突的容忍能力 | 5 | 4 | 3 | 2 | 1 |

（续）

| | 最强 | ← | —— | → | 最弱 |
|---|---|---|---|---|---|
| 解决问题和整合解决方案的能力 | 5 | 4 | 3 | 2 | 1 |
| **创造力、自我依赖和适应能力** | | | | | |
| 非传统的、开放的、横向思维（直升机思维） | 5 | 4 | 3 | 2 | 1 |
| 不安于现状 | 5 | 4 | 3 | 2 | 1 |
| 适应能力 | 5 | 4 | 3 | 2 | 1 |
| 无畏失败 | 5 | 4 | 3 | 2 | 1 |
| 概念化和"仔细琢磨细节"的能力 | 5 | 4 | 3 | 2 | 1 |
| **追求卓越的动机** | | | | | |
| 目标与结果导向 | 5 | 4 | 3 | 2 | 1 |
| 成就和成长的驱动力 | 5 | 4 | 3 | 2 | 1 |
| 对地位和权力的需求低 | 5 | 4 | 3 | 2 | 1 |
| 人际支持能力（与竞争能力） | 5 | 4 | 3 | 2 | 1 |
| 对缺点（和优点）的认识 | 5 | 4 | 3 | 2 | 1 |
| 有洞察力和幽默感 | 5 | 4 | 3 | 2 | 1 |
| **领导力** | | | | | |
| 自我驱动者 | 5 | 4 | 3 | 2 | 1 |
| 具有内部控制点 | 5 | 4 | 3 | 2 | 1 |
| 具有完整性和可靠性 | 5 | 4 | 3 | 2 | 1 |
| 有耐心 | 5 | 4 | 3 | 2 | 1 |
| 团队建设者和英雄塑造者 | 5 | 4 | 3 | 2 | 1 |

概括你的创业强项。

概括你的创业弱项。

**第二步：**测试你的创业角色要求。

请按照你的适合程度对下列角色进行排序。

| | 最强 | ← | —— | → | 最弱 |
|---|---|---|---|---|---|
| **创业安排** | | | | | |
| 事业和创业的优先程度 | 5 | 4 | 3 | 2 | 1 |
| **压力** | | | | | |
| 住宿费用 | 5 | 4 | 3 | 2 | 1 |
| **价值** | | | | | |
| 相信传统价值的程度 | 5 | 4 | 3 | 2 | 1 |
| **道德和诚信** | | | | | |

概括你的强项和弱项。

**第三步**：测试你的管理能力。

根据你的技能和能力对下列项目进行排序。

| | 最强 | ← | —— | → | 最弱 |
|---|---|---|---|---|---|
| **营销** | | | | | |
| 市场研究与评估 | 5 | 4 | 3 | 2 | 1 |
| 营销策划 | 5 | 4 | 3 | 2 | 1 |
| 产品定价 | 5 | 4 | 3 | 2 | 1 |
| 销售管理 | 5 | 4 | 3 | 2 | 1 |
| 直邮、目录销售 | 5 | 4 | 3 | 2 | 1 |
| 电话销售 | 5 | 4 | 3 | 2 | 1 |
| 优化搜索引擎 | 5 | 4 | 3 | 2 | 1 |
| 客户服务 | 5 | 4 | 3 | 2 | 1 |
| 分销管理 | 5 | 4 | 3 | 2 | 1 |
| 产品管理 | 5 | 4 | 3 | 2 | 1 |
| 新产品规划 | 5 | 4 | 3 | 2 | 1 |
| **运营或生产** | | | | | |
| 制造管理 | 5 | 4 | 3 | 2 | 1 |
| 库存控制 | 5 | 4 | 3 | 2 | 1 |
| 成本分析和控制 | 5 | 4 | 3 | 2 | 1 |
| 质量控制 | 5 | 4 | 3 | 2 | 1 |
| 生产调度和流程 | 5 | 4 | 3 | 2 | 1 |
| 采购 | 5 | 4 | 3 | 2 | 1 |
| 工作评估 | 5 | 4 | 3 | 2 | 1 |

（续）

| | 最强 | ← | —— | → | 最弱 |
|---|---|---|---|---|---|
| 金融 | 5 | 4 | 3 | 2 | 1 |
| 会计 | 5 | 4 | 3 | 2 | 1 |
| 资本预算 | 5 | 4 | 3 | 2 | 1 |
| 现金流管理 | 5 | 4 | 3 | 2 | 1 |
| 信贷和收款管理 | 5 | 4 | 3 | 2 | 1 |
| 金融资源管理 | 5 | 4 | 3 | 2 | 1 |
| 短期融资 | 5 | 4 | 3 | 2 | 1 |
| 公开及私人募股 | 5 | 4 | 3 | 2 | 1 |
| **政府** | | | | | |
| 解决问题 | 5 | 4 | 3 | 2 | 1 |
| 沟通 | 5 | 4 | 3 | 2 | 1 |
| 计划 | 5 | 4 | 3 | 2 | 1 |
| 决策 | 5 | 4 | 3 | 2 | 1 |
| 项目管理 | 5 | 4 | 3 | 2 | 1 |
| 谈判 | 5 | 4 | 3 | 2 | 1 |
| 人事管理 | 5 | 4 | 3 | 2 | 1 |
| 管理信息系统 | 5 | 4 | 3 | 2 | 1 |
| 计算机、IT、互联网 | 5 | 4 | 3 | 2 | 1 |
| **人际关系或团队** | | | | | |
| 领导力、愿景、影响力 | 5 | 4 | 3 | 2 | 1 |
| 帮助和指导 | 5 | 4 | 3 | 2 | 1 |
| 反馈 | 5 | 4 | 3 | 2 | 1 |
| 冲突管理 | 5 | 4 | 3 | 2 | 1 |
| 团队合作和人员管理 | 5 | 4 | 3 | 2 | 1 |
| **法律** | | | | | |
| 公司和有限责任公司 | 5 | 4 | 3 | 2 | 1 |
| 合同 | 5 | 4 | 3 | 2 | 1 |
| 税收 | 5 | 4 | 3 | 2 | 1 |
| 证券和私募 | 5 | 4 | 3 | 2 | 1 |
| 知识产权和专利 | 5 | 4 | 3 | 2 | 1 |
| 房地产法 | 5 | 4 | 3 | 2 | 1 |
| 破产 | 5 | 4 | 3 | 2 | 1 |
| **独特的技能** | 5 | 4 | 3 | 2 | 1 |

**第四步**：根据对第一步～第三步给出的信息的分析，指出你会列入"必做"清单的项目，包括：① 对外部智库和顾问的需求；② 董事会成员；③ 额外的团队成员；

④ 额外的知识、技能、经验。

### 第三部分　得到建设性的反馈

**第一步（可选项）**：将你在第一部分和第二部分的回答抄送给负责对你进行评估的人。

请他回答以下问题：

你是否诚实、客观、精明而完整地对你的技能进行了评估？

你是否错误地评价了自己的优点和缺点？如果是，请说明是哪些优缺点。

是否有其他事件或过去的行为可能影响此次分析？这些事件或行为是什么？

**第二步**：征求反馈信息。

给每一个评估者一份反馈表。

**反馈表**

被评估人：

评估人：

（1）请在创业者特质说明栏旁的评估栏中进行对照和评估，并填写你想补充的任何其他意见。

| | 强 | 适中 | 弱 | 不做评价 |
|---|---|---|---|---|
| **承诺和决心** | | | | |
| 果断 | S | A | W | NC |
| 韧性 | S | A | W | NC |
| 纪律 | S | A | W | NC |
| 坚持解决问题 | S | A | W | NC |
| 沉浸于任务中 | S | A | W | NC |
| **勇气** | | | | |
| 道德的力量 | S | A | W | NC |
| 无惧试验 | S | A | W | NC |
| 无惧冲突和失败 | S | A | W | NC |
| 对风险的强烈好奇心 | S | A | W | NC |
| **对机会的痴迷** | | | | |
| 塑造机会方面的领导力 | S | A | W | NC |
| 了解客户需求 | S | A | W | NC |
| 以市场为导向 | S | A | W | NC |
| 痴迷于价值创造和提升 | S | A | W | NC |
| **对风险、模糊性和不确定性的容忍能力** | | | | |
| 承担经测算后的风险 | S | A | W | NC |
| 风险最小化 | S | A | W | NC |
| 风险分担 | S | A | W | NC |
| 对不确定和无结构性的容忍能力 | S | A | W | NC |
| 对压力和冲突的容忍能力 | S | A | W | NC |
| 解决问题和整合解决方案的能力 | S | A | W | NC |
| **创造力、自我依赖和适应能力** | | | | |
| 非传统的、开放的、横向思维（直升机思维） | S | A | W | NC |
| 不安于现状 | S | A | W | NC |
| 适应能力 | S | A | W | NC |
| 无畏失败 | S | A | W | NC |
| 概念化和"仔细琢磨细节"的能力 | S | A | W | NC |
| **追求卓越的动机** | | | | |
| 目标与结果导向 | S | A | W | NC |
| 成就和成长的驱动力 | S | A | W | NC |
| 对地位和权力的需求低 | S | A | W | NC |
| 人际支持能力（与竞争能力） | S | A | W | NC |
| 对缺点（和优点）的认识 | S | A | W | NC |

（续）

| | 强 | 适中 | 弱 | 不做评价 |
|---|---|---|---|---|
| 有洞察力和幽默感 | S | A | W | NC |
| **领导力** | | | | |
| 自我驱动者 | S | A | W | NC |
| 具有内部控制点 | S | A | W | NC |
| 具有完整性和可靠性 | S | A | W | NC |
| 有耐心 | S | A | W | NC |
| 团队建设者和英雄塑造者 | S | A | W | NC |

注：S—strong（强）；A—adequate（适中）；W—weak（弱）；NC—no comment（不做评价）。以下同理。

请对被评估人在精力、健康、情绪稳定性、创造力和创新精神、智力、激励能力和价值观等方面的表现发表你的意见。

（2）请在关于创业者角色要求的说明栏旁的评估栏中就与自身的匹配度进行对照和评估，以表明自身的适合度，并填写你想补充的任何其他意见。

| | 强 | 适中 | 弱 | 不做评价 |
|---|---|---|---|---|
| 创业安排 | S | A | W | NC |
| 压力（住宿费用） | S | A | W | NC |
| 价值（自由企业制度相关的传统经济和专业价值） | S | A | W | NC |
| 伦理和完整性 | S | A | W | NC |

补充意见：

（3）请在有关管理能力的说明栏旁的评估栏内就与自身的匹配度进行对照和评估，并填写你想补充的任何其他意见。

| | 强 | 适中 | 弱 | 不做评价 |
|---|---|---|---|---|
| **营销** | | | | |
| 市场研究与评估 | S | A | W | NC |
| 营销策划 | S | A | W | NC |
| 产品定价 | S | A | W | NC |
| 销售管理 | S | A | W | NC |

（续）

| | 强 | 适中 | 弱 | 不做评价 |
|---|---|---|---|---|
| 直邮、目录销售 | S | A | W | NC |
| 电话销售 | S | A | W | NC |
| 优化搜索引擎 | S | A | W | NC |
| 客户服务 | S | A | W | NC |
| 分销管理 | S | A | W | NC |
| 产品管理 | S | A | W | NC |
| 新产品规划 | S | A | W | NC |
| **运营或生产** | S | A | W | NC |
| 制造管理 | S | A | W | NC |
| 库存控制 | S | A | W | NC |
| 成本分析和控制 | S | A | W | NC |
| 质量控制 | S | A | W | NC |
| 生产调度和流程 | S | A | W | NC |
| 采购 | S | A | W | NC |
| 工作评估 | S | A | W | NC |
| 金融 | S | A | W | NC |
| 会计 | S | A | W | NC |
| 资本预算 | S | A | W | NC |
| 现金流管理 | S | A | W | NC |
| 信贷和收款管理 | S | A | W | NC |
| 金融资源管理 | S | A | W | NC |
| 短期融资 | S | A | W | NC |
| 公开及私人募股 | S | A | W | NC |
| **政府** | | | | |
| 解决问题 | S | A | W | NC |
| 沟通 | S | A | W | NC |
| 计划 | S | A | W | NC |
| 决策 | S | A | W | NC |
| 项目管理 | S | A | W | NC |
| 谈判 | S | A | W | NC |
| 人事管理 | S | A | | NC |
| 管理信息系统 | S | A | | NC |
| 计算机、IT、互联网 | S | A | | NC |
| **人际关系或团队** | S | A | | NC |
| 领导力、愿景、影响力 | S | A | | NC |
| 帮助和指导 | S | A | W | NC |

（续）

| | 强 | 适中 | 弱 | 不做评价 |
|---|---|---|---|---|
| 反馈 | S | A | W | NC |
| 冲突管理 | S | A | W | NC |
| 团队合作和人员管理 | S | A | W | NC |
| **法律** | S | A | W | NC |
| 公司和有限责任公司 | S | A | W | NC |
| 合同 | S | A | W | NC |
| 税收 | S | A | W | NC |
| 证券和私募 | S | A | W | NC |
| 知识产权和专利 | S | A | W | NC |
| 房地产法 | S | A | W | NC |
| 破产 | S | A | W | NC |
| **独特的技能** | S | A | W | NC |

补充意见：

（4）请评估我的优点和缺点。

就我们讨论过的创业机会而言，你认为我在哪些领域最具潜在优势或现有优势？
为什么？

| 优势 | 原因 |
|---|---|
| | |

就我们讨论过的创业机会而言，你认为我在哪些领域最具潜在弱势或现有弱势？
为什么？

| 弱势 | 原因 |
|---|---|
| | |

如果你了解我的合作伙伴和创业机会，你认为他们是否适合我，我是否适合他们？

基于这一创业机会、你对我合作伙伴的了解以及你对我不足之处的评价，我是否应该增加我的管理团队、董事会和智库顾问的成员？如果是，他们的优势和相关经验应该是什么？你有推荐的人选吗？

请你再提一些其他有帮助的建议（例如，就你所观察到的我喜欢做的事情、我的生活方式、工作方式、我的技能中明显的模式、特定的管理优劣势和背景的影响、见习时间的影响或者你认为我应该会见的关键人物发表评论）。

### 第四部分　汇总

**第一步：** 反思你之前收到的回复以及你非正式地征求或收到的反馈（例如，从课堂讨论或与朋友、父母等的讨论中获得的反馈等）。

**第二步：** 评估你的创业战略。

关于你自己和你的创业精神，你得出了什么结论？

创业需求（尤其是牺牲精神、全身心投入、繁重的工作和长期的承诺）如何与你自己的目标、价值观和动机相匹配？

预计你的目标、价值观与创业需求之间会发生什么冲突？

与那些你认识的创业者或正在创业的人相比，你如何评价你的创业思维，以及你与创业者角色需求和管理能力的匹配程度？

倒退 5 ~ 10 年，假设你想要创建或拥有更具潜力的企业，那么你需要积累哪些经验和知识？

就你是否应该继续当前的创业机会这个问题，这种针对创业战略的评估给出了什么答案？

你想要追求的能给你提供持续能量和动力的特定机会是什么？你如何识别这个机会？

在这个时候，考虑到你的主要创业优势、创业劣势和特定创业机会，你或你的团队是否还需要获取其他经验和专业知识？请具体介绍。

你需要与谁合作？

在这一点上，你是否还有其他问题想要回答？

你最想在未来 5 ～ 10 年内创造或追求的机会是什么？为此你需要什么样的新技能、知识、导师、团队成员和资源来创造或追求它们？

## 第五部分　思考未来

第五部分讨论的是个人创业战略的制定。记住，目标应该是特定的、具体的和可衡量的，除非指明，否则目标应当是实际的且可实现的。

**第一步**：请在 3 分钟之内罗列出你在 70 岁之前要实现的目标。

**第二步**：请在 3 分钟之内罗列出未来 7 年你要实现的目标。

**第三步**：假设你只有 1 年的寿命了，请在 3 分钟之内罗列出此时你要实现的目标。（假设你将拥有健康但无法获得更多人寿保险或额外借入大笔资金以用于"最终放纵"。假设你可以在生命的最后 1 年中做想要做的任何事情。）

**第四步**：请在 6 分钟内罗列出你生命中真正想要实现的目标。

**第五步**：请就第四步中罗列出的内容与他人进行讨论，完善并清楚地描述你的目标。

**第六步**：根据优先程度对你的目标进行排序。

**第七步**：专注于排名前 3 的目标并制定一个清单用以描述你在尝试实现这些目标时可能会遇到的问题、障碍、不一致等。

**第八步**：请思考并说明你将如何解决这些问题、障碍、不一致等。

**第九步**：针对排名前 3 的目标，请写出为了实现这些目标你需要完成的任务或行动步骤，同时请指出衡量结果的方式。

根据优先程度管理你的目标。

| 目标 | 任务或行动步骤 | 衡量方式 | 排序 |
|---|---|---|---|
|  |  |  |  |

**第十步**：根据优先程度对上述任务或行动步骤进行排序。

识别高优先级的项目，复制列表并删除那些在未来 7 天内无法完成或无法开始的任何活动或任务，然后确定最重要的目标、次重要的目标等。

**第十一步**：确定完成任务或行动步骤的时间和期限（如果可能的话，请确定地点）。

根据优先程度对任务或行动步骤进行管理，如果可能，时间和期限应在下一个 7 天内确定。

| 目标 | 任务或行动步骤 | 衡量方式 | 排序 |
| --- | --- | --- | --- |
|  |  |  |  |

**第十二步**：罗列出可能遇到的问题、障碍和不一致。

**第十三步**：思考你将如何解决这些重要的问题、障碍和不一致等，并对第十二步中的内容进行调整。

**第十四步**：识别风险、资源和所需的帮助。

关于目标设定的注意事项：撕下第五部分并备份，并于每年或者关键事件（如换工作、结婚）出现时重复练习一次。

## ⊕ 案例研究　拉科塔山

### 引言

2007年8月，劳拉·瑞安（Laura Ryan）和她的儿子迈克尔正飞往他们位于怀俄明州的家中，他们刚刚在得克萨斯州休斯敦参加完一个特色食品贸易展。这个活动为他们不断壮大的公司拉科塔山（Lakota Hills）带来了诸多灵感。这家公司的旗舰产品是一种传统的印第安炸面包粉，目前已经在中西部350多家超市上架。

尽管他们取得了令人鼓舞的发展，但是公司产品的质量还不足以激发消费者的购买动力。消费者和经销商并不急于将时间和货架空间分配给新品牌。所以，在更多的商店说"是"之前，大多数人还是会微笑、点头，然后说："也许吧。"

要想在竞争激烈的零售渠道中盈利，就需要进行更多的高成本采购，以及数以百计的店内展示。公司也许会进入其他销售渠道，但在零售市场获得立足点是他们的首要任务。对于这一点，公司的投资者是认同的，但由于近期公司需要一轮后续融资，所有人都希望拉科塔山正处于盈利的最佳道路上。

### 创业背景

劳拉的父亲是一位成功的养猪户，母亲是一位有进取心的小学教师。劳拉是一个勤劳的孩子。她这样说："我从小就很有创业精神。我养小猪、卖小猪，我的母亲（她在雅芳和玫琳凯这样的企业里拥有兼职）教我缝纫和做珠子。我总是自己动手做东西，同时，加入4-H⊖锻炼了我与他人交谈、做演讲的能力，并培养了我对基本商业概念的认识。"

16岁时，劳拉嫁给了18岁的吉姆·库珀，后者是当地牧场主的儿子。劳拉回忆起不可避免的文化冲突："我父亲是德俄混血，我母亲是血统纯正的拉科塔人，还略懂一点法语。所以我实际上拥有7/16的印第安血统。这对吉姆的家庭来说是非常难接受的——他要娶一个印第安人。我们的家庭聚会很有礼貌，但通常气氛很紧张。尽管如此，我们知道我们能经营好我们的家庭。"

在不到三年后，他们上了大学，养育了两个儿子——迈克尔和马特。吉姆开办

---

⊖ 4-H是美国的一个青年组织，起源于农村社区，后来扩展到城市地区。其宣誓词是：我保证我的头脑要更清楚，我的心要更忠诚，我的手要更好地服务，我要更健康，我要为了我的俱乐部、我的社区、我的国家和我的世界而更好地生活。

了一个小型农场，劳拉扮演着母亲和兼职大学生的双重角色。她原本打算攻读商科学位，但发现商科课程很无聊，于是选择了心理学专业。1987 年，21 岁的她遇到了一位有事业心的叔叔，从此，她对商业的看法开始有了改变："在一次课堂作业中，为了了解自己的个人历史，我不得不去采访我的家族成员。我找到了一位从未谋面的叔叔，他是个相当有个性的人。他一生中从来没有为任何人工作过——他有许多伟大的梦想和想法，但他从来没有成功过。他住在一家汽车旅馆里，以写商业计划书为生。他是我见过的最令人着迷的人，我们就各种各样的商业想法谈了好几个小时。"

### 初创期

劳拉的叔叔建议，由于劳拉和她的母亲在缝纫、布料和颜色方面有天赋，她们可以生产传统的印第安星形被褥。在手工制作了几个样品后，她们决定生产不同的尺寸，定价从 500 美元到 5 000 美元不等。劳拉的叔叔指导她们完成了一份商业计划书的写作，这份计划书符合小企业管理局（SBA）2.7 万多美元的贷款条件。劳拉回忆说，她们最初的发展势头让她们忽略了一些重要的细节：

我们拿到钱后想："现在我们是缝纫行业中的大企业家了！"那是 1987 年，互联网还没有普及，我们没法通过互联网进行研究。我们当时没有充分考虑现金流、利润率，或者说成本，我们花了很长时间才弄清楚人口统计状况：例如，谁会购买标价为 5 000 美元的被子？我们在大约 8 个月内完成了融资，所以我们的公司很快成长为一个口碑很好的企业。

她们在新墨西哥州圣达菲发现了几家画廊，专门为被子收藏家服务。一位著名的美国州参议员买了两床被子，史密森学会展出了一床被子，并且在其目录里提供了较小的被子尺寸。

她们的努力在 1992 年夏天得到了回报，劳拉成为电影剧组的助理服装设计师。劳拉回忆道："我参与了电影《雷霆之心》的制作，并与瓦尔·基尔默、萨姆·谢泼德和歌手大卫·克罗斯比亚合作。两周后，我被提升为瓦尔·基尔默的私人服装助理。他们都买了我们的被子，这为我们打开了一个非常清晰的细分市场。"

虽然她们赚的钱足以偿还 SBA 的贷款，但劳拉表示，这项业务难以拓展。她认为："手工缝制被子要花很长时间。我的妈妈、我自己、当地的一些艺术家，还有社区里的其他女性，我们无法让这些人足够快地去挣钱。"

创业灵感：炸面包

母亲的身份和缝制被子的生意使劳拉每学期只能上几节课。1993 年，劳拉在上大学的最后一年，当上了印第安人俱乐部的副主席。她组织了许多筹款活动，其中一个活动给了她新的创业灵感：

每个星期五的午饭时间，我们卖印第安炸玉米饼——一种油炸面团，我们称之为油炸面包。学生们都很喜欢，我们在 2 小时内卖了 350～500 个。我们的面包非常软，它如此受欢迎在于它的特点是，你可以用塑料叉子切它。学生们都说："哇，这是有史以来最好吃的油炸面包。"

我们决定更进一步，于是在那个夏天尝试去其他几个乡村集市上卖面包。我们参加了一场规模为 6 000 人的节日活动。当时，我们是唯一的印第安炸玉米饼的贩卖者。我们一天就卖了大约 5 000 个。不出意外地，大家都说我们的面包是他们吃过的最好吃的面包。

那年夏天，劳拉的丈夫吉姆提出了一些疑问："如果参加节日活动的人喜欢这种产品，为什么不试着把它卖给游客呢？'政府年金'中有一种散装面粉袋，这些面粉袋只是在底部印有'面粉'的字样以及其净重。为什么我们不制作一个手工打结的细布衬里麻布袋，让它的外形看起来像一个迷你版的面粉袋，并在同一位置印上文字呢？"

这让劳拉有了新的主意。劳拉给不同的袋子制造商打电话，但是没有人愿意以每批次低于 5 000 只袋子的规模生产：

我们买不了那么多——这只是个初步的想法——我们不知道这种产品会卖得多好。就像我说的，我妈妈是一个很好的女裁缝。我们买了一些粗麻布、细布和用过的橡皮图章，自己动手制作麻布袋，并印上"拉科塔山油炸面包粉"和"净重 24 盎司<sup>⊖</sup>"的字样。

劳拉把油炸面包粉拿到两个旅游中心。这种产品卖得很好，所以他们在牧场的

---

　⊖　1 盎司 = 28.349 5 克。

厨房里花了很多时间进行缝纫、冲压、手工混合配料和装袋。到了 10 月旅游旺季结束的时候，劳拉和她的家人确信他们建立了一个相当简单的季节性经营企业。与此同时，23 岁刚从大学毕业的劳拉开始考虑她的事业。

### 创业教育

劳拉想攻读临床精神病学的博士学位，但申请的两个专业都没有录取她。1994 年年初，她意外接到一个电话，是附近一所大学的部落学院院长吉恩·泰勒（Gene Taylor）打来的：

吉恩听说我已经完成了我的本科学业，他知道我和妈妈都很有创业精神。他们创业系的系主任要离职去创业了，所以他问我是否愿意当系主任兼商科老师。我提醒他，我的学位是心理学，而且我只上过几门商科课程。但他说："你是一个创业者，这很棒，我认为你可以教书。"所以我接受了。

这所学院派劳拉参加由位于马萨诸塞州韦尔斯利的百森商学院举办的创业教育研讨会。该研讨会的任务是通过传授创业者如何在他们各自所在的机构里教书来进一步推动创业教育的发展。劳拉的前任已经被列入教员赞助人的行列，而劳拉只有约一个月的时间去找到一位有兴趣在教室里教书的创业者。她找到了一个以缝纫为生的女人。当开始为期四天的研讨会时劳拉感到不知所措：

我永远也不会忘记，当我走进一个房间，里面坐满了经验丰富的教师和成功的创业者，他们滔滔不绝地讲着我从未听过的商业术语。这些人谈论的企业都很大——员工数量像房间里的人一样多。我完全迷失了方向，不知所措。我想偷偷摸摸地坐到后面去，这样就不会有人注意到我了。

但是那里有几个印第安人同事，慢慢地，我和他们的相处变得融洽起来。我发现他们很关心我们必须要说的内容——关于我们的文化、价值观，以及我们正在做的小生意。那一周结束时，我很确信我需要多上课，才能跟上这些思想。

劳拉参加了新罕布什尔州一个为期 18 个月的远程学习项目，攻读的是社区经济发展学位。那年夏天，随着在 QVC 电视购物上的推销，劳拉的生意有了爆发式的增长。因此她不得不在炸面包生意和学业之间做出平衡：

作为一项一次性的活动，QVC 从全国各地挑选了 20 家专业公司。这有点冒险，因为它们的运作方式是根据它们对销售的预期下订单。你把产品运给它们，如果没有卖出去，你要自费把货物运回来。不管怎样，这不是问题，因为我们在 3 分钟内就卖光了——两次都是这样。

劳拉于 1998 年春天获得学位。2000 年，她决定攻读教育学博士学位。做出这一决定时，她的第三个孩子刚好出生："我们的两个孩子这时已经长大了。我们从未想过再要一个孩子，但有趣的是，我们的女儿改变了我的整个人生观。我正准备全身心地投入我的事业，而现在我往后退了一步。这是一个很好的平衡。当我开始攻读博士学位时，丽莎才 6 个月大。我带她去上课，大家都叫她博士宝贝。"

在接下来的 4 年里，劳拉致力于她的研究以及创业学的教授，并和她的女儿在一起。一直以来，家族的炸面包生意都是靠季节性经营来维持的。

## 新的机遇

21 世纪早期，演员凯文·科斯特纳开发了塔坦卡（Tatanka）——一个靠近南达科他州戴德伍德的旅游胜地，这里讲述与平原印第安人有关的野牛的故事。早在 2004 年，凯文和他的当地投资团队就决定引入印第安人进行本土运营，所以劳拉接到一个电话：

当时我还在塔坦卡附近的一所大学教创业学。我去了那里一趟，真的对这个项目很感兴趣。这是一个围绕着真正的 19 世纪中期印第安原住民建造的解说中心。这是一个活生生的博物馆，每个人都穿着 19 世纪中期的服装，有着自己的性格——很像马萨诸塞州的普利茅斯种植园。我决定接受这份工作，并安排了一段教学休假。

2004 年夏天，炸面包的销售额达到了 58 000 美元，这是一个略显保守的数字，劳拉知道原因在于他们的生产设备和有限的市场范围。2005 年年初，劳拉认为是时候走出厨房扩大市场了，于是她向当初给她介绍工作的塔坦卡的投资者马克·威尔斯（Mark Wills）求助。马克在南达科他州创办了一家名为绿山（Greenhill）的小型风险投资公司，专门投资于印第安创业者。

虽然劳拉拟定了一份三页纸的商业大纲，但马克的投资决定在很大程度上是基于他从她身上看到的东西：

我对劳拉长期参与的创业活动很熟悉，我也知道他们的炸面包粉有多受欢迎。作为塔坦卡的经理，她在构建愿景方面做得很好。我们给了她 8 万美元的资金，用于购买原材料和租赁更合适的生产场地。我们想看看她会怎么做，于是我们为她未来获得更多资金提供了机会。

那个季度非常鼓舞人心，劳拉确信可以把生意扩大到全年经营模式。夏季结束时，她辞去了塔坦卡的工作，去为公司寻找最好的出路。现实情况是，她的第一次尝试比想象中更困难：

我们从旗鱼镇（Spearfish）租来的生产场地看起来很土气，所以 10 月我们在场地前开了一家小店，开始卖胡里节的礼品篮。我们的篮子里有纯正的印第安特色食品：茶、果酱、糖果和我们的油炸面包粉。事实上，整个假期我们的业务都做得很好，但当时我知道，我不会止步于礼品篮生意。我们花了好几个小时来设计和装扮精美的篮子，结果却发现这些篮子在运送到全国各地后，状况非常糟糕。

劳拉开始与特色食品店接触，希望能扩大产品的零售分销渠道。这些努力同样存在不足之处，劳拉说："我去了卡贝拉（Cabella's）和饼干桶（Cracker Barrel）这样的连锁商店，因为它们会卖很多特色食品。它们似乎对这个想法很感兴趣，但认为我们的麻布袋不太专业。它们还认为这是一个过于具体的产品，消费者没有形成足够的认知。它们说：'我们都不知道油炸面包是什么，那么我们的消费者怎么会知道呢？'当时我想，是时候去筹集足够的资金来设计更合适的包装袋，找到专业的代加工厂，并真正付诸实践了。"

### 扩张计划

尽管博士学位为劳拉在学术方面提供了许多职业选择，但劳拉还是决定专注于油炸面包生意。2006 年 1 月，她向绿山风险投资公司提交了自己的计划（见表 2-6）。他们建议她瞄准食品连锁店。要做到这一点，她需要一个新的包装、落地式展示架、销售单页以及其他营销册子。当这一切准备就绪时，她需要找一个有设备和生产能力的代加工厂来提供加工服务。

表 2-6　摘自拉科塔山高管的总结

| | |
|---|---|
| 机会 | 由于消费者对特色食品的需求增加，尤其是对印第安食品的兴趣越来越浓厚，这项生意是有望成功的。<br>根据目前的市场趋势和统计数据，从 2004 年以后，面包和甜点粉销售一直在稳步增长。<br>自 1993 年成立以来，拉科塔山一直在销售油炸面包粉，来自消费者、经销商和食品代理商的积极反馈表明，拉科塔山推向市场的产品被认为是高质量的。 |
| 竞争优势 | 拉科塔山的主要竞争对手是 Wooden Knife 炸面包粉公司、Crow 炸面包粉公司和俄克拉何马炸面包粉公司。Wooden Knife 炸面包粉公司已有 15 年的历史，而另外两家公司则成立还不到 2 年。这三家公司都没有改进它们的包装设计，也没有采取积极的营销手段来满足消费者的需求。Wooden Knife 炸面包公司是唯一一家在本地市场以外销售其产品的公司，拉科塔山的产品在口味上具有竞争优势。 |
| 定价 | Wooden Knife 炸面包粉公司在零售渠道上以 3.5 美元到 7 美元不等的价格出售规格为 1.5 磅<sup>⊖</sup>的盒装炸面包粉。俄克拉何马炸面包粉公司规格为 8 盎司的炸面包粉的零售价约为 3.20 美元。Crow 炸面包粉公司规格为 1 磅重的一包炸面包粉的价格为 6～7.5 美元。对拉科塔山来说，成功的关键是在定价上和市场保持一致。拉科塔山 16 盎司的炸面包粉的零售价 3.69 美元，Wooden Knife 的炸面包粉是我们在食品服务方面唯一的竞争对手。它们的冷冻油炸面包产品的规格为 25 个一箱，它们还有规格为 5 磅的散装炸面包粉。这两种产品的价格都在每磅 1.90～2.25 美元。拉科塔山提供规格为 25 磅的散装炸面包粉，每磅定价为 1.40 美元。 |

劳拉花了整个春天和夏天的时间来为拉科塔山设计新的包装。产品的单位重量被削减了 1/3，缩减到了 16 盎司。他们设计了新的包装（现在是一个全彩色塑料袋），新包装以配方建议和公司历史为特点，可以大批量地在热卷曲生产线上生产（见表 2-7）。销售单页、一个简单的网站和其他营销册子在颜色与设计理念上都更加协调。

表 2-7　零售塑料袋上的部分信息

| | |
|---|---|
| 使用说明 | 炸面包非常容易做。首先，把袋子里所有的东西都放进一个大搅拌碗里，再加入 3/4 杯温水，不断搅拌直到面团变黏，然后加入少许普通面粉并不断搅拌，直到面团不再黏稠。<br>在煎锅或油炸锅中加入 3 杯油或起酥油，加热至 375 摄氏度。在撒了面粉的案板上把面团揉成你想要的形状，然后擀或拍成大约 2 英寸<sup>⊖</sup>厚的面饼。将面饼放入热油中，每面炸约 2 分钟，炸至金黄。如果你把面包煎成球状，则不需要翻面，只要在它们变成金黄色的时候把它们从油里捞出来即可。<br>将煎好的面包放在纸巾上，稍微冷却后再处理。剩下的面团可以盖上盖子，在冰箱里放 24 小时。 |

---

⊖　1 磅 = 0.453 592 37 千克。

⊖　1 英寸 = 2.54 厘米。

（续）

| | |
|---|---|
| 炸面包的<br>历史 | 在世纪之交，拉科塔人获得了制作面包的原料。由于富有创造力的天性，妇女们从这些原料中开发出一种油炸面包的配方，这些食谱被严格地保护起来了。<br>劳拉的曾祖母给了她这个食谱，让她传给下一代。请享用这个传统的印第安家庭食谱。我们希望这也能成为你家的传统。 |
| 发掘炸面<br>包的吃法 | 按照指示准备煎面包粉。将汤勺大小的面团放入加热至 375 摄氏度的油中煎至两面金黄。可以搭配蜂蜜、黄油、枫糖浆或你最喜欢的果冻一起食用。如果想吃甜甜圈，可以在热面包里加入糖粉、肉桂或白糖。 |

他们还找到了一个有投资意愿的合作包装商。劳拉说："约翰·高尔在拉勒米有一个非常大的、拥有犹太洁食认证的干混企业。他有许多设备，如大型旋转搅拌机、螺旋钻和散装储存系统。他相信我们公司，并相信我们将有足够的销售量来证明他购买自动装袋机器并将其整合进运营系统的合理性。我们谈了很多关于价格的问题，他的交货价格是建立在我们能快速提高销售量的基础之上的。塑料包装袋的最低订购量是 50 万件，我们还订购了运输箱，每箱装 6 袋产品。"

为了把产品介绍给主要的食品商，劳拉参加了一个在亚特兰大举办的贸易展：

我找到了一些关于高效协作零售营销（ECRM）展会的信息。它们为来自全国各地的零售商提供便利的评估，这一活动被称为高效项目规划会议。8 月，我们参加了它们的特色美食 / 西班牙美食 / 民族美食展。

这是非常昂贵的——参加这个活动花费了 1.3 万美元。活动的最开始是一个招待晚会，在那里你可以和买家打成一片。在接下来的两天里——从早上 8 点到晚上 6 点——你将与各大超市进行为时 20 分钟的面谈。时间控制得非常严格。这些超市喜欢我们的包装、我们的故事和我们的油炸面包。

听说展示进行得很顺利后，劳拉说他们的合作伙伴还亲自上阵去展示新设备的功能："约翰是个很好的人，我想他只是想见证我们生意的兴隆。8 月底，他生产了 30 万袋产品并打包装箱，然后说，希望我能把它们卖掉。"

他们知道公司不会很快就把 2 600 个托盘的产品销售出去，于是便把这些产品运到了芝加哥的一个干货仓库。由于仓库的日期戳只给了他们 18 个月的时间去出售这批产品，对公司而言，时间相当紧迫。

### 消费者培养和再培养

ECRM 的活动吸引了很多对炸面包感兴趣的买家，并促成了公司与芝加哥地区一家食品经销商的协议，这项协议基于销售业绩。到了 2006 年的秋末，劳拉的大儿子迈克尔正式就任总经理一职。当迈克尔开始跟进项目的进度时，他发现与超市买家"达成一致"将是一个真正的挑战：

学校和足球队里总是有一个清晰而简单的学习环境。教授或教练会列出他们对你的期望并让你知道你能得到什么回报。

而与买方合作是一种非常不同的体验。他们不会给你回电话，当他们说会给你回电话时，他们不会接你的电话，样品会丢失，样品会被人吃掉……等你给那些似乎已经准备好要购买产品的人打了很多电话之后，突然之间，他们甚至不确定自己能否使用这个产品了。

我有一个商学院的本科学位，还参加了为期一年的 MBA 课程，但我可以告诉你，在我所受的所有这些教育中，没有任何关于食品行业的知识，尤其是零售业的知识。你需要学习很多术语，与消费者和经销商的合作需要经验。

例如，你在这项业务中没有听到"不"。相反，你得到了很多"我会回到你身边"和"我们越来越接近"的回复。在某些方面，这比直接拒绝更难处理，因为有很多人在四处寻找最终根本不会有结果的线索。

劳拉仍然领导着公司，她对这一挑战进行了评估，认为："在食品展上，当顾客来试吃你的产品时，你会得到很多好处，你会收到相当多的名片。当他们回到日常生活中后，每个星期都要尝试许多种新产品。于是他们会把你的产品往后推，直到他们忘记了它是多么美味。"

### 开拓进入市场的路线

拉科塔山团队和他们的投资者一致认为，由于其产品的故事如此引人注目，零售商店是他们进行大批量销售的最佳切入点。他们正在开拓进入市场的路线，以获得渠道优势。劳拉说："对于超市来说，很难证明先引进一种产品再看它是否会畅销这种做法是合理的，尤其是对于许多连锁店来说，油炸面包代表了面包预拌粉下一个全新的品类。推出一系列产品将给我们带来更高的可信度和额外的库存单位（SKU），这些将转化为更高的曝光度和更多的销售量。"

绿山风险投资公司的合伙人史蒂夫·福斯特（Steve Foster）表示，一旦拉科塔山在零售领域建立起声誉，它就会准备进军其他渠道：

作为一家拥有少数族裔认证的企业，它不需要支付预付费用——在一家顶级超市连锁店，这种预付费用每 SKU 可高达 2.5 万美元。这一认证优势还可以体现在为政府批量包装预拌粉这一方面。它有一个 25 磅重的袋子，准备用于食品批发服务项目中，但在这些渠道中，很难充分利用产品和家族的故事。

另一种可能性是和像丹尼（Denny's）或必胜客（Pizza Hut）这样的连锁餐厅合作，建立全国性项目，尽管这显然不是进入该市场的最佳方式。零售业是他们应该起步的行业，因为这一行业更直接，它涉及广告、促销和建立消费者联系。

迈克尔是这样描述他们的各种渠道的：

特色食品店（如开在拉什莫尔山上的礼品店）的利润率最高，因为它们的定价最高，甚至是货架价格的两倍。食品零售店只接受更低的送货价格，它们在销售时将加价 50% 左右。食品服务企业拥有最大的销售空间，而所需的包装、运输和支持文件最简单，但它们会想要尽可能便宜的产品，因为它们会一卡车一卡车地订购。

我们对食品服务企业有些谨慎。就数量而言，我认为大宗批发更有潜力，但其利润率非常低（见表 2-8）。在我们目前的生产设置中，有大量带有日期戳的零售包装库存，这迫使我们去寻求特色食品店和超市渠道。

**表 2-8　渠道成本和定价一览**

| | |
|---|---|
| 零售单位：16 盎司 / 袋 | · 特色食品店 |
| 　单价：1.17 美元 | 　每箱 / 袋的价格：13.5 美元 /2.25 美元 |
| 　每托盘（115 箱，每箱 6 袋）的运费：807.3 美元 | 　每袋估计零售价：4.29 美元 |
| · 分销商 | · 旅游景点商店 |
| 　每箱 / 袋的价格：9.6 美元 /1.6 美元 | 　每箱 / 袋的价格：18 美元 /3 美元 |
| 　弹出式落地展示架（36 个）：57.6 美元 /1.6 美元 | 　每袋估计零售价：6.49 美元 |
| · 超市 | 批发散装：25 磅 |
| 　每箱 / 袋的价格：10.8 美元 /1.8 美元 | 　每托盘（50 个散装袋）的运费：600 美元 |
| 　弹出式落地展示架（36 个）：64.8 美元 /1.8 美元 | 　经销商：每袋 30 美元 |
| 　每袋估计零售价：3.59 美元 | 　批发（食品服务）：每袋 35 美元 |
| | 　最小起订量：1 托盘 |
| | 　付款：买 10 托盘可享受 2% 的折扣 |

注：单位成本包括配料、包装、水电费、人工费和运费。

现在劳拉说，他们推出了一项消费者培养计划以锁定零售领域：

为了吸引更多的人，我们将以人类的兴趣为主题：一位印第安女创业者和她的家族企业通过一种传统的家庭喜好而走向全美。我们正在寻找所有可以获取到的免费宣传途径，比如通过在报纸上报道我们正在做的事情来做广告。我们还将把我们的新闻剪报和信息寄给东海岸的几家主要报纸，如《华盛顿邮报》和《纽约时报》，并将试吃品寄给纽约的美食评论家以及玛莎·斯图尔特、奥普拉和莱特曼等知名主持人。

在本地市场上，我们会在周日的报纸和商店的传单上发放优惠券。我们需要确保无论我们在哪里投放了优惠券，我们都在那个地方进行店内展示。我们也可以通过在摩托车集会、州博览会和节日活动中卖玉米饼和发放商店优惠券来提高知名度。

## 推广之路

去年 11 月底，美国中西部一家拥有 280 家门店的连锁店同意销售拉科塔山的产品。但出售给了连锁店并不意味着在产品即将送达时，每家门店都会收到相关通知和提醒。劳拉这样解释：

这就是他们所说的"强行推广"，也就是说，他们要求所有的商店都拿一箱我们的产品，而一些生意比较好的商店还会收到我们的落地式展示架，这种展示架可以放 24 袋产品。好吧，这很好，但问题是在那一周我们没有人手可以去每个商店告诉经理们刚刚他们收到的产品到底是什么玩意。

当迈克尔前往几家商店视察产品的处理情况时，参观剩下的其他商店成了他的头等大事：

我们在每个箱子里都放了一张非常具体的商店摆放单，每袋产品上都附有一本小册子来介绍产品。但是在仓库工作的年轻人不在乎那些东西。有些人甚至懒得把我们的产品从收货区拿出来。当它们被拿出来后，又会在商店里被随意摆放。我在东方区、早餐区和西班牙区都见过我们的产品。几位经理甚至认为我们的产品看起来像一层鱼皮，就把它放在了肉品区。

劳拉、迈克尔、迈克尔的兄弟马特和他们的祖母先后在店内进行了试吃，通过这一活动为他们的产品代言并说服顾客尝试着购买一袋炸面包。迈克尔指出，消费者的反馈表明忠实的消费者将会成为回头客，但不会是常客：

油炸面包粉不像通心粉和奶酪，每次消费者去超市购物时都会买上几盒。孩子们也爱吃炸面包，但问题是，父母们不大愿意把面团揉匀，把油烧热，炸面包，然后再把这片狼藉清理干净。

典型的家庭一个星期不会做好几次炸面包。他们更有可能是一个月做一次，甚至是每两到三个月吃一次来换换玉米饼以外的口味。这让我们觉得，如果我们能让我们的产品进入更多的商店，让消费者经常吃它，我们就能卖得很好。

幸运的是，当他们的产品被摆放在了正确的货架上（和面包预拌粉放一起），顾客有机会在试吃时品尝到热腾腾的炸面包时，产品就会卖得很快。2007 年 7 月，他们入驻了一家更大的食品连锁店，这家连锁店拥有从南达科他州到科罗拉多州的近 800 家门店。与之前的"强行推广"不同，这家连锁店要求拉科塔山的创始人团队亲自给每家门店的经理介绍这个得到消费者认可的产品。劳拉说他们取得了很好的进展：

我们每天能去 20 多家门店，到目前为止，我们的产品已经入驻了大约 100 家门店。当我们提出要求时，几乎从来没有被拒绝过。这很好，但是前往各大门店需要花很多钱。在我们能找到一个食品经销商代表我们前往特里托里之前，迈克尔得负责大部分的工作。当然，卖给经销商就像卖给超市买家一样困难。

### 销售模式新挑战

目前仍有 1 300 多托盘的零售产品未出售，它们距离到期日仅剩 6 个月时间，每出售 1 托盘产品，拉科塔山团队都会免费附赠 1 托盘。劳拉说，促销活动有助于清理积压的库存，但销售的增长带来了一个新的担忧：

现在我们的客户数量比较少，如果我们发现产品销售速度比较慢，我们可以去门店做损失控制，比如试吃、确保产品的展示是正确的等。随着我们客户数量的增多，我们必须想办法向消费者和店内工作人员更好地普及我们的炸面包产品，而无须亲自访问每个门店。

　　现在我们正在与投资者一起计算我们的广告花销、展示费用和门店参观的花销。我们的花费之大是如此疯狂，因为在迈克尔去推销产品的路上，会涉及住宿、吃饭、交通……我们已经做了一些预测，并估计出我们将额外需要 50 万美元以便在建立经销商网络的同时，还能在下一年继续维持这种直销模式。

　　迈克尔补充说，在 2006 年产品被生产出来的那一刻，他们将开始考虑扩展到其他领域：

　　我妈妈和我一直在努力思考我们应该进入哪些市场渠道。在美食展上，你会得到很多建议，但很难达成共识。现在我们已经准备好要专注于超市行业。一旦我们有机会思考这一点并进一步深入研究我们的物流体系，情况就可能发生改变。

第 2 部分

# 商业机会

第一次创业的人往往显得有些懵懂无知，随随便便就说"开始干吧"。这种态度当然是值得赞扬的，因为实干精神无可替代，但事实是，成功的企业家在创业之前通常会做出极大的努力以降低风险。降低风险也响应了投资者的要求，他们希望通过风险最小化来实现收益最大化。经验表明，大多数创业失败都是因为资金用尽，而造成现金流不足的原因是对收入预期持过于乐观的态度。

成功的创业者深知，通盘考虑至关重要，创业不仅意味着需要好的创意，不仅意味着新功能和新产品，不仅意味着思考企业的成长规模，还需要非常小心地筛选那些值得关注的机会。发现一个好的机会是非常重要的，但即使好的机会也蕴藏着风险，即使看似完美也要静观而后动。在采取每一个步骤前要识别风险和问题，同时采取措施消除问题或降低风险，这是机会筛选的另一个维度。

# 创业过程

## 蒂蒙斯模型

● 导 读

创业过程始于商业机会，而不是金钱、战略、网络、团队或商业计划。

获得对自己有利的机会是创业者面对的永恒挑战。

一个好创意是否意味着是一个机会？

抓住机会，需要什么样的资源？

## 解密创业

创业是一种机会导向的思考、推理和行动过程，是一种全面的方法，是一种能够平衡创造价值和获取价值双重目标的领导方式。创业行为不仅能够为企业所有者，而且能为所有参与者和利益相关者带来价值的创造、提升、实现和更新。这个过程的核心是创造和识别机会，其次是表达意愿并采取行动抓住这些机会。

## 经典创业：创办一家新企业

谈到创业，最直接的理解就是——从头开始，创办一家新企业，一个具有创新性的创意可能最终发展成为一家具有高增长性的企业。它们之中的佼佼者成了创业传奇，包括微软、网景、亚马逊、太阳微系统公司、家得宝、麦当劳、财捷、史泰博以及其他无数家喻户晓的公司。为了寻求商业机会，创业者还需要发现资源与控制资源的技巧和智慧，而这些往往并不被创业者所掌握。成功的创业者能够组建团队，并将其整合为一体，获得财务资源支持，探索其他人没有察觉的商业机会。

## 创业与大型企业

正如我们所见，20 世纪 70 年代和 80 年代的创业企业对美国和世界工业的竞争结构产生了深远的影响。苹果和微软彻底地改变了 IBM 的产品和形象，并把 DEC 赶出了市场。沃尔玛冲击了西尔斯和凯马特。由 MCI 和 Verizon 发起的竞争使得 AT&T 失去了本来的地位。另一方面，传统企业如《纽约时报》等都已经实现了战略转型，成为美国最受欢迎的新闻媒体之一。

2006—2008 年，大型企业不断减少雇员数量，尽管出现了经济衰退，但风险资本所投资的创业企业依旧提供了 11% 的美国就业岗位。风险投资在科技领域，尤其在软件和计算机领域尤为重要，在这些领域，近 90% 的工作机会都是由风险投资所支持的创业企业提供的。

### 大公司的内部创业

幸运的是，对于许多大公司来说，创业革命仍然是增长的源泉。研究人员记录了一些大型企业是如何运用创业思维来推动未来的发展，例如通用电气、康宁、摩托罗拉、哈雷－戴维森（2009 年营业收入为 42.9 亿美元）、马歇尔工业（2009 年营业收入为 22 亿美元）和科学应用国际公司（Science Applications International Corporation，SAIC）等。

## 创业者从悖论中创造价值

创业过程中最令人困惑的是以下案例中所陈述的种种悖论。你还能想到其他你所观察到的或听到的悖论吗？

**悖论 1：一个看起来毫无价值或者感知价值很低的机会可能是一个巨大的商业机会。**

史蒂夫·乔布斯和史蒂夫·沃兹尼亚克最初向他们的雇主——惠普公司提出了他们关于台式个人电脑的想法。在这桩史上最著名的商业大佬被拒绝的往事中，他们被告知这对惠普来说不是一个好机会，随后他们创立了苹果电脑公司。财捷集团的创始人、Quicken 软件的开发者斯科特·库克（Scott Cook）在实现融资之前，曾被 20 个风险投资者拒绝过。

**悖论 2：先赔钱才能赚钱。**

要想成长为市值领先的企业，创始人需要让渡公司的部分股份以获得投资资本。这就要求创业者谨慎权衡公司价值增加和股权稀释比例之间的关系。

**悖论 3：创业需要周密的思考、准备和计划，但成功却是不可预测的。**

一个高速增长的市场总是高度动态变化的，这使得规划成为一项必要的工作，但也须择机而动。

**悖论 4：要想使创造力和创新精神卓有成效，就必须在创业过程中保持严谨并受到纪律约束。**

在企业、政府和大学实验室中，有着大量与新产品和技术相关的专利，等待创新者将其应用于引人关注的市场问题中，并最终实现商业化。

**悖论 5：组织、秩序、纪律和控制力越强，你对自己最终命运的掌控程度就越低。**

创业需要在战略和战术上都保持极大的灵活性和敏捷性。控制太多和执迷于秩序是成功创业的障碍。就像伟大的赛车手马里奥·安德列蒂（Mario Andretti）说的那样："如果我能完全控制一切，我就知道我开得太慢了！"

**悖论 6：为了实现长期的价值，你必须放弃短期利益的诱惑。**

为了实现长期股权收益，企业需要对员工、产品、服务等进行再投资，这些选项优先于盈利要求。经典的悖论是，在快速成长的市场中，具有高增长特征和高盈利能力的公司往往现金流量为负，反而需要进行连续不断的投资以尽早实现现金流量转正。

　　创业的世界不是整齐划一、井井有条的，也不是线性、一致的，更不是可以预测的，而是充满了矛盾和悖论的。创业者正是从这些悖论中创造了价值，如图 3-1 所示。要想在这种环境中茁壮成长，创业者需要非常善于应对模糊、混乱和不确定性，同时拥有在充满不确定性的环境中降低风险的管理能力。

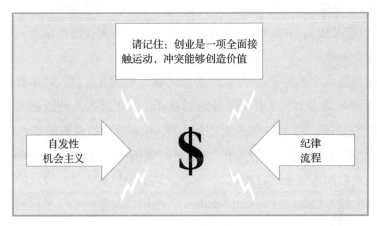

图 3-1　创业是一项全面接触运动

## 高潜力的企业：大处着眼

　　有抱负的创业者所犯的最大错误之一就是战略格局太小。他们认为管理一个小型、简单的企业，责任不多、易于管理、要求不高、风险更小，这可能是明智的，但企业生存和成功的概率也会随之降低。如果你想以创业实现自己的抱负，除非这样的小公司能付给你高于当前 5 倍的薪水，否则就不值得为此承受相应的风险、折磨和心酸。

　　将近 8% 的美国人热衷于并努力创办一家新公司。超过 90% 的创业公司年营业收入低于 100 万美元，而据报道，863 505 家公司的年营业收入为 100 万～2 500 万美元——约占全部企业数量的 9%。其中，只有 296 695 家公司过去 3 年的复合年增长率在 30% 以上，约占全部企业数量的 3%。同样，仅 3% 左右的企业（33 家中有 1 家）年营业收入超过 1 000 万美元，而超过 1 亿美元的仅占 0.3%。

几乎每个人都可以创业，而且很多人也能取得成功。个人天赋可能会对创业有所帮助，但一个人并不一定需要成为天才才能去创建一个成功的企业。正如游戏始祖诺兰·布什内尔（Nolan Bushnell）所言："如果你在 30 岁的时候还没有成为百万富翁，也没有过破产的经历，那你一定不曾真正奋斗过！"布什内尔是 20 世纪 80 年代早期风靡一时的计算机游戏雅达利（ATARI）的创始人，后来又创建了比萨时光（Pizza Time Theater）。企业家为创业过程做好准备是很重要的。创业者一直在演化和变迁，20 世纪 80 年代还受人崇拜，到了 90 年代却变得声名狼藉，到 21 世纪又成为一种风尚。现在，业余创业者的时代已经结束，职业化创业者的时代正在来临。

很多取得巨大成就的企业家从 20 多岁时就开始创业，这一群体数量惊人。虽然新创企业因其活力而利于吸引年轻的创业者，但年龄并不是创业领域的进入障碍。一项研究显示，近 35% 的企业创始人在 40 岁后开始他们的创业生涯，还有很多人则是 30 多岁，约 1/4 的人在 25 岁时开始创业。此外，大量的商业案例表明，很多企业创始人创业时已经超过 60 岁，其中包括最为德高望重的一位——哈兰·桑德斯上校（Colonel Harland Sanders），他用他的第一张社会福利金支票创办了肯德基。

## 规模越小，创业失败率越高

不幸的是，所有创业企业的存活率都不高。最乐观的研究估计，创业企业的失败率为 46.4%。虽然政府、研究机构和商业统计机构对于新创企业的存活率或失败率难以形成精确估计或者就具体数据达成一致，但它们都一致认为失败才是常态，而非意外。

要想获得精确的数据是非常困难和复杂的，因为并不太容易定义或者明确什么是失败，同时也缺乏可靠的统计数据支撑。然而，美国小企业管理局认定，2008 年在 627 200 家初创企业中就有 595 600 家倒闭。下文提供了过去 50 年里一些有关创业失败研究的精华。这些研究表明：① 创业失败率很高；② 大多数的失败发生在创业之后的 2 ~ 5 年，但也有一些失败发生在创业之后相当长的时间里。

政府、研究机构和商业统计机构一致认为，创业企业有着很高的失败风险。研究表明，约 2/3 的新雇主机构至少能存活 2 年，44% 至少能存活 4 年（见表 3-1）。

表 3-1　创业、停业和破产企业数量（2002—2006 年）

| 类别 | 2002 年 | 2003 年 | 2004 年 | 2005 年 | 2006 年 |
|---|---|---|---|---|---|
| 创业企业数量 | 569 750 | 612 296 | 628 917 | 653 100* | 649 700* |
| 停业企业数量 | 586 890 | 540 658 | 541 047 | 543 700 | 564 900* |
| 破产企业数量 | 38 540 | 35 037 | 39 317 | 39 201 | 19 695 |

资料来源：美国商务部、美国统计局、美国法院行政管理办公室、美国劳工部。

注：带 * 的数值为估计数值。

更糟糕的是，大多数人认为失败率实际上还要更高。由于行动往往是由主观认知决定的，而非被科学的事实所支配。人们感觉上创业失败的概率很高，再加上确实存在大量的糟糕记录，这些成为所有有志创业者所面临的一道难以逾越的障碍。

2009 年，制造业、商业服务、贸易和维修行业的破产率最高，有超过 1.6 万家企业破产。一项研究按行业类别分别计算了创业企业的风险因子或指数，这向准创业者发出了一个明确的警告信号。烟草行业的风险最高，而诸如美国汽车协会（AAA）或 Welcome Wagon 这样的行业机构或会员俱乐部的风险排名则较低。"能不能钓到鱼要看选择哪条河"，这是本书作者最喜欢说的一句话。此外，这些倒闭的企业中，99% 的企业员工人数不足 100 人。通过行业观察和实践经验，人们不会对这样的报告内容感到惊讶。了解好创意和真机会之间的差异，对于那些想成为企业家的人来说意义非凡，这将在第 5 章中详细说明。

## 抓住有增长潜力的机会

对于那些每年新增的创业企业，尤其是小企业来说，降低失败率的一个准则是达到临界规模并抓住有增长潜力的机会。

## 临界规模

如果新创企业员工数能够达到 10 ～ 20 人的临界规模，收入达到 200 万～ 300 万美元，并且目前正在积极寻找具有增长潜力的机会，那么生存的机会

和成功的概率就会发生显著变化。通过研究新创企业的截面数据，如表 3-2 所示，

随着公司规模的扩大，1 年期内存活率就会稳步提升，如果员工数从 24 人发展到 100 ～ 249 人，1 年期内的存活率则能够从约 54% 迅速跃升至约 73%。

表 3-2　按公司规模分类的 1 年期内存活率

| 公司规模（员工人数） | 存活率 /% |
| --- | --- |
| 1 ～ 24 | 53.6 |
| 25 ～ 49 | 68.0 |
| 50 ～ 99 | 69.0 |
| 100 ～ 249 | 73.2 |

资料来源：*BizMiner 2002 Startup Business Risk Index: Major Industry Report*, © 2002 BizMiner. 已获得使用许可。

一项实证研究发现，时间和规模与企业生存之间存在因果关系。作者推断，"客户和组织之间的感知满意度、合作和信任对于关系的维系是非常重要的。高水平的感知满意度、合作和信任代表了善意与积极信念的积累，而它们是影响双方对相互关系承诺的关键资产"。作者指出，"规模较小的企业响应客户需求更加积极，而规模较大的企业则能够提供更加深入的服务……企业家的任务是找到一种途径使企业能够远离处于劣势的竞争领域，或者找到一些创造性的方法来发展所需的能力"。

创业 4 年后，员工数量少于 19 人的公司存活率从 35% 上升到 40%，而员工数量为 20 ～ 49 人的公司存活率则上升到约 55%。尽管每名员工的销售额因行业不同而有很大的差异，但每名员工年度销售额的最小值保持在 50 000 ～ 100 000 美元。

## 创业企业增长的空间

企业的建立和成长都需要花费很长的时间。从历史上看，每 5 个成立的小公司中就有 2 个能生存 6 年或更长时间，但很少有公司能在创业最初的 4 年内实现增长。研究还发现，实现增长的企业存活率翻了一倍还多，并且企业在其生命周期中越早实现增长，存活的概率就越大。2007 年的 *Inc.*500 强[⊖]是一个典型的案例，榜单上的企业 3 年增长率能够达到 939%。

## 风险资本的支持

降低失败率的另一个准则是企业能够从风险投资机构或私募基金那里吸引到

---

⊖　*Inc.* 是一个商业杂志的名称，*Inc.*500 是这个杂志评选出来的 500 强企业榜单。与《财富》500 有些类似，但也有区别，《财富》500 主要针对大公司，*Inc.*500 主要针对成长型的公司，评选出来的都是美国增长最快的公司。——译者注

创业融资。虽然在每年新成立的公司中能够获得风险资本支持的创业公司只占很小的比例，但在 2009 年，41 家公司中有 12 家（29%）得到了风险资本的支持。风险资本对创业公司来说不是必不可少的，也不是获得成功的保证。在 2007 年 *Inc.*500 强中，大约有 18% 的公司利用风险资本进行融资，只有 3% 的公司在创业时获得了风险资本的支持。

### 私人投资者加入风险投资

如前所述，那些获得丰厚收益的企业家已经成为"天使投资者"，作为下一代创业者的私人投资者。许多较为成功的企业家已经创建了自己的投资池，并与风险资本直接展开市场竞争。他们成功的运营经验和业绩记录能够有力地证明，他们可以为初创企业增加市场价值提供助力。

天使投资者的选择标准与风险投资者相似，他们寻找的是具有高潜力、高增长的创业企业。然而，与风险投资者不同的是，天使投资者不会因为必须在相对较短的时间内投资大量资金而受到任何限制。在大型的机构投资者进入之前，这些天使投资者能够对创业企业投入更多的资金，投资时机的选择可能更早，也更能够降低投资风险。

### 寻找能够增值的投资人和合作伙伴

这些高潜力创业企业最重要的特征之一是创始人如何识别财务合伙人和关键团队成员。他们要求投资人和合作伙伴不仅仅能够为创业企业带来资金、承诺和动力，还能够团结和聚集那些能够通过经验、诀窍、关系和智慧为创业企业带来增值的支持者。

### 选择：把创业作为一种生活方式

对于许多有抱负的创业者来说，在哪里安家是最为优先考虑的问题。过上一种更幸福的生活，可能比拥有一家大企业或高额的净资产更重要。以雅克·毕夏普和戴安娜·毕夏普为例，两人都拥有高级会计学位，并且因为一些更加重要的生活方式，放弃了 6 位数收入的工作，回到了他们的家乡密歇根州。他们想在一起工作，他们的事业早在他们结婚的时候就已经非常成功了。比起 14 小时车程的上班距离，离戴安娜年迈的父母更近一点是很重要的。他们回忆道，正是因为如此，在过去的 50 年里，他们才能更加努力地工作，并感到前所未有的快乐。公司的租赁业务以每年超过 20% 的速度增长，让他们在享受幸福生活的同时，还创造出了股权价值。如果做得好，一个人可以把创业作为一种生活方式，并真正实现更高潜力的成长。

显得有些矛盾的是，有些夫妇为了避免激烈的竞争（rat race）<sup>⊖</sup>而放弃了在纽约的成功事业，跑到佛蒙特州买下一家旅馆，却只维持了六七年。他们发现了自我雇用的乐趣，每周工作 7 天，每周工作 70 ～ 90 小时，不雇用厨师和临时工，总能在最意想不到的时候需要修补漏水的屋顶，或者与公众打交道。

## 蒂蒙斯模型：理论与实践在现实世界不期而遇

有抱负的创业者和他们的投资者如何才能增加成功的概率呢？这些富有才华、持续成功、极具潜力的创业者和大力支持他们的风险投资者有什么不同之处呢？

这是我们全部研究工作的核心问题。作为学生、研究者、教师和创业实践者，我们长期沉浸其中。作为多家企业（其中一些已上市）的创始股东和投资人、风险投资者、董事和顾问，以及百森商学院亚瑟·M. 布兰克创业中心主任，我们每个人都在多个跨行业领域应用、检验、精炼和塑造学术理论。

### 价值创造：创业的原动力

一个核心的、基础性的创业过程能够解释大多数拥有巨大潜力的创业企业所采用的、可持续的成功模式。尽管业务、创业者、地理环境和技术会有巨大差异，但总有一个核心主题或原动力主导着这个高度动态的创业过程。

- 它为商业机会所驱动。
- 它为创业领袖或者创业团队所驱动。
- 它能够提升资源效率并具备创造性特征。
- 它高度依赖于所有要素的匹配和均衡。

---

⊖ 美国人将人生比喻成 rat race，中文意思是：无止境的竞争、无谓的奔忙。——译者注

- 它是不断整合和系统全面的。
- 它是可持续的。

以上是创业过程中可以被评估、影响和改变的可控因素。创始人和投资者在进行细致的尽职调查时，会关注这些因素，分析风险，确定可以做出哪些改变，以提高风险投资的成功概率。

首先，我们将详细阐述每一种创业动力，并为每种动力的具体含义提供蓝图和定义。然后我们将以谷歌为例，说明系统、均衡和匹配的概念是如何应用于初创公司的。

## 改变可能性：锁定、塑造、固化、创造机会

成功创建新企业的驱动力如图 3-2 所示。这个过程从商业机会开始，而不是从金钱、战略、网络、团队或商业计划开始。大多数真正的商业机会比团队的才能和能力或团队可以利用的初始资源要大得多。商业计划提供了规范的语言和代码以就蒂蒙斯模型中三大驱动力进行沟通和评价，并实现它们之间的协调和平衡。

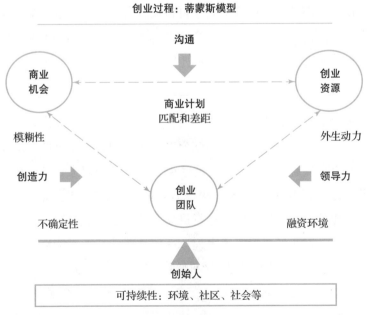

图 3-2　蒂蒙斯模型

在蒂蒙斯模型所描述的创业过程中，商业机会的业态、规模和深度决定了资源和团队所需的形态、规模和深度。我们发现，许多人看到创业团队笨拙地平衡机会和资源时会感到些许不适。这让一些人感到特别不安，因为我们将创业过程的三个关键元素以闭环的形式展示出来，因此这种平衡显得很脆弱。这些反应是合理的、准确的、现实的，因为创业过程本来就是动态发展着的。

企业领袖的工作非常简单。他必须通过掌控成功原则来开展业务。在这种动态的情境下，模糊性和高风险常伴左右，与创业者为伴。所有任务的核心——在创造性地解决问题、制定战略和尽职调查等之前，需要做的是以现有业务为基础促进内外匹配和发现差距。这个机会如何？还有什么考虑不周的？有什么好消息和利好事件会发生，或者相反？怎样才能让它更有吸引力、更适合企业呢？哪些市场、技术、竞争、管理和财务风险能够被降低或者消除？我们可以做些什么来改变这一切呢？谁能改变它？为了最大限度地发展业务，什么是最不需要的资源？现有的团队能胜任吗？这意味着，如果你能回答这些问题，并想到办法来弥补差距、提升匹配度、吸引能够带来增值的关键人物，以做出必要的改变，那么成功的概率就会显著提高。从本质上说，创业者的角色就是管理和重新定义风险 – 收益公式——而所有这些都着眼于可持续发展。由于创业者非常重要的一部分贡献就是在不损害环境、社区或社会的情况下创造出正面的影响，因此可持续性的概念显而易见地应该成为模型的基础部分。

### 商业机会

创业过程的核心是商业机会。成功的创业者和投资者都知道，一个好的创意并不一定就是一个好的机会。在每 100 个以商业计划或建议书的形式呈现给投资者的创意中，通常只有不到 4 个最终能获得投资。80% 以上仅被阅读几个小时后就被否决了，另外有 10% ～ 15% 在投资者审慎思考后被否定。不到 10% 的公司能够引发投资者足够的兴趣，值得进行更彻底的尽职调查，这可能要花费几周或几个月的时间。对创业者或投资者来说，一项重要的技能是能够迅速评估商业计划是否具有重大潜力，并决定花费多少时间和精力进行投资。

约翰·杜尔（John Doerr）曾经是著名且成功的投资基金凯鹏华盈（Kleiner, Perkins, Caulfield & Byers，KPCB）的一名资深合伙人。他是美国最有影响力、最具创意、最不拘传统的风险投资家之一。在他的投资生涯中，他一直是前文所描述的极具革命性的投资者的典范，他作为引领性的投资人创造出了诸多新兴产业，在这些行业中诞生了一批具有传奇色彩的企业，如太阳微系统公司、康柏、莲花、财捷、基因泰克、千禧制药、网景、亚马逊等。抛开过去的成功不谈，杜尔坚持认为："现在是创业的黄金时机。过去，创业者只是做点具体业务，今天，他们发明了新的商业模式。这是一个显著差异，它创造了巨大的商业机会。"

另一个风险投资者近期谈道："非理性繁荣的周期在风险投资行业中并不罕见。虽然互联网泡沫破裂后，我们曾经硬着陆，但随后又开启了另一个估值过高的周期，然而该周期又随着 2007 年年末的信贷紧缩而逐渐消退。"

图 3-3 总结了良好商机的几个最重要的特征。只有存在市场需求——这意味着产品或服务的增值属性、市场规模及超过 20% 的增长率、业务的经济效益，特别是丰厚的利润率（40% 或以上）和充裕的现金流特征——才会驱动价值创造。

**市场需求是衡量机会的关键因素：**
- 产生市场回报的时间是否少于一年
- 市场份额和增长潜力等于20%的年度增长水平吗，这是可持续的吗
- 目标用户容易触达吗

**市场结构和规模有助于定义机会：**
- 新兴市场还是细分市场
- 有5 000万美元或更大规模，甚至超过10亿美元的市场潜力吗
- 进入壁垒的专属性强吗

**利润率分析有助于区分机会和创意：**
- 市场中存在低成本提供者（40%的利润率）吗
- 是否存在较低的资本规模要求与竞争激烈程度
- 能否在1～2年内实现收支平衡
- 企业整体市盈率的增值空间有多大

图 3-3　商业机会驱动的创业过程

注：机会的持久性（durability）是一个被广泛误解的概念。在创业中，持久性仅存在于投资者收回投资或更好的投资回报时。

我们首先通过关注市场准备来构建对于商业机会的理解：开始出现寻求新产品或新服务的消费趋势和行为。一旦明确这些新兴的模式，有抱负的创业者就会开发相关的服务或者产品概念，最后就会构想出产品或服务的交付系统。我们可以根据图 3-3 中的问题做出评估。具体的标准将在第 5 章中详细描述，这些标准可应用于任何商业机会的寻找和评估。简而言之，成长空间、市场规模、可持续性越大，毛利率、净利率和现金流的稳健性越强，商业机会就越大。现有服务水平和质量水平、交付时间提前或滞后的不一致性越大，信息与知识之间的真空地带和缺口越大，商业机会就越大。

### 创业资源：创造性和稀缺性

对于没有创业经验的人来说，最常见的一个误解是，要想创业成功，首先需要掌握所有的资源，尤其是资金。资本只会追逐具有潜力的商业机会，尤其当这一商机被一个强大的管理团队所塑造和引领时，因此，稀缺的是高质量的企业家和商业机会，而不是资金。成功的创业者会设计出富有创造性和高效率的战略来组织、获取和控制资源（见图 3-4）。有些观点听起来可能令人惊讶，投资者和成功的创业者经常说，对一个创业者来说，最糟糕的事情之一就是过早地拥有太多的资金。

图 3-4　理解和掌握资源而非为其所使

霍华德·海德（Howard Head）是一个非常精彩和典型的创业案例的主人公，他仅运用了很少的资源就获得了成功。他发明了第一个金属滑雪板，这使他成为市场领导者，然后又改进了大号的王子网球拍。能够开发两种完全不相关的技术确实是一项罕见的壮举。第二次世界大战期间，海德辞去了他在一家大型飞机制造厂的工作，在他的车库里以极低的预算制造出了金属滑雪板。他前后总共设计了 40 多个版本，才开发出一种可以商业化并可以推向市场的滑雪板。他坚持认为，能够获得成功的最大因素之一就是他的钱太少了。他常争辩说，如果他有足够的资金，那么在最终定型的金属滑雪板被设计出之前，他早就把它砸掉了。

节约型创业（bootstrapping）是创业公司的一种生活方式，可以创造出显著的竞争优势。少花钱多办事是一个强大的竞争武器。富有效率的创业企业努力控制资源并尽量缩小资源规模，但不一定需要拥有这些资源。无论是企业的资产、关键员工、商业计划，还是启动资金和成长资本，成功的创业者总把资金排在最后。这种战略思维鼓励精益原则，让每个人都知道每一块钱都很重要，"保护股东的股权"原则成为实现股东价值最大化的一种途径。

### 创业团队

如今，创业团队是具备高增长潜力创业企业成功的关键因素，这一点毋庸置疑。投资者被"创业领袖的创造性才华所吸引，这些创业者中有米奇·卡普尔、史蒂夫·乔布斯、弗雷德·史密斯……并愿意在拥有能将团队捏合为一个整体的卓越记录的创业者身上押下重注。"风险投资者约翰·杜尔重申了乔治·多里特将军的名言：我更偏好 A 级创业团队与 B 级创意的组合，而不是 B 级创业团队与 A 级创意那样的组合。杜尔说："在当今世界，有大量的技术、大量的创业者、大量的资金、大量的风险资本，真正稀缺的是伟大的团队。你所面临的最大挑战就是要建立一个伟大的团队。"

图 3-5 总结了关于团队特征的几个重要方面。团队总是由一个非常有能力的创业领袖所领导，他以往的创业业绩记录显示了团队必须具备的成就和品质。吸引其他关键管理成员并建立团队的能力和技能是投资者最为看重的能力之一。成为领导者的创始人都是从团队中塑造并脱颖而出的英雄。领导者采用的理念是把成功作为回报，直面失败，与共同创造财富的人分享财富，并为业绩和行为设定一个较高的标准。

**创业领袖**
- 善于学习和布道——更快、更好
- 应对冲击，这体现了韧性
- 展现出团结、信赖、诚实的品质

**团队品质**
- 相关经验和创业业绩记录
- 把追求卓越作为一种激励
- 承诺、决心和坚持
- 容忍风险、模糊性和不确定性
- 创造力
- 善于团结
- 适应性
- 专注于商业机会
- 领导力和勇气
- 沟通能力

图 3-5　创业团队是成功的关键因素

### 匹配和平衡的重要性

只有三种驱动力（商业机会、创业资源、创业团队）不断适应和平衡，创业模型才能不断运行和完善。请注意，创业团队位于蒂蒙斯模型中由三种驱动力所构成的倒三角的底部（见图 3-2）。可以想象一下创始人的角色，作为创业领袖，站在一个圆球上，小心翼翼地平衡着头顶上的三角形。这种想象有助于创始人领会这种持续的平衡行为，因为商业机会、创业资源和创业团队之间很少能够实现完全匹配。未能保持平衡的鲜活案例随处可见，例如，很多大公司将太多资源投在一个价值不高、定义不清的商业机会上。

### 作为基石的可持续性

建立一个可持续发展的企业意味着在为未来一代存留同样创业机遇的前提下实现经济、环境和社会目标。创业在环境、社区和社会方面所产生的巨大变化是由许多因素驱动的。我们看到，社会对一系列与可持续发展相关问题的认知正在提高，包括人权、食品质量、能源资源、污染、全球变暖等类似问题。通过了解这些因素，创业者会建立一个更坚实的基础，为长期经营做好准备。

虽然下文中的图表对于这些难以置信的复杂事件进行了简化处理，但它们仍然能够帮助我们从概念上思考（这是一个重要的企业家才能）创立企业的过程，包括努力实现平衡，以及在此过程中难以规避的脆弱性等方面的战略和管理启示。

看上去，这个过程可以被看作是一种持续的平衡行为，需要持续的评估，修订战略和战术，好像是一种试验性的方法。通过解决商业机会、创业资源和创业团队的匹配和平衡等相关问题，创始人开始将创意变成机会，并将机会变成业务，就像将不成形的一团黏土塑造成一件艺术品一样。

图 3-6a ~图 3-6c 展示了谷歌从创业到上市再到增发的过程。回到 1996 年，在线搜索还是一个巨大的、快速增长的但难以捉摸的市场机会。早期进入搜索领域的公司有很多，但没有一家能够脱颖而出。斯坦福大学的毕业生拉里·佩奇和谢尔盖·布林开始合作开发出一个名为 BackRub 的搜索引擎，该搜索引擎能够分析某个指定网站的"反向链接"（back links），因此得名。一年之内，这种独特的链接分析方法为他们放置在宿舍的搜索引擎赢得了越来越多的声誉，并传遍了整个

校园。尽管如此，但是他们没有团队，也没有资金，他们的服务器架构在他们从计算机科学系借来的计算机上运行。

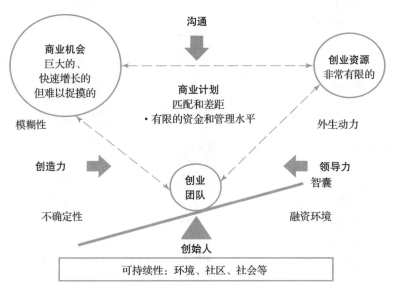

a）谷歌的创业过程——节约型创业的典型案例：在创业阶段存在巨大的失衡问题

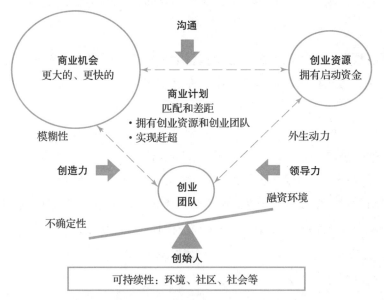

b）谷歌的创业过程——调动创业资源和创业团队追求商业机会：在融资阶段达到新的平衡

图 3-6 谷歌的创业过程

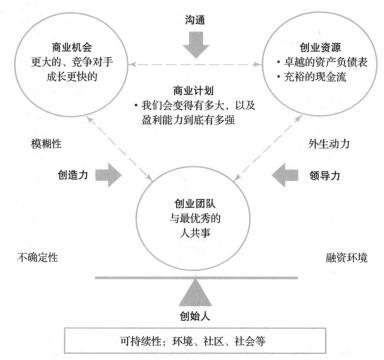

c）谷歌的创业过程——建立和持续运营企业以及再平衡：在上市阶段再次达到新的均衡

图 3-6 （续）

　　创意、资源和人才的错配可能很快就会导致企业脱离创始人的控制，落入能够将其转化为真正机遇的创业者手中。在这个脆弱的时刻，创始人的状态就会像图 3-6a 中显示的那样，当时的团队和资源与巨大的搜索引擎行业机会之间完全不匹配。两者之间的差距十分大。太阳微系统公司的创始人之一、企业家兼天使投资人安迪·贝希托尔斯海姆（Andy Bechtolsheim）进入了这个领域。一天清晨，创建这个搜索引擎的（现名为谷歌，是 googol 的变体，意思是人数众多）两个伙伴在帕洛阿尔托一位斯坦福大学教师家的门廊上遇到了贝希托尔斯海姆。

　　贝希托尔斯海姆对此印象深刻，但没有时间了解细节，于是给他们开了一张10 万美元的支票。由此开始，佩奇和布林第一轮融资就收获了 100 万美元的资金，当时得以填补资源缺口，并组建团队。

　　1998 年 9 月，他们在加州门洛帕克的一个车库里开始创业，并雇用了第一个员工：技术专家克雷格·西尔弗斯坦（Craig Silverstein）。不到一年，公司换了新址，那里很快就被日渐增多的办公桌和服务器弄得拥挤不堪。1999 年 6 月，公司又获得了一轮融资，其中 2 500 万美元来自红杉资本和凯鹏华盈——两家位于硅谷的领先性风险投资公司。谷歌搬迁到位于加州山景城的总部现址后，严重拥挤的办公状况得到了缓解。

图 3-6b 所描述的新平衡创造了合理的投资规模。机会仍然很大，而且还在不断增长，一些竞争对手也获得了市场的认可。为了充分利用这一机会，吸引大批优秀的管理人员和专业人才，创造比雅虎等竞争对手更强大的财务优势，谷歌必须完成上市计划。2004 年夏天的 IPO 结束后，谷歌的市值超过了 250 亿美元，上市第一天的市值就超过了亚马逊、洛克希德·马丁和通用汽车。一年之内，谷歌又通过二次公开募股筹集了 40 亿美元。

到 2010 年，谷歌的股价约为 500 美元，并且在人力资本和资源方面比任何直接竞争对手都更强、更大。谷歌的办公环境宜人，雇用了超过 20 000 名业内最优秀、最聪明的人。

创业过程的迭代既有逻辑性，又是一个试错过程。迭代既基于直觉，又可以有意识地进行计划。这一过程与莱特兄弟最初创造第一架自行推进飞机的过程并无不同。在成功之前，他们进行了 1 000 多次滑翔机飞行，通过这种反复试验和试错才会获得实现飞行所需的新知识、技能和洞察力。创业者也有类似的学习曲线。

匹配可以用一个问题来表达：这是一个极好的机会，但谁能抓住呢？一些最成功的投资项目在创始人获得支持之前就遭到了众多投资者的拒绝。财捷公司创业融资时曾经被最老练的投资者拒绝过 20 多次。还有一个学生身份的创业者安·索思沃斯（Ann Southworth），为了发展针对老龄人口的延伸护理设施项目而进行融资，结果她被 24 家银行和投资者拒绝过。10 年后，该公司被出售，获得了 8 位数的利润。再强调一次，业务类型和投资者之间的不匹配，创始人和支持者之间的化学反应，或者其他许多因素都可能导致公司在融资过程中被拒绝。因此，人、机会和资源在特定时间、通过独特的组合可能会决定一个企业最终获得机会并走向成功。

一个处于建议阶段的投资项目吸引外部资金的潜力取决于整体匹配度，以及投资者如何相信他可以基于匹配创造价值，并不断提高匹配度、风险收益比和成功概率。第 2 章中的图 2-4 展示了可能的结果。

## 时机的重要性

把握创业过程的时机同样重要。时间不断流逝，每一种独特的要素组合都是实时产生的，可能是朋友，也可能是敌人，甚至是两者兼有。如果能果断地认识并抓住机会，情况就会大不相同。不要等待完美的时机来临才想起来利用机会。没有完美的时机。大多数新创企业在找到足够的客户和正确的团队来实现它们的伟大创意之前就已经把钱花光了。机会是个不断漂移的标靶，难以捕捉。

## 最新的研究支持创业模型

蒂蒙斯模型最初是由哈佛商学院的博士论文研究演变而来的。在近 30 年的时间里，通过持续研究、案例开发、教学研讨以及在具备高潜力的创业企业和风险投资机构中的实践，该模型不断演化并成熟起来。模型的基本组成部分没有改变，但是各部分的丰富程度以及相互关系随着对其理解程度的加深而稳步增强。

许多学者做出了大量与创业创新主题相关的研究工作。最重要的是，蒂蒙斯模型简单、明了，兼具动态性，内涵丰富，有助于创业者了解创业过程来获得对自己有利的机会。如果创业者能充分理解书中的创业案例、练习等，就能提高成功的概率。

与前文提到的 *Inc.*500 类似，安永推出的"年度创业者"也是一项主要的研究工作，该工作由隶属于考夫曼创业领导力中心（Kauffman Center for Entrepreneurial Leadership）的美国国家创业研究中心（National Center for Entrepreneurship Research）主导实施，评价工作主要围绕 906 家快速成长企业进行。这些研究成果基于绩效卓越的企业实践为各行各业提供了一个重要的对标实践。表 3-3 总结了营销、财务、管理和计划 4 个关键领域、25 项领先实践。（该研究的完整版本可从美国国家创业研究中心网站获得：http://www.kauffman.org。）

表 3-3　领先的创业实践

**快速成长企业领先的营销实践**

- 向不断扩大的细分市场提供被认可的高质量产品和服务
- 培育引领潮流的新产品和服务，使之在市场上脱颖而出，成为同类产品中的佼佼者
- 提供的产品和服务有助于满足市场中的平均需求或获得更高的市场价格
- 从现有产品和服务中获得的收入能够保持在现有总收入 90% 左右的水平，同时从新产品和服务中获得的收入能够达到约 20% 的年度增长水平

（续）

- 从现有客户群体那里获得的收入能够维持在现有总收入 80% 的水平，同时从新客户群体那里获得的收入能够达到约 30% 的年度增长水平
- 推出具有较强影响力的新产品和服务改善计划，但研发支出通常不超过总收入的 6%
- 培育高收益水平的销售力量，他们的开发通常占整个市场营销支出的 60% 左右
- 快速开发具有互补性的多元产品和服务平台，以帮助企业实现营销区域范围的扩张

**快速成长企业领先的财务实践**

- 预期能够实现多轮融资（每轮平均时间约两年半）
- 确保资金来源能够在扩大市场规模方面作用显著
- 采用的融资途径不能影响创业者的控制权
- 可以选择性地给予员工股票所有权以保持对企业的控制权
- 将创业者的远期目标与商业计划中设定好的退出战略联系起来

**快速成长企业领先的管理实践**

- 高层管理人员之间能够形成协作式决策风格
- 能够将有合作经验，甚至没有一起合作共过事的高层管理团队整合起来，实现结构均衡，以加速企业的发展
- 高管团队中有 3 ~ 6 人具有成为再创业者的能力
- 使管理层级的数量与高层管理人员的人数相一致
- 首先在财务、营销和运营等职能领域建立起创业能力，组建一个由内部和外部董事组成、结构均衡的董事会
- 在定期举行的董事会会议上反复校准企业战略
- 在企业处于战略拐点时，要让董事会深度参与

**快速成长公司领先的计划实践**

- 准备考虑周详、周期为 12 ~ 24 个月的书面月度计划，以及周期为 3 年或更长时间的年度计划
- 建立职能规划和控制系统，将计划目标与实际业绩相结合，并相应调整管理层薪酬
- 定期与员工分享业务计划直接相关的计划目标和实际业绩数据之间的差距
- 将管理层和员工共同制定的工作绩效标准与商业计划绑定起来
- 前瞻性地采用对标方法进行建模，对标选择必须超过行业标准、竞争对手和行业领导者

## ⊕ 案例研究　罗珊·昆比

　　我喜欢创业的自由，虽然不知道结果会如何。创业是一场大试验，它的成功或失败完全取决于我。我意识到实现目标并不是最有趣的部分，创业之路上遇到的问题才有趣。

——罗珊·昆比

**引言**

　　罗珊·昆比（Roxanne Quimby）坐在伯特小蜜蜂（Burt's Bees）位于北卡罗来纳州罗利市工厂新址中的总裁办公室。她思念缅因州，那是公司原来的总部所在地。

昆比在缅因州中部创建了伯特小蜜蜂，一家以蜂蜡为原料的个人护理产品和手工艺品制造商。她正在犹豫是否应该再把公司迁回那里。她解释道：

当我们搬到北卡罗来纳州时，我们感到周围的环境非常陌生。我意识到那些缅因州的老员工非常珍视我们一起开拓的业务。在缅因州，每个人在创业过程中都留下了自己的印记。当我们于 1994 年离开缅因州时，这一切都失去了。我一直在想："为什么我要把伯特小蜜蜂搬到他处？"我以为我可以随意地把这家公司打包搬走，然后一切都会恢复原样。然而事实却是除了我仍然每天工作 20 小时之外，一切都不一样了。

昆比需要迅速做出决定，因为伯特小蜜蜂公司正在雇用员工和购买设备。如果她现在选择搬回去，她可以将损失减到最小，然后重新雇用留在缅因州的那 44 名员工，因为他们都还没有找到新工作。另一方面，她也不能忽视自己决定离开缅因州的原因。在缅因州，伯特小蜜蜂的营收规模可能不会超过 300 万美元，而昆比觉得公司有更大的发展潜力。

### 罗珊·昆比和伯特·沙维茨

#### "害群之马"

"我在家里绝对是一匹'害群之马'。"昆比说道。她的一个姐姐就职于美国证券交易所（AMEX），另一个姐姐则在嘉信理财集团（Charles Schwab）工作，而她们的父亲是美林银行（Merrill Lynch）的雇员，偏偏只有她对于商业毫无兴趣。昆比在 20 世纪 60 年代末进入旧金山艺术学院（San Francisco Art Institute）学习，"在那里我变得很激进，"她解释说，"我努力学习，创作油画，然而毕业后工作却毫无着落。基本上我被生活淘汰了。然后我搬到了缅因州中部，因为那里的土地非常便宜——每英亩⊖只需 100 美元——我可以逃离尘世的烦嚣。"

昆比上大学时，她的父亲发现她和男友住在一起，于是与她断绝了关系。她的父亲毕业于哈佛商学院，后来创业失败，但确实留给了她一份礼物——早期创业教育。昆比五岁的时候，他告诉昆比，他不会给她一分钱供她上大学，但如果她自己能挣 1 美元，他也愿意相应地补贴 1 美元。到高中毕业时，昆比通过参与父亲支持的创业项

---

⊖ 1 英亩 = 4 046.856 米 $^2$。

目和卖手工工艺品已经赚了 5 000 美元。

1975 年，昆比和她的男友结婚，搬到缅因州的吉尔福德——位于班戈西北部大约一小时车程的地方。他们以每英亩 100 美元的价格买了 30 英亩土地，在上面盖了一栋两居室的房子，没有电，没有自来水，也没有电话。1977 年，昆比生了一对双胞胎。她靠一份低薪工作勉强维持生计，但在双胞胎 4 岁时，她的婚姻破裂了。昆比把属于她的物品放在雪橇上，然后拖着雪橇穿过雪地搬到了一个朋友的房子里。

在父亲的强制下才养成的谋生技能，让她得以生存。昆比和孩子们住在一个小帐篷里，她在当地的一个跳蚤市场工作，做着低买高卖的生意，每周能挣近 150 美元。

昆比还做过服务员。她说："我一直觉得自己有一种创业精神。即使是当服务员，我也有创业者的感觉，因为我有控制权。我无法忍受别人控制我的命运或成就。其他的工作并没有激励我做到最好，只有当服务员做到了，因为我对自己负责。但是最终我被解雇了，因为我总是毫不犹豫地告诉老板我的想法。"

1984 年，昆比开始质疑她的生活方式："我开始感到应该对孩子负责。我觉得我必须有一份真正的收入。虽然我有一份服务员的工作，但镇上只有三家餐馆，而且最终这三家餐馆都解雇了我。就在那时，我偶然认识了伯特。"

**一个志趣相投的人**

和昆比一样，伯特·沙维茨在 20 世纪 70 年代初就辍学了。沙维茨是土生土长的纽约人，曾是《生活》和《纽约》杂志的摄影师。他住在缅因州德克斯特一个 20 英亩农场中的一个 8 英尺⊖见方的旧鸡笼里。作为一名养蜂人，他拥有 30 个蜂箱，在狩猎季通过卖蜂蜜一年可以挣到 3 000 美元，这让他可以支付财产税以及为他的小皮卡车加油。

当昆比第一次见到沙维茨时，她觉得沙维茨长得很帅，她知道自己必须去见他。在《李尔》（Lear）杂志上的一篇文章中，昆比说："我假装对蜜蜂感兴趣，但我真正感兴趣的是沙维茨本人。他是一个孤独的养蜂人。我想治愈他，并驯服这个野蛮人。"他们在 1984 年相遇时，一见倾心。昆比谈到了沙维茨在伯特小蜜蜂的角色：

我说服沙维茨加入公司。他一直信任我的愿景，但与我不同的是，他在情感上非常超脱，不参与具体经营。因此，他有一些伟大的想法，更愿意承担风险。

---

⊖　1 英尺 = 0.304 8 米。

他是我的首席顾问，给了我很多道德和心理上的支持。没有他，我不可能做好公司运营。这么长时间以来，我们之间从未发生过冲突。化学反应一直都在那里。我们真是志趣相投。我们一起经历了那么多，可能会破坏其他关系。我一直都是一个积极的人，每天都参与日常运营，但他很少反对我。他可以说是我的导师。

沙维茨教昆比养蜂，昆比发现了沙维茨储存的大量蜂蜡。她用蜂蜡做了蜡烛，带着它们去当地的工艺品集市售卖，总共卖了200美元。她记得，"我手头从来没有过那么多现金"。

昆比和沙维茨筹集了400美元开始做起蜂蜜和蜂蜡生意。他们购买了一些厨房用具，用于搅拌、浇筑和浸泡，然后从一个朋友那里以每年150美元的价格租了一间没有暖气、自来水、窗户和电器设备的废弃教室，那150美元是火灾保险的费用。于是伯特小蜜蜂诞生了。两个人都没有电话，所以他们恳请当地的某健康食品店为伯特小蜜蜂传递市场信息。昆比去了一个又一个集市，睡在那辆小皮卡车的后车厢，每天能挣几百美元。她为第一年的销售额设定了一个看似不可能实现的目标——1万美元。那一年，也就是1987年，销售额居然达到了8.1万美元。

### 伯特小蜜蜂早期的成功经验

1989年，在马萨诸塞州斯普林菲尔德市的一场批发展览会上，伯特小蜜蜂迎来了重大突破。曼哈顿一家高档古董店的老板买了一款泰迪熊蜡烛，并把它放在橱窗里，蜡烛大受欢迎。古董店的老板给该健康食品店发信息，要求再发货。

昆比开始雇用员工帮助生产，并扩大产品线，包括其他手工工艺品和以蜂蜡为基础的产品，如唇膏。1993年，伯特小蜜蜂雇用了44名员工。昆比解释了她转型为商人的过程：

一段时间之后，我意识到我内心真正喜欢这个行业。我喜欢精打细算、买卖东西，实现增值。我不担心安全问题，因为多年来我一直生活在社会底层。我知道如果情况变得更糟，即使生意失败了，我也能活下去。我经历过最糟糕的情况，知道自己能应付过去。我从来没有因为需要安全感或固定的薪水而陷入困境。我发现通过经商能够获得令人难以置信的解放和自由。我以前从来没有想过。商业唯一的规则就是你必须挣的比花的多。只要你能做到这一点，你做任何事都不会失败。没有其他机会，仅遵守如此少的规则。

昆比不仅喜欢经商，而且擅长经商。伯特小蜜蜂自成立以来一直盈利，销售额每年都在增长（见表3-4）。订购他们产品的全国性零售商包括里昂比恩（L. L. Bean）、梅西百货（Macy's）和全食超市（Whole Foods），公司在全国各地都有销售代表，在每个州都有产品销售。昆比解释了其产品的吸引力：

表3-4　伯特小蜜蜂的销售额
（1987—1993年）

| 年份 | 销售额 / 美元 |
| --- | --- |
| 1987 | 81 000 |
| 1988 | 137 779 |
| 1989 | 180 000 |
| 1990 | 500 000 |
| 1991 | 1 500 000 |
| 1992 | 2 500 000 |
| 1993 | 3 000 000 |

我们在各个城市的销售状况良好。住在城市里的人更需要我们，因为他们无法走出家门享受纯天然的东西。我们的产品既不精致，也不时髦，但它们是朴实的、无华的。每个人都有一种期望简朴的潜意识，我们的产品迎合了这种需求。

公司没有负债，从未申请过贷款。昆比甚至没有信用卡。1993年，她申请了一张信用卡，那时她已经有百万身家了。但因为她没有信用记录，所以不得不和姐姐一起联名申请。她解释说：

我从来没有欠过债，因为我不想在一个美好的下午因为债务约束而不能四处走走。这对我很重要。按月付款的压力会使我备受约束，而且不得不为自己的行为找到一个借口。我极度喜欢没有预见性的生活，不喜欢向任何人汇报。

昆比是如此厌恶债务而偏好现金，她拒绝把产品卖给任何在30天内没有付款的零售商。这意味着同时也拒绝了来自马格尼（I. Magnin）和迪安德鲁卡（Dean & DeLuca）⊖那样的零售巨头的订单。1993年，公司的销售额约为300万美元，但只有2 500美元的未收账款。那一年，伯特小蜜蜂的银行存款为80万美元，税前利润占销售额的35%。

### 战略行动

#### 在缅因州开展业务的代价

尽管伯特小蜜蜂取得了成功，但由于位于缅因州北部，它面临着三个问题。

---

　⊖　美国的一家高档连锁食品杂货店，专门出售高档进口食材。——译者注

（1）运输成本高昂：由于不靠近任何大都市地区，伯特小蜜蜂不得不花费大笔资金用于产品及原材料进出货物流。

（2）所得税高：缅因州向伯特小蜜蜂征收约 10% 的所得税。

（3）缺乏专业人才：1993 年，伯特小蜜蜂共有 44 名员工，昆比说，这些员工"只是带着一双手和良好的工作态度去工作，但缺乏相关技能"。

公司开展任何活动都得依赖手工。"当我们收到一批集装箱或货柜时，我们不得不拆解卡车内的托盘，因为没有人会操作叉车。"昆比说，"缅因州没有任何专业人士。"此外，伯特小蜜蜂从创业伊始就被不断增长的市场需求弄得手忙脚乱。昆比不能专注于董事会管理事宜，因为她不得不花费大量时间与伯特小蜜蜂的其他员工一起浇筑蜡烛。她解释说：

公司已经具有了自己的生命力，它告诉我，它想要增长。但它增长的速度已经超越了我本人的专业知识、目标，甚至超越了缅因州的约束。如果我继续让它生长在缅因州北部，就会阻碍它发展壮大。但从某种程度上说，这家公司就是我的孩子，作为公司的母亲，我想让它茁壮成长。业务给我带来了丰厚的收入，我本来可以继续维持现在的状态，但我知道它的潜力远不止 300 万美元。与此同时，我知道 300 万美元的营业收入已经是我自己能够做到的极限。我所有的时间都在工作，没有人可以依靠，也不能委托给别人。

### 为什么选择北卡罗来纳州

昆比觉得她必须把公司从缅因州迁往他处。迁往何处呢？她不想生活在大城市，但公司新址却必须在市中心。昆比解释了她最终选择北卡罗来纳州的原因：

我办公室里有一幅美国地图，上面标注着我们所有销售代表所在的城市。我过去总是盯着这张地图打电话、做文案，甚至坐在办公桌前时都在盯着看。直到有一天我注意到了北卡罗来纳州。它位置居中，区位优势明显。而且，事实证明，美国有很大比例的人口居住在离北卡罗来纳州 12 小时车程的范围内。我决定迁址时最大的担忧之一就是如何告诉伯特。有一天，我对伯特说："我们需要搬家，看来北卡罗来纳才是我们该去的地方。"伯特说："好吧，罗珊。"我心想："感谢上帝，伯特总是和我合拍。"

沙维茨打电话给北卡罗来纳州商务厅，告诉他们关于伯特小蜜蜂的想法。北卡罗来纳州积极招徕，渴望吸引伯特小蜜蜂过来，尽管它的规模比位于"三角地区"⊖的其他公司要小得多。北卡罗来纳州商务厅给伯特小蜜蜂发送了一套软件程序，昆比可以用它来计算伯特小蜜蜂在北卡罗来纳州需要支付的税款。结果明显比它在缅因州缴纳的税收要少很多。

更妙的是北卡罗来纳有大量熟练的产业工人。如果伯特小蜜蜂搬到此处，它可以雇用一名露华浓的前工程师来建设和运营其生产设施。昆比还聘用了一名新的营销经理，他曾在北卡罗来纳州的兰蔻、Vogue 和维密个人护理产品部门工作过。

北卡罗来纳州商务厅邀请昆比和沙维茨参观"三角地区"并了解那些可利用的制造设施。"一位政府代表带我们在整个地区转了 3 天，"昆比说，"他向我们展示了大量的工厂和办公设施。他提出的条件很好，我们对他印象深刻。"

当他们回到缅因州后，昆比给缅因州商务厅打了电话，看看如果政策条件合适，伯特小蜜蜂就继续留在该州。"如果他们能给我们北卡罗来纳一半的税收折扣，"昆比说，"我就会接受并留下来。"缅因州商务厅让她过几个月再打电话，因为负责招商引资的人休产假了。昆比惊讶地说："我们是城市的第二大企业，而他们根本就没有回应我们。缅因州州长后来在《福布斯》杂志上读到了一篇关于我们的文章，上面提到我们要离开时，我们才得到了回复。但那时已经太晚了。"

### 迁址的经济性：移植杜鹃花丛

昆比把伯特小蜜蜂的迁址行动比作移植盛开的杜鹃花丛。她说："我意识到我必须要彻底地裁剪和修剪，才能让它存活下来。"在缅因州，伯特小蜜蜂最大的资源是廉价劳动力——生产线上的工人每小时才挣 5 美元。因此，它的大部分产品都是劳动密集型的，而且都是手工制作的。

在北卡罗来纳州，公司最大的资源是熟练的工人。但熟练的劳动力非常昂贵，因此伯特小蜜蜂无法继续生产劳动密集型产品。它必须将一切流程都实现自动化，并将产品线改造为护肤产品线。

护肤产品只需要混合和灌装工艺，所有这些流程都可以通过机械完成。昆比说："从成本和制造的角度来看，为了证明搬到北卡罗来纳州是合理的，我们将不得不制

---

⊖ 北卡罗来纳州的"三角地区"包括教堂山、罗利和达勒姆，是三角科技园区的所在地，这是一个大型的高科技园区，类似于加利福尼亚州的硅谷或马萨诸塞州的 128 号公路。

造更多的'膏状物'。我看了一下未来可能的新产品清单，清单上没有我们在 1988年生产过的任何东西。"

　　昆比计划通过在其护肤产品中主要使用天然成分而不使用化学制剂来保持伯特小蜜蜂的环境伦理。尽管如此，伯特小蜜蜂仍不得不成为一家全新的公司，放弃过去曾经帮助它取得成功的产品线。

　　昆比还意识到，如果她想让公司发展壮大，她和沙维茨不能一直是公司的唯一所有者。自伯特小蜜蜂创立以来，昆比和沙维茨分别持有该公司 70% 和 30% 的股份。昆比知道，她所希望吸引的员工都应受到高度的股权激励。她还知道，分享所有权意味着对他人负责，以及不得不为自己有时非传统的决定进行辩护。昆比一生都在为避免责任而斗争，她的自主性是伯特小蜜蜂获得成功的原因之一。

## 结论

　　昆比在北卡罗来纳州空荡荡的工厂里走来走去。她试着想象那将会是充满机器和工人的空间，但她的思绪却不断回到缅因州的旧厂房。在她看来，她有三种选择。

　　（1）留在北卡罗来纳州：昆比可以承诺留在北卡罗来纳州，并试着克服她的疑虑。伯特小蜜蜂从在露华浓、兰蔻、Vogue 和维密工作过的工厂经理和营销经理那里获得了非常有前景的经营思路。这二人将在很大程度上填补昆比专业知识的不足。

　　（2）搬回缅因州：昆比可以停止所有的采购和雇用工作，然后搬回缅因州。她可以通过迅速行动将沉没成本降到最低。此外，伯特小蜜蜂可以保持其原有的产品线。缅因州州长告诉昆比，如果昆比改变了主意，可以打电话给州长。昆比可以与缅因州州长达成一项协议，以减轻公司的税收、物流和雇用成本。

　　（3）将公司出售：虽然销售额只有 300 万美元可能是一个障碍，但伯特小蜜蜂已经得到了广泛关注，将吸引许多潜在买家。昆比知道她不想永远在伯特小蜜蜂工作："我觉得在未来某个时候，这家公司不再需要我了。我说过，这家公司就是我的孩子，孩子长大后会想要离开母亲。我还有其他的事情要做。"

第 4 章

# 绿色创业

## 清洁商业和可持续发展是个巨大的变革机遇

● 导 读

　　正如著名的风险投资者约翰·杜尔指出的那样，清洁商业和企业可持续发展趋势可能是 21 世纪最富有前景的商业机会。这种影响深远的转型正在孕育哪些新的机遇呢？创业者如何创造和抓住这些机会？很难找到一个行业或制造商不受这些趋势的影响。企业现在面临着越来越大的全球监管压力、越来越高的透明度要求，以及公众对环境和健康问题的日益关注等问题。

### 清洁商业和可持续发展视角：看到新的机遇并采取战略行动

　　正如第 3 章中蒂蒙斯的创业过程模型所示，可持续发展正在成为新创企业的关键战略。现在创业者需要从可持续发展的视角去审视所处的行业，明确新的商业机遇，并设计采取相应行动的方法。

### 可持续发展的定义

可持续发展意味着资源的利用不应耗尽现有（自然）资源……也就是说，资源使用的速度不能超过资源补充的速度，垃圾产生的速度不能超过生态系统的承载能力。

卡尔 – 亨里克·罗伯特博士（Dr. Karl-Henrik Robèrt）

肿瘤学家和"自然之道"（The Natural Step）创始人

可持续发展包括经济可行性的概念。收入和收益必须能够维持商业的持续成功，而且像任何商业利润一样，必须通过再投资进行产品和服务的改进，以推动未来的增长。但可持续发展也指创业企业在支持社区发展、改善人类健康和保护生态系统方面发挥的作用。

## 概念界定：如何透过可持续发展的视角看问题

与蒂蒙斯模型相一致的是，对商业机会的重视以及创业团队能够汇聚的资源，意味着创业领袖能够成功地调动资源并提供新产品和替代性的商业模式。透过可持续发展的视角看问题有以下三个战略维度：

- 弱联系。
- 系统思维。
- 像分子一样思考。

仔细思考透过可持续发展视角看问题的每一个维度，你将会得到新的战略启发。

### 弱联系

你需要新的合作伙伴来帮助你发现和分析问题及机会。这就要求你与以前在你的圈子以外的个人和组织建立起"弱联系"。之所以称之为"弱联系"，不是因为这些个人和组织缺乏实质资源或者会让你失望，而是因为他们处于你所熟知的人际关系网之外。通过这些联系，你可以获得新鲜的创意、新兴的视角和新的科学数据，这些内容对于新创企业及其走向成功都是非常关键的。

## 系统思维

可持续发展需要系统思维。公司在设计战略的时候，通常会把系统边界定义得非常狭窄，仅包括公司、市场或行业。

然而现实是，我们处在一个复杂而又相互联系的世界中，只有那些能够认识到这一现实本质并试图利用这一认知改变世界的人，才可以发现新的、以前未被重视的、有利可图的领域，并采取行动。

## 像分子一样思考

系统思维要求从更宏大的视野来看待整个生态系统。我们不能忘记宏观视角，但是，也要审视眼前的环境，从更加细微的角度思考。绿色化学是指在化学产品的设计、制造和应用过程中坚持减少和消除有害物质。绿色化学遵循 12 条原则。这些原则可以应用于有机化学、无机化学、生物化学和试剂化学中，其重点是使任何化学反应的风险最小化和效率最大化。

📍 专栏

### 绿色化学的 12 条原则

1. 杜绝浪费：开发化学合成品，不留下任何需要处理或清理的废品。

2. 研发更安全的化学产品：高效率研发化学产品，并使其毒性减至很弱，甚至没有毒性。

3. 研发危险性低的化学合成品：研发化学合成品，并保证其使用及生产过程对人类和环境几乎没有毒性或不会产生有毒物质。

4. 使用可再生原料：使用可再生原料而非纯粹的消耗性原料。可再生原料通常由农产品或其他工业流程的废品制成；消耗性原料包括化石燃料（如石油、天然气或煤）和需开采的原料。

5. 使用催化剂，而不是化学试剂：通过催化反应减少废品排放。催化剂的用量很小，一次反应可以产生多倍效果。它们比化学试剂效果好，因为化学试剂会过量使用，而且只有单次效果。

6. 避免产生化学衍生物：尽可能避免使用封锁或保护措施的运行环境，如有可能，尽可能避免任何临时性的调整。衍生物处理会消耗额外的试剂，并会产生废物。

7. 使分子材料的使用效益最大化：在研发化学合成品时，应该使最终产品包含最大比例的原始材料。尽可能降低任何浪费原材料的可能性。

8. 采用更安全的溶剂和反应条件：避免使用溶剂、分离试剂或其他辅助化学品。如果这些化学物质是必要的，则尽量使用无害的化学物质。如果必须使用溶剂，水是一种良好的媒介，或者使用某些生态友好的溶剂，这样做不会形成雾霾或破坏臭氧。

9. 提高能源效率：尽可能在一般环境的温度和气压下实施化学反应。

10. 设计能在使用后降解的化学品和产品：设计能在使用后分解为无害物质的化学品和产品，尽量使它们不会在环境中积累。

11. 采用实时分析以防止污染：包括在合成过程中的实时监测和控制，以减少或消除副产品的产生。

12. 减少事故发生的可能性：设计化学品时要考虑其最佳形态（固体、液体或气体），以减少发生化学事故（包括爆炸、火灾等）的可能性。

资料来源：P. T. Anastas and J. C. Warner, Green Chemistry: Theory and Practice (New York: Oxford University Press, 1998).

## 采用案例阐明概念：美则公司

清洁湿巾，是一种传统的由石油化工衍生塑料制成的产品。每年美国有超过 83 吨的湿纸巾被丢弃，这种单次使用的无纺布产品不能由聚乳酸制造，而嘉吉下属的奈琪沃克最近才将基于植物提取的生物材料技术商业化。作为一家对环保概念特别敏感的清洁产品企业，当美则公司从美国塑料产品制造商那里获知这些情况后，创业者亚当·洛瑞（Adam Lowry）开始迎难而上。

洛瑞找到了富有创新精神的中国供应商，研制出超纤维塑料湿巾，这种产品既可以自然降解，又可以生物降解处理。

不久之后，那些美国供应商又通过电话联系了洛瑞，说他们已经找到了解决办法。与美国供应商合作是一种更符合可持续发展理念的外包策略，既可以减少物流运输过程中的燃料浪费，又能便于供应商管理。

在每一个转折点，美则公司都试图成为更广泛的系统性变革的催化剂。该公司使用生物柴油为卡车提供燃料，为其芝加哥仓库开发太阳能动力叉车，并通过这种办法实现了碳中和。在洗涤剂领域，该公司引领行业向 2 倍和 3 倍的超浓缩洗衣粉发展，这可以减少包装材料的用量、运输成本和用水量。

与供应商的协同创新造就了美则公司保持竞争优势的能力。大多数早期的供应商都是小公司，它们想要创新，学习新的运营流程和产品设计。随着美则公司的快速成长，许多供应商已经成功扩大规模，并继续提供创造性的产品。2009 年，美则公司成为最早通过 "从摇篮到摇篮认证"（Cradle to Cradle Certified, C2C）的公司之一，推出了 37 个 "从摇篮到摇篮认证" 的产品，是世界上拥有最多该类产品的公司之一，现有 60 个认证产品，而且数量还在不断增加。一个大卫式（David-esque）的供应商网络竞争图景正在形成，甚至它可以与宝洁、强生和联合利华等巨头展开竞争。

公司的战略是 "找到它，而不是创造它"。美则公司保留了研发部门，留住了一个有才华的内部团队，而对于制造业务则实施外包。

为了保持创新，美则公司将与任何能够帮助它实现 "健康、快乐的家庭革命" 的相关方保持合作——这句话使其能够围绕品牌形成有趣、广泛的发展边界。洛瑞还评论说，刻板又华而不实的环保辞令总是让他感到沮丧，他建议，在环境保护和可持续发展市场中，"不要让完美成为进步的敌人"。他还建议创业者应该让那些与企业没有任何关系的人参与进来。2007 年，他在斯坦福大学的 MBA 课堂上对学生们说："让那些设计超酷产品的人参与进来。"

通过使用弱联系、系统思维、像分子一样思考策略，可持续发展视角不断被强化。它将清晰地引导这项事业的发展。随着对生态、健康和社区的关注在社会中变得越来越重要，美则公司代表了一种商业模式，它将生态概念和可持续发展原则完全融入产品和战略设计中。这就是创业者应该做的：他们在创造一个更美好的未来。

## 采用案例阐明概念：奈琪沃克

当你在周一早上，查看你的电子邮件，并得知沃尔玛——全球终极供应链领导者——将开始采购你的产品时，你会有什么感觉？这对本周来说当然是个好的开始。如果你是一家规模相对较小的分公司的首席执行官，正在努力通过生产一种相对不为人知的商品——以玉米为原材料的塑料产品——获得盈利，那这就更加是好消息了。

### ⦿ 专栏

### 绿色科技联盟

生物学和材料技术方面的科学突破，意味着此时是创建和发展一个伟大的绿色企业的最佳时机。总部位于硅谷的风险投资公司凯鹏华盈正在积极投资绿色科技创新和创业公司。为了进一步实现投资目标，2007 年 11 月，凯鹏华盈宣布与世代投资管理公司（以下简称"世代公司"）进行全球合作。世代公司是美国前副总统、诺贝尔奖得主、气候变化倡议的主要倡导者阿尔·戈尔（Al Gore）创立的。该合作致力于寻找、资助和加快发展绿色商业、技术和政策解决方案，以发挥最大的潜力帮助解决当前的气候危机。该伙伴关系为一系列公共部门和私营企业以及创业者提供了资金和有关全球业务构建的专业知识。

绿色科技联盟代表了一种具有里程碑意义的资源整合行动，以促进全球变革及环境保护。联盟能够结合这两家机构的专业知识，以及在上市公司和私营企业领域的成功投资记录及经验，它们的投资覆盖范围很广，从处于早期阶段的创业企业到拥有巨量市值的大企业。联盟将戈尔、凯鹏华盈的绿色科技创新网络和世代公司顾问委员会的影响力联合起来，朝着一个共同的目标前进。此外，凯鹏华盈在亚洲和美国的业务，加上世代公司在美国、欧洲和澳大利亚的业务，将有效支撑全球规模的解决方案发展。

资料来源：www.kpcb.com。

前文所描述的情景实际上发生在奈琪沃克公司，一家由帕特里克·格鲁伯（Patrick Gruber）负责技术和管理的创业公司。奈琪沃克是由农业加工巨头嘉吉公司（Cargill）和陶氏化学（Dow Chemical）合资创办的企业，它为实现最初创始人的愿景——用植物基（生物质）塑料取代油基塑料（用于包装、薄膜和织物）——已经奋斗了 10 年。

奈琪沃克公司拥有 230 名员工，并获得了嘉吉公司约 7.5 亿美元的资本投资。2005 年，该公司的生产能力低于预期。奈琪沃克还没有盈利，外部类似"赶紧止血"的评价喋喋不休，频次多得甚至能打破市场纪录。随后，沃尔玛就打来了这通电话。作为新战略的一部分，沃尔玛将开始采购由奈琪沃克生产的玉米塑料制成的熟食容器。

奈琪沃克的新塑料是材料工程师和工业化学家创业过程的结果，他们设计了一种关注健康理念、环境属性和材料性能的产品。因此，该公司已经在新兴的绿色塑料市场占据了领导地位。奈琪沃克是一个很好的例子，说明当你像分子一样思考并使用绿色化学技术时会发生什么。这种战略方法能够让你质疑产品材料投入的性质和价值、生产和配方过程的效率，以及产出和产品的最终命运。"从摇篮到摇篮"是一个可持续发展的概念：在产品的使用寿命结束时，其合成材料（被理解为资产，而不是垃圾）成为新产品的投入物或安全地融入地表环境。像分子一样思考可以让你了解产品"从摇篮到摇篮"的整个生命周期和制造过程——不仅是可视化的结果，还有更微观的结果。2009 年，奈琪沃克与亚什兰化工销售公司——北美、欧洲和中国热塑性塑料的主要经销商——合作，其产品线和销售规模得以不断扩大。

## E 因子

绿色化学中包含了"原子经济"的理念，即制造商尽可能充分利用投入到最终产品中的每一个分子。对于糟糕的现状而言，即生产一种产品就会有平均94% 的资源被作为垃圾而丢弃，绿色化学原则将在整个生产系统中产生深远的影响。

制药行业是最早在生产加工过程中采用绿色化学原则的行业，现在正在使用一种叫作"E 因子"的度量标准来衡量所有给定产品的投入产出比率。本质上，E因子度量法衡量的是投入一个单位重量所得到的产出重量。这个数字让公司了解到生产过程的效率，以及与废品、能源和其他资源使用率等相关的内在成本。将绿色化学原则应用到制药生产过程中，使制药公司能够大幅降低其 E 因子，并显著提高利润。

以默克制药为例，它发现了一种高效、创新的西格列汀（sitagliptin）催化合成法，西格列汀是默克公司治疗 2 型糖尿病的新药物捷诺维（Januvia）的活性成分。这种创新性的合成方法使每生产 1 磅西格列汀能减少 220 磅的废料，并使总产量提高了近 50%。在捷诺维的生命周期内，默克公司减少了 23% 的废物产生（2005—2008 年）。所产生的工业废料中有 29% 在生产过程中被重复利用，26% 被用作机械动力和工业锅炉的能源，只有 3% 的工业垃圾进入了垃圾填埋场。

默克制药是一个采用绿色化学原则的好案例，它将人类和生态健康置于盈利产品设计和制造的核心。此外，由于绿色化学原则要求增加可再生原材料的投入，在宏观层面上，促进了从以石油化工为基础的经济模式向以生物材料为基础的经济模式的转型。这对环境健康、员工安全、国家安全和农业经济等普遍性问题产生了深远影响。

虽然没有哪一门科学能提供所有的答案，但绿色化学在使企业从绿色设计的过程中实现盈利等方面发挥了基础性作用。

## 新兴创业机会的驱动力

正如我们之前所指出的那样，蒂蒙斯创业模型将可持续性视为创业过程的基石。诚然，目前并非所有的企业都有着清晰的环境保护和可持续发展方面的考量，这也反映了以前这些项目还没有成为商业模式必要的部分。但我们现在生活的世界却正受到自然系统适应人类活动能力的限制。

预计到 2050 年，世界人口将翻一番，21 世纪的主要挑战是如何为全世界更多的人创造繁荣，但在此之前必须解决气候变化、水资源短缺、城市空气污染、能源供应挑战等问题，以及为全世界人口提供食物，甚至还要提供体面的生活方式。

以工业革命为根基的经济模式，通常假定自然资源可以无限索取，自然环境可以无限吸纳商业活动和工业活动产生的垃圾。通过与负责监测污染和生态健康的科学研究群体密切沟通，他们从自然界得到的反馈告诉我们，传统的增长模式不再能够指导我们的发展。现在到处充斥着媒体的相关报道，环境约束带来的挑战已经到了最为严峻的时刻。

事实上，信息革命是为这一领域的创业者创造出新机会的一个主要因素。由于现在信息广泛传播和随处可得，消费者在政府采取行动和制定法规之前就能够了解新的科学发现和相关观点。以气候变化为例，早在政府承认气候变化正在发生之前，美国公司就开始采取行动保护股东的利益。同样，在消费品和环境卫生领域，企业开始警觉起来。当一种日常用品因含有某种有害物质而受到越来越多的审查时，例如，有报道称进口儿童玩具中含有害物质，消费者就会越来越不愿意等待美国环境保护署（EPA）检测、评估并禁止该物质的使用这一过程。相反，终端用户现在有办法和动力去寻找替代产品。因此，当市场开始转变时，那些能够读懂这些趋势并走在它们前面的创业者就可以做好准备，而且仅仅通过提供安全的替代品就可以改变市场格局。

与欧盟的 REACH 法规（2006 年颁布的化学品监管要求）一样，不断变化的全球标准和国际法规也改变了竞争环境。美国消费者可能会纳闷："为什么这种物质在欧洲和日本被禁止，但在美国却可以销售？"为迎合不同的监管制度而生产不同质量的产品正变得越来越困难，因此最好的办法就是满足全球最高的标准要求。这不仅简化了供应链，还让企业能够避免被发现在一个国家销售"不合格"甚至是受污染的产品，而在另一个国家销售的是"无公害"的产品。

欧洲和日本为国际制造标准设定了很高的标杆。欧盟于 2003 年 2 月通过《关于限制在电子电气设备中使用某些有害成分的指令》（一般称为 RoHS 指令）。RoHS 指令于 2006 年 7 月生效，并经过授权成为各成员国的法律。该指令禁止在制造各种类型的电子和电气设备中使用六种危险但常用的材料。RoHS 指令与欧盟的《电子和电子设备废物指令》（称为 WEEE 指令）密切相关，WEEE 指令规定了有关电子产品收集、回收和回收利用的目标。

在 WEEE 指令的指导下，废弃电气和电子设备的处理责任由制造商承担。这两项指令都是欧盟立法倡议的一部分，旨在解决有毒电子垃圾数量不断增加的问题。

在创业者背后，还有其他强大的驱动力。例如，绿色建筑的设计和建设正成为行业主流，并将随着对节能住房需求的增加而继续增长。领先能源与环境设计认证（Leadership in Energy and Environmental Design，LEED）是在美国绿色建筑委员会（USGBC）的主持下进行的一项生态型建筑认证计划，提供可持续性建筑评级系统。

每一座获得 LEED 认证的建筑都有可能在设计和材料使用方面获得银、金或白金级别的奖励，这是企业通过提高效率来实现差异化的一种方式。获得 LEED 认证的建筑实现了诸如能源节约和水资源节约，从而降低运营成本、提高员工生产率、更易招聘和留住优秀员工以及实现更高的转售价值等优势。

快速增长的另一个市场领域是清洁能源技术，包括风能、太阳能、燃料电池和生物燃料。关于气候变化的争论已经从它是否正在发生转变为如何应对它。2006 年，能源技术领域的风险投资估计增加了 2 倍，达到 24 亿美元。从 2009 年到 2010 年上半年，清洁技术风险投资增长了 65%。全北美的企业共筹集了 14.6 亿美元，用于支持在中国、印度、北美、欧洲等国家和地区的太阳能、生物燃料和智能电网系统建设。风能、太阳能、燃料电池和生物燃料市场近 40% 的增长水平表明，该领域的商业机会非常丰富。

随着生态和经济压力的增加，在世界范围内，真正的创业领袖将被视为有远见的人，他所创建的企业的责任是保护自然系统的完整性，包括大气系统、江河流域和小溪，城市住房、工作、卫生系统，甚至人类免疫系统。秉承企业与自然共同进化的创业愿景，将具有更大的持久性，并更好地扎根于新的现实领域。

与蒂蒙斯模型相一致的是，如今越来越多的创业者正在通过有效地调动资源、提供成功的产品、设计替代性商业模式来创造新的竞争市场空间。这些创业者将可持续发展原则融入创业企业运营和战略中，并为未来提供了独特的创业和创新商业模式。这是一种不断发展的模式，能够让企业积极地、创造性地适应人类对自然环境造成的日益严重的影响。

## 对 21 世纪创业者的启示

可持续发展趋势对 21 世纪的创业者有着深远的影响。随着不断适应和进化，人们能够应对更复杂的社会、经济和环境压力，创业机会在今天依然大量存在，并且在全世界范围内不断增加。资源约束和生态系统吸纳工业垃圾的有效能力将是持久性的挑战。

可持续性并不是一种时尚。考虑到全球人口增长，新兴经济体对经济发展的渴求不断上升，以及人们越来越认识到在影响地球自然系统保持错综复杂的平衡中所扮演的角色，清洁发展和清洁商业是必要的。

在可持续发展理念的启发下，创业者创造和创新的浪潮开始涌动。正如蒂蒙斯所说："一代人的创业精神会塑造下一代的商业范式。"这是随着解决环境与人类健康问题的新业态和新技术的出现而不断形成的。

正如美则公司和奈琪沃克等企业的创业者所展示的那样，通过推动产品设计和材料创新的变革，环境可持续性方面的创业趋势成为商业和社会变革的主要指标。

创业者有许多机会向大中型企业提供新设计的符合环境和可持续性标准的产品。大公司可以带动市场发展，但它们通常必须从更小、更灵活的创业公司那里收购创新技术或产品。鉴于这种变革所需的创造性技能，新的创业领袖将为大公司和消费者提供新的解决方案。

向可持续发展和清洁商业转型需要对新技术、新产品和新市场有新的洞察。从历史上看，提供这些服务一直是创业者所担负的责任，直到今天依然如此。

---

### ⊕ 案例研究　吉姆·波斯

#### 引言

吉姆·波斯（Jim Poss）在洛根机场的报摊前停下脚步，翻阅着《国家地理》（*National Geographic*）杂志，2004 年 6 月那期的封面故事标题是《廉价石油时代的终结》。

吉姆的企业——海马电力公司（SPC）是一家专注于工程领域的初创公司，倡导采用环保发电的方法。吉姆确信他们的第一个产品——一项正在申请专利的太阳能垃圾压实机，可以带来真正的改变。

在美国，1.8 亿辆垃圾车每年消耗超过 10 亿加仑<sup>⊖</sup>的柴油。通过现场压缩垃圾和

---

⊖　1 加仑 = 3.785 41 分米<sup>3</sup>。

采用非电网电力，这个邮箱大小的"大肚子"可以将垃圾拾取量降低 400%。原型机是在一次商务飞行过程中设计的，成本大约花费了 1 万美元，并以 5 500 美元的价格卖给了科罗拉多州的维尔滑雪度假村。从 2 月起，产品就按设计功能开始运行，为度假村节省了大量的时间和金钱，而以往只能靠雪橇车往返运输垃圾。

吉姆认为，赔掉的 4 500 美元是市场营销和概念验证应该支付的成本。但随着 20 台设备订单开始生产，SPC 不得不降低零部件成本并提高生产效率。

吉姆把杂志放回去，走到洛根机场的登机口。在纽约，投资人召开了一次会议，吉姆打算就他们提出的交易方案回应一些尖锐的问题。他认为他们应该给他开一张可兑现的支票，并让他以他认为合适的方式运营 SPC，否则他将拒绝他们的投资，通过其他途径为公司寻找急需的 25 万美元的种子基金。

### 绿色发展基因

当吉姆还是个孩子的时候，他就喜欢把自己拆解家用电器和电子设备积攒下来的零件做成小玩具。他还花了很多时间和父亲一起越野滑雪。吉姆说，到 12 年级的时候，他就知道自己努力的方向了：

我读过《寂静的春天》，这让我开始思考我们的行为正在对地球造成的破坏。我开始了解到问题的严重性——就是它了，目标便确定下来。到我在杜克大学的第一学期结束时，我已经学习了大量的环境科学知识，明白了帮助企业走向绿色将是一个巨大的成长性产业。

吉姆认为，吸引企业投资于优质能源系统的方法就是让他们能够从中获利。他拥有环境科学与政策以及地质学双学位，并且辅修了工程学。1996 年毕业后，他找到了一份分析土壤和岩石样本的工作，但没待多久：

不到 6 个月，我就在一家小型电子公司找到了一份生产流程再造的工作，非常有趣。在那之后不久，我开始在一家叫 Solectria 的公司工作，那正合我的胃口。

作为马萨诸塞州可持续交通和能源解决方案设计与制造商的销售工程师，吉姆帮助客户配置汽车的电动驱动系统。他掌握了使用电子表格来优化电机、控制器、电源转换器和其他硬件的最有效布局的专业技能。到 1999 年，他决定继续前进：

我在旧金山找到了一份很有意思的工作，在一家造船公司做生产经理，负责协调七八个分包商的供应链。（互联网）泡沫破裂时，这家造船公司无法筹集资金进行扩张。我的工作很快变得相对平凡，所以我离开了。

这一次，吉姆回到了学校：

我知道我可以经营好一家公司——一家可再生能源方面的公司，或者经营电子产品方面的公司。我还有很多东西要学，所以我申请了百森商学院的 MBA 项目。我想我可以利用第二年的创业强度跟踪（entrepreneurship intensity track，EIT）项目来孵化一些东西。

## 商业机会探索

在百森商学院的第一年和第二年之间，吉姆申请了一份暑期实习工作。他向斯皮尔公司（Spire Corporation）提交了一份关于研究太阳能垃圾压实机的可行性建议书，该公司在制造太阳能电力设备方面非常专业。吉姆与斯皮尔公司的一位高级副总裁探讨了他的创意，并得到了总裁的电话回应：

罗杰·利特尔（Roger Little）和我熟悉的董事会成员谈过，并说虽然他们对让我写一个关于太阳能之类的案例研究不感兴趣……但他们想让我基于现有的市场机会和运营模式为斯皮尔公司撰写一份商业计划。我回应说："当然，我来写。"

那年夏天，吉姆和斯皮尔公司的执行团队一起完成了三个商业计划。当他们请求他留下来时，他同意在完成全日制 MBA 课程的基础上每周工作 15 小时。他不断向斯皮尔公司的高管们推销有关太阳能垃圾压实机的创意，但高管们一直不予理睬。"最后，"他回忆说，"他们只是说，他们不会进入终端用户应用领域。"

在第二学期一开始，吉姆加入了一个专门为培养年轻的工程师而准备的产品设计团体，它是由百森商学院的姐妹院系——奥林学院组织的。在那里，他遇到了杰夫·赛特维茨（Jeff Satwicz）。那时吉姆正参与一个项目，但又缺乏相关的工程技术能力，所以他找上了杰夫。他跑上山到奥林学院去问杰夫，是否愿意帮忙设计一个可折叠的车尾烧烤架，杰夫说"当然可以"。

虽然吉姆最后没有留在烧烤产品团队，但在此他与一位创业工程师建立了联系。

按照他的追求，吉姆组建了海马电力公司——这是他开始实践关于潮汐发电系统愿景的一个节点。

吉姆知道完全实现潮汐发电还很遥远，于是他调研了各种方案，为那些资本充足且正在开发替代能源解决方案的企业提供服务。

很多人都对吉姆说，哪里有风，哪里就应该有电——他们是对的，风能是世界上增长最快的能源供应方式。绝大多数风险投资者都在关注风能。然而，吉姆意识到，如果他要建造风力发电厂，将不得不筹集 2 亿～ 5 亿美元，而在没有任何行业经验的情况下，这是不可能的。因此，他开始关注它们（风力发电厂）需要什么。

## 数据采集浮标项目

吉姆发现，位于楠塔基特海峡（Nantucket Sound）水域的鳕鱼岬海上风电场项目现已建设一座价值 250 万美元、高 200 英尺的高塔，用来收集风力和天气数据。吉姆觉得有更好的办法：

> 我的想法是部署数据采集（DAQ）浮标，它可以围绕一个固定位置移动，以获取全域数据点。我花了大约 6 个月的时间写了一份关于数据采集浮标的商业计划。我想，要想实现原型产品，我需要 500 万～ 1 000 万美元。这是一个相当复杂的设备，很多人会担心。比如风暴来了，会对浮标造成什么样的破坏，这种情况一旦发生，我们就都完了。当时我很难吸引到投资者。

## 发现废品市场

当吉姆在寻找一个大的概念性机会时，他还没有忘记自己关于太阳能压实机的创意。在春季学期，他决定尝试将其作为 EIT 项目。虽然他知道制造这样一个装置是可行的，但他对这个项目并没有感到兴奋，直到他做了一些工业垃圾的相关研究。他看了看市场规模，意识到自己一直在挖空心思琢磨那些昂贵、复杂的商业模式，这个压实机设计方案并不能够提供即刻的回报。

2000 年，美国企业在垃圾回收上花费了 120 亿美元，2001 年在压实设备上花费了 12 亿美元。一辆普通的垃圾车消耗每加仑汽油的行驶里程不到 3 英里<sup>⊖</sup>，每小时的运营成本超过 100 美元。有很多电网不能覆盖的区域垃圾量很大，如度假胜地、游

---

　　⊖　1 英里 = 1 609.344 米。

乐园和海滩，每天都需要收集很多垃圾。

　　这是对劳动力和能源的巨大浪费。首先加入吉姆 EIT 项目模块的是 MBA 一年级学生亚历山大·佩雷拉（Alexander Perera）。亚历山大在波士顿大学获得了环境科学的学士学位，并在可再生能源和能源效率方面有相关行业经验。两人推断说，如果太阳能压实机作为垃圾收集设备可以大幅节约成本，那么它的市场甚至可以包括零售和食品企业、城市和酒店（见图 4-1）。

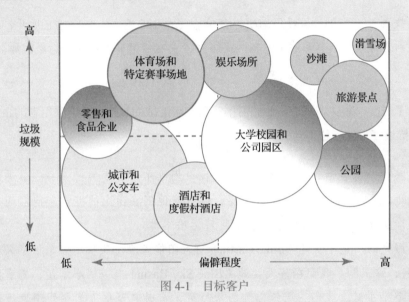

图 4-1　目标客户

**做好相关准备**

　　春季学期结束时，他们对市场潜力和机会性质有了更加清晰的认识，另外还获得了 22 500 美元的种子基金：其中 10 000 美元来自吉姆的积蓄，12 500 美元来自百森商学院的 EIT 孵化项目。竞争对手——垃圾桶和压实设备制造商——没有与他们正在设计的系统相类似的项目。不过，吉姆和亚历山大知道，如果他们的太阳能压实机被证明是可靠的，而且节约费用，成功企业就会寻求复制或者获取相关核心技术。

　　吉姆找到了最好的专利律师，但大多数律师的收费都超出了他的预算。2003 年 5 月，他在一个投资者论坛上展示自己的创意时获得了不小的突破：

　　我从布朗和鲁德尼克那里获得了 1 500 美元的专利服务。这可能不会让我走得太远，但他们有一种非常优秀的企业家心智模式。他们给了我一个较低且固定的专利费率——这种事情很多公司都不会做。我预付了 7 800 美元，我们在 6 月申请了一项临时专利，他们同意在继续研发和改进设备的过程中与我保持合作。

吉姆的努力再次引起了杰夫·赛特维茨的兴趣，他带来了布雷特·里奇蒙（Bret Richmond），一个在产品设计、焊接和制造方面有丰富经验的奥林学院学生。当时团队进行了一些逆向工程设计，在探究他们的创意是否可行时，吉姆说，他们感到了惊喜：

我找到了一些厨房垃圾压缩机，售价大约为 125 美元。我们把它拆开，那时我才意识到这将是多么容易的事情啊……当然，没有任何事情会像你想象的那么容易。

## 空手参与竞争

为了进行一些实地调查，他们召集了最有可能成为其产品早期采用者的企业。亚历山大描述了一件意想不到的事情：

我第一个打电话过去的地方是科罗拉多州维尔滑雪度假村。一些激进的生态组织最近烧毁了他们的一个度假小屋，以抗议他们在山上的扩张，他们还正在处理 4 宗涉及没有完全遵守相关规定的环境诉讼案件。

度假村的卢克·卡廷（Luke Cartin）对太阳能垃圾压实机的概念很感兴趣。他说："哦，这很酷。我们在蓝天盆地（Blue Sky Basin）有一间小木屋，乘雪橇来回需要一个半小时。我们一周捡三到四次垃圾，有时甚至每天都要处理垃圾。我们真的可以使用这样的产品……"

吉姆补充说，在打了几个电话后，他们手里仍然没有相关产品：

我解释说，我们是学生，实际上我们还没有生产制造出这样的东西（在某种程度上）。卢克要我对三台机器进行报价。他们对处理垃圾的费用非常透明，我估计他们愿意为每个垃圾点支付 6 000 美元。我还有一个大概的想法，我们的生产成本会降到比 6 000 美元低一些。

卢克回电话说他们没有买 3 个的预算，他们只想要一个。但我还是很高兴，因为那时我就知道，只做一个这样的东西将是真正的挑战。

9 月，SPC 收到维尔度假村的采购订单。当吉姆打电话给公司让公司制订付款计划时，卢克再次给了他们一个惊喜。他说："我们会给你寄一张扣除运费的全额支票，你们要在圣诞节前把机器送到。"这很好，但现在公司遇到了真正的麻烦，因为公司必须想出如何在紧张的预算下从零开始，快速生产出这款产品。

### 在做中学

团队开始设计和制造这台由 SPC 注册的"大容量太阳能垃圾压实机"。虽然吉姆的团队不擅长使用计算机辅助设计（CAD）软件，但吉姆认为这是一个机会。那时候他们还用钢笔和铅笔在纸上画工程图，但确实他们需要更专业的做法。吉姆说团队可以一起学习 CAD，如果团队成员犯了错误，没关系，他们一起解决。

他们还必须严格规范设计，以生产出一种能按要求工作的机器。他们开始寻找零部件供应商，并寻找设计、制造和组装的分包商，以快速生产钢质的垃圾处理柜。尽管 SPC 将协助从设计到组装的整个过程，但吉姆收到的报价为 8 万～ 40 万美元。吉姆注意到 SPC 还面临着一个更大的问题：

供应商的价格贵得离谱，留给我们的交货时间也不允许花费时间去砍价；在滑雪季到来之前，我们还得把这东西弄到科罗拉多州去！

所以我们决定自己生产。我去参加了当地的一个制造商贸易展，发现尽管有些公司有自己的工程团队，但它们为了获得制造订单愿意在研发方面承担一些成本。

吉姆最终选择波士顿工程公司（Boston Engineering）是因为它们愿意与奥林学院的毕业生建立良好的关系。它们给了吉姆一个很实在的报价：组装 2 400 美元，处理柜 2 400 美元。

到那时，吉姆已经找到了所需的所有组件，并开始与它们的工程师合作，对所有组件进行组装。波士顿工程公司的总裁鲍勃·特赖贝尔（Bob Treiber）非常棒。他让吉姆在马萨诸塞州哈德逊的工厂里自己完成这些工作，但他也指导吉姆，他的公司做了大量的无偿工作。

### 履约和反馈

圣诞节的最后期限来了，一切稳步进行。到 2004 年 1 月底，吉姆从早上 4 点一直工作到晚上将近 11 点。当年 2 月，他们正式启动该设备，进行了测试，并完成发货。

设备到达科罗拉多州，吉姆帮着拆包装，并做了最后的调试。尽管它在零摄氏度以下也能运行，但实际上从未在野外接受过测试。几天后，吉姆离开了，在两个星期的时间里，他没有听到任何抱怨。

吉姆变得十分焦虑，因为 SPC 的第一个客户居然没有任何负面的反馈。最后，他以征求售后意见为由打电话过去：

他们说，他们不小心把设备从叉车上摔了下来，结果设备正面着地。"哦，天哪，"我想，"如果它是背面着地的话，那还好一些，但这非常糟糕，真的很糟糕。"结果随后卢克告诉我，设备做得有点粗糙，但它工作十分正常。他告诉我，你们把它做得那么结实，我们非常开心。当我问他们从垃圾储存箱里倒出来的垃圾袋有多重时，他说："我不知道，现在垃圾还没装满呢……"我彻底震惊了。

维尔度假村的工作人员发现，单箱收集太沉了，双箱系统会更好。度假村还建议车内的垃圾箱推车要有轮子，开关门设计在后面，当垃圾收集箱满了的时候，压实机会发出无线通知信号。

SPC 团队将这些想法整合进公司的下一代产品"SunPack"垃圾压实机中，他们还设计了第二代产品，希望扩大市场份额，包括标准化的压实垃圾箱制造市场。SunPack 采用"河马"太阳能发电机，旨在取代传统工业所使用的 220 伏交流电源单元。根据废品运输行业数据估计，在传统垃圾压实作业的利益群体中，将有 5%～20% 的从业者因为电网成本而采用这种新方法。SPC 计划通过制造和（或）分销合作伙伴来推广该系统。

### 保护知识产权

"大肚子"在美国国内市场的推广要求 SPC 必须采用法律手段保护自己的商标和技术，吉姆也不断就新的研发和优化申请专利保护。SPC 在 2003 年 6 月申请了一项临时专利，并且在正式申请之前有 1 年的时间来扩大和加强专利性能。随着保护期最后一天的临近，律师们努力起草了一份保护专利发明者的文件，该文件内容并不太宽泛，以避免在法庭上败诉。

SPC 的专利涵盖尽可能多的"SunPack"产品，包括能源存储、电池充电、能量消耗循环时间、传感器控制和无线通信。专利报告中还提到了除太阳能之外的其他非电网能源，如脚踏车、风车和水磨动力能源。

吉姆觉得他们在自己创造的行业领域里有了一个良好的开端。现在，他们必须证明自己的商业模式是卓越的。

### 下一代产品

虽然第一台机器的制造成本比它的售价要高，但首台产品证明了概念的可行性，提供了有用的反馈。SPC 已经生产出 20 台设备并投入运行，然而，它必须证明这些设备是可以盈利的。这意味着材料成本将削减 75% 以上，价格降至每台 2 500 美元左右。SPC 估计，尽管 5 000 美元的价格使系统远比传统垃圾处理设备昂贵，但该系统可以通过降低持续的收集成本实现节约（见图 4-2）。

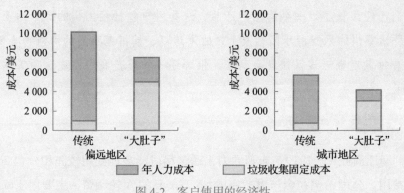

图 4-2 客户使用的经济性

团队决定，通过产品租赁的方式来减少新客户的顾虑，而 SPC 保留的设备所有权可以增加 10% 的利润率。在接下来的 5 年里，SPC 预计通过降低销售价格至 3 000 美元左右，来扩大其潜在的客户池，并降低相应的材料成本（见图 4-3）。

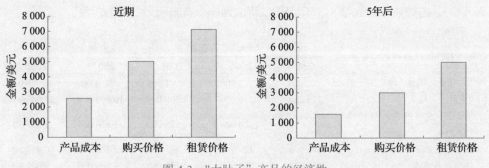

图 4-3 "大肚子"产品的经济性

为了节省资金，SPC 团队在新设备中把钢质零部件减少了 30%，甚至更少。他们还将太阳能电池板的尺寸和充电周期为两周的电池容量减半，并用更简单、更便宜、更高效的链轮和链传动装置取代了螺旋压缩系统。

为了提供有效的服务能力，团队主要将设备销售给新英格兰地区的客户。客户的其中一个担心是故意破坏设备。团队成员解释说，太阳能电池板是由可替换的热塑聚碳酸酯（Lexan）板保护的，机械部分不用担心，而且这个装置相当坚固。吉姆说，这并没有减少顾虑。一个国家公园的护林员担心它会被扔进湖里，所以吉姆向他保证这些设备会很重。他说："所以他们下沉的速度会非常快……"

不过，吉姆说，总体反响非常好：

我们已经预售了近一半的生产产品，这些用户包括缅因州的阿卡迪亚国家公园、马萨诸塞州的六旗游乐园、波士顿的港湾灯、楠塔基特岛的海滩和哈佛大学。50% 的首付款定金应该很快就会到账，但那还不够覆盖我们完成这项工作所需的全部费用。

### 项目与融资

在"早期商业化"阶段，吉姆致力于通过尽可能多地使用校园和分包商的生产来控制费用。公司希望在今年夏初完成 25 万美元的 A 轮融资，主要用于降低工程设计费用、销售和营销费用以及作为营运资金。第二年，公司预计将在 B 轮融资 70 万~ 100 万美元。

SPC 有望在 2006 年实现正现金流，年总收入超过 470 万美元（见表 4-1）。团队认为，如果它们的产品继续表现良好，它们的市场扩张计划就能够顺利实现（见表 4-2）。吉姆估计，到 2008 年，SPC 将成为一个有吸引力的并购对象。

表 4-1　SPC 财务状况　　　　　　　　　　（金额单位：美元）

| | 2004 | 2005 | 2006 | 2007 | 2008 |
|---|---|---|---|---|---|
| "大肚子"销量 / 台 | 50 | 300 | 1 200 | 3 600 | 9 000 |
| "大肚子"收入 | 225 000 | 1 200 000 | 4 200 000 | 10 800 000 | 22 500 000 |
| "河马"发电机特许权使用费收入 | 0 | 120 000 | 525 000 | 1 620 000 | 3 937 500 |
| 主营业务收入 | 225 000 | 1 320 000 | 4 725 000 | 12 420 000 | 26 437 500 |
| 主营业务成本 | 146 250 | 660 000 | 2 100 000 | 4 860 000 | 9 000 000 |

（续）

|  | 2004 | 2005 | 2006 | 2007 | 2008 |
|---|---|---|---|---|---|
| 毛利润 | 78 750 | 660 000 | 2 625 000 | 7 560 000 | 17 437 500 |
| 销售、管理和行政费用 | 400 000 | 1 600 000 | 2 600 000 | 5 000 000 | 11 000 000 |
| 息税前利润 | （321 250） | （940 000） | 25 000 | 2 560 000 | 6 437 500 |

表 4-2　市场规模和扩张计划

|  | 2004 | 2005 | 2006 | 2007 | 2008 |
|---|---|---|---|---|---|
| 自上而下 |  |  |  |  |  |
| SunPack 市场规模[①]/ 十亿美元 | 1.0 | 1.0 | 1.0 | 1.0 | 1.0 |
| SunPack 市场扩张百分比 /% | 0.0 | 0.1 | 0.5 | 1.2 | 2.6 |
| 自下而上 |  |  |  |  |  |
| 潜在客户总数[②] | 30 000 | 30 000 | 30 000 | 30 000 | 30 000 |
| 单位客户潜在需求量 | 20 | 20 | 20 | 20 | 20 |
| 潜在需求量总数 | 600 000 | 600 000 | 600 000 | 600 000 | 600 000 |
| 累计出售数 | 50 | 350 | 1 550 | 5 150 | 14 150 |
| 累计市场扩张百分比 /% | 0.0 | 0.1 | 0.3 | 0.9 | 2.4 |

① 假设"大肚子"产品的市场价值为 60 万美元（占垃圾处理设备市场 120 亿美元总额的 5%），再加上 40 万美元的动力装置市场价值（压缩垃圾箱总市场份额 12 亿美元 /1.2 万美元的平均价格 × 4 000 美元的动力装置）。

② 假设市场需求包括 400 个度假村、600 个游乐园、2 000 个大学校园、5 000 个商业园区、2 200 个酒店、4 000 个城市、57 个国家公园、2 500 个州立公园和森林、3 700 个房车公园和露营地，以及 17 000 个快餐店和零售店。

2004 年 1 月，当吉姆开始起草 SBIR[⊖]拨款申请时，他的父母投资了 12 500 美元。同月，吉姆在参加一个风能会议时，无意中听到有人说，想把自己最近的意外之财投资于有社会责任感的企业。

我给他讲了 3 分钟关于压实机的故事。他说这听起来很有趣，但他对风能更感兴趣——毕竟，这是一个风能会议。"那么，"我说，"我有一个商业计划可以给你看看吗？"

吉姆向投资人发送了最新版本的数据采集浮标商业计划。这导致会议提前结束，投资者围过来向吉姆解释为什么数据采集浮标是一个好创意。吉姆说，投资者也理解投资风险的困难：

---

⊖ 小企业创新研究（SBIR）项目是由 10 个联邦部门和机构推动的政府拨款来源之一，这些部门和机构将一部分研究和开发资金用于奖励美国的创新型小企业。

投资人说:"嗯,我当然希望你们去做数据采集浮标,但我也知道为什么你们没有做。"我向他保证,我的热情当然是海上风能,这是我未来计划要做的事情。所以他同意给压实机项目投资 12 500 美元——但这只是因为他要进入 SPC,以关注以后公司将推进什么业务。

2 月,在维尔度假村对吉姆的项目做出良好评价之后,吉姆拜访了他在斯皮尔公司的前老板。罗杰·利特尔对此印象深刻,于是斯皮尔公司投资了 2.5 万美元。4 月,团队在百森商学院 2004 年道格拉斯基金会毕业生商业计划竞赛中获得了最高荣誉——2 万美元的奖金加上价值 4 万美元的服务(来自媒体的大力支持)。

虽然 SPC 现在可以开始继续生产另外 20 个新产品,但是吉姆仍然在寻找一个异于常人的投资者:

这不是一笔风险投资交易,而且把这个创意卖给天使投资人可能是一个挑战,因为很多人不够老练,不懂他们自己在做什么。例如,总会有一组人说这行不通,因为大多数垃圾桶都在没有阳光照射的巷子里。

我们有一项实用的、常识性的业务,但由于它是一项新技术,许多投资者不确定如何进行估值。它的成长性如何?我们的专利申请经得起考验吗?如果它们坏了,谁来修理?

2004 年春天早些时候,吉姆曾在一个对有社会责任感的企业感兴趣的天使投资人的聚会上做过演讲。吉姆说,其中一些投资者似乎急于向前推进:

他们对斯皮尔公司的投资感兴趣,他们似乎对我们的预测很满意。当我告诉他们最低投资额为 2.5 万美元时,他们说不用担心,他们有兴趣马上投资 5 万美元,以后再投资 20 万美元。事实上,他们开始讨论设立融资里程碑,这样他们就可以在我们成长的过程中成为我们的主要支持者。他们希望我停止融资,专注于业务,并依靠他们来满足所有的短期融资需求。

在这一点上,我觉得我需要对这些家伙采取强硬态度,告诉他们底线在哪里。我的回答是,我对此一点也不舒服,而当我有 20 万美元在银行账户里时,我就舒服了。他们放弃了这个想法,在会议结束时,他们同意投入 5 万美元,但他们表示，在此之前必须进行更多的尽职调查。

**发展势头**

到 2004 年 5 月，SPC 公司已经有了 6 名团队成员，所有人都获得了公司的股权。

投资者对这种安排表示担忧，称当情况变得艰难时，该团队成员可能会退出。吉姆说他不会改变它：

> 他们希望我的团队与整体利益紧密联系在一起，因为他们可能会临阵退缩，选择找一份稳定的工作。我告诉他们，SPC 员工每周无偿工作 20 小时，而他们本可以出去收取一小时 200 美元的咨询费。他们在这场游戏中下了大赌注，我不会要求他们拿出真金白银进行投资。此外，如果我们能拿出现金，我们就不需要投资者了，对吧？

吉姆在飞往纽约的航班上坐定后，想到了投资者的另一个主要论点：他的前期投资估值高达 100 万美元。

> 这些投资者（他们还没有给我们一分钱）说他们可以给 SPC 所需的早期资金，但是要有 150 万美元的前期资金，而且要看我们是否能达到相应的目标。由于目前面临约 5 万美元的资金缺口，与这些人继续合作的确很有诱惑力，这样我们就能按时完成当前的订单并保持良好的发展势头。另外，我已经在更高的估值水平上筹集了一些资金，也许我们可以在需求变得真正重要之前补齐剩下所需的资金。

第 5 章

# 机会识别

## 创业机会评估框架

● 导 读

也许商业计划的存在和商业语言给人一种错误印象，认为构建商业帝国是一个理性的过程。但正如任何一个创业者都能认可的那样，创业在很大程度上是一系列时断时续、头脑风暴和遭遇障碍的过程。创业是由一系列的机会组成的，这些机会会带来新的机会和想法，错误也会变成奇迹。

## 成长性

创建新企业意味着要考虑规模，要有能力建立一个超越单一股权的企业，要有能力建立一个拥有合适资源和人才的企业，同时能够为创业者自己和投资者分配股权。本章通过总结成功创业者、风险投资者、天使投资人和其他相关人士协同建立成功企业的方法和基准，重点讲述了从商业机会发展成为规模企业的过程。

只有大约 5% 的新创企业能够成长为大公司。与成长公式或任务检查表相比，确定新创企业属性的最佳方法是模式识别。

## 新创企业的属性

（1）大多数新创企业都在不断调整流程，有时甚至混乱不堪，企业以什么状态开始与以什么状态结束之间没有什么关系。

（2）商业计划是必要的，但是在完成的那一刻就过时了。

（3）失败要尽早，最后才能取得成功。

（4）成功的创业者深知幸运是成功的关键。

（5）最优秀的创业者特别善于犯新错误。

（6）知道不做什么与知道做什么同等重要。

## 投资者如何投资处于初创阶段的企业

表 5-1 展示了一个实施风险资本融资的企业生命周期案例，根据行业标准和当前估值，其融资金额和最终估值存在显著的差异。

表 5-1　创业企业的融资周期

| 项目 | 创业阶段 | | | |
| --- | --- | --- | --- | --- |
| | 研发阶段 | 种子阶段 | 启动阶段 | 高速增长阶段 |
| 各个阶段中公司的价值 | • 少于 100 万美元 | • 100 万～ 500 万美元 | • >100 万 ～ 5 000 万美元 | • 大于 1 亿美元 |
| 资本来源 | • 创始人<br>• 高净值个体<br>• FFF<br>• SBIR[3]计划 | • FFF[1]<br>• 天使基金<br>• 种子基金<br>• SBIR 计划 | • 风险融资 A 轮、B 轮、C 轮……[2]<br>• 战略合作伙伴<br>• 更高净值的个体<br>• 私募基金 | • IPO<br>• 战略收购<br>• 私募基金 |
| 投资总额 | • 最高 20 万美元 | • 1 万～ 50 万美元 | • 50 万～ 2 000 万美元 | • 1 000 万～ 5 000 万美元 |
| 公开上市募股比例 | • 10% ～ 25% | • 5% ～ 15% | • 现有投资者持股 40% ～ 60% | • 公众持股 15% ～ 25% |
| 每股价格与数量[4] | • 0.01 ～ 0.5 美元<br>• 100 万～ 500 万股 | • 0.5 ～ 1 美元<br>• 100 万～ 300 万股 | • 1 ～ 8（+/-）美元<br>• 500 万～ 1 000 万股 | • 超过 12 ～ 18（+）美元<br>• 300 万～ 500 万股 |

① FFF 是指朋友、家庭和傻瓜（friends，families and fools）。

② 风险融资 A 轮、B 轮、C 轮……（以下为 2004 年第四季度每轮融资的平均规模）

　A 轮 @5 100 万美元——创业启动；

　B 轮 @8 100 万美元——产品研发；

　C+ 轮 @11 300 万美元——供应链和物流。

　估值会因行业不同而不同（如 $2x^8$）。

　估值会因地域和风险投资周期不同而不同。

③ 小企业创新研究是一项 N&F 计划，美国小企业管理局（SBA）为小企业提供了数目众多的财务支持计划，包括贷款担保、长期贷款以及救灾贷款。

④ 在 IPO 之后。

作为一名创业者，你需要了解融资周期。在整个融资周期中，关于你所在行业的资金提供者是谁，以及投资者如何评估你的公司这些问题，我们将在第 13 章中更详细地讨论。目前的主要结论是，在不同的融资阶段，不同的投资者会有不同的能力偏好，并且他们对所支持的新创企业类型有所偏好。

## 何时创意才会成为机会

### 商业机会的五大属性

了解行业特征、产品属性和企业类型非常重要。真正的商业机会具有五大属性：

（1）它们能够为用户或消费者显著地创造或提升价值。

（2）它们解决了一个真正的市场问题，并获得了不同形式的竞争优势。

（3）市场对于产品和服务的需求是广泛的，消费者有着高度迫切的需要，并愿意为此买单。

（4）它们有着强大的市场特征、增长特征、利润空间、盈利特征，并能够得到证实。

（5）创始人和高管团队有着多元的行业经验，并能够与机会相匹配。

一个强大的管理团队能够认识到这些机会，并在"机会窗口期"利用它们。一个强大的团队能够认识到这些稍纵即逝的时机，并构建竞争优势，为企业提供额外的杠杆，以撬动市场机会。

### 机会的孵化与驱动力

今天许多最激动人心的机遇都来自技术创新。小公司在技术创新方面的表现是卓越的。自二战以来，95% 的颠覆性创新都来自新兴的创业企业。美国国家科学基金会（National Science Foundation）通过研究分析每一项资助资金的使用效果发现，规模较小的企业的创新产出是拥有 1 万名以上员工的企业的 24 倍。

技术和管制的变革深刻改变了机会感知的方式。有线电视在 20 世纪 90 年代发展成熟起来，它们可能拥有数百个频道，这给小企业带来了新的机会，使这些小企业能够通过电视广告和按次付费的方式，在商品销售和分销渠道方面实现较高的成本效益和效果。最近还出现了新的销售机会，例如，红盒电影（Red Box movies）和 Netflix 让人们能够方便地获得他们想要的且付得起费的娱乐内容，这颠覆了录影带租赁行业。正如亚马逊、Priceline、eBay、YouTube，以及以 Facebook 和 Twitter 为代表的社交网络企业所证明的那样，互联网已经创造了更加多样化和更划算的客户触达方式。

在以服务为主导的经济中（70% 的企业是服务企业，而 40 年前是 30%），客户服务——而不是产品本身——可以成为企业成功的关键因素。

位于波士顿的论坛公司（Forum Corporation）研究发现，70% 的顾客选择离开是因为服务质量差，只有 15% 是因为产品质量差或价格不满意。劳动密集型和物流密集型产品大量转移到印度、中国和墨西哥制造生产，这极大地改变了在美国销售制成品的性质。

表 5-2 总结了可能导致高增长潜力的机会的主要因素（不连续性、不对称性和变革）。通过技术创新（例如，个人电脑、无线电信、互联网服务器、软件）创造出的这种变革，影响和创造了新的游戏规则（例如，航空、电信、金融服务和银行、医疗产品、音乐和视频等行业的游戏规则）。对相关行业的应对措施做出预测，是识别机会的关键。

表 5-2　机会的孵化与驱动力

| 变革、混乱和不连续性的根源 | 创造出的机会 |
| --- | --- |
| 管制的变化 | 手机、航空、保险、电信、医疗、养老基金管理、金融服务、银行、税收和美国证券交易委员会（SEC）法规、新的社会和环境标准与期望 |
| 十年或更短时间内十倍的变化 | 摩尔定律——芯片的计算能力每 18 个月就能翻一番，如金融服务、私募基金、咨询服务、互联网、生物技术、信息科技、出版印刷 |
| 价值链和分销渠道的重构 | 超级商店——史泰博、家得宝，出版社、汽车，所有服务的网络销售和分销渠道 |
| 产权或合同优势 | 技术创新：专利、许可、合同、特许经营、版权、经销权 |
| 现有管理不足或者投资者不满 | 扭亏为盈，新的资本结构，新的盈亏平衡，新的自由现金流，新的管理团队，新的公司战略；所有者对流动性的渴望，选择退出；电信，废物管理服务，零售业务 |
| 创业领导力 | 新的愿景和战略，新的团队如同秘密武器；组织中的人员像所有者一样思考和行动 |
| 市场领导者专注于或者完全忽视客户 | 新的小型客户的优先级较低或者被忽视：硬盘驱动器、纸张、化学品、大型计算机、集中数据处理、台式电脑、企业内创业、办公用品超市、汽车、软件和大多数服务 |

寻找巨变

图 5-1 总结了一些对此类变革的思考内容。摩尔定律是计算能力进步的巨大驱动力（芯片的计算能力每 18 个月就会翻一番）。基因图谱、克隆技术、生物技术、纳米技术以及互联网技术等方面的突破所带来的变化，将在未来几十年继续创造出巨大的机会。在宏观视角之外，人们如何能更实际、更抽象地思考商业机会？哪些业务和收入模式的具体变量会增加企业实现规模成长的概率？

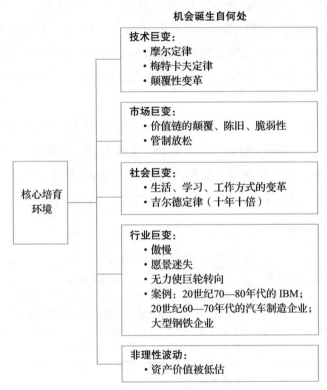

图 5-1 创意还是机会：寻找巨变

## 创意的重要性

作为工具的创意

一个好的创意只不过是创业者手中的一个工具。在将创业者的创造力转化为机会的过程中，找到一个好点子是第一步。

创意的重要性常常被高估，而创业者却低估了市场对产品或服务的需求，只有产品或服务才可以销售给真正的用户。

此外，仅仅是从灵光一现中诞生的新业务非常罕见。通常，在一个原始的但有前景的产品或服务能够满足客户愿意支付的价格之前，一系列的反复试验是必要的。霍华德·海德做了 40 个不同的金属滑雪板，最后他做出了一个可靠的产品原型。企业主要的业务都是围绕着与最初设想完全不同的产品建立起来的，其频率之高令人惊讶。例如：

- 3M 的化学师斯宾塞·西尔弗发明了一种新型黏合剂，这种黏合剂既不会变干也不会永久粘在某一物体上，但他不知道该怎么使用它。直到另一位 3M 的化学师亚瑟·弗莱需要为他的唱诗班书籍配上书签时，才发现可以将这种胶水涂在小纸片上使用，于是便利贴便诞生了。
- 宝丽来是依靠以偏振光原理为基础的产品而成立的。人们认为，偏振灯可以阻止迎面驶来汽车前灯"炫目"的强光来预防撞车。但该公司发展到现在的规模却是基于该技术的另一项应用：即时成像摄影。
- 万艾可是史上销售量增长最快的药物之一，辉瑞公司的首席执行官威廉·斯蒂尔（William Steere）称，万艾可的发现背后有"某种意外收获"。这种药物最初是由辉瑞公司开发出来用于治疗心绞痛的，而它的真正效力被发现则是因为一种副作用。

## 模式识别

### 经验因素

一次又一次地，经验丰富的创业者在创意还未成形的时候就展示出快速识别模式，以及识别和把握机会的能力。已故诺贝尔奖得主赫伯特·西蒙（Herbert Simon）和卡内基 - 梅隆大学（Carnegie-Mellon University）计算机科学和心理学教授理查德·金（Richard King）撰写了大量关于模式识别的文章。西蒙将对模式的认识描述为一个创造性的过程，它不仅具有逻辑性，而且是直观感受和归纳总结。他说，这包括两个或更多个领域更深刻的经验、专业知识和创造性联系或交叉联系。他认为，人们需要 10 年或更长的时间来积累他们所谓的"5 万段"（50 000 chunks）经验，这些经验使他们具有高度的创造力，并能识别模式——类似的情境可以被从一个地方转移到另一个地方。

因此，对创意进行分类以及机会识别的过程也可以类比为把碎片拼成三维拼图的过程。要把这样一个拼图看成一个整体是不可能的。相反，我们需要看到各个部分之间的关系，并能够将一些看似无关的部分组合在一起，然后才能看到整体。

要想识别出那些可能成为创业机会的创意，就要能够看到别人没有看到的东西。可以思考以下几个模式识别的案例，它们共同的主线就是通过将某一个领域或市场中的知识与不同的技术、业务或诀窍联系起来，创建新企业：

- 1973 年，托马斯·斯坦伯格（Thomas Stemberg）在波士顿的明星市场（Star Market）工作，他在那里因推出了第一批价格非常低的通用食品而闻名。12 年后，他将同样的低成本、大批量的超市经营模式应用到了办公用品领域。结果就是史泰博诞生了，这是全美第一家大型办公用品超市，如今已成为一家价值数十亿美元的公司。
- 在欧洲旅行期间，美国本土家居品牌 Crate & Barrel 的两位创始人经常看到一些时尚和创新的厨房与家用产品，而这些产品在美国还没有上市。回国后，他们创建了 Crate & Barrel 公司，提供某种意义上已经完成了市场调研的新产品。在 Crate & Barrel，有关消费者购买习惯的信息会从一个地理区域（欧洲）成功地转移到另一个地理区域（美国）。

### 强化创造性思维

创造性思维在识别机会以及创业精神等方面都非常有价值。创造力是可以学习和提高的，这一概念对创业者具有重要的意义。确切地说，大多数人都会闪现出创造力天赋。孩子们似乎更明显，一些研究表明，创造力在一年级左右会达到顶峰，因为一个人的生活逐渐变得越来越有条理，不断被他人和机构塑造成形。此外，智力和思维严谨性的训练只有在学校里才会显得重要，而在更早的形成期则显得更发散。而且越到高年级，我们的教育越强调逻辑、理性、有序的推理和思维模式。

## 释放创造力的方法

自 20 世纪 50 年代以来，人们对大脑的工作原理有了越来越深刻的理解。如今，人们普遍认为大脑的左、右半球处理信息的方式存在差异。左脑执行理性、逻辑的功能，而右脑履行直觉和非理性的思维模式。

一个人可以同时使用两种模式，确切地说是从一种模式转换到另一种模式。创造性地处理创意并最大限度地控制这些思维模式对创业者来说是非常有价值的。

最近，学者们开始关注创造力的塑造过程。例如，迈克尔·戈登（Michael Gordon）在关于个人能力构成要素的演讲中强调了创造力的重要性和头脑风暴的必要性。他建议，使用以下 10 条头脑风暴原则，以促进创意具象化。

（1）定义你的目标。

（2）选择多个参与者。

（3）选择一个协调者。

（4）自发地、尽可能多地进行头脑风暴。

（5）不要批评指责，消除负面影响。

（6）全方位地记录创意。

（7）尽力做到"空"的境界。

（8）不要执着于某一个创意。

（9）明确最有前景的创意。

（10）优化并确定优先次序。

## 团队创造力

团队产生的创造力可能并非某个个体可比拟的。一个团队的创造力是令人印象深刻的，通过一小组人相互互动的方式解决问题能够产生更好的创造性方案。

有兴趣进一步探索的读者可以在本章结束后尝试一下创业练习。

## 只需少量投资的巨大机会

在动态发展的商业体系中，只有有限数量的个体能够看到机会，而个体不会因为仅仅拥有经济资源就能够看到机遇。具有讽刺意味的是，像霍华德·海德那样成功的创业者却将他们的成功归因于有限资金资源的约束。

因此，在 20 世纪 90 年代，许多创业者认识到成功的关键是掌握节约型创业的艺术，这"在初创公司就像零库存之于 JIT 系统一样：它揭示了隐藏的问题，并迫使公司去解决它"。我们可以思考如下例子：

- 1991 年的一项研究显示，在作为样本的 110 家初创企业中，有 77 家企业的创业启动资金不超过 5 万美元，46% 的创业者在创业时的种子资金不超过 1 万美元。此外，资本的主要来源绝大多数是个人储蓄（占 74%），而不是资金雄厚的外部投资者。创业企业这种节约的状态直到今天依然如此。

- 20 世纪 30 年代，约瑟芬·雅诗·门泽尔（Josephine Esther Mentzer）帮助她的叔叔销售护肤膏，并很快用仅 100 美元的初始投资研发设计了自己的产品。在说服了百货公司而不是药店销售她的产品后，雅诗兰黛正朝着 40 亿美元的规模一步步前进。

- 罗伊·迪士尼（Roy Disney）和沃尔特·迪士尼（Walt Disney）把他们的天赋（在卡通和金融方面）结合在一起，于 1923 年用 290 美元在加州创建了自己的电影制片厂。2009 年，迪士尼公司的市值超过了 600 亿美元。

- 在为芝加哥一家保险公司工作时，24 岁的约翰·哈罗德·约翰逊（John Harold Johnson）发出了 2 万份关于非裔通讯的问卷。凭着 3 000 份有效反馈和 500 美元的收入，约翰逊于 1942 年首次出版了 *Jet* 杂志。到 20 世纪 90 年代，约翰逊出版社（Johnson Publishing）出版了多种杂志，包括 *Ebony* 杂志。

- 24 岁的尼古拉斯·格雷厄姆（Nicholas Graham）拿着 100 美元去了当地一家服装面料店，挑了一些面料，自己做了价值 100 美元的领带。在他把领带卖给了专卖店后，梅西百货找到格雷厄姆，让他把自己设计的图案印在男士内衣上。于是乔巴塞（Joe Boxer）公司诞生了，"乔巴塞成立 6 个月后的第二个财年，销售额就已经超过了 100 万美元"。

- 克雷格·本森（Craig Benson）和鲍勃·莱文（Bob Levine）在一个车库里

创立了凯创（Cabletron）公司，并在不到 10 年的时间里将公司的营收扩大
到 14 亿美元以上。

- Vineyard Vines 是一家创意领带公司，它是在玛莎葡萄园岛（Martha's Vineyard）依靠 4 万美元的信用卡贷款而创立的。

### "实时"的要义

机会的存在和被创造都是实时的，我们称之为机会之窗。创业者要抓住机会，就必须打开窗口并保持足够长的时间来获得市场所需的回报。

图 5-2 展示了一个简化的市场机会窗口。市场规模随时间的推移而变化，一旦市场在短时间内突然变得庞大，则意味着可能存在更多的机会。图中所示的曲线描述了诸如微型计算机和软件、移动电话、快速换油和生物技术等新兴产业快速增长的典型模式。例如，在移动电话行业，大多数主要城市在 1983 年至 1984 年之间开始提供这项服务。到 1989 年，美国的用户已超过 200 万，该行业现在还在持续显著地增长。

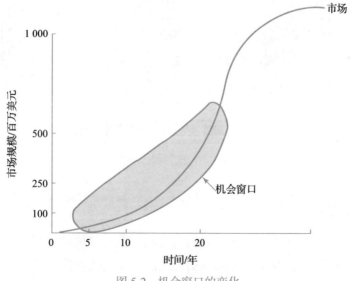

图 5-2　机会窗口的变化

在考虑利用机会窗口的时候，窗口打开的时间长度是非常重要的。决定一项新事业是成功还是失败需要相当长的时间。一旦成功，取得收益也需要时间。

图 5-3 显示，对于得到风险投资支持的创业企业来说，"柠檬"（即失败者）大约需要 2.5 年才能成熟，而"珍珠"（即成功者）则需要 8 年。一颗"珍珠"需要长时间才能获得回报的一个极端案例是一家硅谷风险投资企业所经历的故事，这家公司在 1966 年投资了一家创业企业，最终在 1984 年初才实现了资本增值。

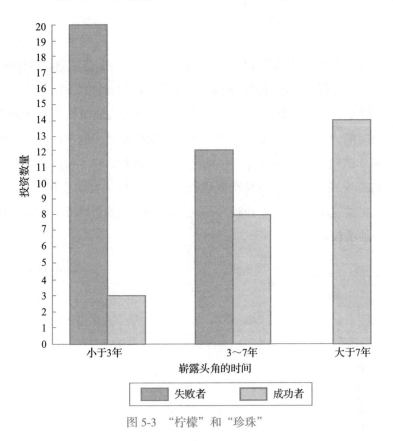

图 5-3    "柠檬"和"珍珠"

### 创业机会评估框架

成功的机会一旦被识别出来，就会与促成创业的其他动力相匹配。我们在第 3 章展示了评估创建新企业的核心驱动力之间匹配度的迭代过程。最重要的是创业领袖和管理团队与商业机会的匹配。我们可以知道，有成千上万的特殊机会适合各种多样的创业者，却不适合统统放进表 5-3 所示的框架中进行分析。

表 5-3　评估创业机会的标准

| 评估标准 | 吸引力 | |
| --- | --- | --- |
| | 最高潜力 | 最低潜力 |
| **行业和市场** | 人们生活、工作、学习方式的改变等 | 仅仅渐进性改善 |
| 市场 | 市场驱动型、明确的、持续变动的需求 | 一次性收入的利基市场 |
| 顾客 | 可触达、订单多、消除痛点 | 顾客忠于其他品牌，不可触达 |
| 用户价值 | 一年内就能获得用户收益 解决一个非常重要的问题或需求 | 3 年以上才能够产生回报 |
| 增值 | 高增值，优先支付 | 低增值，市场影响力较小 |
| 产品周期 | 持久 | 容易消逝 |
| 市场结构 | 不完全竞争、碎片化竞争、新兴市场 | 高度集中、完全竞争或者衰退性行业 |
| 市场规模 | 1 亿～ 10 亿美元的销售规模潜力 | 未知，小于 2 000 万美元或数十亿美元的销售规模潜力 |
| 增长率 | 增长率为 30% ～ 50% 或更高 | 受合约限制，或者小于 10% |
| 市场容量 | 市场接近饱和 | 市场容量尚不饱和 |
| 可获得的市场份额（5 年内） | 20% 甚至更高，市场领导者 | 小于 5% |
| 成本结构 | 成本领先，成本优势 | 成本递减 |
| **经济性** | | |
| 实现盈亏平衡或且现金流为正的时间点 | 1 ～ 2 年 | 大于 4 年 |
| 潜在投资回报率 | 25% 或更高，高增值 | 小于 15% ～ 20%，低增值 |
| 资本需求 | 较低或中等，容易融资或贷款 | 非常高，不易融资，不易贷款 |
| 潜在内部收益率 | 每年 25% 或更高 | 每年小于 15% |
| 自由现金流特征 | 有利、持续，占销售额的 20% ～ 30% | 低于销售额的 10% |
| 销售增长 | 中等或较高，达到 15% ～ 20% | 低于 10% |
| 资产集中度 | 较低 | 高 |
| 流动资金 | 较低，渐增式需求 | 高需求 |
| 研发支出 | 低需求 | 高需求 |
| 毛利率 | 超过 40%，可持续 | 小于 20% |
| 税后利润 | 高，大于 10%，可持续 | 低 |
| 利润和损失平衡点 | 小于 2 年，不会出现断点 | 大于 4 年，平衡点会游移或跳跃 |
| **收获潜力** | | |
| 价值增长潜力 | 较高的战略价值 | 较低的战略价值 |
| 估值倍数和比较定价 | 市盈率 =20 倍，大于 10 倍的 EBIT，大于 2 倍的收入水平 | 市盈率 <5 倍，3 ～ 4 倍的 EBIT，收入 <0.4 倍 |
| 退出机制和战略 | 当前或者长期选项 | 不确定，不可流动的投资 |

（续）

| 评估标准 | 吸引力 | |
| --- | --- | --- |
| | 最高潜力 | 最低潜力 |
| 资本市场环境 | 有利的估值水平、融资时机、资本需求、可变现的流动性 | 不利、信贷紧缩 |
| **竞争优势** | | |
| 固定成本和可变成本 | 最低，高运营杠杆 | 最高 |
| 成本、价格、渠道控制力度 | 适中或者强控制 | 弱控制 |
| 进入壁垒 | 用知识来克服 | |
| 产权保护 | 具备或者能够获得 | 不具备 |
| 响应和交货时间 | 竞争不激烈，慢热 | 难以实现领先 |
| 法律和合同优势 | 独占权或排他权 | 无 |
| 合同和网络 | 发展完备，易于接触 | 原始，有限 |
| 关键员工 | 一流人才，A 级团队 | B 或 C 级团队 |
| **可持续性** | 较低的社会或环境影响 | 较高的社会或环境成本及后果 |
| **管理团队** | | |
| 创业团队 | 全明星组合，自由代理人 | 弱势、单独创业者，非自由代理人 |
| 行业和技术经验 | 前沿领域，多次成功 | 不成熟的领域 |
| 诚信 | 最高标准 | 存疑 |
| 理性认知 | 知道自己不知道什么 | 不想知道自己不知道什么 |
| **致命的缺陷** | 不存在 | 一个或多个 |
| **个体标准** | | |
| 目标和匹配 | 完成你的目标，但依旧不满足于此 | 惊喜，仅仅是为了赚钱 |
| 上行与下行风险 | 可达成的目标 / 有限的风险 | 线性增长，维持固定的节奏 |
| 机会成本 | 能够接受减薪等 | 对当前状态感到满足 |
| 合意性 | 与生活风格完全匹配 | 简单地追求赚大钱 |
| 风险 / 回报承受度 | 能够计算的风险，低风险 / 回报比 | 风险规避或者赌徒心态 |
| 压力承受度 | 在重压之下实现繁荣 | 在重压之下崩溃 |
| **战略差异性** | | |
| 匹配度 | 高 | 低 |
| 团队 | A 级团队，卓越的自由代理人 | B 级团队，非自由代理人 |
| 售后管理 | 优质服务的理念 | 感觉不是很重要 |
| 时机 | 把握潮流 | 逆流而行 |
| 技术 | 开创性，独一无二 | 许多替代品或竞争对手 |
| 灵活性 | 能够适应，快进快出 | 缓慢，固执 |
| 机会导向 | 一直寻找机会 | 处于真空状态，慢慢消逝 |
| 定价 | 引领者 | 低价格，价格战开启者 |
| 分销渠道 | 可获得，网络中心位置 | 未知，不可获得 |
| 容错程度 | 韧性战略 | 刚性战略 |

## 机会筛选

### 聚焦机会

为了有效地搜寻行业机会，在追求机会时必须关注可能产生的积极和消极结果。搜寻过程不应该从战略（取决于机会的本质）、财务和报表分析（源于前者）或公司价值，以及谁拥有股权等出发点开始。

因为这些出发点，甚至包括其他出发点，通常都是本末倒置的。而且，许多创业者尤其是那些第一次创业的人，他们的现金消耗速度远比获得客户和销售利润的速度快得多。造成这种情况的原因有很多，但有一点是肯定的：这些创业者没有抓住合适的机会。

多年来，那些在商业和特定市场领域有经验的创业者已经制定了一些规则来指导他们筛选机会。例如，在互联网经济非理性繁荣的最初阶段，"点击率"变成了吸引"眼球"数量，关注就意味着页面浏览量。许多投资者陷入了错误衡量标准的陷阱。那些在 2000—2001 年纳斯达克崩盘中幸存的人明白，互联网公司的幸存者将是那些能够真正实现交易的企业。客户数量、交易金额和复购次数成为公认的标准。

### 搜寻标准：高增长潜力企业的特征

风险投资者、精明的企业家和投资者也用"边界"这个概念来筛选风险。表 5-3 总结了风险投资者用来评估机会的标准，其中许多机会偏好高科技领域。我们将在后文看到，风险投资者根据创业企业满足这些标准的程度，在评估过程中拒绝投资创业企业的比率甚至高达 60% 或 70%。

然而，这些标准并不是风险投资者的专利。这些标准是基于成功的创业者、天使投资人、私人投资者和风险投资者所特有的良好商业意识形成的。看看下面的例子，这些优秀的小公司是在没有一分钱专业风险投资的情况下建立起来的：

- 保罗·托宾（Paul Tobin）在马萨诸塞州东部创建了 Cellular One 公司，并在 5 年时间里就实现了 1 亿美元的营业收入。他创立 Roamer Plus 时，从其他企业获得的启动资金不足 30 万美元，而在两年的时间里，公司的年营业收入就增长到了 1 500 万美元。

- 创业者、教育家艾德·玛拉姆（Ed Marram）在没有任何资金的情况下创建了 Geo-Systems 公司，这家公司在最开始只有一个付费客户。2005 年，他将这家每年以两位数的速率增长的公司售出。

- 1986 年，普莱森特·罗兰（Pleasant Rowland）创立了快乐公司（Pleasant Company），它作为一家目录邮购公司，销售"美国女孩"系列（American Girls Collection）玩偶。她的公司是用从写儿童书中获得的微薄版税创立的，她没有足够的资金在大型商店里与美泰公司的芭比娃娃（Mattel's Barbie）竞争。到 1992 年，公司的销售额提高到了 6 500 万美元。美泰公司在 1998 年以 7 亿美元的价格收购了它，在罗兰的持续管理下，该公司在 1999 年和 2000 年的销售额均达到了 3 亿美元。

- 在 66 岁那年，查理·布彻（Charlie Butcher）必须决定，是否要买下拥有 100 年历史，但销售额还不到 1 000 万美元的工业抛光和蜡制品生产企业 Butcher Polish 的全部股份，该企业规模与自己企业的规模差不多。这一细分市场业务有很高的毛利率，对销售额增长所需的流动资产和固定资产要求非常低，每年的销售额增长率超过 18%，产品品质卓越。他通过银行贷款和卖方融资收购了这家公司，到 1993 年，销售额已经超过 5 000 万美元，同时继续保持高利润水平。布彻发誓永远不会利用风险投资资金，也不会让公司上市。

以上案例想要表达的重点是关注机会，以及潜在的客户、市场和行业。表 5-3 展示了如何根据潜在结果来判断潜在机会的水平高低。这些标准提供了一种量化的方法，创业者可以通过这些方法判断行业和市场、竞争优势、经济地位和收获潜力、管理团队，以及这些问题是否能构成一个引人注目的机会。例如，这些标准中的任何一个，其优势都可以很轻易地转化为压倒性的行业进入动力，而任何一个单一的缺陷都有可能是致命的。

### 行业和市场

高增长潜力企业可以通过提供满足客户重要需求的产品或服务找到一个细分

市场，并为客户提供高附加值的收益。这必然意味着产品或服务能够消除或大幅降低客户或最终用户的主要痛点；客户往往愿意为求得方便和提升效率支付溢价；客户能够触达，并愿意接受产品或服务，没有品牌偏好或忠诚于其他产品；产品或服务的寿命能够超过收回投资和赚取利润所需要的时间。

低增长潜力企业往往对客户需求和市场需求理解不足，在增长缓慢的市场中，它们还经常瞄准那些对现有品牌忠诚的、难以触达的客户。

**市场结构**　理解市场结构非常重要，创业者可以通过卖方数量、分销渠道、市场规模和增长率、差异化程度、购买者数量、需求敏感性以及塑造竞争优势的其他因素来确定市场结构。

一个碎片化竞争的或新兴起的行业往往处在真空地带和信息不对称的环境中，从而创造了未被满足的细分市场和需求，在这一细分市场中能够实现资源所有权和成本优势。此外，那些存在信息或知识缺口，竞争有利可图但不会激烈到无法抗拒的地步的细分领域，都存在着创业机会。以信息缺口市场为例，一位创业者曾遇到过这样的机会，有一家纽约大公司想要出售位于波士顿市中心的一幢老旧的小办公楼。这幢账面价值约 20 万美元的办公楼被这家公司视为一项低价值资产，该公司希望将其处置掉，将获得的现金用于投资具有更高回报的项目。买家比卖家做了更多的功课，以 20 万美元的价格买下了这幢大楼，不到 6 个月就以 800 多万美元的价格将其转售。

高度集中、完全竞争或衰退的行业通常会有更多失败的可能。较高的分销和营销成本可能会令人望而却步，而在高度集中的市场中，降价和其他竞争策略可能成为进入市场的重大障碍。有经验的竞争对手可以通过产品战略、法律政策来应对，而围绕控制分销渠道的竞争可能招致竞争对手更强烈的反应。

**市场规模**　销售额至少达到 1 亿美元的市场规模才会显得有吸引力。在现在的医学和生命科学领域，这个目标边界是 5 亿美元。这样的市场规模意味着，只要占据 5% 甚至更少的份额，就有可能实现非常可观的销售额，而不会威胁到竞争对手。

例如，要在一个 1 亿美元容量的市场中完成 100 万美元的销售目标，只需要占据 1% 的市场份额。然而，这样的市场也可能太大了。一个拥有众多老牌企业、规模达数十亿美元的成熟市场，可能意味着当中现有企业的竞争比较激烈，会导致利润率和盈利能力下降。此外，一个未知的新兴市场，或者一个销售额低于1 000万美元的市场可能没有太大的吸引力。

**增长率**  一个成功的市场总是能保持持续增长。30%～50%的年增长率为新进入者创造了利基市场，因为公司可以通过专注于新客户实现增长，而不是从竞争对手那里夺取市场份额。一个每年以50%的速度增长、规模超过1亿美元的市场，在短短几年内就有可能成长为一个10亿美元的行业市场。如果一个新企业在第一年能获得2%的份额，那么它的销售额可以达到100万美元。如果它能在未来几年保持这一市场份额，销售额肯定会大幅增长。

**市场容量**  理想的市场机会向外界传递的另一个信号是，在保持增长前提下市场容量饱和，即现有供应商无法满足需求。时机是至关重要的，这意味着创业者应该思考，新进入者能否在其他参与者决定进入之前满足这种需求。

**可获得的市场份额**  具有成为市场领导者的潜力，以及获得至少20%的市场份额，可以为公司创造出高价值。例如，一家销售额不到1 500万美元的公司能够以70%的市场份额在规模很小的细分市场中占据主导地位。后来该公司以2 300万美元的现金价格被收购。

**成本结构**  公司的目标是成为低成本供应商，并避免陷入收入下降的困境。在规模经济仍然起作用的行业中，创业企业面临着较多有利的且有吸引力的机会。拥有较低客户获取成本的公司也能够为提高盈利能力留出空间。

## 经济性

**税后利润**  高水平且较为持久的毛利率通常会转化为强劲且持久的税后利润。有吸引力的机会有可能带来10%～20%的持久利润，而那些税后利润低于5%的公司则显得相当脆弱。

**实现盈亏平衡且现金流为正的时间点**  如前所述，有吸引力的公司在2年内实现盈亏平衡和正现金流。3年后，机会的吸引力也随之减弱。

**潜在投资回报率**  宽容的经济学的一个重要结论是回报。有吸引力的投资机会通常具有每年产生25%或更高投资回报的潜力。高水平且持久的毛利率和税后利润通常产生较高的每股收益和股东权益，从而为公司创造一个令人满意的收割价格。

**资本需求** 能够获得投资且资本需求较低或中等的企业很有吸引力。能够在很少或根本没有资本的情况下创立高增长业务的案例并不多见，但它们确实存在。在当前风险资本市场，创业公司的第一轮融资通常是 100 万～ 200 万美元。一些具有较高增长潜力的企业，如服务业或"现金交易"行业的企业，其资本需求比需要大量基础研究和研发支出的高科技企业要低。

**潜在内部收益率** 风险回报率足够吸引人吗？对这个问题的回答可能因人而异，但是最吸引人的机会通常都非常有前景，并且能够在 5 ～ 10 年内带来最初投资 5 ～ 10 倍的巨大收益。当然，特别伟大的企业可以创造 50 ～ 100 倍甚至更多的收益，但这些都是个例。超过 25% 的年复合回报率被认为是健康的。

**自由现金流特征** 自由现金流（free cash flow，FCF）是解析企业关键财务指标的一种途径，财务指标包括经济的稳健性、资本要求（包括流动资产和固定资产）、偿还外债和股权债务的能力，以及维持增长的能力。我们将未杠杆化的自由现金流定义为息前税后收益（EBIAT）加上摊销（A）和折旧（D），减去营运资本（WC），再减去资本性支出（CAPex），就是 FCF = EBIAT + (A + D) – WC – CAPex。EBIAT 受到销售额、盈利能力和资产集中度的影响。低资产密集型、高利润率的业务创造了最高的利润水平和可持续的增长。我们将在第 12 章中对此进行详细探讨。

**毛利率** 高水平且持久的毛利率（即单位销售价格减去所有直接和可变的产品成本）是非常重要的。超过 50% 的毛利率为企业提供了一个巨大的缓冲空间，也更能够容忍错误。反过来讲，高水平且持久的毛利率意味着企业可以更早实现盈亏平衡，当然最好在创业的前两年内实现。例如，如果毛利率只有 20%，那么固定成本（如保险、工资、租金和设施）每增加 1 美元，销售额就需要增加 5 美元才能保持盈亏平衡。然而，如果毛利率是 75%，固定成本每增加 1 美元，销售额仅仅需要增加 1.33 美元。

**达到盈亏平衡点的时间：现金流、利润和亏损** 新业务要能够尽快实现正现金流并自我维持、持续发展。这些目标通常在创业的第二年就能够实现，当然越快实现越好。很显然，拥有一个较长的窗口期并不意味着业务就会很糟。联邦快递就是一个很好地利用了长时间窗口的高增长潜力的企业案例。事实上，它在早期经历了每月大约 100 万美元的巨额亏损。

## 收获潜力

**价值增长潜力** 新创企业如果能以一个行业的战略价值为基础，例如有价值的技术，那么投资这类企业更可取。因此，能够产生溢价的企业通常有一个重要特征，它们对收购方具有高附加值的战略重要性，如分销渠道、客户基础、地域覆盖面、专有技术、合同权利等。这些公司的估值可能是上一年度销售额的 4 倍或者 5 倍，甚至 6 倍（或更多），而有 60% ~ 80% 的创业公司仅可能以销售额的 0.75 ~ 1.25 倍被收购。

**估值倍数和比较定价** 与前一点较为一致的是，资本市场对私有公司和上市公司的估值方法存在很大差异。所谓边界分析，就是要确定你所处的市场、行业或技术领域中对公司估值的最高或最低倍数。表 5-3 中罗列的标准是动态变化的，可以作为确定边界的思路或者出发点。

**退出机制和战略** 最终被私下出售、公开出售或者被其他企业收购的企业从创业那一刻起或者在成长过程中，通常都有一个明确的收割目标。具有吸引力的公司，往往能够从出售企业中获得资本收益，当然它们也早已计划或者制定好相关的收割或退出机制。计划是至关重要的，因为正如人们常说的那样，退出比进入要困难得多。认真考虑公司最终实现收割的选项和可能性，是创业过程中非常重要的一个方面。

**资本市场环境** 主动出售或公司被收购的情况在很大程度上是由资本市场驱动的。时机选择可能对于退出机制而言是一个关键因素，因为正如一项研究指出的那样，自二战以来，华尔街的牛市平均持续时间是 6 个月。要想更敏锐地理解资本市场所能产生的剧烈波动，只需回忆一下 1987 年 10 月 19 日的股市崩盘、1990—1992 年以及 2007 年的银行信贷危机，或者 2001—2003 年的长期熊市。到 1987 年年底，风险投资 100 指数的估值下降了 43%，私有公司的估值也随之下降。首次公开募股（IPO）尤其容易受到资本市场波动的影响，时机选择至关重要。一些很成功的企业似乎都是在债权和股权融资最容易获得且相对便宜的时候创立的。

## 竞争优势

**固定成本和可变成本**　一个有吸引力的机会通常只需要企业付出最少的营销和分销成本，从而能够实现成本领先。如果无法做到并维持低成本，创业企业的预期寿命会缩短。

**成本、价格、渠道控制力度**　有吸引力的机会能够加强企业对价格、成本和渠道的控制力度。不存在主要竞争对手、集中度较低的市场就具有这种潜力。这些市场通常只存在一个市场份额为 20% 或更少的市场领导者。

对产品开发和零部件价格等因素缺乏控制会使得机会失去吸引力。

如果任何竞争对手的市场份额达到或超过 40%，这通常意味着在这个市场中，它对供应商、客户和定价的影响力都给新创企业带来了较高的壁垒和严重的风险。然而，假如一个占主导地位的竞争对手已经满负荷运转，但在一个巨大的、不断增长的市场中创新缓慢甚至产能不足，或者经常忽视客户需求，那么可能存在进入的机会。

**进入壁垒**　如果一个行业的进入壁垒很低，那么它就没有吸引力，所以企业需要认真审视这些壁垒。像有利的机会窗口、产权保护、监管优势、法律和合同优势都是有吸引力的。其他一些优势包括响应和交货时间、行业知识和业务联系，而这些优势只有依靠经验积累才能形成。

## 管理团队

**创业团队**　现有团队足够强大，甚至包括一些行业佼佼者，这当然会成为有吸引力的机会。团队已经在相同的技术、市场和服务领域证明了自己具有实现盈利和扭转亏损的经验，并且团队成员拥有互补和兼容的技能。

**行业和技术经验**　如果具有在行业、技术或市场领域取得卓越成就的记录，以及曾经取得成功的商业成就，这些经验都是非常可取的。

**诚信**　信任和诚信是润滑剂、黏合剂，使得人们能够在经济因素上相互依赖。在这方面拥有无可置疑的声誉对创业者来说是一项重大的长期利益，所有人员和支持者都应寻求这种声誉。

**理性认知**　一个根本的问题是，创始人是否知道自己在做什么，以及他们是否知道如何应对团队和企业的缺陷或差距。

### 个体标准

**目标和匹配**　业务要求和创业者想从中得到的东西之间是否具有很好的匹配性？

**上行与下行风险**　一个有吸引力的机会具有显著的上行风险和有限的下行风险。创业者需要有能力承受经济下滑的影响，这样他就可以在不受债务约束的情况下实现反弹。如果创业者在创业过程中面临的财务风险大于他的资本净值，即他可以合理利用的资源，以及如果创业失败，他可选择的可支配收入来源，那么这笔交易可能太大了。一个在位企业需要考虑的是，除了明显的财务后果外，失败是否会对公司的声誉和未来信誉造成太大的负面影响。

**机会成本**　在追求创业机会的过程中需要评估机会成本，这反映了一个成功创业者的潜在能力，对创业公司进行估值时，这一点非常重要。追求任何新的成绩都需要与放弃的经济机会进行权衡对比，才能真正理解这种做法的代价。

**风险 / 回报承受度**　成功的创业者必须谨慎计算和承担风险，避免不必要的风险。真正的问题是匹配，创业者应该认识到风险是创业的一部分，需要找到合适的平衡。

### 战略差异性

**匹配度**　在多大程度上驱动力（创始人和团队、机会和资源需求）和给定的外部环境的时机之间存在良好的匹配度？

**团队**　没有什么能够替代一支高质量的团队。执行力和适应力以及不断制定新战略的能力是生存和成功的关键。

**时机**　从商场到军事战场，再到政坛竞选，时机往往是造成重大影响的一个基本因素。时间可以是敌人，也可以是朋友，太早或太晚都可能是致命的。关键是要顺势而为，而不是逆流而行。

**技术**　一个突破性的、专有的产品并不能保证商业成功，但它可以创造出一定的竞争优势。

**灵活性**　保持迅速做出市场承诺或者置身事外的能力，保持适应能力，并在必要时学会放弃，是一项主要的战略武器，特别是在与较大规模的企业进行竞争的时候。

**定价**  在一个不断增长的市场中，拥有高附加值产品或服务的新企业常犯的一个错误是定价过低。对于一项毛利率为 30% 的业务，如果价格上涨 10%，那么毛利率将能够增长 20%～36%，并将使一家固定成本为 90 万美元的公司的盈亏平衡点从 300 万美元的销售水平降至 250 万美元。在 300 万美元的销售水平上，公司将能够额外实现 18 万美元的税前利润。

**分销渠道**  获得分销渠道有时会被忽视或被视为理所当然。新的分销渠道可以超越传统渠道，但同时新渠道需要很长的时间来建立和发展。

**容错程度**  商业战略和财务策略能够容忍多大的错误？团队在估算收入、成本、现金流、决策时机和资本需求方面犯的错误有多严重？如果这家公司还能继续生存下去，情况会变得有多糟呢？

## 信息收集

### 发现创意

各种迹象表明，找到一个潜在的机会往往是在正确的时间、在正确的地点、找到正确的人。你怎样才能创建下一个伯特小蜜蜂那样的企业呢？丰富的信息来源可以帮助触发一些关键想法。

**现有业务**  相对于创立一个新企业，收购一个正在成长的企业是一个最佳进入途径，可以节省时间、金钱，并降低风险。投资银行、信托机构和中介服务机构对并购业务非常了解。然而，这些机构通常并不会真正告诉别人去收购那些业务良好的创业企业，因为"真正的宝石"通常被与他们关系密切的个人或公司收购，例如管理层、董事、客户、供应商或财务支持者。那些陷入困境的创业企业会破产，因为破产而产生的金融废墟可能会掩盖一个绝佳的机会。

**特许经营**  特许经营是进入某一行业的另一种方式，可以通过开启特许经营模式或成为特许经营人的方式来实现。这是一个"富矿"，在美国 10.5% 的企业采用特许经营模式，特许经营商业模式蕴含着 13 万亿美元的市场空间。关于特许经营权的更完整的讨论，包括资源信息可以参见第 10 章。

**专利**　专利经纪人专门向那些寻求新产品或新模式的创业者推销由个人发明家、公司、大学或其他研究机构所创造的专利。有些经纪人专门从事国际产品许可服务，有时专利经纪人也会购买一项发明，然后再将它转售。

**产品许可**　从大学、公司和独立投资者那里获得产品创意的一个好方法是订阅信息服务，如《美国国际技术公报》(*American Bulletin of International Technology*)、《商业企业精选》(*Selected Business Ventures*)、《技术市场》(*Technology Mart*)、《专利许可公报》(*Patent Licensing Gazette*) 和美国国家技术情报服务处。此外，公司、非营利研究机构和大学都是生产许可的来源。

**公司**　从事研究和开发的公司往往有一些还没有实现商业化的技术发明或服务。这些发明要么不适合现有的产品线或营销计划，要么不能产生足够大的市场规模，这一点才是大公司感兴趣的。许多公司通过专利经纪人、产品许可信息服务或他们自己的专利营销活动来发售相关的生产许可。

**非营利性研究机构**　许多非营利组织在与政府和私营企业（获准可以进行下一步的开发、生产和销售）签订合同的情况下可以进行研究和开发。

**大学**　许多大学积极从事物理科学研究，并寻求直接或通过管理专利项目的相关研究基金会对某项研究结果进行授权许可。

## 行业和贸易契约

**贸易展和协会会议**　许多行业的贸易展览和行业协会举办的会议可能是一个考察竞争对手的产品、会见分销商和销售代表、了解产品和市场趋势、确定潜在产品的好方式。

**消费者**　根据某一类型产品的潜在客户可以确定需求，并对现有产品可能存在的缺陷或不足之处进行改进。

**分销商与批发商**　同消费者类似，与分销某一类型产品的渠道商联系，可以获得关于现有产品的优势和劣势、改进产品的具体方向或者关于新产品的广泛信息。

**竞争对手**　考察竞争产品可以明确现有的设计是否受到专利保护，是否可以改进或模仿。

**前雇主**　许多企业以产品或服务（或两者兼而有之）起家，其基础是由创业者开发的技术和创意，当然其他人也可以采用这些技术和创意。在某些情况下，研究实验室对技术的商业化不感兴趣，或者以前的雇主对关于新产品的创意不感兴趣，因此有些技术专利被放弃或出售。

**与专业人士保持联系**　通过联系专利律师、会计师、商业银行家和风险资本家等专业人士，也可以找到一些创意，这些人经常能够接触到那些寻求专利许可的人。

**咨询公司**　在技术上受过训练的创业者获得成功创意的一种方法是为感兴趣领域的从业者提供咨询和独一无二的工程设计。例如，想要建立医疗设备公司的创业者可以为医学研究人员提供咨询或设计实验设备。这些类型的活动通常会促进原型机设计，这些原型机可以转化为许多研究人员所需要的产品。

**关系网络**　网络可以是一个产生刺激和新想法的来源，也可以用来与有价值的人建立联系。这在很大程度上需要非正式的个人主动性，但是在全国范围内，有组织的网络可以促进和加速建立联系以及寻找新的商业创意的过程。

## 塑造商机

你需要对成熟的研究进行投资，把你的创意变成一个机会。市场特征、竞争对手等数据常常与机会潜力成反比，也就是说，如果市场数据是现成的，如果数据清楚地显示出巨大的潜力，那么大量的竞争者将进入市场，机会将减少。

◉ **专栏**

### 互联网对研究的影响

互联网已经成为创业研究和探索机会的重要途径。用户数据、网站、搜索引擎和消费者评论区快速增长的数据资源，可以用于对商业创意、竞争环境和价值链资源进行调研。

谷歌是目前世界上最大的搜索引擎之一。谷歌成功的原因之一是它的工具平台越来越专业，覆盖范围越来越广。请记住，谷歌不仅支持网络搜索，还支持查看美国专利文本、学术论文、新闻报道和数百个主题的博客。

拥有共同兴趣或激情的人们组成了虚拟社区——博客，这是一个非常有价值的资源渠道，可以让人们对潜在的机会形成深刻的见解和观点。人们也可以通过电子邮件的方式来进行主动的、低成本的或免费的调查问卷研究，或者通过引导潜在的受试人登录一个简单的调研网站来进行问卷调查。此外，互联网为创业者和其他积极主动的信息搜索者提供了一种非凡的能力，可以在世界任何地方、对任何事情，获得相关专家的智慧和建议。

## ⊕ 创业练习 5-1　下一个巨变

电力、飞机、集成电路和无线通信等革命性变革一直是工业发展的原动力。在未来 20～30 年里，什么样的技术和社会巨变将催生下一代的新产业？

### 练习目标

这个练习旨在通过拓宽你的技术素养和视野，丰富你对下一个 25 年的远见——在未来 25 年里，你有最好的机会抓住巨大的变革机遇。

我们要求你研究和思考未来的技术方向，以及今天正在进行的科学研究如何产生创新，使之商业化并创造出全新的产业。

下面的步骤会对你有所帮助，但不要完全依赖它们。使用搜索引擎和其他资源来查找尽可能多的信息。根据你的直觉，去寻找这些数据。如果你发现了一个让你兴奋的科学技术领域，或者你认为可以改变人们生活、工作、学习和（或）放松的方式，那就去追求它。

### 第一步

登录 www.kickstarter.com 网站。看看"最近投资的"或"最受欢迎的"交易都涉及哪些革命性变革。为什么？为什么不是其他的？

### 第二步

在 Kickstarter 网站上选择一两个你最感兴趣的项目，以及一两个你最不了解但又最感兴趣的项目。使用搜索引擎和其他工具，识别这些创新背后的创业者所提供和倡导的产品、公司或细分市场。

### 第三步

与你的 2～5 个同学一起"头脑风暴"，分享你学到的东西，分享你对行业的观察和见解，以及你认为可能出现的新领域。

- 你发现了哪些模式和共同特征？什么是交货周期和初创期指标？
- 哪些技术对人们的生活、工作和学习方式有最大的影响？
- 哪些创业者利用这些机会创建了公司？他们的背景、技能和经验是什么？他们有什么共同点？
- 关于下一个最大的机会将在何时何地出现，你改变自己的看法了吗？

**第四步**

- 它们最有可能破坏和取代哪些现有的技术、产品和服务？
- 哪些社会趋势可以与它们结合起来，创造出全新的行业？

**第五步**

在课堂上，或在非正式的小组中，讨论和探索你从练习中获得的启示。

- 你预计未来的两三个巨大变化是什么？
- 你还需要做出哪些探索？
- 在现在、10 年和 15 年后，你如何更好地充实自己，以便能够识别并抓住这些未来的机遇？
- 通过你在第 2 章制定的个人创业战略，特别是关于要做的项目、继续学习和积累工作经验、补充智囊团和创业导师等，你明白了什么？

## ⊕ 创业练习 5-2　颠覆性创意测试

在充分消化本章的内容之后，利用表 5-3 中列出的相关标准实施一次行业分析。仅仅做一个初步分析就可以。在最多一到两页纸上画出你的价值链，并用要点标出其他问题。这是为了让你以一种特定的方式思考。

你的任务是对你感兴趣的行业进行简单、清晰的价值链分析，尤其要分析行业当前的价值链。

接下来完成价值链各个阶段的信息流分析，然后创造一个产业的价值集（价值网络）。从多维度思考，而不是线性思考，描述或采用可视化方法描述这些维度对商品或服务以及信息流动的影响。与线性价值链相比，解释该价值网络如何增加或强化该产业的价值。最后，提供一个简要的价值网络的利润分析，要特别凸显那些极端情况（最高或最低）。

同时，思考以下问题：

- 在这个行业中，驱动价值链和商业机会的有哪些破坏者与重构者？
- 你对行业内企业的自由现金流、利润和价值链组成的最佳估计是什么？
- 在市场营销、分销、外包、IT 和资本投资方面，有哪些广为人知的行业实践、惯例、智慧在业务中具有重要意义？
- 现在有哪些新的实践、契约等？它们的衰退期有多久？
- 正在增长的细分市场是什么？
- 权威机构（Forrester、IDG 和其他华尔街分析机构）认为下一个增长市场将在哪里出现？
- 市场的参数和特征是什么？

如果你打算把一个高科技产品推向市场，你可以考虑采用杰弗里·摩尔（Geoffrey Moore）和瑞吉斯·麦凯纳（Regis McKenna）提供的"跨越鸿沟：向主流顾客营销和销售高新技术产品"（Crossing the Chasm: Marketing and Selling High-Tech Products to Mainstream Customers）讨论框架，并聚焦于你所关注的价值链和具体细分行业。还可以参考一下克莱顿·M. 克里斯坦森（Clayton M. Christensen）等人关于颠覆性创新的观点，例如《创新者的窘境》（*The Innovator's Dilemma*），还有史蒂夫·布拉克（Steve Blank）和鲍勃·多夫（Bob Dorf）的《创业公司手册》（*The Startup Owner's Manual*）。

## ⊕ 创业练习 5-3　创意生成指南

在你开始有创业的想法之前，想一想那句古老的德国谚语："每一个开始都是艰难的。"如果你试图创造性地思考，一旦开始，那些有趣的创意会多得让你吃惊。

这个练习的目的是产生尽可能多的有趣的创意。不要评估它们或担心它们难以实施。本书的其余部分将让你有机会评估你的想法，看看它们是否为真正的机会，并思考你个人的创业战略。

请记住：任何创造性的努力都没有正确的答案。

姓名：

时间：

**第一步**

准备一个清单，列出尽可能多的新创意。思考一下，作为消费者或用户，你面临的最大、最令人沮丧和痛苦的情境，特别是那些你认为人们愿意花钱消除或将其最小化的任务情境。这些往往是真正机会的种子。再思考一下那些监管变化、技术变化，知识和信息空白、滞后、不对称、不一致等导致的未得到满足或未得到充分满足的客户需求，这将有助于你列出这一清单。还要考虑各种产品或服务（及其替代品）以及这些产品或服务的提供者。识别产品或服务和（或）其生产商的劣势或弱点，这可能会启发你产生新的投资思路。

**第二步**

尽可能扩大你的清单内容。思考一下你的个人兴趣、你想要的生活方式、你的价值观、你觉得你可能会做得很出色的事情，以及你想对社会做出的贡献。

**第三步**

邀请至少三个熟悉你的人检查一下你的清单，然后根据他们的反馈修改它。参见第 2 章关于获取反馈的讨论内容。

**第四步**

记下关于你的商业想法或个人偏好的见解、观察和结论。哪些解决了你以及周围其他人愿意花钱消除的最大痛点、反感、挫折？

## ⊕ 创业练习 5-4 快速筛选表格

这是一个机会筛选工具,可以衡量机会的组成部分,在评估一个创意和多个机会优劣时非常有用。

表 5-3 中列出的标准是根据多年来风险投资者选择投资创业公司的标准分析得出的。

任何一个机会的潜力都能够被衡量,我们鼓励创业者专注于那些高潜力的事业。请记住,没有完美的交易,所以你不应该期望在高潜力类别项目评估中获得满分。我们发现,当向值得信赖的顾问寻求建议时,快速筛选法提供了一张地图,以及一个专业的探索视角。

然而,最重要的信息一定来自潜在客户。虽然快速筛选可以采用量化方法比较不同的机会,但它是指导性的,不是绝对正确。

不管得分是多少都不能保证成功。相反,快速筛选将把你的注意力集中在创意的优点和缺点上,并鼓励你继续努力,修正缺点,强调优点,或者干脆放弃这个创意。

首先让创业团队的每个成员独立填写快速筛选表格,然后互相比较得分。这肯定将产生大量的讨论。争论是团队快速筛选的必要组成部分。

我们建议你随后采访 20 个或更多的潜在客户,向他们描述你的产品,并让客户将你的描述与他们目前正在使用的解决方案进行比较。

比较客户访谈数据与团队快速筛选分析结果。列出你的评估结果与客户评估之间的差距。如果你需要做进一步的访谈,要么完善你的机会,要么改进你描述机会的方式。

注意:作者根据自己的经验确定了权衡标准。创业者也可以调整权重。

| 评估标准 | 最高潜力 | 最低潜力 | 快速筛选得分值<br>1. 不重要<br>2. 平均水平<br>3. 非常重要 |
| --- | --- | --- | --- |
| **行业和市场** | 人们生活、工作、学习方式的改变等 | 仅仅渐进性改善 | 3 |
| 市场 | 市场驱动型 | 不聚焦 | 2 |
| | 持续性收入 | 一次性收入 | 2 |
| | 市场识别 | | 2 |

（续）

| 评估标准 | 最高潜力 | 最低潜力 | 快速筛选得分值<br>1. 不重要<br>2. 平均水平<br>3. 非常重要 |
|---|---|---|---|
| 顾客 | 可触达、订单多 | 顾客忠于其他品牌，不可触达 | 3 |
| 用户价值 | 一年内就能获得用户收益 | 3 年以上才能够产生回报 | 3 |
| 增值 | 高增值，优先支付 | 低增值，市场影响力较小 | 2 |
| 产品周期 | 持久 | 容易消逝 | 2 |
| 市场结构 | 不完全竞争、碎片化竞争、新兴市场 | 高度集中、完全竞争或者衰退性行业 | 2 |
| 市场规模 | 1 亿～10 亿美元的销售规模潜力 | 未知，小于 2 000 万美元或数十亿美元的销售规模潜力 | 2 |
| 增长率 | 增长率为 30%～50% 或更高 | 受合约限制，或者小于 10% | 2 |
| 市场容量 | 已饱和或接近饱和 | 不饱和 | 2 |
| 可获得的市场份额（5 年内） | 20% 甚至更高，市场领导者 | 小于 5% | 2 |
| 成本结构 | 成本领先，成本优势 | 成本递减 | 2 |
| **经济性** | | | |
| 实现盈亏平衡且现金流为正的时间点 | 小于 2 年，不会出现断点 | 大于 4 年，平衡点会游移或跳跃 | 3 |
| 实现收益损失平衡的时间——P&L | 小于 2 年，不会出现断点 | 大于 4 年，平衡点会游移或跳跃 | 2 |
| 潜在投资回报率 | 25% 或更高，高增值 | 小于 15%～20%，低增值 | 2 |
| 资本需求 | 较低或中等，容易融资或贷款 | 非常高，不易融资，不易贷款 | 2 |
| 潜在内部收益率 | 每年 25% 或更高 | 每年小于 15% | 2 |
| 自由现金流特征 | 有利、持续，占销售额的 20%～30% | 低于销售额的 10% | 2 |
| 销售增长 | 中等或较高，可达到 15%～20% | 低于 10% | 2 |
| 资产集中度 | 较低 | 高 | 3 |
| 流动资金 | 较低，渐增式需求 | 高需求 | 2 |
| 研发支出 | 低需求 | 高需求 | 2 |
| 毛利率 | 超过 40%，可持续 | 小于 20% | 3 |
| 税后利润 | 高，大于 10%，可持续 | 低 | 2 |
| **收获潜力** | | | |
| 价值增长潜力 | 较高的战略价值 | 较低的战略价值 | 2 |

（续）

| 评估标准 | 最高潜力 | 最低潜力 | 快速筛选得分值<br>1. 不重要<br>2. 平均水平<br>3. 非常重要 |
|---|---|---|---|
| 估值倍数和比较定价 | 市盈率 = 20 倍 | 市盈率 <5 倍 | 2 |
| | 8 ~ 10 倍的 EBIT | 3 ~ 4 倍的 EBIT | 2 |
| | 1.5 ~ 2 倍收入水平 | <0.4 倍收入水平 | 2 |
| | 8 ~ 10 倍现金流 | — | 2 |
| 退出机制和战略 | 当前或者长期选项 | 不确定，不可流动的投资 | 2 |
| 资本市场环境 | 有利的估值水平、融资时机、资本需求、可变现的流动性 | 不利，信贷紧缩 | 2 |
| **竞争优势** | | | |
| 固定成本和可变成本 | 最低，高运营杠杆 | 最高 | 2 |
| 成本、价格、渠道控制力度 | 适中或者强控制 | 弱控制 | 2 |
| 进入壁垒 | | | |
| 产权保护 | 具备或者能够获得 | 不具备 | 2 |
| 响应和交货时间 | 竞争不激烈，慢热 | 难以实现领先 | 2 |
| 法律和合同优势 | 独占权或排他权 | 无 | 2 |
| 合同和网络 | 发展完备，易于接触 | 原始，有限 | 2 |
| 关键员工 | 一流人才，A 级团队 | B 或 C 级团队 | 2 |
| **管理团队** | | | |
| 创业团队 | 全明星组合，自由职业 | 弱势、单独创业者，非自由职业 | 2 |
| 行业和技术经验 | 前沿领域，多次成功 | 不成熟的领域 | 2 |
| 诚信 | 最高标准 | 存疑 | 2 |
| 理性认知 | 知道自己不知道什么 | 不想知道自己不知道什么 | 2 |
| **致命的缺陷** | 不存在 | 一个或多个 | 3 |
| **个体标准** | | | |
| 目标和匹配 | 完成目标，但依旧不满足于此 | 惊喜 | 2 |
| 上行与下行风险 | 可获得的成功/有限的风险 | 线性增长，维持固定的节奏 | 2 |
| 机会成本 | 能够接受减薪等 | 对当前状态感到满足 | 1 |
| 合意性 | 与生活风格完全匹配 | 简单地追求赚大钱 | 3 |
| 风险/回报承受度 | 能够计算风险，低风险/回报比 | 风险规避或者赌徒心态 | 2 |
| 压力承受度 | 在重压之下实现繁荣 | 在重压之下崩溃 | 2 |
| **战略差异性** | | | 2 |
| 技术 | 开创性，独一无二 | 许多替代品或竞争对手 | 2 |
| 匹配度 | 高 | 低 | 2 |

（续）

| 评估标准 | 最高潜力 | 最低潜力 | 快速筛选得分值<br>1. 不重要<br>2. 平均水平<br>3. 非常重要 |
|---|---|---|---|
| 团队 | A级团队，卓越的自由代理人 | B级团队，非自由代理人 | 2 |
| 售后管理 | 优质服务的理念 | 感觉不是很重要 | 1 |
| 时机 | 把握潮流 | 逆流而行 | 2 |
| 灵活性 | 能够适应，快进快出 | 缓慢，固执 | 2 |
| 机会导向 | 一直寻找机会 | 处于真空状态，慢慢消逝 | 3 |
| 定价 | 引领者 | 低价格，价格战开启者 | 2 |
| 分销渠道 | 可获得，网络中心位置 | 未知，不可获得 | 2 |
| 容错程度 | 韧性战略 | 刚性战略 | 2 |

## ⊕ 案例研究　伯特小蜜蜂

商业已经最大限度地改变了文明进程，改变了我们的生活方式。我的愿景就是：通过我的公司让世界变得更好。

——罗珊·昆比

### 引言

到1997年4月，伯特小蜜蜂已经雇用了20名员工，全年的销售额有望实现600万～800万美元，平均利润率为35%。该公司的产品遍布美国各州，在全美有超过3 000家门店销售其产品，并已经成功打入欧洲和日本市场。它的产品也进入了传统的零售领域，如Eckerds、药品商场和弗雷德迈耶连锁店。伯特小蜜蜂的创始人罗珊·昆比解释说：

我们开始收到很多主流商店的接洽请求。然而，它们在推销方面缺乏艺术素养，所以我们给它们预先做好展台以展示产品，向消费者传递产品的内涵和价值。

### 产品线变革

伯特小蜜蜂的成功原因主要是其产品线在1994年从缅因州迁到北卡罗来纳州后的两年里所做出的变革。由于公司在化妆品生产设备上投入了大量资金，而且护肤品的生产工艺相对简单，所以它的护肤品能够替代很多传统产品。昆比解释说：

我们保留了唇膏、润肤霜和婴儿爽身粉，但仅此而已。我们在 1987 年生产的产品，到今天没有一件还在生产。一旦我们购买了混合和填充设备，我们就不得不制造更多的"膏"。1994 年，当我们在北卡罗来纳州的工厂完全投入运营的时候，我们的资产只有 300 万美元，但产品线已经完全不同。在营销方面，这是由我们的环境保护理念决定的（见表 5-4 描述的公司使命）。我们不允许使用化学防腐剂。我们的产品必须是纯天然的。如果我们越过这条线，我们就会面临很多竞争。

表 5-4   伯特小蜜蜂的使命

| 我们是谁 | 我们坚信什么 | 我们的产品成分 | 我们的产品理念 |
|---|---|---|---|
| 我们是伯特小蜜蜂，纯天然、环境友好型个人护理产品制造商，主要产品有：<br>· 草本香皂<br>· 香薰沐浴油<br>· 爽身粉<br>· 沐浴盐<br>· 油膏<br>· 护肤膏<br>所有以上产品都在我们位于北卡罗来纳的工厂生产，通过全美 3 000 多家商店进行销售，其中包括我们自己在佛蒙特州伯灵顿、北卡罗来纳州卡勃罗、纽约州伊萨卡的三家直营店。 | 我们坚信工作具有创造性、可持续性，是人类内在的表达。<br>我们坚信正确的事不一定总能受欢迎，受欢迎的不一定总是正确的。<br>我们坚信没有人无所不能，但一个人总有所长。<br>我们坚信我们所面临的最复杂和最困难的问题总能找到最简单的解决办法并增进人类福祉。<br>我们坚信大自然母亲自有答案，她以身作则来教导我们。<br>我们坚信，通过模仿她的经济模式，模仿她的慷慨施与，欣赏她的仁慈包容，我们将能够在这个伟大的星球上创造正义和财富。 | 我们的产品成分极佳，主要来自大自然母亲所赠予的草本植物、鲜花、植物油、蜂蜡、精油和黏土。这些安全有效的成分能够经受时间的检验。<br>**我们拒绝使用：**<br>我们不使用石油合成的填充物，比如矿物油和丙二醇。我们不使用人工防腐剂，如对羟基苯甲酸甲酯或重氮烷基脲。请仔细检查一下标签。<br>我们真正提供其他人仅仅口头承诺的品质产品。 | 那些瓶瓶罐罐、吸管瓶盖、密封袋、塑料袋、分配器、容器、"方便的"一次性塑料等垃圾，淹没了我们的星球！伯特小蜜蜂如何减少使用，或如何增加重复利用和循环利用这些材料呢？<br>**我们减少使用：**你会发现在这里塑料制品很少。我们正在探索使用简单、安全、有效且经过时间考验的材料，这些材料由棉花、纸张、金属和玻璃制成。<br>**我们重复使用：**我们的许多包装可以反复使用。可以用我们的棉布袋装珠宝或其他小件物品。试着用我们的罐子来装别针、药丸、大头钉、夹子、钉子、螺丝、螺母和螺栓。我们的罐子可以被做成漂亮的笔筒，我们的玻璃罐可以安全地储存你的药草和香料。<br>**我们循环利用：**把空的容器拿回来。对于不能重复使用的东西，我们将在我们位于北卡罗来纳州罗利工厂的工程回收系统中进行回收。 |
| **我们看上去与众不同，我们确实与众不同。** | | | |

到 1997 年 1 月，伯特小蜜蜂拥有超过 70 种"对地球友好的、天然的个人护理产品"（见表 5-5）。

表 5-5　伯特小蜜蜂 1997 年的产品列表

| 产品集 | 产品名称 | 建议零售价 / 美元 |
|---|---|---|
| 伯特蜂蜡系列 | 蜂蜡唇膏（罐装或管状） | 2.25 ～ 2.50 |
| | 蜂蜡洗面皂　1.9 盎司 | 5.00 |
| | 蜂蜡保湿霜　1 盎司 | 6.00 |
| | 蜂蜡保湿霜　2 盎司 | 10.00 |
| | 蜂蜡花粉晚霜　0.5 盎司 | 8.00 |
| | 蜂蜡皇家啫喱眼霜　0.25 盎司 | 8.00 |
| 智慧女性系列 | 康菲舒缓药膏　1 盎司 | 4.00 |
| | 灰姑娘按摩精油　4 液体盎司 | 8.00 |
| | 艾草和西洋草精油　4 液体盎司 | 8.00 |
| | 墨角藻按摩精油　4 液体盎司 | 8.00 |
| | 康菲按摩精油　4 液体盎司 | 8.00 |
| | 康菲或灰姑娘按摩精油　8 液体盎司 | 11.00 |
| 深海魔水系列 | 嫩肤粉　5 盎司 | 14.00 |
| | 罐装嫩肤粉　3.5 盎司 | 6.00 |
| | 浴后润肤油　4 液体盎司 | 8.00 |
| | 海藻香皂　3.5 盎司 | 5.00 |
| | Detox Dulse 沐浴露　2 盎司 | 2.00 |
| | 死海沐浴盐　25 盎司 | 12.00 |
| | 深海泥面膜　6 盎司 | 10.00 |
| 绿色女神系列 | 沐浴盐　25 盎司 | 10.00 |
| | 清洁黏土面膜　3 盎司 | 6.00 |
| | 洁面啫喱　4 盎司 | 8.00 |
| | 美容棒　3.5 盎司 | 5.00 |
| | 保湿霜　2 盎司 | 10.00 |
| | 嫩肤粉　5 盎司 | 12.00 |
| | 润肤奶油　1 盎司 | 2.50 |
| | 泡泡浴球　1 盎司 | 2.50 |
| | 足部清爽粉　3 盎司 | 8.00 |
| | 亚麻籽眼部按摩油 | 9.00 |
| 农夫市场系列 | 橙子精华洁肤霜　4 盎司 | 8.00 |
| | 可可护脚霜　4 盎司 | 8.00 |
| | 胡萝卜素保湿面霜　4 盎司 | 14.00 |
| | 柠檬油脂　1 盎司 | 5.00 |
| | 柑橘去角质磨砂膏　2 盎司 | 6.00 |
| | 苹果酸爽肤水　4 液体盎司 | 5.00 |
| | 向日葵燕麦泡泡浴球　1 盎司 | 2.50 |
| | 牛油果护发素　4 盎司 | 8.00 |
| | 小麦胚芽植物精油　4 液体盎司 | 6.00 |
| | 水果唇彩　0.25 盎司 | 3.50 |

（续）

| 产品集 | 产品名称 | 建议零售价 / 美元 |
|---|---|---|
| Baby Dee 系列 | 嫩肤霜　5 盎司 | 12.00 |
| | 罐装嫩肤霜　2.5 盎司 | 8.00 |
| | 护肤霜　2 盎司 | 10.00 |
| | 奶油香皂　3.5 盎司 | 5.00 |
| | 奶油沐浴露　1 盎司 | 3.00 |
| | 杏仁精油　4 液体盎司 | 6.00 |
| | 杏仁婴儿油　8 液体盎司 | 10.00 |
| 农夫朋友系列 | 花园香皂　6 盎司 | 5.00 |
| | 护手霜　3 盎司 | 6.50 |
| | 护手膏　0.30 盎司 | 2.00 |
| | 柠檬草昆虫润肤露　2 液体盎司 | 5.00 |
| 毛宠系列 | 燕麦宠物皂　3.5 盎司 | 6.00 |
| | 迷迭香护发素　4 盎司 | 8.00 |
| | 柠檬油干洗香波　1.5 盎司 | 4.00 |
| | 茶树宠物清洁皂粉　3 盎司 | 6.50 |
| | 金盏草软膏　1.5 盎司 | 6.00 |
| | 伯特宠物磨牙玩具　5.5 盎司 | 5.00 |
| | 小麦草种子　1 盎司 | 3.00 |
| | 猫爪玩具 | TBD |
| 橱柜系列 | 厨房香皂　6 盎司 | 6.00 |
| | 厨房护手膏　2 盎司 | 6.50 |
| | 美甲柠檬油　1 盎司 | 3.00 |
| 海湾朗姆酒系列 | 去死皮香皂　3.5 盎司 | 5.00 |
| | 剃须皂　3 盎司 | 5.00 |
| | 古龙香水　3.25 液体盎司 | 16.00 |
| | 剃须刷 | 6.50 |
| | 剃须刀 | 5.00 |
| 焦糖洗浴系列 | 香草味焦糖洗浴　1 盎司 | 3.00 |
| | 玫瑰味焦糖洗浴　1 盎司 | 3.00 |
| | 薰衣草焦糖洗浴　1 盎司 | 3.00 |
| 提神系列 | 去臭爽身粉　3 盎司 | 6.00 |
| | 足部清新洗剂　1 盎司 | 2.50 |
| | 提神按摩油　4 液体盎司 | 8.00 |
| | 理疗水晶膏　1 磅 | 8.00 |

　　尽管伯特小蜜蜂能够成功生产个人护理产品，但它也面临着一个困境：应该开设自己的直营商店吗？如果进入零售领域，它还能维持在制造领域取得的成就吗？

### 一次零售实验

　　1996 年年底，昆比开始了她所谓的"零售实验"，她在北卡罗来纳州的卡勃罗开设了一家伯特小蜜蜂零售店，这样她就可以为该公司创造出大规模零售的概念。昆比笑着说：

前几天，我在卡勃罗的商店工作了 10 小时，只卖出了价值 400 美元的产品，而我们负责市场和销售的副总裁在 QVC⊖上 15 分钟就卖出了价值 3 万美元的产品。但我还是想测试一下零售这个非常有价值的概念。我的兴趣是试图控制从制造到零售的整个产业链。我不喜欢与最终用户离得太远……我喜欢待在店里，这样我就可以观察顾客，观察他们是如何进行产品评价和反馈的。我不知道我们是否会开很多线下店，或开启特许经营模式，但这是我想要弄清楚的。

## 市场和竞争

护肤品和沐浴用品的销售额增长迅速。例如，从 1994 年到 1995 年，沐浴露、洗面奶和磨砂膏的销量增长了 114%，成为整个健康美容行业中增长最快的企业之一，而整个行业同期仅增长了 64%。1995 年，护肤品和沐浴用品在总销售额为 142 亿美元的保健和美容市场中占据了 18 亿美元。

许多公司都迅速地利用这一增长机会，Bath & Body Works、Garden Botanika 和 Origins 等公司都在争夺市场主导地位。大多数新的护肤品和沐浴用品公司声称其产品是"纯天然的"，主要吸引那些不购买主流百货商店里的传统个人护理产品的年轻女性。《药品和化妆品行业杂志》（*Drug and Cosmetic Industry Journal*）的编辑唐纳德·A. 大卫（Donald A. David）在 1996 年年末写道：

由于 Bath & Body Works 等企业之间的竞争，香皂和香水行业出现了"供过于求"的局面。事实上，这些企业零售店的数量，甚至包括咄咄逼人的竞争对手 Garden Botanika、Crabtree & Evelyn、Aveda、Nature's Element、H₂O+ 等，仅在全美已经超过 1 400 家（一个令人难以置信的数字）。即使这些店铺没有采用维多利亚的秘密、Frederick's of Hollywood、GAP、Banana Republic 以及许多类似企业所采用的连锁模式，这一数字也显得太夸张了，一场洗牌似乎不可避免。例如，最新的消息是 Nature's Element 已被列入破产名单，Garden Botanika 在上市三个月

---

⊖ 美国 QVC（QVC，即 quality 质量、value 价值、convenience 便利）公司成立于 1986 年，是全球最大的电视与网络的百货零售商，曾数次获得美国商务／电子零售业界最佳成就与顾客服务奖。——译者注

后股价暴跌 2/3，Body Shop 和 H₂O+ 也受到利润滞后的困扰……无须查看日常产品销售数据，这位市场观察人士认为，无论肥皂和沐浴用品在哪里销售，供过于求都不是一个好兆头（见表 5-6）。

表 5-6　化妆品和卫生用品零售渠道数据（零售渠道销售额占全部销售额的比例）

| 零售渠道 | 1990 年 | 1994 年 |
|---|---|---|
| 食品店 | 27% | 25% |
| 药店 | 26% | 23% |
| 大卖场 | 16% | 20% |
| 百货商店 | 16% | 17% |
| 直销 | 7% | 8% |
| 其他 | 8% | 8% |

资料来源："Retail Statistics," Stores, October 1996, pp. 108-10. Courtesy of Stores Magazine/Deloitte.

即使伯特小蜜蜂没有进入零售市场，制造业的竞争也非常激烈。最大的健康和美容产品制造商（见表 5-7 和表 5-8），包括吉列、联合利华、旁氏、Jergens、菲俪蔓（Freeman）和圣艾芙（St. Ives），已经推出了它们自己的"天然"护肤和沐浴产品，以确保持续的市场主导地位。

表 5-7　1996 年香水、化妆品及其他盥洗制品行业（SIC 2844）25 大生产商

| 排名 | 企业名称 | 销售规模 / 百万美元 | 员工数量 / 千人 |
|---|---|---|---|
| 1 | 强生 | 15 734 | 81.5 |
| 2 | 高露洁 – 棕榈 | 7 588 | 28.0 |
| 3 | 安利 | 4 500 | 10.0 |
| 4 | Helene Curtis 护发产品公司 | 1 266 | 3.4 |
| 5 | Alberto-Culver Co. | 1 216 | 8.5 |
| 6 | Cosmair | 1 000 | 0.4 |
| 7 | 永恒生活产品国际公司 | 939 | 0.9 |
| 8 | 百利高（Perrigo Co.） | 669 | 3.9 |
| 9 | 伊卡璐 | 350 | 2.0 |
| 10 | 自由化学公司（Freedom Chemical Co.） | 300 | 1.0 |
| 11 | 露得清（Neutrogena Corp.） | 282 | 0.8 |
| 12 | 利洁时（Benckiser Consumer Products） | 230 | 1.5 |
| 13 | John Paul Mitchell Systems | 190 | <0.1 |
| 14 | Del Laboratories Inc. | 167 | 1.1 |
| 15 | 约翰逊公司（Johnson Co.） | 140 | 0.9 |
| 16 | Dep Corp. | 138 | 0.4 |
| 17 | Kolmar Laboratories | 130 | 0.8 |

（续）

| 排名 | 企业名称 | 销售规模 / 百万美元 | 员工数量 / 千人 |
|---|---|---|---|
| 18 | Guest Supply Inc. | 116 | 0.7 |
| 19 | Redmond Products Inc. | 115 | 0.2 |
| 20 | Cosmolab Inc. | 110 | 0.7 |
| 21 | Accra Pac Group Inc. | 100 | 0.8 |
| 22 | Sebastian International Inc. | 100 | 0.4 |
| 23 | Andrew Jergens Co. | 97 | 0.6 |
| 24 | Houbigant Inc. | 97 | 0.6 |
| 25 | Cumberland-Swan Inc. | 80 | 0.8 |

资料来源：A.J. Damay, ed., *Manufacturing USA*: *Industry Analyses, Statistics, and Leading Companies*, 5th ed (Farmington, MI: Gale Research, 1996), p.834.

表 5-8　1995 年护手霜和润肤霜领域的 9 大品牌

| 排名 | 企业名称 | 当年销售额 / 百万美元 | 当年市场份额 /% | 制造商 |
|---|---|---|---|---|
| 1 | Intensive Care | 149.9 | 18.6 | 旁氏 |
| 2 | Jergens | 89.9 | 11.2 | Andrew Jergens |
| 3 | Lubriderm | 77.9 | 9.7 | Warner-Wellcome |
| 4 | 妮维雅 | 44.1 | 5.5 | 拜尔斯道夫公司 |
| 5 | Suave | 43.0 | 5.3 | Helene Curits |
| 6 | 优色林（Eucerin） | 41.1 | 5.1 | 拜尔斯道夫公司 |
| 7 | 珂润（Curel） | 36.8 | 4.6 | 花王 |
| 8 | 露得清 | 34.5 | 4.3 | 露得清 |
| 9 | 圣艾芙 | 34.4 | 4.3 | 圣艾芙 |

## 结论

　　昆比一直计划将伯特小蜜蜂出售，但她认为在销售额达到至少 2 500 万美元之前，没有人会考虑收购这家公司。不幸的是，她确实不知道怎样才能将销售额做到 2 500 万美元。它应该进入零售领域吗？如果这样做，它如何在竞争如此激烈的市场中立足呢？如果不做，它的未来在哪里？如果伯特小蜜蜂依然是一个制造商和直销商，它如何将年收入从 600 万美元增加到 800 万美元甚至 2 500 万美元呢？

第6章

# 社会创业
## 内涵特征与商业机会

● 导 读

"格莱珉银行不强调还款、不强调抵押，借贷群体是农村底层的贫困妇女。它不是一个金融机构，而是一个由社会良知的态度驱动的社会企业。"

——穆罕默德·尤努斯

社会创业企业是非营利导向的，通过商业模式创新，为社会问题（如教育、卫生保健、环境保护）等寻求具有创造性的、有价值的解决方案的企业。

## 社会创业的定义

社会创业没有唯一的定义，表6-1归纳了研究者最普遍认可的定义。来自北达科他大学的一位助理教授——杰夫·斯坦普（Jeff Stamp）给出的定义可能是最佳答案："所有创业企业都需要进行投资并得到回报，而社会创业的问题在于由谁投资以及回报期有多长。"

表 6-1　社会创业的主要定义

| 定义 | 研究者 |
| --- | --- |
| 社会创业者在社会领域扮演着变革推动者的角色，他们：① 承担着创造和维护社会价值（不仅是私人价值）的使命；② 识别并不懈地寻求实现该使命的新机会；③ 参与到一个不断创新、适应和学习的过程中；④ 大胆行动，不受现有资源限制；⑤ 对所服务的民众和所产生的结果表现出高度的责任心 | 格雷格·迪斯，1998 |
| 社会创业是一个创造性地使用和整合资源以寻求促进社会变革和满足社会需要的机会的过程 | 乔哈纳·迈尔和伊戈奈斯·马提，2006 |
| 社会创业是可以在非营利组织、商业领域、政府部门内部或跨部门发生的创新性社会价值创造活动 | 詹姆斯·奥斯汀，霍华德·史蒂文森和简·维斯克尔，2006 |
| 社会创业是一个界定具体社会问题并给出相应解决方案（或一套解决方案）的过程，对企业的社会影响、商业模式和可持续性进行评估，创建一个追求双重（或三重）底线的、以社会使命为导向的营利性实体机构或一个以商业为导向的非营利实体结构 | 杰弗里·罗宾逊，2006 |
| 社会创业：① 应用实用的、创新的和可持续的方法来造福社会大众，重点关注那些被边缘化和贫穷的群体；② 是一个独特的术语，它发现了一种解决经济和社会问题的独特方法——一种跨部门和学科的方法；③ 基于社会企业家共同的价值观 | 施瓦布社会创业基金会 |

资料来源：1. "The Meaning of Social Entrepreneurship," p. 4; http://www.caseatduke.org/documents/dees_SE.pdf.

2. "Social Entrepreneurship Research. A Source of Explanation, Prediction, and Delight," *Journal of World Business*, 41, p. 37.

3. "Social and Commercial Entrepreneurship. Same, Different, Both?" *Entrepreneurship Theory & Practice*, January 2006, p. 2.

4. "Navigating Social and Institutional Barriers to Market: How Social Entrepreneurs Identify and Evaluate Opportunities," in J. Mair, J. Robinson, and K. Hockerts (eds.), *Social Entrepreneurship*, p. 95.

5. http://www.schwabfound.org/whatis.htm.

　　我们在第 3 章中已经论述了创业带来的"价值创造、提升、实现和更新"。社会创业的结果也并无二致，但它有助于厘清价值的定义。具体而言，社会价值源于非营利导向的、寻求解决与人和地球有关问题的创业活动。换句话说，社会创业在为教育、贫困、卫生保健、全球变暖、水资源短缺和能源替代等问题寻找具有创造性的、有价值的解决方案。

## 社会创业的类型

图 6-1 的阴影区域描述了社会创业的范围，在这一范围内，创业者通过创立企业来解决某一紧迫的社会问题。本章将首先通过与传统的创业观进行比较，来帮助你了解社会创业的语言、范围和定义。

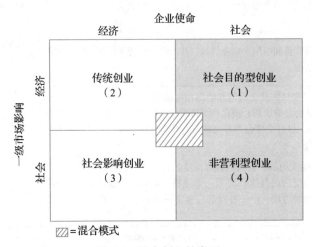

图 6-1  社会创业的类型

资料来源：H. Neck, C. Brush, and E. Allen, "Exploring Social Entrepreneurship Activity in the United States: For-Profit Ventures Generating Social and Economic Value," Working Paper, Babson College.

### 社会目的型创业

社会目的型创业（social purpose ventures）（见图 6-1 中的象限 1）企业是为解决某社会问题而建立的具有经济可行性的实体组织。第 4 章中的吉姆·波斯案例就是一个很好的例子，波斯创立了海马电力公司，用他的"大肚子"太阳能垃圾压实机助力环境保护。波斯表示：

总的来说，美国有 18 万辆垃圾车，每年消耗超过 10 亿加仑的柴油。这些都是重颗粒污染物，可能引发癌症、哮喘……而且很显然，还会排放温室气体。这 18 万辆垃圾车每年还要花费 500 亿美元。所以，垃圾处理公司一直是在一个极其低效的系统上投入大量资金。（垃圾）收集频率是由容器的容积来控制的，当垃圾桶一满，就必须要派出垃圾车去收集。

我们利用（垃圾桶压缩和回收）技术将垃圾收集频率降低了约 1/5。

波斯认为自己是一名社会企业家。他从 1992 年开始研究环境，并认为创业是解决一些全球性环境问题的最佳途径。2009 年，费城用 500 个"大肚子"太阳能压实机和回收装置取代了 700 个垃圾桶，这将每周的平均垃圾收集次数从 17 次减少到 5 次。仅这一项就减少了近 70% 的运营成本，大约 1 300 万美元。

波斯视保护环境为企业使命，是具有社会性的，但他同时也认识到可持续商业经济的重要性："如果你有一个企业，它既可以获得经济效益，又可以做对环境有益的事，那么它无须每年融资也能自我成长。"

## 非营利型创业

社会创业是用来专指非营利组织的，这样的观点很多人都不认同。因而，有人提出了"非营利型创业"（enterprising nonprofits）（见图 6-1 中的象限 4），这一概念受到很多关注。

我们可能会说，任何非营利初创组织都是企业性质的。但本书的关注点和其他创业相关研究是一致的，初创企业的规模和可持续性对经济（就营利性企业而言）和社会（就非营利性企业而言）都十分重要。从经济和社会双重角度来看，仅仅把企业创建起来是不够的，还必须具有成长性、可持续性。只有能够持久、不断创新，并且关注自身成长，企业才能渐成气候。

非营利型创业企业有两种类型。第一类组织通过风险投资类的创收活动，获取部分或全部收入。非营利型创业企业会在许多方面应用创业准则去赚取收入，以确保该使命驱动新组织的生存和发展。第二类更关注组织成长和经济可持续性。这类非营利型创业企业可能会以慈善的形式吸收外部投资，扩大组织规模，从而实现增强社会影响力的目的。

KickStart 国际组织就是一个从事创收活动和公益创投的非营利型企业组织。马丁·费希尔（Martin Fisher）和尼克·穆恩（Nick Moon）在 1991 年创立了 KickStart，该组织的使命是消除撒哈拉以南非洲地区的贫困。他们从肯尼亚起步，如今已在坦桑尼亚和马里设立了分支机构。尽管费希尔和穆恩已经引进了许多与灌溉、石油加工和建筑有关的技术，但迄今为止，他们最大的成功是微灌泵（被称为"印钞机")。这种低成本的灌溉系统已经帮助肯尼亚农村的农民将作物产量提高了 10 倍,农民不仅能够维持家庭生计,还能获得利润回报。通过一些数据指标可以看出他们的成功令人振奋,截至 2010 年年初,KickStart 在其网站上发布了以下统计数据:

- 16.27 万台水泵被分配给贫困农民。
- 新增就业岗位 9.04 万个。
- 水泵每年创造 1.05 亿美元的利润和工资。
- 52.32 万人摆脱贫困。
- 逾 10.46 万家企业在肯尼亚、坦桑尼亚和马里成立。

作为 2007 年和 2008 年《快公司》(Fast Company)社会资本创业者奖的获得者,KickStart 及其创业模式在践行消除贫困的使命方面取得了巨大的进步。

为了更好地理解非营利型企业组织是如何以及为何开展以盈利为导向的活动,耶鲁大学管理学院和高盛基金会共同管理的非营利投资合作组织共同开展了一项研究。在参与研究的 519 家非营利组织中,42% 从事创收活动,5% 曾进行尝试但未成功,53% 在筹集资金、撰写拨款申请等活动外从未尝试过其他任何形式的创收活动。该研究的一些重要发现十分有趣。以盈利为导向的非营利组织都具有如下特征:

- 员工为数众多。开展创收活动的非营利组织中有 55% 拥有 1 001 名员工,而对于那些从未参加过任何类型创收活动的组织中仅有 36% 达到这一规模。
- 相信它们更具有创业精神。开展创收活动的非营利组织有 77% 将自身定义为创业企业,而对于那些从未参与过任何类型的创收活动的非营利组织中这一比例则仅为 46%。
- 通常不会等到全部融资完成才开始创业。
- 预算为 500 万～ 2 500 万美元。这是一个重要的数字,因为美国大多数非营利组织的预算从未超过 100 万美元。
- 这样做是为了资助其他项目(66%)、维持自我运营(52%),或者使收入来源多样化（51%）。其他原因还包括创造就业机会和建立社区。

- 强烈渴望看到组织不断成长壮大，但是只有 55% 已经准备好了商业计划书。然而，56% 的组织则表示它们会通过寻求外部帮助来撰写有价值的商业计划书。

## 社会创业的混合模式

社会创业领域还有很多企业并不适合归类至图 6-1 中的象限 1 或者象限 4。事实上，采取混合模式的企业可能比社会目的型企业和非营利型企业加起来还要多。在最近进行的一项调查中，2 000 名创业者被问及他们企业的主要目标。创业者需要从如下四个选项中选择他们的企业目标：

- 以营利为主，实现经济目标。
- 以营利为主，实现社会目标。
- 在营利的同时强调社会和经济目标。
- 不为营利，致力于践行某一社会使命。

这 2 000 名美国创业者（不一定是社会创业者）是如何回答这个问题的呢？

大多数创业者（49%）是传统的创业者（见图 6-1 中的象限 2），他们将自己的企业定位为追求纯经济目标的营利性企业。另有 9% 的人把他们的企业定义为追求纯社会目标的营利性企业——类似于吉姆·波斯和他的"大肚子"太阳能垃圾压实机。只有 8% 的受访创业者认为自己不以营利为目的。最有趣的是，31% 的创业者声称他们是兼顾社会和经济目标的营利性企业。这些发现表明，新的组织方式正在产生：强调经济和社会双重使命。

眼镜公司 Scojo Vision 就是采用混合模式的一个例子。该公司成立于纽约，由两名创始人——斯科特·贝里（Scott Berrie）和乔登·卡萨罗（Jordon Kassalow）创立，企业使命着眼于解决经济和社会需求。除了时尚眼镜系列，他们还创建了一个为拉丁美洲和印度农村提供眼睛养护和廉价老花镜的项目。该项目由斯科乔（Scojo）基金会执行，培训女企业家通过向裁缝、纺织工人和织布工等依靠视力谋生的工人出售廉价的老花镜进行创业。

最近，一类"公益性"的新组织正在兴起。越来越多的志愿者和感兴趣的社会创业者正参与到名为"第四部门"的社会团体中。传统的组织分为私有部门和公有部门,包括营利性实体、非营利性(非政府)社会组织及政府组织三类,而"第四部门"则兴起于传统三类组织以外的第四类。"第四部门"就是在传统组织边界开始模糊时,试图识别出的一种新的模式,即"公益性"模式。

混合模式并非履行企业社会责任(CSR)的典型案例。企业社会责任是一个在理论和实践中越来越流行的术语,它强调在盈利的同时帮助和服务社区。因此,履行社会责任的企业虽然会影响其所在社区,但这并不是其商业模式的核心组成部分。比如,陶氏化学公司(Dow Chemical)向"人类家园"捐赠聚苯乙烯泡沫塑料,作为其新建住宅的绝缘材料。星巴克与当地农民建立关系,通过支付公平的市场价格,并扩大信贷,让当地农民的咖啡豆生意得以实现良好发展。安海斯-布希公司的商业广告鼓励消费者适度饮酒,以避免酗酒和酒驾。在 2005 年,沃尔玛宣布其长期目标是 100% 运用可再生能源,零浪费,销售环保产品。

## 用蒂蒙斯模型解读社会创业

蒂蒙斯模型的三个主要组成部分——机会、资源和团队——同样适用于社会创业,但是这个模型的应用背景需要做一些改变。社会机会不仅由市场驱动,而且受使命和社会需求驱动。由于跨边界合作在社会创业中具有重要地位,因此团队的"智囊团"——外部利益相关者也变得尤为重要。与传统的初创公司类似,节约型创业是获取资源的必要手段。除了从资本市场获取资金以外,社会创业者可从营利和非营利组织中获取的可用资金也在增加。因为可持续、成长是所有创业企业追求的目标,所以社会创业者要做的是适应市场,把握好市场、使命和社会需求之间的平衡。

## 棘手问题与机会空间

社会领域的机遇,例如环境问题,是由我们称之为"棘手问题"的一类大量而复杂的问题所驱动的。20 世纪 70 年代初,由于城市和政府规划相关问题解决的复杂性,"棘手问题"的概念被提出。对棘手问题(与"拿手问题"不同,见

表 6-2）特征的研究揭示了社会创业者面临的巨大挑战。

表 6-2　棘手问题与拿手问题

| 棘手问题特征 | 拿手问题特征 |
| --- | --- |
| 1. 只有找到解决方案，你才能理解这个问题 | 对问题的陈述定义清晰且稳定 |
| 2. 棘手问题没有停止规则 | 有明确的停止点——解决到某处为止 |
| 3. 解决棘手问题的方法没有对错之分 | 有可以被客观评价为对或错的解决方案 |
| 4. 每个棘手问题都是独特而新颖的 | 属于一类相似的问题，它们都可以用类似的方法解决 |
| 5. 每个解决棘手问题的方法都是"一次性操作" | 具有易于尝试和放弃的解决方案 |
| 6. 棘手问题没有备选解决方案——无限解 | 能提供一套有限的替代解决方法 |

资料来源：J. Conklin, *Dialogue Mapping*: *Building Shared Understanding of Wicked Problems*, chapter 1.

美国老龄人口的快速增长就是一个典型的棘手问题的例子，由于医疗保健，特别是疾病控制方面的进步，人类的平均寿命不断延长。在 2010—2020 年，65 岁以上的人口数量在历史上第一次超过了 5 岁以下的儿童人口数量。在 1903 年，只有 15% 的白人女性能活到 80 岁左右，而今天，将近 70% 的白人女性能活到 80 岁。

人口老龄化给社会带来了巨大的挑战。养老金和退休收入不得不延长支付时间，医疗费用也可能会增加。由于老年人需要更多服务而非产品，服务经济占 GDP 的比例将不断上升。此外，也要考虑到适龄劳动人口为老龄人口福利买单的情况，从更广泛的角度来看，人口老龄化总体上还是降低了纳税人对退休人员的供养比例。

诸如此类，巨大的社会挑战为敏锐的社会创业者提供了越来越大的机会空间。例如，棘手问题反映了时代的重要特征与背景，这必须作为考虑问题的一个方面。大多数老年人都希望尽可能地独立生活，所以对许多人来说，搬到配备辅助生活设施的疗养院或养老院是最后的也是最不希望的选项。此外，随着人口老龄化和婴儿潮一代逐渐衰老，这些辅助生活设施的可用性将不断降低。一个解决方案是，建设新一代智能住宅，让老年人可以待在自己的家里，同时享用安全、优良的辅助生活设施。我们假设技术已经成熟可用，现有房屋改造也是可行的，那么这是一个好的解决方案吗？表面上看是的，但是还需考虑以下挑战：

- 并非所有的老年人都能适应科技生活。
- 老年人可能没有足够的收入购买智能产品。

- 一旦发生紧急情况，居家老年人可能需要援助才能到达医院，因此，随着居家老年人数量增多，可能会使 911 等应急响应系统不堪重负。
- 城镇需要为更多的老年人口提供服务，而这些服务的资金来源可能是额外增加的财产税。

挑战可能不止以上所述几点，但关键是，有时我们在找到解决方案之前无法理解整个问题（见表 6-2 第 1 项）。我们继续讨论为老年人提供智能住宅的问题。这样的智能住宅应该有多大的独立性？在两层楼的住宅中，如何判断是使用两层楼还是只使用一层楼？整个住宅都需要智能化吗？棘手问题没有预先确定的停止规则（见表 6-2 中第 2 项），所以社会创业者被迫要严格权衡取舍并做出理性选择。社会创业者必须要明白，一个棘手问题永远不会被完全解决，解决方案也不可能满足所有的期望。施行这类解决方案的行为也被称为满足行为。正如表 6-2 中第 3 项中所陈述的那样，解决方案没有对错之分。

老年人独立生活是一个独特的社会问题（见表 6-2 中第 4 项），这个问题在影响老年人的同时还影响了其他利益相关者，因此，对这一困境的解释取决于旁观者的看法。众所周知，棘手问题的潜在解决方案会产生较长期的影响。对于一位想要独立生活的老年人来说，智能住宅可能是个好主意，但改造房屋所涉及的工作量也要考虑。哪些系统需要安装？住宅结构预计会有什么变化？在市场上销售老年人智能住宅会有多难？在独居老人去世后，将智能设施从住宅中移除是否简单可行？创建智能家居也许还会带来更多后果，但是对于一个棘手问题来说，只有时间会给出答案。独居老人只是人口老龄化社会问题的一个方面，棘手问题理论告诉我们这个问题没有有限解（见表 6-2 中第 6 项），可能的解决方案有无数种。也许有人会认为这是一种难题和局限，但是社会创业者却能洞察蕴藏其中的无限可能和机遇。

为了更好地了解地球面对的社会挑战，联合国制定的千年发展目标是解决问题的良好开端。在 2000 年，该目标是在一个具有重大历史意义的事件背景下制定的。当时，世界各国领导人聚在一起讨论具有普遍性且亟待解决的社会问题，大家合力促成了《联合国千年宣言》的发布。据当时的秘书长科菲·安南（Kofi Annan）透露，这 8 个目标（见表 6-3）规划将于 2015 年达成，它们是所有国家和发展机构都认可的蓝图，简洁而有力。任何一个国家，无论男女老少，所有人都将给予支持和理解。

尽管这些目标反映了在联合国看来最紧迫的社会问题，但对社会创业者（不论是营利性还是非营利性）而言，却是触手可及的巨大机遇。机遇是对问题或挑战的积极看法。我们从前面的章节中了解到，创业者的思维方式不同，因此能识别出别人发现不了的机会。可以尝试一下，看看你能识别出哪些机会。

表 6-3　联合国千年发展目标

1. 消除极端贫困和饥饿
2. 普及初等教育
3. 促进两性平等和赋予妇女权力
4. 降低儿童死亡率
5. 改善孕产妇健康状况
6. 对抗 HIV/AIDS、疟疾和其他疾病
7. 确保环境可持续性
8. 全球合作促进发展

资料来源：2005 年《千年发展目标报告》（http://www.un.org/millenniumgoals/background.html）。

## 资源获取

与前面讨论过的传统创业企业不同，资源获取对社会企业、非营利创业组织甚至混合模式组织的成功都至关重要。大多数社会创业者都承认，随着越来越多的社会企业的出现，获取资本成了一个新挑战，对于那些希望快速发展和国际化发展的企业来说尤其如此。节约型创业者的做法在充满激情的社会创业者中十分普遍，但是对于构建可持续商业模式过程中的具体资本获取渠道问题，他们却往往缄默不语。

社会风险投资（SVC）是传统风险投资市场的一个子集。它们之所以投资营利性企业，除为了获取经济效益外，还为了获取社会和环境效益，这也被称为"双重底线"（double bottom line）或"三重底线"（triple bottom line）。在社会风险投资领域有三类基金。第一类是"聚焦"（focused）基金。例如，在旧金山和纽约均设有办事处的 Expansion Capital Partners 仅投资与能源、水、运输和制造相关的增长型清洁技术企业，在波士顿郊区运营的 Commons Capital 仅投资在教育、卫生保健、能源和环境这四个领域运营的初创公司。这两家公司的基金都对外宣称关注环境和社会。第二类基金是"社区"（community）基金，它的主要目的是发展贫困地区经济，创造就业机会。总部位于缅因州波特兰的 CEI Ventures 的投资对象是在服务水平低下的市场中运营的企业。CEI Ventures 投资的每个公司都被要求从

业务运营所在地区雇用低收入员工。本章末尾的案例就是这类 SVC 的一个例证。第三类基金被称为"有良心的风投"（VC with a conscience）。这些基金明确规定了对与其目标投资领域相关的、具有社会责任感的公司进行投资的资金比例。例如，在马萨诸塞州的波士顿和亚利桑那州的图森设有办事处的 Solstice Capital 将 50%的资金投资于信息技术，剩下的 50% 投资于具有社会责任感的公司。其网站发文称："关注社会需求的投资可以产生较高的风险投资效益，并对自然和社会环境做出积极贡献。"

公益创投（venture philanthropy）可以为非营利组织提供增值基金，有助于其潜在的社会影响力的提升。慈善投资事业源于约翰·D. 洛克菲勒三世（John D. Rockefeller III）于 1969 年在国会发表的支持税制改革的演讲。但现代观点认为公益创投事业更接近风险投资，只是该投资能带来社会效益。公益创投的定义多种多样，欧洲公益创投协会（EVPA）规定了几个公益创投原则（见表 6-4），这些原则适用于所有的公益创投定义——在欧洲和美国，公益创投的概念正在以前所未有的速度普及开来。

表 6-4　欧洲公益创投协会认同的几个原则

| 特征 | 描述 |
| --- | --- |
| 高参与度 | 公益创投家与他们所支持的社会创业者和企业有着密切联系，共同推动社会变革的创新发展模式。与传统的非营利性投资者相比，慈善投资者在战略和运营层面的参与度都更高，部分人可能会成为这些组织的董事 |
| 多年支持 | 公益创投家为有限的组织提供大量的、持续不断的财政支持。这种支持通常会持续 3～5 年，其目标是在投资期结束时，该组织能在财务上实现自给自足 |
| 量身定做 | 与风险投资者相同，公益创投家会采取不同的投资手段确定出最适合每个组织的融资。根据他们自己的使命和他们选择支持的企业，公益创投家可以利用投资回报进行投资运作 |
| 组织能力建设 | 公益创投家关注投资对象的运营能力提升和长期生存能力建设，而非仅仅资助单个项目或计划。他们通过为其核心业务提供资金援助，来帮助这些组织获取更高的社会影响力和业务效率 |
| 非金融支持 | 公益创投家还提供财务支持外的增值服务，如战略规划、市场营销和沟通、高管培训、人力资源建议，对接其他合作者和潜在资助方 |
| 绩效衡量 | 公益创投是以绩效为导向的，它强调良好的商业计划、可衡量的成果、里程碑式的成就，以及高水平的财务问责与管理能力 |

资料来源：R. John, " Venture Philanthropy: The Evolution of High-Engagement Philanthropy in Europe, " Working Paper. Oxford Said Business School, Skoll Center for Entrepreneurship, 2006.

位于马萨诸塞州剑桥的 New Profit 公司利用风险投资方法开展公益创投事业。该公司有 38 名员工，截至 2010 年，该公司的一个风险基金对 27 个非营利组织进行了投资，惠及 140 多万人。在 4 年的时间里，该公司对投资对象的平均投资额为 100 万美元。然而，New Profit 公司往往会对投资对象持续扶持 4 年以上，以帮助其实现可持续经营，并成长到理想的规模。除了提供成长性资本融资外，投资对象还会得到 New Profit 公司投资经理和合作伙伴 Monitor 集团（一家全球性咨询和金融服务公司）的战略支持。通过这种前所未有的合作伙伴关系，Monitor 集团为 New Profit 公司投资组合内的组织提供无偿咨询，并为 New Profit 公司提供额外的运营资源。据估计，自 1999 年以来，Monitor 集团已为其投资对象提供了超过 5 000 万美元的无偿服务。由于 New Profit 公司的增值投资能力卓越，它能够使捐赠者的每 1 美元投资发挥翻倍的作用。因此，New Profit 公司的捐赠者（或投资者）知道，他们每投资 1 美元，在 New Profit 公司团队与 Monitor 集团共同提供的服务、支持和智力资本的帮助下，New Profit 公司这个非营利组织最终能够获得 1.98 美元（见表 6-5）。

表 6-5　New Profit 公司如何使 1 美元翻倍

| | |
|---|---|
| 1.00 美元 | 捐赠给 New Profit 公司投资组合机构的金融资产 |
| −0.00 美元 | New Profit 公司的收费或管理费（日常和运营费用由 New Profit 公司董事会承担） |
| +0.48 美元 | New Profit 公司投资经理的价值 |
| +0.50 美元 | Monitor 集团捐赠服务的价值 |
| 1.98 美元 | 对 New Profit 公司投资对象的总投资 |

资料来源：New Profit 公司的相关材料，2008。

New Profit 公司极大地增强了教育领域、人力资源开发领域和医疗保健领域非营利组织的社会影响。诸如 New Profit 公司这类公益创投组织的创新模式，充分展示了创业原则的力量足以帮助非营利组织发展壮大并获得高社会影响力。

⊙ 专栏

## 社会创业者于 2006 年获得诺贝尔和平奖

穆罕默德·尤努斯是穷人的银行家。20 世纪 70 年代末，他改革了银行业，开始向孟加拉国最贫穷的人提供无担保的小额贷款。25 年后，他和他创立的格莱珉银行因通过小额信贷打破了贫困的循环，为社会和经济发展做出了贡献，他成为诺贝尔和平奖的获得者。

他的想法简单有力。借款者被分为五人一组，但并不是所有成员都能立刻借到钱。每次有两个借款人可以获得小额贷款，但直到这两个借款人开始偿还本金加利息，其他成员才有资格申请自己的贷款。平均利率为16%，而还款率则达到了前所未有的98%，这要归功于群体的压力、授权和动力。这些贷款很少，通常只够购买一只山羊、一件工具或一台可以用来创收的小型机器。

格莱珉银行由尤努斯创立，其目标如下：

- 向贫困者提供银行服务。
- 消除放债人对穷人的剥削。
- 为孟加拉国农村的大量失业人口创造自主创业的机会。
- 将弱势群体（主要是来自最贫穷家庭的妇女）纳入他们能够理解和自主管理的组织中。
- 打破由来已久的低收入—低储蓄—低投资的恶性循环，进入低收入—低信贷注入—低投资—收入上升—储蓄增加—投资增加—收入上升的良性循环。

截至2007年10月，格莱珉银行已为734万名借款人提供了服务，其中97%为女性。该银行拥有2 468家分支机构，雇员达24 703人。自1983年以来，格莱珉银行向穷人贷出了65.5亿美元，除了1983、1991和1992年之外，银行每年都在盈利。

## 社会创业中智囊团的重要性

蒂蒙斯创业过程模型的第三个组成部分是团队。正如我们之前讨论的，社会创业致力于解决棘手问题，而这些问题往往无法孤立地解决，甚至即便有一个小的创业团队也不够。解决社会问题需要富有协作精神的环境氛围，因此，在社会创业中智囊团的角色尤为重要。

社会创业的智囊团可以包括社区、投资者、政府、顾客、供应商和制造商。

这个清单是无限的，具体取决于企业的实际情况。社会创业者朝着充满光明的愿景努力的同时，也必须为关键的利益相关者提供价值。这种价值是什么以及为谁创造因时而异，但重要的是，社会创业者要了解智囊团中利益相关者之间的互动，以及他们通过与本企业产生关联可能获取的潜在价值。

回想一下本章开头吉姆·波斯的例子。波斯必须了解每个利益相关者的价值主张。例如，在市政公用事业中，负责垃圾处理的公司有责任减少垃圾收集频率从而节约资金。波斯必须向市长展示出"大肚子"垃圾压实机确实能够支持绿色倡议。对于城市规划者来说，波斯可以提供节约空间、符合美学的产品。但是工会呢？如果减少垃圾收集频率会削减所需卡车和司机的数量该怎么办呢？每一个社会创新都可能有缺点，社会创业者不仅需要考虑价值的增加，也需要考虑各利益相关者的价值损失，并对后果进行评估。

## 总结思考：现在还是以后

最近，美国银行发布了一份慈善事业报告。报告显示，创业者在慈善事业上的捐赠额比其他类型的富人平均多出 25%。当然，创业者这种奉献精神应该得到认可和赞扬，但只是这样付出就足够了吗？成功创业者的故事很常见：建立公司，创造个人财富，然后做出重大的慈善捐赠。然而，社会创业者并不会等到拥有足够财富以后才进行捐赠，而是在创业之初就将创造经济价值与社会贡献视为同等目标。社会创业者会基于创业原则，推动企业发展和提升长久影响力，并以此创造和维持企业与社会的光明前景。

## ⊕ 案例研究　西北社区创业基金

### 引言

米歇尔·福斯特看了一眼无人认领的名牌。狂风暴雨的天气影响了这场成长型企业融资会议的参加人数，该会议部分由福斯特的股权基金——西北社区创业基金（NCV）赞助。为了开展其在俄勒冈州和华盛顿州农村地区的投资业务，该基金通过类似会议的形式对外展示以吸引农村创业者，并与对传统风险投资不熟悉的农村创业者建立信任关系。

在 2005 年年初，NCV 为期 10 年的经营许可证还剩下 8 年多的时间。尽管如此，福斯特已经在考虑筹集后续基金了。和大多数风险基金经理一样，她计划在当前基金业绩评估前就开始为下一项基金寻找投资者。

福斯特非常关心她能否吸引机构投资者投资 NCV 管理的社会责任风险资本，尤其当他们有机会在其他项目中以更低风险获取更高回报的时候。然而，迫在眉睫的挑战是她与艾琳·奥布莱恩关系恶化，而奥布莱恩是 NCV 旗下著名的非营利组织的创始人。

### GBI 公司

成长于 20 世纪 60 年代末的奥布莱恩参加过民权集会和游行，这使她坚定了改革的决心。10 年后，当她来到俄勒冈州沿海时，她知道自己可以在此开始人生新旅程。

沿海的农村社区正处于水深火热之中。农业、渔业和林业活力十足，但是大多数辛勤的企业主以及几乎所有工人都还在贫困线上挣扎。这位身材高挑、自信的红发女子很快成为该州的一股新生力量，在保护农村社区的水源、农场和森林的同时，她也在寻找改善当地居民生活的方法。1979 年，她创立了 GBI 公司。GBI 是一家社区发展企业（community development corporation，CDC），旨在投资小企业，创造就业机会，并发展俄勒冈州的自然资源产业。

虽然奥布莱恩从未接受过专业的商业培训，但她学得很快，尤其擅长财务。在将近 25 年的时间里，她和她的团队凭借自身的创造性将企业经营得很好：

为了尽力强化 GBI 的财务实力，我们开始围绕经济发展策划创新项目，让收入来源实现多元化。这些项目得到了联邦、州政府以及基金会的资助。我们把提升工资率、改善福利和工作环境作为贷款的条件。我们的收入来自我们的资本成本和我们的借出利率之间的"利差"，10 年期基金的利率大概是 1%。

向商业组织提供贷款不仅促进了经济发展，而且使 GBI 在商界实施变革时有了话语权。截至 2000 年，该组织管理的资金规模接近 7 500 万美元。但是奥布莱恩发现了一个不容忽视的变化："布什政府明确表示，除了为富人减税之外，他们还将削减或取消那些我们赖以生存的政府项目。国会也同时表示它可能会支持社区再投资法案的变革。"

奥布莱恩知道很多非营利组织都在通过社会创业⊖来融资：

如果失去了政府的资助，那么私营部门的捐款以及我们的贷款项目加起来也不足以弥补我们的开支。如果我们被迫去自主筹款，那将严重分散我们在社区发展方面的注意力。对我们来说，用营利性投资基金来弥补缺口是十分必要的。

## 社区发展风险投资

20 世纪 90 年代初，奥布莱恩和社区发展行业的几个同行意识到，尽管他们利用有条件的贷款可以在一定程度上激发社会活力，但仅作为贷款人并不能让他们拥有更高的影响力。他们还指出，农村市场缺乏支持市场扩张的股权资本。这个由富有创造力的放贷者组成的松散联盟，利用基金会的资金开发了一只具有社会进步意义的基金。社区发展风险投资（CDVC）基金是社区发展金融机构（CDFI）的一种，它被用来推动农村再投资目标的发展（见表 6-6）。

表 6-6　社区发展金融机构

2005 年，美国的社区发展企业运营着 800 ～ 1 000 个 CDFI，包括：
- 500 个社区发展贷款基金
- 80 家社区发展风险投资基金
- 275 个社区发展信用社
- 50 家社区发展银行

CDFI 一般被分为五种类型：
- 社区发展银行通过有针对性的贷款和投资为经济困难社区的重建提供资金
- 社区发展信用社帮助人们获取资产和储蓄，向低收入人群提供负担得起的信贷和零售金融服务，并向少数族裔社区提供特别服务
- 社区发展贷款基金以低于市场的利率从个人和机构性社会投资者处筹集资本，并将其主要贷款给经济困难社区的非营利住房和商业项目开发人员
- 社区发展风险投资基金为社区房地产和中型商业项目提供具有股权特征的优质债权。他们要求的目标内部收益率（IRR）是 10% ～ 12%，而主流的风投基金目标内部收益率为 25% ～ 35%
- 微型企业发展贷款基金向低收入人群提供贷款和技术援助，借此促进社会和商业发展。这些人经营小微型企业或干脆是自营职业者，因此无法获得传统信贷

---

⊖　社会创业——非营利组织通过商业化的运营来筹集资金以支持其社会使命——是一个日益增长的趋势，但并不是全新的事物。慈善机构长期以来一直通过企业筹集资金，以支持其核心使命，有时在客户帮助下经营这些业务。社会创业的核心理念是，许多非营利组织拥有可市场化的资产，并可以利用这些资产来产生收入，以支持和践行它们的使命。这些资产包括专业知识、服务、产品、标识、志愿者网络，甚至它们在社区中的声誉或地位。

与传统的风险投资基金（见附录 6A）一样，CDVC 的投资意向是那些拥有稳固商业模式、杰出管理人员和卓越增长潜力的企业。然而，CDVC 在许多方面不同于传统风险投资（见表 6-7），最引人注目的是双重底线的存在。它们的目标不仅是实现投资的经济效益，而且要为它们所在的社区创造社会效益，例如为低收入工人创造就业岗位，振兴社区内的房地产行业，为妇女和少数族裔提供机遇等。除此之外，它们的投资门槛较低，每笔投资门槛仅为 10 万美元，这意味着它们将成为美国农村优秀创业者的摇篮。

表 6-7　社区发展风险投资基金与传统风险投资基金

| 内容 | 社区发展风险投资基金[①] | 传统风险投资基金 |
|---|---|---|
| 管理总资产 | 约 3 亿美元 | 约 1 340 亿美元 |
| 每轮平均投资规模 | 18.6 万美元 | 1 320 万美元 |
| 退出前的经营时间范围 | 5 ～ 8 年 | 3 ～ 5 年 |
| 目标 IRR 范围 | 10% ～ 12% | 25% ～ 35% |
| 资金来源 | 政府基金会、银行、捐赠、富人 | 养老基金、信托和基金会、高校捐款 |

①进一步的差别：

社会责任风险投资（SRVC）公司在潜在投资中按照以下标准搜寻投资目标。

● 多样性：女性 / 少数族裔股东 / 创始人、业务、多元化的供应商、员工、合作伙伴等。

● 劳动力：福利、利润分摊、员工所有制，以及健康的工作环境。

● 环保：有益的产品 / 服务、污染预防、循环利用、替代能源、建筑设计。

● 产品：有益于社会、优质、创新、安全。

社会责任风险投资避开了烟草、成人娱乐、赌博和枪支等行业。

## 一种新的经济发展模式

2001 年，奥布莱恩说服董事会支持建立一个 1 000 万美元的社会责任风险投资基金。NCV 制定准则，以确保对最可能产生积极正向影响的领域进行股权投资（见表 6-8）。奥布莱恩确信建立该基金是一个很好的措施：

GBI 依靠我们的人才力量来引导和培养农村企业，这是一个机会，让我们能够在具有实际影响的企业董事会中拥有发言权。作为该基金的有限合伙人，我们将获得长期的资本收益，这可能远远高于贷款项目所能提供的收益。

表 6-8　NCV 投资准则

**在传统的风险投资市场中，评估公司的标准包括以下内容**

·管理：在领域内有经验，能够理解发展需求，愿意与风险投资者合作，对自己的技能或经验有客观认识，并愿意在必要时转换角色，而且有完整的管理团队

（续）

- 市场：规模大，快速增长，能够定位客户的痛点
- 进入壁垒：通常是知识产权保护，以抵御竞争对手的产品或服务
- 财务：适合风险投资者的资本要求（例如，资本密集度不太高），毛利率高
- 商业模式：可扩展，符合当前市场状况

**在大多数农村市场，这些标准大部分仍然适用，但有以下差异**

- 管理：管理人员拥有出色的产业经验，但不一定具备风投合作经验，需要学习，管理团队往往不完整
- 市场：与科技创新市场（以数十亿美元计）不同，农村企业占大多数的市场往往规模较小（以数亿美元计），增长幅度较小（保持在中低水平，约两位数，而非科技市场的三位数）
- 进入壁垒：对于不在科技市场运营的中低端企业，壁垒往往是现有的品牌和现有的产业规模

　　董事会中的一名银行家强调，引入一位经验丰富的管理者来管理基金是十分重要的。奥布莱恩表示赞同并着手招募了一位顶级风投专业人士。

## 米歇尔·福斯特

　　米歇尔·福斯特出生在南加利福尼亚州，她的父母成长于 60 年代且十分开明。福斯特与他们的价值观一致，却选择了不同的职业道路。在马萨诸塞州韦尔斯利的百森商学院获得 MBA 学位后，她在波士顿一家著名的风险投资基金找到了工作，并通过努力成为一名基金合伙人。

　　尽管福斯特很喜欢这份工作，但她想要的不仅仅是作为交易员以财务为首要考虑方向的生活。因此，她开始寻找靠近家乡的机遇。2001 年秋天，她在俄勒冈州波特兰市发现了一家不寻常的企业。福斯特回忆说，她和创始人一见如故：

　　奥布莱恩的背景和思想与我的父母非常相似。她开玩笑说，她本人并不像她的简历上写的那么可怕。她认为她得到了一位有思想的风险投资人，而我认为这是一个好机会，我可以把我的丰富经验应用于这样的工作中，不再仅仅注重财务目标。我们简直一拍即合。

　　奥布莱恩对此表示赞同："我看得出米歇尔是一个经验丰富的商务人士，但她也是一个很好的倾听者。不仅如此，她完全明白我们建立这个创新基金的目的。"

　　2001 年 11 月，福斯特接受了这份工作，尽管薪水还不到她在波士顿那份工作的一半。她陈述了自己对这一选择的权衡：

　　波特兰太美了，与我在东海岸的生活相比，这里的生活节奏更令人愉快。但

这也是一个严肃的职业抉择。虽然我知道 NCV 的农村投资任务非常具有挑战性,但同时我也把它视为巨大的机遇,让我可以做一些有趣的、创新的事,超出 CDVC 行业迄今为止所做的一切。这可以证明风险资本投资不但可以获得回报,还能对服务不足的市场产生巨大影响。

与此同时,我意识到,由于在 GBI 没有人有风险投资经验,我将不得不成为一名开创者,我可能会花费大量的时间来解释我的决定。但这也正是我被雇用的原因——成为专家。我也有点不确定成为 GBI 独特的非营利文化的一分子对我来说意味着什么。

"9·11"事件后的经济衰退,使得主流的风险投资者很难从养老基金等传统资金来源筹款。尽管 NCV 的资金主要来自那些对市场环境不太敏感的基金会和银行,但福斯特还是花了 18 个月的时间才筹集到 1 000 万美元。

经济增速放缓对母公司也造成了伤害,尤其是现金流方面。GBI 的客户和投资对象都在苦苦挣扎,交易流已经枯竭,为应对衰退而下调的利率也使社区发展企业的贷款收入大大减少。

## 投资人员

加入 NCV 后,福斯特一直在寻找一位有合资企业经验、视生活方式高于金钱的合作伙伴。2004 年 2 月,她找到了这样一个人——约翰·柯立芝。柯立芝拥有斯坦福大学的 MBA 学位,早年有过一些非营利组织工作的经历,过去三年一直在一家国际咨询公司工作。他解释说,虽然他喜欢那份工作,但他知道自己需要做出改变:

我常常同时与两个委托方一起工作,且工作领域横跨增长型战略、市场效率、组织战略和精益生产等多个领域。在很短的时间内,我就可以从多个领域中获得大量经验。

这是美妙的经历,但从消极的一面来看,很多时候我一周需要工作 70 ~ 80 小时,出差两到三天。我还在商学院读书的时候就有了一个儿子,平衡家庭生活和事业对我来说十分困难。当 2003 年 11 月我们的女儿出生时,我知道我必须做出改变。在休了 4 周的陪产假后,我回去递交了辞呈。我认为是时候去寻找一种新的方式,能够将我职业生涯的社会目标和商业目标结合起来。

不过，当旧金山一家金融服务公司发出一份待遇优厚的工作邀请时，柯立芝还是考虑了一下，但接下来几个小时的坦诚交谈扭转了局面：

> 我差点就接受了花旗银行的那份工作。凌晨 1 点左右，孩子们终于睡着了，我和妻子第一次有了深入交谈的机会。当她问我第一天上班是否会感到兴奋时，我有点僵住了。我告诉她没有，她说："好吧，就这么定了，你不会接受那份工作。"不久后，我在网上找到了另一份听起来很完美的工作，在俄勒冈州北部。

在与福斯特进行面谈后，柯立芝对此更感兴趣了。尽管为 NCV 工作意味着大幅减薪，但他发现该公司的社会使命和商业模式对他非常有吸引力。柯立芝和他的妻子也很喜欢这个地区：

> 这里的生活质量非常好。我们能够住在一个无法在旧金山住到的远远超出我们预算的房子。我们住在一个有优秀学校的大城市，我可以骑自行车去上班。望着窗外的渔船和麻斑海豹，我意识到过去的咨询工作曾经让我除了长时间工作和赚大钱之外，没有尝试过其他的生活方式。

在福斯特看来，柯立芝的热情和背景，足以弥补他对风险投资缺乏经验的不足。柯立芝的背景好在他做出的某些决定是基于家庭生活质量，并且愿意将自己的价值观与工作整合，这和福斯特有着很多相似之处，同时他也是一个非常积极聪慧的人。福斯特需要的不是一心追求财务数字的人，而是愿意改变的人。她觉得，柯立芝秉持的非营利政策原则不会让他在营利组织与非营利组织文化矛盾爆发时，从董事会尖叫着跑开。

### 开发交易流程

福斯特和柯立芝共同处理基金投资团队的责任问题（见表 6-9）。虽然大多数主流风险投资企业不需要太多营销就可以生成交易流程，但 NCV 仍积极地将名下基金向整个地区的各种组织进行推荐，通过经济发展组织、其他风险投资企业和银行开发潜在客户。

表6-9 投资人员（总裁、助理）的职责

交易来源：识别、确认那些寻求资金的创业企业，并从投资中获利

尽职调查：研究创业企业的市场、管理、产品或服务，预测财务状况，了解潜在的风险和投资回报

谈判（定价、条款）：与创业企业所有者和经理就投资条款（价格、证券和关键的法律及财务条款）进行谈判

决策：
- 管理决策——权衡风险与机会、管理层的关系，并决定是否投资某个企业
- 董事会审查——将投资建议提交给董事会进行投票表决

公司治理和利益相关者管理：通过在董事会任职，帮助治理公司，平衡各利益相关者（包括投资者或股东，管理层或员工，社区或环境）的利益

协助运营：帮助公司完成商业计划中的目标

效益管理：帮助管理层在限定时间内实现财务和社会效益，创造出效益最大化的退出机会

报告：定期准备基金报告和管理报告
- 每6～8周向董事会报告基金运营和基金投资组合的绩效
- 根据要求向小微企业管理局备案并汇报
- 依季度和年度向投资者（有限合伙人）报告基金投资组合财务绩效及社会绩效

筹资：为后继基金准备筹资文件（一般为现有基金启动后的3～5年）；确定文件内容并将其展示给潜在的投资者，使资本承付款项安全有效

NCV还利用商业目录、商会名录及当地报纸来识别和吸引一系列潜在客户——从需要资金进行扩张的企业，到从未考虑过引入风险投资的成长型农村企业。利用这些资源，团队可以大致判定和选择符合他们投资标准的企业。

NCV的重要工作之一是举办教育研讨会。这些会议由银行和服务商共同赞助，由地方经济发展组织主办和推广。会议为有前途的企业提供企业发展和融资策略以及拓展思路。福斯特认为，这些针对农村创业者的论坛在风险投资行业中非同寻常：

我们的项目内容通常是其他论坛不具备的：我们做的每件事都非常透明。人们会问："你的估值预期是什么？""你期望得到哪些回报？"有时他们并不十分了解风险投资如何运作。我们向他们解释说，我们不像银行那样放贷，但由于风险投资普遍存在的损失概率，我们通常以较高的内部收益率标准来对交易进行定价。通过承担风险（而银行则是降低风险），我们和企业共享收益，也同样共担损失。当看到我们工作面临的挑战时，他们就理解为什么我们通常会做出显得有点过分的股权权益要求了。

**冷遇**

福斯特和她的团队在位于港口红砖砌成的仓库二层工作，这个仓库已经被奥布莱恩改造成了 GBI 的总部。即使是在海岸风暴期间，这里的景色也很美，至少比团队在这座建筑内所经历的事情要显得宁静。这是她的团队受到冷遇的第三年了，福斯特对此提出了自己的看法：

尽管我已经同意大幅减薪，但我仍然比奥布莱恩多挣 5 000 美元。她对此一直态度良好，但她手下的一些高级职员对此有所不满，因为他们已经跟随她多年，而他们的工资大概只有我基础工资的 65%，而且他们也不能像我一样通过附带权益<sup>⊖</sup>获得潜在收入。但是话说回来，我们现在应当关注的是两种完全不同的模式：非营利组织还是风险资本运营。

福斯特和柯立芝并不为同事的怨恨所困扰，但他们担心奥布莱恩已经开始全力推行自己的筹资决策。他们很快意识到，奥布莱恩希望 NCV 能够全盘接受她的建议。而福斯特很快就敏锐地觉察到了奥布莱恩建立的自上而下的文化，她也找到了巧妙的方法来化解奥布莱恩直接监督的企图，在奥布莱恩坚定自己的立场之前，她还是相当成功的。

**动荡**

截至 2003 年年底，NCV 已调查了 187 笔潜在交易。其中 7 笔在积极考虑中，163 笔已经被拒绝，15 笔被认为处于休眠期（既不被积极考虑也未被拒绝）。两家公司已获得了股权投资。

其中一家是波特兰烘焙公司（Portland Baking Company，PBC），这是一家由女性创立和管理的全天然蛋糕和糖果制造商。在创始人玛丽·毕晓普（Mary Bishop）决定通过开网店销售高利润率的礼品包装时，这家企业已经经营了 5 年。它的销售额在 8 个月内翻了一番，达到 60 万美元，因此企业开始寻求资金来发展壮大。PBC 从 NCV 和 GBI 分别获得了 40 万美元和 20 万美元的经济发展贷款。该公司计划用这两

---

⊖ 附带权益是指从风险投资基金中获得的剩余资本收益，减去费用以及分配给有限合伙人的份额之后的收益。计息的目的是为风险投资基金经理创造显著的经济激励以实现资本获益目标。这个术语始于风险投资早期，当时一般合伙人没有任何付出，只获得 20% 的利润回报，因此，有限合伙人获取了一般合伙人的收益。

笔钱雇用更多的员工，并安装自动包装系统。

另一家是 Sostenga，这是一家向农场和无电网供电的住宅销售可持续能源系统的电子商务企业。曼努尔·格拉舍索（Manuel Gracioso）和他的兄弟里卡多·格拉舍索（Ricardo Gracioso）于 1996 年创立了 Sostenga，由于人们再次认可替代能源的理念，公司自成立起便一直迅速发展。Sostenga 从 NCV 获得了 35 万美元用于存货采购和营销支出。

当福斯特和柯立芝开始对 Sostenga 进行尽职调查时，奥布莱恩告诉福斯特，她对这笔投资有所保留。虽然她赞同协议中的有关少数族裔和环境的部分，但她担心 Sostenga 在企业发展时不会增加员工人数。奥布莱恩建议福斯特将几周前被拒绝的一家呼叫中心（提供收入更低的工作）作为替代方案。福斯特觉得是时候反击了：

> 从我们开始工作起，奥布莱恩就不断在我的办公室里进进出出，"检查"那些她有意向的项目进展情况，或者推进符合社会进步议程的投资机会。最后我告诉她："你是因为我的经验雇用我。我同意接受较低的薪水并在此工作的条件是，在与交易相关的决策上，GBI 需要信任我的意见。"

> 毕竟，无论是直接接触还是通过董事会成员接触，GBI 在这个行业没有任何经验。怎么能指望我听从一个不知道财务成功是什么的团队指挥呢？

奥布莱恩正在重新审视现金流状况，以缓解自己 20 年来的首次亏损，她注意到风险基金的管理费用已经超过了其可申请的给付额度。福斯特表示，她仍在努力以符合行业标准的方式管理该基金：

> 我们可以自由支配我们的管理费用。作为基金经理，由我们来决定什么设备是必需的，什么会议应参加，哪些通信和新闻服务应该购买。当然，从理论上讲，我们可以缩减运营开支，这样可用于流向母公司的现金会变多，但我们更应该利用这些费用去寻找和达成好的交易，而不是补贴母公司。

> 当我告诉奥布莱恩，我们的投资者并不是为了让她用这些资金来弥补损失而投资时，她却将"非营利企业"的道德问题摆了出来。我们应该怎么处理 NCV 其他有限合伙人在信托责任方面的道德问题呢？

另一个难题摆在了面前，福斯特和柯立芝考虑投资一家有机产品制造企业，前提是以一个更有经验的 CEO 取代创始人。奥布莱恩已经与创始人结识多年，同时 GBI 也要参与投资计划的贷款部分。福斯特解释称，尽管奥布莱恩联合董事会对她施加了压力，但她依然拒绝让步：

我们已经接受了如此具有挑战性的任务，就不能仅仅因为最佳方案让人不舒服而回避它。当然，我也喜欢那个家伙，但他根本就无法再使公司继续发展壮大了。

随着时间的流逝，事态变得越发紧张。对于传统的风险投资机构来说，更换 CEO 是一个相当明确的结论。这类现象时有发生：一个在我看来基本上是直截了当的解决方案，但对母公司和董事会来说可能成为一个重大的危机。

结果这项特别的投资并未实施。但坦率地说，如果我们完成了这笔交易，那么我可能会顶着哪怕难以想象的怒火也要坚持换掉那个人。

## 规模扩大

与任何类型的投资一样，类似于 NVC 这种具有社会责任感的风险投资机构是否能长期保持成功，取决于它们能否满足投资者的需求和期望。在 21 世纪初期，CDVC 仍然非常依赖公共部门的资金和社会进步基金会（见表 6-10）。在参考 NCV 10 年内的财务预期状况（见表 6-11）后，福斯特认为，CDVC 的成功可以为针对服务落后地区的社区农村投资打开大门，但前提是它们能吸引更为传统的有限合伙人：

表 6-10　CDVC 的资金来源

| 银行与金融机构 | 31% |
| --- | --- |
| 联邦政府 | 25% |
| 基金会与家族信托基金 | 17% |
| 州与当地政府 | 11% |
| 个人资金 | 6% |
| 企业与合作伙伴 | 6% |
| 母企业实体 | 3% |
| 其他 | 1% |
| 总计 | 100% |

资料来源：J. B. Rubin, "CDVC; Double Bottom-Line Approach to Poverty Alleviation," Harvard Business School, 2001.

我们是否应该对主流机构投资者始终资助有社会责任感的企业抱有期待？GBI 和使命驱动型基金会的观点是，10% ~ 12% 的回报率是较为合理的，但如果养老基金或银行无法发挥作用，那么项目就无法在市场中良好运营，这就意味着这份风险的回报并不合适。

　　我倾向于认为，对于这样的早期基金所承担的风险水平而言，在这一范围内的内部收益率并不是长期可控的。我们的理论是，只要我们的投资对象能够在15% ～ 22% 内大幅提高 IRR，我们就能够吸引到那种可以为 CDVC 提供 5 000万 ～ 1 亿美元资金的有限合伙人。

表 6-11　NVC 10 年内的财务预测值　　　　　　　　（单位：美元）

| | 第 1 年 | 第 2 年 | 第 3 年 | 第 4 年 | 第 5 年 |
|---|---|---|---|---|---|
| 资本调用 | 1 000 000 | 3 000 000 | 4 000 000 | 2 000 000 | — |
| 管理费① | 300 000 | 300 000 | 300 000 | 300 000 | 300 000 |
| 投资 | — | 600 000 | 2 800 000 | 4 000 000 | 1 900 000 |
| 撤资 | — | — | — | 575 000 | 1 800 000 |
| 向投资者分配 | — | — | — | 275 000 | 1 500 000 |
| 附加利息 | — | — | — | — | — |
| | 第 6 年 | 第 7 年 | 第 8 年 | 第 9 年 | 第 10 年 |
| 资本调用 | — | — | — | — | — |
| 管理费① | 300 000 | 300 000 | 300 000 | 300 000 | 300 000 |
| 投资 | 700 000 | — | — | — | — |
| 撤资 | 5 500 000 | 6 400 000 | 8 500 000 | 7 200 000 | 5 500 000 |
| 向投资者分配 | 5 200 000 | 5 460 000 | 7 350 000 | 6 180 000 | 4 650 000 |
| 附加利息 | | 940 000 | 1 150 000 | 1 020 000 | 850 000 |

① 年度管理费包括总裁 90 000 美元、副总裁 70 000 美元、行政助理 40 000 美元。

### 维持动力

　　福斯特认为，将后续的基金从 GBI 剥离出去可以让她更灵活地设计并复制 CDVC 模式，尤其是在这种能促进落后地区和行业的经济发展的模式越来越流行的情况下。问题是，她该如何说服奥布莱恩认可这是对 GBI 有利的想法呢？如果奥布莱恩不同意让 GBI 退回到有限合伙人角色，她又该如何改善目前的工作状态呢？

　　在一次于圣迭戈召开的 CDVC 同行团体会议上，福斯特发现她的那些很多没有风投经验的同事也在苦苦挣扎：

　　目前社会对 CDVC 的总体印象是，我们是重视社会责任而非市场回报率的小联盟玩家。只有当我们能够证明，我们对落后地区和行业的关注可以成为一种市场优势，甚至能带来盈利时，这种情况才会改变。

当福斯特从 NCV 研讨会回来的时候，风暴已经被晴朗的天气取代。这次会议的参加者不是很多，但也带来了一些有趣的思维启发。福斯特坚信虽然 NCV 所处的市场位置充满了挑战，但依然可以达成交易，只是她也需要为自己和团队在未来找到最佳定位。

## 附录 6A　风险投资笔记

风险投资的支持者认为，风险投资通过让投资者和创业者分担初创、融资和运营过程的风险与回报来促进创新。

当一群人发现了一个风险投资的好机会，并决定筹集资金进行投资时，这个过程就开始了。接下来，这群人撰写了一份招股说明书，阐明其战略、资质和业绩记录，并以此筹集资金。筹集资金是网络和营销活动，它通常只有在机构投资顾问（被称为"守门人"○）向基金投入资金后才会获得动力。

一旦筹集到资金，风险投资机构就开始对商业机会进行识别和评估，谈判并完成投资；为其投资的公司提供技术和管理援助，并帮助它们引入资源，包括额外的资本、董事、经理和供应商（见图 6-2）。

创业者若想在实现盈利的情况下退出，如收购或首次公开募股（IPO），许多因素都是不可或缺的（例如，管理人才、市场时机、战略眼光），而且大获全胜是很少见的。每 15 个风险投资项目中只有 1 个能够实现 10 倍或更多的投资回报。

风险投资基金通常以有限合伙制的形式建立，期限为有限的特定几年时间。风险投资者是普通合伙人，投资者是有限合伙人（见图 6-3）。普通合伙人组织基金并管理其投资，而有限合伙人是被动投资者，对基金的行为承担有限责任。作为对直接参与和风险承担的补偿，普通合伙人可以在基金退出投资时获得可观的资本收益，即附带收益。

---

○ 公司、基金会和养老基金组织等机构投资者作为有限合伙人投资了数百种风险资本和收购基金。这些投资者中的许多人既没有资源，也没有专业知识来评估和管理基金投资，而是将这些职责委托给具有风险投资行业专业知识的投资顾问。这些顾问汇集了各个客户的资产，并代表其有限合伙人将这些收益投资到目前正在筹集资金的风险投资或收购基金中。对于这项服务，顾问每年收取承诺资金的 1% 的费用。由于这些投资专家在将资金分配给新的和现有的风险团队与基金方面发挥了巨大的影响力，因此被称为"守门人"。

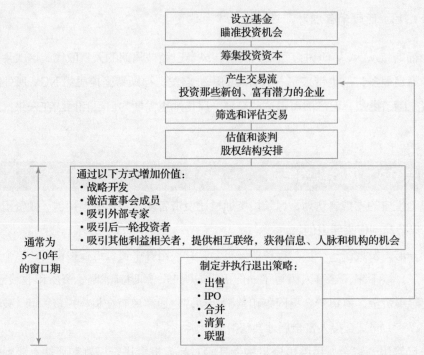

图 6-2 传统的风险投资流程

注：此图和有关风险投资的其他讨论可以参考本书第 13 章。

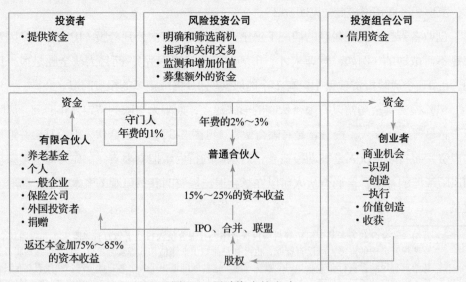

图 6-3 风险资本的流动

注：此图和有关风险投资的其他讨论可以参考本书第 13 章。

20 世纪 80 年代到 21 世纪初发生了两次经济衰退（1981—1982 年和 1990—1992 年），1987 年年末的股市恐慌导致股价在一天之内暴跌 22%。然而，根据"风险经济"———一个私募数据库的数据显示，那段时间里所实施的风险投资在扣除费用和支出后的平均年回报率为 19.3%。同期，标准普尔 500 指数和罗素 2000 小型公司指数（Russell 2000 index）的年平均回报率分别为 15.7% 和 13.3%。

股权基金从项目构思、投资到退出的周期通常为 8 ～ 12 年，后续基金的准备工作从第 3 年和第 4 年开始。这个时间周期很大程度是由于这样一个现实情况，即建立一项投资并获得成功需要 5 ～ 7 年的时间。

成功的基金会带来巨大的财务收益。21 世纪初，管理普通合伙人和高级合伙人可获得的平均总薪酬（工资加奖金）分别为 124 万美元和 104 万美元。在一只基金的整个存续期内，对一家顶级公司的普通合伙人进行的平均利息分配约为 250 万美元。

第 7 章

# 商业计划
## 经验与练习

● 导 读

商业计划是一种蓝图，可以帮助相关人员将想法转化成机遇，阐明并管理风险和回报，设定一个切实可行的时间表。

商业计划中的数字并不重要，但商业模式的经济效益非常重要。

## 为何制订商业计划

让我们先把企业希望成为"都市传说"的想法放在一边。要从一个真正的投资者那里筹集资金，你需要制订一份商业计划。在缺乏严谨规划的情况下开始创业之旅是危险的，而且是与投资者逻辑背道而驰的。制订商业计划对你和团队是一个很好的方式，可以借此分析商业机会，同时积累团体工作的经验。

## 如何制订商业计划

通常来说，商业计划的制订是一个漫长、艰苦、充满创造性和反复迭代的过程，正如第 5 章和第 6 章所述。商业计划会细致地阐述与商业机会相关的市场特征、商业模式、投资需求、风险和回报。

一份商业计划是你与投资者建立关系的开始，投资者将与管理团队一起去探索这个机遇。即使没有外部资本，制订计划的过程和经验也是至关重要的。在会议、讨论和调查过程中，创始人和投资者之间的矛盾与冲突会向对方透露很多信息，这将为他们之间的关系和谈判设定基调。对彼此更加了解是评估过程中至关重要的一部分。

### 商业计划在打印时就已经过时了

我们一直认为商业计划从打印出来的那一刻起就过时了。如果你想筹集外部资金，吸引关键顾问、董事、团队成员等，那么就应该将制订商业计划当作创业过程中一项必须完成的工作。

### 一些来自一线创业者的经验

在准备商业计划和筹集风险资本方面，最有价值的经验来自那些通过努力已经取得成功的创业者。汤姆·赫斯比（Tom Huseby）是西雅图郊外的 SeaPoint Ventures 的创始人，他在担任 Innova 和 Metawave 这两家电信公司的首席执行官时成功获得了风险投资。从他作为创业者和风险投资者的两段经历中，赫斯比总结出了一些关于风险投资的经验。

#### 关于风险投资者

- 风险投资者有很多，一旦你见了一个，你还会见到 700 个甚至更多。
- 在风险投资者那里，被否定和被肯定一样困难；确认你的目标，并迫使他人说不。
- 对于其他的潜在风险投资者尽量含糊其词。
- 在没有与风险投资公司的合伙人会面之前，不需要与助理或基层员工二次会面。

关于商业计划

- 在执行概要中强调你的商业理念。
- 数字并不重要，但企业的经济状况十分关键。
- 准备几份已公开发表的文章、合同、市场研究报告、采购订单等。
- 准备详细的简历和企业关键人物名单。
- 如果以上你做不到，雇一个可以做到这些的人。

关于交易

- 确保你的投资者和你一样期待达成交易。
- 为你的企业创造一个市场。
- 永远不要对报价说不。
- 请有经验的律师来完成投资交易。
- 在钱到账之前不要停止寻找其他投资人。
- 让达成交易成为一个挑战。
- 要诚实。

关于融资过程

- 这比你想象中困难得多。
- 做好最坏的打算，即使遇到挫折也要坚持不懈。

对于寻求外部资本并计划与投资者打交道的创业者来说，这些建议都极其有价值。

### 如何判断投资者能否为企业增加价值

合适的投资者凭借经验、智慧和人脉，能够大幅为企业带来增值。创业者可以利用融资过程，了解每个投资者可以提供的价值，从而让商业计划更具吸引力。

这个过程将会释放两种强大的力量。首先，作为创始人，你将开始了解投资者在分析目标企业时多么聪明、知识渊博和富有创造力。其次，当你问出有价值的问题并倾听（而不是争辩和抵触）时，你再次将自身的力量呈现给了投资者。

### 谁来制订商业计划

不要雇用外部人士来完成你的计划。撰写商业计划为创业者提供了从细节上完善企业的机会，而出色的投资者不会青睐将这项工作外包的团队。

### 信息的分解和整合

所有的企业都是独一无二的，没有适合所有行业的一般性框架。一个有效方法是将关键组成部分进行分解，如目标市场、行业、竞争对手、财务计划等，然后将这些信息整合成一份计划。

### 设定行动步骤

下面的步骤概述了如何撰写一份商业计划。这些步骤将在"商业计划指南"中介绍。

- 分解信息。设计项目总体计划时需要明确每个部分的负责人，以及递交各个部分任务草稿的截止时间。
- 设定一个总体时间表。创建一个更具体的任务清单，明确优先事项及负责人，明确这些事项的起止时间。
- 创建一个行动日历。将任务清单上的任务安排在日历上，重新评估以确保整个时间安排的有效性，同时还要确保每个人都清楚截止日期。
- 一边工作，一边撰写计划。日常工作要完成，计划也要写完。工作做得越出色，撰写计划越简单。

## 准备商业计划书

筛选机会和制订商业计划有很大的区别。它们在解决问题方面有两个重要的区别。一份商业计划有两种用途：① 吸引投资人投资 50 万～ 1 000 万美元，甚至更多；② 在未来几年对公司的政策和行动进行指导。因此，制订计划者需要对战略陈述进行深思熟虑，确保它明确无误并能够获得支持。

图 7-1 是一份商业计划书的目录示例，大部分商业计划书包含目录列出的内

容，这是一个可以参考的框架。将相关材料按目录进行分类更易于信息管理。此外，虽然各个条目下的内容和顺序会因企业而异，但是有效的商业计划书往往都包含这些信息。

图 7-1　商业计划书目录示例

图 7-1　（续）

## ⊕ 创业练习 7-1　商业计划指南

### 练习与框架

本商业计划指南遵循图 7-1 中的顺序。根据伦纳德·斯莫伦（Leonard E. Smollen）和已故的布莱恩·哈斯莱特（Brian Haslett）最初在 Venture Founders 公司开发的指南，结合 30 多年来作者对创业者的观察和工作经验总结，以及对数百项创业计划的实际准备和评估，该指南旨在让这项具有挑战性的任务变得更加轻松。

撰写商业计划书的方法有很多，选择与你自身的情况相匹配的一种。本指南建议你从市场调查和分析着手。在撰写计划时请你牢记，尽管商业计划的重要功能之一是让投资者信服而非准备华丽的演讲，但是你和你的团队仍然需要向自己和他人证明，你提出的商业机会是值得投资的，并展示你为达成目标而使用的方法。因此，你要首先收集信息、做出困难决策，并制订计划。

商业计划指南向你展示了如何以投资者可接受的方式简洁地展示信息。虽然你应该时刻铭记你的受众是谁，以及信息不明确不会被采纳使用，但是也不能仅仅关注文本格式。本指南将具体指导你在商业计划书中需要涵盖哪些内容，以及为什么需要涵盖它们。

你可能感觉以前见过很多类似的指南，当然你确实也应该见过。本指南基于书中描述的分析框架，并建立在第 5 章中的机会筛选练习之上。如果你还没有完成机遇筛选练习，那么最好先完成它再继续本章的练习。本指南允许你使用商业机会筛选练习中的数据和分析结果。

继续阅读本指南之前，请记住，几乎所有的报告都需要数据支撑。同时你要清楚，可时常通过图形等可视化形式展现数据，包括数据来源、方法或假设，以及研究人员资格证明。如果某个说法所依据的数据在商业计划书的其他地方也同时被使用，请务必注明出处。

请记住，商业计划指南只是一个指南，适用于一般产品和服务行业。但是对于一个行业或市场，总有某些关键问题是独一无二的。目前在化学工业中存在着一些特殊问题，例如，各级政府对化学产品的使用和工艺操作的规定越来越严格，这导致高资本成本的特殊用途化学加工厂的生存能力下降，加工设备的交货时间延长。又如，电子工业的特殊性在于，新型大规模集成电路的未来可用性和价格问题。因此，在将本指南应用于你的具体项目时，应以常识为先。

**商业计划指南设计**

姓名：

企业：

日期：

**第一步：划分关键部分**

确定每个部分的优先顺序，包括每个人的责任以及草稿和最终版的截止日期。在对信息进行分类时，要确保总体信息的一致性，同时整个计划的组合必须合乎逻辑。商业机会部分是计划的核心和灵魂，它可能是最难写的部分。所以，最好给它高度的优先权，并最先着手该部分工作。别忘了将任务以列表形式打印出来。

| 任务 | 优先级别 | 负责人 | 起始日期 | 初稿完成日期 | 终稿完成日期 |
|------|---------|--------|---------|-------------|-------------|
|      |         |        |         |             |             |
|      |         |        |         |             |             |
|      |         |        |         |             |             |

**第二步：列出需要完成的任务**

为计划表中的各项任务设定优先级别、负责人和截止日期，为计划编制总体时间表。将较大事项（实地考察并收集客户和竞争对手资料、参观贸易展会等）分解为较小的、易于管理的细分项（如出差前需要打的电话），并将这些细分项整合成一项完整的任务，越具体越好。

| 任务 | 优先级别 | 负责人 | 起始日期 | 终稿完成日期 |
|------|---------|--------|---------|-------------|
|      |         |        |         |             |
|      |         |        |         |             |
|      |         |        |         |             |

### 第三步：将各部分及任务清单整合成日程表

在对列表进行合并时，考虑一下是否有遗漏，以及团队成员们可以做什么、什么时候可以做、需要做什么等方面是否明确。在创建日程表时，请在任务的起始周和完成周位置分别标记"×"，然后将两个"×"连接在一起。当你把所有的任务都在日程表上安排好后，再仔细看看计划是否有冲突或不现实的地方。特别是要评估团队成员有没有超负荷工作。

| 任务 | 周数 | | | | | | | | | | | | | | |
|---|---|---|---|---|---|---|---|---|---|---|---|---|---|---|---|
| | 1 | 2 | 3 | 4 | 5 | 6 | 7 | 8 | 9 | 10 | 11 | 12 | 13 | 14 | 15 |
| | | | | | | | | | | | | | | | |

### 第四步：制定和撰写商业计划书的框架

如前所述，本框架遵循图 7-1 列出的目录顺序。在你准备自己的商业计划时，顺序可与图 7-1 中的不同。（此外，当整合形成最终计划时，可用不同的方式呈现。）

#### 封面

封面页的内容包括企业名称、企业地址、电话号码、日期和发行的证券。一般来说，企业名称、企业地址、电话号码和日期在页面顶部居中，发行的证券则列在底部。同时，封面页上建议包括以下文本：

本商业计划书高度保密，仅为与上述证券私募相关的、被选定的高素质投资者受益而提交，不得供任何其他个人使用。本商业计划书不得以任何形式被再次打印、存储或复制。如果参与者不承诺认购本次发行的证券，则须将本计划书副本按上述地址返还给企业，返还方式可以选择邮寄。未经允许，本计划书不得被复制、传真、再版或分发。

### 目录

目录中包括章、节、附录，以及各个部分的页码（见图 7-1）。

### 正文

### 1　执行概要

商业计划书正文的第一部分通常是一个简明的执行概要（1～2 页）。内容包括该市场机遇的现状如何，为什么存在这一机遇，谁负责执行及他为何能胜任，本公司如何进入并渗透市场。以上回答了第 5 章中我们提出的问题——"该企业为何以及为谁而存在"。

从本质上说，你的企业执行概要需要与表 5-3 和第 5 章风险机会筛选练习中相对应。你可以借此说明你的业务的可持续性和及时性，以及如何为买家或最终用户创造或增加价值。

执行概要通常在商业计划的其他部分完成之后再写。起草其他部分内容时，从中记下一两个关键的句子和一些关键事实及数字，这将有助于执行概要的撰写。

对于筹资企业而言，执行概要至关重要。许多投资者、银行家、管理人员和其他读者都是通过执行概要迅速判断是否有投资兴趣的。因此，执行概要必须要非常吸引人且有说服力，因为它可能成为唯一被阅读到的部分，而你也许不再有机会亲自演示或阐述你的商业计划。

预留足够的时间准备执行概要。（所谓"台上十分钟，台下十年功"，成功者都会做好充分的准备。）

执行概要通常为 1～2 页，具体包括以下内容。

### 1.1　经营理念及业务描述

描述你现在经营或将要经营的企业的经营理念，并确保你的理念表达能够解释你的产品或服务将如何从根本上为客户带来改变。例如，苹果公司和英特尔公司的主要投资者亚瑟·罗克（Arthur Rock）就表示，他关注的是那些将改变人们生活或工作方式的理念。明确企业何时成立，它将做什么，它的产品、服务或技术有什么特别之处或专有之处等。务必在执行概要中描述让你更有竞争优势的专有技术、商业机密或独特能力。如果你的公司已存在多年，那么执行概要中要简明阐述公司规模和发展历程，尽量用不多于 25 个字来描述，同时还须简要描述公司提供的产品或服务。

### 1.2　机遇和战略

对市场机遇进行总结，阐明它为何引人注目，以及利用该机遇制定的进入战略。清晰陈述要点。该部分内容可以作为关键事实、现状、竞争对手弱点（市场响应迟缓、服务质量差等）、行业趋势（它是分散的还是新兴的）的概述，同时也可以作为支撑你选择该市场机遇的证据。注意除阐述产品或服务进入市场的内容以外，还要阐明增长和扩张计划，适当规划进入其他细分市场（如国际市场）的相应计划。

### 1.3　目标市场及预测

确定并简要描述行业和市场情况，主要的客户群体是谁，产品或服务将如何定位，以及你计划如何定位并服务这些群体，包括市场结构、目标细分市场或利基市场的规模和增长率、预期销售量和销售额、预期市场份额、客户的投资回报期，以及你的定价战略（价格 vs. 性能、价值、利益）。

### 1.4　竞争优势

说明你的创新产品、服务和战略所能够带来的显著竞争优势，进入时机优势或进入壁垒，竞争对手的弱点和漏洞，以及其他的行业情况。

### 1.5　团队

总结创始人和团队成员的相关知识、经验、专业和技能，强调以往成就，特别是那些涉及利润和损失责任、综合管理和人员管理经验的成就，包括团队相关的重要信息，如部门的规模、项目的规模或者由首席企业家或团队成员推动的早期业务。

### 1.6　招股说明

简要说明所需的股权或债务融资的金额，准备让出多少份额给投资者，资金的主要用途，以及投资者、贷款人或战略合作伙伴将如何实现期望回报率。谨记，投资者的投资意向是明确的，你必须了解什么是"创业企业的融资周期"（见表5-1）。

## 2　行业、企业及其产品或服务

另一个重要部分是企业的产品、服务理念以及竞争行业边界。这是信息（如营销信息）要适用的环境。相关信息需要涵盖行业描述、理念描述、企业描述，以及企业将提供的产品或服务描述，即这些产品或服务的专营位置、潜在优势、产品或服务的进入战略与增长战略。

### 2.1　行业

（1）介绍拟经营业务所在行业的现状和前景，切记要考虑行业结构。

（2）简要讨论市场规模、增长趋势和竞争对手。

（3）讨论新产品及改进、新市场和客户、新需求、新进入者和退出者，以及任何可能对企业业务产生影响的国家或经济趋势和因素。

（4）讨论该行业的环境概况。考虑能源需求、供应链因素、废物产生和回收能力。列出任何可能对市场机遇产生影响的绿色新技术或新趋势。

### 2.2　企业及理念

（1）概括性地描述你的经营理念，你的企业现在或将来从事哪些业务、提供哪些产品或服务，以及现在或将来谁是主要客户。

（2）背景介绍应包含企业设立日期，产品的设计和开发历史，以及企业负责人在开发过程中的参与情况。

（3）如果你的公司已经经营了好几年，是为了扩张而融资，那么请回顾一下它的历史，并展示以前的销售和利润表现。如果你的公司在前几年遇到了挫折或损失，记得对此进行讨论，但重点强调企业为提高业绩、避免这些困难再次发生而做的努力。

### 2.3　产品或服务

（1）详细描述要销售的每一种产品或服务。

（2）讨论产品或服务的应用，描述其主要用途以及较重要的次要用途。阐明你将如何解决问题、减轻痛苦或者如何提供使人受益或被人需要的服务。

（3）描述服务或产品的交付系统。

（4）强调产品或服务的独特性，以及这些独特性如何显著创造或增加价值。此外，突出展示你的产品与当前市场产品的差异，并说明你的产品更具有市场渗透力。一定要描述如何增值，以及顾客的回报周期。也就是说，在时间、成本或生产率提高的情况下，顾客需要多少个月来支付产品或服务的初始购买价格。

（5）描述产品或服务可能存在的任何缺点（包括过时的问题）。

（6）明确产品或服务的当前开发状态，以及全面开发、测试和引进产品或服务所需的时间和金钱。如果可以的话，提供一份包含产品功能规格和照片的概要。

（7）论述可能使你在行业中获得稳固地位的开局优势。

（8）描述使产品或服务在竞争中具有"不公平"优势的特征。描述产品或服务的专利、商业机密或其他专有特性。

（9）论述有助于扩大产品线、开发相关产品或服务的机遇。（强调该机遇并解释你将如何利用它们。）

### 2.4 进入和增长战略

（1）在你的营销计划中指出影响成功的关键变量（例如，创新的产品、时机优势或者营销方法），以及你的定价、分销渠道和广告促销计划。

（2）总结一下你打算以多快的速度发展，前5年将发展到什么规模，以及在最初的产品或服务之外还有哪些发展打算。

（3）说明如何通过机遇和价值增值（或其他竞争优势，如竞争对手的弱点）制定进入战略和增长战略。

（4）论述企业发展规划的整体环境和社会可持续性。考虑如果增长战略涉及海外制造业或外包劳工，将对社区产生什么影响。

### 3 市场调研与分析

该部分内容是基于如下论断，即一个企业可以在不断发展的行业中占领可观的市场份额，并经得起行业竞争的冲击。由于市场分析的重要性，以及它对商业计划书的其他部分具有重要贡献，你理应最先准备这一部分。请花足够的时间把这部分尽可能做到完美，并试着查找市场数据的其他来源。

这一部分最难准备，但也是最重要的部分之一。商业计划书的其他部分如何设计，取决于该部分所展示的市场调研与分析情况。例如，预期销售水平直接影响生产运营规模、营销计划、债务和权益资本数量等。大多数企业家在准备和展示市场调研与分析情况时似乎都面临很大困难，这些调研和分析能够展示出企业的预期销售水平是可靠且能够实现的。

### 3.1 客户

（1）识别产品或服务对应的客户群体有哪些。注意，将潜在客户按照同质群体进行分类，各个群体内具有共通的、可识别的特征（如按主要细分市场划分）。例如，汽车部件可能出售给制造商，也可能卖给零件分销商，在这种情况下需要识别两个细分市场。

（2）展示出每个细分市场中产品或服务的主要购买者是谁、分布在哪里，在展示时要适当地涵盖国内地区和国外地区。

（3）指出客户是否容易接触、是否善于接受新事物，他们如何购买（如批发、推举制造商代表等），在客户组织中由谁做出购买决策，以及决策需要多长时间。描述客户的购买过程，包括他们决定购买的根本原因（如价格、质量、时间、交付、培训、服务、人际关系或政治压力），以及可能导致他们改变决定的原因。

（4）列出你手头上所有的订单、合同或承诺书，这些是你可以提供的最强有力的数据。同时，列出任何可能对该产品或服务感兴趣的潜在客户并说明原因。列出所有对产品或服务不感兴趣的潜在客户并解释他们为什么不感兴趣，然后说明你将如何应对客户的消极反馈，以及你认为自己的产品或服务将在多短的时间内被市场接受。

（5）如果你已开展现有业务，那么请列出你目前的主要客户，并讨论你的销售趋势。

### 3.2　市场规模与趋势

（1）依据细分市场、地区或国家，展示近 5 年该市场的规模和你预期占有的市场份额，同时，通过数量、金额和潜在盈利能力等展示你的产品或服务潜力。

（2）请描述你的产品或服务在主要客户群体、主要地区或国家未来 3 年的预期年增长率。

（3）讨论影响市场增长的主要因素（如行业趋势、社会经济形势、政府政策、环境影响和人口变化），并回顾以前的市场趋势。对实际增长率和预期年增长率之间的差异进行解释。

### 3.3　竞争形势和竞争优势

（1）对竞争对手的优势和劣势进行客观评估。评估替代产品和服务，并根据实际情况列出提供替代产品和服务的国内外企业。

（2）根据市场份额、质量、价格、性能、运输、时间、服务、承诺和其他相关特征，比较与企业产品或服务竞争的产品和替代性的产品或服务。

（3）在为客户和竞争对手带来多少经济利益方面，衡量一下你的产品或服务所增加或创造的基本价值。

（4）讨论现有产品和服务的优势与劣势，并讨论为什么它们不足以满足客户的需求。

（5）描述你对竞争对手行动的了解，这可能会帮助你获得新产品或改进现有产品，从而使企业处于有利地位。例如，讨论竞争对手是否有反应迟钝、行动迟缓或玩忽职守的情况。

（6）确定竞争公司的优势和劣势，确定并研讨每个竞争对手的市场份额、销售额、分销方式和生产能力。

（7）研究竞争对手的盈利趋势及其财务状况、资源、成本和盈利能力。你可以利用 Robert Morris Associates<sup>⊖</sup>的数据进行对比。

（8）找出服务、定价、性能、成本和质量的市场领导者。讨论近年来进入或退出该市场的企业的行为动因。

（9）研究 3 ~ 4 个主要竞争对手，如客户为什么从它们那里购买产品或服务，以及某些客户为什么离开它们。将研究结果与在"3.1 客户"中列出的已验证、决定购买决策的基础要素联系起来。

（10）根据你对竞争对手的了解，解释一下你认为它们不具有竞争力的原因，以及为什么你认为自己可以从业务市场中分一杯羹。讨论一下你与它们竞争的难度以及依据，尤其是你从专利等"不公平"有利条件中获得的竞争优势。

3.4　预估市场份额和销售额

（1）在当前和潜在的竞争形势下，总结你的产品或服务的卖点，以及该产品或服务所增加或创造的价值。

（2）找出愿意购买或已经签订购货承诺的主要客户（包括国际客户）。说明他们承诺的忠诚度以及客户承诺的原因，并讨论哪些客户可能成为未来几年的主要买家以及原因。

（3）基于你对自己的产品或服务优势、市场规模和发展趋势的评估，对客户、竞争者及其产品的评估，以及前几年对销售趋势的评估，估测未来 3 年预期市场份额、销量、销售额。注意，要说明你用了哪些假设。

（4）阐述企业销售额是如何增长的，预期市场份额是如何与行业增长、客户及竞争对手的优势和弱点相关联的。请记住，你需要清楚地阐明用于估计市场份

---

⊖　Robert Morris Associates 是一家美国采购商，其数据来自美国贸易数据。——译者注

额和销售额的假设。

（5）如果你的企业正在运营，你也需要注明总体市场规模、你自己的市场份额以及前两年的销售额。

### 3.5　持续性市场评估

清晰阐释你是如何对目标市场的未来发展进行评估，如何评估客户需求和服务，如何指导产品或服务改进、定价，如何制订新产品计划，以及如何规划扩大生产设备。

## 4　企业的经济性

企业的经济特征和财务特征，如收入和利润的规模及可持续性，必须能够印证该创业机遇是具有吸引力的。企业潜在的经营和现金转换周期，即价值链等，都需要与市场机遇和企业战略规划相匹配。

### 4.1　毛利和营业利润

描述企业的毛利是多少（即销售价格减去可变成本），你计划进军的利基市场上产品或服务的营业利润，以及其他你做出的分析。

### 4.2　利润空间和可持续性

（1）描述企业未来利润流的规模和可持续时间（税前及税后），并参考适当的行业基准、其他竞争情报或你自己的经验。

（2）解决利润流短暂或持久的问题，并给出原因，比如，你创造了进入壁垒、你的技术先进、市场引领时间长，或者环境可持续，以上原因在某些情况下会驱动成本降低。

### 4.3　固定、可变、半可变成本

（1）对产品或服务的固定、可变、半可变成本，以及基于产品或服务的销售额和采购额进行详细总结，视情况选择以总金额还是总成本占比呈现。

（2）列出行业标准。

### 4.4　盈亏平衡所需月份

（1）给出你的进入策略、营销计划和融资建议，说明需要多长时间才能达到盈亏平衡的销售水平。

（2）当企业成长、产能增加时，在实现盈亏平衡过程中发生的任何细微变化都需要注意。

4.5  实现现金流为正所需月份

（1）基于上述策略和假设，说明何时企业将获得正向现金流。

（2）体现出你的现金是否及何时会用完，并标注具体假设的来源。

（3）注意在企业成长和产能增加的过程中现金流发生的重大变化及细微变化。

## 5  营销计划

营销计划应论述预期目标如何实现，需要详细说明利用市场机遇和竞争优势制定的整体营销策略，包括销售政策和服务政策，定价、分销、促销和广告策略，以及销售预测。营销计划需要描述的是应该做什么、怎么做、什么时候做，以及谁来做。

5.1  整体营销策略

（1）向你所追求的价值链和分销渠道的主体描述公司具体的营销理念和战略。例如，讨论已与你签订订单的客户群体，或被定位为首批销售对象的客户群体及次重要的客户群体，讨论如何识别并联系这些群体中的潜在客户，需要强调产品或服务的哪些特征（如服务、质量、价格、交货、保修或培训）能创造销售，并介绍是否有任何能提高客户的接受度的创新或新颖的营销理念，例如，在前期售卖的情况下进行租赁活动等。

（2）说明产品或服务最初的推广区域并解释原因，恰当说明未来的销售扩张计划。

（3）讨论影响行业现金转换周期的季节性趋势，以及在淡季应该如何促进销售。

（4）阐明通过获得政府合同来支撑产品开发成本和管理费用的规划。

5.2  定价

（1）讨论产品或服务的定价策略，并与主要竞争对手的定价策略进行比较，同时对客户回报（以月为单位）做简短讨论。

（2）讨论生产成本和最终销售成本之间的毛利率，并说明这个利率是否足够大，从而能使得在扣除分销和销售、保修、培训、服务、开发和设备成本的摊销、价格竞争等之后，仍然保证盈利。

（3）解释你所设定的价格如何能：① 使你的产品或服务被接受；② 在竞争中保持并增加你的市场份额；③ 产生利润。

（4）从客户的经济回报和增值的角度，在新产品、质量、保修、时间、性能、服务、成本节约、效率等方面，证明你的定价与竞争（或替代）产品或服务定价之间的差别。

（5）如果你的产品价格低于竞争对手，请说明你是如何在做到低价的同时保持盈利能力的（例如，通过提升生产和分销的效率增加更多的价值、降低劳动力成本、降低材料成本、降低管理费用或其他成本）。

（6）论述你的定价策略，如通过分析价格、市场份额和利润之间的关系。

### 5.3 销售策略

（1）描述计划用于产品或服务销售和分销的方法，例如，自己培训销售人员、选择销售代表、利用制造商现成的销售组织、通过邮件销售或寻找分销商，并为销售人员制订期初计划和长期计划。别忘了对特殊要求进行说明（如制冷需求）。

（2）讨论零售商、分销商、批发商和销售人员的价值共享链条及利润分配，以及分销商或销售代表折扣政策、独家经销权政策等特殊政策，并与竞争对手进行比较。（参见第 5 章的机会筛选练习。）

（3）描述如何选拔分销商或销售代表（如果你决定采用此种销售方式），计划何时由它们代表你的企业，每个月负责的销售地区和经销商及代表的人数，以及每个人的预期销售额。

（4）如果企业要使用直销队伍，请说明它的组织形式、发展速度（总人数），以及是否要更换经销商或代表机构，如果要更换的话，说明何时及如何更换。

（5）如果要使用直接邮件、杂志、报纸或其他媒体进行销售，或者采用电话营销或目录销售等方式，请说明具体的渠道或工具、成本（每 1 000 单位）、预期回复率等。讨论企业将如何建立销售渠道。

（6）展示每位销售人员每年的期望销售额，以及他们预计将获得的佣金、奖励或薪水，并与你所在行业的平均水平进行比较。

（7）提供销售计划和一份包括所有市场推广与服务成本的销售预算。

### 5.4 服务和保修政策

（1）如果你的公司计划提供需要服务、保修或培训的产品，说明以上内容对客户制定购买决策的重要程度，并讨论处理服务问题的方法。

（2）说明企业所提供的保修服务的种类和期限：服务是由公司服务人员、代理机构、经销商与分销商提供，还是返回工厂维修。

（3）说明服务电话的拟定费用，以及提供的服务是有利可图的还是能盈亏平衡。

（4）将你的服务、保修、客户培训政策和实践与主要竞争对手的进行比较。

### 5.5　广告和促销

（1）说明企业计划如何使潜在购买者注意到其产品或服务。

（2）对于原设备制造商和工业产品制造商来说，应明确指明贸易展览、行业杂志广告、直接邮寄、制作产品表和宣传资料以及广告代理等计划。

（3）对于消费类产品，请说明将使用何种广告和促销活动推广该产品，包括向经销商提供销售帮助、举办贸易展览等。

（4）列出推广和广告（直接邮件营销、电话营销、目录销售等）的时间表与大致成本，并论述这些成本是如何产生的。

### 5.6　分销

（1）描述你计划使用的分销方法和渠道，以及这些渠道的可用性和容量。

（2）请以销售价格的百分比表示运输成本。

（3）注意特殊事件或问题，或者存在潜在漏洞的问题。

（4）如果涉及国际销售，请注意如何处理分销、运输、保险、信用和托收。

## 6　设计与开发计划

在产品或服务上市之前，企业应仔细考虑设计和开发工作的性质与程度，以及所需的时间和金钱（请注意，设计和开发成本经常被低估）。设计和开发是将实验室原型品转化为成品所必需的工作，包括：特殊工具的设计的工作、工业设计师使产品更有吸引力和开拓销路的工作，以及对雇员、设备和特殊技术的核查工作（例如，对器材设备、新的计算机软件和电算化可信度的核查）。

### 6.1　开发状态和任务

（1）描述每个产品或服务的当前状态，并解释企业如何才能使它们具有市场价值。

（2）请简要描述你的企业完成此开发所需的能力或专长，哪些是你的企业具备的，哪些是不具备的。

（3）列出参与产品或服务开发、设计和测试的客户或最终用户。说明目前的进度或预期的结果。

### 6.2　困难与风险

（1）识别主要的预期设计和开发问题，并找到解决方法。

（2）研究以上问题对设计和开发成本、上市时间等造成的影响。

### 6.3　产品改进与新产品

（1）除了描述初始产品的开发以外，还须讨论针对同一组客户而正在进行的产品设计和开发工作。对参与其中的客户和他们的反应进行分析，不要遗漏任何证据。

（2）对于正在进行的产品开发，说明它们是否符合新的、未决的或潜在的环境立法等。

### 6.4　成本

（1）提出并讨论设计与开发预算，包括人工费、材料费、咨询费等。

（2）讨论低估预算会对现金流预测产生的影响，包括 15% ～ 30% 的偶然性影响。

### 6.5　专利问题

（1）请描述你所拥有的或正在申请的专利、商标、版权或知识产权。

（2）描述使企业拥有排他性或所有权的任何合同权利或协议。

（3）讨论任何未解决的问题或者现有的或可能的未决诉讼（如与所有权相关的所有权争议），讨论它们对时效性和你假设的任何竞争优势的影响。

## 7　生产与运营计划

生产与运营计划需要包括工厂位置、所需设施的类型、空间需求、资本设备要求和劳动力（全职和兼职）需求等信息。对于制造企业而言，生产与运营计划则需要包括关于库存控制、采购、生产控制的政策，以及产品的哪些部件需要购买，哪些操作将由企业劳动力生产（被称为购买或制造决策）。服务业务可能需要特别注意地理位置（通常而言必须靠近客户），尽量减少开销，并从劳动力中获得竞争性生产力。

### 7.1　运营周期

（1）描述你的企业运营周期的领先或滞后情况（包括一个与机会筛选练习类似的图表）。

（2）解释如何在不造成严重混乱的情况下处理季节性生产负载（如通过建立库存或在高峰时期雇用兼职人员）。

### 7.2    地理位置

（1）描述企业规划的地理位置，包括你所做的区位分析等。

（2）讨论地理位置优劣，需要考虑人力资源（包括劳动力的可用性、工人是否有工会、工资率和外包情况）、距客户或供应商的距离、运输方式、州和地方的税收政策及法律（包括受地区和环境影响的法规）、公用事业使用问题（能源使用和可持续性）等。

### 7.3    设备及改进

（1）对于已经在经营的企业，需要列出企业设施情况，包括工厂和办公空间、仓库和土地面积、特殊工具、机械，以及其他目前用于开展业务的设备资产。讨论这些设备是否足够，是否符合健康、安全和环境法规。讨论规模经济的影响。

（2）对于一个初创企业，描述如何以及什么时候能够获取生产必备设施。

（3）讨论设备和场地应该租赁还是购买（崭新的还是二手的），并说明所需成本和时间，以及拟定的融资中将有多少用于工厂和设备。

（4）阐明未来 3 年的设备需求。

（5）对于希望外包生产的初创企业，应阐明公司的位置和规模，并讨论其优势、风险和监控制度。

（6）讨论在未来 3 年内工厂的空间和设备需求，以及何时扩张，未来销售计划需求的实现需要哪些能力，如何改善或增加现有厂房空间。讨论与这些扩建要求有关的环境影响。如果有搬迁设施、外包劳动力或将生产转移到海外的计划，请讨论这些举措对当地的影响。别忘了列出完成上述计划所需的时间和费用。

### 7.4    战略和计划

（1）描述产品生产所涉及的制造过程以及是否将零部件转包等相关决策。

（2）根据库存融资、劳动力技能、其他非技术问题，以及生产、成本和能力问题，论证你的生产或购买决策的合理性。

（3）讨论哪些人可能成为分销商和供应商，列出已知全部分销商和供应商的信息。

（4）提出一个生产计划，列出不同销售水平下的成本、数量、库存水平信息，包括适用的材料、人工、已购组件和工厂费用的分类。

（5）描述你进行质量控制、生产控制和库存控制的方法，解释公司将采用怎样的质量控制和检验程序来使服务问题和客户的不满意程度最小化。

### 7.5　监管与法律问题

（1）讨论会对企业产品、流程或服务造成特定影响的相关州、联邦或国外的监管要求，如许可证、分区规划许可、健康许可证和开始运营所需的环境批准。

（2）注意任何可能影响企业机遇的性质和时机的不确定性监管变动。

（3）讨论相关的法律或合同义务。

## 8　管理团队

商业计划书的这一部分内容包括关于管理团队主要职能的描述、关于关键管理人员及其主要职责的描述、企业组织结构概况、关于董事会的描述，以及关于其他投资者所有权的描述等。你需要展示企业承诺，例如，团队成员最初是否愿意接受不高的工资，以及在完成分内工作时，技术、管理、业务技能和经验之间是否存在适当的平衡。

### 8.1　组织

（1）介绍企业的关键管理角色和将担任各个职位的人员（如果企业已经成立且规模够大，应附组织结构图）。

（2）如果无法在不增加成本的情况下雇用全职人员来任职，那么请说明企业将如何履行这些职能（例如，使用兼职的专家或顾问来履行企业某些职能）、谁将履行这些职能，以及企业何时雇用全职工作人员来取代这些临时员工。

（3）如果在企业初创期有关键人物不在企业中，请说明他们将在什么时候加入。

（4）论述关键管理人员在一起工作的情况，说明他们的技能是如何互补并形成一个有效的管理团队的。

### 8.2　关键管理人员

（1）详细描述每一个关键人物的职业亮点，特别是专业知识、技能和业绩，以证明他有能力履行相应的职责。你的描述应包括销售成绩和盈利情况（预算规模、员工人数、新产品介绍等），以及他们之前的创业成绩和管理成果。

（2）清晰描述管理团队中每个关键成员的职责。

（3）列出每个关键管理人员的完整简历，着重强调其培训经历、经验和成就，如利润和销售额的提高、劳动管理的成功、生产或技术上的成就、会议预算和时间表。

8.3 管理层薪酬及股权

（1）说明管理团队每个关键成员的工资、计划持有的股份以及股权投资金额（如果有的话）。

（2）将每个关键成员的薪酬和他在上一份工作中的薪酬进行比较。

8.4 其他投资者

请说明企业的其他投资者持有流通股的数量和百分比，以及流通股是何时、依照什么价格被收购的。

8.5 就业、其他协议、股票期权和红利计划

（1）描述当前或未来的雇用计划或其他与关键成员的协议。

（2）指出所有会影响股票所有权和处置权的股票与投资方面的限制。

（3）列出所有与业绩挂钩的股票期权或奖金计划。

（4）汇总列出所有激励性股票期权或其他计划给予关键人员和员工的股票所有权。

8.6 董事会

（1）讨论企业关于董事会规模和成员的理念。

（2）明确所有提名的董事会成员，用一两句话叙述每个成员的背景，说明他能为企业带来哪些益处。

8.7 其他股东及其权利与限制

介绍企业的其他股东以及与之相关的所有权利、限制或义务，例如，票据或担保。（如果前面已经提及，这里只注明是否有其他内容即可。）

8.8 辅助性专业顾问及服务

（1）列出未来可能需要的辅助性服务。

（2）列出企业雇用的法律顾问、财务顾问、广告顾问、咨询顾问和银行顾问的姓名与从属关系，以及他们都将提供哪些服务。

9 可持续性和影响

这部分讨论商业模式中涉及的社会、经济和环境可持续性内容。由于客户

（和投资者）越来越喜欢在这方面积极主动的企业，因此最初就设立一个可持续的、对社会负责的企业，可以使企业拥有与经济优势等同的竞争力。

（1）列出任何与你的业务有关的环境问题，包括资源、废物排放及合规性。

（2）讨论可以产生绿色影响的机遇的性质，如减少碳排放、回收再利用以及任何能够增强可持续性的绿色技术或生产能力。

（3）描述你计划合作的分销商和供应商的性质。

（4）描述你拥有的未来可发展的可持续优势，以及这些优势将如何促进你的产品或服务获取客户忠诚度和社会支持力。

（5）汇总列出你的企业可能创造的就业机会，列出外包计划或海外人力计划，以及这将如何影响企业所在地区和你的人力资源储备。

（6）考察对企业成长有潜在影响的环境问题。

## 10　总体进度

进度表是商业计划书的重要组成部分，它展示了关系到创办企业和目标实现的重大事件时间安排及其相互关系。现金转换和经营周期将为进度表的关键节点提供依据。除了作为商业计划书的辅助之外，一个安排良好的进度表通过列出重要的截止日期，在说服潜在投资者方面具有极高的价值，使他们相信企业管理团队在规划企业成长战略时，能够清楚地认识障碍并最小化投资者风险。由于做事的时间在商业计划中往往被低估，所以在制定进度表时，如何证明你对时间做出了正确估测是十分重要的。你可以按照如下方式创建进度表。

（1）使用条形图列出企业每个产品或服务的预计现金转换周期，无论是从订单到原材料购买，还是从库存到运输和收集环节提前的时间与运行的时间。

（2）准备月度进度表，列出产品开发、市场计划、销售、生产及运营的时间，并包含足够多的细节，以证明对主要任务及活动的时间预估合理。

（3）在进度表上标明截止日期或对企业成功至关重要的里程碑事件，例如：① 企业合并；② 设计及开发完成；③ 产品原型完成；④ 销售代表确定；⑤ 在贸易展览会上展示产品；⑥ 与分销商和经销商签约；⑦ 按生产数量订购材料；⑧ 开始生产或运营；⑨ 收到第一批订单；⑩ 第一次销售交货；⑪ 收到第一笔应收账款。

（4）在进度表上标明管理人员、生产和操作人员、工厂或设备的数量变动，以及它们与企业业务发展的关系。

（5）讨论最有可能造成进度延误的情况，你将采取哪些步骤来纠正这种延误，以及进度延误对企业运营（特别是生存能力和资金需求）的影响。

## 11　关键风险、问题和假设

企业发展总会遇到风险和问题，而商业计划书通常对此有一些隐含的假设。你需要描述与行业、企业、员工、产品市场吸引力、企业创业时机和融资相关的风险及不良后果。注意：要论述关于销售预测、客户订单等方面的假设；谈及企业的致命缺陷时，需要论述为何实际上并不会导致不良后果；如果有潜在投资者发现任何你未解释清楚的负面因素，则可能破坏企业的信誉，危及融资结果。请注意，大多数投资者首先阅读的是管理团队介绍，然后就是本部分。

千万不要忽视这一部分，不然阅读商业计划书的人很可能会得出以下结论。

（1）你认为他比常人天真或愚蠢（或兼而有之）。

（2）你希望在某些事上蒙蔽他。

（3）你不能客观认识并处理假设和问题。

识别和讨论企业的风险，展示你作为管理者的技能，并提高风险投资者或私人投资者对你与你的企业的信任度。主动识别和讨论风险有助于你向投资者证明你已经考虑到并且能够应对这些风险。这样一来，对投资者而言，你的企业的风险就不会模糊不清了。

（1）讨论商业计划书中隐含的假设和风险。

（2）识别并讨论所有重大隐患和其他风险，例如：① 在订单稳定之前，现金耗尽；② 竞争对手降价的可能性；③ 行业潜在的不利趋势；④ 超过预计的设计或制造成本；⑤ 未实现预期销售额；⑥ 未满足产品开发计划；⑦ 采购零件或原材料时遇到困难或交付周期长；⑧ 在获得所需银行信贷时遇到困难；⑨ 创新和发展成本高于预期；⑩ 订单接踵而至，现金耗尽。

（3）指出哪些假设或潜在的问题和风险对企业的成功最关键，并描述你在各种情况下使不利影响最小化的计划。

## 12　财务计划

财务计划是评估投资机会好坏的基础，也代表了你对企业财务情况的最佳预估。财务计划的目的是展示企业潜力以及达成财务目标的时间表。财务指标也可以作为财务管理的执行计划。在准备财务计划时，你需要用创新的视角看待你的企业，并考虑上市或融资的其他方式。

作为财务计划的一部分，财务报表也需要准备。为了估计现金流需求，应使用基于现金的会计方法，而不是基于权责发生制的会计方法（即对预期收入和支出使用实时现金流分析）。该分析需要包括 3 年的财务信息，包括本年度及上一年度的利润表和资产负债表（如果适用的话）、3 年的现金流量预测、预估利润表、预估资产负债表和盈亏平衡分析图。在适当的图表或附件中说明销售水平和增长、收款和应付账款期间、库存需求、现金余额和货物成本等背后的种种假设。对企业经营和现金转换周期的分析将使你能够识别出这些至关重要的假设。

预估利润表是财务管理中利润计划的一部分，可以表明新创企业的财务可行性。因为尤其是在初创阶段，企业的利润水平不足以满足资产运营的需求，而且由于短期内实际现金流入并不总是与现金流出相匹配，因此企业应该进行现金流量预测，从而对这些情况进行说明，这让管理层能够对现金需求做出规划。此外，预估资产负债表是用来详细说明支持预估运营水平所需的资产，并通过负债来列明这些资产的融资方式。预估资产负债表可以表明债务权益比率、营运资本、流动比率、存货周转率等是否在可接受的范围内，以证明该企业所预测的未来融资是合理的。最后，盈亏平衡分析图将列出包括所有成本在内的销售和生产水平，包括那些随生产水平变化而变化的可变成本和不变成本，因此它是非常有用的。

12.1 实际利润表和资产负债表

现存企业应编制本年度及前两年的利润表和资产负债表。

12.2 预估利润表

（1）利用预期销售额和相应的生产或运营成本，至少编制企业前 3 年的预估利润表。

（2）对准备预估利润表时所做的假设（例如，允许坏账及折扣的金额，任何关于销售费用或者一般及管理费用占成本或销售的固定百分比是多少的假设）进行充分讨论，并记录。

（3）"11 关键风险、问题和假设"中强调的所有重大风险，比如，预期的销售额下降 20% 的影响，或者随着时间的推移，企业不得不在生产率水平上附加学习曲线的不利影响，再加上对这些风险带来的利润敏感性，这些都可能会阻碍企业的销售和利润目标的实现。

### 12.3 预估资产负债表

企业在创立的第 1 年，每半年编制一次预估资产负债表，并在经营的前 3 年的每年年末编制一次。

### 12.4 预估现金流量分析

（1）在项目运营第 1 年的每个月和未来至少两年的每个季度，对企业现金流做出规划，详细说明预期现金流入和流出的数量与时间。确定额外筹资的需求和时机，并指出周转资金的最高需求量。说明获得额外融资（例如，股权融资、银行贷款或银行的短期信贷）的必要性，应以什么条件获取以及如何偿还。记住，这些数字是基于现金计算得出的，而不是基于会计的权责发生制。

（2）讨论假设，例如，应收账款收回的时间、给予的商业折扣、向供应商付款的条件、计划的工资数和工资增长、预期的经营费用增长、企业业务的季节性特征（因为它们会影响存货需求）、每年的存货周转率、资本设备的购买等。同样，这些假设也是实时的（即基于现金），而不是基于权责发生制。

（3）在一系列假设中讨论现金流量相对于各种商业因素的敏感性（例如，假设可能发生的关键性变化，如应收账款回收期的增加或销售水平低于预期）。

### 12.5 盈亏平衡分析图和计算

（1）计算盈亏平衡，利用图表说明盈亏平衡将在何时达到，以及达到盈亏平衡的过程中可能出现的变化。

（2）讨论企业预估的盈亏平衡点，以及实现难度，同时讨论在盈亏平衡时的销售量相对应的预计总销售额规模、毛利润规模和价格敏感性，以及如果企业未能达到销售预期，你应如何降低盈亏平衡点。

### 12.6 成本控制

描述你如何获得编制成本报告所需的信息、多久获得一次、负责控制各种成本要素的人是谁，以及你将对预算超支采取哪些行动。

### 12.7 重点关注

重点关注关键性结论，包括现金需求的最大金额和时间、所需债务和股权的数量、偿还债务的速度等。

## 13 企业上市模拟

商业计划书的这一部分要提出融资金额以及向投资者提供的证券的性质和数

量，简要描述融资的使用途径，并总结投资者如何达成其目标回报率。建议你阅读 "4　企业的经济性" 中关于融资的讨论。

这里提出的融资条款将会是你与感兴趣的投资人进行谈判的第一步，你的融资将很有可能涉及不同种类的证券，而不仅是最开始提供的证券。

### 13.1　融资需求

根据你预测的实时现金流以及对未来 3 年进行业务发展和扩张所需资金的估计，说明通过这次发行将获得多少资金，以及有多少将通过定期贷款和信贷额度获得。

### 13.2　上市

（1）描述这次发行所售证券的种类（如普通股、可转换债券、附认股权证债券、债券加股票）、单位价格和总额。如果证券不只包括普通股，请注明类型、利息、期限和转换条件。

（2）在行使股票转换、购买可转换债券或认股权证的权利后，列出本次发行后投资者将持有公司份额的百分比。

（3）通过私募方式出售，并因此不需要在证券交易委员会注册的证券，商业计划书的这部分中应包括以下声明：

此次发行出售的股份为限制性证券，不得任意转售。潜在投资者应认识到，此类证券可能在一段不确定的时间内被限制转售。每位购买者须签署一份非分销协议，并以书面形式递交给公司律师。

### 13.3　资本总额

（1）以表格形式列出目前及建议（发行后）的普通股数量。请注明为主要管理人员提供的股份，并说明他们在融资完成后预计持有的股份数量。

（2）说明上市后企业有多少普通股仍将处于被授权但未发行的阶段，其中将有多少是未来关键员工的股票期权。

### 13.4　资金流向

投资者想知道他们的钱会被花在什么地方。请简短说明企业将如何使用筹集的资金，尽可能具体地列出用于产品设计和开发、资产设备、市场营销和日常运营需求的资金金额。

13.5　投资者回报

阐明你提出的估值和股权分配将如何为你的投资者带来预期回报，以及可能的退出机制是什么（如 IPO、直接出售、合并、MBO 等）。

**附录**

附录的内容主要包括那些放在商业计划书正文中过于宽泛，但是又必不可少的信息（如产品规格或照片、参考文献与关键部件供应商的名单、特殊的区位因素、设施或技术的分析、顾问或技术专家的报告，以及任何重要的监管批准、许可等的副本）。

**第五步：整合各个部分**

将分散编制的各个部分整合成完整的商业计划，完成商业计划书的撰写。

**第六步：寻求反馈**

在撰写完成后，从头检查一遍商业计划书。无论你和你的团队有多优秀，都很可能会忽视一些问题，或处理方式不够清晰。一名优秀的审查员可以为你进行外部客观评估。你的律师可以确保你的商业计划书中没有误导性的陈述，对有问题的地方进行警示。

## ⊕ 创业练习 7-2　虚拟智囊团

找到一个合适的伴侣或伙伴是人生中一项艰巨的挑战。某些化学反应可以决定一段关系的成败，在一家新企业中更是如此。今天，各种各样的社交网站和全球蓬勃发展的互联网，为建立重要的外部团队——企业智囊团提供了契机。通常，风险投资者很少能凭着单打独斗取得成功，总会有一个或几个外部导师、顾问（通常也是投资者）、教练，作为企业获取知识、观点和联系的来源。你的智囊团成员必须是直率而诚信的，把你的最大利益放在心上。这些人都是非常难能可贵的。

我们来看下面的例子。1994 年，20 多岁还在攻读研究生的加里·穆勒（Gary Mueller）和弟弟乔治·穆勒（George Mueller）制订了一项商业计划，准备成立一家名为 ISI 的企业（www.internetsecurities.com）。一开始，这仅是一个课程项目，他们试图开发一种通过互联网提供金融、股票和债券市场、经济相关信息的订阅服务，最初传递来自波兰和俄罗斯的相关信息，后来扩展到整个新兴市场。这对才华横溢、积极上进且非常具有创业精神的兄弟俩来说是一张良好的关系网，但这也是他们第一次真正的创业，他们明白自己不知道的事情有很多。一个最基本的问题是：如何将这种新服务进行包装、定价并销售给客户（如投资银行、商业银行、金融服务公司、大型会计公司等）？他们的核心问题是：世界上谁对这方面了解得更多？

这是你为自己的智囊团寻找潜在成员时要问的关键问题。以穆勒家族为例，蒂蒙斯教授认识 First Call 企业的创始人——杰夫·帕克（Jeff Parker），他在 20 世纪 80 年代初创立了一家新企业，让第一台台式电脑摆上了华尔街债券交易员的办公桌。这家极其成功的企业引导了其他新企业的诞生，带动了市场内丰富的知识、网络和经验发展。把穆勒和帕克联系起来，一些关键成果就产生了。首先，帕克同意投资 100 万美元并成为董事会主席。这对穆勒的公司来说是一笔巨大的财富，因为帕克为公司带来了专业知识和信誉。这也意味着穆勒兄弟不需要筹集风险资本，股本得以保存。一个风险投资家投资更多的钱是为了获得企业的控股权：帕克要求获得 25% 的股权。这位经验丰富的企业家还认识业内最优秀的销售人才，并能够将前全国销售经理招聘到 ISI。这对早期的定价和销售策略以及后来实现早期收入目标影响巨大。

这里你可以看到外部智囊团的潜力和重要性。这个练习可以帮助你识别并联系潜在的智囊团顾问，他们对你的企业的成功是无价之宝。

### 第一步：识别并列出企业现阶段的差距

将蒂蒙斯模型应用到你选择的市场机遇和要创建的企业中，将有助于你放大审视市场机会、资源和团队（内部和外部）等企业的关键方面，并发现它们与企业的匹配程度，以及目前存在的差距。记住，你要诚实地对商业计划书中所做的关键假设进行自信度评估，才能发现差距；你的自信度越弱，就越需要智囊团的支持。目前缺失的部分就指明了企业的现实问题，人员、信息、渠道、洞察力，这些都是你目前的团队成员所不具备的，缺少了这些，企业很可能会失败，而有了它们，成功的概率就会提高。所以，你需要列出这些关键的差距。

### 第二步：想一想，谁知道我们不知道的信息

在这一步，你需要利用自己的关系网络。有了互联网，你可以清楚地找到你需要什么样的专业知识或经验，并咨询你认识的人，他们最终会引导你找到所需。像 Facebook、MySpace 和 LinkedIn 这样的网站可以成为高效的搜索平台。将这份可能的智囊团成员名单与企业关键差距和需求的列表相匹配。

### 第三步：随着企业的发展，重新审视第一步

在本章中，当你在制订商业计划时，你可以将这种方法应用到需要放大审视的各个方面。深入研究市场机遇、团队和所需最少资源的细节，并且通过填补差距、管理风险和回报来提升它们与企业的匹配程度。当你的想法演变成一个可实现的机会，然后变成一个真实的企业时，很多事情都会发生变化：引入关键团队成员，评估业务价值，筹集资金，组织交易和谈判，以及与关键员工和供应商进行谈判。仅依靠自己学习来获取成功所需的一切，是一条高风险、高学费的道路，你的竞争对手会暗自高兴。与最能帮助你的人建立联系会产生巨大的影响——这显然是最重要的创业能力之一。

#### 警示：骗子和掠夺者

不幸的是，互联网上也有一些骗子和掠夺者。在对想要联系的人进行核查时，要保持警惕！尤因·M. 考夫曼（Ewing M. Kauffman）总是认为"你应该相信别人"，而不是认为他们都是在骗你，对你撒谎，欺诈你，或者偷你的东西。的确，你在旅途中遇到的人至少有 95% 是可以信赖的。但也要记住一句老话：相信每个人，但总要留一手！

## ⊕ 案例研究　Newland 医疗科技公司

### 引言

这看上去是个完美的计划。在两位天使投资人引导她的医疗科技公司进行收购行动时，福斯特和她的丈夫决定组建家庭。然而，到了 2005 年秋天（她怀孕的前三个月），一切都变了。这位 Newland 医疗科技公司（以下简称"Newland"）的联合创始人兼总裁不得不重新考虑公司方针，并在平衡作为母亲与职业进取之间做出艰难选择。

### 机会识别

莎拉·福斯特在马萨诸塞州的强生公司从事了两年髋关节植入设计工作，后来她的部门搬到了艾奥瓦州。福斯特的丈夫是当地一所大学的教授，而她和她的丈夫都非常喜欢波士顿，所以她凭着麻省理工学院和斯坦福大学的工程学学位（见表 7-1）找了另一份工作。不过，她从未忘记自己的职业目标：

表 7-1　莎拉·福斯特的个人简历

**教育背景**

| 2002—2004 年 | **百森商学院**<br>工商管理硕士，2003.5，百森商学院优秀毕业生<br>· 在 Boston Scientific 担任顾问，主要工作为竞争分析和电子商务计划<br>· 参与孵化一家孵化器公司的创业强度跟踪项目 | 韦尔斯利 |
| --- | --- | --- |
|  | **斯坦福大学**<br>机械工程、设计硕士学位，1997.6<br>专业：机电一体化（机械电子）和可制造性设计<br>设计项目：3M 赞助的便携式投影仪、智能标签播放机器人、自动 3D 泡沫传真机、自动纸棕榈树制作机 | 斯坦福 |
| 1992—1996 年 | **麻省理工学院**<br>机械工程学士学位，1996.5，辅修音乐 | 剑桥 |

**工作经历**

| 2003 年至今 | **Newland 医疗科技公司**<br>总裁兼创始人<br>· 融资 60 万美元，将一种美国食品和药物管理局（FDA）批准的专利产品推向市场<br>· 组建团队，目前正在运营业务 | 波士顿 |
| --- | --- | --- |
| 2002 年 | **Perception Robotics 公司**<br>考夫曼实习生，产品经理实习生<br>· 分析了某交互式零售软件系统的潜在电子商务合作伙伴<br>· 帮助网络摄像机的新产品开发价值主张 | 沃尔瑟姆 |
| 1999—2002 年 | **吉列公司**<br>剃须与技术实验室设计工程师<br>· 管理设计过程，测试各种洗漱用品的大容量塑料包装<br>· 从市场需求到模具生产，设计经济型凝胶止汗剂容器 | 波士顿 |
| 1998—1999 年 | **强生公司**<br>项目工程师，Hip 研发<br>· 担任髋关节植入产品的首席设计工程师，获得两项专利，三项正在申请中<br>· 与客户共同开发 Bipolar and Calcar Hip 仪器系统 | 雷恩汉姆 |
| 1997—1998 年 | **五角大楼国防情报分析局**<br>战略产业部分析师 | 华盛顿 |
| 1995 年 | **导弹和空间信息中心**<br>地空导弹实习生 | 亨茨维尔 |

**其他**　会使用 Unigraphics、ProENGINEER、SolidWorks ANSYS、C 语言，韩语和德语可作为工作语言。兴趣包括交响乐演奏、铁人三项、高空滑雪、骑自行车和木工

自离开强生以来，我就一直在寻找与医疗器械相关的工作机会。后来，我的一位在波士顿布里格姆女子医院（Brigham and Women's Hospital）泌尿科工作的医生朋友告诉我，行业的关注点大多都集中在心脏方面，但是泌尿外科事实上对好的支架<sup>⊖</sup>有很强的需求。他指出，尽管众所周知输尿管在异物的存在下会自然扩张，但支架类产品还不能对此加以利用。我们认为轻微刺激使扩张范围扩大可以改善尿流量，甚至有助于肾结石排出。

肾结石（或称输尿管结石）影响了美国近 10% 的人口，结石卡在输尿管中并阻碍尿液流动时会引发剧烈的疼痛。

肾结石患者到达医院通常被认为是急诊情况，急诊室医生会给患者服用止痛药并咨询泌尿科医生。紧急治疗和短期治疗必须是安全有效的，同时也要为后续治疗留有选择余地。

到 20 世纪 90 年代末，大多数泌尿科医生都用 Double-J 来满足上述需求。它是一种标准的聚氨酯支架，通过让尿液绕过结石流动来减轻疼痛。使用 Double-J 时，结石常残留在输尿管中，取出结石的方法选择与结石的大小、位置以及是否能使用先进的设备有关。

结石小于 5 mm 的患者通常会在结石排出前等待痛苦的几周。更大的石头会被超声波和激光技术粉碎，留下的碎片小到无法取出，但又大到排出时足够让人痛苦。成篮技术是一种在去除单个结石碎片方面非常有效的二级手术，但它要求外科医生技术熟练，而且手术时间较长（见图 7-2）。

在 1999 年冬天，福斯特和格雷纳博士开始集思广益，研究一种与 Double-J 安装方式相同、材料相同的带鞘支架。鞘层一旦进入输尿管就将被移除，同时，他们的支架采用一系列膨胀球，沿着输尿管方向扩大通道（见图 7-3）。虽然他们的目的是要比竞争产品更好地缓解尿流，但通过对猪进行的初步试验，他们发现，随着设备慢慢从输尿管中取出，结石被困在了篮状的球茎中。以前从没有人能直接且不造成创伤地从输尿管中取结石。现在他们有了自己的产品。

---

⊖　医用支架是一种可膨胀的金属丝网或聚氨酯管，插入人体的中空结构中以保持其开放或提供强
　　度。支架被用于不同的身体结构，如冠状动脉、其他血管、胆总管、食道、气管和输尿管（将尿
　　液从肾脏输送到膀胱的通道）。

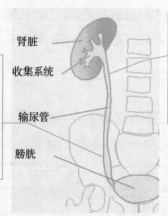

**输尿管镜：**
- 针对位于输尿管下部的结石
- 内窥镜在使用前需要清洗
- 激光碎石术非常昂贵
- 篮状
- 有限清理
- 需要精细、专业的人工
- 设备成本高昂

**ESWL冲击波：**
- 针对位于肾脏或者输尿管上部的结石
- 干涉程度最小
- 设备昂贵（只有7%的医院拥有该设备）
- 结石碎片必须排出体外

肾脏

收集系统

输尿管

膀胱

图 7-2　结石破碎和去除程序

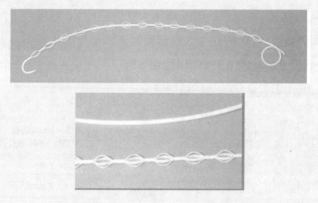

图 7-3　结石移除支架——插入与扩大形式

## 结石移除支架

为了强调产品的主要特性，福斯特和格雷纳将他们的设备命名为结石移除支架（SRS），并通过一系列新的动物试验得出了使用步骤：

（1）将导线插入输尿管。

（2）将 SRS 滑过导线并推入到位。

（3）取下 SRS 周围的鞘，打开篮子。

（4）术后 1～2 天，SRS 使输尿管被动扩张，通路扩大。

（5）SRS 被缓慢地抽出，结石要么被困在篮子里，要么在取出时掉入篮中，要么被扫到 SRS 旁边。

2000—2001 年，福斯特在格雷纳重回全职工作后接管了公司业务。她从朋友和家人那里筹集资金以获取专利，同时还深入考察市场机遇，以便为专业投资者制定一份商业计划书。

## 目标市场

福斯特发现产品的目标人群是接受原发性输尿管镜检查和体外冲击波碎石术（ESWL）治疗（这是两种最常见的治疗方法）的肾结石患者，以及通过支架来缓解尿流的患者。体外冲击波碎石术的成本是 50 万～ 150 万美元不等，只有大型医疗中心才能负担得起。因此只有 7% 的美国医院有设备，而正在实际使用的总计只有 400 台。每年有超过 20 亿美元用于治疗肾结石。除药品外，每名患者的平均年支出约为 7 000 美元。

福斯特发现，在 21 世纪初，美国每年大约会进行 26 万场大手术或小手术。因为 SRS 已经被证明能有效地捕获令人痛苦而又无法治疗的小结石，福斯特认为美国市场上 80 万个靶向手术中有 75% 可以使用 SRS（见图 7-4）。若每个 SRS 的价格为 250 美元，那它就代表了 2 亿美元的市场空间。

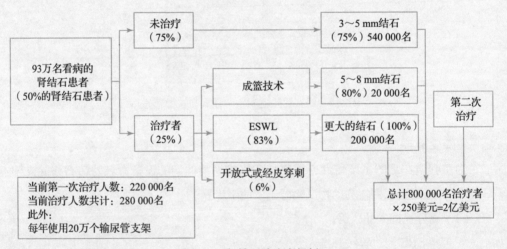

图 7-4    肾结石治疗市场树

## 客户

SRS 的两个主要客户是泌尿科医生和医疗中心的医生。泌尿科医生决定手术步骤并选择设备，而医院是实际买主，那里的采购管理员密切关注着成本。医院为了削减成本，会向强生等多元化供应商订购成套设备和服务。

　　泌尿科医生一般不喜欢新设备和新流程。他们比较关心患者的舒适性和安全性，以及风险和补偿。同事的背书以及临床研究数据的支持对泌尿科医生影响较大。2001年，美国只有 7 100 多名有执照的泌尿科医生，而平均每年每人要接收 140 名肾结石患者。

## 吸引竞争对手

　　产品的主要竞争对手是制造成篮回收和输尿管支架设备的龙头企业（见表 7-2）。像 Double-J 这样的简单支架有许多生产制造商。

表 7-2　竞争对手概况

| 竞争对手 | 位置 | 员工 | 收入 | 产品 | 价格水平 | 评价 |
|---|---|---|---|---|---|---|
| Cook Uro-logical（私营） | 斯宾塞，印第安纳州 | 300 人，包括 mnf（全 Cook 共 4 000 人） | 2 510 万美元 | 支架、篮子、金属丝和其他碎石机 | 中端 | 产品优良，创新能力强（胆管市场排名第一） |
| BARD（泌尿科） | 卡温顿，佐治亚州 | 8 100 人（整个 BARD） | 9 500 万美元，不包括 Foleys（总计 3.6 亿美元），1999 年 | 支架、篮子、激光器和其他碎石机 | 低端 | 发展缓慢，无创新 |
| Microvasive（Boston Scientific） | 纳蒂克，马萨诸塞州 | 14 400 人（整个 BSC） | 1.43 亿美元 1.33 亿美元（结石），1999 年 | 支架、篮子、激光器和其他碎石机 | 高端 | 创新（通过收购）、良好的销售队伍、良好的产品 |
| Surgitek（ACMI）（私营） | 索斯伯罗，马萨诸塞州（总部）；拉辛，威斯康星州（泌尿科） | | 1 700 万美元支架 | 支架、篮子、观察镜和激光器 | 低端 | 产量大，但没有创新，渴望新产品 |
| Applied Medical | 圣玛格丽塔牧场，加利福尼亚州 | 375 人，包括 mnf | 3 100 万美元（所有 3 个分部），2001 年 | 各种扩张器和特殊物品 | 高端 | 有趣、优良、巧妙的产品，产品线不完整 |

　　营收领头羊 Boston Scientific 曾进行多次收购，这也向福斯特表明了其内部研发的创新性不足。领域龙头企业 ACMI 正在经历重组和领导层变动，这表明企业创新处于停滞状态。这两家公司都没有涉足 ESWL 市场。

ESWL 机器和激光碎石机的制造商也提供 ESWL 配件，如水袋和液体。福斯特推断，像 Dornier MedTech 和 Siemens Medical Systems 这样的大卖家可能会对 SRS 这样可以与 ESWL 一起使用的产品感兴趣。不过，从某种意义上说，每个支架产品的竞争对手都是潜在的分销商、研发伙伴或母公司。行业参与主体会显著影响新设备的推广速度。

与大多数创业企业不同，福斯特的企业不会与顶级竞争对手竞争，因此投资者不会关注收入、毛利率和预计净收入等典型指标。福斯特想在顶尖的医生中寻找一个合作者，即便她不得不将公司拱手让人。福斯特认为，一旦 SRS 的市场需求被证实，她的企业将有很好的被收购机会。

### 企业创立

福斯特一边做兼职，一边在 2001 年夏末完成了商业计划。由于她无法预测收购的时间或价格，因此她在对她命名为 Newland 医疗科技公司的企业进行财务预测时，参考了标准的稳定增长情景（见表 7-3）。截至 2002 年春天，她从朋友、家人、格雷纳和自己的储蓄中筹集了 60 多万美元的原始资本。当开始讨论组建一个管理团队时，福斯特惊讶地发现，格雷纳认可由她自己来担任总裁兼首席执行官。

表 7-3  Newland 预估利润表　　　　　　（金额单位：美元）

| | 2004 | 2005 | 2006 | 2007 | 2008 |
|---|---|---|---|---|---|
| 净收入 | 0 | 721 000 | 8 380 000 | 22 327 000 | 34 811 625 |
| 销货成本（见下方） | 0 | 335 160 | 2 692 135 | 6 620 487 | 9 434 219 |
| 　占收入百分比 | — | 46.5% | 32.1% | 29.7% | 27.1% |
| 毛利润 | 0 | 385 840 | 5 687 865 | 15 706 513 | 25 377 406 |
| 　占收入百分比 | — | 53.5% | 67.9% | 70.3% | 72.9% |
| 运营费用 | — | — | — | — | — |
| 　销售与营销 | 166 200 | 939 900 | 1 573 016 | 2 379 059 | 2 858 596 |
| 　研究与开发 | 225 240 | 448 795 | 600 140 | 947 216 | 1 105 338 |
| 　行政与管理 | 153 800 | 315 700 | 680 055 | 1 057 531 | 1 398 100 |
| 总运营费用 | 545 240 | 1 704 395 | 2 853 211 | 4 383 806 | 5 362 034 |
| 税前净利润 | （545 240） | （1 318 555） | 2 834 654 | 11 322 707 | 20 015 372 |
| 税收 | 0 | 0 | 498 899 | 4 529 083 | 8 006 149 |
| 净利润 | （545 240） | （1 318 555） | 2 335 755 | 6 793 624 | 12 009 223 |

（续）

| | 2004 | 2005 | 2006 | 2007 | 2008 |
|---|---|---|---|---|---|
| **销货成本明细（以 2005 年为例）** | | | | | |
| **直接成本** | | | | | |
| 单位平均材料成本 | 8 | | | | |
| 单位平均人工成本 | 14 | | | | |
| 每单位消毒和包装 | 8 | | | | |
| 制造商每单位加价（20%） | 6 | | | | |
| 单位直接成本合计 | 36 | | | | |
| 直接成本：6 200 件（2005 年） | 223 200 | | | | |
| **间接成本** | | | | | |
| 工资和福利 | 84 750 | | | | |
| 设施；运输 | 7 210 | | | | |
| 折旧 | 20 000 | | | | |
| 间接成本合计 | 111 960 | | | | |
| **商品和服务成本** | 335 160 | | | | |

为了把这件事做好，我需要接受一些实用的商业教育。2002 年秋天，我被奥林商学院（位于马萨诸塞州韦尔斯利市）的 MBA 录取。我换了一份工作，换了一个职责和短期目标明确的职位。

福斯特花费近一年时间完成了专利工作，耗用了所筹集资金的 1/3。在对支架进行了额外的研发工作后，福斯特向 FDA 提交了批准申请。FDA 考虑到过去她在强生的工作经验，并听取了百森商学院一位专家法人的建议，SRS 在不到 3 个月的时间内就获得了批准。福斯特对战略进行了回顾：

布尔努瓦教授⊖提出了一种双层方法。我们一开始先把 SRS 作为一种基础的引流支架，这一点没有问题。我们很幸运，在我们后续提交的申请中强调了一些创新（结石移除）的时候，负责审查我们的两份申请的是同一个人。她发现这就

---

⊖　让－吕克·布尔努瓦博士是百森商学院的兼职教授，曾是 Interactive Consulting 的创始人和总裁。Interactive Consulting 是一家管理咨询公司，专门为进入美国市场的欧洲早期医疗科技公司进行业务开发。

是她刚刚批准过的同一种装置，只是有了新的注释，正因为如此，我们在 30 天内就获得了下一次批准。<sup>⊖</sup>

在奥林学院就读期间，福斯特需要为 Newland 融资 170 万美元，用于 SRS 装置商业化。罗得岛州的一个商业发展基金会同意只要将其中的 20% 直接用于罗得岛州消费，便可以投资 65 000 美元。因此，福斯特开始与罗得岛州的一家企业合作，以符合 FDA 生产和质量要求的方式生产原型产品。这家合作公司负责从挤压到包装的全部生产环节。

到 2004 年 1 月毕业时，福斯特团队又多了两名成员：一名是她以前工作时认识的工程师，另一名是在商业计划论坛上认识的业务开发人员。由于没有钱支付他们的薪水，她提出从下一轮融资中"补发"他们的工资。

在 2004 年春季的一次商业计划竞赛中，一位百森商学院的校友建议福斯特和他的叔叔谈谈，因为他的叔叔是当地的慈善家，也是一位退休的风险投资家。

彼得·康宁汉姆（Peter Cunningham）已经 70 多岁了，他告诉他的侄子比尔，他已经退出投资圈了。但是比尔告诉他："你得见见这个女人，了解一下她在干什么。"

康宁汉姆投资了 25 万美元，并引荐了当地的两名天使投资人，他们每人投资了 7.5 万美元。企业离获得全额投资还有很长一段路要走，但至少可以为团队持续提供薪水，并获得了在奥斯顿南端的两个主要医学研究中心的中间位置仅有一间屋子的孵化空间。企业位置距离研究实验室很近，这很快就被证实是至关重要的。

### 挫折

福斯特认识了新英格兰医学院的动物实验室的研究人员，他们几乎免费推进了

---

⊖ 到 21 世纪初，医疗保险和医疗补助服务中心（CMS）已成为许多寻求医疗器械产品商业化的企业面临的瓶颈。CMS 的主要任务是评估特定技术的成本和收益，这是一个不断发展的领域，同时具有很大的争论空间。支付问题很复杂，以致收取新产品的付款已经成为早期进入者最大的绊脚石，而 CMS 只是整个流程中针对审批难题的一部分。为了在全国范围内实现一项新技术的支付，医疗器械企业必须与几百名付款人交涉。此外，新产品必须努力获得一个独特的代码，以区别于现有的技术。即使在这个代码被分配之后，医疗机构可能也需要几年时间才能认识到这种设备是一种新的成本。由于医疗机构不会使用未获得适当付款批准的产品，因此支付阻碍 FDA 批准的医疗器械创新实施的情况并不少见。

Newland 的研究：

这些实验室的研究人员早上在猪身上做心脏研究，下午大部分时间都在研究尿路系统。他们对 SRS 的功能很好奇，也愿意将我们的支架用到他们的输尿管实验中。

虽然在 FDA 批准前，实验已经证实 SRS 在输尿管中的作用与他们的预期一样，但最新的实验又显示出一些严重的设计缺陷。福斯特解释说：

我们设计的前 5 个支架与输尿管不匹配。所以我们的重点是使篮子小到可以装进鞘内。我们做了很多工作，随着 15 个支架均植入成功并按预期工作，我立即开始着手制订商业计划。当我们得到 FDA 的批准和支付代码时，我想我们已经准备好将产品投入市场了。

问题出在早期设计阶段，格雷纳博士和我并没有与足够多的医生进行交流。例如，我们选择的插入导线大于标准尺寸（我们的一位顾问说应该没问题）。我们发明了一种有用的装置——它可以在体内工作并使输尿管扩张，而患者不会感受到任何疼痛，并且它能捕获结石——但由于我们设计的产品比标准支架更难安置，所以我们的产品并不畅销。

除此之外，制造商无法成为一站式的销售商店。因此，Newland 不得不组建一个由专家组成的供应链。虽然这使 Newland 对每一级的生产质量有了更好的控制，但福斯特知道，在几家公司之间传递在制品会延长交付周期，也更容易产生沟通矛盾。

### 新生与怀孕

2004 年年末，针对 60 名患者的实验成功了，医生反馈非常积极并表示支持，于是团队全面发力，组织了一个至关重要的拥护者群体，同时引入了至少一个主要经销商。2005 年 3 月，当总部位于波士顿的 Taylor Medical Supply（TMS）同意在美国几个主要市场测试 Newland 的支架时，企业得到了显著的发展。

与此同时，福斯特正专注于筹集资金，以帮助 Newland 回到几个月前的地位。在 5 月底的一次天使投资者早餐会上，她遇到了两位潜在投资者。克里斯·法伦的银行软件企业被一家大型金融企业收购，这使他赚到了一大笔钱。克劳迪娅·格兰姆斯是一家冒险运动度假门户网站的联合创始人，该网站已被一家跨国旅行社收购。

两位投资者都认为 Newland 正处于早期收购的有利时机。福斯特解释如下：

> 像我们这样的医疗科技公司一般拥有如下几次可以出售的时机：在产品开发完成之后（比如在动物身上验证了疗效，获得 FDA 的批准后），在进行了一系列成功的临床试验之后，以及在达到第一个 100 万美元左右的销售额之后。

> 法伦和格兰姆斯确信，我们的专利产品取得了 FDA 的批准和支付代码，这将是一个售卖企业的好时机。他们看出我们已经准备好进入市场，只要我们实施收购战略，他们便每人至少拿出 20 万美元。虽然我们的计划中从未包括早期收购（预售），但我们越想越觉得这是一个好的时机。

TMS 对此并不乐意，它认为 Newland 的战略转变过于突兀。福斯特认为它之所以生气，是因为看到了如下这个变化：

> 事情的发展开始变得非常快。我们选择了一位投资银行家，他的首要任务是充当 Newland 和潜在买家的中间人。他打电话给 TMS，让他们知道我们正在进行一项收购业务，并询问他们是否想加入。他们绝对是大吃一惊。他们告诉那位投资银行家，他们原本是希望签订分销协议的。这对我来说的确前所未闻：他们开始对使用我们的装置表现得异常冷淡。除了拒绝报价，他们还暂停了 SRS 的试销。不过他们表示，客户的初期反馈非常积极。

有了两家著名医疗中心的支持，以及一些有前景的收购预期，企业的快速回报期似乎已经临近。受 Newland 进步的鼓舞，那年夏天，福斯特和未婚夫进行了电话沟通，计划组建家庭。从表面上看，他们的生育计划与 Newland 的最新投资者所倾向的回报计划非常吻合。就在那个月，福斯特怀孕了，这对夫妇虽然有点震惊，但也非常高兴。"好吧，"她若有所思，"或许收购战略也会以同样快的速度进行。"但事实并非如此。

## 岔路口与即将到来的婴儿

到了秋天，福斯特在处理法伦和格兰姆斯的问题上遇到了困难。他们在制定收购战略方面有很大的自由度，这一战略是福斯特和她的初期投资者签署的。他们开始要求改变交易结构，以便为他们提供更好的收益。

2005 年 10 月中旬，他们的投资银行收到了一家中端医疗用品分销商的报价。这份 950 万美元的投资意向书为福斯特和她的团队提供了一笔丰厚的 5 年奖金，但前提是他们要继续开发一系列具有创新性的支架。它还要求福斯特担任总裁，但这取决于 FDA 是否会批准 Newland 的最新发明——目前仍处于早期试验阶段⊖——尽管它没有为此提供资金。当法伦和格兰姆斯说，更多的资本需要更多的股本时，福斯特终于向初期投资者吐露了心声：

> 我一直向克里斯·康宁汉姆和他的团队传达我们寻求收购的决定，他们也同意了。但是这两位天使企业家很难合作，他们都没有任何医疗行业的经验。也许这不是决定性的，但总的来说，他们并没有理解我们的意图。康宁汉姆先生看着我说："嗯，如果是钱阻止了你把这两个人扔出企业的话，你应该早点来找我。"

但对福斯特来说，这不仅仅是钱的问题，这是关于开发有效新产品的问题。除此之外，她认为如果与一家大公司达成协议，能给目前的投资者带来可观的收益，并能为 Newland 提供开发新产品的资源，那才是 Newland 应该做的。另外，坚持到底并打造一系列创新产品将显著提高 Newland 的收购价值。

如果不是因为怀孕，福斯特可能会选择 Newland 原来的战略，并重拾她创建一家创新医疗器械企业的热情。然而，如果继续下去的话，她未来将面临在成为一名母亲的同时还要经营一家成长型企业的境况。随着工作机会的出现和资金的短缺，她知道她不得不做出一些艰难的决定。

---

⊖　Newland 正在研制一种支架，用于撑开输尿管，抵抗诸如来自肿瘤的外部压迫。Newland 的输尿管结构支架比市场上现有的产品的抗压缩能力都强。这些设备将使患有局部和区域性侵袭性肿瘤（通常是终末期）的患者活得更长，肾功能保持健康。考虑到可能对尿路造成压力的疾病的全国发病率，该团队估计这代表着 2 500 万美元的市场机会。

第 3 部分

# 创始人与团队

ENTREPRENEURSHIP

企业创始人必须发挥个人影响力，以吸引、激励和开发一个长期的由专业型人才和综合型人才组成的高效团队。团队质量的重要性前所未有。有人把当今时代称为信息时代，其特征是创新的飞速发展——发明型工程师和创造型创业者能够在全球范围内即时获取和分享信息。在这个不断发展的全球化世界里，私人投资者和风险投资者对新创企业有着新的认知。在这一部分中，我们将探讨从零开始创建一家企业所应该具有的领导力，以及随着企业在各个阶段的成长，创始人应必须具备的重要技能，如招聘、销售和管理等。

创始人最重要的能力之一就是吸引合适的团队成员，他们的技能和知识对企业的成功至关重要。不确定性、风险和充满竞争的环境要求创业团队展示出比他们各自能力加总之和更大的能力。

独立创业者也能生存，但一般来说，团队建设者会构建起一个具有可持续的价值和有吸引力的业务组合的组织或企业。这些创始人试图达成的愿景为企业提供了不成文的基本规则，这些规则隐含在企业之中，塑造着企业的结构、风格和目标。

ENTREPRENEURSHIP

卓有成效的企业家能够通过给予与成员的成功相应的回报、承担尝试失败的后果、与协助创业的人分享财富、设定较高水平的道德行为标准，从而围绕企业使命和品牌建立一种文化。在第9章中，我们将阐述与企业家道德和诚信相关的复杂而棘手的问题，以及这些决策和选择如何对未来的成功产生重大影响。

# 创业团队

## 领导者与团队成员

● 导 读

英雄主义风格——马背上的孤独牛仔，已经不再是苹果公司所崇拜的品质。在新公司里，英雄不再是任何一系列成就的化身。相反，他们个人只体现在整个过程的一个环节之中。他们可能被认为是守门人、信息载体和团队成员。苹果公司最初的英雄是创造这些产品的黑客和工程师。现在，团队本身才是英雄。

——约翰·斯卡利

核心理念、价值观和态度，尤其是与成员分享财富和所有权，是团队建设的关键。

## 创业领袖

人们希望被领导，而非被管理。这就是创业领袖能够在一次又一次的人才争夺战中获胜的原因。你喜欢在什么样的公司工作，为谁而工作？你会把你所在的公司推荐给你最好的朋友和家人吗？为什么？答案都是一致的：这归结于公司的领导和文化。创业领袖专注于满足上述需求，并在他们创办的公司内部不断创造活力与激情。

　　成功的创业领袖表现出高水平的职业道德、正直、诚实与公平，能够吸引并留住最优秀的人才。他们的创造性和革新精神，特别是在发现商业机会与提供新产品或服务的创意方面，总能激发追随者的信心和热情。对于卓越的绩效，他们能够快速给予赞赏和认可，而当处于逆境时，他们总能接受超出自己职责范围的指责。

　　这在初创企业中至关重要，因为成功的关键就是创业领袖的才能与团队的质量。而初创企业几乎没有时间或精力优先考虑新员工的训练、培养、指导和发展。

### 人们在被领导与共事过程中了解领导者

　　多年来的研究表明，员工在识别和评价领导者方面比外部观察者、研究人员和专家更为准确。他们知道一个人什么时候是真正投入的，他们能够分辨哪些创业者具备创造性与创新性，并能把握商业机会。这是显而易见的，尤其是在员工格外关心和尊重一个人的时候。

## 成长阶段

### 一个理论观点

　　显然，创业精神不是一成不变的。图 8-1 反映了新企业的孕育和成长过程，以及在这个过程中不同的转折点所发生的变化。图中展示的平滑的 S 形曲线在现实世界中很少见。我们如果追踪大多数新创企业的发展历程，就会发现这一曲线其实是上下波动、参差不齐的形状。这些新创企业首先会经历快速发展的阶段，接着发展受阻，并伴随着经营危机。

　　在图 8-1 中，企业发展阶段通过时间、销售额和员工人数进行划分。从各个阶段的临界点能看到新创企业所经历的转型过程。因此，图 8-1 显示了企业成长过程中的关键转型，以及创始人或首席执行官的关键管理任务。对于创始人或首席执行官来说，最重要和最具挑战性的是如何应对公司的关键转型，同时随着公司员工数量增长到 30 人、50 人甚至 75 人以上，领导力重点由直接领导员工向领导管理者转变。

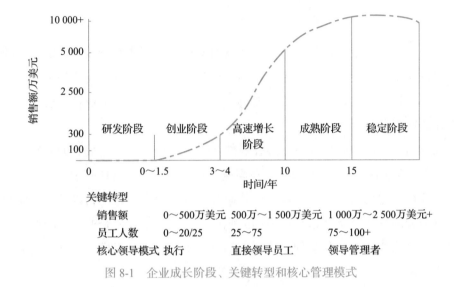

图 8-1 企业成长阶段、关键转型和核心管理模式

研发阶段有时也指初期阶段，其特征是一个有抱负的企业家或一个小团队，为他们的商业创意进行细致调研和尽职调查。初期阶段可能只有几个月，也可以持续数年。研究表明，如果一个创意没有在 18 个月内进入连续商业运营的状态，那么创业成功的概率就会急剧下降。初创企业家在这个过程中会经历很多跌宕起伏，商业模式也往往会发生变化。

创业阶段的头两三年是最具风险的，这就要求创业领袖具备干劲和才能。此阶段的销售收入水平相差很大，但通常为 200 万～ 2 000 万美元。

然后，一家新企业将进入它的高速增长阶段——以持续高涨的增长率或陡增的收入曲线为特征。正是在这个阶段，新企业的失败概率往往超过 60%。

与其他阶段相比，高速增长阶段所需时间长短和此阶段所发生的变化程度都有着巨大的不同。尽管企业可以组建新的管理层来应对高速增长阶段的市场规模，但这个阶段依旧面临着艰难的挑战。例如，利顿（Litton）微波炉部门的销售额已达 1 300 万美元，拥有 275 名员工，还制订了 5 ～ 7 年将销售额提高到 1 亿美元的长期计划。该部门负责人表示："在研究了过去两年的市场后，我确信我们增长的唯一限制是我们的组织无法像市场机遇那样快速增长。"

公司在经历高速增长阶段后会步入成熟阶段，此阶段它不再需要为生存而奋斗，而是需要保持稳定的盈利增长，随后，便进入了稳定阶段。

## 快速增长对于管理的新要求

在当今瞬息万变的市场环境中，从高速增长阶段到成熟阶段、稳定阶段的转变是难以识别和认定的。新技术应用率的提升和资产集中度对商业规模重要性的降低，都使得成熟阶段和稳定阶段变得难以持久。这说明，创业精神已经成为现代企业的核心竞争力。

高速增长阶段的管理涉及一种在成熟和稳定的环境中难以找到的领导力定位（第 16 章会再次讨论）。通常来说，在高速增长的企业中，责任必须与职权对等这一信条往往会适得其反。想要取得成效通常要求管理者与其下属以外的人紧密合作，管理者的责任总是远远超出他们的职权。在快速增长的企业里，职权和控制是分开的，而领导力是共享的。每个人都致力于扩大企业规模，这种驱动力不仅源于实现自己的目标，也源于为他人的成就做出贡献。

成功的创业领袖明白这种相互依赖关系，并懂得将相互尊重、开放、信任和互利融入他们的领导风格中。这种先进风格的基础是共赢互惠的意识和行为。表 8-1 中描述了成长中的企业可能面临的危机。

表 8-1　创业转型

| 模式 / 阶段 | 销售额 | 员工人数 | 转型 |
| --- | --- | --- | --- |
| 计划 | 0 美元 | 0～5 | 特点：<br>创始人驱动<br>剧烈变化<br>极具影响力的非正式顾问<br>资源匮乏<br>快速或缓慢的决策 |
| 执行 | 0～500 万美元 | 0～30 | 特点：<br>创始人驱动的创造力<br>持续变化、模糊和不确定性<br>时间压缩<br>非正式沟通<br>反直觉的决策<br>相对缺乏经验 |
| 直接领导员工 | 500 万～1 500 万美元 | 30～75 | 潜在危机：<br>对创业者创造力的侵蚀<br>对模糊的角色、职责和目标的困惑<br>对获授权的渴望与自治和控制<br>对组织和运作政策的需求 |

（续）

| 模式 / 阶段 | 销售额 | 员工人数 | 转型 |
|---|---|---|---|
| 领导管理者 | 1 000 万美元及以上 | 75 及以上 | 潜在危机：<br>复制创始人失败或合作关系的弱化与权力、信息和影响力的提升<br>对运作控制和机制的需求<br>创始人之间的冲突 |

### 创业文化

在成长型新企业中往往存在一种共同的价值体系，这种体系很难表述，更难测度，但在行动和态度上则能够看到它们很鲜明地存在着。团队成员间有一种对增长、成就、进步和成功的信念与投入，同时还有一种共同拼搏的意识。团队目标和市场趋势决定了团队优先，而不是个人琐事优先。管理者不汲汲于地位、权力和个人控制。他们更重视监督任务、目标和角色，而不是当前组织结构中的地位或部门的内部设计。同样地，在重大决策的讨论中，他们更关心辩论双方的证据、能力和逻辑，而不是辩者的地位或官方职位。

### 创业领袖需要知道些什么

传统上，很多商科教育强调学生要对管理工作早做准备。创业教育强调创业生涯中的必备技能：管理冲突，解决分歧，平衡多样化的观念和需求，以及建立团队协作的共识。

对于大型公司，坎特指出了权力和说服技巧的必要性，即在有团队和雇员参与时应对问题的技巧，以及理解在组织中设计和构建变革的技巧。坎特指出：

> 个人并不一定要为获取成就而一直"做大事"，试图为企业带来辉煌的业绩。他们很少会成为"突破性"成果的发明者。他们极少做一些独一无二的事情，或者在任何组织中之前从来没有人想过的事情。相反，他们经常采取在其他地方已经被验证过的想法，或重组各个部分以创造更好的结果。他们在潜在问题变成灾难之前，提醒大家去预先解决。

一项针对中等规模成长型企业的研究证实了许多这类创业管理基本原则的重要性。研究对象的销售额为 2 500 万～ 60 亿美元，销售额或利润每年增长超过

15%，并至少连续 5 年实现增长。这些公司实行的均是机会驱动型管理。根据这项研究，它们通过独特的产品或与众不同的经营方式获取第一桶金，并通过向客户提供更高的价值而非低廉的价格成为特定市场中的领导者。这些公司不仅提供良好的客户服务，而且通过管理业务的每个环节来加强财务控制。

在一本追踪研究如何让中层管理人员追求和实现卓越创业精神⊖的书中，两位作者强调了团队建设型创业者所强调的一些重要基本原则——他们更注重结果而不仅仅是按自己的方式行事，这些原则也被高效的中层管理人员效仿。

在高科技公司中，塑造和指导一个有凝聚力的团队的能力尤为重要。克莱顿·克里斯坦森在他的《创新者的窘境》一书中认为，即使是激进的、创新的、以客户为导向的组织，如果不能采取果断的、有时甚至是激进的行动来保持竞争力，也可能会被淘汰。杰弗里·摩尔在其著作《跨越鸿沟》中写道，高科技市场发展中最大的危险在于从一个由少数富有远见卓识的客户主导的早期市场，转变至一个由一大群实用主义客户主导的主流市场。在图 8-2 中，百森商学院的常驻企业家埃德·马尔拉姆（Ed Marram）描述了公司走向成熟时领导力所体现出的各方面特征。

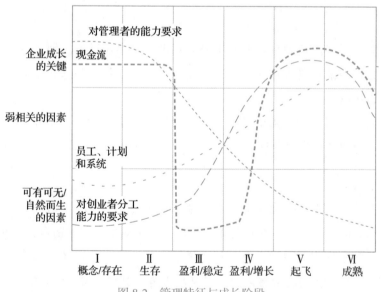

图 8-2　管理特征与成长阶段

---

⊖ 汤姆·彼得斯（Tom Peters）和鲍勃·沃特曼（Bob Waterman）在他们所著的《追求卓越》（*In Search of Excellence*）中首次提出这一概念。

那些成功打入大众市场的创业领袖，必须找到一种方法来管理由需求带来的高收益。几位在高科技领域游刃有余的创业型管理者就像他们创立的公司一样闻名遐迩，如戴尔、盖茨、乔布斯和埃里森。具备什么样的技能和品质才能在一个充满动态性和不确定性的市场中取得如此高水平的业绩呢？正如史蒂芬·柯维（Stephen Covey）在他的经典著作《高效能人士的 7 个习惯》中描述的那样，这些人都是富有求知欲和前瞻性的团队建设者，他们在生活和创业中都有不断改进、提升和更新自我的激情。在这种环境下，也许最重要的是：这些领导者"有能力去设想、识别具备潜力的商品或服务，用他们的头脑去创造他们目前用眼睛无法看到的东西"。

### 其他领导能力

创业型领导者需要在通常所说的传统管理技能方面具有良好的基础。有趣的是，在前面提到的对创业者的研究中，没有人对资本的资产定价模型、$\beta$ 系数、线性规划等给予过多的重视，这些都是当前盛行并被高度吹捧的"新管理技术"。

下列清单分为两个跨职能领域（行政管理，法律、税收）和 6 个关键职能领域（市场营销、运营 / 生产、财务、创业型领导、法律和税收，以及信息技术）。

#### 市场营销

（1）市场调研和评估。具备分析和解释现有研究结果的能力，并知道怎样在自己所处的市场内设计和进行调查研究，特别是通过问卷设计和抽样调查。一位成功的企业家指出，最重要的是"知道竞争的威胁在哪里、机会在哪里，以及发现客户需求"。

（2）客户关系管理。与客户建立联系，并对不断变化的需求做出反应。

（3）营销规划。具备统筹销售、推广和促销计划，以及搭建高效的经销商或销售代表体系的能力。

（4）产品定价。能够制定有竞争力的价格和利润结构，并定位产品和制定定价政策，以实现利润最大化。

（5）销售管理。能够组织、监督和激励直销队伍，分析市场趋势，发掘销售潜力以获得最大的市场份额。

（6）直销。具备发现新客户，以及与新客户会面并完成销售任务的能力。

（7）服务管理。具备了解潜在的服务需求、处理客户投诉、创建并领导高效的服务体系的能力。

（8）分销管理。具备组织并管理从制造到分销，再到最终客户的产品流程，并能够以适中的运输成本和调度技术实现这一流程的能力。

（9）利润管理。具备识别商品流通所带来的利润流的能力。

（10）产品管理。能够通过对市场的洞察和对盈亏的理解，将市场信息、感知需求、研发和广告整合到一个合理的产品计划中。

（11）新产品规划。具备开发新产品的能力，包括市场测试、原型测试，以及制订新产品的价格、销量、促销和分销计划。

### 运营 / 生产

（1）生产管理。了解在时间、成本和质量的约束条件下生产产品所需的生产流程、设备、人员和空间。

（2）库存控制。熟悉控制半成品和成品的物料库存的技术。

（3）成本分析和控制。能够计算人工和物料成本，制定和管理标准成本体系，进行偏差分析，计算加班人工需求。

（4）质量控制。具备建立质检体系和标准，以有效控制来料、半成品和成品质量的能力，并能够为质量持续优化确定基准点。

（5）生产计划和流程。具备分析工作流程，以及计划和管理生产过程，并为提高销售水平进行生产进度优化的能力。

（6）采购。具备找到适当的供应商，与供应商谈判，并管理入库的货料流的能力，还必须熟悉订单数量和折扣优惠。

（7）工作评估。具备分析工人生产力和临时工的需求，并计算临时工与正式员工相比成本节约差的能力。

### 财务

（1）筹集资本。能够决定采用何种方式才能获得启动创业和企业成长所需的资金，具备预测资金需求及编制预算的能力，熟悉正式的和非正式的，以及短期的和长期的资金来源和融资工具。

（2）现金流管理。能够预测现金需求，安排现金管理，管理公司的现金头寸，并且能够确定需要多少资金，何时何地现金会用完，何时达到收支平衡。

（3）信贷和收款管理。能够制定信用政策和筛选标准，确定应收账款和应付账款的期限，了解代收欠款机构的作用以及何时开始采取法律行动。

（4）短期融资。了解应付账款管理融资和过桥融资的应用，如银行贷款、应收账款短期借贷、质押和销售票据、合同、提货单、银行承兑汇票等，熟悉财务报表和预算或利润计划。

（5）公开募集和私募资金。具备制订用于募资的商业计划和募股备忘录的能力，熟悉公开和非公开出售股票的法律要求，能够管理好股东关系，并知道如何与出资方谈判。

（6）簿记、会计和控制。能够在公司成立和发展的过程中确定适当的簿记和会计制度，包括各种分类账以及可能的保险需求。

（7）其他特殊技能。能够阅读与制作利润表和资产负债表，并且能够进行现金流分析和规划，包括盈亏平衡分析、贡献分析、损益分析、资产负债表管理。

### 创业型领导

（1）相关利益群体管理。准确定义不同利益相关者群体的价值，并与其共同管理公司使其创造价值。

（2）解决问题。能够对潜在问题进行预测和研究，分析问题的真正原因，并采取有效的行动来解决问题，应该熟悉如何彻底地处理具体问题的细节并跟进到底。

（3）沟通。能够高效、清晰地与媒体、公众、客户、同事和下属进行口头和书面沟通。

（4）规划。能够设定现实可行的目标，识别障碍，制订详细的行动计划来实现这些目标，并系统地安排个人时间。

（5）决策。能够对不完全信息进行有效和恰当的分析，进而做出决策。

（6）项目管理。能够在面临困难和成本、质量约束时，组织项目团队，制定项目目标，确定项目任务，并监督任务完成情况。

（7）谈判。在对现有的和潜在的工作关系的认知下，能够在赋予价值和获得价值之间做出平衡。

（8）管理外部顾问。能够识别、管理和指导合适的法律、财务、银行、会计、咨询和其他必要的外部顾问。

（9）人事管理。能够建立工资、招聘、薪酬和培训制度。

## 法律和税收

（1）公司法与证券法。熟悉统一的商业法规，包括组织形式，高级管理人员、股东以及董事的权利和义务；无论你的公司是注册的还是未注册的，都要熟悉证券交易委员会、国家和其他有关公司证券的规定，并熟悉不同工具的优劣势。

（2）合同法。熟悉政府程序、商业合同、许可证、租约和其他协议的要求，特别是雇用协议与控制股东和创始人的期权协议。

（3）与专利和所有权有关的法律。具备专利申请的编制和修改技能，以及识别强大专利、商标、版权和特权信息（如知识产权）的能力。

（4）税法。熟悉州和联邦的报告要求，包括特定形式的组织、利润和其他养老金计划等的具体要求。

（5）房地产法。熟悉租赁协议、购买要约、购买和销售协议等，这些对于购买不动产非常重要。

（6）破产法。了解破产法和期权协议，创始人、高级管理人员及董事的可豁免和不可豁免的责任。

## 信息技术

（1）从笔记本电脑到互联网的信息和管理系统工具，涉及销售、供应链、库存、工资单等。

（2）基于互联网的 B2B、B2C、B2G 业务。

（3）销售、市场营销、制造和售卖工具。

（4）财务、会计、风险分析和管理工具（如微软的 Office 平台）。

（5）用于企业信息、数据和流程管理的远程通信与无线解决方案。

📍 专栏

### 互联网的影响：虚拟团队和协作

越来越多的设备可以联网，这对团队建设和协作产生了深远的影响。作为一个无处不在的全球网络，互联网为地理上分散的各方提供了一种可以在实时环境中使用相同信息和在同一系统中工作的方法。

基于网络通信，组织现在可以快速、有效地将价值链参与者置于同一个循环中——从概念到设计和交付——而不必在同一物理空间中碰面。

互联网也成为协作设计、开发和数据维护的有效工具。基于互联网的协作不仅可以消除开发团队的物理距离、提高生产力、缩短设计周期，而且可以储备拥有特殊技能的自由职业者，以及将受雇于咨询机构、供应商、客户和业务合作伙伴的工程师作为人才储备。

并非所有的创业者都擅长所有前面谈到的各个领域，如果不擅长，他们很可能需要通过培训师、合伙人或顾问来获得这些技能。然而，尽管许多杰出的顾问，如律师和会计师，对创业者大有裨益，但他们并不都是商人，往往不能代替创业领袖为企业做出最佳的商业判断。

## 组织和建设团队

### 薪酬和激励：共享创始人的蛋糕

初创企业家最常问的问题之一是：如何分配股权？（本书第12章研究了风险投资家和私人投资者用于确定在不同投资阶段投资者应该拥有多少股份的方法论。）

首先，关于理念和价值观，可以参考尤因·马里恩·考夫曼（Ewing Marion Kauffman）所提炼的一条重要原则：关键是把蛋糕做得尽可能大。

其次，任何有风险资本支持的企业的最终目标都是实现原始投资 5～10 倍的收益，随后进行首次公开募股，或者将公司出售给另一家更大的公司。当然我们也可以采用逆向分析法，从首次公开募股的资本结构开始倒推、预测和确定未来将会发生什么，以及谁会得到多少股份。

最后，尤其是对于二三十岁的年轻创业者来说，这不会是他们的最后一次创业。唯一重要的事就是成功。实现了这一点，未来就会有无限可能。如果创始人或首席执行官因太贪婪和控制欲过强而把公司的大部分股权掌握在自己手中，没有做大和共享蛋糕，那么就可能会毁掉一切。

### 薪酬激励和股权激励的方法

几乎所有的新创企业都面临着5个基本现实：

（1）现金为王，但永远不够。

（2）你会以比你想象中要快得多的速度花光现金。

（3）销售是重中之重。

（4）人才是成功的关键。

（5）资产净值的创造和变现决定了收益。

因此，思考如何平衡自己与团队、新进人才和智囊团之间的回报是创始人创业之初的重要任务。以下原则对于这项工作有着重要意义，并能够为未来创建美好蓝图。

**原则1**：与那些为创造财富做出贡献的优秀员工分享财富。这意味着比正常的股权、有效的股票认购权或业务单元绩效的内涵更宽泛。投资者非常希望看到在公司未来的资本池中，有10%～20%的股权被完全稀释，以吸引未来的人才，并用于为高绩效创造激励机制。在本章结尾的"分割股权蛋糕"的练习中，我们提供了一些指导方针，并研究了具备可行性的资本结构和企业所有权分配方案，认识到这些原则的重要性虽然需要时间，但5～7年的股权分配计划将有助于纠正高管聘用失误的问题。

**原则2**：公平，用你希望被对待的方式来对待别人。如果你处在别人的位置，你会认为目前的股权和薪酬分配方案是公平合理的吗？这并不意味着每个人都应该拥有相同的股权。在这一点上，无论是在市场营销、财务还是技术领域，智囊团都可以发挥作用，帮助你按照市场行情设置相应的份额。想象一下，这些份额对于分别在硅谷和新英格兰北部或中西部一些小城市中的那些极具天赋的技术人员来说意味着什么？如果你还不具备把握市场行情的广阔视野，那智囊团就还没有发挥其作用，你也没有把功课做足。

原则 3：以绩效为导向发放薪酬，尤其对那些创造收入、吸引和培养关键人才的人。这似乎是显而易见的，但标准也可能成为阻碍。例如，如果一个聪明、能言善辩、意志坚强的技术天才是一家公司的首要创始人，你可能会产生这样的错觉：单凭他的技术贡献就能推动公司的成功，因此他应该拥有公司 15% ～ 25% 甚至更多的股权。但是这样的所有权结构将使公司几乎不可能继续筹集风险资本和吸引关键人才。因此，这一原则还要求公司应尽快形成一个股权转让时间表，通常至少为 5 年，有时为 7 年或更久，根据一个人的业绩来限制和提升股票份额。没有工作产出的人只能拿到他们应得的份额，对于其余的股票，企业将用来奖励和激励其他人。

原则 4：付出与收获成正比很重要！创业早期阶段需要团队非常努力地工作和做出许多牺牲。因此，对创业者来说，未来的团队成员是否具有做出牺牲的意愿是一个很重要的考验，但在人才的竞争过程中，这种牺牲的意愿会减弱。

原则 5：化学反应 – 化学反应 – 化学反应。这个星球上最杰出的人才、最具创意的产品或服务，以及最完善、资金最充足的商业计划，都不会直接取得成功，除非创始团队之间发生强大的化学反应并且将其融入企业文化之中。相互尊重和团结合作能力至关重要，尤其是在道路最崎岖、最陡峭和最黑暗的时候。

当你和未来的团队成员开始认真地讨论一起创业时，在一些管理原则上达成一致是很有用的。你可能还需要增加其他内容，以上原则也将很好地服务于这个过程。没有这些基本原则，这个过程往往会陷入无休止的谈判或者胎死腹中。这些原则虽然并不能保证你们就股权结构达成一致，但肯定会有所帮助。

## 价值因素的考量

团队成员的贡献在性质、程度和时机上都有所不同。在设置奖励制度，特别是分配股票时，以下几个特定领域的贡献对企业具有特别价值。

- 创意。在这方面，创意发起人的贡献应该被考量，特别是在开发原型过程中提供了商业机密或特殊技术的人，或对产品或市场进行调查研究的人。

- 商业计划准备。使花费在商业计划制订上的资金和时间物有所值的人的贡献，也应该纳入考量。
- 承诺和风险。团队成员可能将其净资产的很大比例投资于企业，如果企业倒闭，就会面临风险，不得不做出个人牺牲，如时间、努力、个人名誉、薪酬等。
- 技能、经验、业绩记录或社会关系。团队成员可能会给创业项目带来技术、经验、业绩或与市场、财务和技术等领域相关的社会关系。这些是至关重要的，也不太容易得到。
- 责任。团队成员角色对创业项目的成功很重要。

创意的提出者或花费大量时间和金钱准备商业计划的人的贡献都经常被高估。如果企业尚未实现成功，那么根据这些因素对企业成功的贡献来评价，15%～20% 的股权分配可能是合理的。相比较而言，承诺、风险、技能、经验和责任对企业成功的贡献更大。

上述清单对于试图公平地衡量每个团队成员的相对贡献是非常有用的。这些领域的贡献都有一定的价值，如何分配贡献价值取决于团队的一致意见，而且要具备灵活性。

## ⊕ 创业练习 8-1　评价领导力素质与技能

姓名：

企业：

日期：

### 第一部分　管理能力清单

练习的第一部分包括填写"管理能力清单"表格，并评估这些管理能力在未来 1～3 年对企业和对个人的重要性。如何评估管理能力的重要等级，取决于你进行管理评估的目的。

完成下面的管理能力清单。对于每项管理能力，在最能描述你的知识和经验的那一栏中画对钩。请注意在表格末尾有一栏是关于你的企业中领导者所必须具备的独一无二的技能，例如，如果你的企业是一家服务企业或特许经营企业，那么领导者就需要具备一些独特的技能和专业知识。然后如下所示对具体管理能力按 1～3 打分。

1 = 至关重要

2 = 非常需要

3 = 不需要

| | 能力清单 | | | | |
|---|---|---|---|---|---|
| 等级 | 全面的知识和经验（优秀） | 部分知识和经验（一般） | 毫无知识或经验（新领域） | 重要性（1～3 年） | |

**市场营销**

**市场调研和评估**
发掘和解析行业与竞争对手的信息，设计、实施市场调研，分析和解释市场调研数据等

**营销规划**
策划整体销售、广告、促销方案，计划并建立高效的经销商或销售代表体系等

**产品定价**
制定具有竞争力的定价和利润结构，并进行盈亏平衡分析、产品价格定位等

**客户关系管理（CRM）**

**客户服务**
确定客户服务需求和额外要求，管理服务团队，提供培训，提供技术支持、电信和互联网系统与工具等

**销售管理**
组织、招聘、监督、补偿、激励直销队伍，分析区域及客户销售潜力，管理销售队伍等

**直销**
识别、约见和发展新客户、供应商、投资者、智囊团，完成销售任务等

**直邮 / 产品目录销售**
确定和开展适当的直邮广告和产品目录销售及相关分销活动等

（续）

| | 能力清单 | | | | |
|---|---|---|---|---|---|
| | 等级 | 全面的知识和经验（优秀） | 部分知识和经验（一般） | 毫无知识或经验（新领域） | 重要性（1～3年） |
| **数字和电话销售**<br>确定、计划并实施适当的电话营销项目、基于互联网的项目等 | | | | | |
| **供应链管理** | | | | | |
| **分销管理**<br>组织和管理产品从制造到分销、从销售渠道至客户的全流程，了解整个价值链的利润率等 | | | | | |
| **产品管理**<br>将市场信息、感知需求、研发和广告整合到一个合理的产品计划中 | | | | | |
| **新产品规划**<br>策划新产品的引入，包括市场测试，原型测试，价格制定，销售、促销、分销计划等 | | | | | |
| **运营 / 生产** | | | | | |
| **生产管理**<br>管理时间、成本和质量约束条件下的产品生产，以及生产资源规划等 | | | | | |
| **库存控制**<br>运用半成品和成品库存控制技术等 | | | | | |
| **成本分析和控制**<br>计算人工和物料成本，制定标准成本体系，进行偏差分析，计算加班人工需求，管理和控制成本等 | | | | | |
| **质量控制**<br>建立质检体系和标准来有效控制原材料、半成品和成品的质量等 | | | | | |
| **生产计划和流程**<br>分析工作流程，计划和管理生产过程，为不断增长的销售水平计算排期和优化进度等 | | | | | |

（续）

| | 能力清单 | | | | |
|---|---|---|---|---|---|
| | 等级 | 全面的知识和经验（优秀） | 部分知识和经验（一般） | 毫无知识或经验（新领域） | 重要性（1～3 年） |
| **采购**<br>识别合适的供应源，与供应商谈判，管理物料入库流程等 | | | | | |
| **工作评估**<br>分析工人生产力和临时工的需求，计算临时工与正式员工相比成本节约差等 | | | | | |
| **财务** | | | | | |
| **会计**<br>确定适当的簿记和会计制度，编制和使用利润表及资产负债表，分析现金流量、盈亏平衡、贡献和损益等 | | | | | |
| **资本预算**<br>准备预算，决定如何更好地获得启动创业和企业成长所需的资金，预测资金需求等 | | | | | |
| **现金流管理**<br>管理现金状况，包括预测现金需求等 | | | | | |
| **信贷和收款管理**<br>制定信贷政策及筛选标准等 | | | | | |
| **短期融资**<br>管理应付款项和应收款项，使用临时融资方案，管理银行与债权人的关系等 | | | | | |
| **公开募集和私募资金**<br>制订商业计划并提供募股备忘录，管理股东关系，与出资方谈判，确定交易结构和估值等 | | | | | |
| **创业型领导** | | | | | |
| **解决问题**<br>预见问题并规避问题，分析和解决问题等 | | | | | |

（续）

| | 能力清单 | | | |
|---|---|---|---|---|
| 等级 | 全面的知识和经验（优秀） | 部分知识和经验（一般） | 毫无知识或经验（新领域） | 重要性（1～3 年） |
| **文化和沟通**<br>与客户、同事、下属和外部人员进行有效且清晰的口头和书面沟通，像别人对待你一样对待别人，分享财富，回报他人等 | | | | |
| **规划**<br>能够设定现实可行的目标，识别实现目标的障碍，并制订详细的行动计划来实现这些目标等 | | | | |
| **决策**<br>基于对不完全信息的分析做出决策等 | | | | |
| **道德水平**<br>能够定义并赋予组织指导价值的活力，打造一个支持道德健全行为的环境，向员工灌输一种共同的责任感 | | | | |
| **项目管理**<br>组织项目团队，制定项目目标，确定目标任务，直面问题和成本、质量约束，监督任务完成情况等 | | | | |
| **谈判**<br>在谈判中高效工作等 | | | | |
| **人事管理**<br>建立工资、招聘、薪酬、培训等制度，识别、管理和指导合适的外部顾问等 | | | | |
| **管理信息系统**<br>了解用于成长计划的、可用的且适用的相关管理信息系统等 | | | | |
| **信息技术和互联网**<br>使用电子表格、文字处理等相关软件，使用电子邮件、管理工具和其他适当的系统 | | | | |

（续）

| | 能力清单 | | | |
|---|---|---|---|---|
| 等级 | 全面的知识和经验（优秀） | 部分知识和经验（一般） | 毫无知识或经验（新领域） | 重要性（1～3年） |

**人际交往的团队**

**创业领导力/愿景/影响力**
积极领导，向他人传递愿景和激情，管理他人的活动，创造有利于提高绩效的风气和精神等

**帮助**
决定何时需要帮助，并请求或提供此类帮助

**反馈**
提供或接收有效的反馈等

**冲突管理**
公开面对分歧并找到解决办法，运用证据和逻辑等

**团队合作和影响**
与他人合作实现共同目标，委派代表并辅导员工等

**建立智囊团**
与专家建议联系，寻求建议和价值

**法律和税收**

**公司法**
理解统一的商业法规，包括组织形式，高级管理人员、股东以及董事的权利和义务等

**合同法**
了解政府程序、商业合同、许可证、租约及其他协议的要求

**税法**
了解州和联邦的报告要求，了解税务减免、财产规划、附加福利等

**证券法**
了解证券交易委员会和国家有关证券登记与未登记的规定等

（续）

| | 能力清单 | | | |
|---|---|---|---|---|
| 等级 | 全面的知识和经验（优秀） | 部分知识和经验（一般） | 毫无知识或经验（新领域） | 重要性（1～3 年） |
| **与专利和所有权有关的法律**<br>了解专利申请的编制和修改方法，认识强大的专利、商标、版权和特权信息索赔等 | | | | |
| **房地产法**<br>了解租赁或买卖物业所需的协议、合同等 | | | | |
| **破产法**<br>了解创始人、高级管理人员、董事等的期权与可豁免和不可豁免责任等 | | | | |
| **其他特殊技能**<br>列出其他所需的特殊技能：<br>1.<br>2.<br>3. | | | | |

## 第二部分　能力评估

第二部分包括评估管理能力的强项和弱项，决定哪些领域的能力是最关键的，并且制订计划来克服或弥补弱项，以及估测管理优势的价值。

**步骤一**

评估管理能力的强项和弱项。

- 哪些能力特别强？

- 哪些能力特别弱？

- 哪些差距是明显的？何时最明显？

### 步骤二

圈出对企业成功最关键的能力，划掉那些不相关的能力。

### 步骤三

考虑对你和发展管理团队的影响。

- 这一系列的优势和劣势意味着什么？

- 你的团队中谁能克服或弥补关键弱势？

- 你如何利用你的关键优势？

- 以上行动有什么时间要求？对于你来说有什么时间要求？对于团队呢？

- 你将如何吸引人才来填补你的弱势上至关重要的差距？

### 步骤四

获得反馈。如果你正在评估你的管理能力，作为个人创业战略发展，以及计划你的创业见习期工作的一部分，请参考第 2 章的"创业练习 2-2"。如果你还没有完成这个练习，那就首先去完成它。

## ⊕ 创业练习 8-2　分割股权蛋糕

在考虑了本章讨论的问题和原则之后，在本练习中，创业领袖将开始考虑复杂、精细的薪酬和股权分配工作。一旦企业准备好合法成立的手续，就需要及早做出这些决定。

首先，我们竭力主张以下几项原则：

- 最优秀的企业通过创新性的激励措施，与创造财富的高绩效者分享财富。
- 公平是首要考虑的因素。
- 在考虑创始人的薪水问题时，少即为多。
- 关键参与者的增值贡献也应获得相应股权。

其次，在最终的首次公开募股中，考虑企业的资本结构和股权结构是有益的，即使你从未打算选择走这条路。正如我们在第 5 章中所看到的那样，公司上市后大约 50% 的股权掌握在外部投资者（天使投资人、家族投资者、风险投资家等）手中，20% ～ 25% 掌握在公众手中，其余部分（25% ～ 30%）归创始人、管理层和董事或顾问所有，包括期权池。上市后，在完全稀释的基础上发行 1 500 万～ 2 000 万股流通股也是很常见的。因此，股权的配置大致如下：

公众投资者 = 400 万～ 500 万股

私人投资者 = 750 万～ 1 000 万股

创始人：

首席执行官 = 100 万～ 200 万股

　市场总裁 = 50 万～ 100 万股

首席财务官 = 20 万～ 40 万股

　　　其余 = 150 万～ 200 万股

顾问和董事可能持有 0.25% ～ 1% 的股份，或 10 万～ 20 万股，这取决于他们的每笔投资数额和谈判能力。

### 创始人的股权分配

#### 步骤一

拟订一份草案，说明你在创业之初认为的薪资和股票所有权（成员在有限责任公司的所有权）是什么样的。具体说明币种、股票数量和每种股票的百分比。

#### 步骤二

与至少 3 位智囊团成员讨论你的草案，他们曾是上市公司的创始人、负责人或法律顾问。这是为了测试你对团队潜在贡献的思考、假设和评估。

**步骤三**

在理解了他们的反馈和建议后，做出适当的修改。

**步骤四**

请每个创始团队成员（如果您现在有的话）也这样做，然后讨论每一份草案，并试图达成共识。

正如本章所指出的，一定要避开让每个人都得到平等回报的诱惑。虽然这是可行的，但它往往不奏效，而且这是一种逃避现实的方式，即并非每个人都将拥有同等的责任、风险和贡献。

## 案例研究　麦克莱恩·帕尔默

### 引言

麦克莱恩·帕尔默大步走在马撒葡萄园岛的海滩上享受温暖的阳光。2000 年 8 月的一个下午，帕尔默和他在创立一家 2 亿美元私募基金时选择的 4 名合伙人集体做出了一个决定，这个决定将永远改变他们的生活。

在不到两个月的时间里，这些合伙人将辞去工作，卖掉房子，举家迁往波士顿，开始为该基金起草私募备忘录。随着 2000 年逐渐成为历史上规模最大的风险融资年，他们觉得，现在是自己创业的最佳时机。

### 风险资本的投资过程

风险投资倡导者表示，风险投资促进了创新，让投资者和创业者共享高增长企业创业、融资和运营潜在的风险与回报。

当一群人发现了一个风险投资的好机会，并决定筹集资金进行投资时，这个过程就开始了。接下来，企业撰写了一份招股说明书，阐明了其战略、资质和过往记录，并利用这些信息为自己的基金筹集资金。筹集资金本质上是一项网络和销售业务，通常只有在机构投资顾问（即守门人<sup>⊖</sup>）承诺向基金注资后，这项业务才会获得增长动力。

---

⊖ 机构投资者如公司、基金会和养老基金作为有限合伙人投资于数百家风险投资和并购基金。许多机构将评估和管理基金投资的职责委托给具有风险投资行业专业知识的顾问。这些顾问将客户的资产集中起来，并通过风险投资或收购基金获得收益。为此，机构投资顾问每年收取承诺资本的 1% 作为佣金。由于这些投资顾问对风险基金的资本配置有很大影响，因此他们被称为"守门人"。

一旦风险投资公司筹集到资金，它就开始识别和评估哪些是有前途的企业，进行谈判和投资、跟踪和指导，向它们提供技术和管理援助，并帮助它们获得额外的资金、董事、管理人员、供应商和其他资源（见图 8-3）。初创企业如果想在并购或首次公开募股等有利可图的退出事件中实现盈利，就需要具备众多条件（如管理人才、上市时机、战略眼光），直接达到目的的"本垒打"是非常罕见的。每 15 笔风险投资中往往只有 1 笔实现了 10 倍或以上的投资回报率。

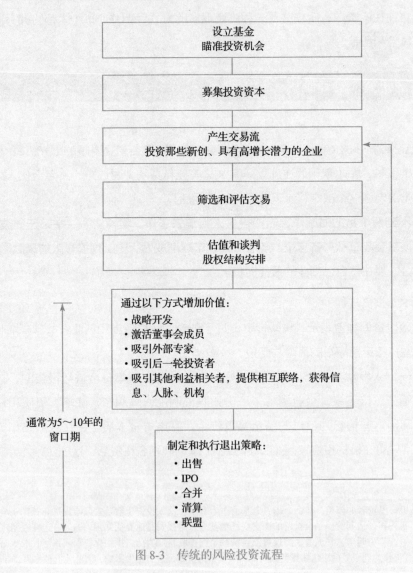

图 8-3　传统的风险投资流程

对于新创的、中等规模的企业（那些销售额为 2 000 万～1.5 亿美元的企业），风险投资大部分是私人性质的，作为不太完善的资本市场的一部分而存在。

私人风险投资基金的结构通常是有限合伙制。风险投资公司为普通合伙人，投资者为有限合伙人（见图 8-4）。普通合伙人组织基金并管理投资，而有限合伙人为被动投资者，对基金行为承担有限责任。作为对直接参与和风险承担的补偿，普通合伙人可以在基金所投资的企业组合被收购或上市时获得可观的资本收益，即附带权益（carried interest）。

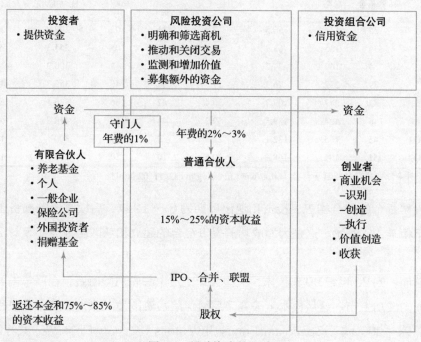

图 8-4　风险资本的流动

注：这些内容将在第 13 章中进一步讨论。

合伙制结构规定了基金的特定期限。延长期限需要普通合伙人和 2/3 的有限合伙人的同意。普通合伙人与有限合伙人之间的费用结构差异较大的话，会影响到基金的吸引力。

1980—2000 年出现了两次经济衰退（1981—1982 年和 1990—1992 年），1987 年 10 月的股市恐慌导致股价在一天内暴跌 22%。然而，根据风险投资公司统计的私募股权数据，在此期间，扣除费用后，风险投资的年平均回报率为 19.3%。同期，标普500指数和罗素2000指数显示创业企业的年平均回报率分别为15.7%和13.3%。2011—2015年<sup>⊖</sup>的趋势数据显示，风险投资回报率远高于收购基金和蓝筹股的回报率。在这些数据和互联网热潮的推动下，2000年将成为风险融资的破纪录年（见表8-2）。

表8-2　基金、基金投入和平均基金规模

| 年 / 季度 | 风险资本 | | | | 收购和夹层融资 | | | |
|---|---|---|---|---|---|---|---|---|
| | 第一只私募基金 | 基金总数 | 平均基金规模 / 百万美元 | 筹资总额 / 十亿美元 | 第一只私募基金 | 基金总数 | 平均基金规模 / 百万美元 | 筹资总额 / 十亿美元 |
| 1994 | 25 | 138 | 56.5 | 7.8 | 31 | 103 | 202.9 | 20.9 |
| 1995 | 36 | 155 | 63.9 | 9.9 | 32 | 105 | 253.3 | 26.6 |
| 1996 | 54 | 163 | 74.2 | 12.1 | 38 | 112 | 300.9 | 33.7 |
| 1997 | 79 | 232 | 76.3 | 17.7 | 39 | 140 | 355.7 | 49.8 |
| 1998 | 82 | 277 | 109.7 | 30.4 | 42 | 166 | 386.1 | 64.1 |
| 1999 | 146 | 424 | 139.5 | 59.2 | 44 | 157 | 410.8 | 64.5 |
| 2000/Q1 | 45 | 165 | 132.1 | 21.8 | 9 | 42 | 300 | 12.6 |
| 2000/Q2 | 51 | 183 | 168.3 | 30.8 | 10 | 50 | 212 | 10.6 |

资料来源：国家风险投资协会（http://www.nvca.org/nvca2_11_02.html）。

　　股票基金的组合构思、投资和退出周期为8～12年，后续基金的准备工作从第3年和第4年开始。这是因为成功的投资组合的建立和获取回报需要5～7年的时间。

　　然而，到20世纪90年代末，一些公司跳过第一轮风险融资，在两年内或更短的时间内成功上市。这从根本上改变了后续风险投资的发起频率和资本化进程。例如，1994—2000年，Spectrum Equity Investors（波士顿 / 门洛帕克）共筹集了4只基金，总额略高于30亿美元。1998—2001年，风险投资公司筹集了超过2 000亿美元，比之前40年募集的资金总和还要多。

## 构想

　　当时40岁的帕尔默曾在旧金山西点投资集团（Point West Partners）担任5年主管，从事投资工作，并拥有17年的运营经验。1999年，他决定建立自己的基金：

---

　　⊖　原书为"最近5年"，根据原书出版时间，大致推算为"2011—2015年"。——译者注

作为一名少数族裔，我一直致力于中小企业发展，我知道大量有才华的少数族裔高管不会被传统风投机构召集去运营投资组合公司，这些高管拥有大量的运营经验。我认为应该有一种方法，通过将经营经验与可靠的投资战略联系起来，从而获取投资收益。我开始思考："能够利用这个机会的团队应该具有什么样的背景和经验？"

帕尔默致电瑞士信贷第一波士顿私人股本投资主管旺达·费尔顿（Wanda Felton），向她寻求建议。

在总结她认为评估首次私募股权发行的重要标准时（见表 8-3），费尔顿认为帕尔默有一个很好的概念：

对于一个有限合伙人来说，把钱投进首次募集的基金中会带来所有与典型创业投资相关的风险。最重要的是，这类交易是一个超过 10 年的承诺，无路可退。因此，有限合伙人寻找那些能够证明他们过去曾成功合作，将继续合作，并对如何经营投资组合业务有共同看法的团队。由于帕尔默说的是要组建一支新团队，这种集体经验当然是他的基金所不具备的。

然而，帕尔默描述的是一个专注的、以管理为中心的概念，这意味着他的核心战略将是从《财富》1 000 强企业中挑选和招募顶级少数族裔经理人来运营，并为他的基金投资增加价值……这很有趣，也让他与大多数私募公司截然不同。

表 8-3　对新基金进行的尽职调查

| 业务 |
| --- |
| 整体战略是什么 |
| 是否存在市场机会，是否能够在当前环境中和预期承诺期内得到执行 |
| 该团队是否为投资组合公司制定了战略和经营策略 |
| 他们是否有可行的退出计划 |
| 或许最关键的是：普通合伙人团队如何证明他们能够为其公司增加投资价值 |

| 团队 |
| --- |
| 普通合伙人和团队是否有足够的私募股权投资经验与资源来执行战略 |
| 团队是否能够在阐明的战略范围内完成交易流程 |
| 团队稳定吗 |
| 以前与这个团队合作过吗 |
| 他们对如何经营有共同的看法吗 |
| 他们在既定的战略中是否有过出色的记录 |

接下来，帕尔默联系了格罗夫大街咨询公司（Grove Street Advisors，GSA）的合伙人大卫·马扎（David Mazza），他是风险投资领域的专家，也是首只私募基金领域的冠军。

### 倡导者

1997 年，马扎向西点投资集团引荐了百森商学院的工商管理硕士帕尔默——当时他是波士顿安宏资本（Advent International）的考夫曼研究员[一]。1999 年，当帕尔默与马扎联系时，提出了建立一只基金的想法，该基金将为主流风险投资领域的少数族裔高管提供支持。马扎立刻意识到了它的可行性：

通用汽车公司的董事长告诉我，如果我们能在未来 4～5 年支持创建 3～4 家经营良好的、为少数族裔所有的供应商企业，我们可以利用这 4～5 年的时间，轻而易举地将它们打造成营收达到 3 亿～4 亿美元的企业。这是一个难得的机会——因为这涉及少数族裔。在汽车行业中，所有供应商的合同中必须留出 10% 给少数族裔企业。现实是，像凯鹏华盈、贝塞默（Bessemer）和红杉这样的传统风险投资公司无法有效地获取这个市场，但帕尔默这样的人可以。

马扎补充说，非传统基金的能力是 GSA 等守门人多年来一直推崇的：

传统的机构投资者总是在寻找同样的东西。他们认为以前赚过钱的人会再赚钱，这是错误的观点，现在世界不一样了。在生物技术和半导体领域赚钱的人中，我们可以看到越来越多的女性企业家、非裔美国人企业家和西班牙裔企业家。问题是，除了政府的资助计划（不是为了提供关键的资金支持而设立的），没有资金流向他们。

GSA 的联合创始人克林特·哈里斯（Clint Harris）提到了他所采用的详细评估模型（见图 8-5），他解释说，识别和支持创业人才与评估新的风投机会有些相似之处：

---

[一] 1993 年，尤因·马里恩·考夫曼基金会（www.kauffman.org）成立了考夫曼研究员项目（www.kauffmanfellows.org），旨在教育和培训风险投资行业的创业领袖。像住院医生模式一样，这是一个学徒制项目，其特点是提供结构性的教育课程、个人学习计划、提升性辅导、同行学习和相互交流，以及特定兴趣领域的领导能力培养。考夫曼研究员是风险教育中心的学生，他们在项目期内，可以作为风险投资公司临时或全职助理。

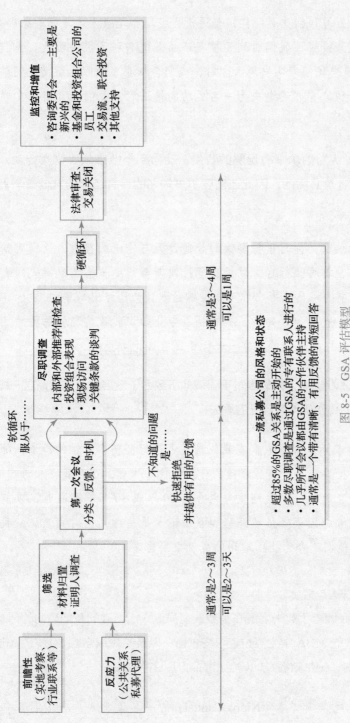

图 8-5 GSA 评估模型

资料来源：经格罗夫大街咨询公司许可使用。

就像创业公司和创业者一样，普通投资经理和顶级人才之间的差别是巨大的。正如成功的风险投资，我们看到了很多产品，也遇到了很多团队。我们倾向于很快说"不"，但当我们确实发现人才时，我们会从小事做起，帮助他们前行。随着他们获得经验和信誉并逐渐成为一名成功的投资者，我们所开出的支票额度也越来越大。

尽管 GSA 认为帕尔默有足够的背景、动力和个性来领导这次行动，但一个有影响力的参与者是必需的，因此还需要引进知名的、有经验的其他参与者。马扎阐述道：

我告诉帕尔默，你真正需要做的是通过无与伦比的努力，让别人觉得你是一位顶级企业家、首席执行官，以及奥普拉或斯蒂德曼·格雷厄姆式的人物——如果你并不是其中的一员，那么你可能会感受到自己已经出局了。

这必须是一支广为人知的、拥有私募专业知识和收购经验的团队。我希望看到一些人们可以立即认出的名字——无论是在咨询委员会，还是在合伙人队伍中。

然而，帕尔默觉得，人们太过于强调他所致力于发展的少数族裔这一概念。他对自己需要吸引的合作伙伴有自己的看法：

GSA 明确表示，如果它们在我的构思上进行任何实质性的投资，那么它们更希望我注重寻找具有丰富交易经验的合作伙伴。当然，这是我必须考虑的一件事，但我不认为，在建立一个我期望与之合作 20 年或 30 年的团队时，以前的合作经验是最重要的考虑因素。虽然经验和业绩记录是关键，但对我来说，我的伙伴为人如何，远比他们迄今为止所取得的成就重要得多。

## 招募一个"美国人"阵容

帕尔默彻底调查了数十名潜在少数族裔候选人。当被问及他最初的两个选择（沃顿商学院 38 岁的 MBA 学生克拉克·皮尔斯，以及哈佛商学院 30 岁的 MBA 学生安德鲁·西蒙）时，帕尔默提及他们各自的简历，并补充道：

皮尔斯是尼诺斯资本（Ninos Capital）的一名负责人，有 7 年的中层工作经验。他最吸引我的地方是，我们彼此非常了解，拥有互补的技能……西蒙的基础很好，我喜欢他的思维方式。

1999 年春天，旺达·费尔顿把帕尔默介绍给了 61 岁的雷·特纳（Ray Turner）。当时，特纳刚刚从《财富》杂志 50 强重工业企业的高管职位上退休，已经拒绝了 7 个 CEO 职位和 38 个董事会职位。特纳回忆起他与这个新生组织的第一次会面：

我们 4 人于一个周六的早晨在洛根机场见面。我们交谈了很久，不局限于思想上的交流，更多是关于性格的。我告诉他们，如果这一切都是为了追求卓越，那么我会考虑加入，但如果不是，我不想碰它。他们都是年轻、聪明的家伙，他们的执着让我充满活力。

费尔顿解释说，特纳的优秀资历不仅有助于提高团队的知名度，他对运营的理解，以及他与高层管理人员沟通和评估的能力，更将为团队带来最大的价值：

少数族裔商业人才——尤其有二三十年商业经验的人——直到最近才在这个国家出现。尽管现在有一大批高级管理人员——少数族裔男性和女性，他们已经升到真正的权威职位，但他们并不特别有名，因为他们都低着头做自己的工作。作为像执行官领导力委员会○这样的组织的成员，特纳有能力进入这个群体。

帕尔默聘请了 31 岁的年轻男性，哈佛大学 MBA 菲德尔·卡迪纳斯担任副总裁。人人都认为卡德纳斯是最有才华的西班牙裔候选人。卡德纳斯之所以能赢得这样的声誉，部分原因在于他 23 岁时就担任美国主要城市最年轻的民选市长（见附录 8A）。帕尔默解释说，把以前互不相识的人聚在一起是有好处的：

考虑私募公司的一种方式是，它与团队成员的综合才能和人脉相辅相成。出于这个原因，我想建立一个能够带来一系列不同的技能、人脉和视角的团队。最终，我们组建了一个拥有 57 年的运营经验和 25 年的私募股权投资经验的团队，这主导了超过 2 亿美元的交易，16 项投资中有 4 项获得了 1 亿美元的回报。

---

○　执行官领导力委员会是一个独立的、无党派、非营利的公司，成立于 1986 年，为非裔美国籍管理团队提供关系网和领导论坛，用于为非裔美国人社区、美国企业以及公众的商业、经济和公共政策的卓越成就增添视角和方向。

克林特·哈里斯对帕尔默招募的团队印象深刻，但他仍然担心他们评估企业以及为企业带来重大价值的能力：

这些人有良好的业绩记录，我们通过给他们以前的同事、他们投资过的公司的员工以及他们曾经供职的董事会成员打电话证实了这一点。我们可以看出，他们都是非常聪明和有才华的初级合伙人——和我们共事过的任何普通合伙人一样有才华——雷·特纳确实是个加分项。事实上，只要给我在哈佛商学院的前同事——现在是通用汽车首席执行官——打半个小时的电话，我就能充分了解到，特纳对团队来说是一笔巨大的财富，他全身心投入。这些年轻人都是顶级的人才，也需要时间和投资经历来学习股票投资业务，并调整自己的判断标准和技能。

### 格罗夫大街咨询公司：守门人

早在 1997 年，克林特·哈里斯和凯瑟琳·克罗克特（Catherine Crocket）就利用他们广泛的风险资本关系为机构客户提供投资管理实践。

哈里斯解释说，传统的按服务付费的投资顾问规避风险的方法将他们的客户拒之于顶级基金之外（见图 8-6 ～图 8-8）：

守门人通常认为首只私募基金风险太大，因此投资私募基金被认为是非理性投资。由于团队在业绩记录未得到证实之前就已经筹集到了新基金，因此很难基于他们的投资来评估一个团队。等到团队真正成为顶级参与者时，他们的资金往往对除了一直支持他们的人以外的所有人关闭。作为一个顾问和基金的发起人，我们在未来 10 年处于顶峰的唯一方式是找到并培养最好的新兴基金经理。

我们的想法是为这些机构投资者提供一种工具，以有效地识别、评估和投资一个由高质量的新兴基金经理操作的投资组合。

由于没有业绩记录，哈里斯和克罗克特曾以为，他们会先从一个小客户做起，然后再去争取一家大型州立养老基金。1998 年春天，他们会见了加州公务员退休基金的高级投资官员巴里·冈德（Barry Gonder）。在马扎加入他们团队之后，他们提议设立一个专门的基金，并称之为加州新兴企业基金（California Emerging Ventures I，CEV I），GSA 成功地击败了其他几家公司，获得 3.5 亿美元的资本投资。

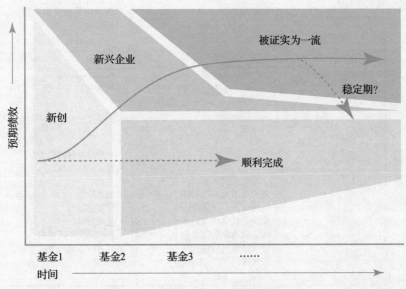

图 8-6　私募基金经理的生命周期

资料来源：经格罗夫大街咨询公司许可使用。

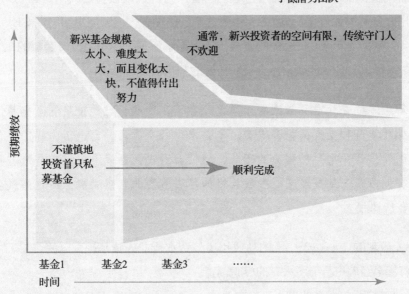

图 8-7　守门人困境

资料来源：经格罗夫大街咨询公司许可使用。

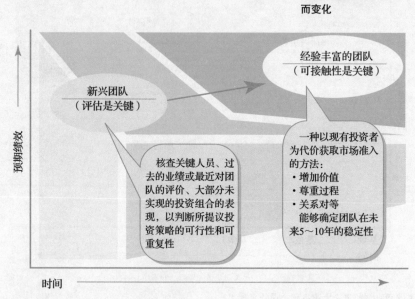

图 8-8 关键问题和发展阶段

资料来源：经格罗夫大街咨询公司许可使用。

几乎与此同时，GSA 开始为它唯一的客户打开风险投资的大门。到 2001 年年初，加州公务员退休基金已向 GSA 注资达 7.5 亿美元，该顾问集团已向 CEV I 注入来自近 45 家顶级风险投资公司的资金。哈里斯解释说，由于总投资金额的 1/3 要给指定的新兴团队，他的团队自然会被非传统的利基机会所吸引：

满足主流投资标准所带来的矛盾之处在于，这些标准严重限制了交易流。我们关注少数族裔和女性的投资机会，不是出于社会原因，而是因为我们坚信，如果我们能够找到一个足够强大的团队，他们会通过人脉吸引股权交易流。我们还知道，有很多养老基金经理对少数族裔的融资机会非常感兴趣，而这些机会正被主流社会所忽视。

GSA 盈利的核心在于广泛的商业和风险资本行业人脉基础，这使得它们能够持续对私募基金经理进行前所未有的尽职调查。

GSA 对数百位潜在的新兴基金经理进行了采访、审查和评估，并将除少数人之外的几乎所有人的调查结果都传递出去。

尽管帕尔默并没有招到一位"在 20 年内实现 50% 内部收益率"的资深合伙人，但 GSA 依然坚定地支持他的努力。帕尔默已经组建了一个团队，团队在人员结构上与美国的创业阶层相似，他知道他的下一步是培育一个有凝聚力的团队。

## 团结团队

在接下来的几个月里，帕尔默组织了一系列深入的战略研讨和行业聚会。虽然这些聚会涉及与团队投资业务有关的问题，但他们的重点是建立融洽的关系和相互理解：

在我们第一次聚会时，我们每个人都毫无保留地讲述了个人和专业的情况。一旦我们对自己是谁有了共同的认识，我们就开始泛泛而谈我们想要建立什么。它必须是我们所有人都相信的东西——一种能够长期持续下去的东西——并且能够在经济下滑的波动和循环中继续生存。然后我们又探讨："市场想要我们所设想的东西？我们是否拥有取得成功所需的集体才能？"

2000 年的夏天，15 年来帕尔默第一次有为期两周的假期。他利用一部分时间来加强队伍的凝聚力：

我邀请每个人——合伙人及其伴侣——和我们一起赴岛上待 3 天。我向他们的伴侣解释了我为什么要求他们的伴侣一起来。我觉得我需要坦诚地告诉他们，我们没有保障，未来会有艰难、拮据的时期，我们需要比以往任何时候都更加努力地工作。

团队明白，项目成功带来的财务收益与要面对的风险和挑战相匹配。当时，普通合伙人和高级合伙人的平均薪酬总额（工资加奖金）分别为 124 万美元和 104 万美元。此外，随着投资日益成熟，有效的股权投资者将以附带权益分配的形式获得更大的回报。普通合伙人的平均收入为 250 万美元，而高级合伙人的收入为 100 万美元。

团队估计，一年的启动费用筹资将不到 40 万美元（见表 8-4）——出自自筹资金或个人贷款。他们认为，如果能够利用他们的团队加总能力（并与潜在投资者产生共鸣），他们就能缩短筹资时间，并在 2001 年秋末之前投入运营。

表 8-4 启动资金规模估计（2000 年 10 月—2001 年 10 月）

（单位：美元）

| 可变支出 | | 固定支出 | |
|---|---|---|---|
| 薪酬 | 90 000[①] | 计算机、网络、打印机 | 40 000 |
| 法务 | 44 000 | 电话系统 | 20 000 |
| 商旅 | 20 000 | 办公设备 | 5 000 |
| 房租 | 62 500[②] | 办公家具 | 50 000 |
| 通信 | 10 000 | | 115 000 |
| 邮资和印刷费 | 14 000 | 启动资金合计 | 385 500 |
| 餐费 | 10 000 | | |
| 娱乐 | 20 000 | | |
| | 270 500 | | |

① 薪酬：3 个合伙人，每人 40 000 美元。半年内只拿一半薪酬。

② 房租：2 500 平方英尺，每平方英尺 25 美元。

机会

帕尔默和他的团队正在建立的基金将对一系列利润丰厚的中小企业进行并购投资，这些企业服务或运营于小众市场。当这些企业需要管理人员时，帕尔默和他的团队就会引入"隐藏的"、由经验丰富的少数族裔高管组成的群体。

团队经常遇到一些有限合伙人倾向于将该基金归类为只投资于现有中小企业的基金。例如，尤因·马里恩·考夫曼基金会时任首席投资官朱迪思·埃尔西指出，一些潜在的有限合伙人将面临进行尽职调查的挑战：

这个团队提出了一些不同的建议，针对那些不太受私人股本集团追逐的市场。然而，尽管这些市场存在着服务不完善的情况，但它们也是许多机构投资者缺乏经验的领域，存在着人们并不容易查明的关系网络。

帕尔默觉得整个讨论遗漏了一点：

我并不担心其他中小企业在做什么或已经做了什么，但我知道，一旦我们与潜在投资者坐下来谈，他们就会认为我们只投资于中小企业。我们将不得不精心准备各种演讲以使他们停止这么想，让他们看到我们正在做的事情，并把它视为一种通用的赚钱方式，一种可靠的私募策略——没有美化或隐藏。

由于他们的大部分交易流程都将涉及企业创立以及后期的机会，大卫·马扎告诫团队不要急于启动业务：

我告诉他们，5 000 万美元的收购基金只会让他们陷入麻烦。我们希望最低投资额为 1 亿美元，最好能达到 2 亿～ 2.5 亿美元。

### 开始启动

既然团队已经决定搬到波士顿，帕尔默决定，当他们和他们的家人在 9 月抵达时，他将用波士顿城市观光车来迎接他们。然后，他们将一同开始起草募股说明书并筹集资金。

## 📍 附录 8A　团队概况

### 麦克莱恩·帕尔默

麦克莱恩·帕尔默（Maclean Palmer, Jr., 41 岁）拥有超过 5 年的直接私募股权投资经验和超过 17 年的运营经验。1997—2000 年，他一直在旧金山西点投资集团担任常务董事。在那里，帕尔默发起交易、执行交易，并管理投资组合。他主要关注电信、企业对企业服务、工业制造和汽车行业的股权投资与并购投资。帕尔默领导西点投资集团投资了 3 家具有竞争力的本地电信运营商。

1995—1997 年，帕尔默任安宏资本波士顿办事处副总裁。在那里，他专注于工业和技术投资，并领导安宏资本对金融和商业信息服务供应商 ISI 进行投资。1986—1995 年，帕尔默在 3 家由私募基金资助的初创企业担任各种管理和工程职位。1984—1986 年，帕尔默还在博格华纳公司（Borg Warner Corporation）担任工程管理职位，并于 1983—1984 年在一家大型汽车公司的柴油事业部任职。

帕尔默是 JT 科技（一家开发电池和超电容器技术的小型企业）和库珀企业基金（Cooper Enterprise Fund，一家总部位于纽约的少数族裔企业基金）的董事会成员。帕尔默拥有汽车学院的机械工程学学士学位和百森商学院的工商管理硕士优等生学位，并成为首届考夫曼研究员。

### 雷·特纳

1977—2000 年 3 月，雷·特纳（Ray S. Turner, 61 岁）在《财富》杂志 50

强的一家跨国重工业制造企业工作，1998 年 10 月—2000 年 3 月任北美销售、服务和营销副总裁，1990—1998 年担任北美销售和制造副总裁兼总经理。

特纳在入职该企业之前，曾在工程、材料管理、制造、销售、人事和劳资关系等多个岗职位上工作过几年。他是《财富》100 强中两家企业的董事会成员。

特纳在西密歇根大学获得了工商管理学士学位。他还在哈佛商学院完成了高管发展项目，并在瑞士完成了一个高级国际综合管理项目。

### 克拉克·皮尔斯

克拉克·皮尔斯（Clark T. Pierce，38 岁）拥有超过 7 年的夹层投资和私募股权投资经验，以及超过 4 年的公司融资经验。作为尼诺斯资本（Ninos Capital，一家上市夹层投资基金）的负责人，他负责管理投资过程的方方面面，包括交易发起和评估、尽职调查、交易执行，以及投资组合公司管理。

1993—1995 年，皮尔斯管理着尼诺斯资本的专业小企业投资公司（SSBIC）。SSBIC 是一个价值 4 500 万美元的投资机构，直接投资于少数族裔拥有或控制的公司。在入职尼诺斯资本之前，皮尔斯在弗里曼证券当了一年金融集团副总裁。1989—1991 年，皮尔斯是大通曼哈顿银行（Chase Manhattan Bank）的合伙人。皮尔斯在莫尔豪斯学院（Morehouse College）获得文学学士学位，在宾夕法尼亚大学沃顿商学院获得工商管理硕士学位，在乔治·华盛顿大学获得法学博士学位。

### 安德鲁·西蒙

安德鲁·西蒙（Andrew L. Simon，30 岁）拥有 4 年的直接私募股权投资经验和 3 年的战略咨询经验。在个人职业生涯中，西蒙在许多领域从事私募股权投资，包括合同制造、工业产品、医疗保健、金融服务和直销。最近，他在 MDC 纽约办事处担任高级合伙人，主要负责增长型和杠杆式股权投资，包括资本重组和收购重建。

1995—1997 年，西蒙是 Trident Partners 波士顿办事处的合伙人。1992—1995 年，他是马拉康合伙公司的高级分析师。此外，西蒙还曾为利特尔约翰公司（一家专注于重组的杠杆收购公司）、Physicians Quality Care 公司（一家由风险资本支持的医疗保健服务公司）和莲花开发公司工作过。

西蒙在普林斯顿大学伍德罗·威尔逊学院获得文学学士学位，并在哈佛商学院以优异的成绩获得工商管理硕士学位。他还在哈佛大学获得过 Toigo 奖学金。

菲德尔·卡迪纳斯

1999—2000 年，菲德尔·卡迪纳斯（31 岁）是 MTG 创投公司的常务董事。MTG 创投公司是一家专注于收购和运营制造及服务公司的私募公司。在那里，他负责交易发起、交易执行和投资组合公司管理。1992—1997 年，卡迪纳斯是 MTG 顾问，主要负责战略咨询和高管培训。卡迪纳斯还曾是麦肯锡公司的分析师。

卡迪纳斯以优异的成绩获得哈佛大学政治学学士学位，并在哈佛商学院获得工商管理硕士学位。

# 道德决策

## 创业者的道德素养与决策权衡

● 导 读

创业始终处于变动之中，涉及风险和棘手的决策，往往充满道德问题。

压力之下，创业者如何冲破"迷雾"：你的家人投资的钱打水漂了，你的企业运营得并不理想，你的债主开始给你施压，你已经透支了创业资金……

## 道德概论

绝大多数成功的创业者认为，高道德标准和诚信对于长期成功至关重要。例如，杰弗里·蒂蒙斯和他的同事霍华德·H. 史蒂文森（Howard H. Stevenson）在1983 年参加哈佛商学院股东 – 总裁管理（Owner-President Management，OPM）培训计划的 128 名总裁和创业者中进行了一项研究。这些创业者的公司平均拥有4 000 万美元的营业收入，从 500 万美元到 2 亿美元不等。这些创业者也很有商业经验，平均年龄在 45 岁左右，大约一半的人是自己公司的创办者。他们被要求列出对当时公司取得成功最关键的概念、技能和诀窍，以及对 5 年后成功的关键概念、技能和诀窍。《纽约时报》在当周周日专门刊登了调查结果：72% 的总裁认为高水平的道德标准是长期成功的最重要因素。这个答案令人吃惊。

2003 年 5 月，阿斯彭研究所（Aspen Institute）的一项研究发现，MBA 学生担心他们在学校受到的教育不足以使他们做好充分的准备去应对商业领域的道德困境。该项研究调查了美国、加拿大和英国的 1 700 名 MBA 学生，分析结果发表在 2003 年 5 月 21 日的《高等教育纪事报》（*Chronicle of Higher Education*）上。很显然，像安然公司高管那样的道德败坏行为，会严重挫伤各级商业活动中每个人的信心。

《哈佛商业评论》刊登过一篇有争议的文章，认为商业伦理不是社会伦理，而是扑克游戏伦理（赌徒伦理）。文章作者辩称，"大多数商人在他们的私生活中并不漠视道德，每个人都会遵循社会伦理。而我的观点是，在他们的办公室生活中，他们不再是普通人，他们成为游戏玩家，必须遵循一套有所不同的道德标准"。

法律虽然具有权威性，但是也有局限性。虽然立法者在制定法律时会深思熟虑、反复权衡，以确保公正，但制定时很难预见到新的情况，因此，法规并不能总是达到预想的效果。有时，他们可能会互相冲突，在彼此矛盾却各有考量的伦理道德权衡下，让人无法做出决断。

## 道德刻板印象

美国通过立法努力为创业者构建一个规范的营商环境，鼓励营造市场竞争、自主自发、自负责任和自由发展的商业氛围。

这些法律在鼓励各行业自主制定道德规范方面取得了令人满意的效果。这在很大程度上是因为创业者希望由自己制定规范，而不是由立法机关将规范强加在他们身上。

在 19 世纪没有任何规范约束的经济环境中，许多创业者被认为是无情的，工厂怠工、使用童工和剥削非裔劳工等现象很普遍。然而，摩根图书馆和洛克菲勒基金会等机构的存在表明，即使是那个时代的美国创业者也希望通过教育、文化和艺术回馈社会，钢铁大王安德鲁·卡内基（Andrew Carnegie）捐出他的巨额遗产就是一个典型例子。

卡内基的案例很有趣，因为在完成财富积累后，他的态度发生了彻底的改变。卡内基是一个苏格兰织布工的儿子，他在 1873—1901 年创造了 3 亿美元的个人财富，相当于今天的 1 300 亿美元。卡内基认为，竞争"确保每个行业都能实现适者生存"。卡内基还认为，"有组织和管理能力的人是稀缺的，这一事实被它能够为企业主带来巨大的回报所证明"。1901 年，在把卡内基钢铁卖给美国钢铁公司后，卡内基以个人名义向美国和英国分别捐赠了 3 亿多美元。这些捐赠包括 2 800 多家图书馆、国际和平基金会和位于匹兹堡的卡内基－梅隆大学等。

## 道德可以被教授吗

随着 20 世纪 90 年代开启了一个全球创业的新时代，安德鲁·斯塔克（Andrew Stark）断言，商业世界的道德也已经被重新定义了：

> 可以根据是否接受两个基本原则来判定其是不是新商业道德的倡导者：第一，虽然他们同意同事的观点，即道德和利益可能发生冲突，但他们将这种冲突作为道德学家分析任务的起点，而非终点；第二，新的观点也反映了人们对杂乱动机所塑造的复杂工作的认知和接受。

商业伦理学家这一新的群体面临的挑战是如何缩小道德学家和管理者之间的鸿沟。商业伦理学家谈论"中庸、实用、极简主义"，试图"用一种与他们所处的世界和所面临的问题相关的语言，与真正的管理者进行实质性对话"。在注重决策实践性的视角下，商业道德课程对创业者和所有管理者都很有价值。

### 道德可以且应该被传授

哈佛大学前校长德里克·博克（Derek Bok）在一篇研究古代道德教育的优良传统、19 世纪以来道德教育的衰落，以及 20 世纪 60 年代道德学复兴的文章中指出，道德可以且应该由教育机构来教授，而且这种教学是必要的，非常有价值。博克博士的观点可以总结如下：

大学在本质上鼓励多元化的社群，因此许多人往往对自己的价值观与他人的价值观产生分歧而感到困惑。在一个不重视道德发展的教育环境中，你会发现许多学生都会在这方面产生困惑，不去考虑外部评判或进行仔细分析，反而错误地认为道德困境只是个人观点存在问题。大学其实是最应该鼓励深入研究道德行为与哲学的机构。

美国一些顶尖商学院似乎也同意这一点。哈佛商学院和沃顿商学院都将商业道德作为 MBA 课程的重要组成部分，乔治敦大学、弗吉尼亚大学和明尼苏达大学在这一领域设立了讲席教授。全美 90% 的商学院在其所在地区提供相应的培训，这表明人们意识到需要给未来的企业领袖提供一个坚实的道德基础。

### 创业者的竞争优势：自我评价的艺术

如第 2 章和第 8 章所述，本书的核心原则之一是重视自我评估和自我认知。真正了解自己的创业者，不仅了解自己的道德和价值观，而且了解周围人的价值观，只有这样才能做出最好的决策。这表现在许多方面。首先，他们可以邀请志同道合的人加入他们的团队和智囊团。其次，这样形成的团队将坦诚对待自己的能力和缺点，彼此建立信任感和信心。这是至关重要的，因为他们将依靠环境和团队来做出决定。通常在创业中，特别是在新创企业的建立和成长阶段，环境是混乱的、不可预测的，而且往往是无情的。

#### 花点时间自省

为了做出正确的决策，你必须认识、了解你自己，了解自身利益涉及的范围和影响因素。了解自身的偏见和弱点将能够为个人发展提供机会，并可以清晰地定义个人和企业的愿景及目标。

放慢步伐，当生活相对平静时，明确哪些事情对你很重要，以及为什么对你重要。在这段时间里，你可以考虑你的利益相关者、你的个人动机，以及它们对你决策的影响。创建新企业的计划过程应该包括一个良好的反省步骤，这样做出的决策才会更加清晰。

#### 正确认识私利

我们的认知会受到"我们是谁"（我们的经验、信仰和偏好——所有塑造我们的认知、令我们独一无二的东西）的影响。

著名历史学家兼作家亨利·布鲁克斯·亚当斯（Henry Brooks Adams）总结了当一个人不顾一切追求私利时所面临的危险，"永远不要把任何会让你食言或失去自尊的事情视为对你有利的事情。追求私利而没意识到它所带来的困境可能伴随着昂贵的甚至承受危险的代价"。以下是需要考虑的主要影响。

- 情感：你所爱、所恨或恐惧的东西会影响你的感知，进而影响你的决策。和你有强烈情感关系的人会对你的决策产生重大影响。例如，伴侣关系的破裂会使人在情感上变得自私自利，以至于做出的决策忽略了对于双方最佳的选择。
- 动机：创业者兼投资者哈利勒·图兹曼（Khalil Tuzman）在他的《创业者生存手册》中列出了 5 种个人动机——获得财富、获得认可或名声、感到勇气十足、拥有健康和得到满足感。例如，如果你的动机是不惜一切代价赢得胜利，那么公平竞争和道德规范对你的决策将毫无影响力。
- 利益相关者：谁会受到你的决策的影响？如何产生影响？与你利益关系越紧密的人，对你决策的影响就越大。

## 道德学研究的作用

道德学（也称"伦理学"）研究可以使学生了解商业世界中广泛存在的道德情境，并提供合适的研究视角。此外，道德学已经被证明可以在某种程度上影响信仰和行为。

一项研究使用了科尔伯格构想（Kohlberg construct），即通过采用划分阶段的形式判断道德本能和行为。具体阶段划分如表 9-1 所示。第一阶段，道德和顺从是同义词，动机是避免被惩罚。第二阶段，个体寻找优势。获利是主要目的，但利益的交换不会为人际关系带来束缚。第三阶段，取悦他人并赢得认可。所谓好的行为是遵从一种传统看法，即遵从大多数人的或"惯常如此"的行为，这种互惠关系仅限于初级的群体关系。第四阶段，在整个宏观社会背景下开展合作。外部法律对道德框架进行调和，个人遵从社会秩序。因此，我们同意由警察或法院进行正式处罚。第五阶段，人们承认互惠不一定是公平的。此时援引新的法律和社会规制作为纠偏机制。所有公民都得到基本安全和平等的保障。第六阶段，认知结构会自动摒弃个人认为的道德上应受到谴责的信条和行为，即以个人道德框架为参照，而非群体行为。因为即使大多数人赞同法律也不能保证其道德有效性，当遭遇社会困境时，个人可能会参照法律体系外的个人内在原则。尽管这些内在原则（信念）是个人的，但仍然具有普遍性，因为它们具有价值和效用。

表 9-1　道德判断的发展阶段划分

| 阶段 | 定位 | 主题 |
|---|---|---|
| 1 | 惩罚和顺从 | 顺从式的道德 |
| 2 | 相互利用 | 简单交换 |
| 3 | 人际关系和谐协调 | 采取互惠原则 |
| 4 | 法律与秩序 | 形式正义 |
| 5 | 合法的社会契约 | 程序正义 |
| 6 | 普遍的道德原则 | 个人良知 |

资料来源：改编自科尔伯格（1967）。

科尔伯格构想的最后一个阶段不仅仅代表与国家、教师或机构道德标准的一致性，更表明了一个人在个人道德标准下进行决策和解决问题的能力。在这项研究中，那些学习过商业道德课程的人，道德水平会有所提高，而那些没有学习过商业道德课程的人则不会有进步。

## 道德决策的基础

有些人可能会惊讶地发现，在处理充满道德色彩的问题时，没有完美的解决方法。事实上，那些认为自己做出了"最佳"决策的人会发现，事后其他人可能会认为该决策是不道德的。同样，由于决策者未能认识到某一特定情境下的道德影响，因此对不同的伦理视角缺乏理解可能会导致错误决策。

当考虑在具有道德色彩的情境下应该如何抉择时，掌握多种伦理学方法会很有帮助。这些不同的方法变成了道德筛选工具，类似于前文的商业机会筛选。采取多元化的视角可以防止某人在不知情的情况下犯道德错误。可以简要考虑以下 3 种常用的方法。

希腊哲学家亚里士多德提出了一种最古老的伦理方法。在他看来，每个人的道德目标都应该是完善其固有的人性，如果成功，就会成为一个有美德的人。如果不断努力地追求美德，并模仿人们普遍认可的具有美德的人在类似情况下的决策行为，那么随着时间的积累，我们自己也可以养成美德。从现代的视角看，这类似于选择观察和模仿模范标准。

这种方法产生的两个问题会导致创业者做出错误的决策。第一个问题是，选择错误的人来模仿，比如安然前首席执行官杰夫·斯基林（Jeff Skilling）。第二个问题是，无论是实际采取的行动，还是行动的后果，都不能直接判断其道德水平的高度，只有"意见法庭"（court of opinion）才能判断这些行动是不是有道德的。

第二种伦理方法侧重于行为的影响或结果。这种方法被称为功利主义，19 世纪英国哲学家约翰·斯图尔特·密尔（John Stewart Mill）就是该方法著名的支持者。他认为，有道德的人总是会行使能够为大多数人提供最大好处（或最小坏处）的行为。当考虑采取什么行动时，一个从功利主义的角度行事的创业者，会在精神上计算行动对每个利益相关者的影响。因此，被判断为道德或不道德的不是行动本身，而是行动对集体造成的影响。一种常见的表达方式是这样说的：结果（影响）证明了所采取的方法（行动）是正确的。

许多问题可能会使功利主义的方法难以坚持，或可能使一些行为被认为是不道德的。第一，大多数人从行动中受益，这也就意味着允许做出可能伤害一些利益相关者的决策。第二，狭隘地看待"利益相关者"可能会导致不道德的决策，因为我们可能没有充分地考虑到类似于环境这样的利益相关者。第三，如果有的利益相关者距离过远或者他们受关注的程度很低，可能会导致决策者忽视（或忘记）他们。第四，为大多数人谋求利益最大化与为自己谋求利益最大化之间只有一线之隔。利己主义者会认为许多可悲的行为是正当的，因为它们将个人利益最大化，并排除了其他一切因素。最后一个重要问题，请关注这样一个事实：人们被判定为道德或不道德的依据是他们所采取的行动，而不是他们如何计算结果的效用。除了结果之外，我们必须有一种方法来考虑行动。这就引出了第三种方法——义务论。

义务论意味着责任——采取行动的责任。据 18 世纪德国哲学家伊曼努尔·康德所说，义务论关注的是决定行动的规范。这种方法不考虑行动的后果，而是关注该行动是不是一个有道德的人应该做的事情。采取行动是因为它们本身是正确的，不管结果对采取行动的人有利还是有害。因此，人们应该以理想中的社会普遍规律行事。在社会责任与自身利益相冲突的情况下，无论后果如何，都必须按照社会责任行事。例如，如果说谎不是你理想中的社会普遍规律，那么你就不应该说谎，即使说谎对你个人或利益相关者有好处。

### 应用基础

如何使用上述方法呢？我们建议你将它们作为决策监测机制，用来查看你要采取的行动所产生的结果和影响。可以用大家广泛使用的功利主义视角作为起点。细致列举利益相关者，确保包含所有人，而不仅仅是显而易见或嗓门最大的人。当你决定开展一个行动时，运用亚里士多德的方法，问自己："在这种情况下，一个真正有道德的创业者会做什么？"你可以让你的关系网和智囊团告诉你他们在类似情况下会采取什么行动。最后，看看你单独采取的行动——不要考虑后果。这个行为动机纯粹吗？例如，当你妈妈在谷歌上搜索相关信息的时候，会为呈现出来的标题而感到自豪吗？

使用决策监测机制并不能保证做出符合道德的决策，但对于同一问题，运用不同的方法将有助于防止道德短视——一种可能带来麻烦的狭义道德观点。

### "战争迷雾"与创业精神

新创企业所处的环境往往是混乱的。创业者可以从战争这个更加混乱的环境中吸取教训。有一个概念叫作"战争迷雾"（the fog of war），这个概念可以追溯到19 世纪，当时普鲁士将军卡尔·冯·克劳塞维茨（Carl von Clausewitz）写道：

> 战争充满不确定性，在战争中采取行动的依据，有 3/4 都笼罩在或多或少的不确定性迷雾中。

当子弹飞扬，生命危在旦夕时，你必须在不完全理解整个情况时做出关键的决定。同样，创业者所面临的"创业之战迷雾"可能包括来自外部影响的巨大压力，如：

● 你的配偶抱怨你不够顾家。

- 你的姑妈、父亲以及你的岳母都分别投入了 5 万美元，而这些钱都打了水漂。
- 每件事都花费太长时间和太高的成本。
- 你的生意没有像计划那样开展运营。
- 除了控制损失你什么都没做到。
- 你没有及时把钱还给债权人，现在债主们正在尖叫并威胁你。
- 你已经把再融资的信用额度和信用卡都用光了，还贴现了应收账款和存货，以便更快地收回现金。即便如此，你的现金也仅够维持 18 个工作日。
- 投资者将投入资金，并希望在董事会中再获得两个席位，以及拥有更大比例的股权。
- 银行提醒你，你和你的配偶已经签署了个人信用担保。
- 一个你所在行业的商业巨头刚刚进入你的市场。
- 你解雇的那个制造恶意内容的人正在起诉你。

现在，在这些压力下，你可能会做出一个产生严重财务后果和道德后果的决定，这个决定的影响也许会一直伴随着你。

## 压力下的行动

创业者必须在时间紧迫和生存艰难的时候采取行动。除了自身，创业者解决道德问题的决策很可能会涉及客户、员工、股东、家庭、合作伙伴，或者这些群体的组合。正如你将在本章末尾呈现的道德问题中看到的那样，要在道德框架和常规做法之间寻找平衡点就如同走钢丝一样，必须十分小心。

冲突是不可避免的，创业者应该了解团队和投资者以及周围环境明确的或隐含的道德信仰。正如前面提到的成功创业者所坚信的那样，从长远来看，屈从于某一情境下的诱惑，很可能会导致企业陷入流沙困境——问问史蒂夫·马登（Steve Madden），或者安然、泰科和安达信的高管就知道了。

## 来自战壕的建议和经验

在军事和战场上学到的许多经验教训，对于那些在混乱和不确定性中挣扎的创业者来说也是有益的，创业者可以考虑以下内容。

### 经验至关重要

士兵在入伍当天不会被派去作战。在上战场前，他们需要先接受相关的培训，并进行尽可能接近真实环境的高压、复杂的模拟训练。在一个新的风险投资项目中，有过创业经历的创业者拥有解决混乱的经验。在缺乏直接经验的领域，创业者可以通过关键员工、团队成员、导师、顾问、董事会成员或专业人士的经验进行弥补。

### 制订应急计划

尽管设计"假设"情境通常与企业的量化数据（成本、定价、利润等）联系在一起，但制订应急计划是避免在面临挑战时做出草率决定或出现道德问题的好方法，特别是在创业启动和成长阶段。制订应急计划的一种方法是与你的合作伙伴共进一次自带的午餐（brown-bag lunch）并进行情景对话，提出你当前可能面临的艰难的道德困境："在这种情况下该怎么做？"

### 制定和使用客观指标

当面对匆忙的决策时，特别是涉及道德问题的决策时，有一个明确而客观的指标来评估是很有帮助的。例如，位于波士顿的远程信息技术服务企业 Everon IT，在办公区域外墙的大屏幕上会显示来电、呼出电话和持续通话时间等关键指标。其他的墙面上有激励海报、挑战目标、员工赞誉，以及与目标相关的奖励描述——从为所有人提供晚餐到奢华的假期。所有人都在齐心协力，以共同实现具有里程碑式意义的目标，充满了使命感。

### 找一个你可以信任的悲观主义者

每一个创业领袖的智囊团里都应该有一个值得信赖而非毫无意义的顾问，当事情看起来不太靠谱时，他可以提供诚恳的评估。当谨慎、有点悲观的顾问认可某个特定的决策或战略时，这种认可就可以成为真正的信心助推器。

### 别忘了照镜子和关注那些网络头条新闻

照镜子是一个有效的、富有挑战性的练习。假如你刚刚在互联网上看到了早间头条，其详细描述了你最近做出某个决定后的所有行动和行为细节，并且出人意料地成了公众瞩目的焦点。新闻头条里所描述的形象是你想被众人认识的形象吗？这是一个为你所爱、尊敬并且钦佩和支持的人吗？你想让你最好的朋友和家人知道这个人吗？如果你对这些问题的答案，以及你在镜子中看到的自己所做出的道德决定造成的结果感到不舒服，那么现有计划就是你还不能接受的，不要放弃，但要摒弃！

## 创业者的棘手问题

尽管大多数创业者都很重视道德问题，但该领域的研究人员仍然认同大卫·麦克利兰的调查结果："我们目前并不知道是什么使创业者在交易中具有道德感，但很明显也没有太多重要的问题需要深入研究。"另外，有一篇文章罗列了一些研究主题（见表 9-2）。显然，这些问题还有待进一步深入研究。

表 9-2 创业管理中的一些道德困境

| 造成困境的要素 | 可能出现的问题 |
| --- | --- |
| **发起者** | 推动创新时，诚实意味着什么 |
| 创业快感 | 是否需要完全披露风险和不确定性 |
| 印象管理 | 是否需要对形势进行冷静的分析，花同样的时间分析它的不利面和有利面 |
| 务实与道德考虑 | 哪些类型的影响性策略跨越了鼓励的界线，发展成引诱和胁迫 |
| **关系** | 感知义务和道德期望之间的摩擦 |
| 利益和角色的冲突 | 创业前和创业后角色、关系的变化 |
| 交易道德 | 基于从属关系而不是基于任务做出决策 |
| 游击策略 | 从基于信任的工作环境过渡到更受控制的工作环境 |
| **创新者** | 副作用和负外部性迫使社会重新审视行为规范和价值观 |
| "弗兰肯斯坦问题"（Frankenstein's problem） | 更加关注未知伤害的未来影响 |
| 道德问题的新类型 | 谁负责风险评估？发明家，政府，还是市场？ |
| 道德的变化 | 打破传统，创造新模式 |
| **其他困境** | 当利润源于合作努力时，是否有公平的分配方法 |
| 发现者 – 保管人（finders-keepers）道德 | 创业者应将所有未明确约定的利润全部拿走吗 |
| 个人价值观与商业目标的冲突 | 管理个人选择和职业抉择之间的密切联系 |
| 令人讨厌的商业惯例 | 通过创造性的解决方案和诚信来应对道德压力 |
| | 在不屈服于同行压力的情况下寻求行业认可 |

资料来源：改编自 J.G. Dees and J.A. Starr, " Entrepreneurship through an Ethical Lens," in *The State of the Art of Entrepreneurship*, ed. D.L. Sexton and J.D. Kasarda (Boston: PWS-Kent, 1992), p. 96.

## 道德观念差异

不同的人对于道德标准的理解会有所差异，这也许可以解释为什么看似没有问题的创业过程，会在初创期间和激烈竞争阶段莫名其妙地出错。无数的例子可以证明，合作伙伴关系的破裂往往可以追溯到管理团队成员之间存在明显的个人道德观念的差异，对于投资者也是如此。虽然经验丰富的风险投资者寻求以正直、诚实和道德行为著称的创业者，但这一定义往往是主观的，是否正直、诚实、有道德在某种程度上取决于投资者的信仰，还有一部分取决于风险投资所在行业普遍认同的道德环境。

## 法律冲突

对于创业者来说，一种法律与另一种法律之间直接产生冲突的情况越来越频繁。例如，一家纽约市的小规模投资公司面临严重的财务问题。美国小企业管理局（SBA）表示，该公司应开始清算其投资，否则将违反与 SBA 达成的协议。然而，证券交易委员会声明，由于股票投资组合的不平衡，这种清算对股东不公平。经过一年半的艰苦谈判，公司终于使双方都满意了，但双方都做出妥协。

另一个法律相互冲突的例子是，《民事服务委员会法》（Civil Service Commission Code）和《公平雇用实践法》（Fair Employment Practice Acts，以下简称《实践法》）之间的冲突。《实践法》规定，雇用应遵守某些标准，这是 20 世纪为遏制公共服务中滥用职权而引入的一项原则。最近，鼓励和援助少数族裔的问题被引入了《实践法》中，该法要求同样受《民事服务委员会法》约束的公共机构在雇用职员时不能持有偏见，而且不能以某一特定考试作为选择条件。这两项法律都基于合理的道德目的，但解决它们之间的冲突并非易事。

更进一步来讲，商业道德并不像商业航空运输那样有通用的国际法约束，世界上还没有国际商业道德准则。在国外做生意时，创业者可能会发现自己与生意伙伴几乎没有共同点，没有共同的语言，没有共同的历史背景，也没有关于对与错的共同判断准则以及共同道德信仰。例如，在美国，通过贿赂一位高级官员获得好处在道德上和法律上都被认为是不可接受的，但在中东部分地区，这可能是实现商业目标的唯一途径。

## 目标与手段

关于道德的讨论往往都会围绕一个核心问题，那就是行为的非高尚性在多大程度上可以借助目标的高尚性得以弥补，或者使用不道德手段服务于道德的目标是否从某种程度上会破坏目标的高尚性。

举一个道德目标的例子，一所大学农业推广服务部门的目标是帮助农场提高作物产量。只有农场能够获得更好的收成并由此繁荣发展，这一最终目标从经济角度来讲才是具有建设性的并且是利润导向的。为了继续获得资金，推广服务部门提供对作物产量可能实现的年度增长情况的预测，但具体增长多少实际上是无法预测的。除非它能展示出农作物产量的详细增长数据，否则它将面临难以获得后续资金的风险。在这种情况下，推广服务部门决定提供详细的数据，因为它认为，尽管做出过于乐观的预测是不道德的，但是组织的目标是高尚的。资金提供者最终放弃了对预测数据的要求，这样就立刻解决了这一难题。如果没有高尚的道德目标，即使这个组织中的个人意图是利他主义的，其他人也会慢慢认为伪造数据是符合规范的，并逐渐忘记违反道德的行为会逐渐形成一种削弱道德感的犬儒主义。

另一个例子是关于一家小型租赁服务企业与一家中型企业集团合并的案例。在这个案例中，该租赁服务企业的一名合伙人在合并前不久发生了一起严重的交通事故，多处受伤，无法重返工作岗位。这名合伙人知道，自己近期的健康情况可能随时出现变化。为了保障家人的利益，他渴望从合并中获得一些股票，并通过卖掉股票得到流动资金。然而，联邦法律不允许从合并中快速获利，即不允许这么快出售股票。该合伙人咨询了中型企业集团的总裁和高管，他们默许他出售部分股票的计划，并表示他们确信不会对公司股价造成不利影响。在协商之后，为了减少不确定性风险，这名合伙人与他的律师进行了核实，发现有关此条联邦法律的案例中的企业几乎从未受到起诉。在明确风险并研究了适用于该案件的法律依据后，这名合伙人出售了在合并中获得的部分股票，以为其家庭提供一些安全保障。虽然他后来全部赎回了，但这是无法预见的。

在这一案例中，合伙人的决定是在考虑到法律的根本目的后做出的，法律允许他这样做。此外，他尽可能彻底地评估了他的行动所涉及的风险。他对自己的决定并不满意，但他相信这是他当时能做的最好的决定。

### 诚信

创业决策的复杂性会在下面的例子中有所体现。一位创业者曾在 27 岁时加入一家年销售额为 150 万美元的计算机软件创业公司，担任一个新的国际部门营销副总裁。他的主要任务是在主要工业国家为公司的产品建立能够带来利润的分销机制。公司提供的股票激励和高杠杆红利计划是以产品盈利能力为导向的，而不是单纯的销售数量。在一个欧洲国家，他从 20 多家经销商中选出了 1 家。这家潜在经销商是一家顶级公司，有着良好的业绩记录和管理水平，而且可以与该创业公司产生良好的化学反应。事实上，该经销商非常渴望与这家创业公司合作，甚至愿意接受仅收取 10% 的佣金，远低于 15% 的行业标准。交易的其他条款双方都能接受，在这种情况下，这位年轻的副总裁还是决定给予经销商 15% 的佣金，尽管他可以给得更低一些。这项措施显然非常成功，因为在 5 年中，这个国际部门的销售额从零一直增长到 1 800 万美元，而且一家大公司以 8 000 万美元的价格收购了这家公司。被问及自己的做法时，这位创业者说他的主要目标是创造一种长期的诚信感。他进一步解释道：

> 我很清楚他们需要付出什么代价才能成功获得我们所追求的市场渗透率。我还知道，他们的企业运营肯定需要 15% 的利润率作为支撑，较低比例难以行得通。所以我想，如果我给他们全部 15% 的佣金，他们就会意识到我是为他们的利益着想的，这就会产生善意，当我们在未来不可避免地遇到一些严重的问题时，我们就可以共同努力去解决，事实证明这种情况后来的确发生了。如果我利用了他们想成为我们的经销商的热情，那么这只会在以后给我造成困扰。

### 环境责任

在经历混乱和不断考虑如何最大限度地利用每一美元的同时，重要的是要记住你的决策带来的影响，不仅对团队成员、投资者和其他利益相关者，而且对环境也是如此。环境道德在创业精神中扮演着一个棘手的角色——已经有很多挑战者耗尽了自己的时间、金钱和耐心，以至于创业者有时难以确定他们的决定对环境造成了什么样的短期和长期影响。

⊙ 专栏

**道德责任准则**

### 道德表现：每个人的责任

作为 MENTOR 网络的员工或独立承包商，你有义务诚实地对待我们服务的个人、他们的家人、我们的同事、独立承包商、供应商和第三方。你必须了解并遵守适用的法律、法规、许可要求、合同义务以及所有的公司政策和程序。维护道德标准是每个人的责任，如果你发现一个问题，你就不能保持沉默，而应该提出解决方案。

对于参与服务协调的员工和独立承包商，公司希望你们可以关注以下几点。

- 按照职业道德标准行事。
- 保证识别、发展、充分利用知识，具有专业实践的能力。
- 进行培训、教育和审查，以确保可以提供合格的服务。
- 不得捏造专业资质、教育背景、经历或所属机构，具备所提供服务的类型和强度所需的证书。
- 了解自己的价值观及其对实践的影响。
- 寻求专业人员、服务人员以及家庭和社区成员的合作，共同承担与消费者相关的责任。
- 努力提高公众对服务行业的认知。
- 倡导获取充足的资源。
- 确保所提供服务的时效性和有效性。
- 与服务对象保持职业关系和个人关系的界限。
- 向相关方报告违反道德的行为。

### 道德表现：领导和监督责任

领导者要在工作中树立一个高道德标准的个人榜样，管理者会为公司定下基调。管理者要负责确保所有员工、独立承包商和供应商都收到一份规范副本，并协助他们应用规范的道德标准。

### 结论

公司依靠每一名员工来维护标准和道德。道德要求有时并不明确，以下问题将为不确定行为是否道德的人提供一个很好的指导。

- 我的行为在各个方面都符合道德标准吗？
- 我的行为是否完全符合法律和公司标准？
- 我的行为会受到主管、同事、家人或公众的质疑吗？
- 如果我的行为被媒体报道，我会有什么感觉？
- 如果另一名员工、独立承包商、客户或供应商以同样的方式行事，我会怎么想？
- 我的行为会表现出不得体吗？

资料来源：The MENTOR Network（www.thementornetwork.com）。MENTOR 网络成立于 1980 年，是一个由当地人力服务提供商组成的全国性网络，为成人和患有发育障碍或后天性脑损伤的儿童、在情感和行为方面患有疑难杂症的儿童和青少年，以及需要家庭护理的老人提供一系列高质量的社区服务。

因为环境问题不会立刻或明显显现，所以很容易被忽略。但现实情况是，环境法规和公众认知正变得越来越重要，并且在某些时候很可能会对你的企业产生影响。所以最好从一开始就评估可能出现的问题，问问自己：我需要什么样的设施？如何运行这些设施来减少有害物的排放？如果建造新的设施，我如何实施更新、更清洁的技术来帮助创造更高效、更安全的工作环境？我需要什么材料来创建我的产品？它们对环境安全吗？它们是可循环利用的、可生物降解的，还是需要被运往垃圾填埋场的？

## ⊕ 创业练习 9-1　道德决策：你会怎么选

在这个练习中，你将在道德标准不明确的情况下做出决策，并对其进行分析。与现实世界一样，不同情景下的背景信息不得而知，你需要做出假设。

建议在阅读本章内容之前就进行练习，并在完成本章学习后再次进行练习。

姓名：

日期：

第一部分

你无法掌握每种情景的所有背景信息，但是，你应假设你真的需要做出决策时，你觉得你会怎么做。即使你能够想到本练习所描述情景之外的其他解决方案，也请选择最能代表你个人想法的决定。

**情景1：** 你正在修读一门非常难的化学课程，你只有通过这门课程，才能确保获得奖学金，并通过研究生入学申请。但化学不是你的强项，你平时成绩略低于及格线，但你必须在两天后的期末考试中获得90分甚至更高的成绩。一位教学楼管理员知道了你的困境，他告诉你，他在垃圾桶里发现了化学期末考试的试卷，你可以花一个很高但你能负担得起的价格从他那儿买到这套试卷。你会怎么做？
（　　　）

A. 我会告诉这位管理员：谢谢，但不需要

B. 我会向有关领导报告教学楼管理员的行为

C. 我会购买考试试卷并自行保管

D. 我自己不买卷子，但我会告诉那些同样可能不及格的朋友

**情景2：** 你已经花了两天时间去研究复杂的分析数据。每次当你认为你已经完成任务时，你的老板都会提出一个新的假设或者另一个"可能"。如果你的个人电脑里安装了一套电子表格软件，你就可以轻松地插入新的假设并修改原来的估计值。于是一位同事提议复制一套受版权保护的软件。你会怎么做？（　　　）

A. 我愿意接受同事的提议，并复制一份受版权保护的软件

B. 我拒绝复制它，宁肯自己多花点时间调整假设

C. 我决定自己花300美元买一份受版权保护的软件，希望公司能在一两个月内给我报销

D. 我会要求把已经逾期的项目日期再延期一次

**情景3：** 你的小型制造企业面临财务困难问题。当你向一个大订单的关键客户发货时，你发现交付了完全错误的货物。它不但不能满足性能规范要求，而且会给你的客户造成问题，并且需要在现场进行返工。但是，你知道产品问题会在客户收到订单并支付订单款项后才显现出来。如果你没有按预期发货并收到客户付款，你的企业可能会被迫破产。如果你延迟发货或将这些问题通知客户，你可能会失去订单，也可能

导致被迫破产。你会怎么做？（　　　）

　　A. 我不会将有质量问题的产品发货，并申请自愿破产

　　B. 我会通知客户并宣布自愿破产

　　C. 我会发货，并在收到付款后通知客户这批货物存在问题

　　D. 我会发货，并且不通知客户该问题

　　**情景 4**：你是一家娱乐产品生产企业的联合创始人和总裁。在业务启动 5 个月后，你的一个供应商通知你，它不能再为你提供关键原材料，因为你不是大客户。没有原材料，你的生意就无法继续。你会怎么做？（　　　）

　　A. 我会向另一个供应商夸大我的实际需求，使供应商认为我是一个更大的潜在客户，以便从该供应商处获得原材料，即使这意味着该供应商会停止向另一家和我没有竞争关系的小企业供货，而这家小企业可能因此被迫停业

　　B. 我会从另一家我知道有大量库存的公司（非竞争性）偷取原材料

　　C. 我会贿赂供应商，因为我相信我可以用一笔数额巨大而我的公司也负担得起的金钱来说服供应商满足我的需求

　　D. 我将宣布自愿破产

　　**情景 5**：你正在为你的新公司开展营销活动，需要去拜访一个会成为重要潜在客户的采购代理商。公司正在生产一种电子系统，你希望代理商会购买该电子系统。在谈话中，你注意到该代理商杂乱无章的办公桌上有几份来自你的直接竞争对手的电子系统建议书。而这个采购代理商忘记打印你公司的建议书，需要去打印。他给了你一杯咖啡，马上离开了房间，让你一个人待在办公室里。这时竞争对手的建议书近在眼前，你会怎么做？（　　　）

　　A. 我什么也不做，等采购经理回来

　　B. 我会偷偷看一眼竞争对手的建议书，寻找对方的底线报价

　　C. 我会把建议书的副本放进我的公文包里

　　D. 我会等采购经理回来，并请求他给我看看竞争对手的建议书

## 第二部分

### 步骤一

根据你惯常采用的标准，按下列行为表现分类，填写每种情景下你做出的选择。

| 情景 | 各类道德标准下的选择 | | | |
|---|---|---|---|---|
| | 义务型 | 契约型 | 功利型 | 应变型 |
| 情景 1 | | | | |
| 情景 2 | | | | |
| 情景 3 | | | | |
| 情景 4 | | | | |
| 情景 5 | | | | |

**步骤二**

把大家分成 5 ～ 6 人的小组，在下面的表格中记录每个小组成员的答案。将每个小组成员的答案填进对应的空格中，并将小组的解决方案记录在最右一列中。

| 情景 | 组员姓名及其选择 | | | | | 小组解决方案 |
|---|---|---|---|---|---|---|
| 情景 1 | | | | | | |
| 情景 2 | | | | | | |
| 情景 3 | | | | | | |
| 情景 4 | | | | | | |
| 情景 5 | | | | | | |

**步骤三**

在每种情景下和小组成员达成共识（如果可能），并记录每个小组达成的共识。在

20 ～ 30 分钟内完成。

**步骤四**

向全班汇报你的小组的结论，并与他们讨论如何达成共识（如果有的话）。应集中讨论以下问题：

（1）小组是否达成了共识？

（2）这种共识是很难达成还是很容易达成？为什么？

（3）中间出现了什么样的道德问题？

（4）如果有冲突，如何解决？或者为什么没有解决？

（5）你找到了什么创造性的解决方案来解决难题而不违背诚实原则？

**步骤五**

与小组讨论以下问题：

（1）道德起什么作用？道德在组建新创公司时有多重要？

（2）风险投资者对道德有什么看法？道德对他们有多重要？

（3）对于所做的讨论和达成的共识，参与者最担心的是什么？例如，如果一个参与者觉得他自己的行为在道德上被认为不完美，他是否会感到自尊受挫或产生自卑感？他是否害怕别人的判断？

（4）做正确的事意味着什么？

**步骤六**

明确每个小组成员的大致道德立场，并注意其道德立场是否与你的相似或不同：

| 成员 | 道德立场 | 相似 / 不同 |
|---|---|---|
|  |  |  |

**步骤七**

根据他们的道德立场，决定你希望和不希望成为商业合作伙伴的人：

| 希望成为<br>商业合作伙伴的人 | 不希望成为<br>商业合作伙伴的人 |
|---|---|
|  |  |
|  |  |

## ⊕ 创业练习 9-2 道德决策：你会做什么

即使是有经验的创业者也经常会说："当我们连企业经营都没有足够的时间进行考虑时，我们怎么还能考虑道德呢？""创业者是实干家，而不是思想者，道德观念太抽象，与商业现实没有任何关系。""当你为生存而挣扎时，你不用担心所用的手段，你所有的奋斗都只为一件事——生存。"但即使你没有足够的时间，道德也是你必须要腾出时间去考虑的。

通过思考以下道德情景，你可以更加了解自己的思想价值体系，并且明晰做出什么样的道德决策会受到决策环境何种程度的影响。希望你充分参与下面的道德决策练习。完成这个练习的一个好办法是和两三个朋友一起去吃午饭，特别是那些你认为可以成为优秀创业伙伴的朋友。午餐时，一起详细讨论每个小故事，你会做什么，应该做什么。

### 销售轮毂

杰里米是一位在汽车行业工作的成功创业者。他是一个公认的汽车狂热者，热衷于为汽车轮毂设计最新、最热门的造型。曾经有一个系列的新轮胎风靡一时，在确认了市场售价（每个 1 500 美元）后，他决定直接联系制造商，看看是否能争取更好的价格。他被告知，这款产品只能通过体验店和定制店销售，而且他所在的地区没有销售代表。如果他同意成为一名代表，并预定价值 10 000 美元的批发订单，制造商就会以成本价向他出售轮毂，溢价可以作为佣金。杰里米对此表示赞同，现在他知道怎样才能得到新轮毂了。

杰里米先去了附近最大、最好的体验店，按产品名称询问售价。店主说他从来没有听说过。杰里米告诉店主，这款轮毂是一个非常受欢迎的产品，而他是销售代表，留下了一些资料，表示他会再联系。同时，他从当地一所大学雇用了 4 名学生，让他们每个人在接下来的两周内去这家体验店一次，指名购买这款轮毂。他要 4 名学生说明，如果有货，他们就会购买。为此，杰里米给了每名学生 100 美元。3 周后，杰里米又来到这家体验店，老板说这款轮毂一定像杰里米说的那样受欢迎，学生们一直在要求他进货。于是，老板订购了价值 15 000 美元的轮毂，要求在未来 6 个月内到货。杰里米因此能够以 335 美元的单价从制造商那里购买轮毂，并从总销售额中获得 380 美元的单位销售佣金。这家体验店的老板在 4 个月后卖出了价值 3 万美元的轮毂并不断追加订单。杰里米仍是销售代表，但他没有继续为轮毂产品做过任何推广。

**思考**：杰里米的做法符合道德吗？为什么？你认为他应该怎么做？道德在选择顾问活动中扮演什么角色？

## 空"西装"

弗雷德向一些天使投资者介绍自己的产品时虽然很兴奋，但也有点不安，因为尽管他在整个商业计划中都使用了"团队"和"我们"这两个词，但他是唯一一个参与到创业过程中的员工。他还没有吸引到任何成员加入他的团队，但他已经与潜在客户进行了几次对话。他在天使投资方的私人关系告诉他，他的创业项目很可能会得到投资，但大家会很关注他的团队，同时还有很多人都在竞争投资。他有 4 个最好的朋友，虽然跟创业没有任何关系，但弗雷德让他们穿上他们最好的西装，陪他去演讲，他们坐在房间的后面，却什么也不说。他希望给人留下他有团队的印象。他在会议上表现得很出色，然后他的"团队"跟随他走出了大厅。

**思考**：弗雷德的做法符合道德吗？为什么？你认为他应该如何处理这种情况？道德在选择投资者、组建团队中扮演什么角色？

## 披露搬迁

苏珊一直在努力尝试将她的露台家具制造厂从密歇根州北部搬到佐治亚州，58 年前她的父母在密歇根州北部创办了这家公司。在那里，她的生意很轻松：更接近市场，劳动力成本、原材料成本、运输成本更低，没有天气问题干扰，而且当地的人力资源储备也更适合她的公司。她最终决定搬迁，但她选择的地点在未来 6 个月内是不能使用的。尽管她的公司是一家上市公司（她拥有 35% 的股份），她有绝对决策权，而且董事会敦促她在密歇根州尽可能地保持较高的生产产能，但她决定，为了尊重父母和他们在当地的遗产，她必须告诉员工搬迁的事宜。在佐治亚州签署新场地租约 4 天后的下午，她召开了一次发布会，告诉了员工们搬迁事宜。

**思考**：苏珊的做法符合道德吗？为什么？

第 4 部分

# 创业融资

融资战略形成的动力应该来自企业目标和个人目标、财务需求以及最终可供选择的融资方案。归根结底，这些选择取决于企业的生存能力与创业者管理和协调筹资过程的技能，而筹资过程又受制于企业在当前现金消耗率下资金耗尽的时间。

当前可供企业选择的融资方案比以往任何时候都多。许多人认为，对于管理良好、有望实现盈利增长的创业企业来说，资金是充裕的。精明的创业者应该对"拿钱就跑"这种短视的诱惑保持警惕。

融资战略可能是债务资本和股权资本的组合。在考虑哪种融资战略最适合一家企业的特定成长阶段时，最重要的是要借鉴其他创业者、专业投资者、贷款人、会计师和其他专业人士的经验。

第 10 章

# 资源需求

控制资源而不是拥有资源

● 导 读

成功的创业者能巧妙使用节约型创业或"以少谋多"的方法实现资源整合（包括人力资源、财务资源等）和融资最小化。

挑选外部顾问、董事和其他专业人士的标准：他们是否借助自己的专业知识和人脉为企业增值？

由导师、顾问和教练组成的智能团是创业者最有价值的"秘密武器"。

## 创业资源获取方法

创业资源包括：① 人力资源，如管理团队、董事会、律师、会计师和顾问等；② 财务资源；③ 资产，如厂房和设备；④ 商业计划。成功的创业者获取这些资源的方法与大型企业完全不同。

霍华德·H. 史蒂文森为研究成功创业者独特的资源获取方法做出了贡献。需要什么资源，什么时候需要，以及如何获取这些资源，这些均为战略决策，而且要与其他创业驱动力相匹配。此外，史蒂文森还指出，创业者在新创企业成长的每个阶段都尽可能最少化利用各类资源。创业者试图用这种方法来控制他们所需的资源，而并非拥有它们。

利用以上方法的创业者可以降低追寻市场机遇的风险。

- 资金更少。由于追求节约，所需的资本量较小。避免创始人权益的过度稀释能够降低财务风险。
- 资金承诺阶段化。分阶段进行资本注入是为了与公司关键的里程碑事件和公司价值转折点进行匹配，这些转折点将表明在维持继续经营、筹集额外资本和放弃创业等选项中哪一个才是明智之举。
- 灵活性更强。控制但不拥有资源的创业者更容易迅速进入和退出，因为拥有资源所有权的代价是变得僵化。准确预测开拓市场机遇所需的资源是极其困难的。例如，对于一家一直致力于某种技术、软件和管理系统开发的企业，可以考虑它未来将面临的种种挑战。
- 沉没成本低。如果企业在任何时候都能自主选择放弃，沉没成本就会降低。相比之下，核电厂的前期资本投入巨大，放弃该项目的成本也就很高。
- 成本低。较低的固定成本对盈亏平衡有积极的影响，但是，要注意可变成本也有上升风险。
- 风险低。除了总风险降低外，其他如资源过时的风险也较低。例如，生物技术公司用租赁融资作为股权融资的补充，同时又能保持较强的灵活性。

## 节约型创业：资源整合与最小化融资

节约型创业也称最小化融资创业或非资源密集型创业，是指分阶段逐步投入资源，每个阶段或决策节点都投入最少的资源。格雷格·吉安福特<sup>⊖</sup>在谈到他的创业理念时说："许多创业者认为他们需要钱……但实际上他们还没有弄清楚他们的商业等式。"根据吉安福特的说法，缺乏资金、员工和设备，甚至缺乏产品，实际

---

⊖ 他和他的合伙人以 1 000 多万美元的价格向 McAfee Associates 出售了他们的软件公司 Brightwork Development Inc.，所以，他 33 岁就退休了。

上都是巨大的优势，因为它迫使企业集中精力进行销售，从而为企业带来现金流。因此，为了生存和发展下去，创业者每走一步都要问：为了抓住市场机遇，他们怎样才能用更少的资源来完成更多的事？

### 利用其他人的资源

利用其他人的资源（other people's resources，OPR），是创业者采用的重要手段，特别是在创业期和企业成长初期。这些资源的所有权并不重要，但是拥有资源的使用权以及能够控制或影响资源的配置是至关重要的。

其他人的资源包括朋友、亲戚、商业伙伴或其他投资者投资的资金或从他们那里借出的钱。由客户或供应商低价或免费提供的，或者通过交换未来服务、机会等获得的，诸如人员、空间、设备或其他借到的材料等资源也属于 OPR。事实上，应用 OPR 可以像阅读免费的会计师事务所宣传册那样简单，也可以像利用低成本的教育计划、政府资助的管理援助计划那样容易。扩大应付账款是很多初创企业和发展期企业撬动杠杆增加现金流的常见做法。

作为一名创业者，你将如何利用这些资源呢？霍华德·H. 史蒂文森和威廉·H. 萨尔曼（William H. Sahlman）建议，你必须做"两件看似自相矛盾的事情：如果有必要的话，找出最好的顾问或专家，让他们在更早期阶段，更彻底地参与其中；同时，你要对他们的资历和建议保留怀疑态度"。最近的一项研究发现，社会资源，如成熟的商业网络、来自朋友和家人的鼓励等，都与创业活动密切相关。此外，在与家人、朋友、同学和顾问建立联系的同时，史蒂文森和萨尔曼建议，人与人的接触可以加强创业者和风险投资顾问之间的关系。准确的社交感知、印象管理技巧、说服力和影响力以及高度的社会适应能力，这些均可能与新创企业迈向成功所需的各项行动息息相关。保拉·杜宾尼（Paola Dubini）和霍华德·奥尔德里奇（Howard Aldrich）在研究这些"社会资源"如何有益于新企业的盈利方面做出了贡献。关于他们所确定的战略原则如表 10-1 所示。

表 10-1　关于网络关系和创业有效性的假设

| 高效的创业者比其他人更有可能系统地规划和监控网络活动 |
| --- |
| ·高效的创业者能够描绘出他们当前的网络关系，并能够区分哪些能创造盈利，哪些只是象征性的联系 |
| ·高效的创业者能够识别对确保公司成功非常关键的有效网络关系 |

（续）

- 高效的创业者能够稳定和维持网络关系，以提高创业有效性和效率

**高效的创业者比其他人更有可能采取措施以增加他们的网络密度和多样性**

- 高效的创业者会为纯粹的随机活动留出时间，随机活动是指完成时不需要考虑特定问题的事情
- 高效的创业者能够检查网络密度，从而在避免过多的网络重叠（因为它们影响了网络效率）的同时仍然保持网络中资源的集中性和凝聚力
- 高效的创业者通过拓展网络关系，增加刺激，以便更好、更快地适应变化

资料来源：P. Dubini and H. Aldrich, "Executive Forum: Personal and Extended Networks Are Central to the Entrepreneurial Process," *Journal of Business Venturing* 6, no. 5 (September 1991), pp. 310-12. Copyright 1991.

# 外部人力资源

## 董事会

成立新的创业团队时，首先应该完成人力资源评估工作（参见第 8 章）。当团队和需求明确以后，你可能会希望引入更多的外部资源。

对新创企业来说，决策是否设立一个董事会，以及如果设立的话，制定选人流程并选到合适的人往往是很耗费心力的。

### 决策

根据公司结构要求，董事会需要由股东选举产生，其中投资者将占据一些席位。非法人机构不需要正式董事会。

除此之外，是否让外部人士参与需要深思熟虑。虽然他们可以提供企业所缺少的经验、技术和网络，但是设立董事会以后，企业需要披露更多的财务信息、运营信息，这会让融资和所有权决策复杂化。

Hambro 国际公司的亚特·斯宾纳（Art Spinner）在接受采访时解释说：

创业者总在担心董事会偷走或者接管他们的公司，其实这是错的。虽然创业者有很多理由去担心，但这种情况无须担心，它几乎从来没有发生过。事实上，董事会的权力也并不大。与其说他们是为了监管创业者，不如说是为了给创业者提供建议。

正如斯宾纳所说，董事会成员为一家企业带来的专业知识是非常宝贵的。大卫·甘珀特（David Gumpert）列举了他的合伙人以及他为网上直营机构 Net-Marquee 招聘的高级顾问委员会所发挥的关键作用。他认为，依据企业需要填补的"漏洞"来选择董事会非常重要，同时他也注意到了财务上的约束。甘珀特说，"董事会在战术、战略和整体经营理念方面不断挑战我们"。这些挑战能够让企业受益：① 防止愚蠢的错误；② 让管理层专注于真正重要的事情；③ 防止公司的管理层士气低下。

### 选择标准：通过专业知识和人脉增加价值

成功的管理团队往往具备这样的行为准则：知识诚信，即了解你知道什么，以及你需要知道什么。在一项关于风险投资者对董事会贡献的研究中，创业者似乎把经营经验看得比财务经验更重要。此外，该研究报告称，"平均而言，那些获得过行业前 20 家风险资本公司投资者的创业公司 CEO 认为，他们的风险投资董事会成员的建议确实比其他外部成员的建议更有价值，但价值也不是特别高"。

作为 11 家公司的董事和另外两家公司的顾问，斯宾纳总结出了以下几个简单的规则，以指导创业者与董事会建立高效的关系。

- 把你的董事当作个人资源。
- 永远对你的董事诚实。
- 成立薪酬委员会。
- 成立审计委员会。
- 绝不设立执行委员会。

初创企业发现，出于某些原因，有可能成为董事会成员的人对于加入董事会表现得越来越谨慎。

### 责任

在美国公司丑闻影响下，美国国会于 2002 年通过了《萨班斯－奥克斯利法案》（Sarbanes-Oxley Act，简称 SOX 法案）。SOX 法案要求公司以更快的速度向美国证券交易委员会提交书面文件，创造一种更透明的收集和披露财务信息的方式，并测试它们发布准确、及时的信息的程序。违反这项法案的后果很严重，公司高管可能面临入狱和巨额罚款。

尽管初创企业通常不受该法案的技术要求约束，但法案精神为小型和成长型公司设立了更高的信息披露标准。例如，许多追求首次公开募股的初创企业在上市前就要遵循上市公司报告规则和 SOX 法案标准。

一家公司的董事亦须为企业及高管行为承担个人责任，虽然法庭认为如果董事的行为是公正的，就可免除董事的法律责任，但董事很难证明他是公正的，尤其是在创业情景下。限制董事和高管职责的一个办法是利用董事和高管赔偿保险。

### 给董事会付费

梅隆金融公司（Mellon Financial Corporation）的年度董事会薪酬和治理实践调查发现，新的治理实践正在重塑美国公司的董事会，显著推进了董事会薪酬、责任和问责的变革。调查结果反映了美国最大的 150 家公司的薪酬实践（其中许多是上市公司）。该调查还列出了现金收入、股权、聘用人员薪酬、会议费、董事会及委员会领导差异等信息，具体如下。

- 董事会薪酬的中位数为 3.5 万美元，同比略有增加。
- 包括雇员在内的现金薪酬总额中位数为 4 万美元，同比增长了 17%。
- 年度股本奖励价值中位数为 68 200 美元，低于 2008 年的 81 400 美元。
- 这些公司中约 80% 有外部董事长或首席董事，其中 63% 额外支付薪酬。

### 正式董事会的替代方案

顾问和其他非董事会成员的专家是正式董事会的替代方案。由于顾问的职责是提供建议而不是做出决策，所以它限制了责任，公司可以从这些顾问那里获得客观反馈。

### 律师

#### 决策

几乎所有的公司都需要法律服务，创业企业尤其如此。因为对创业者来说，充分理解他们的决策和签订协议的合法情况至关重要，他们绝不应该只依靠律师。

百森商学院兼职教授莱斯利·查姆（Leslie Charm）认为："你必须像你的律师一样思考你要签署的文件的意义，因为交易结束后，你才是接手人，而非你的律师。"查姆还指出，律师可以作为老师和顾问，为创业者解释法律，阐明风险和后果，也可以在谈判中帮助他们达成交易。

有些人还指出了对法律顾问进行选择和管理的重要性。遵循法律规定并引入恰当的法律服务，有助于减少公司问题，降低长期成本，公司的法律环境将更健康。FindLaw 公司认为，没有法律学位的创业者可以使用自助法律指南和预印表格来处理某些法律事务。创业者在选择律师时，要考虑的因素包括：可用性、与律师相处的舒适度、工作经验和适应性、成本，以及法律工作者是否了解该行业，是否与投资者和风险投资有联系。

创业者往往在以下领域需要法律服务。

- 企业登记。创始人、高管和董事的责任以及新企业的组织形式等问题都很重要。公司税法也是不断变化的，因此创业者需要专业的法律服务。
- 特许经营和许可证发放。在特许经营商、承租人、特许人或出租人不履行义务的情况下，关于未来权利、义务和后果的条款都需要专业的法律咨询意见。
- 合同和协定。公司在合同、许可证、租约和其他协议（如股东授权）等方面需要律师的协助。
- 正式诉讼、责任保护等。在当前充满不确定性的环境下，多数创业者会面临成为被告的风险，因此需要律师。
- 房地产、保险和其他事项。作为一名创业者，你将参与各种需要律师服务的房地产交易。
- 版权、商标和专利。知识产权是一个需要专业法律服务的领域。
- 雇员计划。利益和股票所有权计划已经变得复杂，难以有效管理和使用，创业者需要向具有这些领域专业知识的法律顾问咨询。
- 税务规划和审查。那些更关心避税而不是抓住市场机遇的创业者将需要更多的法律服务。
- 联邦、州以及其他法规和报告。认识到法规的影响并遵守法规，需要专门的资源和法律咨询。

- 合并和收购。买卖公司需要有专业的法律知识。
- 破产。并非所有的商业企业都能成功。法律咨询对于任何一家走向破产的公司来说都是至关重要的，因为公司所有者、高管和董事往往要承担个人责任。
- 其他事项。如协助回款、维护劳资关系等各种事项。
- 个人需求。随着创业者净资产的积累，遗产、税收和财务规划等方面的法律咨询意见变得非常重要。

### 选择标准：通过专业知识和人脉增加价值

在一项关于选择律师事务所或律师的因素的调查中，54% 的受访者表示，与律师事务所成员有私交是主要因素。40% 的受访者认为声誉是一个重要因素，26% 的受访者认为公司既有的关系网络很重要，只有 3% 的受访者提到了收费问题。

美国许多地区都有专门为新创企业和高增长潜力公司提供服务的律师。选择律师时最好从认识成功企业家、管理团队成员或董事的熟人中开始挑选。会计师、银行家以及同事的建议也很有用。你也可以从风险投资公司的合伙人、领先的会计师事务所合伙人、律师协会或律师名单如马丁代尔 – 哈贝尔法律指南（Martindale-HubBell Law Directory）中进行选择。高效的律师必须具备处理具体问题所需的经验和专业知识。史蒂文森和萨尔曼指出，大型律师事务所或国有审计公司拥有丰富的资源，可能是最好的人才库。

### 银行家和其他贷款人

#### 决策

特定的融资需求可以帮助你判断是否需要银行家或其他贷款人。并非所有银行都能与创业型企业合作，其实拥有一位优秀的银行家将比获得一家顶尖银行的资金支持更重要。创业者应该知道他需要从银行家或贷款人那里得到什么，是对固定资产（如用于购置设备、设施或处理库存）有资金需求，还是需要短期运营资金。

### 选择标准

比较理想的方式是从律师、风险投资家、会计师和其他企业家推荐的人选中选择。建议探索多种可能性，以提高找到合适的贷款人或机构的概率。

## 会计师

### 决策

几乎所有大型会计师事务所都发现，它们的重要潜在客户中有大量的新创公司，它们的商业战略的重要内容之一便是投其所好。会计师经常受到不公平的诽谤，特别是在安然事件之后。会计师从事的业务越来越多，不再仅仅是处理数据信息。作为新创公司的顾问，经验丰富的会计师除了提供审计和税务咨询外，还提供其他增值服务。

### 选择标准：通过专业知识和人脉增加价值

在选择会计师时，首先需要决定选择与谁合作，是小型地方公司，还是区域公司，抑或是一个大型会计师事务所。虽然公司应该自主决策，但总的来说，CEO 更喜欢与规模较小的地区会计师事务所合作，因为这样成本更低，而且它们往往对本地业务更为专注。在制定该决策时，你需要考虑以下几个因素。

- 服务。对它们可以提供的服务水平和重视程度进行评估。对于大多数初创企业来说，一家小型事务所往往在以上两个方面都比大型事务所要强。但是，如果是一个具有高增长潜力企业的创业者寻求风险投资或战略合作伙伴，并且有上市的愿望，那么一家全国性的事务所更合适。

- 需求。将公司当前或未来需求与所选事务所的能力进行权衡。大型事务所处理高度复杂问题或技术问题的能力较强，而小型事务所在提供一般的管理建议和协助方面更擅长，因为它们更有可能参与处理财务事务。在大多数情况下，仍处于规划早期的公司或者不打算上市的公司不需要顶级的会计师事务所。然而，对于那些一开始就吸引到正规风险投资基金的初创企业而言则例外。

- 成本。大多数大型事务所能够为具有显著增长和盈利潜力的初创企业提供非常具有成本竞争力的服务，但这并不意味着该初创企业能与大型事务所顺利合作。如果一个企业需要大型事务所合伙人的关注，那么大型事务所的服务收费就会更高。但是如果企业需要的是技术知识，大型事务所可能会有更多的经验，效率也更高。许多处于早期成长阶段的公司无力聘请顶尖的全国性会计师事务所，因此最好选择一家小型的本地事务所。根据麦科里集团的蒂姆·麦科里（Tim McCorry）的说法，这些事务所会告诉你在什么时候需要转向一家大型事务所，以获取更广泛的服务。

### 趋势[一]

会计市场最近的发展趋势导致了竞争的加剧、资本成本的螺旋式上升、产品利润率的下降以及法律诉讼的增加。创业者应该在这样的买方市场上货比三家，寻找那些最有能力的会计人员，从而为企业提供最合适和最恰当的服务。来自优秀律师的参考性意见也是会计师的参考性资源。专业会计团体也是有价值的资源。

## 顾问

### 选择标准

顾问用于解决特殊问题，填补管理团队没有发现的空白。许多有经验的顾问可以提供创业者需要的、有价值的帮助和建议，这些建议可以是技术性的、具体的，也可以是一般性的、广泛的。

新创企业通常需要帮助才能完成那些会对企业产生持久影响的关键任务和决策。在一项关于如何使用咨询顾问及咨询顾问对企业产生的影响的研究中，德国弗劳恩霍夫协会系统和创新研究所的卡尔·拜尔（Karl Bayer）采访了 315 家公司。他发现，其中 96 家雇用过咨询顾问，他们被初创企业雇用的原因如下。

（1）弥补专业经验水平较低的不足。

（2）瞄准广阔的细分市场。

（3）承接需要大量启动设备投资的项目。

现有企业面临着持续增长带来的一些问题。这些问题中有许多是非常专

---

[一]　原书本节下有两个相同的"决策"标题，此处建议改为"趋势"。——译者注

业的，可能管理团队中缺少这方面的专业知识。例如进行市场调查，评估何时和如何开展信息化业务，决策是租赁还是购买设备，是否改变存货估价方法，等等。

一个新颖的外部视角可以帮助找出问题症结并提供所需专业知识，但并不是每个企业都能使用好顾问。拜尔的报告称，引入咨询顾问对 3～5 年后的销售产生了负面影响。此外，他的调查结果显示，绝大多数（96 人中的 2/3）"顾问交付的成果……与原任务不适配"。拜尔建议创业者对顾问要精挑细选，这样才能让公司长期受益，但这需要下一番功夫。

BuyerZone.com 的李密云（Mie-Yun Lee）为如何建立有效的咨询关系提供了有用的建议：① 定义，定义，定义——不计时间和成本地明确项目的预期结果；② 在选择顾问时，尽量建立长期的关系，因为顾问融入你的业务中需要时间；③ 外包并非减轻工作负担的灵丹妙药，交流才是成功的关键。

### 决策

咨询领域的选择之多、质量之多变、成本之不可预测，是其他任何领域都无法比拟的。自称顾问的人数量庞大，并且不断增加。各种私人和非营利组织都可以为创业者提供咨询，教授、工程师等则提供兼职的咨询服务，其他专业人员也可以提供咨询服务，如会计师和银行家。

在选择顾问时，正确的化学反应也是至关重要的。当问及一个公司总裁从与他最终聘用的顾问的交流中学到了什么时，他说："他们不能讲出一件具体的事，但他们也都说创办企业一定得有咨询顾问！"

尽管有些咨询看上去不明智还很冒险，但也有一些制约方法。顾问往往有自己的专长。虽然有些顾问声称拥有丰富的专业知识，但大多数人都是在自己感觉舒适和熟练的领域进行指点。创业者在寻找顾问时，要考虑以下几点。

- 优秀的顾问不受地域限制，他们可以出差，也可以通过网络展开工作。
- 最好的推荐系统是口碑，确保仔细检查推荐系统。
- 人际交往技能是必不可少的，因此应该尽早评估。

强烈建议准备一份书面协议，列明顾问职责、任务目标、项目所需时间以及薪酬支付方式和数额。有些顾问按照小时收费，有些按照固定费用，还有一些则收取聘请费。虽然许多产品的质量与它们的价格大致相关，但咨询服务却并非如此，因此，仅凭收费高低来评判顾问是很困难的。

## 财务资源

### 分析财务需求

市场潜力已评估，创业团队已建立，所有的资源也都明确了，接下来创业者就该评估财务资源的类型、规模和引入时机了。

如前所述，现在存在一种本末倒置的倾向。创业者往往喜欢从电子报表开始对商业机会进行评估（特别是他们对正式商业计划的思考），而不是首先专注于明确合适的市场机遇，决定如何捕捉机遇，以及准备估测财务需求。

然而，分析财务需求时重要的是要认识到现金是企业的命脉。正如南加州大学马歇尔商学院的金融学教授詹姆斯·斯坦西尔（James Stancill）所说："任何公司，无论规模大小，都是靠现金而不是靠利润运作的。你不能用利润来支付账单和员工工资，只能靠现金。"财务资源总是有限的，在评估一家公司的需求及引入时机时，现金流是一项重要且关键的衡量指标。斯坦西尔指出：

> 现金流的常用衡量指标——净收入加折旧（NIPD）或息税前利润（EBIT）——只能在稳定销售期间才能真实地显示公司的现金状况。

以现金流预测为例，创业者请回答这个问题：如果销售额只增长了 5%，而非预期的 15%，怎么办？如果每 30 天只有 50% 的账单能够被支付而非 65% 怎么办？这些变化对现金流的影响显而易见。

在几种不同的假设情况下，花时间充分评估一家企业的现金需求具有极高的价值。应该将固定成本和可变成本、市场估计以及启动资源需求等假设结合在一起参考，以预测详细的月度现金流，从而确定企业的经济特性。然后，这些假设可以用来模拟不同经营条件下的财务收益，并预测企业所需资金和回报。

# 互联网对资源的影响

## 为非营利组织筹集资金

动态在线服务模式的出现，正在改变非营利组织的拍卖筹资方式。过去，协调和配备人员与场地一直是一个挑战，尤其每次拍卖会都会因为志愿者的更换而需要进行再培训。此外，参与实体拍卖的通常是一小部分组织的支持者。

位于马萨诸塞州剑桥市的风险投资创业公司 cMarket 开发了一种在线服务模式，允许非营利组织推进它们的事业，吸引捐赠者，为公司赞助商提供价值，提升它们的筹款成果。2008 年，它们举办了 2 259 次在线慈善拍卖，在美国慈善捐赠收入中占了 2 000 万美元。cMarket 公司总裁乔恩·卡森（Jon Carson）指出："现在，任何非营利组织都可以在没有培训或内部技术人员的情况下，举办筹资活动，而且会将消息发送到全体赞助商的电子邮箱中。"

## ⊕ 创业练习 10-1　组建你的智囊团

组建一支由导师、顾问、教练和董事组成的干部队伍，是创业成功的关键。组建这种智囊团要求创业者具备专业、一丝不苟、顺畅沟通和坚韧不拔的精神，必须通过自己的表现和正直获得智囊团的信任和信心。

本练习旨在提供一个框架和关键步骤，以思考需求和开发智囊团。

### 第一部分：对蒂蒙斯模型的差距和拟合分析

（1）在企业发展的每个阶段，来自创业团队外部的专业技术、经验、专业知识和判断力通常都是必要的。对蒂蒙斯模型进行差距和拟合分析是重要的风险回报管理工具。

- 谁掌握了我们所没有的关键方法和资源？
- 我们需要什么资源才能获得一个很好的机会？
- 现在和未来两年，谁能为企业提供最高的价值、洞察力和坚实的经验？
- 基于我们当前的尝试，谁是最聪明、最有洞察力的人？
- 在你最不了解的领域，谁能为企业提供最有价值的视角和网络？

（2）分解蒂蒙斯模型，认真考虑以下方面。

- 核心机会。如果他们现在不在你的团队中，那么谁比他们更了解收入和成本情况？驱动力和前提是什么？如何定价、销售、营销、服务客户和分销？IT 和电子商务呢？竞争呢？企业的自由现金流特征和经济性呢？

- 资源。谁能为你提供信息，帮你找到需要的人、网络、金钱和关键人才？
- 团队。谁在创业方面有比你多出 10 ～ 20 年的经验？
- 环境。谁能从资本市场、监管要求以及行业、技术、市场的内部驱动因素等方面了解企业的外部环境、面临的变化和时机？

（3）结论。在创业中发挥最大作用的人物和资源有哪些？通常只有 1 ～ 3 个关键人物或资源可以产生巨大的影响。

## 第二部分：识别和组建智囊团

（1）一旦你已识别影响最大的关键资源和人物，你就需要安排引荐。教师、家人、朋友、室友等都可以为你推荐。

（2）如果无人引荐，就必须用你的智慧和创造力去赢得见面机会。

- 准备充分并表达清晰。
- 发送执行摘要，推进议程。
- 了解能够吸引对方的因素和利益。
- 跟进并坚持到底。不要仅发电子邮件，还要发送一封手写的短笺。

（3）要求直截了当地回答如下问题。

- 我们有哪些遗漏？我们的团队、营销计划、财务标准、战略等有哪些缺陷？
- 是否有不为我们所知的竞争对手？
- 我们将如何与竞争对手竞争？
- 谁会拒绝或接受我们并给我们投资？为什么？
- 我们错过了谁？
- 我们还应该和谁谈谈？

从他的问题和你自己提出的问题中，你会获得对你和你的企业非常重要的见解，并了解潜在智囊团成员对你公司的了解和洞察力。你很快就会知道对方是否感兴趣，是否能为你带来价值增值。

（4）培养智囊团助力企业成长。提前两年考虑，在智囊团中引入那些曾在你认为困难的领域取得成功的人。

## ⊕ 创业练习 10-2 创业者如何转少为多

创业者有很强的创造力，知道如何白手起家创业，以及如何从有限的资源中获得巨大收益。这个任务可以单独完成，也可以两人或三人合作完成。锁定至少两家或三家公司，它们的销售额超过 300 万美元，成立不到 10 年，并以少于 25 000 ～ 50 000 美元的初始种子资本成立。采访这些公司的创业者，关注他们最小化和控制（不一定拥有）必要资源的策略与战术。

（1）他们用了什么方法、信息来源和技术来获取资源？

（2）为什么他们能用这么少的资源做这么多的事情？

（3）什么样的假设、态度和思维方式促使他们以这种方式思考和运作？

（4）你采访过的创业者有哪些经营模式？它们有哪些相似之处和不同之处？

（5）这些节约型创业或者"以少谋多"的方法，对创业者保存现金和股权以及未来寻找其他市场机遇有什么影响？

（6）在与员工、供应商和其他资源提供者（他们的第一个办公场所或设施、宣传册等）的交易和安排中，他们是如何设计出独特的激励措施的呢？

（7）为了代替货币，他们还使用了哪些其他形式的通货（比如用空间、设备或人员进行交易，或者多放一天或一周的假期）？

（8）他们能否举出一些例子来说明他们是如何免费获得某种本来需要用金钱支付的资源的（取得控制权）？

（9）许多有经验的企业家说，对于初次创业者而言，用太多的钱创业反而更糟糕。你怎么看？为什么？

（10）一些强大的新创企业是在经济衰退时期，在信贷紧缩和资本市场紧张的情况下成立的。建立起一套精益求精、量入为出、少就是多的理念以及节约意识和预算规则是很有价值的。你能想到这方面的例子吗？你同意还是不同意？你能想到反面的例子（比如那些在 20 世纪 90 年代经济繁荣高峰期或接近顶峰期成立的，而且获取的资本和信贷比它们实际所需要的多的企业）吗？

将 *Inc.* 杂志、《成功》杂志、《快公司》杂志和其他一些关于白手起家创业的特刊文章作为背景知识进行阅读是非常有用的。

第 11 章

# 特许经营

## 提供"创业之路"

● 导 读

特许经营本质上是一种创业行为。商业机会、规模和增长是特许经营的核心。

特许经营是在特许经营授权者和被授权者之间分享利润、共担风险和共同实施的战略。

对于那些有兴趣创建一个特许经营企业的人来说，特许经营关系模型阐明了特许经营授权者与被授权者联盟的动态关系。对于潜在的被授权者而言，特许经营筛选模板有助于正在成长中的创业者评估任何特定特许经营机会的风险与回报状况。

## 引言

在本章中我们会对特许经营进行深入剖析，了解它是如何与蒂蒙斯模型相匹配的。我们会介绍特许经营的范围，并对一系列指标做出检验，这些标准是采用特许经营模型的决定条件。本章内容还包括在考察特许经营商业机会时可以提供帮助的方法和模型。

特许经营与第 2 章和第 3 章中对创业的定义（创业就是以创造财富为目的的

机会识别）是相对应的。机会、创意和行动对创业企业来说很重要，也是特许经营机会的重要组成部分。

究其根本属性来讲，特许经营是一个大型的、基于合作的而不是个人努力的成长机会。根据蒂蒙斯模型，一旦某项业务得以成功运营，就可以将特许经营看作一种成长方式和融资工具。

## 创造岗位与创造财富

作为一个特许经营创业者，我们可以控制特许经营所带来的成长机会。这意味着我们将拥有使用相同系统来运营 1 ～ 12 个连锁门店的能力，具体数量取决于特许经营被授权者的目标和资源。

在任何企业中，创造财富的能力始于对市场机会的最初评估。例如，一个特许经营公司可能会做出限制每个区域范围内门店数量的决定。因此，对于潜在被授权者来说，市场拓展空间从一开始就被限制了。一些公司为了奖励被授权者，将授权购买更多市场或区域内的商铺作为激励。只有一家店铺的被授权者在生意兴隆后，会得到经营更多门店的机会。创业过程得到鼓励，财富由此产生。

## 特许经营：创业的历史

美国的特许经营创业从未像今天这样活跃。超过 4 500 家特许经营企业和 60 万家商铺在市场上繁荣发展，这些业务占全国范围内零售业的 36%。从全球范围来看，英国、法国和澳大利亚特许经营占其零售业务的 10%。特许经营体系的长期成功、新特许经营的激增以及特许经营被授权者和特许经营授权者的财务收益率，都印证了特许经营可以成为激动人心的创业挑战这一信念。特许经营带来的财富创造过程持续进化，我们不仅见证了多门店特许经营授权者数量的增加，还见证了在不同的特许经营体系中运营多个经销店的被授权者数量的增加。世界上最大的特许经营授权者——英国的联合道麦克公司（Allied Domecq），向大家证明了特许经营作为探索创业机会和财富创造工具的成功可能。联合道麦克公司旗下有唐恩都乐（Dunkin' Donuts）、美国芭斯罗缤冰淇淋（Baskin-Robbins）和 Togo's

餐厅。在唐恩都乐被卖给联合道麦克公司前，创始人比尔·罗森博格（Bill Rosenberg）的儿子鲍勃·罗森博格（Bob Rosenberg）将唐恩都乐连锁店从几百家店铺发展到三千多家。鲍勃又继续运营联合道麦克公司的北美零售业务 10 年，在他 1998 年退休前，业务规模已经翻倍。鲍勃相信："联合道麦克公司在美国的特许经营店数量还可以翻倍，在欧洲和亚洲的潜力则是指数级的。"显然，特许经营是适用于大多数地区的全球性商业模式。另一家可以证实特许经营在现代商业中盛行的公司是捷飞络国际公司（Jiffy Lube International）。大多数特许经营权拥有者倾向于从国家规模的角度思考，当时创立捷飞络公司的团队收购了一家位于犹他州奥格登的小型夫妻店，然后立刻在公司名称中加入了"International"，因为该团队察觉到商业模式和服务的全球化可能会让他们在美国以外的其他地方取得成功。

当人们听到雷·克罗克（Ray Kroc）和安妮塔·罗迪克（Anita Roddick）这两个名字时，大多数人会认为麦当劳和美体小铺的创始人是创业者，他们的商标和品牌是世界上最成功的几个之一。表 11-1 揭示了当代特许经营的几个方面。

任何探索创业机会的人都应该认真地考虑特许经营这个选择。作为特许经营权授权者或被授权者，特许经营可以让他们共担风险、共享回报，共同创造并培养商业机会，并共同筹集人力资本和财务资本。

表 11-1　美国几大特许经营授权者的特许经营情况

| 特许经营体系发展时间 | 21 年 |
| --- | --- |
| 特许经营授权商的加盟店数量 | 2 652 家 |
| 平均收入 | 8.71 亿美元 |
| 特许经营费用 | 28 559 美元 |
| 使用权费率 | 5.58% |
| 广告费率 | 2.89% |
| 许可协议期限 | 14 年 |

注：所有指标都使用了 91 家样本公司的平均数。

## 特许经营：聚集机会

在前面的章节中，蒂蒙斯模型识别出了机会的三个部分：市场需求、市场结构和规模以及利润率分析。被授权者必须要意识到需求的本质，因为从个人消费者到整个社会，需求无处不在。在最基础的层面，主要目标受众（primary target audience，PTA）是机会识别过程的决定性内容。没有顾客，就没有机会；没有机会，就没有创业；没有持续性机会，特许经营可能就不存在被授权者。

正如我们在本章前面讨论过的一样，我们的目标是关注特许经营，因为它同时为被授权者和特许经营授权者提供了机会。现在我们会研究识别特许经营机会的几个方面：确定 PTA，服务概念，服务交付系统（service delivery system，SDS）设计，培训和运营支持，现场支持、营销、广告和促销以及产品采购供应。潜在被授权者应该了解每一个特许经营组成部分的本质和质量。特许经营授权者也可以通过这些信息来审视他们自己的产品。考虑通过特许经营来实现成长的企业必须关注产品的细节。

## 主要目标受众

定义目标受众是很重要的，因为它决定了企业需要具备哪些功能。最重要的是，它可以衡量哪些需求最重要。一旦确定了 PTA，次要目标就可以随之确定了。次要目标的市场渗透程度低于主要目标。尽管市场需求预测并不精准，但特许经营授权者仍必须持续地收集客户数据。甚至在购买一个特许经营权后，被授权者也会将本地市场人口统计数据与国家概况相比较，以评估本地市场在店铺数量方面的潜力。收入预测是依据目标受众以及基于历史信息所预测的市场渗透程度而进行的。以下三大类数据可以帮助改进 PTA 需求预测。

### 人口统计概况

人口统计概况是对个人特征的汇编，使公司能够定义"普通"客户。大多数特许经营权拥有者以市场调研为中心职能，开发客户档案，并将这些信息传播给特许经营授权者和被授权者。这类调研可能包括当前用户和非用户的档案。典型的人口统计分析包括年龄、性别、收入、家庭住址（从商店开车或步行的距离）、工作地址（从商店开车或步行的距离）、婚姻状况、家庭状况（孩子的数量和年龄）、职业、种族和民族、宗教和国籍。必须通过查看概念特定的数据（如 Midas 特许经营店里的平均汽车数量，或一家 GAP 加盟店的可支配收入中用于服装采购的百分比）来了解人口统计的背景。

📍 **专栏**

### 理论联系实践：市场需求——Radio Shack 动态的目标市场

目标市场是动态的，且很快会发生质变。Radio Shack 不得不改变业务以反映其目标市场的变化。在 20 世纪 70 年代和 80 年代，Radio Shack 依靠那些钟爱短波收音机、立体声系统、对讲机等技术的年轻人发展了起来。它的全国零售连锁店为这些客户提供最新产品，并且做得很好。

从 20 世纪 90 年代初开始，技术变得更加复杂。个人电子设备开始包括手机、笔记本电脑和电子记事簿。这些产品的市场正在从一个技术爱好者的小群体扩展到中年男性群体，他们喜欢电子产品，也拥有更多的可支配收入。然而 Radio Shack 保持不变。因此，随着个人电子产品市场的繁荣，它的客户越来越少。20 世纪 90 年代初，Radio Shack 重新调整了业务重心，将目标对准了新的人群，广告迎合了 44 岁的中产阶层男性和 29 岁的新技术爱好者的需求，因为那个 29 岁时曾在 Radio Shack 买东西的新技术爱好者现在已经 44 岁了。他不再打算入手收音机，但他会买一部手机。Radio Shack 在营销和库存方面也都做出了巨大的改变。

### 心理分析

心理分析根据社会阶层、生活方式和性格特征，对潜在客户进行了细分。美国的经济阶层一般分为 7 类：① 上层阶级上部，不到 1%；② 上层阶级下部，2% 左右；③ 中上层阶级，12%；④ 中产阶级，32%；⑤ 工人阶级，38%；⑥ 下层阶级上部，9%；⑦ 下层阶级下部，7%。

生活方式显现出了诸如健康意识、时尚取向或"汽车狂"等问题。人格变量，如信心、保守性和独立性等被用来进行市场细分。

行为变量通过知识、态度和对产品的使用来划分潜在客户，以规划产品或服务的使用。通过阐明对目标市场的详细了解，特别是为什么消费者会把钱花在我们身上而不是竞争对手身上，企业能够深刻洞察竞争环境。

### 地理概况

特许经营范围可以是地方性的、区域性的，也可以是全国性的或国际性的。

全美市场通常分为 9 个区域：太平洋、山区、西北 – 中部、西南 – 中部、东北 – 中部、东南 – 中部、南大西洋、中大西洋和新英格兰。区域再按照人口密度进一步划分为城市、郊区或农村。

智慧化的特许经营公司利用不断增长的特许经营授权者和被授权网点不断收集有关的客户数据。这有助于形成动态愿景，从而对市场机遇进行战略性开发。对系统数据的分析必须与愿景的概念和愿景可能性相联系。例如，如果我们在 10 年前成立了一家耳饰公司，可能会将目标市场界定为 21 ～ 40 岁的女性，市场规模则是美国这个年龄段的女性人数。但是，如果跳出当前数据之外去憧憬更大的市场，也许会帮助我们塑造愿景。例如，耳饰的目标市场可以被定为年龄为 12 ～ 32 岁的男女，平均每人有三对耳环而不是两对。目标市场的识别需要我们将人口统计数据与企业的独特愿景相结合。

将 PTA 的确定作为特许经营机会识别的核心是至关重要的，这有助于评估某个特许经营机会对消费者的吸引力，并确定特许经营机会的有效性。我们将设计一套有助于定义尽职调查过程的标准，以评估特许经营对商业机会的开发程度。该研究具有较高的参考价值，有助于现存的特许经营授权者、潜在特许经营授权者和被授权者全面认识特许经营。

## 评估特许经营：初步尽职调查

在考察某一特许经营企业产品的细节之前，潜在的特许经营授权者和被授权者必须先将美国 4 500 家特许经营企业的产品筛选一遍。表 11-2 提供了一个特许经营筛选模板，该模板旨在对构成特许经营的关键变量进行初步评估。这项练习旨在帮助绘制特许经营的风险概况图，并突出最需要进一步调查的领域。

表 11-2　特许经营筛选模板

| 指标 | 低风险 / 平均市场收益 15% ～ 20% | 可接受风险 / 增量收益 30% | 高风险 / 边际收益 40% ～ 50% | 极端风险 / 大额收益 60% ～ 100% |
|---|---|---|---|---|
| 进驻多个市场 | 国家 | 地区 | 州 | 地方 |
| 披露或识别的预计获利情况 | 90% 明显获利 | 80% 明显获利 | 70% 明显获利 | 少于 70% 获利 |

（续）

| 指标 | 低风险 / 平均市场收益 15%～20% | 可接受风险 / 增量收益 30% | 高风险 / 边际收益 40%～50% | 极端风险 / 大额收益 60%～100% |
|---|---|---|---|---|
| 市场份额 | 第一名，占支配地位 | 第一名或第二名，有强劲的竞争者 | 第二名以后 | 第三名以后，有占绝对优势地位的竞争者 |
| 全国营销项目 | 空前成功的创造性过程，有全国媒体覆盖 | 创造性＋区域性媒体覆盖 | 创造性＋当地媒体覆盖 | 只有当地媒体覆盖 |
| 全国采购项目 | 在全国采购合同中有超过 3% 的毛利优势 | 比独立运营有 1%～3% 的毛利优势 | 只有区域毛利优势 | 没有可辨别的毛利优势 |
| 利润特点 | 超过 50% 的毛利，超过 18% 的经销店净利润 | 40%～50% 的毛利，12%～17% 的经销店净利润 | 30%～40% 毛利，少于 12% 的经销店净利润 | 毛利下降，经销店净利润不稳定 |
| 商业模式 | 复杂的培训，记录在册的执行手册，可辨认的被授权者反馈机制 | 基础培训和动态记录的执行手册，一些现场支持 | 有培训和运营支持，但现场支持较弱 | 不确定的培训、现场支持和静态运营 |
| 许可协议期限 | 20 年（自动续期） | 15 年（含续期） | 少于 15 年或不含续期 | 少于 10 年 |
| 网点开发 | 清楚记录量化标准并与细分市场建立联系 | 通用场地开发标准，市场优先 | 通用市场发展标准概要 | 商业模式没有与可辨别的细分市场相联系 |
| 单位需求资金 | 15 000～25 000 美元的运营资金 | 运营资金加 50 000～100 000 美元的机器和设备 | 运营资金加机器和设备，再加 500 000～1 000 000 美元的房地产 | 反复无常，高度变化或定义不明 |
| 特许经营费用和特许权使用费 | 费用的 PDV[①]少于被授权者相对于独立运营的经济优势（减少成本或增加收入） | | 费用的预计 PDV 少于特许经营相对于独立运营的预期经济优势（减少成本或增加收入） | 费用的 PDV 是可辨别的少于特许经营所期待的价值 |

① PDV 是现期贴现值的缩写。如果特许经营是一种降低风险的战略，那么未来收入的折扣应该少一些。同时，市场营销上的规模经济应该会增加特许经营相对于独立运营可以产生的收入。

这项练习并不是为了做出"加盟还是不加盟"的决定而设计的。相反，未来的被授权者应该通过该练习，对特许经营是否符合它们的个人风险及回报情况进行评估。特许经营授权者也可通过该练习来查看它们可能发送给未来被授权者的风险信号。

## 高潜力的特许经营企业

在这部分，我们主要关注特许经营授权者及其收益。在一项对上市交易的特许经营授权者的研究中，那些获得公共资金的公司规模和业务范围令人印象深刻。资本市场奖励了许多已经达到了高潜力特许经营标准的特许经营授权者，反过来，这些特许经营授权者也为股东带来了良好的回报。图 11-1 对比标准普尔 500 指数展示了上市特许经营授权者的绩效。对股东总回报（股息和股价上涨）的分析表明，虽然在 2001 年之后标准普尔 500 指数受到了经济衰退的沉重打击，但上市特许经营授权者指数除外。虽然 20 世纪 90 年代末的非理性繁荣时期之后的股市下滑是互联网估值过高导致的，但修正往往会全面压低股价。特许经营授权者指数的相对上扬可归因于该指数在食品类别中权重较大。在经济衰退期间，当家庭预算紧张时，消费者会选择提供最佳价值的餐饮机构，这是许多饮食特许经营组织的主要驱动力。

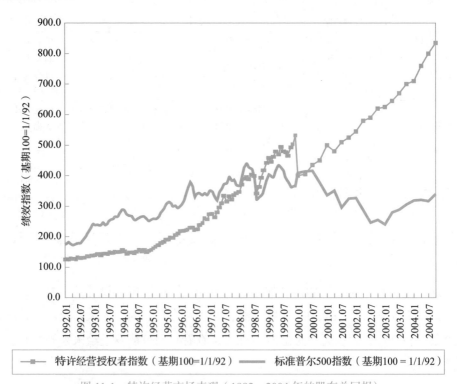

图 11-1　特许经营市场表现（1992—2004 年的股东总回报）

更有趣的是那些在优秀特许经营授权者中表现异常突出的公司。以麦当劳为例，它是一家典型的特许经营企业。麦当劳是世界上最大的餐饮服务机构，截至2007 年 5 月，它在 122 个国家拥有 3 万多家餐厅。它的全球基础设施包括一个供应商和资源网络，使其能够实现规模经济，对客户产生巨大价值。2006 年全系统销售额达到 216 亿美元，营业收入为 46 亿美元，每股收益增长 3.3%。每个市场都由一个当地的管理团队运营。

联合道麦克公司的独特战略是在单次运营中整合利用了两个或三个品牌的概念，试图通过更有效地利用资源来优化投资收益。唐恩都乐甜甜圈创立于 1950年，现在是世界上最大的咖啡与甜甜圈连锁店，目前已经发展到美国和 70 个国家的 7 000 多家分店。Togo's 成立于 1971 年，是加利福尼亚州发展最快的三明治连锁店，目前已遍布全美。美国芭斯罗缤冰淇淋的 31 种口味的产品在从加利福尼亚到莫斯科的 5 500 多个地方都有供应。

## 特许经营提供的关键要素

在本节中，我们将介绍特许经营交付系统的主要内容，特许经营理念和交付内容都为特许经营授权者创造了财富，这也是未来的特许经营被授权者需要花大量时间关注的地方。如果你希望成为特许经营授权者以扩大你的供给，那么请你从如何构建供给体系这方面阅读以下内容，要知道潜在被授权者会深入研究这些内容。

### 服务交付系统

建立服务交付系统为特许经营筹集资源提供了线路图。机会决定了特许经营授权者需要执行某些任务以满足消费者的需求，而为满足这些需求而投入的资产则是吸引被授权者所需的资源。

蒂蒙斯模型首先关注的是机会评估，这需要对目标市场和客户有清晰的了解。另外，它着眼于资源整合，或在特许经营中建立服务交付系统。服务交付系统是为客户提供服务的基本手段，也是一种商业模式创新（每个服务交付系统的设计通常是专有的），交付的资源被配置起来，以在市场中创造竞争优势。商业模式创新中高度成功且明显的例子是快餐店的免下车服务和快速换油设施的双层设施服务。

由于服务交付系统确实是特许经营成功的精髓，所以对它的深入关注也不应被低估。对于理念创新者来说，"细节决定成败"这一常用语在为特许经营业务设计服务交付系统时意义最为重大。斯蒂芬·斯皮内利从扩展捷飞络的专营权的经验中总结出了这一点。捷飞络的扩张计划中一个特别的组成部分生动地描绘了服务交付系统发展的复杂性，并揭示了随着时间的推移这种设计将带来的巨大利益。

捷飞络连锁店选址必须满足特定标准：车流量大、有专门的车辆进出通道、高档零售区域、街道或街区的弯道，以及其他要求。通过反复试验，捷飞络明确了任何给定资产下的最优配置。一旦这些方面得到满足，建筑规范就会随之建立。建筑的角度，入口的宽度、深度和角度，应该能容许某个最佳数量的汽车排队等候前面的车辆完成服务。但是在某些情况下，符合位置标准的设施没能按照预期运行。对情况的分析表明，在很多情况下，车道上的弯道太急，导致顾客不能把车完全开进车道，从而给人留下车位已满的错误印象。因此需要对车道进行调整，以容纳越来越多的等待服务的汽车。

除了选址，捷飞络服务交付系统的成功还体现在保养间的设计上。考虑到使用液压升降机固有的局限性，捷飞络需要在 10 分钟内完成半小时才能完成的工作。要提供这项 10 分钟内完成的服务，3 名技术人员需要在不使用升降机的情况下同时为一辆汽车服务。因此，一种设计应运而生：让开进保养间的汽车停在地板上的一个开口上方。这使一名技术人员可以从下方保养汽车，另一名技术人员保养汽车的发动机盖，第三名技术人员保养汽车内部。如果不开发出这样一个颠覆性的系统，捷飞络就不可能成功。

📍 **专栏**

### 理论联系实践：服务交付系统助力 Wendy's 进入一个"饱和"市场

1972 年，大卫·托马斯（Dave Thomas）进入了许多专家称为"拥挤的汉堡"的快餐市场。他的理念是提供一个"凯迪拉克汉堡"，它是热的、新鲜的，而且交付速度比竞争对手更快。为了贯彻托马斯的理念，Wendy's 推出了全国快餐连锁店中的第一家提供免下车服务的餐厅。Wendy's 的菜单除了提供传统的单层肉饼汉堡外，还提供双层肉饼和三层肉饼，因此其厨房被设计成能批量生产汉堡，并以最快的速度将食物送到前台或汽车通行窗口的样子。为了确保汉堡烹制得恰到好处，每个 Wendy's 餐厅都有一个巨大的前玻璃窗，可以让烧烤厨师观察店内顾客的流动情况，同时厨师也在顾客的视线范围内。

尽管麦当劳和汉堡王拥有巨大的市场份额，但 Wendy's 还是能凭借为创造竞争优势而进行资源配置的方式成功地加入这场争夺战。各种错综复杂的东西——汽车通行橱窗、厨师和厨房的位置以及双层和三层肉饼，使得 Wendy's 连锁店能够在快餐汉堡市场上赢得一席之地并不断繁荣发展。

大卫·托马斯的远见对快餐业的影响意义重大。2002 年 1 月他去世时，Wendy's 收到了数千封来自顾客的表达其哀悼之情的电子邮件。

当竞争对手、加油站和汽车经销商还没有能够在使用液压升降机和传统托架的情况下提供"快速保养"时，使用免下车服务和双层设施系统的决定是正确的。捷飞络对服务系统各部分的精妙且复杂的设计提高了服务的交付价值。随附的方框突出了围绕 Wendy's 服务交付系统创造价值的具体设计。

## 培训和运营支持

正式的特许经营授权者培训项目就是构建服务交付系统，不但将知识传授给被授权者的经理，还传授给一线员工。在店铺营业前和营业过程中，持续不断地收集和传授知识都很重要。许可协议规定了特许经营被授权者履行职责的具体方式。培训因特许经营的具体情况而有所不同，但所有培训都应该向新的特许经营被授权者和尽可能多的新员工提供有组织的、高质量的在职培训。如捷飞络和唐恩都乐已建成的成熟的特许经营体系，被授权者需要在现有系统中拥有长达一年的运营经验，才能购买特许经营权。一旦加盟店开始运营，被授权者可能需要对新员工进行现场培训。特许经营授权者提供的专业支持通常是特许经营稳定的信号，以及特许经营伙伴关系实力的暗示。

如前所述，企业产品名称和商标是特许经营体系中的宝贵资产，因为被授权者的成功依赖于产品销售，而产品销售依赖于特许经营授权者的品牌资产和实力。

对特许经营成功的基础来说，与完善的服务交付系统设计一样重要的是，具有前瞻性的培训方案。没有接受过适当培训的员工，永远不会把一个优秀的产品传递到消费者手中。

### 现场支持

与上述培训支持类似的是现场支持。现场支持将至少采取两种形式：特许经营授权者代表亲自到访被授权者所在地，以及特许经营授权者在公司总部保留每个基本管理项目可供咨询的常驻专家。在理想情况下，许可协议会规定，特许经营授权者的代理人将带着目标定期访问被授权者门店，例如绩效评估、现场培训、设施检查、当地营销评估以及业务审计。遗憾的是，一些特许经营授权者利用他们的现场支持者角色做一些"走形式"或"挑毛病"的活动，而不是提供培训和现场支持。现场支持的实质内容越丰富，授权者获得的使用费就越有保障。

要想理解特许经营授权者的现场支持动机，可以通过调查现场人员的报酬来实现。如果外勤员工的薪酬和被授权者的业绩与最终赢利挂钩，那么玩弄手段的行为就会减少。当奖金是因为门店数量增长而非单个门店业绩增长而发放时，或是因为特许经营授权者提供的产品的使用率而发放时，情况就非常危险了，就会出现关键警告信号。

### 营销、广告和促销

营销活动无疑是当前特许经营体系中最敏感的领域，因为可以通过它们将产品名称和商标铭刻在消费者脑海中，并以此获得知名度，这也是特许经营企业最重要的资产。如果交付的产品能够有效地印证营销信息，那么特许经营的价值就提高了；但是如果二者不一致，就可能会在当地和全国两个层面损害特许经营体系。随着门店数量的增加，营销预算也会增加，并分摊到整个系统中。

营销活动的资金来源和实施通常表现在三个层面：国家、区域和本地。国家层面的广告预算通常由特许经营授权者控制，被授权者贡献一定比例的销售收入形成广告基金。然后特许经营授权者会生产被授权者使用的产品，并依据广告基金的规模决定被授权者的媒体使用时间或空间。因为不可能将这些服务平等地分配给散布在不同市场的不同规模的被授权者，许可协议一般会特别明确要尽"最大努力"向被授权者提供近似平等的待遇。尽管"最大努力"总会让一些被授权者受到更多的广告曝光而另外一些曝光度较少，但随着时间的推移这种情况会实现自我平衡。这是需要双方认真监控的一个营销领域。

区域营销、广告和促销是根据最大影响区域（area of dominant influence，ADI）原则来安排的。在最大影响区域（如康涅狄格州的大哈特福德）的所有门店都要把一定比例的销售收入贡献给 ADI 的联合广告组织。联合广告组织的主要功能通常是使用特许经营授权者提供或授权的广告业务购买媒体以及协调区域站点促销活动。如果在特许经营的许可协议中有区域广告联合条款，它还应该制定标准化的 ADI 合作章程细则，其中将概述投票权和支出参数等问题。

对营销来说，第三种情况一般被称为本地广告或本地店铺营销。在这个层面上，许可协议规定被授权者有义务直接支付广告费用。根据许可协议中特许经营授权者的不同规定，对于可允许的广告费用浮动范围很大。

特许经营授权者应该监督并强制管控营销费用。例如，某一被授权者的客户可能受到相邻地区的广告影响而离开当前最大影响区域。此外，广告开支不足会影响营销印象，降低特许经营固有的营销杠杆优势。

## 供应链

在大多数特许经营体系中，主要优势来自批量采购和存货控制。为了充分利用这种规模经济优势，许可协议专门采用了一些方法。市场的变化、竞争者和美国反垄断法使特许经营授权者不可能处处获得最优惠价格。特许经营应采用体现出最大努力原则和诚信标准的方法，以达成全国和区域性供应合同。

鉴于产品或服务的性质，地区采购可能会比全国采购更有意义。由于运输重量和成本或服务需求，地区采购可能对被授权者有更大的好处。精明的特许经营授权者会意识到这一点，并实施灵活的采购计划。当地区优势存在且特许经营授权者没有正确采取行动时，被授权者就会填补这个空缺。月度 ADI 会议就成为允许被授权者表达他们的意见和关注点的论坛。这种特设组织最终可以减少对质量的控制，扩大特许经营联盟的范围。当然，它也可能导致质量控制放松，以及许可协议限制外的被授权者联盟的扩张。这种性质的更高级活动经常会使特许经营制度分散化，甚至导致特许经营授权者被抛弃。在一些情况下，特许经营授权者和被授权者经营的购买合作会和平共存，彼此充当竞争者并降低经营者的成本。然而，双重购买的合作通常会降低经济规模并稀释体系资源。它们也引发了特许经营联盟的内部冲突。

出于质量控制的目的，特许经营授权者将保留发布产品规格清单的权利。该清单会明确规定运营所用原材料或货品的质量标准。一份经过认证的供应商名单将依据所示规格生成。当特许经营的许可协议指定被授权者购买特定品牌产品时，该清单就会发展成特许经营的"搭售协议"。这会随着产品规格清单的不同而变化，因为品牌（而非产品内容）才是合格的规格。在这里重要的问题是：特许经营和产品的搭售协议对市场上的被授权者有提升作用吗？如果有的话，是否存在公平交易的控制措施，以确保定价（扣除增加的价值）会产生积极的结果？遗憾的是，无法对此进行精确的量化。然而，如果许可协议中已经规定了搭售协议，那么我们建议未来的特许经营权所有人在购买特许经营权前做出判断。根据这一决策方案，特许经营授权者应该证明搭售协议的价值或放弃搭售协议。

另一种巧妙的搭售协议形式如下：许可协议最终明确了只包含一个供应商的供应商批准列表。如果无法向列表中添加供应商，那么事实上这就是一个搭售协议。另外，当产品规格已被确定只有一个品牌满足要求时，另一种搭售协议产生了。特许经营授权者应该披露上市特许经营授权者及其管理人员直接或间接地从特许经营体系的产品采购中获得的全部报酬。在这种情况下，特许经营授权者的市场价值提高，进一步证明了这是一项合理的协议。

## 特许经营关系模型

既然我们已经明确了特许经营的本质和组成要素，接下来可以将它们与我们在过去建立的特许经营关系模型（franchise relationship model，FRM）联系起来（见图 11-2）。特许经营关系模型将蒂蒙斯模型中的创业框架与特许经营独有的经营过程联系起来。我们已经证明特许经营是一种有力的创业方法，因为它适用于蒂蒙斯模型，而且创造了财富。特许经营关系模型阐述了理念创新者（如潜在的特许经营授权者）如何能最有效率地建立一家特许经营企业，以及理念实施者（如潜在的被授权者）如何决定加入哪一家企业。特许经营关系模型还可用来帮助辨别出哪些是在公司庇护下执行情况最好的任务，以及哪些是个体被授权者完成情况最好的任务。正如特许经营对创业者来说是一种减少风险的手段一样，特许经营关系模型也是一种有效的工具，可用于帮助特许经营授权者和被授权者判断某一特许经营机遇的效率和成功潜力。将特许经营关系模型用于给定的特许经营上，可以预测哪些瓶颈会对成功造成阻碍，或哪里可以改进以提供竞争优势。

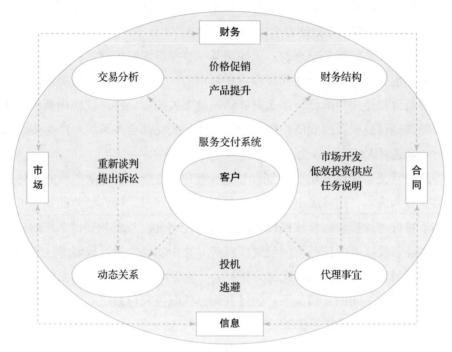

图 11-2　特许经营关系模型

　　特许经营关系模型是一系列特许经营准则，其中的每一个准则都会与其他准则相融合，从而形成一个强大的、紧密相连的经营理念，随着联结的实施更加有效，这一理念会不断巩固。尽管这个过程从以客户为中心开始，然后转移到了服务交付系统，并延续下去，但是方法和机制的外围环境驱动着一个特许经营体系竞争优势的形成。除了客户和服务交付系统之外，主要关注的领域是交易分析、财务结构、代理事宜和动态关系。

　　交易分析考虑了哪些交易能由特许经营授权者在国家层面上提供更好的服务，以及哪些交易应该由被授权者在本地层面提供服务。通常来说，特许经营授权者的职能以经济规模为中心。被授权者的职能需要现场创业能力，如雇用员工和本地促销。财务结构包括对顾客需求的预测分析，以及对与服务交付系统的发展和执行相关的成本的分析。代理事宜涉及将责任委托给合伙人。没有哪一个特许经营授权者能绝对了解被授权者是否在门店层面"做正确的事"。被授权者可能也无法知道特许经营授权者是否总会从他们的利益出发。动态关系是指特许经营授权者和被授权者间的关系随着业务的持续扩张而不断变化和完善。任何完全遵守合同、一成不变的合作关系最终都会以诉讼而告终。

特许经营关系模型是动态的：正如当某一事件会影响模型的一个方面时，所有其他方面也必须经历一个迭代过程后重新审阅。例如，如果许可协议的重新谈判会导致特许权使用费降低，那么财务结构就要被改变。特许权使用费的变化可能导致特许经营授权者改变所提供的服务。任何变化都会在系统中产生逐级联动效应——这是对该模型的一个重构过程。

特许经营关系模型从机会识别和塑造（客户）开始，然后阐明服务交付系统的竞争优势和成本，这将吸引客户需求并创造投资回报。特许经营的竞争可持续性根植于特许经营授权者与被授权者之间的责任划分以及服务交付系统的精心设计。特许经营授权者的任务将围绕规模经济并集中实施，被授权者专注于那些需要当地现场处理的创业活动（交易分析）上。应急财务结构反映了主要目标客户与服务交付系统之间的互动关系。通过共同分担服务交付系统的责任和共享有潜力的投资回报，特许经营企业联盟就由此形成了。

特许经营体系长期稳定运营的核心是选择正确的合作伙伴和监督合作伙伴的关键责任（代理事宜）。然而，即使在最稳定的关系中，动态的商业环境也要求对合作关系进行不断调整，以确保持续的长期竞争优势。为了了解合伙人的业绩波动范围并随时对市场变化做出反应，我们可以通过正规复查过程进行标准化处理并通过非正式谈判保持该系统的非结构性变化（动态关系）。如前所述，如果认识不到该关系的动态管理需求，双方常常会以诉讼收场。

我们现在明白了特许经营是一种创业行为，正是特许经营的独特组成要素促成了创业联盟。

## 互联网带来资源的多元化

### 网络赋能

特许经营的本质是基于商标的价值创造过程。有效地共享信息是利用每个被授权者的经验来改善所有被授权者状况的关键。由于特许经营（主要）由长期合同管理，因此系统中的参与者有分享知识的动机，因为绩效提高有利于构建他们所共同拥有的商标。

特许经营企业一直是监控系统和反馈回路领域的先行者。大多数特许经营企业都在互联网和外联网系统上投入了大量资金。最初（在互联网之前），这些系统主要是"监管"设备，旨在确保被授权者严格遵循格式化的商业模式，然后支付它们的特许权使用费。今天，这些系统远远超出了原来的控制功能。

麦当劳最近开始尝试将餐厅"免下车"订餐系统进行外包。一家麦当劳的特许经营被授权者创建了这个系统，现在正在与其他 300 名被授权者共同进行公共测试。初步测试结果显示交货速度和订单准确性均显著提高。

### ⊕ 案例研究　迈克·贝洛博诺

### 引言

迈克·贝洛博诺（Mike Bellobuono）有很多事要考虑。百吉饼行业销售额爆炸式增长，总部位于康涅狄格州的百吉滋（Bagelz）已经在 3 年内建立了 7 个零售店。贝洛博诺知道该公司必须迅速发展，否则将面临无法与大公司竞争的风险。

总裁乔·阿莫迪奥（Joe Amodio）、副总裁韦斯·贝彻（Wes Becher）、区域发展经理杰米·沃伦（Jamie Whalen）和运营总监迈克·贝洛博诺都有很多利益关系在里面。百吉滋的 4 人管理团队计划完全保留所有商店的所有权，直到他们遇到弗雷德·德鲁卡（Fred Deluca），他建议将企业转为特许经营并想办法获得融资。创建了赛百味（Subway）的德鲁卡对百吉滋来说可谓是一笔巨大的财富。但这 4 人习惯了以紧密结合的小型团队运作，甚至开始担心与德鲁卡的合作会导致他们失去对百吉滋的控制权。

一方面，如果他们决定转为特许经营，贝洛博诺想知道他们是否能够找到成功经营百吉滋店铺的有资金、有动力、有能力的被授权者。他知道总在抱怨的被授权者很难代表公司利益，他不确定是否应该为加速发展而烦恼，也不知道不满意的被授权者是否会损害公司的声誉。他还担心被授权者无法达到当前 7 家百吉滋店铺规模所塑造的高标准。他想到了另一家大型快餐连锁公司 Jack In The Box 的经历。1993 年 1 月，未熟透的汉堡中的细菌导致一名顾客因病死亡。该公司聘请独立的检查员审查每一家特许经营店铺，并确保每一家的烹饪过程都符合卫生委员会的规范。虽然没有发现其他违规行为，但被授权者的收入下降幅度高达 35%。

另一方面，如果他们决定不进行特许经营，他们就有可能被排除在某些地区之外。布鲁格百吉饼正在新英格兰地区开设店铺（见图 11-3），曼哈顿百吉饼则已经上市，可以获得大量用于扩张的资金。如果反对特许经营，他们想知道百吉滋是否能够承受来自竞争对手的冲击。他们想做出正确的决定，但还有很多需要考虑的问题，德鲁卡的合伙提议必须尽快付诸实施。百吉饼战争正在升温，贝洛博诺知道他们必须制定出优秀的增长战略。

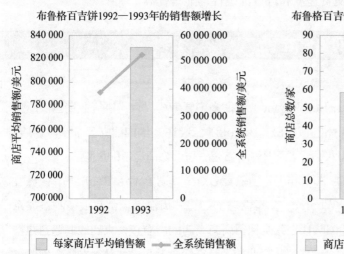
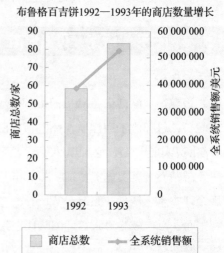

图 11-3　布鲁格百吉饼增长统计

### 迈克·贝洛博诺的背景

贝洛博诺于 1991 年 5 月毕业于百森商学院，获得学士学位。他在一家草坪服务公司工作，但他和他大学时代的朋友杰米·沃伦正在研究百吉饼和鸡肉特许经营权。

作为贝洛博诺大四学年阶段项目的一部分，他们对食品服务行业进行了深入研究（见图 11-4 ）。这使他们相信该行业将持续增长，而百吉饼和鸡肉将成为下一个高增长的细分市场。

然后，贝洛博诺遇到了韦斯·贝彻和乔·阿莫迪奥。两人开设了一家名为百吉滋的百吉饼店，由于经营业绩很好，他们又开设了第二家店，并计划开设更多店铺（见表 11-3 中百吉滋的收入情况）。在考察了其他情况后，贝洛博诺认为他既喜欢百吉滋这家公司，又喜欢其百吉饼的口味。

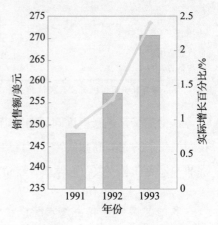

图 11-4　食品服务行业增长统计

表 11-3　1993 年百吉滋商店的平均收入情况　（金额单位：美元）

| | 每周 | 每年 | 占总收入的百分比 /% |
|---|---|---|---|
| 每家商店的总收入 | 8 000.00 | 416 000.00 | 100 |
| 销售成本 | | | |
| 　工资薪金 | 2 000.00 | 104 000.00 | 25 |
| 　餐饮 | 1 680.00 | 87 360.00 | 21 |
| 　饮料 | 800.00 | 41 600.00 | 10 |
| 　纸张供应 | 320.00 | 16 640.00 | 4 |
| 总销售成本 | 4 800.00 | 249 600.00 | 60 |
| 销售毛利润 | 3 200.00 | 166 400.00 | 40 |
| 营业费用 | | | |
| 　工资税 | 136.00 | 7 072.00 | 1.70 |
| 　工资单服务 | 20.00 | 1 040.00 | 0.25 |
| 　出租 | 480.00 | 24 960.00 | 6.00 |
| 　康涅狄格州照明与电 | 200.00 | 10 400.00 | 2.50 |
| 　康涅狄格州天然气 | 120.00 | 6 240.00 | 1.50 |
| 　电话 | 24.00 | 1 248.00 | 0.30 |
| 　广告 | 200.00 | 10 400.00 | 2.50 |
| 　本地广告 | 80.00 | 4 160.00 | 1.00 |
| 　保险 | 80.00 | 4 160.00 | 1.00 |
| 　亚麻和洗衣房 | 16.00 | 832.00 | 0.20 |
| 　维修与保养 | 80.00 | 4 160.00 | 1.00 |
| 　垃圾清除 | 40.00 | 2 080.00 | 0.50 |
| 　办公用品 | 40.00 | 2 080.00 | 0.50 |
| 　制服 | 16.00 | 832.00 | 0.20 |

（续）

|  | 每周 | 每年 | 占总收入的百分比 /% |
|---|---|---|---|
| 专业费用 | 40.00 | 2 080.00 | 0.50 |
| 其他 | 20.00 | 1 040.00 | 0.25 |
| 总营业费用 | 1 592.00 | 82 784.00 | 19.90 |
| 运营总收入 | 1 608.00 | 83 616.00 | 20.10 |

注：所有数据均根据行业数据估算，并不代表百吉滋商店运营的实际财务表现。

沃伦的父亲是最早询问贝洛博诺是否可以成为沃伦的合作伙伴的，他将贝洛博诺视为他儿子的完美商业伙伴，而且热切地赞同贝洛博诺的想法，甚至认为小沃伦可以提前一年离开学校去做这件事。然而，贝洛博诺的父亲起初并不那么热心：

我的父亲希望我去法学院或在安泰（Aetna）工作，因为我在安泰得到了一个工作职位，但对我来说，为别人工作从来都不在我的选项之中。当我告诉他关于百吉滋的时候，他说："百吉饼？你应该去商学院读书，而现在你要贩卖百吉饼？"虽然他并不相信我的决定，但无论如何他还是对我的决定表示支持。

### 尽职调查

贝洛博诺向布鲁格百吉饼咨询了在康涅狄格州开设百吉饼店的情况，但该公司认为那里不具有市场潜力。然后他转向曼哈顿百吉饼，它认为康涅狄格州是一个可行的市场，并因为百吉滋具有一定的竞争优势而决定投资。百吉滋的首席百吉饼制造者欧文·斯特恩斯（Irving Stearns）已经从事这项事业超过 20 年了，并且知道有关百吉饼的所有信息。贝洛博诺也很喜欢百吉滋管理层的灵活性，其管理层能很快发现市场趋势并对其做出反应。例如，当所有竞争对手只提供常规和不含咖啡因的咖啡时，百吉滋为顾客提供了 5 种不同口味的咖啡。最后，百吉滋取得了更为有利的市场地位。

### 百吉滋

贝洛博诺和沃伦就获得特许经营权的事宜联系了阿莫迪奥和贝彻。贝洛博诺和沃伦很快了解到，特许经营授权者必须遵守美国联邦贸易委员会（Federal Trade Commission，FTC）的披露规则，该规则要求他们向所有潜在的被授权者披露某些特定信息。大多数特许经营授权者使用统一的特许经营公开通函（uniform franchise offering circular，UFOC），其中包含业务描述、估算开发成本、开支费用列表、被授权者和特许经营授权者义务、与特许经营相关的其他业务以及待决诉讼。制作这份文件费用昂贵且耗时，但如果没有它，阿莫迪奥和贝彻就无法出售特许经营权。然而，贝洛博诺和沃伦一直努力坚持到阿莫迪奥和贝彻同意以有限合伙的形式出售他们的一家商店为止。

贝洛博诺和沃伦于 1991 年 12 月开设了曼彻斯特商店。贝洛博诺和沃伦的奉献精神给贝彻留下了深刻的印象，贝彻谈到希望二人成为公司的全面合作伙伴。贝彻表示，虽然公司有几个潜在的投资人，但他想让他们两个人成为合伙人，因为他和阿莫迪奥正在寻找能够为百吉滋工作的投资人，而不是完全的投资人。沃伦和贝洛博诺通过他们的父亲完成融资，第二年成为完全合伙人。贝洛博诺、贝彻、沃伦和阿莫迪奥顺利解决了各种问题并达成了合作伙伴关系。团队 4 名成员中的一名每天都会去巡查每一家店铺，以确保经营顺利进行，并解决出现的困难。贝彻、沃伦和贝洛博诺专注于日常运营，而阿莫迪奥则专注于公司的发展：

阿莫迪奥是领导者，他是一个直觉敏锐、运气绝佳的人。阿莫迪奥会指出一个方向，我们三个会让它成为现实。阿莫迪奥在推销方面有着不可思议的天赋，这种天赋使他能够实现看似不可能的目标。有一年圣诞节，我们待在纽约市的一家餐厅。店主很郁闷，因为餐厅里顾客寥寥无几。阿莫迪奥说如果店主让他坐在窗边，他可以让顾客填满餐厅。接着他在窗户边演出，挥舞着手势，晃动着身体，促使人们想要看看是什么如此令人兴奋。你知道吗？他在不到一个小时的时间内就让餐厅里坐满了顾客，但阿莫迪奥的表演尚未结束。然后，他让整间餐厅的人都开始唱《圣诞节的十二天》，当人们忘记了歌曲中的一段歌词时，他就让他们跑到街上，询问路人是否知道这些歌词，看那些在纽约市中心的陌生人是否能够帮助他们。真令人难以置信，甚至连结局都像一个童话故事：当人群唱到圣诞节的第十二天时，阿莫迪奥在门口挥挥帽子然后离开了。直到今天，每当他进入那家餐厅，他的晚餐都是免费的，店主永远不会忘记阿莫迪奥为他们做了什么。

到 1993 年，百吉滋已经有了 7 家商店，目标是在 2000 年之前使康涅狄格州的商店数量达到饱和。布鲁格百吉饼还未在康涅狄格州开店，而曼哈顿百吉饼只在几个地方开设商店，但贝洛博诺知道竞争者一定会进入：

我们是百吉滋，我们想让康涅狄格州成为我们的地盘，所以你要知道，如果你要进入康涅狄格州，就必须和我们竞争。

### 百吉饼行业

传说第一个百吉饼是为波兰国王制作的庆祝面包，当时国王的军队击退了 1683 年入侵的土耳其军队。犹太移民将百吉饼引入美国，几十年来，百吉饼被严格地定义为一种民族食品，吸引力有限。

传统的百吉饼是由水、面粉、酵母和盐混合制成圆环的形状。通过在水中煮沸，百吉饼形成了有光泽的外皮，然后在砖炉中烘烤，使其外皮酥脆，内里柔软耐嚼，比大多数面包的密度更大。随着百吉饼获得人们的认可，该行业也在加速发展。现代面包师经常使用机器加工成型的百吉饼和大型不锈钢烤箱，并配有旋转架，以实现更快、更均匀的烘焙。由于美国百吉饼店之间的竞争加剧，传统的百吉饼配方已经过调整，增加了各种口味。

兰德（Lender's）现在是品尼高食品公司（Pinnacle Foods Inc.）的一个部门，在 1962 年首次销售大规模生产的、冷冻的、供超市出售的百吉饼。在此之前，百吉饼仅作为新鲜食品出售。到 1991 年，兰德的销售额为 2.03 亿美元。兰德最大的竞争对手莎拉·李（Sara Lee），于 1985 年进入冷冻百吉饼市场，销售额为 2 240 万美元。

20 世纪 80 年代，兰德和诺什百吉饼（Bagel Nosh）尝试在全国开设百吉饼连锁店，但它们没有成功。直到 20 世纪 90 年代初，百吉饼才在全国范围内得到了认可，尤其是在东海岸。截至 1992 年中期，美国的 15 个城市的百吉饼销售份额占全部市场总额的 51%。1992 年，尽管冷冻百吉饼的销售额达到了 2.119 亿美元，比 1991 年增长了 4%，但新鲜百吉饼的销量是增长最快的，增长了 28%，达到 9 500 万美元。1993 年，冷冻百吉饼的销售额预计将增加 6%，达到 2.244 亿美元，新鲜百吉饼的销售额预计将增加 17%，达到 1.11 亿美元。消费者对百吉饼的认识和消费量都稳步增长，但在 1988 年和 1993 年增长最为显著（图 11-5 展示了 1988 年和 1993 年人均百吉

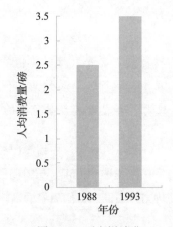

图 11-5　百吉饼消费

饼消费量的增长）。早餐占百吉饼总销售额的 65%，随着消费者健康意识的增强，百吉饼已经成为一种天然、低脂肪、高碳水化合物的代餐食品，可以替代甜甜圈和松饼等。

## 弗雷德·德鲁卡

1993 年春天，弗雷德·德鲁卡联系了百吉滋团队。德鲁卡在特许经营行业中享有盛名。1965 年，还在大学期间的他就开设了第一家赛百味。9 年后他开始特许经营事业，到 1995 年，赛百味已发展到超过 10 000 家分店。此外，《企业家》杂志在 1988—1994 年，连续 6 年将赛百味评为年度特许经营权 500 强中的第一名。百乐滋团队谈道："我们从未想过他会想和我们做生意。我们只是很高兴见到他。当我们意识到他有兴趣达成交易时，我们非常惊讶。"

于是，百吉滋团队首次认真考虑了特许经营。

## 到底要不要进行特许经营

德鲁卡曾提议收购百吉滋，将它打造成世界级特许经营店，但首先他想确保百吉滋团队完全了解这一点并准备好迎接特许经营可能面临的所有潜在困难：

德鲁卡想知道为什么我们要进行特许经营。他说："你们知道自己在做什么吗？你们确定真的想处理特许经营带来的所有问题吗？"

百吉滋团队权衡了成为特许经营授权者的利弊。他们评估了两个基本策略：要么在康涅狄格州作为连锁店迅速发展，要么进行特许经营在全国范围发展。

他们担心如果进行特许经营，事情会脱离控制，但也知道如果不这样的话很难快速成长。他们还担心无法锁定竞争对手：曼哈顿百吉饼计划扩展到康涅狄格州，而布鲁格百吉饼则被评为美国发展最快的 50 家餐厅之一。最后，贝洛博诺和团队担心德鲁卡会失去兴趣，然后赛百味公司开始收到越来越多的关于公司并未全力支持被授权者的负面宣传。《华尔街日报》刊登了一篇特别令人不安的文章，导致贝洛博诺和团队开始怀疑与德鲁卡合作是否会伤害百吉滋。然而，他们知道时间已经不多了，他们需要决定未来公司最佳的发展方向。

第 12 章

# 创业融资

## 创造价值、分割价值、应对风险

● 导 读

创业者开始思考：

- 我需要多少资金？
- 我什么时候需要？
- 我从何处以及向谁筹集资金？
- 这些资金能维持多久？

缺乏融资知识和对意料之外事项的考虑往往是创业者的致命弱点。

## 风险投资：创业者的致命弱点

创业融资有三项核心原则：① 现金越多越好；② 得到现金的时间越早越好；③ 现金的风险越低越好。虽然这些原则看似简单，但从创业者到首席执行官，似乎都忽略了它们。以下面的困境为例。

- 浏览一下你的首席财务官刚给你的年终业绩报告，公司的亏损比 3 个月前预计的还要大。连续亏损的第 4 年，你不得不走进会议室传达坏消息。作为一个家族企业，公司从 1945 年建立并生存下来，以 17% 的年平均销售额增长率蓬勃发展。尽管这些年一直亏损，但公司的市场份额实际上是增加的。由于该行业的年平均增长率不足 5%，因此成熟市场难以实现持续的高增长。这究竟是怎样发生的呢？你和你的公司将何去何从？你如何向董事会解释，在过去的 4 年里，虽然公司销售额和市场份额都增加了，但最终却造成了亏损？你打算如何扭转这种局面？

- 过去 20 年，你的公司通过业务扩张和收购迅速发展。接下来 10 年的扩张是由有线电视行业普遍存在的高杠杆融资推动的，并且估值飙升。10 年后，公司的市值在 5 亿美元左右，只有 3 亿美元的债务，你拥有 100% 的股份。仅仅 2 年后，你的 2 亿美元净资产就缩减至零。你现在已经筋疲力尽，公司还可能遭受经济惩罚，面临重组，个人破产是非常有可能的。怎么会这样呢？公司还有救吗？

- 5 年前，你的公司成为行业领导者，超额实现了公司商业计划目标中设定的年度销售额、利润和新开业商店数量。随着每年销售额和利润翻倍增长，股票价格从首次公开募股的 15 美元涨到 35 美元左右。与此同时，你仍然拥有公司的大部分股份，然而令人震惊的是，到公司成立的第 10 年，销售额仅仅 9 000 万美元多一点，公司亏损了 7 800 万美元。于是股票价格大幅下跌，残酷的重组随之而来，包括你在内的原管理团队所持有的股票全部被收购，你也从你所创立和热爱的公司中被驱逐出去。公司为什么会失控呢？

- 作为一家快速发展的电信公司的董事长，公司成功上市后你召开了第一次董事会会议。当进行战略规划时，你计划在未来 3 年内使公司的销售额增长到 2 500 万美元，当然这是一种乐观的考虑，因为去年的销售额已经达到 1 800 万美元，公司的现金存款是 400 万美元，并且没有负债。会议一开始，两位外部董事的其中一位就问了首席财务官一个他最常问的问题："公司的现金什么时候会用完？"起初，首席财务官感到十分疑惑，然后他对这个他认为不相关的问题感到有些愤怒。毕竟，他认为公司现金充足，不需要银行贷款。然而 16 个月之后，在首席财务官没有发出警告信号的情况下，公司的现金耗尽，还透支了 100 万美元信贷额度中的 70 万美元。于是董事会解雇了总经理、首席财务官和一个从大型会计师事务所聘请来的高级审计合伙人。董事长必须亲自接管公司，并必须向这家濒临破产的公司投资 50 万美元以维持其继续运营。在这一点上，银行感到很恼火，你必须设计一项应急计划来解决财务危机。那么，如何做到这一点呢？

### 财务管理短视：那不可能发生在我身上

以上案例有三个共同点。首先，它们是现实存在的公司，并且都确实发生过上述事件。其次，这些公司都是由成功的创业者领导的，他们完全掌握了准备规范的财务报表的知识。最后，在每个案例中，问题都源于财务管理不善，就是完全不理解财务管理和商业战略之间的复杂动态与交互作用。为什么会这样呢？

#### 超越"早收晚付"的思路

在过去 40 年里，我在创业公司做过教育工作者、作家、董事、创业者和投资人，遇到过几千名业务人员和经理。他们承认，由于缺乏财务分析，以及管理和战略之间关系的专业知识，他们感到惴惴不安，有时甚至会感到害怕。这就是为什么在涉及复杂动态的财务交互关系时，创业者和非财务经理有时处于劣势。即使是经验丰富的经理人也可能没有意识到这样一个事实：不断增长的销售额和健康的盈利能力往往会导致现金流为负。如果发生了这种情况，你会采取何种融资手段呢？

### 关键的融资问题

图 12-1 说明了创业融资中的核心问题，包括价值创造、利益相关者和创造者如何分割价值以及企业内在风险的应对。制定融资和筹资战略对高潜力企业的生存至关重要。

创业者所面临的关键问题都与创业企业融资有关，例如：

- 创造价值。企业必须为谁创造价值或增加价值以实现正现金流？
- 分割价值。对初创企业或现有企业的收购，其交易结构和价值估值是怎样的？
- 应对风险。启动、收购或扩展业务需要多少资金？能否以可接受的条件获得资金？有哪些融资来源？如何谈判并获得适当的融资？

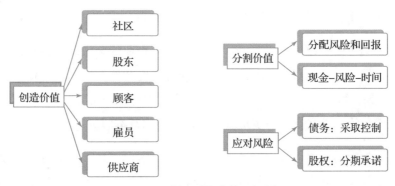

图 12-1 创业融资的核心问题

清楚地理解融资要求，对于创业者来说尤为重要。新兴和新创企业是资本的天堂，通常不值得举债。然而事情变得糟糕的原因是，快速增长只会导致对现金的更大需求。

图 12-2 很好地阐释了这种现象，其中损失占初始股本的百分比是按时间划分的。阴影部分代表 157 家公司自成立以来的总现金流。对这些公司来说，实现盈亏平衡需要 30 个月，收回初始股本则需要 75 个月，即大概第 7 年以后。从图中可以看出，现金流需要花很长时间才能为正，这种现象是高收入高增长的初创企业在融资方面面临的核心挑战。

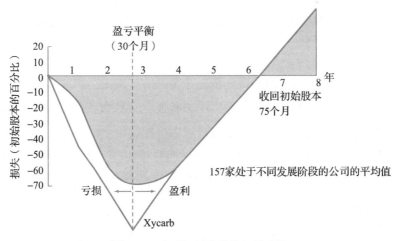

图 12-2 小型初创企业的初始亏损

资料来源：Indivers.

## 创业金融和公司金融

虽然这两个学科之间有共同点，但用于新创企业的金融理论也有重要的局限性。创业金融一直非常怀疑现代金融理论的可信度和相关性，包括资本资产定价模型（CAPM）和 beta 值。公司金融理论研究者的最新研究支持了这一观点。《哈佛商业评论》的一篇文章进一步挑战了公司金融的基本假设：

> 其中最激烈的抨击来自一个创立现代金融理论的关键人物——芝加哥大学教授尤金·法玛（Eugene Fama）。他的研究让人对广泛用于衡量股市波动的指标——beta 值的有效性产生了怀疑。第二类批评者正在寻找一种新的金融范式，他们相信这种新范式将从非线性动力学和混沌理论的研究中产生。然而第三类批评者则完全避开了这些科学的方法，他们认为投资者并不总是理性的，经理人对市场的持续关注正在毁掉美国企业。在他们看来，高度分散的美国金融市场在资本配置和监管方面做得很差。

这篇文章的作者继续说："有效市场假说、投资组合理论和资本资产定价模型这三个概念，已经对现在的金融市场与它们试图估值的公司之间的关系产生了深刻的影响。它们让无数的投资项目脱离正轨。"南希·尼克尔斯（Nancy Nichols）认为："尽管存在一些合理的经济理论，但在全球经济环境下，并没有唯一的答案。"

了解金融理论的局限以及创业金融与公司金融之间的差异是创业者的核心任务。请思考以下内容。

- **现金流和现金**：现金流和现金是创业金融的"国王"和"王后"，而非权责发生制会计、每股收益、折旧、税法和证券交易委员会规则的创造性运用。安然就是典型地说明公司是如何被规则操控的例子。
- **时间与时机**：企业的融资选择往往对时机很敏感。而在创业融资领域，融资活动的时间被压缩得更短，这些行动可能会受到更广泛、更不稳定的价格波动的影响。
- **资本市场**：私人创业企业的资本市场效率较低，而且因其私有性质而变得不够透明。主流金融理论及模型（如 CAPM）的特征和使用的基本假设，对初创企业以及首次公开募股之前的企业都不成立。

- **融资策略：** 优化或最大化融资金额的策略可能会对新创和新兴企业起到反作用。"阶段性资本承诺"的概念是，在达到价值拐点的前提下，资金才应该进入公司。聪明的创业者在估值对自己有利时筹集资金，这些资金可以用来降低公司的风险。

- **不利后果：** 与大公司的管理人员相比，对于新兴企业的所有者来说，财务决策带来的影响更加个性化或者情绪化。由于在向银行或其他贷款方融资时通常提供的是个人担保，所以对于创业者来说，现金耗尽的负面影响是巨大的，甚至相对来说是灾难性的。

## 明确资本要求

创业需要多少资金？什么时候需要？这些资金能维持多久？从何处以及向谁筹集资金？这个过程应该被编排和管理吗？这些问题对于处于公司发展任何阶段的任何创业者来说都是至关重要的。后面两部分将会回答这些问题。

### 融资战略框架

图 12-3 所示的融资战略框架告诉我们如何制定融资和筹资战略。该图展示了一个流程和逻辑，使用该流程和逻辑也可以处理其他棘手的问题。市场机会能够引导和驱动商业战略，而商业战略反过来又驱动融资需求、融资来源和交易结构

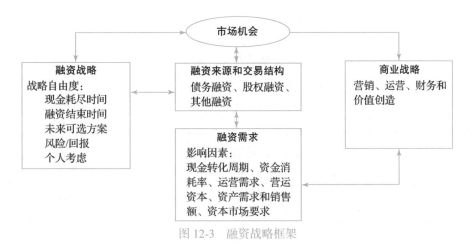

图 12-3　融资战略框架

以及融资战略。创业者一旦明确了市场机会的核心并确定了捕获商机的策略，就可以依据资产需求和运营资本考察融资战略要求。

不管公司采用什么融资战略和交易结构，由此采取的行动都会产生实际成本或实时成本，并可能强化或抑制未来的融资选择。同样地，每种融资来源都有特定的需求和成本（包括显性成本和隐性成本），它们会对融资战略和融资需求产生影响。一个前提是，成功的创业者必须充分警惕潜在的不利情况，他们在评估、选择、谈判和建立具有潜在融资来源的商业合作关系时，要小心翼翼地"处理细节"，并保持一定程度的谨慎态度。只有这样做，他们才更有可能在正确的时间、正确的条款和条件下找到正确的资金来源，也更可能避免潜在的不匹配风险，避免为错误的来源进行昂贵的无效搜索，以及随之而来的灾难性的"联姻"。

融资环境的变化，例如 1987 年 10 月和 2000 年 3 月的股市剧烈震荡，以及经济大衰退时期，可能影响整个融资市场和为中小企业服务的相关机构。这表现为贷款人和投资者在寻求投资时更加谨慎，更加注意加强风险规避和防范。当融资环境形势变得更加严峻时，创业者设计金融交易策略和有效处理融资来源的能力可能会被发挥到极限。例如，2007 年夏天的次贷危机造成了整个资本市场的混乱。设想一下，2003—2004 年在美国东南部地区投资建设的一个有 400 个单元的住宅小区，于 2007 年 6 月达成了一份价值超过 4 000 万美元的买卖协议，为创始人和投资者带来了丰厚的回报。这笔交易预计在当年 9 月中旬前完成，但不幸的是，买方作为更加紧缩、流动性更差的信贷市场的受害者，最终融资失败。

### 自由现金流：资金消耗率、现金耗尽时间、融资结束时间

确定企业外部融资要求的核心概念是自由现金流。它有三个至关重要的参数：资金消耗率（burn rate）、现金耗尽时间（fume date 或者 out of cash，OOC）、融资结束时间（time to clear）或完成融资和清算支票所需的时间，这些都对创业者的选择与各种股权和债务资本来源的相对议价能力有很大的影响，如图 12-4 所示。

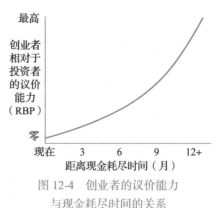

图 12-4　创业者的议价能力
与现金耗尽时间的关系

公司或项目产生的现金流定义如下：

---

息税前利润（EBIT）
- 上缴税收（税率乘以 EBIT）
+ 折旧、摊销和其他非现金费用
- 营运资本的增加额
- 资本支出

---

经济学家将上述计算结果称为自由现金流。该定义考虑了投资收益、产生的收入、投资成本，以及达到一定销售水平和净收入所需的营运资本、厂房和设备的投资额。这个定义可以进一步完善。营运资本定义如下：

---

交易现金余额
+ 应收账款
+ 存货
+ 其他营运流动资产（如预付费用）
- 应付账款
- 应交税费
- 其他营运流动负债（如应计费用）

---

最后，这个扩展的定义可以压缩成一个更简单的形式：

---

息前税后利润（EBIAT）
- 总营运资本净增值

---

总营运资本净增值定义如下：

---

营运资本的增加额
+ 固定资产净增值

---

## 制定财务和筹资策略

### 关键变量

在需要融资时，许多因素会影响不同类型融资的可得性，以及它们的匹配度和成本：

- 迄今为止的业绩表现。
- 投资者的感知风险。
- 行业和技术。
- 企业发展潜力与预期退出时机。
- 企业预期增长速度。
- 企业年龄和发展阶段。
- 投资者要求的收益率或内部收益率。
- 企业所需的资本金额和原来的估值。
- 创始人在企业增长、控制、清算和收获方面的目标。
- 相对谈判地位。
- 投资者要求的条款和契约。

许多其他因素，特别是投资者或者贷款人对商业机会和管理团队优劣的看法，也将决定他们是否投资或贷款给一家企业。

一般来说，公司的运营资金可以通过债务融资和某种形式的股权融资来获得。此外，人们普遍认为，一家新企业或在位企业想要在不过度稀释创始人股权的情况下获得良好的经济增长，就需要同时采取股权融资和债务融资两种方式。

企业会使用 1 年期以下的短期债务作为运营资金，并用其销售收入进行偿还。1～5 年的长期借款会被用作周转资金，或被用于购置资产或者设备，这些资产或设备又可以用来抵押，从而获得贷款。股权融资会被用来填补通过银行解决不了的融资缺口，它既能保留创业者的所有权，又能降低贷款的违约风险。

如果没有大量的股权融资作为缓冲，新企业将难以获得银行贷款。就贷款人而言，初创公司几乎没有能力创造销售收入、利润和现金来偿还短期债务，更不具备保持长期盈利和偿还长期债务的能力。此外，资产价值会随时间而贬值。如果缺乏足够的股权资本和完善的管理，企业资产将不能向银行提供真正的贷款担保。

寻求扩张资本或临时资本的现有企业更容易获得债务融资和股权融资。银行、代理投资者、租赁和金融公司等往往会寻找那些具有良好投资前景的公司。此外，一个不断发展的企业会发现它更容易从私人或机构那里筹集资本。

## 融资生命周期

　　确定股权融资的选择方案，以及何时、是否有备选方案可供选择的一个有用的方法，就是思考融资生命周期。图 12-5 展示了随着时间的推移，不同类型的公司在不同发展阶段可获得的资金类型，还展示了不同发展阶段风险资本的主要来源及其成本。

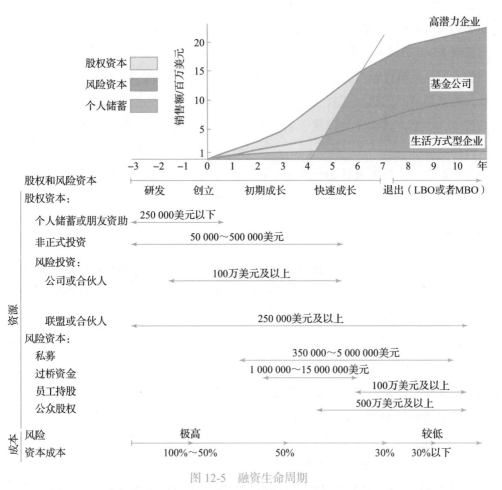

图 12-5　融资生命周期

资料来源：W.H. Wetzel, Jr., " The Cost of Availability of Credit and Risk Capital in New England, " in *A Region's Struggling Savior*: *Small Business in New England*, ed. J.A. Timmons and D.E. Gumpert (Waltham, MA: Small Business Foundation of America, 1979), p. 175.

　　如图 12-5 所示，企业选择融资来源有不同的偏好和做法，企业的考虑包括投资者会提供多少钱，它们将在企业生命周期中的什么阶段进行投资，以及它们寻求的资本成本或预期年回报率。企业在不同阶段和不同增长率条件下可以使用的资本来源会有所不同，而且在全美不同地区会有所差异。

影响融资可用性的另一个关键因素是企业的发展潜力。例如，2008 年在美国成立的 300 万家各类新企业中，只有 5% 或者更少的企业达到了高潜力企业的增长水平和销售水平。在所有的新企业中，基金公司占 8% ～ 12%，它们增长缓慢但销售额可能超过 100 万美元，如果员工数量为 50 ～ 500 人，那么销售额可能会增长到 2 000 万美元。剩下的是传统的、稳定的生活方式型企业。高潜力企业（那些快速增长，销售额可能会超过 2 500 万美元甚至更高的公司）拥有良好的上市前景，拥有最广泛的融资选择，包括股权融资和债务融资的组合，而基金公司的选择较少，生活方式型企业仅限于创始人的个人储蓄以及它们所能积累的资产或者抵押品。

一般来说，投资者认为公司越年轻，投资风险越大。这正应了风险投资行业的一句老话：柠檬（失败）成熟需要两年半，但珍珠（成功）需要七八年。

### 国际融资与交易

与全球供应链一样，互联网极大地改善了金融工具与贸易单证的便利化和流动性，其结果是加速了交易和现金收付，从而加强了现金流，提高了投资收益，改善了资产负债表。

现在，主要的金融机构都提供复杂的交易契约，支持票证创建和传输，使交易各方（出口商、进口商、银行、货运代理、远洋承运人和货运保险公司）能够通过同样安全的站点交换信息。例如，信用证经常出现拼写错误、产品描述不准确和日期错误等问题。通常，修改这些错误意味着额外的银行费用和更高的港口费用，通过海外海关的速度也会变慢，还可能出现未在信用证法定期限内履约的问题。而电子交易文档有助于避免这些错误，并能及时进行快速和便捷的修正。

与此类似，美国进出口银行也利用互联网的快捷性和便利性，在认证的出口商和大型金融公司之间构建独立的交易，而过去这些公司只与常规客户合作。因此，那些符合美国进出口银行信贷标准的初创和早期创业企业，有机会获得主要供应商的贸易信贷和保险。

## ⊕ 案例研究　中西部照明公司

### 引言

早在 1996 年，杰克·彼得森（Jack Peterson）就因与合伙人大卫·斯科特（David Scott）发生冲突而感到气馁，并寻求补救的措施。到 2005 年，彼得森认为他和斯科特之间的分歧太大，无法继续合作，必须要找到双方都同意的方式进行分割。一种选择是一方买下另一方的股权，但斯科特似乎对此不感兴趣。

彼得森回顾了 2005 年 1 月执行委员会的年度战略规划会议：

这完全是一场灾难。我们有激烈的争论和强烈的分歧。太糟糕了，没有人想再参加另一场会议，我们都很痛苦。

真正困难的是我们两个都认为自己是对的。在各种场合下，公司里的其他人会支持我们两个的立场。他们表达意见通常都是坦诚的，但有时候也会受"站队"文化的影响。

### 公司介绍

美国中西部照明公司（Midwest Lighting, Inc., MLI）是为企业和机构生产定制工程照明设备的公司。其 2005 年的销售额约为 550 万美元，利润略高于 14.4 万美元。

公司销售的产品大多是标准化产品，但其中有 10% 是定制设计或定制制造的，15% 是基于标准产品的轻微修改版本。2005 年，MLI 总共在市场上销售了 82 500 件产品。虽然单个订单产品数量从 1 件到 2 000 件以上不等，但订单平均产品数量是 15～20 件。略做修改和按客户要求设计的订单平均产品数量约为 25 件。

MLI 总裁杰克·彼得森描述了该公司的市场地位：

我们的产品营销策略是基于为建筑师和工程师解决照明问题而制定的。我们为特定类型的建筑设计能够体现该建筑风格的产品。如果建筑师和工程师有特殊照明要求，我们会设计特殊的灯具来满足他们的需要。或者，如果他们设计了灯具，我们就按照他们的规格要求来生产制造。我们试图创造能满足特殊照明需求的产品，而不是由大型灯具制造商来填补这些需求。我们在市场上不断寻找细分市场。

我们大多数订单的投标价可能抵得上国内六家公司的投标价。由于我们的订单中有很大一部分是高价产品，所以我们不像普通的设备制造商那样对价格敏感。小公司很难在那个市场上竞争。一个生产标准设备的订单，可能就会有多达 30 家公司一起竞标。

　　MLI 在密歇根州的庞蒂亚克拥有一家现代化的制造工厂。生产流程包括冲压、切割、成形、喷漆，以及用采购自外部供应商的电气部件组装设备。这家公司雇用了 130 人，其中 42 人从事销售、工程、管理，88 人从事生产、装配。自 2003 年以来，公司通过区域经销商将产品销往全国各地。尽管建筑市场表现疲软，但在过去几年里，面向全国范围销售是其销量增长的主要原因。

### 创立背景

　　MLI 于 1956 年由丹尼尔·彼得森（Daniel Peterson）和朱利安·沃尔特斯（Julian Walters）在密歇根州的弗林特成立。他们各自拥有公司股份的 50%。彼得森负责财务和工程，沃尔特斯负责销售和设计。他们把所有的生产外包。几年之后，由于个人工作习惯的差异，丹尼尔·彼得森买下了沃尔特斯所拥有的股份，并聘请曾是沃尔特斯的钣金分包商之一的理查德·斯科特（Richard Scott）作为新的合伙人。斯科特成了总裁，彼得森则担任财务主管。彼得森保留了该公司一半多一点的股份和全部投票权，因为他有在该公司工作的经验。1960 年，MLI 投入生产，并搬到了弗林特一家约 4 645 米 $^2$ 的多层厂房里。在接下来的 10 年里，彼得森和斯科特满足于让公司维持稳定水平，保持着 120 万美元左右的销售额和 1.8 万美元左右的税后利润。

　　丹尼尔·彼得森的儿子杰克 1983 年从麻省理工学院和科罗拉多商学院毕业后加入 MLI，成为一名销售员。理查德·斯科特的儿子大卫毕业于三一学院，1984 年退伍后也成为 MLI 的一名销售员。这两个孩子很熟，但不是密友。

　　1986 年，丹尼尔·彼得森心脏病发作，退出了管理团队，让理查德·斯科特接手公司运营。

　　1987 年，杰克·彼得森进入公司内部工作，开始了解公司其他部门的业务。他的第一个工作是制造和销售服务。一年后大卫·斯科特加入了父亲所在的制造领域。杰克·彼得森成了销售经理，大卫·斯科特成了制造经理，在理查德·斯科特的建议下，又增加了一个人担任财务经理。这三个人共同承担管理公司的责任，并在一起配合得很好，但重大的决策仍然由理查德·斯科特决定，虽然他在办公室里的时间越来越少。

新团队开始重振这家公司，一些工作效率不高、对变化没有反应的员工被提前退休或被要求离职。当理查德·斯科特的首席助理无法与这三名相对年轻的经理共事时，他们最终决定解雇他。理查德·斯科特变得非常愤怒，后来他很少再进入公司。

几年来，这三位经理形成一个团队，共同决策指导公司发展。然而，他们就公司的发展战略还是进行了一场激烈的讨论。作为销售经理，杰克·彼得森迫切要求对客户的特殊需求做出反应。他认为，这将是他们最有竞争力的利基市场。大卫·斯科特主张生产流程要顺畅，尽量减少中断。他认为他们可以在"半标准化"的细分市场展开竞争。

1988 年，杰克·彼得森与人合伙创办了一家计算机公司。公司从 MLI 租用了一些空闲的办公空间，MLI 也提供一些管理和行政支持，并帮助其进行竞标和合同跟踪工作。虽然大卫·斯科特在这家公司并不活跃，但彼得森也对他与斯科特共同经营这家公司的部分股权进行了分割，因为他们是合作伙伴，而且彼得森在这家公司的经营上占用了很多本应花费在 MLI 上的时间。

1989 年，两位父亲重组了这家新公司的所有权，从中可以反映出管理层的变化。他们每个人都把 44% 的 A 类无表决权股票转让给自己的儿子。丹尼尔·彼得森放弃了自己的投票控制权，杰克·彼得森和大卫·斯科特分别获得了 50% 的 B 类投票权。

这家计算机公司开始削弱彼得森和斯科特之间的关系。与此同时，斯科特和财务经理产生了强烈的分歧，主要是因为成本分析中的错误导致财务经理质疑斯科特的一些决定，在员工关系和政策一致性方面也存在意见分歧。斯科特更喜欢控制生产经营。彼得森则认为，斯科特可以与他们保持一致，减少武断，更加支持人事安排的相关工作。当计算机公司于 1995 年被出售时，财务经理选择加入新公司，担任财务主管，并辞去了在 MLI 的职务。

## 管理层冲突

财务经理的离职导致彼得森和斯科特之间的关系恶化。在斯科特的默许下，彼得森于 1990 年被任命为公司总裁，但这三位经理实际上是一个团队。现在，彼得森对他们失去了一位优秀的财务经理感到沮丧，在他看来，部分原因是与斯科特的分歧。此外，这位财务经理的离职意味着也不再有第三种意见帮助解决冲突。

经济增长的压力使彼得森和斯科特之间的关系更加紧张。销售额达到 230 万美元时，企业需要就其产能扩张而多缴税。彼得森认为改变生产方式可以缓解一些问题，但斯科特不同意。不过，双方都同意寻找其他的空间。

1997 年，密歇根州庞蒂亚克城外一家工厂的转型缓解了两位合作伙伴的压力，一家大公司收购了这家它们的间接竞争对手以获得相关产品线，并将这座面积约为 12 542 米$^2$的工厂厂房出售给了 MLI，MLI 还同意以分包商的身份为另一家公司制造灯具产品。这家工厂条件很差，大卫·斯科特接手了重组工程，对厂房进行了改造，并继续维持生产线的运转。就在那一年，理查德·斯科特去世了。丹尼尔·阿诺、杰克·彼得森和大卫·斯科特成为公司的董事。

杰克·彼得森留在弗林特，独自经营 MLI 的业务，直到该公司能够整合庞蒂亚克工厂所有的业务。彼得森写下了这段插曲：

第二年是一段冷静期，大卫沉浸在新工厂的项目中，而我则忙于继续经营，大卫一向喜欢这类项目，对这种安排很满意。

1998 年，我们聘请了一位工厂经理来管理庞蒂亚克工厂，大卫回到弗林特工作。当然，到那个时候很多事情都变了。弗林特的员工向我汇报。我在一定程度上重塑了运营，人们也习惯了我不同于大卫的管理方式。

大卫随后主要与设计人员和工程人员一起工作，但他真的不过多地参与日常生产了。他发展了许多业余爱好，商业和娱乐占据了他的大部分时间。

我对这个安排很满意，因为它减少了冲突。当他真的回来时，分歧确实会加剧。我想我很讨厌他刚来公司还没多久就试图做出变革。

2000 年，我们决定卖掉弗林特工厂，把整个公司放在庞蒂亚克，我们都参与了这件事。大多数重要人物也都和我们一起去了，大卫和我非常积极地将两组人联系起来并一起行动。

那是一段相当美好的时光。我和销售经理一起努力将公司从一个区域性公司打造为全国性公司，并在全国各地寻找新的业务代表。大卫·斯科特负责工程、设计和制造领域的工作。新工厂有大量的冗余产能，所以一切都很顺利。特别是大卫·迪奇，他出色地提高了质量标准并保持工厂生产力，这对确保我们的产品系列和质量信誉至关重要。

这一变革确实让我们在近两年的时间里保持团结。我们花了很长时间才让人们能够一起融洽工作，以达到我们想要的质量水平和生产进度。我们以极合适的价格收购了这家工厂并购置了许多新设备，随着在全国范围内的扩张，我们已经开始剔除那些边缘产品。公司由此变得更赚钱了。

在公司扩张的过程中，六个人共同组成了运营团队。斯科特专注于产品定制和新产品设计的应用工程，此外，还有销售经理、财务经理、工程经理、制造经理和彼得森。然而分歧再次产生了。彼得森讲述了这些问题：

在必要的时候，我们的运营团队每周或每两周召开一次会议。此外，我们将每月召开执行委员会会议，讨论更宏观的规划问题。然而这些却变成了灾难，斯科特已经到了不喜欢公司里发生的任何事情的地步，变得非常挑剔。

他和我也开始就应该和小组讨论哪些话题产生分歧。我认为，在某些领域，特别是有关人事的问题，可以由我们两个人讨论，其他问题都应留待股东会议讨论决定。

## 寻找解决方案

当 2005 年 8 月夏季休假结束，回到公司时，彼得森接到了一连串来自销售代理和经理的投诉。他决定寻找一个中间人来解决这些问题：

我知道我和斯科特之间没有交流，我必须找到一个斯科特信任的调解人。我和我们的上任会计顾问艾伦·伯克（Allen Burke）讨论过这个问题。事实上，他远不仅仅是我们的会计，他还是六大会计师事务所的合伙人，热衷于帮助小企业实现成长。伯克是和斯科特一起长大的儿时伙伴。我觉得他很正直，也很聪明。斯科特完全信任他，伯克可能是斯科特的主要顾问之一。

今年 3 月，我第一次和伯克交谈时，他本能地说："你们之间的问题请你自己解决。去吧，彼得森，去解决问题。"其他的话伯克就都不再听了。

后来在 9 月初，我回去了，告诉伯克我解决不了，我请他帮忙。伯克说，斯科特也抱怨这些问题了。所以伯克知道，情况已经变得无法忍受。

彼得森直接通过伯克责成斯科特同意召开会议，以解决现在的问题。尽管斯科特也对他和彼得森之间的冲突感到非常不满，但在考虑好自己的选择之前，他一直犹豫着是否要见面。

彼得森认为斯科特不情愿有三个主要原因。首先，他们其中一个离开公司的可能性越来越大，彼得森知道斯科特唯一的工作经验就是在 MLI 管理熟悉多年的制造业务。其次，彼得森认为斯科特对财务的分析非常不确定，这使得评估选择行动方案变得困难。最后，斯科特对公司很有感情。

随着出售公司可能性的增加，斯科特的不情愿情绪时常波动。就在感恩节这天，斯科特告诉彼得森，他想解雇财务经理，自己当财务主管，这样他就可以看到一年左右的数据，以做出更好的决策。彼得森觉得财务经理很重要，于是试图争取时间，说服斯科特保留财务经理。

又过了一个月，彼得森和斯科特意识到他们对公司的价值缺乏客观估计。两个人都认为，估值可能会改变潜在选择的吸引力。

## 公司估值

彼得森在做出决策之前，先从公司目前的情况开始，回顾了一下自己的想法。

彼得森开始寻找银行支持，以提供收购资金。银行专员表示，他将把彼得森用于个人资产担保的资金借给他，但由于他没有与斯科特合作过，该银行不会为斯科特牵头的收购项目提供资金。此外，该银行将继续保持公司现有的信贷额度，该额度由MLI 的现金和应收账款担保，规定 MLI 可以借贷 100% 的现金和 75% 的应收账款。两种类型的贷款都比基本利率（当时约为 6%）高出 1% 左右。

彼得森与财务经理一起进行了财务预测和价值评估。保守地讲，彼得森所做出的年度销售预测水平都比实际水平低 10% 左右。由于固定成本不会随着销量的小幅增长而明显上升，因此销量的改善将能够提升利润。他认为应该考虑各种不同的变化是如何影响他的融资需求评估的。

彼得森采用了常规的估值方法，但发现它们并不精确。私人制造公司的估值通常是税后利润的 5 ～ 10 倍。账面资产净值也有助于确定资产价值，但由于受到资产定价和资产负债表价值之间差异的影响，账面资产净值经常会被调整。对于 MLI 来说，这是很重要的，因为它以极优惠的价格得到了新工厂。彼得森认为它的价值可能比账面价值高出 25 万美元。

在彼得森看来，这些不同的方法所体现出的价值差异不仅反映了融资估值工具的不确定性，也表明了不同的人对于企业有着不同的价值判断。他的评估必须包含更多的个人考虑和主观因素。

## 个人财务方面的考虑

每个人可以而且应该将多少个人资源置于创业风险之中，这个问题值得思考。彼得森和斯科特在财务上都非常保守。两人都没有个人长期债务，甚至连房贷都没有。彼得森最多可以抵押 MLI 以外的价值 81.5 万美元的资产，以确保能够获得借款。但对于他来说，要冒着丢掉全部身家的风险来购买斯科特在公司的股份，他需要非常确信价格是合理的。彼得森描述了他的感受："你珍视除了公司以外的一切。在一家小公司工作，你经常遇到的问题是自己大部分的资产绑定其中，一旦出现问题，可能就没什么可以依靠了。我们两从来不是大的杠杆收购者，或者类似的风险偏好买家。"

其他几个考量因素降低了彼得森付出高昂代价的意愿。他不喜欢通勤一小时到庞蒂亚克的工厂。他还认为他的管理经验、工程师本科学位和 MBA 学位，可以让他在就业市场上拥有更大的灵活性。这一点很重要，因为他觉得如果离开 MLI，他仍有机会继续工作。

但也有一些因素鼓励彼得森采取积极的态度。彼得森知道，如果他失去了这家公司，他的父亲会非常失望，而且彼得森本人对 MLI 有着深厚的情感。彼得森还提出了一种方案，即购买下整个公司而不是一半："我坐在这里，与一家由于我们的分歧而无法完全控制的公司在一起。我如果买下另一半股份，我就买下了整个公司——我买下了内心的平静，我可以做我想做的事，不必有争论。所以，如果我买下了公司的另一半，我就是买一个'完全安心'。"

最后，彼得森又仔细考虑了他相比斯科特的竞争优势。虽然斯科特还没有积累太多的个人资源，但他的姐夫拥有一家私人公司，可能会愿意在经济上支持斯科特，这家公司可以与彼得森的资源相互协同。斯科特的姐夫还将为他提供财务建议，评估他的选择方案，并为公司设定价值。但如果斯科特卖掉公司，他的就业前景就可能变差。因为他本科学习的是文科，并且所有的工作经历都是在 MLI 公司。此外，彼得森还认为，自己管理公司的能力可能会被斯科特怀疑。

### 当面沟通

一天晚上，斯科特和艾伦·伯克又进行了一次谈话，斯科特给彼得森打电话说："彼得森，我意识到你是对的——我再也受不了这种紧张的环境了。我已经和艾伦谈过了，他同意和我们见面讨论我们的事情，并尝试找出一些可能的解决办法。星期五9 点，你方便讨论一下吗？"

# 创业资本

## 获得风险资本和成长资本

● 导 读

寻找创业资本是非常耗时的，而你从谁那里获得资金比获得多少资金更重要。

唯一比"是"更难从风险投资者那里得到的是"否"。

幸运的是，对创业者来说，风险投资行业的适度复苏提高了估值和可用资源。知道找什么、找谁、小心什么的创业者，往往拥有更高的成功概率。

## 资本市场食物链

由于资本市场中的参与者对风险与投资规模有不同的偏好，因此我们可以将资本市场视为一个寻求公司进行投资的"食物链"（见表 13-1）。这种拓扑结构将帮助创业者根据公司的发展、规模的扩大以及风险水平来确定各种各样的资本来源。

表 13-1 创业企业的资本市场食物链

| 指标 | 创业阶段 | | | |
|---|---|---|---|---|
| | 研发阶段 | 种子阶段 | 启动阶段 | 高速增长阶段 |
| 各个阶段中公司的价值 | 少于 100 万美元 | 100 万～500 万美元 | 100 万～5 000 万美元，或更多 | 超过 1 亿美元 |
| 资本来源 | 创始人<br>富有的个人<br>FFF<br>SBIR 计划 | FFF①<br>天使基金<br>种子基金<br>SBIR 计划 | 风险投资 A 轮、B 轮、C 轮……<br>战略合作伙伴<br>富有的个人<br>私募股权 | IPO<br>战略收购<br>私募股权 |
| 投资总额 | 5 万～20 万美元，或更少 | 1 万～50 万美元 | 50 万～2000 万美元 | 1 000 万～5 000 万美元，或更多 |
| 首次公开募股比例 | 10%～25% | 5%～15% | 现有投资者持股 40%～60% | 公众持股 15%～25% |
| 每股价格与数量② | 0.01～0.5 美元<br>100 万～500 万股 | 0.5～1 美元<br>100 万～300 万股 | 1～8（+/-）美元<br>500 万～1 000 万股 | 12～18（+）美元<br>300 万～500 万股 |

① 朋友、家人和傻瓜（friends, families, and fools）。

② 在 IPO 之后。

表 13-1 中的最后一行显示了在企业从研发阶段发展到 IPO 的进程中，资本市场愿意为新发行股票的小公司支付每股 12～18 美元，但是当 IPO 窗口收紧或关闭时，如 2001 年的市场，这些价格还会有所降低。在低迷阶段，每周发行 1～3 只新股，而 1996 年 6 月每周要发行 50 多只新股，少数新股的股价为 5～9 美元。在 IPO 高峰期，如 1999 年，股票价格可以达到每股 20 美元。虽然这些数字只提供了一个相对指标，但我们需要明白的是，每股价格可能会根据已发行股票的数量和 IPO 的估值而产生大幅波动。

正如人们所预期的，专注于并购交易的私募股权资本市场在 2007 年 7—8 月的信贷危机中遭受了严重的打击。《华尔街日报》和 Dealogic 公司的数据显示，2006 年的全球交易额与 1999 年和 2000 年的 4 万亿美元峰值持平。2007 年 4 月成交的交易额为 6 950 亿美元，但是到了 8 月，这一数额跌至 2 220 亿美元，这是自 7 月中旬开始的信贷和资本市场崩溃导致的最直接后果。

对创始人来说，最难抉择的是要不要出售股权以改善价值创造。表中"首次公开募股比例"这一行表明，当公司上市时，创始人可能已售出 70%～80% 的股权。只要公司的市值至少为 1 亿美元，创始人就为投资者和他们自己创造了巨大的价值。在 20 世纪 90 年代末的网络狂热高峰期，一些公司上市时的总市值达到了 10 亿～ 20 亿美元，甚至更高。创始人掌握的股票价值通常高达 2 亿美元，这是令人震惊的、前所未有的并且不可持续的一种估值。以 Sycamore Networks 公司为例，从创业到首次公开募股不到 24 个月的时间内，创始人德什·德斯潘达（Desh Deshpanda）和唐·史密斯（Don Smith）就分别获得了数十亿美元的账面价值，但是截至 2004 年年底，在历经市场调整后，创始人损失了超过 90% 的股票账面价值。

本章的其余部分将讨论不同的股权来源以及如何识别并使用它们。表 13-2 总结了典型的风险资本"食物链"，前三轮分别以 A 轮、B 轮、C 轮著称，三轮的投资额随着公司风险的递减和估值的增长而增加。

表 13-2　创业企业的风险资本"食物链"

| A 轮、B 轮、C 轮风险投资……（投资轮的平均规模）： | |
| --- | --- |
| 轮[①] | A 100 万～ 400 万美元：初创 |
| | B 600 万～ 1 000 万美元：产品开发 |
| | C[②] 1 000 万～ 1 500 万美元：产品发布 |

① 不同行业的估值差异很大。
② 估值因地区和风险投资周期而异。

## 保留你的股权

对任何一家年轻公司来说，最难的事情之一就是在创业和成长阶段平衡对资金的需求与保留股权。对创业者来说，尽可能多方兼顾并持久地坚持下去不失为一个很好的建议。如表 13-2 所示，不论资本的来源是何处，只要资本进入的时间越早，它就会越贵。只要以最佳方式实施有创意的"节约型融资"策略，就可以很好地保留股权，因此机会也就不会远离公司。

获得投资资本时应考虑三个核心问题：① 企业是否需要外部股权资本？② 创始人是否想要外部股权资本？③ 谁来投资？

在回顾了第 5 章中的风险机会筛选练习、第 7 章中的商业计划指南以及第 12 章中的自由现金流之后，你需要评估是否有必要获得外部资本。决定资本是以债权还是股权的形式注入，又是一种另当别论的具体情境了，我们将在第 15 章中探讨作为股权融资替代方案的债务融资。

一旦量化了外部资本，管理层就需要考虑股权投资的可取性。如第 10 章所述，节约型融资（意思是不需外部资本注入而保持自我生长的模式）仍然是一个有吸引力的融资来源。例如，*Inc.* 杂志建议某些行业的创业者可以利用卖家和供应商来获得相当于银行现金的信贷。

*Inc.* 杂志采访的其他创业者建议向客户提前收取货款。有位叫瑞贝卡·麦克纳（Rebecca McKenna）的创业者成立了一家软件公司，该公司在 2001 年的医疗保健行业的销售额达到了 800 万美元。客户认为他们的经济利益比较稳健，因此每笔合同都愿意预付 25% 的定金，资金预付成为这家软件公司重要的依靠自有资源融资的方式。股权融资要求管理团队坚信投资者能够为企业带来增值。

除了融资之外，选择投资者的最重要标准是要看他们可以为企业价值提升做出多大贡献。创业者通常会寻找天使投资人或富有的个人作为筹得资金的对象，因为这样融得的金额可能低于机构投资者所要求的最低投资额（即不受机构融资最低限额的约束）。但创业者需要注意的是，"在这个过程结束时，只有 30% ～ 40% 的创业者可能会获得这笔投资"。

## 时机

不能在出现资金短缺时才想到融资。对于初创企业，尤其是没有融资经验的企业来说，融资可能需要 6 个月或更长时间。延误时机除了造成现金流方面的问题外，还会严重损害企业管理团队的可信度，因为等到现金短缺才筹集资金这种行为本身就会被认为是管理团队缺乏规划。在筹集资金时，创始人需要一个可信且大胆的计划或能取得显著的成果，而如果一个企业试图过早获得股权资本，创始人的股权可能会被不必要地稀释，并且财务上保持节约这条融资原则也会慢慢失去效力。

## 天使投资人和非正式投资人

### 谁是天使投资人和非正式投资人

凭借在大中型公司的股票收益中累积的财富，成功的企业家和高管成为种子资本和创业资本的最大来源。新罕布什尔大学天使投资中心的数据显示，2006 年美国有 234 000 名活跃的天使投资人，就天使投资的交易数量而言，风险投资行业相形见绌；同年，天使投资人投资了 5.1 万家公司，相比之下，整个美国风险投资行业只投资了 3 522 家公司。2006 年天使投资的资本总额为 261 亿美元，与当年的风险资本投资额大致相同。到 2007 年，全美大约有 207 个天使投资集团。

新罕布什尔州的比尔·韦泽尔（Bill Wetzel）研究发现，这些天使投资人的主要成员是美国白手起家的百万富翁，他们有着丰富的商业和融资经验，年龄为四十几岁或五十几岁，受过良好的教育：95% 的人获得 4 年制大学学位，51% 的人拥有研究生学位。在拥有研究生学位的人中，44% 属于技术领域，35% 属于商业或经济领域。按照投资天使社区公司（Angel Society）的联合创始人兼联合首席执行官斯科特·彼得斯（Scott Peters）的说法，96% 的天使投资人是男性。总部位于芝加哥的 Springboard 公司正在努力让女性创业者也参与其中。到 2007 年，Springboard 已成为寻求创业和成长资本的女性的主要论坛。

由于非正式投资人每次投资的一般投资额度在 1 万～ 25 万美元不等，所以他们特别适合以下几种类型的企业：

- 资金要求为 5 万～ 50 万美元的企业。
- 5 ～ 10 年内的销售潜力为 200 万～ 2 000 万美元的企业。
- 年销售额和利润增长率保持在 10% ～ 20% 的小型、成熟的私营公司。
- 其他特殊情况，例如，尚未开发出产品原型的高新技术发明人的早期融资。
- 在 3 ～ 5 年实现高水平自由现金流的公司。

通常，这些非正式投资人在他们所投资的市场和技术领域中具有丰富的知识和经验。如果企业有幸找到了正确的天使投资人，他们还会为企业提供更多的帮助，不仅仅是金钱。一般来说，这些富有的投资者对潜在投资的评估往往不如有组织的风险投资集团所做的评估透彻，而这种非经济的因素，如希望参与创业，可能对他们的投资决策很重要，并且他们还对 1 小时车程内的投资者存在着明显的偏好。

### 找到非正式投资人

找到这些支持者并不容易。一位专家曾指出，"非正式投资人基本上是有钱人和成功的企业家，他们是一个多元化的、分散的群体，偏好匿名行动。所以创业者需要运用一些创造性的技术来识别他们并与他们取得联系"。多数大城市的律师事务所和私募公司依照针对私人投资者网络的条例 D 或通过众筹的形式将投资方案组合起来。

### 联系投资人

对创业者来说，与投资人见面的最佳方式是先做一个个人介绍，然后在会晤中通过回答以下问题对拟融资的企业做一个简短的介绍：

- 企业面临的市场机会是什么？
- 为什么这些判断能够令人信服？
- 企业将如何赚钱？
- 企业需要多久才能实现正现金流？
- 为什么在这个时间组建了这个团队？
- 投资者如何退出投资？

### 评估阶段

非正式投资人希望审查业务计划、与完整的管理团队会面、查看可能存在的任何产品原型或设计等。投资者将对风险投资团队及其产品潜力进行背景调查，该过程类似于专业投资者的尽职调查，但可能不如尽职调查那么正式和有条理。

### 决策

如果投资者决定投资，他将签署由律师起草的投资协议，该协议可能比风险投资公司使用的协议稍微简单一些。本章后面所讨论的关于投资者和投资协议的所有警告与建议也适用于此。

最有可能的是，与非正式投资人签订的投资协议将包括某种形式的"看跌期权"，即投资者有权要求企业在规定的年限后以规定的价格回购其股票。如果企业没有收获，这个看跌期权将为投资者提供现金回报。

## 风险投资：金矿和焦油坑

在新兴和年轻的私营公司中只存在两种类型的投资者：有附加值的投资者和其他类型的投资者。提高风险资本的关键之一是寻找能够超越资金本身，真正为企业增值的投资者。仔细筛选潜在投资者，确定他们如何填补创始人的专业知识和人脉空白会对投资大有裨益。

一家国际电信公司的年轻创始人找到了一位同时担任顾问的私人投资者。下面这些例子可以说明私人投资者是如何提供关键性援助的：将创始人介绍给其他私人投资者、外国高管（让他们也成为投资者并在战略联盟中提供帮助）以及适当的律师事务所和会计师事务所；在早期几轮融资的协议起草和谈判中充当参谋；识别那些通晓技术、与外国投资者能建立联系并且熟悉跨文化战略联盟的潜在董事和其他顾问。

还有许多案例表明，风险投资者是重要客户和供应商的引荐人，否则他们可能不会认真对待新公司。风险投资者也可以在诸多任务方面提供很多有价值的帮助，诸如合同谈判、许可或特许权使用费协议、与银行和租赁公司建立关键联系、寻找关键人员以建立团队以及帮助制定战略等。Norwest Venture Partner（NVP）公司聘请阿什利·斯蒂芬森（Ashley Stephenson）来经营一家投资组合公司，然后为他提供了第二次投资支持。"大多数风险投资公司都掌握一些一流的经营者信息，这些人是你可以下注的黑马。"NVP 公司的厄尼·帕里泽奥（Ernie Parizeau）说。

### 什么是风险投资

"风险"一词表明，这种类型的资本包括一定程度的冒险，甚至是一种赌博。具体来说，"风险投资行业为具有高增长潜力企业的创业者提供资本和其他资源，以期实现高投资回报率。"整个投资过程涉及如图 13-1 所示的多个阶段。在整个投资过程中，风险投资公司以多种方式寻求价值增值：识别和评估包括管理战略、进入战略或成长战略在内的商业机会，洽谈并完成投资，跟踪和指导公司，提供技术和管理援助，吸引额外资本、董事、管理层、供应商和其他关键利益相关者和资源。该过程始于目标投资机会或机会类别的概念，然后形成书面提案或招股说明书以筹集风险投资基金。一旦筹集到了资金，价值创造过程就会从筹资交易转到制定和执行收获策略上，然后再回到筹集另一个基金的状态。这个过程通常需要长达 10 年的时间才能展开，但多于或者少于 10 年的例外情况也经常发生。

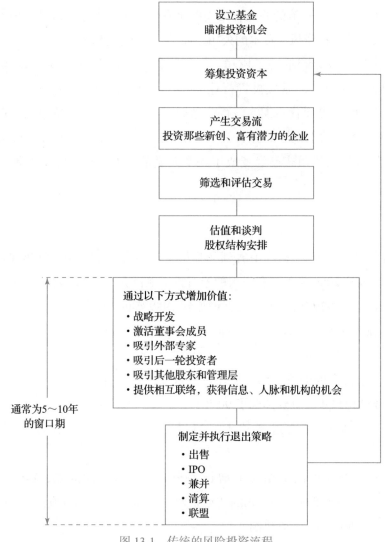

图 13-1　传统的风险投资流程

资料来源：*Venture Capital at the Crossroads* by W.D. Bygrave and J.A. Timmons. Boston, MA, 1992.

## 风险投资行业

尽管风险投资的根源可以追溯到 20 世纪 20 年代和 30 年代富裕家庭的投资，但大多数行业观察家都将这个想法归功于时任波士顿联邦储备银行（Federal Reserve Bank of Boston）行长的拉尔夫·弗兰德斯（Ralph E. Flanders）。1946 年，弗兰德斯加入了一个一流的团队，为美国研发公司提供资金，这是第一家为新兴和快速发展的公司提供风险资本的公司，而不是个人投资者。

尽管美国研发公司取得了成功，但风险投资行业直到 20 世纪 80 年代才经历快速增长。1979 年，风险投资行业共 375 家公司，投资活动总额达 4.6 亿美元。截至 20 世纪 80 年代后期，该行业已拥有 700 多家风险投资公司，在所投资的 1 729 家投资组合公司中，累计注入了 3.94 亿美元。20 世纪 70 年代沉睡的家庭手工作坊式的投资模式已经变成了一个充满活力的、动态的私人风险与股本市场。

### 蓬勃发展的 20 世纪 90 年代

正如在图 13-2 和图 13-3 中看到的那样，该行业于 20 世纪 90 年代历经了 8 倍的增长。虽然 2000 年承诺和投入的绝对投资额巨大，但 20 世纪 80 年代的增长率显然更高，从 1979 年的 10 亿美元增加到 1989 年的 310 亿美元。

到了 21 世纪初，不仅承诺（金额）发生了变化，而且出现了一种新的结构，呈现出越来越专业化和集中化的趋势。表 13-3 总结了该行业的一些重要变化，这些变化对寻求资金的创业者和想要投资该行业的人都有影响。20 世纪 80 年代末出现的主要结构趋势一直延续到了 90 年代。

（1）平均基金规模越来越大，超过 5 亿美元的基金占总管理资本的近 80%。

（2）平均投资规模也相应地增长了很多。前所未闻的是，2 000 万美元、4 000 万美元，甚至 8 000 万美元的初创企业和早期投资在 20 世纪 90 年代末的网络通信和电信业掀起了一股热潮。

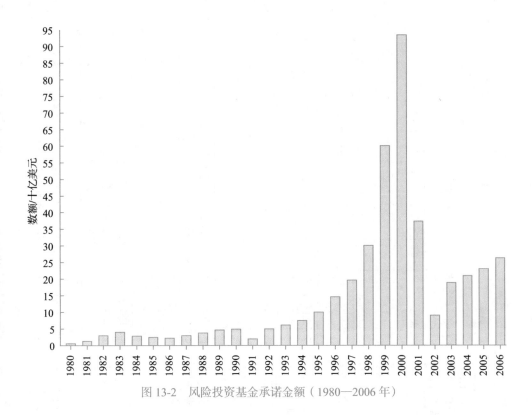

图 13-2　风险投资基金承诺金额（1980—2006 年）

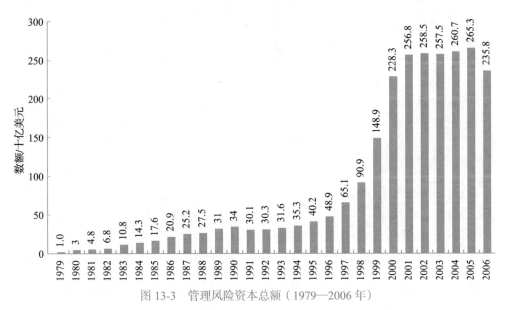

图 13-3　管理风险资本总额（1979—2006 年）

表 13-3    风险投资产业新的异质结构

| 行业变化 | 巨型基金 | 主流基金 | 次主流基金 | 专业化市场基金 | 公司投资 |
| --- | --- | --- | --- | --- | --- |
| 预计的数量和类型（2005） | 106 家<br>主要是私人独立基金 | 76 家<br>主要是私人独立基金，一些大型机构的 SBIC 和公司基金 | 455 家<br>SBIC 为主，一些私人独立基金 | 87 家<br>个人，非独立基金 | 114 家 |
| 管理资金规模 | 超过 5 亿美元 | 2.5 亿～4.99 亿美元 | 少于 2.5 亿美元 | 0.5 亿～1 亿美元 | 1 亿美元以上 |
| 代表性投资 | B 轮、C 轮……2 500 万美元以上 | A 轮、B 轮、C 轮……100 万～1 000 万美元 | A 轮、B 轮 50 万～500 万美元 | A 轮、B 轮 50 万～200 万美元 | A 轮、B 轮、C 轮 100 万～2 500 万美元 |
| 投资阶段 | 后期扩建、杠杆收购、初创企业 | 后期扩建、杠杆收购、初创企业和夹层融资 | 后期、少数初创企业，专业领域 | 种子、初创企业以技术或市场为中心 | 后期 |
| 战略焦点 | 技术、国内和国际市场，资本收益、广泛关注 | 技术和制造业、国家和地区市场，资本收益，更加专业化的重点 | 区域或多于全国性，资本收益、当前收益、服务业务 | 高技术的国家和国际联系、"支线基金"，资本收益 | 技术窗口，对新市场和供应商的直接投资，多元化、战略合作伙伴、资本收益 |
| 股权和债权的平衡 | 股权为主 | 股权为主，以及可转换优先股 | 债权为主，约 91 家 SBIC 是股权形式 | 股权为主 | 混合型 |
| 主要资金来源 | 成熟的国家和国际机构，自有基金、保险公司和退休基金、机构和富有的个人，外国公司和个人基金、大学 | 成熟的国家和国际机构、自有基金、保险公司和退休有基金、机构和富有的个人，外国公司和个人基金、大学 | 富有的个人投资者、小型机构投资者 | 机构和外国公司、富有的个人投资者 | 内部资金 |
| 主要投资角色 | 积极的领导或共同领导、董事会席位，经常性的合作、董事会席位 | 对个人投资较少 | 初始或主要投资者，提供扩展服务，参与管理 | 后期、初创企业较少，基金和投资组合公司的直接投资者 | |

资料来源：2001 National Venture Capital Association Yearbook. 2008 年修订和更新。

注：根据企业发展阶段和市场情况，目标回报率差异很大。种子和初创企业投资者可能寻求超过 50%～100% 的复合税后回报率；在成熟的后期投资中，他们的可能寻求 30%～40% 的回报率。在 5～10 年内实现 5～10 倍原始投资收益的经验法则是投资者的共同期望。

（3）伴随着 Oak 风险基金等基金放弃了长期投资的医疗保健行业，转而与其他投资机构一起投资于信息技术行业，始于 20 世纪 80 年代的专业化模式逐渐扩展成了主流。

## 2000 年的暴跌之后：风险投资周期重演

2000 年 3 月开始的纳斯达克市场的崩盘导致 2001 年夏末股票价值下跌超过 60%。股票价值的大幅下跌引发了私募股权和公开股票市场的洗牌。到了 2014 年仍能感受到这些影响和后果。许多非常有实力的公司在 1998 年和 1999 年以高价上市，股价一度飙升超过每股 150 ～ 200 美元，然后又跌到了个位数的超低价格。以 Sycamore Networks 为例，该公司于 1999 年 10 月以每股 38 美元的价格上市，在第一周飙升至每股近 200 美元，到 2005 年夏天，其每股交易价格仅为 3.50 美元。

无独有偶，从 2000 年夏末开始，许多年轻电信企业的股价开始迅速下跌，在不到一年的时间里市值缩水了 90% 甚至更多的价值。这一下降趋势席卷了整个风险投资和私募股权市场。到 2001 年年中，投资额从 2000 年创纪录的高点下降了一半，估值也大幅下跌。自 1969—1974 年和 1989—1993 年以来，创业者从未经历过这样的衰退。实际上，风险投资和任何资产类别一样，都是周期性的，往往会重复出现。资本的稀缺导致高回报，高回报吸引过多的新资本，而过多的新资本又导致回报率下降。

## 2005 年的正弦曲线

从历史上看，风险投资周期的起伏类似于一条 S 形的正弦曲线。幸运的是，经过一段痛苦的调整——花费大量的时间来解决投资组合公司的问题，加之 2002—2003 年退出的公司并不多，行业在 2004 年开始反弹，自 2000 年的"泡沫"以来，获得投资的公司总数从 2 825 家上升到 2 873 家。回顾图 13-2 和图 13-3，能够看到该行业一直在稳步增长。2006 年的基金承诺金额达 263 亿美元，管理的风险资本总额虽略有下降，但仍超过 2 350 亿美元。表 13-3 对从 1990 年开始的风险投资性质进行了更详细的描述，表中数据显示，投资总额从 2003 年的 189.5 亿美元增加到 2006 年的 263 亿美元，平均交易规模也从 665 万美元增加到 740 万美元。

正如我们在本章前面所讨论的，任何时候只要有一个强劲的 IPO 市场，例如 2007 年，风险投资的回报总是会好得多，类似于谷歌和 YouTube 这样的公司也开始了一个新的投资活动周期。养老基金、基金会等机构投资者都渴望加入这个阵营，所以更多钱涌入了该行业。如图 13-4 所示，这种极端的情况发生在了 2000 年。在每年投资额达 250 亿至 300 亿美元的情况下，该行业似乎在这个动荡的创业世界中达到了某种程度的平衡。这对高潜力创业者的影响是积极的，因为资本的可获得性仍然强劲。

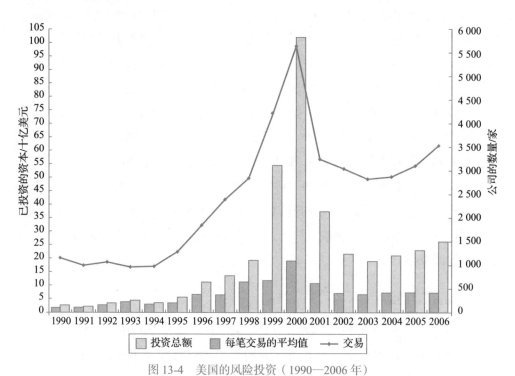

图 13-4　美国的风险投资（1990—2006 年）

资料来源：PricewaterhouseCoopers/Venture Economics/National Venture Capital Association/Money Tree™ Report.

## 风险投资是全球性的

自 20 世纪 70 年代末以来，风险投资一直存在于欧洲，并在 20 世纪 80 年代和 90 年代开始在世界其他地区生根发芽。在许多国家，如德国和法国，银行往往是第一批创建基金的。在英国，私人（投资）企业通常以与美国协会合作的形式诞生。到 20 世纪 80 年代初，瑞典也诞生了私人的风险投资企业。在苏联，风险投资公司通常由美国人与当地商业和金融机构合作而成。21 世纪，新兴经济体的爆炸性增长使得拉丁美洲、中国、印度甚至越南等国家都建立了类似的风险基金。美国领先的风险投资公司，如凯鹏华盈、IDG 风险投资和 Venrock 已经启动了国家专用基金。IDG 公司自 1992 年以来一直活跃在中国。印度和中国正在成立几家新基金，对百度公司的投资取得了可观的回报。这对美国创业者来说都是非常好的消息，因为投资者现在非常欢迎能够追求全球市场的企业商业计划。

图 13-5 代表了风险投资过程的核心活动。这种动态流动的核心是创业者、机遇、投资者和资本的碰撞。由于风险投资者除了资金之外，还能带来经验、网络和与行业的联系，所以一个专业的风险投资者对新创企业来说非常有吸引力。此外，风险投资公司拥有雄厚的资金和与其他集团的密切联系，可以随着风险的发展促进资金的筹集。

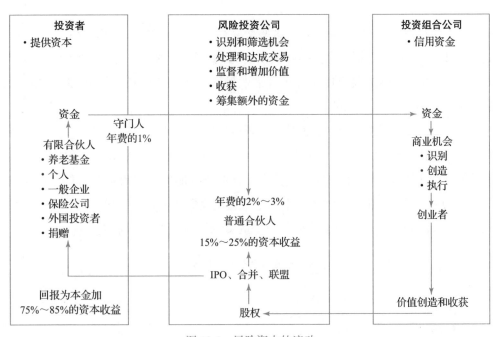

图 13-5 风险资本的流动

资料来源：*Venture Capital at the Crossroads* by W.D., Bygrave and J.A. Timmons. Boston, MA, 1992.

风险投资过程多数发生在私人的、不完善的新兴和中等资本市场中。该资本的可用性和成本取决于许多因素。

- 在考虑管理团队的质量和机会的前提下，感知风险。
- 行业、市场、技术的吸引力与适应性。
- 上行潜力和下行风险。
- 预期的增长率。
- 企业年龄和发展阶段。
- 所需资金数额。
- 创始人对增长、控制、流动性和收获的目标。
- 符合投资者的目标和战略。
- 在当下的资本市场上，投资者和创始人的相对议价地位。

然而，只有不到4%的公司能够从风险投资公司融资。虽然在这些年的繁荣时期基金数量有所增加，但观察家评论说，有经验的基金发起人"会避免在种子和创业早期的阶段进行投资，因为这些交易往往需要相对较少的资金，而对于超过5亿美元的大型投资，基金偏好做出更大的承诺"。此外，创业者可能会放弃15% ~ 75%的自己的股权用于种子和创业融资。因此，在完成几轮风险融资后，创业者可能仅占10% ~ 20%的股权。

风险投资者严格的投资标准限制了获得风险投资的公司的数量。风险投资者找到具有高增长潜力的机会，可以在5年内将他们的投资增加5倍，他们非常重视企业的管理质量，希望看到一支具有互补业务技能的管理团队，由具有创业或损益（P&L）管理经验的人领导。事实上，这些投资者一直在寻找的是一种"极好的交易"，表13-4列出了符合这些"极好的交易"的若干投资标准。

表 13-4　从投资者角度看经典超级交易的特点

**使命**
- 打造高利润、行业主导的市场领先公司
- 在 4 ~ 7 年内以高市盈率（P/E）上市或合并

**完整的管理团队**
- 由行业"超级明星"领导
- 拥有成熟的企业管理、综合管理和损益管理经验
- 拥有领先的创新者或技术 / 营销主管

（续）

- 具有互补和协调的技能
- 有非凡的韧性、想象力和承诺
- 以正直著称

**专有产品或服务**

- 具有显著的竞争优势和"不公平"的可持续或可防御的优势
- 具有高附加值属性的产品或服务，从而使用户获得早期回报
- 拥有或可以获得独家合同或法律权利

**大型、稳健和可持续的市场**

- 将在 5 年内容纳一个价值 1 亿美元的新进入者
- 销售额在 2 亿美元以上，年增长率为 25%，并有 10 亿美元的潜力
- 现在没有主要的竞争对手
- 已明确识别客户和分销渠道
- 拥有包容的和有利可图的经济环境，例如：
  - 毛利率为 40% ～ 50% 或以上
  - 税后利润在 10% 以上
  - 早期的正现金流和盈亏平衡的销售量

**交易估值和回报率**

- 具有"可消化"的第一轮资本要求（即大于 100 万美元，小于 1 000 万美元）
- 能够在 5 年内以 15 倍或以上的市盈率及 2 亿～ 3 亿美元的市值来回报 10 倍的原始投资
- 有可能以实质性的加价进行更多轮融资
- 拥有反稀释和 IPO 认购权以及其他可识别的收获或流动性期权

资料来源：*Venture Capital at the Crossroads* by W.D. Bygrave and J.A. Timmons. Boston, MA, 1992.

## 识别风险资本投资者

风险投资基金拥有一定的资本基础和专业的管理水准。它们的投资策略涵盖了对投资规模、企业成熟度、地点以及行业等在内的一系列偏好。这些投资的资金来自富裕家庭、金融机构和捐赠基金，多数以合伙的形式形成一种合作，基金经理任普通合伙人，投资者任有限合伙人。大多数投资为 50 万～ 150 万美元，超过 5 亿美元基金的投资通常为 500 万～ 1 000 万美元。

### 来源和指南

如果一个创业者正在寻找一个风险资本投资者，他可以参考由风险经济学（Venture Economics）出版社出版的《普拉特的风险资本来源》（*Pratt's Venture Capital Sources*）以及 Ventureone.com 网站，它们是风险投资公司目录中两个相当不错的参考指南。创业者还可以从会计师、律师、投资者和商业银行家以及了解

专业投资者的商业人士那里得到一些建议，特别是那些最近已经筹集到资金的企业家，对创业者来说是极好的信息资源。

专业投资者并不总是坐等项目来找他们，有时专业投资者也会主动寻找创业者。风险资本投资者可能选择觉得有商业化价值的产品或技术，然后将其与自己的生意结合在一起。科莱勒·帕金斯（Kleiner Perkins）就是使用这种方法创建了基因泰克和 Tandem 计算机公司，格雷洛克（Greylock）和惠特尼（J. H. Whitney）在创建 MassComp 时也是如此。

### 寻找什么

建议创业者对潜在投资者进行筛选，以确定他们在融资阶段、行业、技术和资本要求等方面有哪些活动。确定哪些投资者有资金可投，哪些投资者在积极寻求交易，哪些投资者有时间和人员用来调查新项目。根据其规模和投资策略，成立一年或两年的基金通常会处于积极的投资状态。

早期创业者需要寻找以下类型的投资者：① 正在考虑新的融资方案，能够满足所需的资本水平；② 对处于特定成长阶段的公司感兴趣；③ 了解行业；④ 能够提供良好的商业咨询、道德支持，并与商业和金融界有联系；⑤ 可以与创业者朝夕相伴且有信誉、公平和有道德；⑥ 有成功的咨询和建立小公司的记录。

### 需要注意什么

寻找投资者时还有一些事情需要警惕。这些警告信号值得避免，除非创业者真的走投无路，别无选择：

- **态度**。如果创业者无法与投资公司的普通合伙人取得联系，老是被打发到低级员工那里并被不断地移交给初级合伙人，或者如果投资者认为他可以比创业者或管理团队更好地管理企业，那么创业者需要对此保持警惕。
- **过度承诺**。创业者需要警惕这样一种类型的主要投资者，他们表示将会成为活跃的指导者，但他们同时也是十几家其他创业公司和早期公司的董事会成员，或者是新基金的首席投资者。
- **经验不足**。创业者需要警惕与拥有 MBA 学位，未满 30 岁，曾在华尔街工作或担任顾问，在新成长的公司中没有经营和实践经验，主要关注财务的风险投资者打交道。

- **声誉不佳**。创业者需要提防那些较早并且频繁更换创始人的基金，或者是那些使超过 1/4 的投资组合公司陷入困境抑或商业计划未能达到预期的基金。
- **掠夺性定价**。在资本市场不景气时（如 1969—1974 年、1988—1992 年、2000—2003 年），如果投资者不适当地利用这些条件，迫使新公司大幅降低股价，并对以前的投资者条款施加惩罚，则不会成为最佳的长期金融合作伙伴。

### 如何知晓

创业者如何了解风险投资公司的声誉？最佳来源是风险投资公司先前投资项目的 CEO 或创始人。除了关注成功的项目之外，还要拿到那些投资结果表现为中等或较差的被投资公司以及必须应对重大逆境的公司 CEO 的姓名和电话号码。与这些 CEO 进行交谈，将会展现出作为金融合作伙伴的风险投资公司的潜在公平性、特征、价值观、道德规范和潜力，以及它是如何实践其投资理念的。

### 与风险投资者相处

不要忘记，风险投资者会看到很多的商业计划和提案，通常每月超过 100 个，而投资的比例还不到 1%。采用以下建议可能有助于与他们进行合作。

如果可能的话，找投资者熟悉的人做介绍。这个熟悉的人可以是投资者所投资的公司的董事或创始人、基金的有限合伙人，或与他们合作过并且非常了解你的律师。在确定了最佳目标之后，你应该通过推销自己为公司创造需求。要有若干可描述的前景，但不要让对方知道你还在和哪家投资公司谈。记住，得到一个"不"比得到一个"是"要困难得多，所以应意识到你可能要花大量的时间来得到一个答案。

最好的建议之一就是尽快得到"不"。也就是说，放弃将该基金作为投资来源。这听起来可能有悖常理，但（风险投资）公司往往不愿意给你一个坚定的"不"，而是"愚弄"你，这样做的目的是如果你的项目升值了，那么他们还有机会投资。

如果投资者向你打探你现在还和哪些投资者在交流，你只须这样回答："我们所有的顾问都认为这些信息对公司来说是高度机密的，我们的团队也这样认为。我们正在和其他像贵公司一样高质量的投资者在谈。我们的合作伙伴将是那些有激情、能够在公司中发挥最大作用并准备先行投资的人。只要我们有了一份条款清单和交易表，而且你也想要成为共同投资者，那么我们会很乐意分享其他投资者的名字。"不采取这样的策略通常会使你处于不利的谈判地位。

大多数具有浓厚兴趣的投资者都会对如何改进战略、产品线、定位以及其他各个领域有一些明确的想法。因此，你需要做好准备让他们将你的商业计划拆开再重组。他们可能有自己的格式和自己的财务模型，与他们合作是了解他们的好方法。

永远不要说谎。正如一位创业者所说的那样："你必须推销真相，而不要撒谎。"其他好的建议包括：在钱存入银行之前不要停止推销自己；让事实说明一切；你要能够兑现你在商业计划和演示文稿中提出或暗示的声明和承诺。汤姆·休斯比（Tom Huseby）曾说过："这比你想象的要困难得多。你可以比你想象的更持久。他们的余生都要这样做！"

最后，千万不要拒绝报价。有句老话说得好：你的第一个报价可能是你最好的报价。

## 创业者可以问的问题

在寻求风险投资时，向投资者陈述是很有必要的。风险投资者对其有限合伙人以及自身利益负有巨大的法律和信托责任。希望他们在尽职调查和提问中能够透彻地评估第 2 章所述的创业的智慧、正直性、敏捷性和创造性。

当陈述和提问完成后，创始人可以了解很多有关投资者的情况，并通过问几个简单的问题来加强彼此的信任：

- 请问你对我们的战略有什么看法？我们该如何调整竞争规模，以及我们的制胜战术？我们遗漏了什么，遗漏了谁？
- 有没有我们忽略的竞争对手？我们有多脆弱？我们该如何竞争？
- 你认为我们对业务的思考方式和抓住机遇的计划该如何调整？
- 我们的团队是否如你所愿？你将如何改进、何时改进？

- 可否让我们了解一下，如果你决定投资，对我们公司来说，你觉得一个合理的估值范围应该是多少？

他们的答案将透露出他们做了多少工作以及他们对你的行业、技术、竞争对手等的了解程度，这将帮助你很好地洞察他们是否能为你的企业增加价值以及如何增加价值。与此同时，你会对他们的直率和正直有更好的认识：他们是不是直言不讳？不忽视他们的答案带来哪些影响？

### 尽职调查：双向交流

通常对一家初创企业完成尽职调查可能需要几周甚至几个月的时间。对关键人物的事实、背景、声誉、市场评估、产品的技术能力、所有权等项目的核实，对投资者来说是一项艰苦的调查。他们希望与你的董事、顾问、前任老板以及之前的合作伙伴进行交流。准备一些已发布的文章、报告、研究、市场调查、合同或采购订单、技术规范等的复印件来支持你的主张。

曾经有一个项目针对"全国 86 家风险投资公司如何进行深入的尽职调查"展开了研究。为了评估机会、管理层、风险和竞争，并权衡利弊，公司会花费40 ～ 400 小时，有代表性的公司会花费 120 小时进行调查，这是近 3 周的全职工作量。在极端情况下，一些公司甚至进行了双倍的尽职调查。调查的核心是仔细检查管理层的参考资料，并审核他们的经历和能力。

对风险投资基金进行尽职调查。询问他们完成的成功项目的联系人名字和电话号码，一些未完成项目的名字和电话号码，以及他们最终被取代的创始人的姓名和联系方式。他们的法律和会计顾问是谁？观察管理团队与负责投资的普通合伙人之间的关系。如果你没有一个值得敬重的财务合作伙伴，也无法与之密切合作，那么你很有可能会后悔曾经同意这笔投资。

## 其他股权来源

### 小企业管理局的 7（a）担保商业贷款项目

小企业管理局为有抱负的创业者提供各种各样的计划和援助，包括 7（a）贷款项目。对于不适合风险投资的企业，例如所有生活方式型公司和基金公司，浏览它们的网站将是有用的。这些网站提供了针对女性、少数族裔、美洲原住民和大多数有抱负的小企业的培训、资源和其他援助计划的描述与链接。

通过担保长期贷款促进小企业发展，小企业管理局的 7（a）担保商业贷款计划一直支持初创企业和高潜力企业，自 1953 年以来，该项目每年提供 4 万笔贷款。7（a）基本上只提供担保，根据该项目，小企业管理局还直接向妇女、退伍军人、少数族裔以及其他小生意人提供贷款。该项目要求银行和某些非银行贷款机构提供贷款，然后由小企业管理局担保每笔贷款的 50% ～ 90%，最高 100 万美元。7（a）项目下符合条件的活动包括收购借款人占用的房地产、固定资产，如机器和设备，以及存货或现金流所需的营运资本。

小企业管理局项目对经济和创业有着显著的影响。所有小企业管理局项目中的担保金额最高为 100 万美元，可用于帮助创业者启动创业、继续创业、扩展或购买业务。

## 小企业投资公司

小企业投资公司（SBIC）是一种专门的债权融资类型的公司，由小企业管理局授权，每 1 美元的私募股权可投资 4 美元的贷款资本。SBIC 的作用得到了许多美国主要公司的证实，这些公司早期从 SBIC 获得资金，包括英特尔、苹果电脑、史泰博、联邦快递、太阳微系统公司、赛贝斯、卡拉威高尔夫和澳拜客牛排。SBIC 项目成立于 1958 年，旨在满足小型新兴企业对风险资本的需求，并改善其发展机会。SBIC 的股权资本通常由一个或多个商业银行、富人和投资大众提供。SBIC 项目有两个好处：① 有资格获得 SBIC 计划援助的小企业可以获得股权资本、长期贷款和专家管理援助；② 参与 SBIC 计划的风险投资者可以通过联邦政府以优惠利率借款的方式补充他们自己的私人投资资本。根据全国小企业投资公司协会的统计，截至 2000 年 12 月，404 家运营着的小企业投资公司管理着超过 160 亿美元的资金。自 1958 年以来，SBIC 项目为近 9 万家美国小公司提供了约 270 亿美元的长期债权和股权资本。

SBIC 受法律限制只能担任少数股东的职务，在任何情况下，投资额都不得超过其股本的 20%。因为 SBIC 从小企业管理局借了大部分资本并且必须偿还这些债务，所以他们更愿意进行某种形式的有息投资。常见的融资形式有购买股票期权的长期贷款、可转换债券、直接贷款，在某些情况下还包括优先股。2000 年，SBIC 的平均融资额为 400 万美元。所有 SBIC 的中位数为 25 万美元。由于承担着小企业管理局的债务，SBIC 倾向于不为初创公司和创业早期公司提供融资，而是投资于更成熟的公司。

### 小企业创新研究

进行研究与开发的风险和费用往往超出了初创企业和小企业的能力。小企业创新研究（SBIR）是一项联邦政府计划，其目的是发挥小企业在联邦资助研发中的作用，并帮助建立更强大的国家技术创新基础。

SBIR 项目为满足 10 个联邦政府机构（包括农业部、商务部、教育部、能源部、国土安全部、环保署和国家科学基金会）中任一机构特定需求的创新项目提供研发资金。SBIR 是一个有竞争力的三阶段流程。第一阶段，提供资金以确定该技术的可行性。第二阶段，进行必要的研发以产生一个定义明确的产品或流程。第三阶段，涉及使用非 SBIR 资金将技术商业化。

SBIR 小型企业被定义为一个独立拥有和运营的营利性组织，员工不超过 500人。此外，小企业必须至少有 51% 的比例为美国公民或合法承认的外国人所有，在其计划的经营领域中不占主导地位，并且其主要营业地点在美国。

### 企业风险投资

在 20 世纪 90 年代末的互联网繁荣时期，企业投资者非常活跃。仅在 2000年一年中，大公司就向中小型（投资）项目上投入了 170 亿美元。当泡沫破裂时，许多基金缩减规模或完全关闭。但正如我们所见，企业投资具有极强的周期性，2006 年，企业风险投资者重整旗鼓，在 671 宗交易中投资了 19 亿美元。

尽管企业风险投资者与传统风险投资者相似，他们寻找的是处于销售高峰边缘的有前途的年轻公司，但企业往往更倾向于规避风险和专业化。由于投资相关技术是外包研发的一种方式，因此匹配通常是融资决策的一个重要方面。与企业投资者合作时，在达成任何交易之前，要确保考虑到企业的理念和文化，以及它们与小企业的投资记录。

## 夹层资本

在公司克服了许多早期风险的时候，它可能已经为夹层资本做好了准备。夹层资本是一种介于优先债权资本和普通股之间的资本。在某些情况下，它采用可赎回优先股的形式，但在大多数情况下，它是一种次级债务，是一种具有由认股权证或可转换为普通股的特征组成的股权"推动者"。这种次级债务资本具有债务的许多特点，但也可以作为股权来支撑优先债务。它通常是无担保的，有固定的息票，期限为 5 ～ 10 年。这类贷款的结构涉及许多变量：利率、股本的金额和形式、行权和转换价格、到期日、看涨期权、契约和期权。这些变量提供了广泛的可行结构以满足发行人和投资者的需求。

与股权资本相比，夹层资本也有一些缺点。作为债务，其利息需要定期支付，如果本金不转为股本，则必须偿还，这对现金提出了高要求，如果预期的增长或盈利能力没有实现，现金变得紧张，就会成为一个负担。此外，次级债务通常包含与净资产、债务和股息相关的契约，这些契约必须遵守。

夹层投资者通常会寻找业绩良好、收入超过 1 000 万美元的公司。由于融资涉及支付利息，投资者将仔细检查现有和未来的现金流。

夹层融资被广泛应用于各行业，从基础制造业到高科技行业。顾名思义，夹层融资更多指的是集中在广泛的中间业务领域而非针对高科技、高增长企业的融资形式。准备首次公开募股的公司，以及专业零售、广播、通信、环境服务、分销商和消费者或商业服务的行业，对夹层投资者来说更具有吸引力。

## 私募资金

对于一家排除了上市可能性的私人企业来说，私募是一个有吸引力的股本来源。如果企业的目标是在短时间内筹集一定数量的资本，那么这个股权来源可能就是答案。在这种交易中，企业向一些私人投资者而不是公众发行股票。私募的受众有限，因此与公开发行相比，需要较少的监管文件。

如果管理团队对投资者了解得足够多，那么私募（股权）可以分配给一小部分内部人士，或者公司可以决定让一个经纪人在少数对小企业感兴趣的投资者中传播该提案。以下四组投资者可能对私募有兴趣：

（1）你生产一种产品并卖给经销商、特许人或批发商，这些人了解且尊重你的公司，且依赖于你提供的产品。如果这有助于确保产品供应的持续，他们可能会认为购买你的股票符合他们的利益，在你推出新产品或改进产品时，他们可能会寄希望于得到优惠待遇。

（2）股票的第二批潜在买家是专业的投资者，他们总是在寻找一个好的、能在其形成时期入手，并伴随着它走向成功的投资对象。这些资深的投资者往往会选择一个特定的行业，特别是他们认为会诞生极富前景的产品或服务的一个行业。如果你的管理层或其中一个关键人物在管理、技术或营销方面获得了很高的声誉，那么将很容易得到投资者的青睐。

（3）还有一些其他类型的投资者，他们旨在寻找机会购买小型成长型公司的股票并希望该公司上市。

（4）私募也经常吸引希望在公司上市或出售时受益的风险投资者。

## 首次公开募股

IPO 通常被称为首次公开募股，指通过联邦注册和承销公司股票的方式筹集资金，受许多联邦、州证券法律和法规的管理。因此，涉及 IPO 的公司管理层应当多去咨询熟悉当前法规的律师和会计师。

早在 1983 年、1986 年、1992 年、1996 年、1999 年和 2006 年的牛市期间，新发行的股票能够为早期成长型企业甚至初创企业筹集到资金。这些繁荣的市场很容易被识别，因为新发行的数量从 1980 年的 78 只猛增到 1983 年的 523 只，从 1980 年的约 10 亿美元急剧增加到 1983 年的约 12 倍（见图 13-6）。

另一次激增发生在 1983 年牛市 3 年后的 1986 年，当时新发行的数量达到 464 只。尽管 1992 年发行的新股数量（396 只）没有超过 1986 年，但首次公开募股筹集到创纪录的 222 亿美元。考虑到新发行债券数量的减少和募集金额的增加，一位观察家评论说："1983 年每笔交易的平均规模是 1992 年成交额 7 000 万美元的 1/4。"在另一个更为困难的金融环境中，例如 2001 年经济衰退后，创业公司的新发行股票市场变得非常安静，特别是与 1999 年的门庭若市相比。因此，风险资本的退出机会有限。

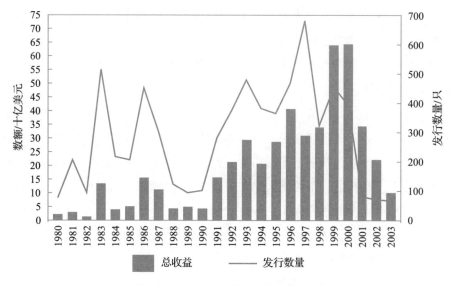

图 13-6　IPO 金额（1980—2003 年）

资料来源：The Security Industry and Financial Markets Association (SIFMA) Factbook 2007.

　　1991 年，首次公开募股市场开始升温，但伴随着联合国对萨达姆·侯赛因的最后通牒时间截止，新发行股票市场又开始下跌。简而言之，IPO 市场高度地受到宏观经济的影响，市场转暖或转冷的速度很快。

　　一个典型的例子发生在 2000 年，当时纳斯达克（NASDAQ）崩盘，IPO 市场关闭。一家叫作 NetComm 的公司已经筹集了超过 2 亿美元的私募股权和债权，其收入有望超过 5 000 万美元，离正现金流还有 18 个月的时间。要达到这个目标还需要另外 1.25 亿美元的资金。该公司已完成注册，并准备于 2000 年 5 月上市，但为时已晚，不仅 IPO 被取消，而且随后合并公司的努力也失败了，公司在 2000 年秋季以每股 20 美分的价格被清算。在此期间，数十家公司经历了类似的命运。而在 2004 年又大幅反弹，发行量从 85 只增至 247 只，比 2003 年增加了近 3 倍。2006 年，207 家首次公开募股的公司的总收益为 459 亿美元。如表 13-5 所示，2002 年结束时，只有 22 家公开募股的美国公司得到风险投资的支持，总发行规模为 19 亿美元，大大低于 2000 年创纪录的 193 亿美元。尽管 2005 年和 2006 年的活动较少，但 2004 年的复苏很明显。

表 13-5　IPO 历史分析

| 年份 | 美国 IPO 的数量 | 风险投资支持的 IPO 数量 | 有风投支持的报价总额 / 百万美元 | 有风投支持的报价平均额 / 百万美元 | 风投支持的上市后总规模 / 百万美元 | 风投支持的上市后平均规模 / 百万美元 |
|---|---|---|---|---|---|---|
| 1996 | 771 | 268 | 11 605.6 | 43.1 | 56 123 | 208.6 |
| 1997 | 529 | 131 | 4 501.4 | 35.9 | 20 838.8 | 159.1 |
| 1998 | 301 | 75 | 3 515.4 | 48.3 | 16 837.4 | 224.5 |
| 1999 | 461 | 223 | 18 355.5 | 76.4 | 114 864.6 | 493.0 |
| 2000 | 340 | 226 | 19 343.0 | 93.3 | 106 324.3 | 470.5 |
| 2001 | 81 | 37 | 3 088.2 | 87.3 | 15 078.5 | 407.5 |
| 2002 | 71 | 22 | 1 908.5 | 86.8 | 8 219.6 | 373.6 |
| 2003 | 82 | 29 | 2 022.7 | 75.6 | 8 257.5 | 273.0 |
| 2004 | 246 | 93 | 11 014.9 | 131.5 | 61 087.6 | 699.6 |
| 2005 | 168 | 56 | 3 366.5 | 60.1 | 13 260.3 | 236.8 |
| 2006 | 168 | 57 | 4 284.1 | 75.2 | 17 724.9 | 311.0 |

资料来源：Thomson Venture Economics and National Venture Capital Association, June 12, 2007.

公司越成熟，公开发行的条件就越好。公司的估值越高，创始人为募集理想资本而需要放弃的股本就越少。创业公司想上市有很多原因。上市的好处如下：

- 通过更高的估值，以比私募或风险投资更小的稀释度筹集到更多的资本。
- 改善资产负债表或减少、消除债务，从而提高公司的净值。
- 获取现金以寻求增长机会。
- 以更大的议价能力接近其他资本供给者。
- 向客户、供应商、关键人员和潜在客户提供更高的可信度。
- 为所有者和投资者实现流动性。
- 以股票而非现金的方式收购其他公司。
- 为新员工和现有员工创造股权激励。

然而，IPO 可能也会因下列情况而导致不利：

- 通过公开募股筹集资金的法律、会计和行政成本相比其他筹集资金的方式较高。
- 为了遵守 SEC 的规定和报告要求，保持上市公司的地位，需要耗费大量的管理精力、时间和费用。把管理层的时间和精力从经营公司的任务中转移出去，可能会损害公司的业绩和增长。

- 与经营公司相比，管理层对维持公司股票价格和计算资本收益更感兴趣。维持或增加本年度收益的短期活动会优先于建立公司和增加收益的长期计划。
- 通过公开发行获得的公司股票的流动性可能比实际情况更明显。如果没有足够数量的已发行股票和强大的 "做市商"，股票的流动性可能有限。
- 愿意将新的或没有经验的公司上市的投资银行可能不是公司希望与之开展业务并建立长期合作关系的伙伴。

## 上市后再私募

有时，一家公司已经上市，但是出于各种原因，原先吸引了许多投资者的高期望化为泡影。比如，你公司的财务状况恶化，出现现金危机，在公开市场的股票价格下跌。这时你发现需要新的资金来摆脱困境，但是公众投资者的希望已经幻灭了，如果你的公司出现了一个新的问题，他们是不太可能合作的。

尽管如此，有些投资者足够老练，能够看到当前问题的另一面，他们知道公司的基本面是健全的。尽管公众已经与你背道而驰，但如果你通过私募来帮助你渡过难关，这些投资者可能会乐于接受。在这种情况下，你可以使用各种各样的证券、普通股、可转换优先股或可转换债券。

条例 D 是美国证券交易委员会和国家证券协会首次合作的成果，旨在为小型发行人制定统一的证券登记豁免。许多州允许在州法律下的资格与条例 D 下的资格相协调。

虽然条例 D 概述了免税产品的程序，但是要求向 SEC 提交某些信息（表格 D）。表格 D 是一种相对较短的表格，要求提供有关发行人和发行证券的某些一般信息，以及有关发行费用和收益预期用途的一些具体数据。在某些情况下出售证券时，条例 D 还规定了注册豁免。根据条例 D 的规则编号来对应各种情况，具体应用如下：

- 规则 504。不受《1934 年证券交易法》（非上市公司）报告义务约束且为非投资公司的发行人可在 12 个月内向无限数量的投资者出售价值 100 万美元的证券。

- 规则 505。非投资公司的发行人可在 12 个月内向不超过 35 名未经认可的购买者和无限数量的认可投资者出售价值高达 500 万美元的证券。即使这些发行人是上市公司（符合 1934 年法案的报告要求），也可能有资格获得此豁免。

- 规则 506。发行人可向不超过 35 名未经认可但经验丰富的购买者和无限数量的经认可的购买者出售无限数量的证券。上市公司可能有资格获得这项豁免。

## 员工持股计划

员工持股计划（employee stock ownership plan，ESOP）是现有公司的另一个潜在资金来源，这些公司对其未来收益和现金流的稳定性具有很强的信心。员工持股计划是指员工成为公司投资者，从而创造内部资金来源的计划。员工持股计划是符合税收要求的退休福利计划，本质上是从银行或保险公司借款，并用现金收益购买公司的股票。股票成为银行票据的抵押品，而所有者或财务部拥有可用于各种用途的现金。对于贷款人而言，向 ESOP 提供的贷款利息的 50% 免税。公司每年为员工持股计划缴纳可扣除税款的供款，数额为偿还银行贷款所需的金额。"能够投资于雇主股票，并从其众多税收优惠中获益，这使得员工持股计划成为一个有吸引力的工具。"

# 与资本市场信息同步

在这一切中，有一幅画面是生动的：资本市场，特别是对于通过 IPO 而被紧密控股的私人公司来说，是非常动态、波动、不对称和不完美的。了解资本市场在大规模资本注入前 6 ～ 12 个月内发生的情况，可以节省很多宝贵的时间和金钱。以下是目前可以让你随时了解资本市场信息的最佳来源：

- 欧洲私募股权和风险投资协会（www.evca.com）。

- 天使投资协会（www.angelcapitalassociation.org）。
- 彭博商业周刊杂志（www.businessweek.com）。
- *Inc.* 杂志（www.inc.com）。
- 《红鲱鱼》（*Red Herring*）杂志（www.redherring.com）。
- 《商业 2.0》（*Business 2.0*）杂志（www.money.cnn.com）。
- 私募股权分析师（www.privateequity.dowjones.com）。

## ⊕ 案例研究　Forte 风险投资有限公司

### 引言

麦克莱恩·帕尔默挂了电话，又快速地看了一眼如下文章：

### 2001 年 4 月 6 日：熊市推动 IPO 进入休眠期

随着对美国和全球经济健康状况的日益担忧，资本市场进一步恶化，导致 2001 年首次公开募股市场开始低迷……

帕尔默想知道的是为了筹集 2 亿美元的风险基金，他是不是"贪多嚼不烂"了。风险投资和私人股本市场是否崩溃？Forte 是应该关停以尽量减少损失，待市场复苏时重新进行融资，还是应该继续？帕尔默一边拨着下一个潜在客户的电话号码，一边懊悔地笑了。

一年时间会有什么变化……

2000 年冬天，对新基金的风险投资创下历史新高，资本市场也在互联网浪潮中站稳脚跟。帕尔默的合伙人辞去了工作，卖掉了房子，搬到波士顿和他一起创办了 Forte 风投公司。

说服机构投资者将资金投入由未经证实的团队经营的且为长期、非流动性、无追索权的投资中，是所有新的风险投资公司在筹集资金时面临的挑战。然而，到了 2001 年春天，疲软的经济使这一挑战形势更加严峻。

随着 IPO 的减少，加上风险投资公司利用资金支持其投资的公司，而不是进行新的投资，机构投资者已经严格收紧了评估新基金的标准。此外，Forte 认为能给它带来好处的战略也遭到了反对。格罗夫大街咨询公司（GSA）合伙人大卫·马扎解释说：

所有这一切的背景是，市场中有很多非裔美国人主导的基金，这些基金又主导了 SBIC，但很少有基金能达到预期的前 25% 的业绩排名。我们对这个团队的动机没有任何疑问，但是一些有限合伙人总是将这两者等同。

尽管如此，这个消息对 Forte 来说并不都是坏消息。曾是帕尔默概念早期支持者的 GSA 最近承诺投入 1 000 万美元，并且一旦 Forte 承诺投入 5 000 万美元，GSA 将追加投入 1 500 万美元。

这位颇具影响力的"守门人"的支持，提高了国家养老基金对 Forte 的兴趣。虽然帕尔默和他的合伙人从他们的积蓄中筹集了这笔资金，但他们知道距离目标 1 亿美元的首次收关还有很长的路要走。

### 发行

团队在 2000 年的最后一个季度为 2 亿美元的风险基金制定了招股说明书（见附录 13A）。私募股权基金经理将同时获得管理费和绩效激励。典型的管理费约占管理总资产的 1.5% ～ 2.5%。激励通常是超过预定基准线投资回报的 20%，即所谓的预设或门槛利率。

虽然该计划表示 Forte 倾向于支持少数族裔管理者和机遇，但其核心使命是创造财富。帕尔默对此做了如下的概念总结：

我们重新思考了一个非常成功的私募股权战略，这一战略已经在好的和坏的市场中被证明是成功的，这是一种以管理为中心战略的基本长期投资方法。由于鲜少有人招募这些经验丰富的少数族裔管理者，所以这也给了我们一个独特的优势。

然后，我们将与这些经理合作，去购买一家小型、占有中等市场的公司，但不一定是现有的少数族裔企业或少数族裔市场。最后，我们要做的与 PointWest 公司所做的如出一辙：仅仅是开发一个不同的网络。

不幸的是，Forte 正试图在一个日益脆弱的环境中筹集资金。

## 2001 年的风险投资环境

到 2001 年 4 月，互联网泡沫明显破灭。联邦基金三次降息未能刺激经济。许多公司已经预先宣布收入和（或）盈利下降，并发布了对未来几个月的谨慎展望。当年的风险基金募集和 5 年期私募股权基金表现令人沮丧（见表 13-6 和图 13-7）。

表 13-6　基金、基金投入和平均基金规模

| 季度 /<br>年份 | 风险资本 | | | | 控股或夹层资本 | | | |
|---|---|---|---|---|---|---|---|---|
| | 新基金 | 基金<br>总数 | 投入<br>/ 十亿美元 | 平均基金<br>规模<br>/ 百万美元 | 新基金 | 基金<br>总数 | 投入<br>/ 十亿美元 | 平均基金<br>规模<br>/ 百万美元 |
| Q1 1999 | 32 | 86 | 9.1 | 106 | 16 | 48 | 10 | 208 |
| Q2 1999 | 27 | 92 | 9.5 | 103 | 10 | 40 | 12.9 | 323 |
| Q3 1999 | 38 | 103 | 11.4 | 111 | 10 | 41 | 13.9 | 339 |
| Q4 1999 | 59 | 194 | 29.6 | 153 | 12 | 62 | 25.5 | 411 |
| Q1 2000 | 33 | 150 | 21.7 | 145 | 6 | 35 | 14.3 | 409 |
| Q2 2000 | 56 | 167 | 29.2 | 175 | 13 | 42 | 22.8 | 543 |
| Q3 2000 | 37 | 113 | 26.6 | 235 | 7 | 32 | 12.8 | 400 |
| Q4 2000 | 51 | 147 | 23.8 | 162 | 8 | 34 | 20.6 | 606 |
| Q1 2001 | 29 | 95 | 16.1 | 169 | 7 | 33 | 8.9 | 270 |

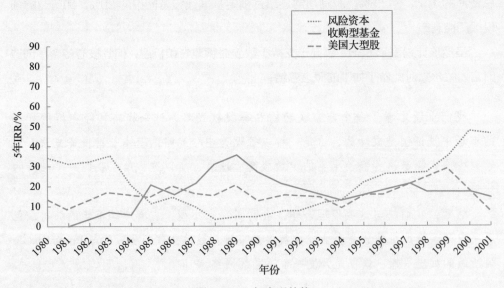

图 13-7　5 年表现趋势

资料来源：Thomson Venture Economics/NVCA.

负面消息和前景导致纳斯达克、标准普尔 500 指数和标准普尔科技股第一季度分别下跌了 12.1%、25.5% 和 24.8%。结果之一是 IPO 市场枯竭。2000 年第一季度，共有 142 起 IPO，总收益为 325.5 亿美元。相比之下，2001 年前 3 个月的 IPO 只有 20 起，总收益为 82.1 亿美元，其中 85% 来自三次发行。

股价的下跌也使养老基金经理的投资组合价值缩水，使得他们对包括风险投资在内的私人股本的投资所占的份额过大。因此，他们不得不停止对风险基金的投资，直到分配的金额回到他们投资政策设定的范围内。

帕尔默和他的合伙人也面临着另一个负面的动态。

## 筹资：感知和现实

由于 Forte 在资本市场走弱之际向投资者求助，因此其所遇到的潜在有限合伙人不愿意押注于一个未经考验的团队就不足为奇了。帕尔默和他的合伙人可以理解他们的立场：有利可图的分配是他们工作的一部分，支持看起来可能回报期很长的投资会导致养老基金经理被解雇。帕尔默表示，Forte 的筹款活动强调了团队及其对成功的承诺：

我们在进行销售时已经对决定与谁合作思虑了很久。如果我们真的愿意这样做——在我们还没有筹集到一分钱之前就已经弹尽粮绝，搬到波士顿，我们认为这应该能够说明我们的信心和奉献水平。

考夫曼基金会时任首席投资官朱迪斯·埃尔西（Judith Elsea）谈到了她对该基金会招股说明书的回应：Forte 与过去许多以少数族裔为中心的基金不同之处在于，他们拥有丰富的运营经验，因此一旦达成交易，他们就会知道如何处理。但现实面临的挑战是，许多有限合伙人将这个团队视为与投资活动不相关的群体。

即使有了 GSA 的支持、建议和推荐，直至 2001 年春，Forte 也没有取得什么进展。马扎对不断恶化的筹资环境发表了评论：

有限合伙人的借口有几种：市场很糟糕，Forte 没有一个资深的明星股票参与者，我们被挖空了。他们因为损失了很多钱所以心情不好，即使这只基金是一个很好的赌注——当然与他们的市场损失没有任何关系——也只是在世界最糟糕的时候想要筹集基金而已。

GSA 创始人克林特·哈里斯重申，新基金吸引投资者的能力不幸地与市场条件密切相关：

它错过了好的市场时机。如果一年前有一个像 Forte 这样的新团队来到我们这里，我们可能会给他们一张 1 亿美元的支票，相当于他们所寻找的资金的一半。

### 愈演愈烈的风暴

当帕尔默挂断另一个计划推迟新投资的电话时，他很难不看第一季度市场指数的统计数据：

| 指数 | 2001 Q1/% |
| --- | --- |
| PVCI[①] | −31.4 |
| 道琼斯指数 | −8.02 |
| 标准普尔 400 指数 | −12.42 |
| 标准普尔 500 指数 | −11.85 |
| 标准普尔 600 指数 | −6.57 |
| 纳斯达克指数 | −25.51 |
| 罗素 1000 指数 | −12.56 |
| 罗素 2000 指数 | −6.51 |
| 罗素 3000 指数 | −12.5 |

① 后风险投资指数（PVCI）是过去 10 年内上市的所有风险投资支持公司股票表现的市值加权指数。

## 附录 13A  Forte 风险投资有限公司私募备忘录

### 13A.1  执行摘要

#### 13A.1.1  引言

Forte 风险投资有限公司（以下简称 Forte）的成立，主要是为了对少数族裔拥有或管理的、盈利的、中小市场中的私营公司进行股权投资。该基金还将投资那些服务于少数族裔市场以及在少数族裔市场中运营的企业。Forte 的核心投资原则是支持或招募专注于财富创造的高质量管理团队，并投资于因其战略地位而具有诱人增长前景的企业。Forte 最重要的投资理念是利用其投资和运营专长，以及对少数族裔市场的广泛接触和了解，将资本配置到服务不足的市场中那些基本面良好的企业上。

Forte 认为，它在执行这一投资理念方面处于独特的地位，能够为基金的有限合伙人提供有吸引力的回报。

Forte 目前正在向机构投资者和有限数量的合格个人提供 Forte 风险投资有限合伙权益，目标是筹集 2 亿美元。该基金将由麦克莱恩·帕尔默、雷·特纳、克拉克·皮尔斯和安德鲁·西蒙（他们被称为"委托人"）管理。

Forte 的私募股权交易将采取多种形式，包括资本重组、杠杆收购、行业整合/构建和增长型资本投资。Forte 将寻求机会性投资，重点关注委托人有先前经验的企业所在的行业。目前这些行业包括汽车、汽车售后市场、企业对企业服务、成长型制造业、品牌消费品、OEM 工业产品、医疗保健、信息技术服务和电信。

### 13A.1.2　Forte 的成功因素

Forte 认为，合作关系代表了一个具有吸引力的投资机会，原因如下。

1. 经验丰富的专业投资团队

帕尔默、皮尔斯和西蒙已经具有超过 17 年的私募股权直接投资经验。在他们曾任职的公司中，帕尔默、皮尔斯和西蒙执行过私募股权交易的所有事宜。他们在很多行业都有投资，在制造业、商业服务和外包、医疗保健、消费产品、金融服务和电信方面都有丰富的经验。此外，帕尔默和皮尔斯为他们之前的公司完成了 13 笔交易，并共同促成了另外 3 笔交易，投资额超过 1.69 亿美元。

2. 委托人的运营经验

Forte 的团队除了具备专业的投资经验外，还拥有合计 57 年的运营经验。这些委托人发现，在评估投资机会、招聘管理团队以及在投资后为投资的公司增加价值方面，这种经验和洞察力是无价的。委托人将通过积极参与投资组合管理团队，继续利用其运营经验制定和实施价值创造战略，以推动增长并提供优厚的回报。

3. 良好的投资记录

如表 13-7 所示，帕尔默已经完全退出了 6 笔股权交易中的 3 笔，这些交易的投资总额为 1 640 万美元，总回报为 7 520 万美元，现金回报率为 4.73%，内部收益率（IRR）为 113%。皮尔斯已经完全退出了 10 个夹层交易中的 1 个，投资 530 万美元，回报 1 060 万美元，现金回报率为 2.03%，内部收益率为 23%。在另外 3 笔已经确定价值但尚未实现的交易中，帕尔默和皮尔斯总共在 2 400 万美元的投资中创造了 4 610 万美元，预计现金回报率为 1.93%。委托人认为，这 3 笔未实现的投资以及其余 9 笔未实现的投资，还有大量剩余价值有待实现。

表 13-7　投资业绩汇总表

| 股权投资<br>估值状况 | 成交<br>数量 | 投资资本<br>/ 百万美元 | 实现价值<br>/ 百万美元 | 未实现价值<br>/ 百万美元 | 内部<br>收益率 /% | 现金回报率<br>/% |
| --- | --- | --- | --- | --- | --- | --- |
| 已实现① | 3 | 16.40 | 75.20 | | 113 | 4.7 × |
| 已确定但未实现 | 1 | 8.00 | | 19.10 | 109 | 2.4 × |
| 未实现① | 2 | 50.00 | | 50.00 | | 1.0 × |
| **总计** | **6** | **74.40** | **75.20** | **69.10** | **112** | **1.9 ×** |
| **夹层投资**<br>**估值状况** | | | | | | |
| 已实现 | 1 | 5.30 | 10.60 | | 23 | 2.0 × |
| 已确定但未实现 | 2 | 16.00 | 10.50 | 16.50 | 29 | 1.7 × |
| 未实现① | 7 | 73.50 | | 68.40 | | 0.9 × |
| **总计** | **10** | **94.80** | **21.10** | **84.90** | **26** | **1.1 ×** |

① 包括帕尔默或皮尔斯各自承担重大责任但非全部责任的一项投资。

#### 4. 实施行之有效的成功策略

Forte 将实施一项经过验证且有效的两部分策略，该策略已被委托人采纳，用于产生优厚的投资回报。

（1）支持或招募有成功经验的、专注于创造股东价值的高质量管理团队。

（2）投资于基本面健全的企业，因为它们的战略地位使得企业具有可持续的利润率和诱人的增长前景。

委托人认为，在目标市场上对这一策略的不断完善将有助于基金投资的成功。此外，Forte 的战略还将利用其投资的公司所拥有的少数族裔作为其加速增长的手段。然而应当指出的是，由于 Forte 打算投资于基本面稳健的业务，其投资的公司的少数族裔将不会影响或替代在每个被投资公司中建立世界级运营能力的目标。

#### 5. 少数族裔企业和少数族裔市场的吸引力

少数族裔管理或控制的公司和少数族裔市场代表了具有吸引力的投资机会，原因如下。

（1）在过去的 15 年里，经验丰富的少数族裔管理者的数量有了明显的增长，并提供了一个庞大的人才库，Forte 可以从中招聘到人才。

（2）在过去的 15 年里，收入超过 1 000 万美元的少数族裔控股公司的数量急剧增加，这些公司需要股本来继续保持其惊人的增长率。

（3）少数族裔消费者购买力的快速增长，为服务于少数族裔市场的公司提供了具有吸引力的投资机会。据估计，少数族裔消费者的零售购买力目前超过 1.1 万亿美元，增长速度是美国总人口增长速度的 7 倍。

（4）许多公司已采取措施增加向少数族裔供应商的采购，然而，这些公司被迫减少供应商基数以保持竞争力。为这些公司服务的少数族裔控制的公司需要大量的股权资本来支持其客户所需的增长率。如果没有这些资金的注入，少数族裔供应商将无法在供应商合理化的环境中保持竞争力，企业也将无法实现其为少数族裔采购制定的目标。

（5）私募股权投资者忽视少数族裔股权市场且对其服务不足。尽管有大量投资机会，但 Forte 估计，2 500 亿美元的私募股权资本中只有不到 1% 是针对少数族裔市场的。

获取自营交易流的多种资源。多年来，在私募股权和运营职位上，委托人开发了一个广泛的网络，用于寻找和开发潜在交易，以及确定和招聘管理团队。Forte 预计它将从通过以下渠道谈判和发起的交易中获得机会：

- 委托人产生的专有投资理念涉及世界一流的少数族裔管理人才。
- 由少数族裔管理团队或服务少数族裔市场的公司领导的成长阶段的机会。
- 对少数族裔领导的管理团队或对服务少数族裔市场的公司进行传统化收购和剥离。
- 现有的少数族裔控股企业池。
- 寻求增加少数族裔购买的公司。
- 积极主动呼吁，以产生利用委托人关系的自营交易流。
- 投资银行和其他金融中介机构。

6. 委托人对少数族裔市场的广泛了解

通过参与两个以少数族裔为重点的基金，委托人可以直接在目标市场上采购和执行交易。此外，这些委托人相信，将他们对目标市场的深入了解与运营经验以及他们识别和招募优秀管理团队的能力相结合，会为 Forte 带来独特的竞争优势。

### 13A.2　投资策略

#### 13A.2.1　概述

Forte 公司委托人的综合经验帮助他们形成了一种双重投资策略。

（1）支持或招募具有良好业绩记录的高质量管理团队，并为他们提供获得大量股权的机会，以使他们的利益与基金捆绑在一起。

（2）在少数族裔市场上收购或投资基本面良好的公司，这些公司由于其战略地位，具有可持续的利润率和诱人的增长前景。

Forte 的委托人在交易投资前和投资后执行这一策略时将始终采取以下步骤。

（1）保持严格的估值和建构方法。

（2）进行彻底的尽职调查，以确定业务模型中的重点。

（3）与共同投资者或具有某些绝对多数权利的重要股权方结盟，以获得控股地位。

（4）实施集中的价值创造计划和绩效监控指标。

（5）与战略合作伙伴和公司合作伙伴保持一致，控制成本，加速增长，从而创造价值。

（6）通过支持管理层制定和实现业务目标，行使增值经营领导权。

（7）通过精心安排时间和执行交易创造流动性。

Forte 开发了一种建立在委托人先前经验基础上的投资策略，这也是一项取得了卓越成果的战略。基金负责人预计，该基金的资本将在首次交割日起 3 ～ 4 年内进行投资。Forte 将主要寻求投资于价值为 2 500 万～ 7 500 万美元的成熟公司，并将在任何给定投资中投资 1 000 万～ 3 500 万美元。

#### 13A.2.2　投资重点

Forte 将寻求机会性投资，重点关注公司负责人拥有丰富经验的行业。这些行业目前包括汽车、汽车售后市场、企业对企业服务、成长型制造业、品牌消费品、OEM 工业产品、医疗保健、信息技术服务和电信。委托人的资深行业知识已经导致潜在投资的大量流动，这也使他们有能力迅速且彻底地评估所提议的机会，提供大量的行业联系以寻求尽职调查方面的帮助，并帮助支持增长和发展的管理计划。此外，委托人的行业专业知识将使 Forte 成为一个有吸引力的企业伙伴关系的参与者。

Forte 的特定行业知识随着时间的推移而不断发展，利用机会主义探索潜在投资的新领域，新的行业也将随之增加。预计 Forte 将利用其分析技能和联系网络继续发展其目前偏好的有高增长率和优秀管理团队的新重点领域。图 13-8 展示了委托人之前按阶段和行业部门分配的投资额，图 13-9 展示了 Forte 对基金的预期分配。

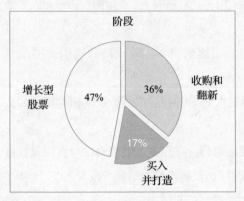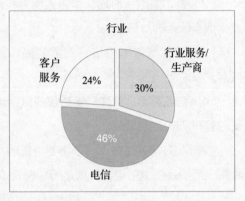

图 13-8　Forte 委托人之前的分配

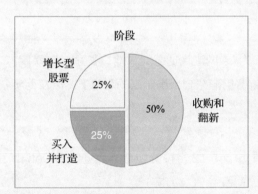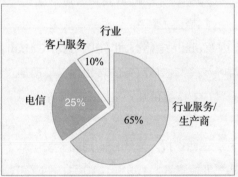

图 13-9　Forte 对基金的预期分配（加权）

### 13A.2.3　投资机会类别

Forte 认为，最具吸引力的投资通常具有以下几个重要特征。

（1）具备拥有或希望收购本公司重要股权的成熟、积极的管理团队。

（2）具有很强的市场竞争能力或较强的建立市场竞争地位的能力。

（3）在一个具有吸引力的动态、支持可持续盈利增长的投资结构的行业。

（4）拥有经济或行业周期中稳健的财务业绩，以及能抵御盈利下滑的良好记录。

（5）具备通过专注于创造价值增加营业利润的潜力。

因为 Forte 优先关注管理团队的能力和公司的增长前景，所以交易的实际形式通常是次要的。Forte 将寻求参与以下类型的交易。

（1）杠杆收购：启动杠杆收购并参与由管理层和其他投资合作伙伴组织的收购。

（2）资本重组：协助保留重大所有权的组织管理层进行资本重组。Forte 以多数或少数合伙人的身份参与。

（3）增长型资本投资：向需要股本的公司提供资本，以支持有吸引力的增长机会。

（4）行业整合 / 构建：支持那些试图通过在分散的行业内进行收购来构建重要公司的管理团队。

委托人的先前交易表明了将要进行的交易组合。在这些先前交易中有五项是杠杆收购，两项是资本重组，三项是行业整合 / 构建，五项是增长型资本投资。

### 13A.3　选择性的投资总结

#### 13A.3.1　Cobalt 电信公司

1. 概述

Cobalt 电信公司（以下简称 Cobalt）为中小型企业提供本地、长途、互联网、寻呼和蜂窝通信服务的转售包。公司通过将费用汇总到一张定制的账单上，以及为所有客户支持提供唯一来源来增加价值。

2. 投资

在西点投资集团任职期间，帕尔默于 1997 年 12 月投资 200 万美元成为 Cobalt 的主要投资者。1998 年 10 月，他又带领公司投资 200 万美元。

3. 现状

成立 Cobalt 是为了利用当地电信市场放松管制的机会。该公司的愿景是为一个被忽视但利润丰厚的客户群体提供更高水平的客户服务，以及一整套语音和数据产品。该公司需要资金来构建客户支持、提供服务基础设施，以及招聘和支持基于代理的销售渠道。

4. Forte 委托人的角色

帕尔默与 Cobalt 管理层合作制定了公司的战略，将销售活动集中在波士顿西部郊区。帕尔默还确定了一个成本低廉但功能强大的账单和客户支持平台，该平台被证明是公司低成本和高效后台办公室的关键组成部分。帕尔默在投资前聘用了该公司的首席财务官，该首席财务官在公司的收购中发挥了关键作用，还与该公司合作，推行增加售价和降低成本的策略，以提高毛利率。在认识到现有销售副总裁的不足之后，帕尔默还确定并招募了一名新的销售和市场副总裁，一起提高公司销售渠道的业绩，并引入了一个新的电话营销渠道。新的销售渠道使 Cobalt 在一年内的销量增长了 600% 以上。

5. 变现

1999 年夏天，帕尔默在公司确定了一个有吸引力的收购价格后，领导了寻找潜在战略收购者的工作。经过 3 个月的紧张筹备，该公司收到并接受了麦克林美国公司（NASDAQ：MLD）的收购要约。帕尔默领导了与麦克林的谈判并达成收购。该交易于 1999 年 12 月完成，西点投资集团的现金回报率约为 4.2%，内部收益率为 83%。

### 13A.3.2　MBCS 电信

1. 概述

MBCS 电信（以下简称 MBCS）是一家本地交换机供应商，为中小型企业提供远程、互联网、数据和高速接入服务。该公司在美国技术公司地区的五个市场中设有办事处，并正在每个市场中扩展其交换机网络。

2. 投资

帕尔默于 1998 年 7 月率领西点投资集团首次向 MBCS 投资 300 万美元，并于 2000 年 3 月进行了 500 万美元的后续投资。

3. 现状

1997 年 7 月，MBCS 获得了第一轮投资，资金用于为公司在长途服务方面的增长，以及招募更多的管理人员。1998 年，该公司正在寻找具有电信专业知识的投资者，以帮助公司向本地语音和数据服务转型。

4. Forte 委托人的角色

帕尔默与该公司合作，确定并选择了一个低成本但功能强大的计费和客户支持平台，该平台节省了超过 100 万美元的潜在资本支出。该系统已被证明是支持 MBCS 从 2 万名客户增长到 7 万多名客户的关键所在。帕尔默还在招聘高级管理团队成员方面发挥了关键作用，并在公司 3 笔收购交易的 2 笔中为管理层提供了建议和协助。帕尔默一直是该公司融资活动的领导者，他将公司介绍给了资深贷款人和投资银行家，并指导管理团队进行选拔和审批。

5. 估值

2000 年 3 月，MBCS 获得了第三轮融资，由一位新投资者牵头，估值较上一轮（在完全稀释的基础上）提高了 2.63 倍。2000 年 9 月，MBCS 通过换股交易收购了一家数据服务和高速接入服务供应商。

### 13A.3.3　X-Spanish 广播公司

1. 概述

X-Spanish Radio Networks, Inc.（以下简称 X-Spanish）是通过收购加利福尼亚州、亚利桑那州、得克萨斯州和伊利诺伊州的电台而建立的。这些电台组成了一个西班牙语广播网。节目是由该公司位于加利福尼亚州首府萨克拉门托的主要演播室通过卫星传送的。

2. 投资

1994 年 11 月，皮尔斯领导尼诺斯资本对 X-Spanish 进行了 525 万美元的初始投资。

3. 现状

X-Spanish 的总体战略是在理想的市场上以有吸引力的价格收购无线电台，并通过卫星将节目传送到整个网络，以保持较低的运营成本。为了执行这一战略，公司需要资金购买更多的电台。在 4 年的时间里，X-Spanish 公司收购了 15 家广播电台，并建立了忠实的听众群，增加了广告收入。

4. Forte 委托人的角色

皮尔斯为尼诺斯资本在 X-Spanish 的投资提供了来源、结构、定价和承销服务。他还对公司、管理团队以及公司在各个目标市场的竞争地位进行了全面的尽职调查。皮尔斯的尽职调查包括电台的技术表现、目标市场的广告需求以及电台的"坚持"价值。作为董事会观察员，他监督公司的战略计划、经营业绩和收购机会，并参与公司的战略决策，包括潜在的收购和融资。

5. 变现

1998 年 11 月，X-Spanish 被卖给了一个金融买家，这笔投资使得尼诺斯资本的内部收益率上升到了 23%。

### 13A.3.4　Krieder 公司

1. 概述

Krieder 公司是美国最大的散装指甲油生产商。Krieder 是世界领先的化妆品公司指甲油的主要供应商。

2. 投资

1995 年 4 月，皮尔斯带领尼诺斯资本对 Krieder 进行了 400 万美元的初始投资。

3. 现状

为了获得市场份额并提高竞争地位，Krieder 需要建设基础设施，升级和改善制造设施，加强实验室建设，提升技术能力，提高客户服务水平，建立一个能够支持计划增长的组织。这次收购使公司从一个创业型管理公司发展成为一个专业管理公司。

4. Forte 委托人的角色

皮尔斯为尼诺斯资本在 Krieder 的投资提供了融资、组建、定价和担保服务。他还对股权发起人、公司、管理团队以及公司在行业内的竞争地位进行了全面的尽职调查。作为董事会观察员，他评估并分析了公司的增长计划、收购候选人和交易结构、生产设施的扩展以及 MIS 系统的实施。

5. 变现

在 1997—1999 年的三年中，公司的收入和息税折旧及摊销前利润分别以 20% 和 33% 的复合年增长率增长。1999 年 1 月，它偿还了尼诺斯资本的投资并额外分配了 100 万美元。尼诺斯资本的认股权证目前价值超过 350 万美元。还款和认股权证价值共同产生了 29% 的内部收益率。

### 13A.3.5　Cidran 食品服务

1. 概述

Cidran Food Services II, L.P.（以下简称 Cidran）在路易斯安那州、阿肯色州和密西西比州拥有并经营着 130 家汉堡王餐厅。它拥有并经营着路易斯安那州 80% 以上的汉堡王餐厅。

2. 投资

1998 年 12 月，皮尔斯领导尼诺斯资本向 Cidran 投资了 1 200 万美元，完成了公司的资本重组，并提供了增长型资本。

### 3. 现状

公司进行了资本重组，以回购几个少数股东的股权，并允许公司继续执行其战略计划。这个计划需要不断升级和改善餐馆，积极开设新餐馆，有选择地进行收购。

### 4. Forte 委托人的角色

皮尔斯为尼诺斯资本对 Cidran 的投资提供了融资、组建、定价和承销服务。他对公司、管理团队和公司在其市场中的竞争地位进行了全面的尽职调查。通过积极参与投资者会议，他评估和审查了公司的战略规划和预算流程、门店层面的经营业绩、各种广告和营销举措、新门店层面的发展以及收购机会。

### 5. 变现

2000 年 6 月，皮尔斯领导尼诺斯资本自愿再投资于所有 Cidran 姊妹公司的组合。新公司被称为 Cidran Services LLC。作为再投资的一部分，尼诺斯资本于 2000年 6 月将其 5% 的认股权证头寸返售给了 Cidran，这使得内部收益率达到了 28%。

## 13A.4  投资过程

### 13A.4.1  寻找投资机会

委托人之前的大部分投资是由委托人自己发起的。委托人开发了获取优质投资机会的资源和技术，委托人的交易流能力是一项重要资产。基金的投资机会预计将从以下类别中产生。

（1）运营高管、企业家、董事会成员以及其他与委托人建立关系的投资专业人士。委托人已经与数百名潜在合作伙伴和推荐人建立了关系，他们了解委托人的投资方法。

（2）由委托人开发和实施的原始概念。

（3）服务专业人员（如律师、会计师和顾问）。

（4）专业的金融界联系和关系（主要的投资银行、小型和区域投资银行以及商业经纪人）。

这个网络是通过个人访问和电话以及频繁的邮件来开发与维护的。

### 13A.4.2  投资机会评估

委托人具有较强的分析能力和成熟的判断能力，这也是 17 年集体投资经验和 57年经营经验的反映。委托人将利用这些经验来选择具有吸引力的投资机会。在考虑投资机会时，Forte 将组建一个专业团队，对目标公司进行彻底的尽职调查，包括其历史、管理、运营、市场、竞争和前景。交易团队与目标公司管理层密切合作，深入了解目标公司的个人目标和能力。每一位 Forte 常务董事还将花费大量时间与 CEO 进行互动。交易团队还将花费大量时间对高管团队，特别是首席执行官进行广泛的考察。如果委托人确定管理团队需要加强，那么将在尽职调查期间启动专门调查。

交易团队将通过研究现有的报告、出席工业贸易会议、进行竞争性面试、开拓原始市场、进行行业研究等方式独立地评估市场。无论有没有公司人员在场，交易团队还将进行客户访谈，并参与电话销售。Forte 还将强化拥有外部资源（包括代理人、会计师和拥有特定职能的顾问）的交易团队的努力程度，市场研究顾问也将参与到验证管理层的市场预测中。

得益于丰富的运营经验，委托人可以与组织的各个层面进行合作，以了解每位经理的能力以及组织的内部动态。交易团队在管理团队中投入了大量的时间，了解每位管理者的目标，以确保他们能够在共同战略中保持一致，实现增长和股东价值最大化。

### 13A.4.3　交易结构

在进行尽职调查的同时，交易团队也在构建交易，包括评估公司、与卖方谈判、确保融资，以及安排管理层的股权参与。与过去一样，委托人将根据保守的经营假设和资本结构为交易定价。Forte 将根据一般行业和金融风险以及个别投资的具体经营特点，对各种投资的目标回报率进行风险调整。利用这些风险调整因素，交易团队将模拟各种可能的运营结果和退出结果。

Forte 只考虑拥有多个退出替代方案的投资项目，并且这些方案能够在交易阶段被清楚地识别。委托人多年的交易经验，提高了他们成功满足 Forte 投资目标的能力。一般来说，管理团队将按照与 Forte 相同的条款投资自己的资金，并参与基于绩效的期权计划，以增加其所有权权益。管理团队的所有权将经过精心设计，以确保所有参与者的目标与投资回报最大化的最终目标一致。

### 13A.4.4　制订和实施重点价值创造计划

在交易结束之前，Forte 的委托人将与管理团队合作制订一个 3 ～ 4 年的价值创造计划。这些计划通常以系统性增长为基础，系统性增长通常通过管理团队开发、运营和系统改进来实现，这些改进提高了公司为客户服务的能力，加强了销售队伍开发、新客户招聘和新产品开发。

### 13A.4.5 开发和监测投资

委托人交易后的活动将涉及与每个投资组合公司及其管理层的广泛互动，价值创造计划是增加股东价值的蓝图。Forte 认为其投资于具有增长潜力的中小型公司的战略所需要的管理资源投入远远超过投资于规模较大或增长较慢的企业时可能需要的投入。委托人的参与将包括定期与管理层沟通，通常以每周快报、非正式会议和谈话、每月或季度董事会会议以及年度预算审查会议的形式进行。委托人还积极参加战略规划会议和行业贸易会议。此外，公司还将根据需要在项目或职能的基础上协助每个投资组合公司。Forte 将每周召开员工会议，至少每月对投资的每个公司进行一次审查，以确保所有 Forte 专业人员的充分沟通和投入。Forte 将制定各个公司的发展目标，鼓励管理层开展提高投资价值的活动。每半年对整个投资组合进行全面审查，以确保实现先前的目标，并在未来一段时间内取得足够的进展。委托人还将通过建立和有效利用一个强有力的董事会，协助投资的公司解决战略问题。每一个被投资的公司董事会通常由两名 Forte 委托人担任，这些委托人将通过外部招聘特定行业董事（通常来自与委托人曾经共事过的成功高管团队）来扩充董事会。

### 13A.4.6 实现投资变现

Forte 的投资策略主要关注每项投资的最终退出策略。Forte 将以其正式半年度投资组合公司规划流程的一部分或当在特定情况下出现时定期考察投资者变现机会。委托人成功地领导了四项投资的退出，并从另外两项投资中获得了重大成果。四项退出的投资是战略性销售，另外，委托人对于已上市或已被其他股权发起人收购的公司也有直接的参与。

### 13A.4.7 内部规划

每年年底，Forte 将进行年度规划。在此期间，Forte 将评估其投资战略以及执行该战略所需的财务和人力资源。留出几天时间来确定未来一年的优先事项和目标，并考虑影响 Forte 业务的长期趋势，该规划过程的输出将为所有 Forte 专业人员的第二次会议提供正式议程。Forte 认为，强调内部规划和评估将有助于其投资战略的不断识别和完善，以及发展新的合作伙伴，从而为公司的长期存续提供保障。

## 13A.5 投资团队

Forte 由普通合伙人管理，由麦克莱恩·帕尔默、雷·特纳、克拉克·皮尔斯和安德鲁·西蒙担任普通合伙人的委托人。委托人彼此认识已经 5 年有余，并通过之前公司在两笔交易中的共同投资建立了工作关系。他们已经被证实有为投资者创造优厚回报的能力，并具有启动投资机会、构建和谈判投资的经验，能够积极与投资组合公司管理团队合作，以实现最大化回报。Forte 团队的成员还带来了超过 57 年的运营经验，涵盖了汽车和其他重工业、高科技电子产品和医疗保健等广泛的行业领域。该团队的运营经验来自《财富》100 强企业以及由私募股权投资者资助的初创公司和快速增长公司。

### 13A.5.1 常务董事（总经理）

#### 1. 麦克莱恩·帕尔默

麦克莱恩·帕尔默（41 岁）有超过 5 年的直接私募股权投资经验和超过 17 年的运营经验。在加盟 Forte 之前，他曾是西点投资集团的总经理，1997—2000 年在旧金山的办公室工作。在西点投资集团，帕尔默负责交易发起、交易执行和投资组合公司管理，并专注于电信、企业对企业服务、工业制造和汽车行业的股权投资与并购投资。帕尔默领导西点投资集团投资了三家具有竞争力的本地电信运营商（CLEC）：Cobalt，MBCS 和 Concept Telephone。他后来又代表西点投资集团担任 MBCS 和 Concept Telephone 的董事会成员。

1995—1997 年，帕尔默任安宏资本波士顿办事处副总裁。在安宏资本期间，他专注于工业和技术投资，并领导了安宏资本对 ISI（一家金融和商业信息服务供应商）的投资。1986—1995 年，帕尔默在三家初创公司（UltraVision 公司、Surglaze 公司和 DTech 公司）担任各种管理和工程职位，这些公司均由私募股权投资者出资。在创业生涯中，他成功参与了 12 种新产品的开发和市场引进。1984—1986 年，帕尔默在博格华纳公司担任工程师；1983—1984 年，在一家大型汽车公司的柴油事业部担任工程师。

帕尔默是 JT 科技的董事会成员，JT 科技是一家由少数族裔控股的开发电池和超级电容技术的公司。他担任董事会成员的还有库珀企业基金（一家总部设在纽约的少数族裔企业基金）、社区预备学校（一所位于市中心的私立学校，为准备申请大学的初中生的预备高中），以及密歇根大学商学院的泽尔·劳里创业研究所。

帕尔默拥有汽车学院的理学学士学位和百森商学院的工商管理硕士（MBA）优等学位，曾获得考夫曼奖学金，是该项目的第一批毕业生。

### 2. 雷·特纳

雷·特纳（61 岁）在《财富》50 强企业担任运营主管，有着悠久而卓越的职业生涯。1998 年 10 月—2000 年 3 月，他担任集团副总裁，负责北美一家跨国重工业制造商的销售、服务和营销；1990—1998 年，担任该公司北美销售和制造的副总裁兼总经理；1988—1990 年，担任制造业务副总裁；1977—1988 年，在公司的装配和制造业务部门担任高级制造管理和工厂经理职务。在就职于该公司之前，他还曾在工程、材料管理、制造、销售、人事和劳资关系等多个岗位上任职多年。

此外，他还曾担任过两家《财富》100 强企业的董事会成员。

从西密歇根大学获得工商管理学士学位后，特纳还完成了哈佛商学院的高管发展项目和瑞士的高级国际综合管理项目。

### 3. 克拉克·皮尔斯

克拉克·皮尔斯（38 岁）拥有超过 7 年的夹层投资和私募股权经验，以及超过 4 年的公司融资经验，现在是一家上市夹层投资基金尼诺斯资本的负责人。在尼诺斯资本任职期间，他负责管理投资过程的各个方面，包括交易发起和评估、尽职调查、交易执行和投资组合公司管理。皮尔斯已经完成了多个行业的交易，包括商业服务、分销、制造和金融服务。

1993—1995 年，皮尔斯管理着尼诺斯资本的专业小企业投资公司（SSBIC）。SSBIC 是一个 4 500 万美元的投资机构，面向为少数族裔所有和控制的公司。在加入尼诺斯资本之前，皮尔斯在弗里德曼证券担任了一年金融集团的副总裁，为债券持有人和参与重组过程的公司提供咨询。1989—1991 年，皮尔斯是大通曼哈顿银行的合伙人。

皮尔斯还曾担任 Sidewalks 公司（一家为陷入困境的青少年提供服务的社会服务机构）和美国孤儿基金会（一家致力于收养年龄较大的儿童的非营利机构）的董事会成员。

在获得莫尔豪斯学院的学士学位之后，皮尔斯还获得了宾夕法尼亚大学沃顿商学院的工商管理硕士学位，以及乔治·华盛顿大学的法学博士学位。

### 4. 安德鲁·西蒙

安德鲁·西蒙（30 岁）拥有 4 年的直接私募股权投资经验，以及 3 年的战略咨询经验。西蒙曾在许多领域从事私募股权投资，包括合同制造、工业产品、医疗保健、金融服务和直销领域。现在是 MDC 纽约办事处的高级合伙人，主要从事增长型和杠杆式股权投资，包括资本重组、收购重建。在 MDC 期间，西蒙在识别潜在投资、与卖方谈判、构建和安排债务融资以及监督法律文件和交易结束方面发挥了主导作用。MDC 被收购后，他在 MDC 投资组合公司的融资和战略方向上发挥了积极作用，并参加了董事会会议。

1995—1997 年，西蒙是 Trident Partners（以下简称 Trident）波士顿办事处的合伙人。在 Trident 期间，他负责评估、优先排序和分析潜在的新收购机会，并支持交易团队进行业务分析和尽职调查。1992—1995 年，他担任马拉康合伙公司的高级分析师，负责评估分析、行业研究和战略制定。此外，他还为利特尔约翰公司（一家专注于重组的杠杆收购公司）、Physicians Quality Care 公司（一家由风险资本支持的医疗保健服务公司）和莲花开发公司工作过。

西蒙拥有普林斯顿大学伍德罗·威尔逊学院的学士学位，并以优异的成绩获得了哈佛商学院的工商管理硕士学位，时任 Toigo 研究员。

### 13A.5.2 副总裁

菲德尔·卡迪纳斯

菲德尔·卡迪纳斯（31 岁）在 1999—2000 年曾担任 MTG 创投公司（以下简称 MTG）的常务董事。在专注于收购和运营制造与服务公司的私募股权公司 MTG，卡迪纳斯负责交易发起、交易执行和投资组合公司管理。供职于 MTG 之前，卡迪纳斯还在 1992—1997 年间担任过 MTG 顾问，主要负责战略咨询和高管培训。在担任 MTG 顾问的同时，卡迪纳斯还曾两次当选加州 Sunny Park 市市长，他成为该市市长时只有 23 岁。此外，他还曾任洛杉矶市负责公共安全事务的副市长助理、麦肯锡公司分析师。

卡迪纳斯在哈佛大学获得政治学学士学位，并取得优等荣誉，后来又在哈佛商学院取得工商管理硕士学位。

### 13A.6 主要条款摘要

以下是关于成立 Forte Ventures L. P.（以下简称"合伙企业"）的条款摘要，该合伙企业是特拉华州的一家有限合伙企业。本条款摘要本质上不完整，并受合伙企业最终有限合伙协议（以下简称"合伙协议"）与某些其他文件中包含的条款和条件的约束。如果本条款摘要或本备忘录其他地方的条款描述与合伙协议和相关文件的条款不一致或相反，则以合伙协议和相关文件的条款为准。

### 13A.6.1 目的

合伙企业的主要目的是通过对少数族裔拥有或管理的公司或在少数族裔市场上服务或运营的公司进行股权和与股权相关的投资，为其合伙人带来长期资本增值。

### 13A.6.2 合伙资本

该合伙企业的目标规模为 2 亿美元（连同普通合伙人承诺）。超出该金额的承诺可由普通合伙人自行决定接受。

### 13A.6.3 普通合伙人

Forte Ventures LLC 是合伙企业的普通合伙人，这是一家根据特拉华州法律成立的特拉华州有限责任公司。普通合伙人的最初成员是麦克莱恩·帕尔默、雷·特纳、克拉克·皮尔斯和安德鲁·西蒙。普通合伙人将控制合伙企业的业务和事务。

### 13A.6.4 管理公司

Forte Equity Investors LLC（一家特拉华州有限责任公司）将成为管理公司（Management Company）。管理公司将根据管理协议的条款担任合伙企业的投资顾问。管理公司将负责确定投资机会，组织与谈判每项收购的条款和条件，安排所有必要的融资，并在完成后监督其在每一个投资组合公司中的利益进展，对其利益进行分配。管理公司可自行决定聘请其他专业人员（包括但不限于会计师、律师和顾问）协助提供本文所述的任何服务。此外，管理公司可直接向投资组合公司提供服务。

### 13A.6.5 普通合伙人的出资额

普通合伙人应以与有限合伙人相同的方式，同时缴纳相当于 200 万美元或合伙人总出资额 1% 的金额，以较大者为准。

### 13A.6.6 合伙条款

合伙期限应为自第一次交割之日起 10 年，除非普通合伙人延长最多三个额外的 1 年期限以规定合伙企业的有序清算。

### 13A.6.7 投资周期

一般情况下，普通合伙人不允许在第一个交割日起至第五个周年日止的期限（投资期限）终止后进行任何投资，但在第五个周年日之前承诺进行投资的和不超过合伙企业承诺资本 15% 的普通和后续投资（投资期后发生）除外。

### 13A.6.8　辅助基金

普通合伙人可以为个人投资者设立一个投资基金（辅助基金），这些投资者将协助和（或）就发起投资机会、招聘高级管理人员候选人、进行尽职调查和分析选择性行业机会向管理公司提供建议。辅助基金的资本承诺总额不得超过 500 万美元。辅助基金的条款与合伙企业相似，然而提供辅助基金的个人投资者只须支付名义管理费，辅助基金投资的利润将不受附带权益的约束。辅助基金将与合伙企业一起按比例投资合伙企业的每项投资。每项投资的比例，等于辅助基金的资本承诺额除以辅助基金、合伙企业或任何应当预留给辅助基金共同投资给平行监管机构的资本承诺总额。

### 13A.6.9　投资限额

合伙企业不会对任何超过投资组合公司承诺资本 25% 的，或与过渡性融资（bridge financings）结合时，投资组合公司的承诺资本超过 35% 的一个或一组相关投资组合公司进行投资。经有限合伙人同意，一个投资组合公司或一组关联公司的投资限额可提高 10%。

未经有限合伙人批准，投资不应包括：

（1）向投资组合公司、普通合伙人或管理公司管理层以外的任何人提供“附带权益”或管理费的任何实体投资，除非普通合伙人放弃就此类投资或普通合伙人接受“附带权益”分配的权利。该投资预期：（a）在合伙企业组织投资的权益相关证券预期提供的回报范围内（考虑到与之相关的任何管理费或附带权益）产生投资回报；（b）与合伙企业的潜在交易来源建立战略关系，但前提是此类投资不得超过合伙企业承诺资本的 15%。

（2）在该企业董事会或类似管理机构的多数成员反对该收购时，通过投标要约（或类似方式）收购企业控制权。

（3）对主要业务是勘探或开发油气或开发不动产的实体的任何投资。

（4）无担保对冲或衍生证券投资。

（5）任何对有价证券进行的投资，除非在投资生效后合伙企业对有价证券的投资总额不超过所有合伙人资本承诺总额的 15%。（普通合伙人打算在投资之日从事私人交易或普通合伙人希望获得管理权的发行人的有价证券的投资除外。）

合伙企业将不超过其承诺资本的 20% 投资于其主要营业地在美国境外的企业。合伙企业将不会投资于在美国境外成立的实体证券，除非之前获得承诺，即合伙企业的有限合伙人将在该司法管辖区承担不低于他们根据特拉华州法律有权享有的有限责任。合伙企业将尽其合理努力确保有限合伙人在该等管辖区不受除合伙企业收入以外其他税收的约束。合伙企业在任何时候都不保证投资组合公司的债务超过合伙企业资本承诺的10%。合伙企业可以借款仅用于支付合伙企业的合理费用，或在收到出资前完成购买投资组合公司所需的临时融资。

### 13A.6.10  过渡性融资

合伙企业可以为任何投资组合公司提供过渡性融资。任何在18个月内偿还的过渡性融资将恢复为未付资本承诺。任何在18个月内未偿还的过渡性融资将不再构成过渡性融资，并将根据合伙企业的条款成为投资组合公司的永久性投资。如果在对此类事件发生预期影响后，未偿还的过渡性融资的本金总额超过合伙企业总资本的10%（或经有限合伙人批准，最高可达20%），则过渡性融资可能不会出现。

### 13A.6.11  分配

合伙企业的分配可以在普通合伙人确定的任何时间进行。所有来自投资的当前收入分配、投资处置收益（过渡性融资和允许再投资的收益除外），或者合伙企业资产最初来自或与每项投资有关的任何其他收入（投资收益），应按照该合伙人在该项投资中所占的百分比权益，在合伙人（包括普通合伙人）之间分摊。

（1）首先，100%分配给该有限责任合伙人，直到该有限责任合伙人收到等于：（a）该有限责任合伙人对所有已实现投资的出资以及该有限责任合伙人合伙企业其他组合公司投资减记（减记净额）未实现损失的比例份额；（b）该有限合伙人对分配给合伙企业其他组合公司投资减记的所有组织费用和合伙费用的出资额。（（a）和（b）中讨论的金额统称为"已实现资本成本"。）

（2）8%优先收益：等到该有限合伙人从已实现投资中累计分配的已实现资本成本的年复合回报率为8%时，应100%分配给该有限合伙人。

（3）普通合伙人追收20%：100%给普通合伙人，直到根据第（3）条累积分配的投资收益等于根据第（2）条和第（3）条分配的总金额的20%。

（4）80/20分割：此后，80%分配给该有限合伙人，20%分配给普通合伙人（根据第（4）条和上述第（3）条分配给普通合伙人的款项统称为"附带权益分配"）。

与一项投资有关的单项分配回报率，应从与该项投资有关的出资额用于该项投资之日起计算，直至合伙企业收到分配给每名有限合伙人的基金或财产之日为止。

现金等价投资的收益将按普通合伙人确定的权益比例分配给合伙人。过渡性融资收益将根据对此类过渡性融资的贡献进行分配。

在每种情况下，根据支付合伙企业费用后的现金可用性，为合伙企业的合理预期负债、义务和承诺留出适当的准备金，每年至少分配一次当期收入（扣除营业费用），投资组合公司证券处置所得的净收益，除允许再投资的收益外，应在切实可行的范围内尽快分配。

作为定期分配的现金预付款，普通合伙人可以从合伙企业向合伙人进行分配，以满足其在合伙企业应纳税净收入中所占比例的纳税义务（或普通合伙人的纳税义务）所需的可用现金金额限制。

该合伙企业将尽最大努力不分发实物证券，除非它们是有价证券，或者这种分配与合伙企业的清算有关。如果有限合伙企业收到此类证券将违反法律或者如果有限合伙企业不希望收到实物证券，普通合伙企业将对此类分配做出替代安排。

### 13A.6.12　损益分配

合伙企业的利润和亏损将以符合上述分配规定和联邦税收法要求的方式分配给合伙人。

### 13A.6.13　回收款项

合伙企业解散后，如果普通合伙人收到的对有限合伙人的附带利息分配超过累计净利润的 20%（计算时，合伙企业对该有限合伙人实现的所有利润和损失是同时发生的），普通合伙人应向该有限合伙人支付超额部分的金额中的较小者或普通合伙人收到的与该有限合伙人有关的分配金额，减去普通合伙人应付的与该超额部分有关的税款，加上普通合伙人在付款年度因此类付款而使用的任何税收优惠的金额。

### 13A.6.14　管理费用

合伙企业将向管理公司支付一笔年度管理费（以下简称"管理费"），相当于在投资期间合伙人对合伙企业承诺的总资本的 2%，以及在投资期间，用于支付成本和继续投资的总资本出资的 2%。该投资数额应按该期间的出资额每季度增加，并按分配给合伙人作为资本回报的数额每季度减少。管理费将每半年提前支付一次，第一次支付日期为第一个截止日期，此后每半年支付日期为半年后的第一个工作日。

管理费可从其他可用于分配或资本调用的资金中支付。额外有限合伙人支付的管理费及其利息将支付给管理公司。

### 13A.6.15　其他费用

普通合伙人、管理公司及其附属公司可不时地从投资组合公司或拟议投资组合公司收取监控费、董事费和交易费。所有此类费用首先将用于偿还合伙企业因违约交易而产生的所有费用，超过此类费用的 50% 将用于减少合伙企业应付给管理公司的管理费。

"分手费"是指普通合伙人、管理公司或其附属公司收到的与投资组合公司的拟议投资相关的任何费用，未完成的投资组合公司的拟议投资，减去合伙企业、普通合伙人、管理公司或其关联公司与投资组合公司的拟议投资相关的所有现金支出。

### 13A.6.16　合伙费用

合作伙伴将负责所有组织费用和运营费用（二者合称"合伙费用"）。

"组织费用"是指第三方和自付费用，包括但不限于律师费、审计费、融资、咨询和建构费，以及合伙企业、普通合伙人或管理公司及其任何关联公司发生的与合伙企业组织相关的其他启动费用。

"运营费用"是指与合伙企业有关的、预期或实际投资组合公司未报销的费用，包括但不限于法律、咨询和会计费用（涉及与编制合伙企业财务报表、纳税申报表和 K-1 相关的费用），管理费，对合伙企业征收的任何税款，与信贷融通相关的应付承诺费、会计费、第三方费用和开支、律师费、尽职调查以及无论交易是否完成与证券或投资的收购或处置相关的任何其他成本或费用，与有限合伙人和合伙企业的其他咨询委员会和投资委员会相关的支出，保险和涉及合伙企业的任何诉讼的成本与费用，以及与之相关的任何判决或和解的金额。

"违约交易费用"是指就每项投资而言，在预期或实际投资组合公司未偿还的范围内，与最终未完成的拟议投资或实际未完成的拟议投资处置相关的所有第三方费用，包括但不限于：（a）与最终未进行的拟议投资相关的应付承诺费；（b）法律、咨询和会计费用与开支；（c）印刷费用；（d）与完成对潜在投资组合公司的尽职调查相关的费用。

### 13A.6.17　有限合伙人咨询委员会

普通合伙人应设立一个有限合伙人咨询委员会，由普通合伙人选定的有限合伙人的 3 ～ 9 名代表组成。

## 13A.7　风险因素

对 Forte 风险投资公司的投资也具有高风险，既不能保证投资目标能够实现，也不能保证有限合伙人能够获得资本回报。此外，在某些情况下，普通合伙人、关联方和 Forte 还可能存在潜在利益冲突。在投资 Forte 之前，应仔细评估以下风险因素：

- 非流动性和长期投资。
- 一般投资组合公司风险。
- 对委托人的依赖。
- 过去的表现并不代表未来的投资结果。
- 缺乏操作经验。
- 有限合伙权益缺乏可转让性。
- 处置投资组合公司投资的或有负债的可能性。
- 有限合伙人无独立律师。
- 投资的不确定性。
- 杠杆的使用增加导致不利经济因素更易暴露。

# 融资交易
## 估值、构造和谈判

● 导 读

创业者和投资者很少会"势均力敌",甚至存在许多潜在的冲突。

投资者倾向于分期兑现其资本承诺,从而管理和控制风险,并保留进一步投资或停止投资的选择权,创业者需要谨慎决策。

## 估值的艺术与技巧

为初创公司提供融资的私募市场与公开市场有很大差异,在公开市场上,公司定价来自成熟的市场化交易所的定价。目前,没有标准化方法来确定私营公司的价值,因此估值普遍是基于一系列的粗略计算以及投资方与创业者之间的谈判得出的。其中,投资方具有很高的杠杆风险,这与初创公司大量的固有风险有关。一旦公司通过建立稳定的业绩记录克服了这些风险因素,风险就会大大降低,并且使得公司能够在更具流动性的公开市场进行交易。

## 价值的决定因素

私营公司的价值取决于其风险与潜在回报之间的关系。对于类似的公司来说，风险越低，估值越高。风险因素包括收入、费用和盈利表现、现金流、资产负债表上的可用资本额、客户质量、收入增长率，以及许多其他因行业而异的因素。

## 理论视角

### 建立边界和范围而不是计算数字

私营公司的估值没有既定的方法。虽然有几十种理论方法可以应用，但当私营公司筹集资金时，唯一重要的估值依据是投资者愿意投资的价格。通常情况下，可以通过按行业查看公开交易的等价物来进行近似估值。例如，软件公司通常按收入的倍数进行定价，这反映了收入增长比盈利更重要的事实。另外，制造企业的定价通常按息税折旧及摊销前利润（EBITDA）的倍数进行定价，EBITDA 本质上剔除了折旧，并根据现金流对交易进行估值。这些方法都有助于建立私募交易价格边界和范围。

## 回报率

在公司不同的发展阶段，投资者要求不同的投资回报率（ROR），并将其反映在投资预期持有期间。投资越早，等待公司建立稳定的财务记录的时间越长，投资者需要的补偿风险的回报就越多。表 14-1 按发展阶段和预期持有期总结了风险资本投资者追求的年回报率。

表 14-1　风险资本投资者追求的年回报率

| 发展阶段 | 年回报率 | 典型预期持有期 |
| --- | --- | --- |
| 种子和初创阶段 | 50% ～ 100% 甚至更多 | 超过 10 年 |
| 一轮投资阶段 | 40% ～ 60% | 5 ～ 10 年 |
| 二轮投资阶段 | 30% ～ 40% | 4 ～ 7 年 |
| 扩张阶段 | 20% ～ 30% | 3 ～ 5 年 |
| 过渡融资和夹层融资阶段 | 20% ～ 30% | 1 ～ 3 年 |
| 杠杆收购阶段 | 30% ～ 50% | 3 ～ 5 年 |
| 转产融资阶段 | 超过 50% | 3 ～ 5 年 |

### 投资者要求的所有权比例

投资者追求的回报率可能会影响投资者要求的所有权比例，如表 14-2 所示。以 50% 的复利计算，100 万美元投资的终值为：100 万美元 ×（1.5）$^5$=759 万美元。公司第 5 年的终值为：税后利润 × 市盈率 =100 万美元 × 15=1 500 万美元。因此，第 5 年投资者要求的所有权比例为：

$$\frac{投资终值：759 \ 万美元}{公司价值终值：1 \ 500 \ 万美元} = 50.6\%$$

表 14-2　投资者在不同的回报率目标下所要求的所有权比例

假设：

| | |
|---|---|
| 初始投资额 =100 万美元 | 第 5 年税后利润 =100 万美元 |
| 持有期 =5 年 | 第 5 年市盈率 =15 |
| 所需回报率 =50% | $\dfrac{投资终值}{公司价值终值}$ = 要求的所有权比例（%） |
| 则可计算投资者要求的所有权比例为： | |

| | 投资者年复合回报率目标 | | | |
|---|---|---|---|---|
| **市盈率** | 30% | 40% | 50% | 60% |
| 10 倍 | 37% | 54% | 76% | 106% |
| 15 倍 | 25 | 36 | 51 | 70 |
| 20 倍 | 19 | 27 | 38 | 52 |
| 25 倍 | 15 | 22 | 30 | 42 |

我们可以很容易地看到，改变任何一个关键变量都会相应地改变结果。

如果风险投资者追求前文提及的回报率，则他们要求的所有权比例如下：在初创阶段，投入所需资金的比例为 25%～75%；在启动阶段之后，这一比例可以是 10%～40%，这具体取决于投资的金额、期限、企业业绩和风险记录；在后几轮的投资中，企业需要 10%～30% 的资金才能保证维持其增长。

## 公司定价理论

在第 13 章中，我们引入了"资本市场食物链"的概念（见表 14-3）。表 14-3 描述了一家公司从其创意阶段到首次公开募股的演变过程。从家庭、朋友、天使投资人到风险投资者、战略合作伙伴和公开市场，各种资金来源的需求因公司规模、阶段和投资额的不同而有所不同。公司定价理论如图 14-1 所示。在理想的情况下，风险资本投资者会预想两到三轮的融资，从每股 1 美元开始，然后是

3～5 倍的 B 轮融资，再然后是 2 倍的 C 轮融资，然后是 2 倍的 IPO 融资，最终达到每股 8 美元。以上过程是用来描述一笔交易到其首次公开募股的通用模式。

表 14-3　创业投资的资本市场食物链

| 指标 | 创业阶段 | | | |
| --- | --- | --- | --- | --- |
| | 研发阶段 | 种子阶段 | 启动阶段 | 高速增长阶段 |
| 各个阶段中公司的价值 | 不超过 100 万美元 | 100 万～500 万美元 | 100 万 ～ 5 000 万美元，或更多 | 超过 1 亿美元 |
| 资本来源 | 创始人<br>富有的个人<br>FFF[1]<br>SBIR 计划 | FFF<br>天使基金<br>种子基金<br>SBIR 计划 | 风险投资 A 轮、B轮、C 轮……[2]<br>战略合作伙伴<br>更高净值的个体<br>私募股权 | IPO<br>战略收购<br>私募股权 |
| 投资总额 | 5 万～20 万美元，或更少 | 1 万～50 万美元 | 50 万～2 000 万美元 | 1 000 万～5 000 万美元，或更多 |
| 公开上市募股比例 | 10%～25% | 5%～15% | 现有投资者持股40%～60% | 公众持股15%～25% |
| 每股价格与数量[3] | 0.01～0.5 美元<br>100 万～500 万股 | 0.5～1 美元<br>100 万～300 万股 | 1～8 (+/−) 美元<br>500 万～1 000 万股 | 12～18 (+) 美元<br>300 万～500 万股 |

[1] 朋友、家人和傻瓜（friends，families and fools）。

[2] 风险投资 A 轮、B 轮、C 轮……（平均轮数）

轮次：
$$\begin{cases} \text{A 轮} & 300\ \text{万～}500\ \text{万美元：启动} \\ \text{B 轮} & 500\ \text{万～}1\ 000\ \text{万美元：产品开发} \\ \text{C+ 轮} & 1\ 000\ \text{万美元：产品发布} \end{cases}$$

不同行业的估值差异很大。

估值因地区和风险周期而异。

[3] 在 IPO 之后。

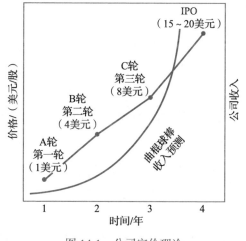

图 14-1　公司定价理论

## 现实情况

在过去的 25 年中，风险投资行业从每年仅投资 5 000 万～ 1 亿美元，到 21 世纪初增长到近 1 000 亿美元。资本市场的诸多现实因素所发挥的作用，以及当前的市场条件、交易流量和相对议价能力，影响了实际交易。互联网泡沫破裂和资本市场暴跌，导致私营公司价值大幅下降。纳斯达克指数从 5 000 多点下跌至 2 000 点以下，到 2000 年年底，大约 9 个月内，暴跌 63%。到 2005 年，纳斯达克指数仅略高于 2 000 点，到 2007 年秋季却超过了 2 600 点。

### 2003 年前后下跌和限制轮

在 1987 年 10 月股市崩盘的环境下，创业者在第二或第三轮融资中面临严重冲击。它们的估值并没有从 A 轮到 B 轮，或 B 轮到 C 轮大幅增长 4 ～ 5 倍，而是受到所谓的"限制"轮（"cram-down"round）的冲击：价格可能是上一轮的 1/4 ～ 2/3。这严重稀释了创始人的所有权，因为通常情况下投资者受到保护，不会受到稀释的影响。创始人所有权因业绩不佳而被稀释是一回事，由于纳斯达克和 IPO 市场崩盘而被稀释则是另一回事。我们可以感觉到，在这些不完善的市场中，当外部事件（比如纳斯达克崩盘）等引发螺旋式下跌时，一家公司的估值是十分脆弱和不稳定的。同时，我们学习了一个新的视角，即了解时机的重要性以及外部因素对市场的影响程度。

### 2008 年的估值改善

正如我们在前一章所看到的，2007 年风险资本的流动性不断改善，IPO 市场持续走强。IPO 确立了估值的高点，进而通过资本市场食物链影响了整个资本市场的估值。对于创业者来说，更高的估值一扫昔日互联网泡沫时代的阴霾。总体来看，展望 2014 年及以后，资本市场和估值都显示出复苏的迹象。

## 估值方法

### 风险投资法

风险投资法适用于投资时现金流为负，但有可能在未来产生可观收益的公司。

正如第 13 章所讨论的那样，风险投资者是最有可能进行此类投资的专业投资者。该方法的操作步骤如下。

（1）估计公司在数年内的净收入，此时投资者计划进行套现。这一估计将基于创业者在其商业计划中提出的销售和利润预测情况。

（2）通过研究具有类似经济特征公司的当前市盈率来确定合适的市盈率。

（3）将净收入和市盈率相乘，计算预计的最终价值。

（4）通过对最终价值进行折现，得到投资的现值，风险投资者根据这类投资的风险将使用 35% ～ 80% 不等的折现率。

（5）为确定投资者要求的所有权比例，即初始投资额除以估计的现值。

总结以上步骤，可以使用以下公式：

$$投资者要求的所有权比例 = \frac{投资终值}{公司价值终值}$$

$$= \frac{(1 + IRR)^{年份}(初始投资额)}{市盈率(最终净收入)}$$

（6）最后，股票数量和股价必须使用以下公式计算：

$$新股 = \frac{投资者要求的所有权比例}{1 - 投资者要求的所有权比例} \times 旧股$$

根据定义，股价等于支付的价格除以股票数量。

## 基本方法

采用这种方法估计的只是未来收益流的现值，如表 14-4 所示。

表 14-4　基本方法示例

| 高科技集团（Hitech，Inc.） | | | | | |
|---|---|---|---|---|---|
| 年份 | 收入增长率 /% | 收入 / 百万美元 | 税后利润率 /% | 税后利润 / 百万美元 | 现值因子 | 每年收入的现值 / 百万美元 |
| 1 | 50 | 3.00 | 0 | 0 | 1.400 | 0 |
| 2 | 50 | 4.5 | 4.0 | 0.18 | 1.960 | 0.09 |
| 3 | 50 | 6.75 | 7.0 | 0.47 | 2.744 | 0.17 |
| 4 | 50 | 10.13 | 9.0 | 0.91 | 3.842 | 0.24 |
| 5 | 50 | 15.19 | 11.0 | 1.67 | 5.378 | 0.31 |

（续）

| | 高科技集团（Hitech，Inc.） | | | | | |
|---|---|---|---|---|---|---|
| 年份 | 收入增长率 /% | 收入 / 百万美元 | 税后利润率 /% | 税后利润 / 百万美元 | 现值因子 | 每年收入的现值 / 百万美元 |
| 6 | 40 | 21.26 | 11.5 | 2.45 | 7.530 | 0.33 |
| 7 | 30 | 27.64 | 12.0 | 3.32 | 10.541 | 0.32 |
| 8 | 20 | 33.17 | 12.0 | 3.98 | 14.758 | 0.27 |
| 9 | 15 | 38.15 | 12.0 | 4.58 | 20.661 | 0.22 |
| 10 | 10 | 41.96 | 12.0 | 5.03 | 28.926 | 0.17 |
| 超额增长期收益的总现值 | | | | | | 2.12 |
| 未来收益流现值 | | | | 63.00 | 28.926 | 2.18 |
| 公司总现值 | | | | | | 4.30 |

### 第一芝加哥法

另一种可供选择的估值方法是由第一芝加哥公司（First Chicago Corporation）的风险投资集团（venture capital group）开发的第一芝加哥法（The First Chicago Method）。它采用了较低的贴现率，适用于预期现金流。预期现金流是三种可能情境的加权平均值，每种情境根据其概率加权，从而确定投资者要求的所有比例，公式如下：

$$投资者要求的所有权比例 = \frac{投资终值 - 非首次公开发行股票现金流终值}{概率（成功）（预测终值）}$$

这个公式在两个方面有别于原来的基本风险资本公式：① 基本公式假设第 5 年的投资和收入之间没有现金流，用投资终值直接减去现金流终值，两者的差额必须从最终价值中弥补；② 基本公式不区分预测终值和预期终值。传统的方法使用预测终值，通过使用高贴现率进行调整。上述公式使用了预测终值，表 14-5 就是使用这种方法的一个例子。

表 14-5　第一芝加哥法示例（一）

| | 成功 | 勉强生存 | 失败 |
|---|---|---|---|
| 收入增长率（以 200 万美元为基数） | 60% | 15% | 0% |
| 3 年后的收入水平 | 819 万美元 | 304 万美元（清算） | 200 万美元 |
| 5 年后的收入水平 | 2 097 万美元（IPO） | 402 万美元 | |
| 7 年后的收入水平 | | 532 万美元（收购） | |

（续）

|  | 成功 | 勉强生存 | 失败 |
|---|---|---|---|
| 税后利润率和流动资产收益 | 15%，315 万美元 | 7%，37 万美元 |  |
| 流动资产的市盈率 | 17 | 7 |  |
| 公司流动资产价值 | 5 355 万美元 | 261 万美元 | 69 万美元 |
| 公司现值（贴现率为 40%） | 996 万美元 | 25 万美元 | 25 万美元 |
| 每种情境的概率 | 0.4 | 0.4 | 0.2 |
| 每种情境下公司的预期现值 | 398 万美元 | 10 万美元 | 5 万美元 |
| 公司预期现值 |  | 413 万美元 |  |
| 投资 250 万美元要求的所有权比例 |  | 60.5% |  |

## 所有权稀释

前面的例子是不现实的，在大多数情况下，高潜力的企业需要几轮投资。例如，表 14-6 显示了预期的三轮融资。除了估计当前轮的适当贴现率外，第一轮的风险投资者还必须估计出最有可能在下一轮中应用的贴现率，预计这些贴现率将在第 2 年和第 4 年中予以应用。尽管 50% 的回报率仍然适用于第 0 年，但据估计，高科技集团的投资者在第 2 年和第 4 年将分别要求 40% 和 25% 的回报率。在最终市盈率为 15 倍的情况下，每个投资者必须拥有的最终所有权可以使用以下基本估值公式进行计算。

第一轮：

$$\frac{投资终值}{公司价值终值} = \frac{1.5^5 \times 1\ 500\ 000}{15 \times 2\ 500\ 000} = 30.4\%$$

第二轮：

$$(1.4^3 \times 1\ 000\ 000) / (15 \times 2\ 500\ 000) = 7.3\%$$

第三轮：

$$(1.25^1 \times 1\ 000\ 000) / (15 \times 2\ 500\ 000) = 3.3\%$$

表 14-6 第一芝加哥法示例（二） （单位：万美元）

| | 高科技集团 | | | | | |
|---|---|---|---|---|---|---|
| | 第 0 年 | 第 1 年 | 第 2 年 | 第 3 年 | 第 4 年 | 第 5 年 |
| 收入 | 50 | 125 | 250 | 500 | 8 100 | 1 280 |
| 新的收入 | （25） | （6.2） | 25 | 75 | 136 | 250 |
| 20% 营运资本 | 10 | 25 | 50 | 100 | 160 | 256 |

（续）

| | 高科技集团 | | | | | |
| --- | --- | --- | --- | --- | --- | --- |
| | 第 0 年 | 第 1 年 | 第 2 年 | 第 3 年 | 第 4 年 | 第 5 年 |
| 40% 固定资产 | 20 | 50 | 100 | 200 | 320 | 512 |
| 自由现金流 | （55） | （51.2） | （50） | （75） | （44） | （38） |
| 累积外部资金需求 | 50 | 165.3 | 154.3 | 231.3 | 275.3 | 313.3 |
| 股票发行 | 150 | 0 | 100 | 0 | 100 | 0 |
| 未清偿股本 | 150 | 150 | 250 | 250 | 350 | 350 |
| 现金余额 | 95 | 43.6 | 93.8 | 18.8 | 74.8 | 36.8 |
| 假设：投资者每轮所需的长期内部收益率 | 50% | 45% | 40% | 30% | 25% | 20% |

资料来源：" A Method for Valuing High-Risk, Long-Term Investments, " by W. A. Sahlman, Harvard Business School Note 9-288-006, p. 45.

## 贴现现金流法

这种方法定义了三个时间段：① 第 1～5 年；② 第 6～10 年；③ 第 11 年到无限期。在使用这种方法时，我们还应该注意不同阶段的关系并进行权衡。在这些假设下，贴现率可以使用加权平均资本成本（WACC）。然后将自由现金流（第 1～10 年）的值添加到终值上，这个终值就是永续增长年金的价值。

## 其他经验估值方法

还有几种估值方法可用来评估公司价值，其中许多方法都是基于类似公司最近的交易，通过出售公司或最近的投资而构建的。这种比较可能着眼于收益、自由现金流、收入、息税前利润（EBIT）、息税折旧及摊销前利润（EBITDA）和账面价值。资深的投资银行家和风险投资者会把了解私募资本市场的定价活动作为自己的工作。

# 创业者面临的焦油坑

创业者和投资者之间存在一些固有冲突。创业者希望所有的投资都能提前到位，但投资者却希望在公司需要资金的时候再提供资金，利用分期资本承诺，通过更精细的投资来管理他们的风险敞口。

## 分期资本承诺

风险投资者很少会直接投资一家公司完成其商业计划所需的全部外部资本，相反，他们投资于处于不同发展阶段的公司。因此，每家公司都知道自己的资本只够进入企业发展的下一个阶段，或者说价值拐点。通过分阶段投资，风险投资者保留了放弃前景暗淡项目的权利。这种权利至关重要，因为对于创业者而言，只要还有人提供资金，他就永远不会停下对手中项目的投入，哪怕它注定失败。

分阶段投资还可以激励创业团队。对于单个企业来说，资本是一种稀缺且昂贵的资源。资本的滥用对风险投资者来说代价高昂，但对创业企业管理层来说却未必如此。为了敦促管理层节约资金，风险投资者在资金被滥用时会采取严厉的制裁措施。这些制裁措施通常有两种基本形式：第一，提高资本金要求必然会以越来越高的惩罚性比率稀释管理层的股权份额；第二，分阶段的投资过程使得风险投资者能够中止业务。即使企业在经济上是可行的，风险投资者依然可以放弃对该企业的风险投资，这是创业者与风险投资者之间关系的关键。通过拒绝投资，风险投资者也向其他资本供应商发出了此公司存在高投资风险的信号。

## 交易的构建

### 交易的定义

交易被定义为至少两方之间的经济协议。在创业融资的背景下，大多数交易都涉及现金流的分配（涉及金额和时间）、风险的分担，以及不同群体之间的价值分配。

#### 一种思考交易的方式

为了评估和设计长期交易，作者建议向利益相关者提出一系列问题，作为交易制定者构建和理解交易如何演变的指南：

- 谁是利益相关者？
- 每个利益相关者群体如何定义价值？
- 每个利益相关者群体的风险承受能力如何？
- 利益相关者如何看待机会的本质？

- 每个利益相关者在交易中有多少层"面具"？
- 每个利益相关者的所有权是什么？
- 利益相关者认为他们对公司的影响是积极的还是消极的？
- 每个利益相关者群体的行动方向是什么？
- 他们对你有什么影响力？

### 成功交易的特征

经过时间证明，成功交易具有以下特征：

- 很简单。
- 是稳健的（当与预测稍有偏差时，它们不会崩溃）。
- 不是一成不变的。
- 考虑到了在各种情况下交易各方的动机。
- 提供了交流和解释的机制。
- 主要基于信任，而不是法律术语。
- 不会显失公平。
- 不会使筹集额外资本变得太困难。
- 将资金使用者的需求与提供者的需求匹配起来。
- 揭示了有关各方的信息。
- 允许在需要资金之前获得新的资料。
- 不会出现极端边界情况（例如，代理人产生不正常行为的边界条件）。
- 考虑到筹集资金需要时间这一事实。
- 提高了企业成功的机会。

### 交易的一般要素

一系列条款影响着价值的，以及基本的定义、假设、绩效激励、权利和义务。声明和保证、违约条款、补救行动与契约都是交易的组成部分。

### 管理风险 / 回报的工具

在一项交易中，可以通过普通股、合伙企业、优先股（股息和清算优先权）、债务（有担保的、无担保的、个人担保的或可转换的）、业绩条件定价（棘轮条款）、看跌期权和看涨期权、认股权证和现金等工具对参与者的现金请求权和股权进行排序。交易的关键可能不局限于资金方面，以下是交易中超越"金钱"的一些因素：

- 股票的数量、类型和组合，以及可能会影响投资者回报率的各种特征。
- 获取、转换的数量和时间。
- 债务或优先股的利率。
- 董事会的席位和成员数量。
- 当前管理团队和董事会可能的变动。
- 在注册公开发行的情况下，投资者股票的登记权利。
- 在随后的私募或首次公开募股中授予投资者的优先购买权。
- 雇用、竞业禁止和所有权协议。
- 支付与交易有关的法律、会计、咨询或其他费用。
- 在制定的特定目标日期前收入、费用、市场份额等的具体业绩目标。

## 了解赌注

由于交易是基于现金、风险和时间的，因此需要对交易进行解释。参与者对这些因素的感知，将影响合资企业和拟议交易的整体估值。如前所述，有许多不同的方法可用来评估风险，这些不同的评估方法导致了交易的复杂性。例如，考虑以下条款。

（1）一家风险投资公司计划筹集 1.5 亿～ 2 亿美元来收购和建造 RSA 移动电话资产公司。这家风险投资公司将承诺投入 1 500 万～ 3 000 万美元的股权，并将牵头筹集优先和次级债券以购买许可证。被许可方将要求获得新公司未来 30% 的股权，风险投资公司将获得 60% 的股权，管理层将获得未来 5% ～ 10% 的股权，但前提是先前所有的回报目标都已实现。风险投资公司最坏的情况将导致公司的 ROR 为 33%，被许可方的 ROR 为 9%，以及管理层的 ROR 为 0%。除归属协议外，竞业禁止协议还将延长 12 年。

（2）创业者必须在以下两项交易中做出选择：

- 交易 A：一家风险投资公司将计划一笔 300 万美元的投资，要求管理层投资 100 万美元。在这家风险投资公司的投资回报率达到 25% 后，未来的收益将平分。其他共同投资条款也适用（归属、雇用协议等）。风险投资公司有权在未来的所有轮融资和管理层可能发现的其他交易中享有优先购买权。

- 交易 B：另一家风险投资公司将计划 400 万美元的投资，管理层不进行任何投资。未来的收益将由风险投资公司分 75%，管理层分 25%。在企业获得正现金流之前，该风险投资公司对未来的融资和交易具有优先购买权。

（3）一群非常有才华的基金经理获得了 4 000 万美元的资金。合同要求基金经理从投资组合中获得超过国债收益 20% 的超额回报。合同有效期为 5 年。除缴纳税金外，管理层不能从他们的收益份额中提取一分钱直到合同的最后一天。

在考虑这些交易时，试着确定提出交易的个人的基本假设、动机和信念。以下是一些可能有助于确定玩家赌注的问题：

- 赌什么？
- 是给谁的？
- 谁在冒险？谁会受益？
- 谁应该下注呢？
- 如果创业者超出了风险投资者的预期会发生什么？如果达不到呢？
- 基金经理的激励措施是什么？他们成功或失败的后果是什么？
- 基金经理将如何表现？他们的投资策略是什么？

### 创业者通常面临的具体问题

无论你在谈判中选择何种方式，最主要的焦点都是创业者的股权价值，以及投资者的投资可以购买多少股权。即便如此，许多涉及各种投资者和创业者在不同情况下的权利和义务的其他问题，可能与估值和所有权份额同样重要。其中最重要的是资金背后的价值，比如人脉和有用的专业知识、必要时提供的额外融资、对公司长期发展的耐心和兴趣，这些都是特定投资者可以为企业带来的。

创业者可能会发现一些细碎但重要的条款需要谈判和协商，如果他们或他们的律师不熟悉这些条款，这些条款在未来可能会被作为样板文件对企业的所有权、控制权和融资造成重要影响。以下是一些对创业者来说可能是负担的问题：

- 共同销售条款。这是一项规定，根据这项规定，投资者可以在 IPO 之前认购股票。它保护了第一轮投资者，但可能会在随后的几轮中与投资者产生冲突，并可能抑制创业者套现的能力。
- 棘轮反稀释保护。这使得如果后续股票的售价低于最初支付的价格，领投方就可以免费获得额外的普通股。在公司处于困境时，这一保护措施使得第一轮投资者有权阻止公司筹集额外的必要资金。虽然从投资者的角度来看，这很好，但它忽略了这样一个事实——在困境中，最后一笔钱决定了价格和交易结构。
- 股权清洗。这是一种万不得已的策略，当现有优先股股东不再投资额外资金时，它会将所有先前发行的股票全部抹去，从而稀释所有人的权益。
- 强制收购。根据这一条款，如果管理层没有找到买家，或者在某一日期之前无法让公司上市，那么投资者可以按照他们商定的条款找到买家。
- 要求登记的权利。投资者可以要求 IPO。实际上，此类条款很难援引，因为最终决定此类事件发生时间的是新股发行市场，而不是协议条款。
- 共同证券登记权利。这赋予了投资者在 IPO 时出售股票的权利。由于承保人通常会做出这一决定，所以该条款通常是不可执行的。
- 关键人物保险。这就要求公司为关键人物购买人寿保险。保险的指定受益人可以是公司或优先股股东。

## 条款说明书

无论你是从天使投资人还是风险投资者那里获得资金，你都希望了解你所签署交易协议的条款和条件。许多有经验的创业者认为条款和投资者本身比估值更重要。为了说明这一点，请考虑在以下四种常用工具中进行选择：① 完全参与优先股；② 部分参与优先股（4 倍回报）；③ 普通优先股（1.00 美元 / 股对普通股）；④ 非参与优先股。然后再考虑通过 IPO 或其他公司收购实现的 2 亿美元的收入。为什么这些都很重要呢？这些细节不是应该留给法律专家吗？

在图 14-2 的两种收获情景下，考虑每种交易工具的经济后果。该图显示，尽管在这个例子中，普通股（通常由创始人持有）和优先股（由投资者持有）的数量是相等的，但收到的股息可能会有高达 2 400 万美元的差额。由于 IPO 市场对新公司周期性地关闭，所以并购退出对投资者更有利。

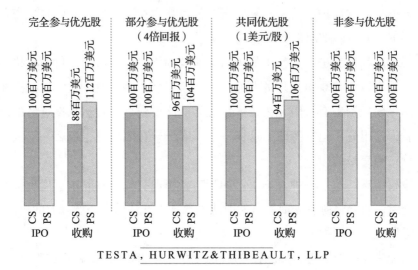

图 14-2　考虑到经济因素：是 2 亿美元的 IPO 还是并购

资料来源：Testa, Hurwitz & Thibeault, LLP, from a presentation by Heather M. Stone and Brian D. Goldstein at Babson College, October 3, 2001.

## 沙坑陷阱

### 战略周长

每个筹资战略都会启动管理层的一些行动和承诺，这些行动和承诺最终将形成一个围绕公司当前和未来的融资选择所形成的战略周长。由于先前的行动，这些有关未来的选择将有一定的自由程度。那些未能考虑到筹款策略后果及其自由程度影响的人，就会落入这个陷阱。例如，一家计划保持私有化或计划维持 1.0 ～ 1.5 负债股本比的公司，故意创造了一个战略周长。

### 法律周长

许多人不愿意深入了解法律或会计上的细节问题。许多人认为，由于他们支付了大量的专业费用，他们的顾问应该也会关注具体细节。

法律文件阐明了交易双方的条款、条件、责任和权利。因为不同的资金来源有不同的交易结构，而且由于这些法律和合同细节都是在筹资过程的最后，一个创业者会达到只能进不能退的地步，不得不接受一些让人难以忍受的苛刻条件和条款，这些条件和条款不仅会限制未来的选择空间，还可能影响企业未来发展。在谈判这些至关重要的问题时，创业者不能完全依赖律师和顾问。

### 未知领域

进入未知领域，创业者需要充分详细地了解情况，特别是各种股本来源的要求和备选办法。如果不这样做，他们可能会犯重大错误且浪费时间。例如，一个不是"主流风险投资交易"的风险投资项目可能被高估，被推荐给实际上不适合的投资者，而不是被现实地估值，并介绍给小型和更专业的基金、私人投资者或潜在的战略合作伙伴。

## 📍 案例研究　光波科技有限公司

### 引言

2003 年夏天，经验丰富的创业者乔治·金森（George Kinson）和施勒·韦斯博士（Dr. Schyler Weiss）再次考虑光波科技有限公司 IPO。

2001 年，在互联网泡沫破裂之前，他们不得不实施重组计划，让公司重回正轨。

由于 IPO 市场依然疲软，金森想知道光波科技是否应该保持私营，直到它在一些关键市场领域拥有更高的销量和更强的主导地位。另一方面，成功的 IPO 将提供资本和在业内的高知名度，使公司能够实现业绩目标和占据主导地位。

### 传统照明

自从灯泡发明以来，有几项技术改进推动了照明工业发展。不过，标准的旋进式灯泡仍然是行业焦点。

照明产品分为两个部分：灯具（灯泡和灯管）和固定装置（灯具的塑料、金属和玻璃外壳）。2001 年，照明行业的销售额为 790 亿美元：170 亿美元的灯具和 620 亿美元的固定装置。其中，超过 1/3 涉及室内照明，其次是灯具和室外照明。美国照明市场的销售额占世界市场的 26%。

照明行业由少数跨国公司主导，包括通用电气照明、飞利浦照明和欧司朗喜万年公司，它们共同控制了美国照明市场 90% 的份额和世界商业照明市场 60% 的份额。每个公司都拥有广泛的住宅和商业应用产品，并参与现有照明技术改进后的新产品的研究和开发。

### 固态照明

发光二极管（LED）是一种封装在环氧树脂材料中的小半导体，在充电时可以发光，大约在 20 世纪 60 年代就出现了。通过改变半导体或带隙的结构，LED 的能量水平变化，进而产生一种彩色的光。

作为固态照明（SSL），LED 显示出理论上的量子效率（例如，单位电力输入所产生的光量为 60% ~ 70%。白炽灯和荧光灯的峰值分别为 5% 和 20%）。SSL 对于彩色照明特别有效。传统灯具使用彩色滤光片，可将标准灯具的光输出减少 70% ~ 80%。而 SSL 发出了颜色。普通光线会产生紫外线辐射，会造成损害或使许多材料变色，并有可能伤害皮肤和眼睛。LED 几乎不产生紫外线。SSL 不会像白炽灯那样烧尽，而是会随着时间的推移逐渐褪色。这些特性，加上较长的使用寿命、灵活的外形和强烈的颜色对比，使 SSL 对一系列建筑企业和零售企业具有吸引力。例如，汽车制造商会使用 SSL 作为刹车灯、重音灯和控制台指示灯，因为其热量低、开机快、体积小。

### 颠覆性的想法

金森和韦斯在卡内基－梅隆大学相识。金森是芝加哥大学野战机器人中心（CMU）的一名研究工程师，并就读于该中心的工业管理研究生院。1993 年，金森获得了电气和计算机工程学位，辅修美术。

韦斯在卡内基－梅隆大学获得了电子和计算机工程的学士、硕士和博士学位。他的博士论文涉及低功耗数字电路。20 世纪 90 年代初，韦斯和金森对 LED 进行了修补，并得出结论：一旦有人发明了一种蓝色 LED，可以与现有的红色和绿色 LED 进行数字化融合，创造出全光谱的颜色，这项技术就是照明的未来。

1994 年，金森与人共同创建了一家在线证券门户网站，韦斯则创办了一家软件开发公司。尽管如此，1996 年，一家日本集团生产了一款蓝色 LED 时，金森说他们已经准备好向前冲了：

我们一直认为，蓝色 LED 的发展将改变人们使用 LED 的方式。碰巧它们发明的是一种非常亮的蓝色 LED，这很快带来了巨大的变化。我们意识到这种新的、高亮度的技术对于照明来说是完美的，我们已经对这个行业做足了研究，知道它对任何一种颠覆性技术的反应有多慢。我们觉得我们有一个相当大的机会窗口，我们想要快速行动。

工程师们开始开发一种数字调色板，在此过程中开创了一种新的工业智能半导体照明技术。1997 年春天，金森离开了他的公司，在韦斯的帮助下，开始设计他们公司的商业模式、商业计划和原型。

## 公司创立

那年夏天，金森用自己的积蓄和信用卡为公司融资。在背负了 4.4 万美元的信用卡债务，并将自己的积蓄缩减到了 16 美元后，他将光波科技并入了公司，并为调色机申请了专利。

将红色、绿色和蓝色 LED 连接到微处理器上，光波可以通过一个非常小的设备极大地扩展照明的色彩生成能力。每串与微处理器相连的 LED 可以产生多达 24 位的颜色（1 670 万种颜色），以及诸如洗色和频闪灯等效果。

金森和韦斯相信，他们的业务将围绕从建筑到娱乐等行业客户的需求和想象力增长，因此他们决定在拉斯维加斯的国际照明博览会上展示自己的能力。

## 获得肯定

金森说，此次展示证明了光波科技可以彻底改造照明市场：

我和施勒，在麻省理工斯隆商学院 4 名学生的陪同下，带着两个装满原型的背包飞到这个贸易展。这是我们第一次在公共场合展示它们，然后我们赢得了年度建筑照明产品的最高奖项。智能半导体照明技术是一个巨大的机遇，这是业界的一个很好的声明。

光波科技的能力立即引起了人们的兴趣，尤其是在零售市场，因为一个微处理器可以取代由大量的灯泡和大型机械控制装置组成的照明系统。

与传统照明技术相比，光波科技的技术在功能和外观上都有优势。其较低的热量和较少的紫外线辐射意味着 SSL 可以用在传统照明无法使用的地方，如零售展示、服装和艺术品上等。由于光波产品可以被设计成现有技术的补充，它们可以与传统照明产品一起使用。

光波科技的团队还设想了 LED 技术带来的巨大经济效益和环境效益。传统照明产品的平均寿命为数百或数千小时，而 LED 灯的估计寿命约为 10 万小时，约 11 年。由于照明是一个巨大的能源用户（约占每年 1 万亿美元电力支出的 20%），SSL 可以节省大量的成本。对于住宅、医院、企业等的一般照明，如果在全球范围内换成 SSL，则每年将节省 1 000 多亿美元的电力成本，并减少 2 亿吨碳排放。它还将减少 500 亿美元的发电厂建设需求。

这项技术的效率也吸引了机构用户。例如，加州向转换成 SSL 交通信号的市政当局提供高达购买价格 50% 的补贴。国家还为从霓虹灯转换成 SSL 标识的商家提供最高可达整体购买价格的补贴。

虽然 SSL 只占整体照明市场的一小部分，但在过去 7 年，它以 11% 的速度在增长，在 1999 年市场规模达到近 23 亿美元。招牌照明，包括全彩色户外显示、高速公路标志和交通信号灯，是最大的细分市场，占整个市场的 23%，约合 5.3 亿美元。1995—1999 年，全彩 LED 户外显示招牌照明市场以每年 78% 的速度增长，达到 1.5 亿美元。

通信设备显示器是第二大行业，占 22%，其次是电脑显示器和办公设备显示器，占 21%。其余的市场份额则分配给消费者应用程序（15%）、汽车显示器和照明（11%）、工业仪表（8%）。对照明行业至关重要的高亮度 LED 灯在 1999 年的销售额为 6.8 亿美元（比 1995 年的 1.2 亿美元增长了近 500%）。到 2004 年，这一数字预计将达到 17.5 亿美元。

尽管取得了进展，但是照明行业的专家接受 LED 的速度还是很慢。金森解释说，虽然还有很多障碍需要克服，但是 SSL 技术的进步最终会使照明公司改变它们的经营方式：

与其他颠覆性技术类似，LED 正在冲击现有市场。但由于传统衡量标准仅适用于旧市场（在我们的例子中是照明强度和价格），LED 经常备受质疑。有趣的是，传统的"黄铜、气体和玻璃"技术并没有得到显著提升，LED 在强度和寿命上都有显著提升，而制造它们的成本却在迅速下降。当然，对于白光市场来说，低价格和高亮度仍然未能实现，但这是迟早的事。所以每个在工作中使用照明的人都需要看看这里发生了什么；如果他们不改变，他们就会被甩在后面。

## 开创性

在照明博览会上取得成功后，金森完成了一轮 842 347 美元的天使融资。然而，过程并不容易。在得到回复之前，金森已经与 150 多名潜在投资者进行了交谈，并给一家领先的照明设备制造商的负责人打了 35 次电话才得到回复。

光波科技租用了金森的公寓中大厅对面的空间。通过一步步的引导，金森在使用 Linux 平台的台式机上构建了公司的第一台服务器。邮件服务器、Web 站点、域名和办公网络都通过一台桌面计算机运行，通过拨号连接访问的台式计算机进行访问。1998 年 1 月，光波科技聘请丹尼尔·默多克（Daniel Murdock）担任财务副总裁。

作为全频谱 SSL 技术的先驱，光波科技积极为其技术和应用申请专利，以期在成熟的行业中获得相当大的领先优势。合作伙伴相信，它们创造性的技术和强大的知识产权组合在许多领域具有广泛的市场和特许经营机会（见表 14-7）。金森这样评价它们的使命：

我们的主要策略之一是尽可能地保护知识产权，因为我们意识到这将是一个巨大的市场。我们计划用一批专利来保护我们在市场上的利益，其中相当一部分专利将适用于新兴的白光领域。我们的知识产权组合可能是我们公司最强大的资产。

表 14-7　目标市场（摘自光波科技上市备忘录）

我们的照明系统市场包括传统的变色照明市场，如剧院和娱乐场所。然而，这种技术还应用于许多其他市场。我们的照明系统已安装在世界各地数以千计的终端用户网站，应用范围包括：

**商业和民用建筑**　我们的照明系统用于区分和强调各种各样的公司办公室、公共空间、桥梁、纪念碑、喷泉、政府设施、教堂、大学和医院的建筑元素

**待客服务业**　酒店、赌场、游船、餐馆、酒吧和夜总会在其财产中添加娱乐元素，以吸引和留住顾客。动态照明是一种有效的工具，因为这个行业的大部分业务都是在晚上活跃起来的

**零售和销售**　零售商为吸引顾客的注意力而竞争，通过在它们的整体商店设计、视觉销售规划和商店橱窗展示中使用动态照明，为购物体验增加娱乐价值

（续）

**娱乐、活动和戏剧制作** 剧院、音乐厅、游乐园、主题环境以及现场表演和活动的制作人广泛使用戏剧舞台灯光，并欣赏在布景设计、舞台灯光和主题展示中增强的动感效果

**电视制作** 基于演播室的电视新闻节目、游戏节目和谈话节目使用动态照明来增加节目刺激效果、魅力，以及彰显布景设计和填充照明的特性

**电子标识和公司标识** 标识和采购点设计师与制造商在项目中使用动态照明，如背光和上光显示、玻璃标识、室内外标识和通道字母

**住宅建筑** 专业和重点照明用于住宅项目，如橱柜、柜台、景观照明和家庭影院

**展品、展览和博物馆** 动态照明用于贸易展台和博物馆展示，突出特色区域或增加影响和娱乐价值

光波科技在 1998 年 9 月发出了第一批订单。在接下来的两年里，公司迅速发展，搬到了波士顿市中心的一个大空间，并扩大到超过 75 名员工。它继续以疯狂的速度开发产品和应用程序。

2000 年 5 月，光波科技在欧洲开设了一家销售办事处。同年 12 月，该公司在日本成立了一家合资企业，在日本进行分销。合资企业的渠道合作伙伴包括照明产品分销商、制造商代表和原始设备制造商（OEM）。营销工作涉及行业分析师更新、出席行业会议和贸易展、网络促销活动、新闻文章、电子通信、平面广告和演讲活动。市场部还为现有产品和新产品提供了各种客户需求、定价和定位分析，并制作了大量的材料分发给潜在客户。

为了保持灵活和精简，该公司将其制造业务外包，制定了供应协议，使其能够在较短的交货时间内以优惠的价格采购 LED。成品和控制系统是由美国和中国的公司制造的，后者供应大批量、低价格的产品。金森一直在筹集资金，到 2001 年年初，光波科技在四轮融资中获得了 3 100 多万美元。

光波科技的成功并没有被忽视。自 1999 年以来，大型传统照明公司和年轻、技术先进的 LED 公司之间建立了几家合资企业。飞利浦照明与安捷伦科技合作，成立了一家名为 LumiLEDs 的 SSL 合资企业。同样，通用电气照明公司与半导体公司 EMCORE 组建了 GELcore，欧司朗也与德国西门子一家 LED 子公司合作。此外，来自新墨西哥州阿尔伯克基的安捷伦和桑迪亚国家实验室的研究人员正在为一项需投资 5 亿美元、为期 10 年的半导体照明研究项目寻求联邦资金。

作为回应，金森和他的团队认为 IPO 是他们最好的策略。他们认为，上市将提高其国际知名度，并为他们提供足够的资本，以支持他们的产品在多个行业迅速得到采

用。他们计划在 2001 年夏天公开募股。

## 撤退

2001 年 9 月的恐怖袭击和互联网泡沫破裂迫使光波科技搁置了 IPO 计划。在接下来的几个月里，该公司的订单急剧下降，受经济衰退的影响，潜在客户对新项目和创新项目缺乏兴趣。该公司解雇了 11 名员工，并放弃了波士顿工厂中很大一部分不可取消的经营租约。

尽管光波科技支付了近 390 万美元的重组费用，IPO 希望也破灭了，但该公司在核心架构和娱乐市场方面仍然取得进展。到 2003 年夏天，公司已经稳定下来，并准备在来年实现现金流收支平衡。

## 关键时刻

金森、韦斯和他们的团队似乎影响了整个照明行业的进程，直到下个世纪。问题是，如何最好地为他们的公司定位，以迎接下一个重大发展？

# 债务融资

## 当心杠杆率

● 导 读

在贷款决策前后，管理和协调银行业务关系，是创业者的主要任务。

贷款条款决定着企业经营中什么可以做、什么不能做。贷款合同细节决定成败。

对于绝大多数小公司来说，杠杆只在信贷可用性最有利的经济繁荣时期有用。如果生意变坏，杠杆就是一场灾难。

利率结构为每位贷款的创业者安装了一颗定时炸弹：如果你的银行债务在重组中被免除，那么对借款人来说就成了应纳税收入！

## 2007 年：次级贷款压垮信贷市场

在 2007 年夏天，一个出乎意料的事件爆发了。当时的美国正在经历着历史上最长的一次经济增长：截至 2007 年 10 月，已经连续 71 个月没有过 10% 及以上幅度的股票市场调整，这一纪录相比 1982—1987 年 64 个月的纪录多了 7 个月。2000 年后的股票市场崩盘以及 "9·11" 事件后的经济反弹所带来的房地产繁荣也即将终结。高风险的次级贷款推升了新的"非理性繁荣"，将贷款和住宅房地产的价格推向了难以持续的水平。在 2007 年 7 月的短短几天内，经济扩张的狂欢结束了，整个信贷市场和银行系统受到了巨大的影响。紧接着发生了流动性危机，银行根本没有足够的现金来清偿其债务。和 1987 年一样，美联储介入并向银行系统提供贷款，以免危机加深。2007 年 9 月，美联储 4 年来首次将美联储贴现利率下调了惊人的 50 个基点，并且有可能在 2008 年初进一步下调。美联储的目标是缓解房地产市场衰退并防止美国发生更大规模的经济衰退。

## 循环贷款模式：1990—1993 年的阴影

每当发生此类信贷危机，总会给经济造成巨大损失。为美国经济规模贡献了 70% 的消费者开始减少支出。银行停止发放贷款，或者放贷时会显著提高权益要求，典型的做法是从 10% 提高到 25%。

对于创业者和投资者来说，千禧年来临之际的美国资本市场却表现出史无前例的强劲势头，一扫 1990—1993 年信贷紧缩和股票市场停滞的阴霾。利率水平达到了历史最低点，信贷环境变得更加友好，一切仿佛回到了 1987 年危机前的繁荣时期。从 20 世纪 90 年代初期的休眠期开始，银行贷款的可得性和银行间的竞争急剧增加。

在 2000 年，新的信贷紧缩又开始了，并在 2002 年初有所加强，即使利率很低。到 2004 年，银行变得更加激进。2006—2007 年，房地产和私募股权交易的贷款速度一直保持在历史最高水平。这也就为次贷崩溃及随之而来的贷款崩溃埋下了伏笔。甚至 2007 年 7 月的并购活动也降低到当年 4 月最高点的 1/3，很多交易被推迟甚至取消。

### 警示

历史表明，好的信贷环境有时会突然改变。当信贷环境逆转时，个人担保需求也越来越多。即使信誉极好的企业，即便有着极好的按时偿还本息的记录，企业主贷款时也会被要求提供个人担保。但是当信贷紧缩加剧，银行面临自身流动性不足和破产风险时，个人担保问题可能会导致银行破产。如果经济持续处于信贷紧缩状态, 贷款本息和还款条件的确定就会变得更加烦琐。

### 贷款人的视角

贷款人一直是谨慎的资本提供者。因为银行或许仅能赚取相当于总资产 1%的净利润, 这使它们对于放贷损失非常敏感。如果银行向一家小公司提供 100 万美元贷款并成为坏账, 它们就需要增加 1 亿美元本金放贷来弥补这一损失。

然而, 贷款机构也是企业, 它们也要寻求规模扩张并提升盈利能力, 而且过去已经形成了以贷款手续费及其他费用为主的盈利结构。

## 债务资本的来源

初创企业债务资本的主要来源是贸易信贷、商业银行、融资公司、代理融通公司以及租赁公司。由于没有资产, 也没有盈利记录或正现金流记录, 初创企业很难借到钱。然而, 如果创业者拥有良好业绩和股权投资记录, 初创企业也能从某一个或多个渠道筹到借款。

表 15-1 总结了不同类型企业的债务融资来源。不同债务融资来源优劣势的判断依据主要是一些明确的标准, 如利率或资本成本、关键条款、条件和契约, 以及当下与创业者状态和企业需求的契合程度。

表 15-1 不同类型企业的债务融资来源

| 来源 | 初创企业 | 现有企业 |
| --- | --- | --- |
| 贸易信贷 | 可以 | 可以 |
| 融资公司 | 偶尔可以, 要有很高的股权比例 | 可以 |
| 商业银行 | 极少 (条件是提供资产担保) | 可以 |
| 代理融通公司 | 和客户自身性质有关 | 可以 |
| 租赁公司 | 难, 除非有风险投资支持的初创企业 | 可以 |
| 互助储蓄银行、储蓄和贷款 | 视个人担保的实力强弱而定 | 以房地产和其他资产做抵押的公司可以获得 |
| 保险公司 | 极少, 除非有风险投资支持 | 可以, 与规模有关 |
| 个人投资者 | 可以 | 有时可以 |

资料来源: J.A. Timmons, *Financing and Planning the New Venture* (Acton, MA: Brick House Publishing, 1990), p. 34.

　　表 15-2 总结了不同融资来源的融资周期。请注意，周期超过一年的融资来源很难找到。

表 15-2　根据融资周期划分的债务融资来源

| 来源 | 融资周期 | | |
| --- | --- | --- | --- |
| | 短期 | 中期 | 长期 |
| 贸易信贷 | 可以 | 可以 | 可能 |
| 商业银行 | 大多数可以 | 可以（与资产有关） | 极少（与预计现金流有关） |
| 代理融通公司 | 大多数可以 | 极少 | 不可以 |
| 租赁公司 | 不可以 | 大多数可以 | 有些可以 |
| 互助储蓄银行、储蓄和贷款 | 可以 | 可以 | 房地产和资产公司 |
| 保险公司 | 极少 | 极少 | 大多数可以 |
| 个人投资者 | 大多数可以① | 可以 | 极少 |

资料来源：J.A. Timmons, *Financing and Planning the New Venture* (Acton, MA: Brick House Publishing, 1990), p. 34.

① 通常作为有股权或认股权证的可转换债券。

　　创业者需要考虑的问题有：银行需要什么样的抵押品才能放款？根据资产负债表，我有望借到多少钱？表 15-3 总结了银行的一些基本的贷款标准。因为多数的贷款和信贷额度都以资产为基础，因此了解贷款方的抵押指南非常重要。资产负债表中允许作为抵押品的关键资产比例通常只是一个大致范围，并且具体数值会因业务类型的不同以及所处商业周期阶段的不同而变化。例如，在进行贷款抵押品计算时，对于不易消耗变质的消费品和容易被淘汰的技术产品，贷款抵押的处理方式会大为不同。公司如果已有大量债务融资，并且其资产已全部被抵押，那么可能就没有任何抵押品可以提供给贷款方。

表 15-3　银行具体的贷款标准

| 来源 | 信贷能力 |
| --- | --- |
| 应收账款 | 不超过 90 天的应收账款的 70%～85% |
| 存货 | 20%～70%，根据过时风险大小和可销售性的不同而不同 |
| 设备 | 市场价值的 70%～80%（如果是专业设备会更少） |
| 动产抵押① | 拍卖评估价的 80% 或更多 |
| 条件销售合同 | 购买价格的 60%～70% 或更多 |
| 设备改良贷款 | 评估价或成本的 60%～80% |

资料来源：J.A. Timmons, *Financing and Planning the New Venture* (Acton, MA: Brick House Publishing, 1990), p. 33, table 1.

① 除房地产外的其他资产的滞留权。

### 贸易信贷

贸易信贷是小企业短期资金的主要来源，通常会占据非金融公司流动性负债的 30% ～ 40%。在资产负债表中，它作为应付账款或者应付销售款出现。

如果一家小企业有能力购买某商品或者服务，且需要在 90 天内付款，那么它实际上有了一个 90 天期限的贷款。在没有其他形式的债务融资来源的时候，许多小企业和新创企业仍然可以获得这种贸易信贷。供应商将提供贸易信贷作为一种拓展新顾客的方式，并且会把坏账风险计入其商品价格之中。此外，提供贸易信贷的渠道合作者通常具有比商业银行更丰富的行业知识。

将贸易信贷维持下去的关键是，即便不能足额还款也要做到持续还款。贸易信贷的有效利率通常设置得非常高，以用于弥补风险，并且贸易信贷的成本很少以年度总额进行测算，因此新创企业应仔细分析其优劣势。

贸易信贷可以采取以下几种形式：延长信贷期限；选择特别日期或特定季节，即供应商在购买者的销售旺季之前发货，并在 90 ～ 120 天内收取货款；寄售库存，出售前无须付款；借用或租赁设备。

### 商业银行融资

商业银行更倾向于贷款给那些在销售、利润、客户满意度、现有订货合同等方面有着良好记录的企业。由于商业银行的利润率微薄，因此它们厌恶风险，会首先考虑企业是否有正现金流，其次是抵押品，而对于新创企业，银行可能还需要企业所有者的个人担保。

尽管如此，某些银行还是偶尔会向那些从风险投资机构获取资金、获得大量股权融资的初创企业提供贷款。这种贷款称为风险融资，通常占股权投资的一部分，并且没有抵押。

商业银行主要关注那些拥有长期且大量财务记录的现有公司。小公司的贷款可以由银行的小公司贷款部门处理，也可以通过量化、客观的信贷评分来处理。公司所有者的个人征信记录将影响信用评分。较大额度的贷款可能需要贷款委员会的批准。如果贷款超出了当地银行的限额，部分贷款金额将由“代理”银行提供以分散风险。

商业银行的贷款期限通常为 1 年。有些贷款无抵押，可由应收账款、存货或者其他资产提供担保。商业银行也会提供期限为 1 ～ 5 年的中期贷款，这些贷款也被称为定期贷款。大多数定期贷款在有效期内按一定规则进行偿还（不一定是等额偿还）。除了房地产抵押贷款和 SBA 担保的贷款外，商业银行极少提供期限在 5 年以上的贷款。

美国当前有超过 7 401 家商业银行，但 3 年内减少了 5%。商业银行的完整名录可以在《美国银行词典》（*American Bank Dictionary*）中找到。该词典每半年出版一次，名单按州排列。

### 信贷限额

信贷限额规定了借款人 1 年期贷款的最高额度。企业每年对贷款进行结转，每年将其未偿余额清零。

信贷限额资金用于季节性融资，如增加存货和应收账款，通常是资产负债表中规模最大、融资最多的项目。公司通常做法是通过出售和清算使用贷款融资获得的短期资产来偿还这些贷款。信用限额内的贷款可以是无抵押的，也可按银行要求抵押存货、应收账款、设备或者其他资产。

运营中且财务状况良好的公司经常使用带有溢价的市场利率作为利率。例如，"基础风险"信贷额度的利率会以最优惠利率报价或以高于伦敦银行同业拆借利率（LIBOR）的利率报价。欧洲美元（在美国境外持有的美元）在这里的交易最为活跃，银行会使用欧洲美元作为"最终"美元来平衡其贷款投资组合的资金结构。因此，LIBOR 代表了银行资金的边际成本。

### 分期销售融资

许多允许设备购买者分期付款的经销商或制造商自己不能提供分期付款融资或条件销售合同融资。基于此，他们通常会向银行或者融资公司出售或转让分期付款合同。一些制造商通过自有融资公司进行融资，如福特汽车公司和福特信贷。从制造商或者经销商的角度来看，分期销售融资是一种从长期应收账款中获得短期融资的方式。从购买者的角度来看，这是购买新设备的一种融资方式。

基于融资转让的设备购入价格中，往往包括"分期销售差价"，从而对金融机构的贴现率进行补偿。分期付款可以直接支付给银行、制造商或者经销商。

### 定期贷款

银行的定期贷款期限通常为 1 ～ 5 年，可以无抵押或有抵押。无论是否有抵押，银行定期贷款的基本特征大多相同。

定期贷款给公司提供了发展所需的资金。对于希望续借短期贷款的公司来说，定期贷款也是一种替代品。银行通常根据企业现金流的可预测性提供定期贷款。定期贷款有三个显著特征：① 银行提供的贷款期限最长为 5 年；② 需要定期还款；③ 依据借款人的需求设计协议，例如，借款人可在最初进行小额偿还，后期进行大额偿还。

由于定期贷款的期限较长，在此期间借款公司的经营和财富状况可能会发生显著变化，因此，银行必须仔细评估借款公司的前景。借款公司在借款初期强大的资产所提供的保障可能会因为此后持续数年的巨额亏损而消失，因此银行会仔细审查借款公司的管理能力。银行还要仔细考虑公司及其所处行业的长期前景、当前和预期的盈利能力，以及它获取现金偿还贷款的能力等。

为了降低定期贷款的风险，银行会在贷款协议中加入限制条款。这些条款可能包括：禁止其他借贷、公司合并、支付股息、出售资产、增加所有者薪酬等。此外，银行还可能要求借款公司在财务特定项中提供业务恶化预警，如披露负债股本比和现金流量利息保障倍数。

### 动产抵押和设备贷款

动产抵押是获取有担保定期贷款的一种常见方式，其中动产是指能够像房地产一样作为贷款抵押物的机械、设备或者商业资产。当不存在违约时，动产会保留在借款人手中；当存在违约时，动产将被银行清算，并用于偿还剩余贷款。因此，动产通常是新的或者有高度可用性和可销售性的物品。

### 条件销售合同

条件销售合同可为企业购入新设备提供大部分资金。根据销售合同，如果买方同意购买一台设备，可先名义上支付首付，并在 1 ～ 5 年内分期付完余额。在付款完成之前，卖方都拥有设备的所有权，因此，借款人在付完全部款项后才能获得设备最终所有权。

### 工厂技改贷款

工厂技改贷款指的是用于改善固定财产和厂房的贷款。这类贷款可以是中期或长期，并且通常是用待改造的财产或者工厂的第一抵押权或者第二抵押权作为担保。

### 商业融资公司

商业银行通常是企业进行贷款的首选。但是，如果银行拒绝贷款，那么积极寻找借款人的商业融资公司也是不错的选择。尽管商业融资公司只有在确认企业面临风险能够存活时才会发放贷款，但实际上他们还是经常会向没有正现金流的企业提供贷款。在信贷紧缩的经济环境下，和银行相比，融资公司通常更加愿意承担风险。

银行做出贷款决策主要考察的因素包括企业是否有能力持续运营，以及是否有足够的现金偿还贷款。相比之下，商业融资公司更看重应收账款、存货和设备的清算价值，并且还需清楚这些资产应该如何出售、在哪儿出售以及是否有足够的清算价值。如今，银行通常会保有融资公司部门。随着业绩的提高，借款人财力日益雄厚，将会更容易向价格更优惠的银行融资过渡。

对于存货和设备，清算价值是指可以通过拍卖或快速销售获得的金额。融资公司通常不会接受期限超出 90 天的应收账款、联邦或州政府机构的应收账款（难以获得留置权且付款缓慢），或商品性能会影响收款额的应收账款。

由于清算标准的原因，融资公司偏爱易于出售的库存物品，如商品化的电子元器件，或具有行业统一标准的商品（如钢坯）。只有少部分融资公司会提供设备贷款，并且仅针对车床、铣床等标准设备。融资公司更喜欢便于处置的物品，因此会为以此为抵押品的企业提供更多信用贷款。

融资公司一般对抵押品价值的多大比例进行贷款呢？通常来说，是 90 天以下应收账款的 70% ～ 90%，原材料或者制成品库存则是清算价值的 20% ～ 70%，以及设备清算价值的 60% ～ 80%。应收账款和存货贷款的期限是 1 年，设备贷款的期限为 3 ～ 7 年。对于这些贷款通常会设置严格的提前还款处罚条件，谨防借款人信用等级提高之后会转而寻求银行贷款，从而取代融资公司。

从融资公司贷款所需的数据与向银行贷款提供的数据相同。对于存货融资来说，所需数据包括存货的详细信息、到货时间及其周转率。设备贷款申请应附有购买日期、每个设备项目的成本以及评估的详细信息。

从商业融资公司贷款的好处是它们会提供一些银行不愿提供的贷款，并且在贷款安排上更加灵活。金融公司贷款利率比银行贷款利率高 0 ～ 6 个百分点，并且有提前偿还惩罚条件。

由于面临着更高的风险和资产抵押贷款性质，融资公司通常会对借款人进行更严格的披露要求和监控，以确保其对作为抵押品的应收账款和存货进行控制。个人担保通常需要企业负责人提供。融资公司或银行一般会保留由于担心借款人出现严重危机而减少应收账款或存货价值贷出比例的权利。

## 代理融通

代理融通是应收账款融资的一种形式。然而，与应收账款抵押贷款不同，它是以贴现价将应收账款出售给资金融通代理公司。

代理融通可以使公司获取原本无法获取的贷款。并且随着销售量和应收账款的增长，贷款额度可以增加。但是，代理融通业务也存在一些弊端，一方面价格昂贵，另一方面有些客户可能会将公司的代理融通记录作为判定公司过去融资能力有限而具有风险的证据。因为在标准的代理融通程序中，一旦借款人通过将货物装运给客户产生了应收账款，代理融通公司就会直接买下这些应收账款，并且借款人没有追索权。

代理融通更适用于特定的某些业务。例如，一家企业年销售额超过 30 万美元，净资产超过 5 万美元，并且以正常信用条件出售给信用评级水平为 75% 的客户群体，代理融通对该企业就是一个不错的选择。代理融通在纺织、家具、服装、玩具和塑料等行业中已成为传统做法。

代理融通业务需要企业提供的数据与银行需要的相同。因为代理融通公司购买的是无追索权的应收账款，所以需要分析潜在目标企业应收账款的质量和价值，需要详细的应收账款期限，以及坏账、收益和备抵的历史数据。它们还会调查企业销售客户的信用记录，并为每个客户设定信用额度。采用代理融通方式融资的企业只能在规定的限额内接受客户应收账款的保理。

通过代理融通进行应收账款融资的成本通常比从银行或从融资公司借款的成本更高。代理融通公司承担信用风险，进行信用调查和催收，并会垫付资金。代理融通通常会收取最多不超过总销售额的 2% 作为服务费。

垫付给企业的钱也需要支付利息，通常是本金的 2% ～ 6%。当规模相对较大的企业借入大笔资金时，会比那些一次性、短期借贷的小借款人获得更优惠的利率。最后，代理融通公司会将其所购买应收账款的 5% ～ 10% 留存作为准备金。

代理融通并不是最便宜的融资方式，但确实可以快速将应收账款变现。此外，代理融通业务虽然比应收账款融资更贵，但是可以为企业节省信贷代理费、信贷和收款人员的薪水，甚至还可能减少坏账冲销。代理融通业务还提供收款客户的信用信息，这些信息可能比借款人掌握的信息更可靠。

## 租赁公司

近年来，租赁业取得了长足的发展。融资租赁已经成为企业中期融资的重要来源。许多商业银行和金融公司都设立了租赁部门。有的租赁公司租赁各种各样的设备，也有一些租赁公司专门租赁特定类型的设备。

那些常见且易于转手的物品，如汽车、卡车、计算机和办公家具，都可租赁给新创企业或现有企业使用。但是，如果初创企业无法提供信用证明或存款证明来保障租赁，也没有创始人或有财力的第三方提供个人担保，将很难租赁到工业设备、计算机或商业设备。

一般而言，工业设备租赁的期限为 3 ～ 5 年，并且可以续租。出租人收取租赁设备的全部成本加上融资费用作为回报，尽管有些经营租赁的收益可能低于租赁设备购买价格。承租人通常需要预付所租物品价值的 10%。设备租赁的利率可能高于或低于其他的融资形式，这具体取决于租赁的设备、承租人的信用额度和租赁发生的时间。

租赁信贷标准类似于商业银行进行设备贷款的标准，主要考虑的因素包括租赁设备的价值、租赁的合理性，以及承租人在租赁期内的预期现金流量。

如果企业不再需要设备，或者设备在技术上已经过时，在租赁期后出租人可灵活归还设备。这对于高科技企业和生命科学公司来说具有独特的优势。

租赁可能会改善资产负债表，也可能不会，因为目前的会计准则要求以资本租赁方式所购置设备的价值应反映在资产负债表中。但是，经营租赁不会出现在资产负债表上。通常这是经济所有权而不是法律所有权的问题。如果经济风险主要由承租人承担，企业就必须将它资本化，因此它将和相应的债务一起计入资产负债表。折旧也伴随着风险以及相应的税收优惠。不需要这种税收减免的初创企业一般可通过经营租赁获得更优惠的条件。

## 贷款决策之前

以下有关借贷行为和决策的讨论通常同时适用于商业融资公司和银行。是否具有良好的贷方关系有时可能会决定企业在困难时期的生死存亡。曾有这样的案例：一家银行向一家陷入困境的企业要求偿还贷款，导致该企业破产，而另一家银行则继续发放企业贷款，帮助这家企业生存下来并走向繁荣。

不愿向初创企业和处于发展早期的企业贷款的银行，通常将缺乏经营业绩记录作为拒绝贷款的主要理由。贷款人的借贷对象分别为有过创业成功经验的创业者或者有投资者支持的公司，而且这些投资者与贷款人有过商业往来且放款人信任他们的判断（例如，企业的投资人可能是现有风险投资公司，并且贷款人认为他们会在下一轮融资中继续投资）。

在高科技和风险投资重点关注的领域，一些大银行的主管会有一名或多名高科技贷款专员，他们专门向早期的高科技企业提供贷款。凭借丰富的经验，这些银行家很了解此类企业的市场和经营特质、存在的问题和机会。他们通常与风险投资公司有密切的联系，将这些创业者推荐给风险投资公司并推进股权投资。反过来，风险投资公司也会将其投资组合推荐给银行家进行债务融资。

创业者在选择贷款人的时候应该考虑什么？贷款决策中最重要的是什么？创业者应该如何和他们的资方保持联系？在许多方面，贷款人的决策与风险投资家的决策相似。贷款人的目标是通过好的贷款决策以赚取利息，贷款人也担心向不良借款人贷款会导致拖欠还款。为此，贷款人会尽可能采取保障措施来规避风险。贷款人会考虑客户公司的贷款覆盖率、还款能力以及可以提供的抵押品。最后，但也最重要的是，贷款人必须要判断借款公司核心管理人员的性格和素质。

百森商学院的兼职教授莱斯利·查姆（Leslie Charm）向寻求与银行建立建设性关系的创业者提出了如下建议。

- **行业经验至关重要**。选择了解你所处行业的银行家。这样的银行家在此行业中还有其他客户，或许可以提供社交网络和具有相关经验的专业服务人员等宝贵资源。此外，了解你所处行业的很行家对问题更加包容，也能够更好地帮助你把握机遇。当你面临资金需求时，具有行业知识的银行家更容易做出快速而合理的决定。
- **了解银行的商业模式**。每家银行在与新企业合作时都有不同的标准，其贷款决策很大程度上基于定量信贷评分指标。创业者需要了解特定银行的运作方式，并确定该运作模式是否适合自己的企业。
- **了解你在和谁打交道**。银行家是客户经理，其工作是为客户提供支持，包括快速批准符合其银行贷款标准的贷款和信贷额度。和许多优秀的资本提供者一样，优秀的银行家拥有专业知识和良好的社交网络，同时也会真正对创业者的业务感兴趣。

表15-4 概述了获得贷款的主要步骤。由于银行业务关系对创业者至关重要，因此创业者在做决定前应该多做比较。正如莱斯利·查姆指出的，选择银行的标准不应局限于贷款利率。同样重要的是，创业者也不应等到急需资金的时候再和银行建立联系。当创业者面临财务危机时，该企业的财务报表处于最糟糕的状态，银行家有充分的理由质疑管理层的财务能力和规划能力，这些都会破坏创业者获取贷款的机会。

**表 15-4  获得贷款的主要步骤**

在选择并联系银行家或其他资方之前，创业者及其管理团队应该按照以下步骤进行准备。

- 根据融资服从战略的原则，他们要决定企业将发展到多大，以什么速度去发展。
- 确定他们需要多少钱、什么时候需要以及什么时候归还。为此，他们必须：
  - 制定公司运营和资金需求时间表。
  - 准备实时的现金流量预测。
  - 决定他们需要多少资金。
  - 明确他们将如何使用借入资金。
- 修改和更新其商业计划中的"公司简介"，包括：

（续）

- 以执行摘要的形式制定计划的核心要素。
- 公司的历史（视具体情况而定）。
- 过去三年的财务摘要。
- 市场和产品情况。
- 运营情况。
- 现金流量表和资金需求。
- 关键管理人员、所有者和董事的描述。
- 指导公司发展的关键战略、事实和逻辑。
- 界定他们所寻求贷款的可能来源，以及数额、利率、期限和条件。
- 选择一家银行或者贷款机构，询问利率，并准备一份演示文稿。
- 准备书面贷款申请。
- 陈述情况，谈判并达成交易。

发放贷款后，借款人应该和信贷员保持有效的联络。

资料来源：J.A. Timmons, *Financing and Planning the New Venture* (Acton, MA: Brick Housing Publishing, 1990), pp. 82-83.

巴蒂和斯坦奇列举了一些创业者选择银行时应着重考虑的关键因素。首先，创业者应该咨询与银行有过业务往来的会计师、律师和其他创业者。那些在生意景气和不景气时都与银行打过交道的创业者的建议尤其重要。其次，创业者应该会见多家银行的信贷员，系统地了解他们对于企业借款者的态度和方法。谁和你见面、持续多长时间以及中断多少次，这些都可用于有效衡量银行对你的兴趣。最后，从银行的借款人名单中找出那些小企业，并和这些企业的创业者交谈。在所有这些联系和交谈中，请考察特定信贷员以及银行本身的生存能力，这是银行处理你和你的企业问题时的主要考虑因素。

所选银行的规模应该足够大，有能力为企业未来可预见的贷款需求提供服务，但是银行规模又不能太大，否则会对你的业务有所忽视。不同银行与小企业合作的意愿和能力差异很大。一些银行设有专门的小企业贷款专员，并将新企业和早期企业视为大企业的种子。一些银行则将这些新企业贷款视为不良贷款。银行是否倾向于向有问题的小企业收回或者减少贷款？当银行借贷资金减少时，银行会减少小企业贷款而更青睐那些成立时间更久、更稳定的客户吗？当企业遇到问题或情况变得艰难时，银行是否具有想象力、创造力并提供帮助？他们是否开始在小字体中寻找快速退出的出口？（请参考下方的专栏）正如巴蒂所说："看到你的资产负债表时，他们是只晕倒还是会试图提出有建设性的财务替代方案？"

## 专栏

### 小字体，大问题

当 2001 年夏天市场开始变得疲软时，马特·科芬创立 LowerMyBills.com 公司还不到两年时间。马特刚收到一位受人尊敬的风险投资者的投资意向书，但也接到了银行打来的不友好电话：

- 20 世纪 90 年代后期，我们通过硅谷的一家大银行得到了 100 万美元的信贷额度，在那时该银行发放信贷额度就像发放糖果一样。我们已经提取了那笔款项，现在我们的现金余额为 75 万美元，少于我们的欠款。
- 它给发出所谓的"不利变更通知"。在我签署文件时，我甚至不知道那是什么意思，而仅仅想着，没问题，只要给我 100 万美元。
- 现在我意识到，"不利变更通知"是一个小字体条款，通过它银行可以在任何时候要求我立即偿还未偿还的余额。如果我做不到，银行就可以拿走所有现金并开始索要资产。所以现在，我不是在经营业务和筹集资金，而是与律师见面并与银行斗争，以求生存。随着时间的推移，很显然它想榨取更多，想要将部分的贷款认购为股权。

看看 LowerMyBills.com 的形势多么严峻，而这个企业离转亏为盈那么接近，最初投资者也出手相救了。投资者布雷特·麦金森（Brett Markinson）说他们都认为马特是低迷市场中需要支持的人：

每个人，包括我自己都沉迷于筹集尽可能多的钱用于高调营销，马特却一直专注于尽可能少筹资，并且埋头苦干，关注自己的驱动价值。

马特此前并没有筹集太多的钱，并且其公司的基础架构非常精简，因此在这种局面中很有优势。当其他企业都在削减开支或者倒闭时，马特的公司可以用很有竞争力的价格租用场地并聘请优秀人才。

在获得几个投资者的投资后，LowerMyBills.com 还清了银行的贷款并存活下来。在那年的最后一个季度，LowerMyBills.com 首次实现盈利，2005 年 5 月，马特以 3.3 亿美元的价格将公司出售。

资料来源：改编自"Matt Coffin"教学案例，百森商学院，2005。

## 接近并会见银行家

获取贷款其实是一项营销工作，许多创业者常常忘记这一点。初创企业的创业者必须把自己和企业的生存潜力推销给银行家，这与创业者和风险资本家打交道的情形类似。

与资方的最初联系很可能是通过电话。创业者应该做好准备快速描述公司的性质、创立年限和前景，股权融资的数量及由谁提供，历史财务业绩，创业者的经验和背景，以及所需的银行融资方式。如果风险投资公司、律师、会计师或者其他认识银行家的商业伙伴能给予推荐，会对企业获取贷款很有帮助。

信贷员如果同意会面，则会要求提前发送贷款提案总述、业务描述和财务报表。提案准备充分、股权融资要求合理，有助于引起银行家的兴趣。

创业者和信贷员第一次会面的地点通常安排在借款人的企业中。银行家可借此与管理团队会面，了解团队成员与创业者的关系、公司的财务控制情况，以及公司的经营情况。银行家或许还希望会见公司的一个或多个股权投资者。最重要的是，银行家可通来这次会面来评估贷款最终偿还人的诚信度和商业智慧。

在与意向贷款银行家会面时，创业者必须传递自信和博学。银行家如果对他所看和所读的内容印象深刻，则会要求企业提供进一步的文件和参考资料，并探讨可能的贷款金额及期限。

## 银行家想知道什么

创业者首先需要描述自己的业务及所处行业。表 15-5 展示了银行家是如何从创业者的说法中"看待公司"的。你要用这笔钱做什么？使用贷款是否有商业意义？是不是所需资本的部分或全部应该是股本而非债务？对于新创企业，放贷者不希望总负债股本比大于 1。以上问题的答案决定了贷款类型。

表 15-5　银行家如何解读资产负债表

| 销售额 | 你卖什么？ |
| --- | --- |
|  | 你卖给谁？ |
| 产品成本 | 你怎么购买？ |
|  | 你买了什么？ |
|  | 你从哪里买？ |

（续）

| | |
|---|---|
| 毛利 | 你的公司是一个超市还是专卖店？ |
| 销售 | 你如何销售及经销产品？ |
| 一般费用与管理费用 | 运营需要多少开销和资助？ |
| 研发 | 对产品再投资需要多少钱？ |
| 营业利润 | 融资成本前的可用现金是多少？ |
| 利息支出 | 固定的利息支出是多少？ |
| 税前利润 | 你赚钱吗？ |
| 税收 | 股份公司还是有限责任公司？ |
| 税后利润 | |
| 分红和退股 | 有多少？给了谁？ |
| | 公司还剩下多少资金？ |

资料来源：该表格是由凯西·S.史蒂文斯（Kathie S. Stevens）和莱斯利·查姆列出的，也是百森商学院创业金融课程班级讨论的一部分，同时也是"现金为王，资产为后，每个人都在寻找王牌"演讲的一部分。史蒂文斯女士是波士顿银行的前首席信贷员和信贷委员会成员。

（1）你需要多少钱？你必须能够证明所需数额的合理性，并说明债务将如何被用于融资和公司发展的总体规划。此外，贷款的总额应当有足够的余量应对意料之外的变化（见表 15-6）。

（2）你何时还款，如何还款？这是个重要的问题。相比长期贷款，季节性存货融资或应收款项融资的短期贷款更容易获得，尤其是对于处于发展早期的企业。如何偿还贷款是底线问题。假设你借钱是为项目筹集资金，这些项目预期能够赚取足够的现金以偿还贷款，那么如果项目出现问题，你的应急计划是什么？你能描述这些风险并提出应对方法吗？

表 15-6 贷款申请书举例

| | | |
|---|---|---|
| 申请日期： | 2008 年 5 月 30 日 | |
| 借款人： | Curtis-Palmer & Company. Inc | |
| 总金额： | 4 200 000 美元 | |
| 款项用途： | 应收账款，不超过 | 1 600 000 美元 |
| | 存货，不超过 | 824 000 美元 |
| | 在制品，不超过 | 525 000 美元 |
| | 营销，不超过 | 255 000 美元 |
| | 滑雪表演专项 | 105 000 美元 |
| | 应急资金 | 50 000 美元 |

（续）

| | |
|---|---|
| 专员贷款应付 | 841 000 美元 |
| | 4 200 000 美元 |

| | |
|---|---|
| 贷款类别： | 季节性循环信贷额度贷款 |
| 结账日期： | 2008 年 6 月 15 日 |
| 期限： | 1 年 |
| 利率： | 基准利率加 0.5%，无补偿余额，无起始费率 |
| 分拆： | 开户 500 000 美元 |
| | 2008 年 8 月 1 日 1 500 000 美元 |
| | 2008 年 10 月 1 日 1 500 000 美元 |
| | 2010 年 11 月 1 日 700 000 美元 |
| 抵押品： | 90 天之内可接受的应收账款的 70% |
| | 当前库存的 50% |
| 担保： | 无 |
| 还款时间表： | 420 000 美元或者满 1 年的余额 |
| 还款资金来源： | a. 经营活动产生的超额现金（参见现金流量表） |
| | b. 贷款的续借和增加（如果业绩提升） |
| | c. 转换为 3 年期债券 |
| 备用来源： | a. 设备的销售和回租 |
| | b. 专员贷款（要求提供个人担保） |

资料来源：J.A. Timmons, *Financing and Planning the New Venture* (Acton, MA: Brick House Publishing, 1990), p. 86.

（3）你的第二还款来源是什么？是否有资产或经济担保人？

（4）你什么时候需要用钱？如果是明天，那算了吧，只能说明你是一个糟糕的计划者和管理者。如果你下个月或者再下个月需要这笔钱，则表明你有提前计划的能力，并且给了银行家一些时间来调查和处理你的贷款申请。通常，在不到 3 周的时间内银行很难做出贷款决定（一些较小的银行每月才召开一次信贷会议）。

对于所有创业者来说，要想回答这些问题，最好的方法之一就是制订周密的商业计划。这一计划应该包含现金流量表、利润表和资产负债表预测，以证明未来发展需要这些贷款，以及表明你将如何还款。贷款人会特别关注资产的价值和业务的现金流量，以及流动资产与流动负债的比率、毛利率、债务净值、应收账款和应付账款、存货周转率和销售净利率等财务比率。银行家会将这些财务比率与竞争公司的平均值进行比较，以了解潜在借款人的业绩表现。

对于行业内的现有公司，贷款人希望查看由注册会计师编制或审计过的近年财务报表、长期积累的应收账款和应付账款清单、存货周转率以及主要客户和债权人清单。贷款人还希望知道借款人当前的缴税情况。最后，贷款人还要了解固定资产、应收账款、存货或固定资产等的留置权等详细信息。

创业者也就是借款人应该将和银行保持联络视为营销任务，并以易于理解的形式及时提供所需数据。创业者提供的资料越能证明其信誉，就越容易且越快得到正面的贷款决策。创业者也应尽早与银行的负责人见面，这对于获得融资有很大帮助。请记住，创业者需要和银行建立联系，而不仅仅是银行家。

## 贷款决策

当今贷款环境的重大变化之一是贷款决策的集中。过去，信贷员可能拥有高达数百万美元的贷款授权，并且可以向小公司贷款。除了通过资产负债表、利润表、现金流量表和抵押品等历史信息来判断公司信誉，贷款人对创业者的性格和声誉的评估也是贷款决策的关键。现在，由于贷款决策越来越多地经由贷款委员会或信用评分机构做出，决策过程中这一面对面的部分逐渐被取代，对公司商业计划、现金流增加和消耗因素、竞争环境、公司既定博弈策略和财务计划下的贷款回收缓冲的深入分析越来越重要。

这一变化对创业者提出了更高的要求：你不能只依靠销售技巧以及和信贷员的良好关系来维持有利的贷款决策；你或团队的核心成员需要准备好必要的分析和文件来让他们（你可能永远不会与之见面）信服能够偿还贷款；你还需要了解公司财务比率和标准，这些可用于将你的贷款申请与行业规范相比较，也可用于佐证你的分析结论。展示这些可以使你轻松快速地获得贷款，因为这为你的信贷员提供了充分的理由来捍卫你的贷款请求。

### 贷款标准

首先，与股权投资者一样，管理团队的素质和过往业绩是主要的考虑因素。展示 3～5 年盈利能力的历史财务报表也必不可少。完善的业务预测也是必需的，它包括公司的销售预测估算、市场细分、现金流量、利润预测、营运资金、资本支出、收益用途，以及有力的会计和控制体系。

最简单的形式是对可用的抵押品和偿债能力进行分析，对抵押品的分析依据如表 15-3 所示的准则，偿债能力是收到新贷款后通过分析偿债能力系数（coverage ratio）确定。利息保障倍数（interest coverage）由息税前利润除以利息（EBIT/利息）来计算。对拥有稳定、可预测现金流和收入的企业，偿债能力系数要求更低（如可低于 2），相比之下，对具有不稳定、不可预测现金流的企业（如具有竞争风险和技术过时风险的高科技企业）偿债能力系数要求更高（可能要求偿债能力系数为 5 或更高）。当然，归根结底还是公司能够按时还本付息的能力。

### 贷款限制

贷款协议规定了贷款人提供资金的条款和条件。有了贷款协议后，贷款人可以做两件事：设法确保对方按约定偿还贷款，并试图保护其自身作为债权人的地位。在贷款协议中（正如在投资协议中），有负面条款和正面条款。负面条款是对借款人的限制。例如，借款人不得进一步增加总负债，不得将资产抵押给其他人，不得支付股利或应限制所有者的工资。

正面条款规定了借款人必须做什么。例如，维持一定的最低净资产或营运资本，按时缴纳所有联邦税和州税，为关键的人物和财产购买足够的保险，根据协议条款偿还贷款和利息，以及向贷款人提供定期的财务报表和报告。

其中一些限制条款可能会阻碍公司的发展。例如，对进一步借款的限制。这种借贷限额通常基于借贷时借款人的资产而定。但是，贷款协议不应在最初规定固定的贷款限额，而是应该认识到，随着企业的发展以及资产总额和净资产的增加，企业也需要有能力承担其发展所需的额外债务。但是，银行（尤其是信贷紧缩时期的银行）仍然要求设置最高贷款限额，因为这给了它们另一个重新审查贷款的机会。同样，对于具有高度季节性特征的业务而言，例如要求在营运资金或流动比率上有一定最低限度的条款，可能很难在一年中任意时间始终维持下去。只有对过去月度财务报表进行分析才能判断是否可以达到这一条款要求。

### 必须小心对待的保护条款

在借钱之前，创业者需要决定可以接受的限制或条款种类。在签署任何贷款文件之前，创业者应该咨询律师和会计师。一些条款是可以商议的（这会随着整个信贷环境的变化而变化），创业者应该就此进行谈判，以获得企业在第二年和当前都能接受的条款。一旦商定了贷款条件并发放了贷款，创业者和公司都会受到约束。当心银行家这样说，好的，但是：

（1）对你许可程度内的财务比率施加限制。

（2）阻止你进行新的贷款。

（3）否决新的管理人员安排。

（4）禁止新产品或新发展方向。

（5）阻止收购或者出售资产。

（6）禁止新投资或新设备。

以下是有关个人担保的一些实用准则：何时需要担保，如何避免担保以及如何取消担保。

## 个人担保与贷款

个人担保的对象可能会要求是首席创业者，或更有可能是同时担任高管的大股东（持股超过 10%）。此外，个人担保通常是"连带和可分割的"，这意味着每个担保人都要对担保总额负责。

### 何时需要担保

（1）抵押不足。

（2）存在股东贷款或大量"应收"或"应付"账户。

（3）绩效表现不佳或者不稳定。

（4）存在管理问题。

（5）和银行家的关系紧张。

（6）遇到新的信贷负责人。

（7）借贷机构出现了一波不良贷款浪潮，正在进行整治。

（8）对市场的了解较少。

### 如何避免担保

（1）业绩表现出色。

（2）保守的财务管理。

（3）持续的正现金流。

（4）足够的抵押品。

（5）对于资产负债表的精细管理。

（6）如果交易过程中要求提供个人担保，而公司业绩让你有足够的谈判筹码，可协商提前取消担保。

### 如何取消担保（如果你已经进行了担保）

（1）参考"如何避免担保"。

（2）制订具有绩效目标和时间表的财务计划。

（3）积极寻找备用资金来源。

### 建立与银行家的关系

获得贷款后，创业者应和银行家建立密切的工作关系。很多创业者在他们需要贷款时才去会见他们的信贷员。而精明的创业者会积极主动让信贷员了解他们的业务，这样他们就有更多机会从银行获得更多贷款支持企业发展，在困难时期和银行合作的机会也会增加。

维持这段关系其实很简单。除了提供月度和年度财务报表之外，创业者还应该向银行家发送产品新闻以及有关企业或企业产品的报道。创业者应邀请银行家进入企业，审查产品开发计划和业务前景，并与他建立个人关系。这样当企业申请新贷款时，贷款人员更愿意支持批准。

遇到坏消息怎么办？永远不要让一个坏消息震惊到银行家，因此确保在你知悉之后，立刻让银行家知道它。如果银行家是意外获取相关消息，他会认为创业者对自己不够坦诚，或者管理层没有很好地控制业务。不论哪种结论都会破坏这段关系。

如果遇到无法按期还款的情况，创业者不应惊慌或逃避与银行家见面。相反，他们应该会见银行家并解释为何不能还款，然后告知何时进行还款。如果在付款日之前完成这些，并且创业者和银行家关系很好的话，银行家会同意继续贷款。银行家还能怎么办呢？如果创业者让银行家相信了企业的生存能力和未来发展的前景，银行家绝对不希望因为索回贷款而让他的竞争对手得到这个客户，也不希望因为索回贷款导致这个客户破产。和银行家沟通的真正关键在于告知而非使其受到惊吓。换句话说，创业者必须表明他们知晓不良事件并有计划进行应对。

为了进一步建立与银行家的信任，创业者应在需要资金之前就进行借款，然后按时偿还贷款，从而建立借款记录和可靠的还款记录。创业者还应尽一切努力实现自己设定并和银行家讨论过的财务目标。如果无法做到这一点，即使企业在成长，创业者的信誉也会受到损害。

银行家有权让不断发展壮大的借款企业继续使用贷款，而不会为了更好的利率另寻他人。作为回报，创业者也有权建议银行继续向其提供所需贷款，特别是在困难时期，动荡的贷款政策很可能危及企业生存。

### 有关银行家或其他贷款人的温馨提示

（1）银行家是你的合作伙伴，而不是一个难对付的小股东。

（2）诚实且坦率地分享信息。

（3）邀请银行家来查看你的业务。

（4）永远避免透支、延迟付款和延迟提供财务报表。

（5）坦诚地回答问题。讲实话。说谎违反了贷款条款。

（6）了解银行业务。

（7）准备好"应急的锦囊妙计"。

## 当银行拒绝的时候怎么办

当银行拒绝你的贷款请求时怎么办呢？重新部署，并考虑以下问题。

（1）公司现在真的需要借钱吗？现金可以从其他地方获得吗？勒紧腰带。有没有不必要支出？把财务的"铅笔"削尖：保持精简和节约。

（2）资产负债表怎么样？公司是否发展得太快了？将本公司与行业财务比率相比较，看看你的公司发展速度是否合适。

（3）银行对你的需求是否有清晰而全面的了解？你真的了解你的信贷员吗？你对银行的标准和偏好做足功课了吗？被拒绝是否因为信贷员太忙而没能认真考

虑你的申请？一位信贷员可能有 50 甚至 200 个账户。你和银行的关系是否正常？

（4）你的书面贷款意见切合实际吗？它是常规请求，还是与银行通常看到的请求有所不同？你是否只口头请求贷款而没有出示任何书面证明呢？

（5）你需要一个新的信贷员还是新的银行？如果你对于先前问题的答案很明确，并且书面请求切合实际，请致电商业贷款部门负责人并安排会谈。坐下来讨论一下你为了获取贷款所做的努力、事实以及银行拒绝你的贷款申请的原因。

（6）还有谁会提供这项融资（询问拒绝你的银行家）？你应该同时会见多个贷款人，这样就不会出现时间不足或资金不够的情形。

## 焦油坑：创业者一定要当心

现代公司财务理论一直在强调零现金余额和利用杠杆提高股本回报率（ROE）的好处。但是对于那些想要持续经营下去的少数股东控股公司来说，这种想法可能是毁灭性的。以 20 世纪 80 年代的情形进行判断，这么多大公司使用过度杠杆显然与风险不对等：20 世纪 80 年代完成的杠杆收购中，有 2/3 的企业最终陷入了严重困境。IBM 的严重衰退的时间与该公司 20 世纪 80 年代初期在资产负债表上首次进行借债收购的时间重合。这个问题在 20 世纪 90 年代初期的收购狂潮和 20 世纪 90 年代后期的高科技发展狂潮中非常明显。在 2000—2003 年的低迷之后，杠杆收购再次成为一种受欢迎的增长工具。

### 当心杠杆率：资本回报的假象

根据 ROE 理论，通过债务融资可以显著提高 ROE。因此，正如图 15-1 所示，随着公司负债股本比从 0 增加到 100%，公司的现值也会显著增加。然而，进一步观察就可以发现，债务规模增加 2% ～ 8%，只能将现值提高 17% ～ 26%。如果公司遭遇任何麻烦（发生概率极高），那么优先贷款人的条款会严重限制公司的选择灵活性。杠杆会导致极为苛刻的资本结构，而潜在的额外投资回报率通常不值得冒这么大的风险。如果杠杆带来的好处足够大，足以覆盖让整个公司遭受损失的风险，那么就去做吧。不过，这说起来容易，做起来难。可以问问和银行的资深人士打交道的创业者，你就会得到一个即使不令人恐惧，但也发人深省的消息：

这真是地狱，你不想再做一次。

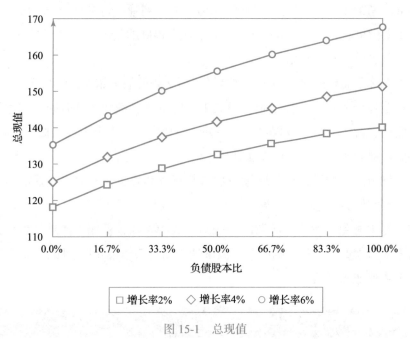

图 15-1 总现值

资料来源：W.A. Sahlman,"Note on Free Cash Flow Valuation Models," HBS Note 288-023, figure 5.

### 利率结构：个人灾难的定时炸弹

给公司加杠杆时，创业者需要明白一个更加鲜为人知的泥沼：一旦公司陷入严重的财务困境，随后的债务重组通常是生存和恢复的重要部分。重组过程中的问题在于借贷方应付的本金、利息，可由认证股权、直接权益或其他事项进行等额兑换。对于拥有公司并且亲自担保贷款的创业者来说，此类债务将成为他们的应纳税收入。注意：在对一家中西部有线电视公司进行的重组中，其创始人一度面临着 1 200 万美元的个人税收。这将迫使他个人破产甚至更糟。幸运的是，在该案例中，交易重组的创新性做法使他避免了这样的灾难性后果，但是其他许多杠杆率过高的创业者就没这么幸运了。

### 既不要做贷款人也不要做借款人，但是如果必须要做的话……

在加里森·基洛（Garrison Keillor）的广播节目《牧场之家好作伴》（*A*

*Prairie Home Com-panion*）中，他讲述了明尼苏达州的神话小镇沃比冈湖（Lake Wobegon）。在沃比冈湖银行入口处的花岗岩上，刻着一句格言——"既不要做贷款人也不要做借款人"。这其实是对早期创业者很好的建议。因此，如果你必须要借钱，以下提示会非常有用。

（1）在你不需要的时候借钱（这是做到第 2 条的最可靠的办法）。

（2）避免个人担保。根据企业绩效来设定贷款金额和还款时间，如达到一定的现金流量、营运资金和股权水平。另外，不要害怕在多个市场上提供个人担保，只要协商好部分或者全部退出办法即可。

（3）细节决定成败。仔细阅读每项贷款条款和要求——只有企业的所有者才能真正理解它们会带来什么后果。

（4）尽力避免或者修改所谓的一触即发式的条款，例如，如果发生任何可能对公司未来产生重大不利影响的变化或事件，则贷款结束并付清账款。

（5）要保守和谨慎。

## ⊕ 案例研究　银行文件："细节是魔鬼"

TPC 公司在风险投资集团的控制下已经营了六七年。尽管它是公开交易的，但有 2/3 的股份是归风险投资者及其经营者所有。公司的产品有海外许可，并且已在美国各地销售，年销售额为 300 万～ 400 万美元，基本上所有资产都是向联合信托公司（Union Trust，"银行"）通过贷款协议担保得到的。现在公司的净资产为负，并且在过去 5 年内没有盈利。

TPC 决定要通过收购扩大公司规模，并进入了另一个行业来实现这一目标。它找到了零售连锁店，并在对 TRC 公司进行尽职调查时，与 TRC 的主要供应商 TDC 公司展开了协商。TDC 在全美向 300 个客户提供商品，而这些商品都由其他公司生产。它有两个仓库：一个在东海岸，另一个在西海岸。这些产品卖给那些主要在圣诞节期间做生意的零售商。

TDC 是该行业中最大的私人控股公司，销售额约 2 500 万美元，且收益记录很不规则（见表 15-7 所示的 TDC 经审计的财务报表和表 15-8 所示的银行对财务报表的分析）。

表 15-7 TDC 公司合并资产负债表

| 截至 1997 年、1998 年、1999 年 9 月 30 日 | | | |
|---|---|---|---|
| | 1999 | 1998 | 1997 |
| **资产** | | | |
| **流动资产** | | | |
| 现金和现金等价物 | 638 899 | 1 149 730 | 836 841 |
| 应收账款和票据，扣除坏账和票据准备金（1994 年，204 000 美元；1993 年，510 000 美元；1992 年，511 000 美元）[①] | 5 081 489 | 3 279 823 | 2 674 876 |
| 库存商品　　　　　（附注 1 和 3） | 3 831 577 | 3 969 947 | 4 180 428 |
| 可退还所得税 | — | — | 21 232 |
| 其他流动资产　　　（附注 1 和 7） | 82 251 | 306 775 | 757 031 |
| 流动资产总计 | 9 634 216 | 8 706 275 | 8 470 408 |
| 票据和应收账款及其他非流动资产，扣除坏账准备（1994 年，165 000 美元；1993 年，640 000 美元；1992 年，186 000 美元）（附注 1 和 2） | 698 450 | 800 885 | 615 070 |
| 未合并子公司投资（以成本计）加上未分配收益权益　　　　　　　（附注 4） | 669 652 | 641 521 | 601 512 |
| 设备和租入固定资产改良支出（以成本计） | | | |
| 设备 | 404 948 | 403 589 | 385 581 |
| 租入固定资产改良支出 | 123 040 | 213 978 | 192 530 |
| | 527 988 | 617 567 | 578 111 |
| 减去累计折旧和摊销 | （324 995） | （312 822） | （344 152） |
| | 202 993 | 304 745 | 233 959 |
| 总资产合计　　　　（附注 5） | 11 205 311 | 10 453 426 | 9 920 949 |
| | | | |
| **负债和所有者权益** | | | |
| **流动负债** | | | |
| 应付票据　　　　　（附注 5 和 7） | 4 695 000 | 3 251 000 | 3 010 000 |
| 长期负债中的流动部分　（附注 5） | 345 595 | 349 344 | 353 156 |
| 特许经营存款 | 75 835 | 49 000 | 67 000 |
| 应付账款和应计费用 | | | |
| 商品 | 1 723 836 | 2 397 287 | 2 723 878 |
| 其他　　　　　　　（附注 7） | 2 415 479 | 2 278 073 | 2 154 200 |
| 应付所得税 | — | 29 271 | — |
| 递延所得税 | 356 537 | 265 083 | 282 448 |
| 流动负债总计 | 9 612 282 | 8 619 058 | 8 590 682 |
| 长期负债，减去流动部分　（附注 5） | 646 534 | 1 116 524 | 776 573 |
| 递延所得税 | 132 000 | 34 600 | 25 670 |
| 承付款项与或有负债　（附注 6 和 7） | | | |
| 所有者权益 | | | |

（续）

| 截至 1997 年、1998 年、1999 年 9 月 30 日 | | | |
|---|---|---|---|
| | 1999 | 1998 | 1997 |
| 普通股，面值每股 0.01 美元；授权 300 000 股，发行及在外流通 4 275 股 | 43 | 43 | 43 |
| 资本公积 | 940 679 | 940 679 | 940 679 |
| 累计亏损 | （126 227） | （257 478） | （412 698） |
| 所有者权益总计 | 814 495 | 683 244 | 528 024 |
| 负债和所有者权益总计　（附注 5） | 11 205 311 | 10 453 426 | 9 920 949 |

### TDC 公司合并运营数据表

| 截至 1997 年、1998 年、1999 年 9 月 30 日 | | | |
|---|---|---|---|
| | 1999 | 1998 | 1997 |
| **收入** | | | |
| 商品销售 | 19 172 938 | 17 675 839 | 16 050 887 |
| 直营店零售额 | 306 721 | 1 702 280 | 5 326 783 |
| 特许经营权使用费及其他收入 | 5 818 428 | 5 356 993 | 4 691 235 |

### TDC 公司合并运营数据表

| 截至 1997 年、1998 年、1999 年 9 月 30 日 | | | |
|---|---|---|---|
| | 1999 | 1998 | 1997 |
| 初期特许经营及相关费用 | 155 000 | 145 485 | 178 500 |
| | 25 453 087 | 24 880 597 | 26 247 405 |
| **成本和费用（附注 6 和 7）** | | | |
| 销售成本和分销费用 | 17 030 024 | 15 151 470 | 13 711 089 |
| 直营店零售成本和直接运营费用 | 317 345 | 1 721 405 | 4 972 098 |
| 销售费用、一般费用和行政费用 | 7 915 565 | 7 915 053 | 7 360 408 |
| 商店销售净亏损（盈利） | （48 391） | （244 394） | 25 599 |
| | 25 214 543 | 24 543 534 | 26 069 194 |
| 经营收入 | 238 544 | 337 063 | 178 211 |
| 净利息费用（附注 5） | 425 293 | 176 043 | 149 956 |
| 所得税及累计会计政策变更前收入（或损失） | （186 749） | 161 020 | 28 255 |
| 所得税费用（利得）(附注 8) | （18 000） | 5 800 | 19 000 |
| 累计会计政策前收入（损失） | （168 749） | 155 220 | 9 255 |
| 1987 年 10 月 1 日起，扣除税项的库存成本会计方法变更的累计影响（附注 1） | 300 000 | — | — |
| 净收入 | 131 251 | 155 220 | 9 255 |

① 附注是合并财务报表的组成部分。

表 15-8 银行编制的 TDC 公司财务状况比较表

TDC 公司财务状况比较表
业务：批发供应 行业代码：5199
单位：千美元

| 项目 | 1998/9/30 | （%） | 1999/9/30 | （%） | 2000/9/30 | （%） | 2001/8/10 | （7） | 2001/8/11 | （8） |
|---|---|---|---|---|---|---|---|---|---|---|
| 1. 流动资产 | 8 167 | | 8 858 | | 9 384 | | 4 838 | | 4 723 | |
| 2. 流动负债 | 8 219 | | 9 447 | | 11 463 | | 9 318 | | 9 858 | |
| 3. 运营资金 | （52） | | （589） | | （2 079） | | （4 480） | | （5 135） | |
| 4. 长期负债合计 | 1 552 | | 1 241 | | 321 | | 1 744 | | 4 157 | |
| 5. 有形资产净值 | 579 | | 815 | | （473） | | （3 600） | | （3 590） | |
| 6. 净销售额 | 24 881 | | 25 341 | | 25 757 | | 19 817 | | 0 | |
| 7. 净利润 | 155 | | 132 | | （1 288） | | （3 127） | | 0 | |
| 8. 现金创造 | 280 | | 174 | | （1 227） | | （3 089） | | 0 | |
| 9. 现金 | 1 150 | 11% | 678 | 5.9% | 793 | 7% | 5 | 0.1% | 5 | 0.0% |
| 10. 流通证券 | | | | | | | | | | |
| 11. 净应收账款 | 2 907 | 27.8% | 4 266 | 37.1% | 4 123 | 36.5% | 1 524 | 20.4% | 1 063 | 5.8% |
| 12. 存货（FIFO） | 3 970 | 38% | 3 832 | 33.3% | 4 324 | 38.2% | 3 010 | 40.3% | 3 356 | 18.4% |
| 13. | | | | | | | | | | |
| 14. | | | | | | | | | | |
| 15. | | | | | | | | | | |
| 16. 其他流动资产 | 140 | 1.3% | 82 | 0.7% | 44 | 1.3% | 299 | 4% | 299 | 1.6% |
| 17. 预付费用 | | | | | | | | | | |
| 18. 总流动资产 | 8 167 | 78.1% | 8 858 | 77% | 9 384 | 83% | 4 838 | 64.8% | 4 723 | 25.9% |
| 19. | | | | | | | | | | |
| 20. 净固定资产 | 305 | 2.9% | 203 | 1.8% | 180 | 1.6% | 174 | 2.3% | 1 187 | 6.5% |
| 21. 应收会费 | 58 | 0.6% | 25 | 0.2% | 45 | 0.4% | 75 | 1% | 75 | 0.4% |
| 22. 其他应收款 | 43 | 0.4% | 376 | 3.3% | 295 | 2.6% | 207 | 2.8% | 512 | 2.8% |
| 23. | | | | | | | | | | |
| 24. 应收票据 | 1 073 | 10.3% | 2 041 | 17.7% | 1 407 | 12.4% | 2 168 | 29.1% | 1 789 | 9.8% |

（续）

## TDC 公司财务状况比较表
业务：批发供应　行业代码：5199

单位：千美元

| | 1998/9/30 | | 1999/9/30 | | 2000/9/30 | | 2001/8/10 | (7) | 2001/8/11 | (8) |
|---|---|---|---|---|---|---|---|---|---|---|
| 25. 为转售而持有的存货 | 63 | 0.6% | | | | | | | | |
| 26. 未合并子公司投资 | 641 | 6.1% | | | | | | | | |
| 27. 非竞争协议 | | | | | | | | | 1 564 | 8.6% |
| 28. 期权协议 | | | | | | | | | 575 | 3.2% |
| 29. | | | | | | | | | | |
| 30. 无形资产 | 104 | 1.0% | | | | | | | 7 777 | 2.7% |
| 31. 总资产 | 10 454 | 100% | 11 503 | 100% | 11 311 | 100% | 7 462 | 100% | 18 202 | 100% |
| 32. 应付票据 | 2 851 | 27.3% | 3 645 | 31.7% | 2 800 | 24.8% | 2 236 | 30% | 2 236 | 2.3% |
| 33. 应付票据 | 166 | 1.6% | 598 | 5.2% | 598 | 5.3% | 588 | 7.9% | 588 | 3.2% |
| 34. 应收账款——交易 | 2 397 | 22.9% | 1 724 | 15% | 3 261 | 28.8% | 2 939 | 39.4% | 2 939 | 6.1% |
| 35. 应计费用和应付款项 | 2 351 | 22.5% | 2 231 | 19.4% | 2 864 | 25.3% | 3 427 | 45.9% | 3 803 | 0.9% |
| （其他） | | | | | | | | | | |
| 36. 本期到期长期负债 | 349 | 3.3% | 390 | 3.4% | 146 | 1.3% | 75 | 1.0% | 239 | 1.3% |
| 37. 特许经营存款 | 49 | 0.5% | 76 | 0.7% | 61 | 0.5% | 52 | 0.7% | 52 | 0.3% |
| 38. 应付会费 | 233 | 2% | | | 383 | 3.4% | 1 | 0% | 1 | 0% |
| 39. 应付会费票据 | 56 | 5% | 550 | 4.8% | 1 350 | 11.9% | | | | |
| 40. | | | | | | | | | | |
| 41. | | | | | | | | | | |
| 42. 流动负债合计 | 8 219 | 78.6% | 9 447 | 82.1% | 11 463 | 101.3% | 9 318 | 124.9% | 9 858 | 54.2% |
| 43. 长期负债 | 442 | 4.2% | 191 | 1.7% | 71 | 0.6% | 155 | 2.1% | 1 004 | 5.5% |
| 44. | | | | | | | | | | |
| 45. 非竞争协议 | | | | | | | | | 1 564 | 8.6% |
| 46. 递延项目 | 35 | 0.3% | | | | | | | | |

| 项目 | | | | | | | | | | |
|---|---|---|---|---|---|---|---|---|---|---|
| 47. 次级长期负债 | 1 075 | 10.3% | 1 050 | 9.1% | 250 | 2.2% | 1 589 | 21.3% | 1 589 | 8.7% |
| 48. 负债和准备金合计 | 9 771 | 93.5% | 10 688 | 92.9% | 11 784 | 104.2% | 11 062 | 148.2% | 14 015 | 77% |
| 49. 优先股 | | | | | | | | | | |
| 50. 普通股 | | | | | | | | | | |
| 51. 资本盈余 | 941 | 9% | 941 | 8.2% | 941 | 8.3% | 941 | 12.6% | 4 187 | 23% |
| 52. 盈余公积 | (258) | -2.5% | (126) | -1.1% | (1 414) | -12.5% | (4 541) | -60.9% | | |
| 53. 库存股 | | | | | | | | | | |
| 54. 净资产总额 | 683 | 6.5% | 815 | 7.1% | (473) | -4.2% | (3 600) | -48.3% | 4 187 | 23% |
| 55. 负债和所有者权益总计 | 10 454 | 100% | 11 503 | 100% | 11 311 | 100% | 7 462 | 100% | 18 202 | 100% |
| 56. 年度租赁租金 | 2 413 | 9.7% | 2 444 | 9.6% | 2 501 | 9.7% | 2 371 | 12% | 2 371 | 0% |
| 57. 或有负债 | 1 142 | 10.9% | 1 174 | 10.2% | 991 | 8.8% | 579 | 7.8% | 579 | 3.2% |
| 58. 存货——制成品 | | | | | | | | | | |
| 59. 存货——在途物资 | | | | | | | | | | |
| 60. 存货——原材料 | | | | | | | | | | |
| 61. 土地 | | | | | | | | | | |
| 62. 建筑物 | | | | | | | | | | |
| 63. 租赁厂房 | 214 | 34.6% | 123 | 23.3% | 134 | 23.7% | 146 | 24.4% | 96 | 8.1% |
| 64. 家具及固定设施 | | | | | | | | | | |
| 65. 固定资产——设备和机器 | 404 | 65.4% | 405 | 76.7% | 432 | 76.3% | 452 | 75.6% | 1 091 | 100% |
| 66. 固定资产——总费用 | 618 | 100% | 528 | 100% | 566 | 100% | 598 | 100% | 1 187 | 100% |
| 67. 固定资产——折旧 | 313 | 50.6% | 325 | 61.6% | 386 | 68.2% | 424 | 70.9% | | |
| 68. 摊销方法 | MVD | | HEW | | CMS | | CHV | | CHV | |
| 69. 摊销截止日期 | 1/21/99 | | 2/23/00 | | 2/22/01 | | 2/22/02 | | 2/22/02 | |
| 70. 净销售额 | 24 881 | 100% | 25 341 | 100% | 25 757 | 100% | | | 19 817 | 100% |
| 71. 销售／代理成本 | 15 152 | 60.9% | 17 030 | 67.2% | 17 779 | 69% | | | 12 928 | 65.2% |

（续）

## TDC 公司财务状况比较表

业务：批发供应

单位：千美元　　行业代码：5199

| | 1998/9/30 | (%) | 1999/9/30 | (%) | 2000/9/30 | (%) | 2001/8/10 (7) | 2001/8/11 (8) | (8) |
|---|---|---|---|---|---|---|---|---|---|
| 72. 零售成本 | 1 721 | 6.9% | 317 | 1.3% | 0 | | | 14 | 0.1% |
| 73. 总利润 | 8 008 | 32.3% | 7 994 | 31.5% | 7 978 | 31% | | 6 875 | 34.7% |
| 74. 一般费用和行政费用 | 7 915 | 31.8% | 7 838 | 30.9% | 8 827 | 34.3% | | 9 750 | 49.2% |
| 75. | | | | | | | | | |
| 76. 运营利润 | 93 | 0.4% | 156 | 0.6% | (849) | -3.3% | | (2 875) | -14.5% |
| 77. 其他收入 | | | | | | | | | |
| 78. 其他费用 | | | | | | | | | |
| 79. 息税前利润 | 473 | 1.9% | 357 | 1.4% | (690) | -2.7% | | (2 640) | -13.3% |
| 80. 利息 | 312 | 1.3% | 532 | 2.1% | 598 | 2.3% | | 487 | 2.5% |
| 81. 所得税前利润 | 161 | 0.6% | (175) | -0.7% | (1 288) | -5% | | (3 127) | -15.8% |
| 82. 所得税 | 6 | 0% | (7) | 0% | | | | | |
| 83. 非常规项目 | | | 300 | 1.2% | | | | | |
| 84. 税后净利润 | 155 | 0.6% | 132 | 0.5% | (1 288) | -5% | | (3 127) | -15.8% |
| 85. 期初净资产 | 528 | | 683 | | 815 | | | (427) | |
| 86. 净收入/损失 | 155 | | 132 | | (1 288) | | | (3 127) | |
| 87. 新股 | | | | | | | | | |
| 88. | | | | | | | | | |
| 89. | | | | | | | | | |
| 90. | | | | | | | | | |
| 91. 分红/退股 | | | | | | | | | |
| 92. 公司库存股 | | | | | | | | | |
| 93. 期末净资产 | 683 | | 815 | | (473) | | | (3 600) | |

| | | | | | |
|---|---|---|---|---|---|
| 94. 净资产变化 | (3 127) | | (1 288) | 132 | 155 |
| 95. 员工工资 | | | | | |
| 96. 税后净利润 | (3 127) | | (1 288) | 132 | 155 |
| 97. 折旧 | 38 | | 61 | 77 | 116 |
| 98. 摊销 | | | | | |
| 99. 递延项目 | 0 | | 0 | (35) | 9 |
| 100. 现金创造小计 | (3 089) | | (1 227) | 174 | 280 |
| 101. 新的长期负债 | 84 | | 0 | 0 | 0 |
| 102. 新股 | | 0 | 0 | 0 | 0 |
| 103. 无形资产减值 | | 0 | 0 | 104 | 96 |
| 104. 应收会费 | | 0 | 0 | 33 | 292 |
| 105. 其他非流动资产减值 | | 0 | 715 | 0 | 0 |
| 106. 流动负债增加 | | 0 | 0 | 0 | 0 |
| 107. 次级债务增加 | | 1 339 | 0 | 0 | 1 075 |
| 108. 固定资产减值 | | 0 | 0 | 25 | 0 |
| 109. | | | | | |
| 110. 流动资产来源合计 | | (1 666) | (512) | 336 | 1 743 |
| 111. | | | | | |
| 112. | | | | | |
| 113. | | | | | |
| 114. 长期债务还款 | | 0 | 120 | 251 | 335 |
| 115. 资本支出 | | 32 | 38 | 0 | 187 |
| 116. 分红/退股 | | 0 | 0 | 0 | 0 |
| 117. 无形资产增值 | | 0 | 0 | 0 | 0 |
| 118. 应收会费 | | 30 | 20 | 0 | 0 |
| 119. 其他非流动资产增值 | | 673 | 0 | 597 | 139 |

（续）

TDC 公司财务状况比较表

业务：批发供应　行业代码：5199

单位：千美元

| | 1998/9/30 | 1999/9/30 | 2000/9/30 | 2001/8/10 （7） | 2001/8/11 （8） |
|---|---|---|---|---|---|
| 120. 次级债务减值 | 0 | 25 | 800 | 0 | 0 |
| 121. 非流动负债减值 | 0 | 0 | 0 | 0 | 0 |
| 122. 权益减值 | 0 | 0 | 0 | 0 | 0 |
| 123. | | | | | |
| 124. | | | | | |
| 125. | | | | | |
| 126. 流动资产总运用 | 661 | 873 | 978 | 735 | |
| 127. 净运营资金变化 | 1 082 | （537） | （1 490） | （2 401） | |
| 128. 流动比率 | 0.99 | 0.94 | 0.82 | 0.52 | 0.48 |
| 129. 速动比率 | 0.49 | 0.52 | 0.43 | 0.16 | 0.11 |
| 130. 销售额/应收账款比 | 42 | 61 | 58 | 25 | |
| 131. 销货成本/存货比（日） | 94 | 81 | 88 | 77 | |
| 132. 总负债/有形资产净值 | 16.88 | 13.11 | −24.91 | −3.07 | −3.9 |
| 133. 非次级债/有形资产基金 | 5.26 | 5.17 | −51.72 | −4.71 | 6.21 |
| 134. 净利润/净资产 | 22.69% | 16.2% | 272.3% | 94.76% | |
| 135. 销售额/运营资本 | 2 478.48 | 243.02 | −12.39 | −4.83 | |
| 136. 销售额/净资产 | 36.43 | 31.09 | −54.45 | 6.01 | |
| 137. 主营业务成本/应付账款（日） | 57 | 36 | 66 | 75 | |

| 总现金流 | | | | |
|---|---|---|---|---|
| 1. 净收入（亏损） | 155 | 132 | (1 288) | (3 127) |
| 2. 折旧 | 116 | 77 | 61 | 38 |
| 3. 摊销 | 0 | 0 | 0 | 0 |
| 4. 递延项目 | 9 | (35) | 0 | 0 |
| 5. | | | | |
| 6. 总现金流 | 280 | 174 | (1 227) | (3 089) |
| 7. 经营活动产生的现金流 | | | | |
| 8. 应收账款净额 | (559) | (1 359) | 143 | 2 599 |
| 9. 存货（FIFO） | 210 | 138 | (492) | 1 314 |
| 10. 应付账款——交易 | (327) | (673) | 1 537 | (322) |
| 11. 应计费用和应付款项——其他 | 790 | (120) | 633 | 563 |
| 项目——其他 | | | | |
| 小计 | | | | |
| 12. 所得税 | 0 | 0 | 0 | 0 |
| 13. 其他流动资产 | (49) | 58 | (62) | (155) |
| 14. 可交易证券 | 0 | 0 | 0 | 0 |
| 15. 经营活动产生的现金流小计 | 345 | (1 782) | 532 | 910 |
| 非经营活动产生的现金流 | | | | |
| 17. 净固定资产 | (187) | 25 | (38) | (32) |
| 18. 应收会费 | 292 | 33 | (20) | (30) |
| 19. 其他非流动资产 | (139) | (597) | 715 | (673) |
| 20. 无形资产 | 96 | 104 | 0 | 0 |
| 21. 可用现金 | 407 | (2 217) | 1 189 | 175 |

（续）

## TDC 公司财务状况比较表

业务：批发供应

单位：千美元　　行业代码：5199

| | 1998/9/30 | 1999/9/30 | 2000/9/30 | 2001/8/10 |
|---|---|---|---|---|
| 22. 需付款和报废 | | | | |
| 23. 其他流动负债 | (837) | 754 | 935 | (1 741) |
| 24. 其他非流动负债 | 0 | 0 | 0 | 0 |
| 25. 分红/退股 | 0 | 0 | 0 | 0 |
| 26. 当期到期长期负债 | (4) | 41 | (244) | (71) |
| 27. 内部现金流 | (434) | (1 422) | 1 880 | (1 637) |
| 28. 融资 | | | | |
| 29. 应付票据——UST | (159) | 794 | (845) | (564) |
| 30. 应付票据——fiveq 银行 | 166 | 432 | 0 | (10) |
| 31. 长期贷款 | (335) | (251) | (120) | 84 |
| 32. 次级贷款 | 1 075 | (25) | (800) | 1 339 |
| 33. 股权融资 | 0 | 0 | 0 | 0 |
| 34. 流动资产增值/减值 | 313 | (472) | 115 | (788) |

注：1. 从 1998 年 10 月 1 日起，该公司更改了存货核算方法，将以前计入费用的间接费用包括在内。截至 2001 年 8 月 11 日，公司将存货核算方法从后进先出法改为先进先出法。

2. 截至 1999 财年的合并不包括金融公司的子公司。2000 财年的财务状况包括该公司作为全资子公司。

3. 在 2001 年 8 月 10 日之前，公司的审计机构是库珀斯—某布兰会计师事务所。

4. 在 1998 财年，无形资产无法识别的成本。在 1997 年 11 月 8 日，无形资产包括信誉、非竞争协议和期权协议。

5. 或有负债包括公司对某些加盟商的义务担保，与银行的信用证认以及有关正常业务的各种诉讼。

6. 2000 财年的特殊项目是库存成本变更的累积影响，扣除税收影响。

7. 德勤认为，由于历史亏损和资本不足，该公司是否会继续经营存在很大疑问。

8. 2001 年 8 月 11 日，TPC 收购了 TDC 公司所有的历史负债。因此，该公司在 2001 年 8 月 10 日的历史资产负债表已在 2001 年 8 月 11 日该公司期初资产负债表中重估为市场公允价值。

2000 年 11 月，TPC 以 250 万美元现金和 50 万美元的竞业禁止协议收购了 TRC，TRC 的所有者和首席运营官在收购后离职。TPC 从其当前投资者处筹集资金。TRC 在马萨诸塞州、纽约州和康涅狄格州设有办事处，营业收入约 600 万美元，税前利润大约 50 万美元。

2001 年 8 月，TPC 并购了 TDC，为 TDC 的所有者提供了 TPC 公司 20% 的股份。此外，TPC 从其风险投资家那里筹集了大约 320 万美元，用于向 TDC 注入营运资本。

TDC 的所有者除了获得 20% 的股份外，还获得了一份咨询合同和一项非竞争协议，这要求每月对 TDC 使用的某些设备付款并继续支付租赁费用。咨询合同和租赁都要求每月付款，如果批发销售收入下降 10% 以上，或者 TDC 的现金流量达到了某种特殊要求，那么每月的付款将减少。此外，卖方还有一笔来自 TDC 的未清有抵押票据，已列入全额偿付计划。合并后，TDC 的所有者和首席运营官在业务中并不活跃。

由于金融市场的状况，TPC 需要保留向 TDC 借款的银行。该银行需要同时为 TPC 和 TDC 融资，并且签署了信用贷款修订协议（见表 15-9）。该银行还要求 TPC 和售股股东担保信贷额度，且售股股东要将其在 TPC 中的 20% 的权益作为贷款的额外担保。此外，卖方的担保贷款从属于银行。

表 15-9　信用贷款修订协议

这份信用贷款修订协议于 2001 年 8 月 8 日由以下公司签订：借款人（TDC）为一家位于马萨诸塞州的公司，主要营业地点位于马萨诸塞州的北安多弗市阿普尔顿街 385 号；母公司（TPC）为特拉华州的一家公司，主要营业地点为康涅狄格州哈特福德，本奇利大道 222 号；零售公司（TRC）为一家位于特拉华州的公司，主要营业地点是康涅狄格州哈特福德荷兰街 18 号，邮编为 06874；银行位于马萨诸塞州的波士顿，邮编为 02108。

**序言**

鉴于在 1995 年 12 月 3 日，借款人与银行签订了一笔 4 000 000 美元的自动展期贷款协议，由两张金额分别为 1 500 000 美元和 2 500 000 美元的票据组成，由涵盖借款人所有资产的担保协议担保，并通过向借款人支付的某些本票转让进一步担保。

鉴于借款人于 1997 年 4 月 8 日签署了另一份"存货、账户、设备和其他财产担保协议"（"担保协议"），担保借款人对银行的所有债务（其真实副本作为附表[○]A-1 附于本协议中）。

鉴于借款人于 1999 年 10 月 1 日签署了一份金额为 350 万美元的商业汇票，该商业汇票取代了日期为 1995 年 12 月 3 日的两份票据，并增加了一份担保协议（其真实副本作为附表 A-2 附于本协议中）。

---

[○]　此处所有附表略。

（续）

　　鉴于 1 号、2 号和 3 号卖方（S123，"个人担保人"）在 1999 年 11 月 18 日，分别签署了一份担保借款人债务的"有限担保书"（真实副本见附表 A-3、A-4 和 A-5）。

　　鉴于在 1999 年 11 月 18 日，借款人的附属公司卖方签署了一份以银行为受益人的从属协议，其中卖方持有的借款人的某些票据从属于借款人对银行的债务（"从属协议"，其真实副本附于本协议附表 A-6）。

　　鉴于个别担保人拥有借款人的已发行和流通在外的普通股。

　　鉴于日期为 2001 年 8 月的合并协议和计划（"合并协议"），TDC 已并入借款人，因此借款人现在是 TPC 的全资子公司，个人担保人已经收到 TPC 的 E 系列优先股以代替借款人的普通股。

　　鉴于 TRC 是 TPC 的全资子公司，TPC 在马萨诸塞州、康涅狄格州和纽约州运营大约 9 家 TRC。

　　鉴于 TPC、TRC 和借款人已经要求为了 TPC 和 TRC 的利益，继续由银行向借款人提供现有信贷融通，并对部分条款进行修改，由于 TPC 和 TRC 同意担保贷款，双方现在希望重申和修改信贷融通的条款和条件。

　　因此，出于善意和提高价值的考虑，双方特此达成如下协议：

### 第 1 节　定义

　　第 1.1 条　可接受存货。可接受存货是指借款人新的、未开封的、可供出售给他人（但不包括原材料、在制品和借款人业务中使用或消耗的材料）的可销售存货，而银行可以自行决定是否将其作为借款资格的一部分。

　　第 1.2 条　可接受账款。可接受账款是指从开票日期算起，未满 60 天的账目，产生于向他人合法的直接销售，但是不得与借款人、TPC 或 TRC 的子公司或附属公司有关。

　　第 1.3 条　账款。"账款"和"应收账款"包括但不限于通用标准中定义的"账款"，所有账款、应收账款、票据、汇票、承兑汇票和其他形式的义务及应收款，以及信贷发放、出售或租赁货物或提供的服务的付款权利，不论是否因为履行义务而获得，所有由此产生的存货，以及与该存货有关的所有权利，包括中途停工的权利，所有收回、退回、拒收或收回的存货（如有），其出售产生任何应收账款。

　　第 1.4 条　银行。这家银行是马萨诸塞州的一家银行。

　　第 1.5 条　基准贷款利率。由银行不定期公布，并且由银行指定为其贷款基准利率的利率。

　　第 1.6 条　抵押品。借款人的所有资产，无论是有形资产，还是无形资产，如担保协议和本协议修订的转让书所述。

　　第 1.7 条　企业担保人，即 TPC 和 TRC。

　　第 1.8 条　信用贷款修订协议，包括本协议即后续所有协议的修订。

　　第 1.9 条　信贷融通。根据贷款文件发放给借款人或为借款人利益而发放的贷款。

　　第 1.10 条　违约事件。本协议第 8 节所述的任何事件。

　　第 1.11 条　担保人。企业担保人、个人担保人和卖家。

　　第 1.12 条　个人担保人。卖家 1、卖家 2 和卖家 3。

　　第 1.13 条　贷款文件。贷款文件包含的部分有：① 商业需求说明；② 担保协议；③ 转让；④ 所有 UCC 财务报表；⑤ 从属协议；⑥ 个人担保；⑦ TPC 担保；⑧ TRC 担保；⑨ 卖方担保；⑩ 卖方担保协议；⑪ 借款者和期货交易公司的股票质押；⑫ TPC 附属协议；⑬ 个人担保人对 TPC 优先股的质押；⑭ TC 安全协议；⑮ 本信用证修改协议与所有的修正、修改和扩展，以及任何其他文件或协议。贷款文件由上述文件和协议组成，银行被授予留置权或其他权益，作为借款人对其债务的担保。

　　第 1.14 条　贷款。银行根据贷款文件向借款人提供的贷款或垫款。贷款包括本协议第 2.1 条至第 2.5 条规定的最高 2 800 000 美元的自动展期的贷款，包括银行根据本协议第 2.4 条规定为借款人开立的全部信用证。借款人和贷款人承认，截至 2001 年 8 月，自动展期的贷款的未偿还余额为_____美元。

　　第 1.15 条　贷款审核日期。2002 年 7 月 31 日，或根据本协议第 2.5 条可延长贷款期限的推后日期。

　　第 1.16 条　票据。日期为 1999 年 10 月 1 日的 3 500 000 美元商业汇票。

（续）

第 1.17 条　义务。第 2 节所述的义务。

第 1.18 条　个人。公司、协会、合伙企业、信托、组织、企业、个人或政府，或其任何政府机构或政治分支机构。

第 1.19 条　卖方债务。卖方向借款人提供的所有贷款，无论是现在产生的，还是以后产生的。

第 1.20 条　自动展期的贷款或信贷。本协议中所述的由商业汇票证明的自动展期流动资金贷款。

第 1.21 条　从属债务。卖方债务和 TPC 债务。

第 1.22 条　子公司。借款人或 TPC 直接或间接控制的任何实体。

第 1.23 条　此处未另行定义的大写术语具有贷款文件中规定的含义。

## 第 2 节　贷款、条款修订、担保文件确认、附加担保

第 2.1 条

（a）自动展期贷款的可用金额。银行已设立了以借款人为受益人的任意自动展期的信贷额度，额度为借款人的可用金额（定义见下文），由银行临时调整。银行根据本协议提供的所有贷款，以及借款人根据本协议或根据本协议向银行承担的所有其他债务，均应按要求支付。

如本文所用，术语"可用金额"在任何时候都是指以下（i）或（ii）中的较小者：

（i）不超过：

（A）280 万美元，或银行临时自行调整的其他金额

减去……

（B）银行为借款人开立的所有未偿信用证的未提取总额

（ii）不超过：

（A）每个可接受的票据的票面金额（由银行决定）的 70%（或银行可随时调整的百分比）

加上……

（B）可接受的存货价值的 30%（或由银行酌情决定的百分比）（可接受存货在扣除所有运输、加工、装卸费和影响其价值的所有其他成本和费用后，按较低的成本或市价估价，全部由银行自行决定），但不得超过 1 200 000 美元

减去……

（C）银行为借款人开立的所有未偿信用证的未提取总额（"方案金额"）

自动展期的信贷并不是对一个信贷的上限，第 2.1 条中所述的借款限额只用于监管目的。

（b）预付款。预付款包括可以直接预付给借款人的即期付款，应按需支付，或代表借款人签发的信用证。借款人可在要求的垫款的日期前至少 2 个营业日向银行发出书面通知，借出、偿还和再借用本协议项下的自动展期的贷款。每份预付款申请应为 50 000 美元的整数倍，并且需要经过银行批准，银行可以选择批准、拒绝或有条件地批准。

（c）强制降低额度。借款人应当在 2001 年 12 月 1 日至 2002 年 1 月 31 日，连续 30 天中将自动展期的贷款的未偿余额削减至 60 万美元或以下（不包括信用证）。

（d）可用金额——超额预付。借款人的可用金额不得超过预定数额（如第 2.1（a）（ii）条所述），前提是借款人可在 2001 年 9 月 30 日之前借款超过预定数额 700 000 美元，并可在 2002 年 2 月 28 日至 2002 年 7 月 31 日借款超过预定数额 300 000 美元，但在任何情况下，未偿还的金额不得超过 2 800 000 美元。

（e）账户和存货的审核。

（i）账户。所有账户债务人需经过本行自行决定批准，而本行的决定为最终的、决定性的。银行认定某一特定账户债务人的某一账户有资格借款，并不意味着银行有义务将同一账户的后续账户视为有资格借款，也无义务认为该账户具有借款资格。尽管如此，为所有不符合条件的借款提供抵押品都保证了借款人及时、准时和忠实地履行义务。借款人的某一特定账户是否有资格借款，不应视为银行对该账户实际价值的确定。所有与账户信用价值有关的风险均由借款人承担。

（续）

（ii）存货。银行对某些存货是否符合借款条件的决定应为最终的和决定性的。除了正常业务过程中的交易外，不得寄售、批准或在未经银行同意的情况下将库存品退回。未经银行事先书面同意，任何存货不得由受托保管人或者其他的第三方储存或处理。

（f）借款凭证。每笔预付款申请均应按照银行认可的借款凭证完成，该凭证应当由银行认为有权代表借款人行事的人士签署，并且应当注明证书的有效日期。（i）从先前提供给的银行信息来看，借款人和公司担保人各自的财务状况总体上没有重大不利变化；（ii）借款人和 TPC 遵守且未违反本协议中的任何承诺；（iii）未发生、可能发生的时间，或者随着时间的推移将要发生的事件（或两者兼而有之）将构成违约事件（如本文所述），无论在此类事件是否已发生，银行都可以行使其正当权利。

（g）贷款账户。

（i）已在银行的账簿上开立了一个账户（以下简称"贷款账户"），该账户将记录银行根据或依据本贷款协议向借款人提供的所有贷款及垫款。

（ii）银行还可以记录（在贷款账户或银行临时选择的其他地方）所有利息、服务费、成本、开支和银行根据本协议规定的贷款安排而欠下的其他借方的所有信贷。

（iii）贷款账户中注明的借款人债务的所有信贷应当以最终向银行支付产生该信贷的金额为条件。贷款账户贷记的任何项目的金额，如果因为任何原因被银行收回或者未被支付，可以添加到贷款账户中，或从借款人在银行开立的任何账户中扣除（由银行自行决定，且无须另行通知），并且在每种情况下，无须退回已扣除、未支付的项目。

（iv）银行向借款人提供的任何声明应当被视为正确并且被借款人接受，对借款人具有决定性约束力，除非借款人在邮寄该等声明后 20 天内向银行提出书面反对意见，书面反对应当特别说明反对理由。贷款账户和银行有关本协议项下贷款安排的账簿和记录应为其中所述项目的初步证据和正式证据。

第 2.2 条　票据。借款人已签署并向银行提交票据。票据证明了贷款名下的每一笔预付款。这种票据是以见票即付的方式，在每个月的第一天开始计算拖欠利息。票据可以随时全部或者部分地支付，不会产生罚款。除了经过借款人特别批准外，借款人需要从各方面核实票据。

第 2.3 条　利息与费用

（a）利息。贷款（除信用证外）应当按照基准贷款利率加上 1% 的利率计息，直至贷款按期偿付为止。利率随着贷款基准利率的变化而随时调整，利率的任何变动都将从贷款基准利率变动之日起生效。利息计算以 360 天为一年，按日计算和调整。逾期本金和利息应按贷款基准利率上浮 2% 的年利率计息。

（b）余额。借款人应该始终为自动展期的贷款保持 10% 的余额（不包括支付服务费所需的余额）。对于借款人未能维持这一余额水平的每一天，借款人应在下个月的第一天向银行支付一笔费用，以补偿银行上个月无法使用这笔资金。

（c）可替换的定价模式。银行可以选择将自动展期的信贷从商业贷款部门转移至基于资产的贷款部门。在这种情况下，利率将更改为基准贷款利率加上 1.5%，并在两个工作日内结清。此外，借款人应当按照该部门服务对象的信息提供标准报告额外的信息。

第 2.4 条　信用证。本行将分次以信用证形式向借款人发放贷款，如附表 B 所附的商业信用证申请所示，借款人可以向银行申请以更多信用证的形式提供额外贷款，但是在任何情况下未偿付的信用证总额不超过 550 000 美元，在任何情况下备用的信用证总额不超过 72 000 美元。信用证的签发申请应至少提前 5 个工作日提出，并应随附借款人正式签署的标准格式的银行"商业信贷申请"和"商业信用证协议"。银行有权在贷款审查日对任何一张信用证提出否决。如果银行选择开立备用信用证，借款人应每年向银行支付该备用信用证票面金额 1% 的费用以及不可撤销信用证票面金额 0.5% 的费用，如果有其他情况，按照标准或管理的费用计算贷款利息。所有以信用证为支付方式的汇票应当立即由借款人全额偿还，无须通知或要求，并以该汇票未支付的日期为起点按基准利率的 3% 计算利息。

（续）

第 2.5 条　贷款审查。在不影响自动续期贷款的需求性质的情况下，自动续期的贷款安排将于 2002 年 7 月 31 日接受审查。银行没有义务将自动续期的信用证展期或延长到 2002 年 7 月 31 日以后。

第 2.6 条　卖方债务的从属关系。卖方是位于马萨诸塞州的一家普通合伙企业，由个人担保人控制，承认从属协议仍然完全有效。贷款构成从属协议下的优先债务，卖方债务为 1 800 000 美元（以 2001 年 8 月 8 日所述金额的定期本票为凭证），仍然受从属协议中规定贷款的约束。证明卖方债务的定期本票已于今日交付银行正式背书。

第 2.7 条　转让。借款人特此批准并确认转让，且承认该转让为贷款提供担保。转让的现行附表 A 作为附件附于附表 C 之后。转让担保的票据需要于当日交付给银行，并且经过正式背书。在任何转让票据的出资人全额付款并将资金存入借款人在银行的账户之后，银行应将已付票据重新交付给借款人。借款人可随时根据借款人的合理判断和商业上合理的条款、条件，与票据的出票人重新谈判该票据的条款。如果银行要将所有票据的正本交付给借款人，则应该重新协商。

第 2.8 条　担保与安全

（a）个人担保人。个人担保人批准并确认每个人的有限担保额，进一步确认此类有限担保适用于贷款，包括但不限于各种信用证。为确保此类担保，个人担保人必须于当日向银行抵押其在本协议附表 D 中所登记的 TPC 的 E 系列优先股。个人担保人可将其 E 系列优先股转换为 TPC 的普通股，在这种情况下，此类转换获得的股权也应该类似地抵押给银行，作为其优先担保的担保品。

（b）企业担保人。TPC 和 TRC 均应在当天分别通过作为附表 E 和附表 F 签署的 "TPC 担保" 和 "TRC 担保" 为借款人对银行的所有义务提供担保。TPC 通过向银行抵押本协议附表 G 中所述的借款人和 TRC 的股份，作为 TPC 的担保。TRC 通过签署并向银行交付附表 H 中规定的其所有资产的担保协议，进一步加强了 TRC 担保。TRC 还将 250 000 美元存入银行账户，TRC 可将该金额用作营运资金。

（c）卖方合伙人。卖方已于今日通过签署本协议附表 I 所附的 "卖方担保书" 以履行借款人对银行义务的有限担保。卖方通过签署协议，并向银行质押和转让借款人应付给卖方的各种款项加强其担保，涉及的协议有：（ⅰ）咨询和不竞争协议；（ⅱ）卖方债务，正如本协议附表 J 所附 "卖方质押和担保协议" 所述。除非卖方质押和担保协议中另有规定，卖方根据咨询和非竞争协议收到的所有付款和收益以及偿还的卖方债务应当立即存入银行的一个单独账户，并抵押给银行作为进一步的担保。除非在卖方的质押和担保协议中另有规定，在贷款全部偿还之前，不得从该账户提取任何资金，并且银行没有任何义务垫付本协议项下的资金。如果银行准备将卖方从咨询和非竞争协议第 3（a）、3（c）和 3（d）条中收到的任何资金（但不包括卖方债务）用于贷款，个人担保人应该根据各自的有限担保金额，从银行申请的金额中获得信贷。

第 2.9 条　担保协议。为保证尽快履行对银行所有义务的担保，借款人已签署并交付了担保协议。借款人特此批准并确认担保协议，承认担保协议仍具有完全效力，构成对抵押品的第一和排他留置权。抵押品连同银行持有的借款人任何种类的所有其他财产，应当作为所有债务的一项一般性持续抵押担保，并可由银行保留，直至所有债务被全部偿还。

第 2.10 条　TPC 债务。截至本协议日期，TPC 已经同意向借款人贷款 2 750 000 美元（"TPC 贷款"），用作额外的营运资金。其中，57.5 万美元将预付给不动产信托公司，用于支付位于马萨诸塞州北安多弗市阿普尔顿街 385 号的第三笔抵押贷款，大约 40 万美元将要预付，用于支付以下费用：(i) 某一项诉讼的费用；(ii) 会计费用、法律费用，以及借款人因合并协议和本贷款而发生的交易成本。TPC 公司已于今日缴存约 1 775 000 元的贷款余额，在 TPC 已按照本协议第 2.11 条的规定重组其与联合银行信托公司的贷款时（或以合理的、令人满意的方式重组该债务时），作为本协议附表 K "质押和担保协议现金抵押账户" 中规定的贷款担保，TPC 可从现金抵押账户中提取 250 000 美元，并可将这些资金用于自己的公司运营。只要不存在本协议项下的违约事件，TPC 可随时从银行的现金抵押账户中提取资金，并通过将这笔资金存入借款人在银行的账户的方式，将这笔资金预付给借款人，以履行 TPC 债务义务。当 TPC 根据 TPC 的债务向借款人垫付资金时，借款人应当签署一份或者多份证明 TPC 债务的本票，这些票据应以银行为受益人背书

（续）

并交付给银行。TPC 债务应该完全从属于贷款，银行和 TPC 已按照本协议附表 L 的格式签署了"TPC 从属协议"以证明这种从属关系。

第 2.11 条 重组联合信托债务。TPC 应当重组它与联合信托公司的现有债务，如下所示：（a）信贷额度不得超过 1 000 000 美元；（b）到期日不得早于 2002 年 7 月 31 日；（c）联合信托不得收取借款人资产或 TPC 贷款（或其收益）的任何担保权益。此外，TPC 应于 2001 年 8 月 30 日或之前，以银行认可的格式，提供这次债务重组的书面证据。

第 2.12 条 确认附属债务。自本协议日期起，借款人应当以银行认可的形式向银行提供书面文件，证明 TDC 欠波士顿五分储蓄银行（Boston Five Cents Savings Bank）的债务已按期限延长不少于 1 年，该债务不超过 598 000 美元，借款人已获得利息担保，但不保证偿还本金，担保贷款的抵押品已经提交给银行，并且在经过银行审核的表格上注明。

## 第 3 节 收益用途与付款方式

第 3.1 条 收益用途。借款人只能继续将自动续期贷款的收益用于日常经营和补充一般性营运资金。

第 3.2 条 付款方式。所有承诺费、信用证费用、服务费、活动费、预付款和贷款本息的支付都应当由借款人在马萨诸塞州波士顿银行总部（邮编：02108）以可用资金支付给银行。借款人授权银行，在不另行通知的情况下，就本协议项下或票据项下的每项到期付款（利息、费用、服务费、活动费、本金或其他）向借款人在银行开立的任何账户收取，而无须另行通知，但是银行不得向任何借款人作为其他人的代理人或受托人的账户收取费用。

第 3.3 条 日常活动费用。借款人应当按月向银行支付银行服务中的日常活动费用，这笔费用可以通过保持足够余额来支付，或者临时缴纳不足的部分。

## 第 4 节 借款人的承诺与保证

借款人承诺并保证遵守如下条款。

第 4.1 条 公司授权。

（a）已经注册成立，且信誉良好。借款人是一家根据马萨诸塞州法律正式组建、正常经营且信誉良好的公司，对其名下的财产拥有一切权利，并且按照正在进行和预期将变更的方式开展业务。

（b）授权。签署、交付和履行本协议中涉及的票据、担保协议、转让和准备进行的交易应当满足：（i）在借款人的权限范围内；（ii）已经获得借款人的董事会的授权；（iii）不会违反任何法律规定，或借款人的组织章程或对借款人有约束力的任何其他协议、文书或承诺。

第 4.2 条 政府和其他利益相关方的批准。借款人签署、交付和履行本协议中涉及的票据、担保协议、转让和准备进行的交易应当满足：（i）截至本协议尚未完全生效的日期，不需要以其他的方式获得任何美国政府机构或当局的批准、同意或签署；（ii）不需要借款人的任何担保人的任何批准或同意。

第 4.3 条 财产所有权与无留置权。借款人对所有担保物享有完全的所有权，不存在任何瑕疵、留置权、抵押和产权分歧。

第 4.4 条 没有违约。借款人没有违反其组织章程，也没有在执行任何重要合同、协议和义务时发生违约（无论是与贷款有关，还是其他方面），违约可能会导致借款人履行其在本协议下的票据或贷款文件中提及的义务的能力受到重大损害，或对借款人的财务状况或业务运行造成重大损害。

第 4.5 条 保证金规定。借款人不得从事为购买股票或持有股票提供信贷的业务，以联邦储备系统理事会的条例 G 或条例 U 的定义为准，且在本协议下向借款人提供的贷款的任何部分均未被（或将被）直接（或间接）地用于向他人提供这类用途的信贷。

第 4.6 条 财务报表。借款人已经向银行提交了截至 2000 年 9 月 30 日、已经过审计的资产负债表、利润表和财务状况变动表（2020 年 9 月报告），以及由借款人的 CFO 证明真实、准确和完整的、截至 2001 年 5 月 31 日的中期内部编制的利润表（2001 年 5 月报告）。"2000 年 9 月报告"和"2001 年 5 月报告"中所列出的资产负债表、利润表和财务状况变动表公允地反映了借款人截止到当天的财务状况。

（续）

第 4.7 条 重大变化。自 2000 年 9 月和 2001 年 5 月的报告以来，借款人的资产、负债、财务状况或业务没有发生任何重大变化，也没有会对报告的净值产生重大不利影响的变化出现。

第 4.8 条 税款。除合并协议附表中规定的税款外，借款人已经提交了所有美国联邦和州所得税申报表以及所有其他州、联邦或地方纳税申报表，并且借款人及其子公司已经支付或准备支付所有的税款、评估费，以及其他应付的政府费用。借款人没有任何实质性的评估依据证明在未来的任何财年内需要建立资金储备。

第 4.9 条 诉讼。除合并协议附件中所规定的情况外，就借款人的管理人员所了解的情况，不存在针对借款人或任何个人担保人的未决或存在威胁的重大诉讼。

## 第 5 节 TPC 与 TRC 的承诺和保证

每个企业担保人就其自身做出如下承诺和保证。

第 5.1 条 公司权力。

（a）已经注册成立，且信誉良好。每一家企业是根据特拉华州法律正式组建、正常经营并且信誉良好的公司，对其名下的财产拥有一切权利，按照正在进行和预期将变更的方式开展业务。

（b）授权。签署、交付和履行协议以及本协议下准备进行的交易：（i）在借款人的权限范围内；（ii）已经获得借款人的董事会的授权；（iii）不会违反任何法律规定，或借款人的组织章程或对借款人有约束力的任何其他协议、文书或承诺。

第 5.2 条 政府和其他利益相关方的批准。签署、交付和履行协议以及企业担保人在本协议下准备进行的交易应当满足：（a）截至本协议尚未完全生效的日期，不需要以其他的方式获得任何美国政府机构或当局的批准、同意或签署；（b）不需要借款人的任何担保人的任何批准或同意。

第 5.3 条 财产所有权与无留置权。TRC 对 TRC 在担保协议中描述的所有担保物享有完全的所有权，不存在任何瑕疵、留置权、抵押和产权分歧。TPC 对 TPC 在股权质押协议中所述的借款人股份享有完全的所有权。

第 5.4 条 没有违约。企业担保人没有违反其组织章程，也没有在执行任何重要合同、协议和义务时发生违约（无论是与贷款有关，还是其他方面），违约可能会导致该企业履行其在本协议下的票据或贷款文件中提及的义务的能力受到重大损害，或对该企业的财务状况或业务运行造成重大损害。

第 5.5 条 财务报表。TPC 已经向银行提交了截至 2000 年 12 月 31 日和截至 2001 年 3 月 31 日的已经经过审计的、由 CFO 证明真实、准确和完整的合并资产负债表和合并经营报表（2000 年 12 月报告和 2001 年 3 月报告）。2000 年 12 月的报告和 2001 年 3 月的报告所载的合并资产负债表和合并经营报表公允地反映了 TPC 截至该日的财务状况。

第 5.6 条 重大变化。自 2000 年 12 月的报告和 2001 年 3 月的报告以来，TPC 的资产、负债、财务状况或业务没有发生任何重大变化，也没有会对报告的净值产生重大不利影响的变化出现，但是 2001 年 5 月 31 日中期报告中向银行报告的情况除外。

第 5.7 条 税款。TRC 已经提交了所有美国联邦和州所得税申报表以及所有其他州、联邦或地方纳税申报表，并且 TPC 及其子公司已经支付或准备支付所有的税款、评估费，以及其他应付的政府费用。TPC 没有任何实质性的评估依据证明在未来的任何财年内需要建立资金储备。

第 5.8 条 诉讼。除截至 2000 年 12 月 31 日的 TPC 表格 10K 所述外，就其管理人员所知，没有任何针对企业担保人的未决或威胁提起的重大诉讼。

## 第 6 节 贷款的先决条件

第 6.1 条 每次预付款的先决条件。银行继续提供自动展期的贷款和签发更多的信用证的义务应当以迄今为止借款人履行其将要履行的所有协议为前提，并在每次发放此类贷款之前（或之时）满足如下条件（"先决条件"）：

（续）

（a）首次预付款：银行在本协议生效后的首次贷款前，借款人需要向银行提供：（i）符合本协议第 2.10 条和第 2.12 条规定的条件；（ii）截至 2001 年 5 月 31 日，TPC 和 TRC 的内部编制财务报表，已经由公司 CFO 证明准确无误；（iii）与合并协议有关的所有文件的副本，包括所有附件和附表；（iv）TPC 筹集资金所产生的所有债务文件的副本；（v）已经执行完毕的贷款文件；（vi）执行本协议所需的全部企业投票、同意和授权的可核实的副本或原件；（vii）在合理范围内，银行要求的其他文件、证书、文书和意见书。

（b）授权签字。借款人应当向银行提供借款人的每名高级职员的姓名和签名样本，高级职员有权签署贷款申请书、借款证明或信用证申请书。银行可以信赖签名的法律效应，除非收到借款人书面的否定通知。

（c）公司行为。银行应当已经收到借款人董事会对于贷款通过的全部表决或采取的其他公司行动的正式核证副本。

（d）没有重大不利的情况。借款人或企业担保人的合并财务状况或整体业务，借款人或公司担保人的任何实质性财产和资产，在申请之日至本协议项下任何预付款日之间，因任何法律法规变更或任何火灾、爆炸、海啸、洪水、风暴、地震、滑坡、事故、谴责或政府干预而受到重大不利影响，任何法院或政府机构或委员会的命令、任何专利或专利许可证的无效或到期、天灾、公敌或武装部队的行为、叛乱、罢工、劳工骚乱或禁运，或其他可能严重损害借款人或公司担保人能力的行为，无论是否投保，均应当按时履行其在本协议、票据、贷款文件和与本协议有关的担保下的义务。

（e）合法性。此类贷款的发放不得违反任何法律、法规或者对借款人有约束力的首席行政命令。

（f）表意真实、没有违约事件并遵守契约。本协议第 4 节、第 5 节中的承诺和保证，以及借款人或公司担保人或其代表就本协议项下准备进行的交易所做的所有其他书面陈述，自决定之日起，所有重大事实的陈述均为真实，并且重大事实的真实性在贷款发放时和贷款发放之前都具有同等效力。不存在任何通知后或者随着时间推移会构成违约的情况，而本协议下记载的每一项约定，均需要妥善编纂。

（g）需要支付的费用和开支。在预付款支付之前或当天，与贷款有关的所有费用和其他到期的应付款项均应支付完毕。

（h）没有其他债务。除了正常经营过程中发生的次级债务和交易债务外，借款人不应该再发生任何额外债务。

（i）交付指定票据。转让担保的所有票据应经已经交付给了银行，并且经正式背书，借款人和银行均未收到其各自制造商对票据可执行性提出的任何索赔、抵消或抗辩的通知。

（j）其他材料。借款人应当向银行提交其认为适当的或必要的其他协议、文件和证书，其形式和内容应令银行满意。

#### 第 7 节　契约

借款人承诺且同意，自本协议签订之日起，只要在本协议下借款人对银行有任何尚未偿还的贷款或债务，则须遵守如下义务。

第 7.1 条　通知。如果任何行为、事件或条件，将引起或在时间流逝后将导致，借款人不能满足第 6 节规定的任何先决条件或者违反第 4 节或第 5 节中包含的任何保证或承诺的行为、事件或条件，需要立即以书面形式通知银行。

第 7.2 条　账目的准确性。借款人的账簿、记录和发票上显示的每个应收账款的金额表示为债务人所赊账或将要到期的金额、现在实际赊欠或者将要赊欠的准确金额。借款人不知道任意一笔应收账款的有效性或可收回性将受到任何损害，并且应该在借款人发现任何可能的损害后第一时间通知银行。

第 7.3 条　收到应收账款的款项

（a）借款人收到的所有应收账款的收益和款项，都应该由借款人以信托形式交由银行代为持有，不得与借款人的任何其他资金混合，也不得存入借款人的任何银行账户（贷款账户除外）。

（b）在银行根据本协议所做的任何预付款或任何信用证尚未结清时，借款人应当在借款人收到之时，以收到款项的相同格式，向银行交付所有支票、汇票和其他代表账户及其任何收益和收款的项目，每份支

（续）

票、汇票和其他项目均应背书给银行，或者按照银行临时规定的形式，并且附有符合银行要求格式的汇款报告。此外，借款人应当将构成账户或其收益的任何电汇或其他电子资金转账给银行。银行可以按照借款人的指示，以其决定的方式，将其收益用于债务。

（c）在银行的要求下，银行可以自行决定，只要当时还有任何贷款尚未偿还，或只要银行有义务在本协议下提供更多的预付款，借款人应当提供所有支票、汇票、代表应收账款的其他项目直接交付给银行，银行可以以独立访问、冻结账户或类似的形式接受借款人的任何收益和收款。银行可以自行决定将如此交付的收益和收款用于偿还债务。

第 7.4 条　应收账款和存货的状况报告。按照银行要求，借款人应当按照银行规定的格式，在事项发生之后最近的营业日，向银行提供以下任意一项内容的详细报告：① 列出所有应收账款的名称、金额和账款年龄；② 所有存货及其所在地的明细表；③ 与应收账款或存货有关的所有备抵、调整、返还和收回的情形；④ 存货的质量下降或者发生会对存货适销性产生不利影响的事件。

第 7.5 条　按月对应收账款和存货进行报告。每个月都应当在上个月结束后的 15 天内（除非银行要求更频繁地提供此类报告），借款人都应当向银行提供：

（a）截至月底，借款人应收账款的清单和账款年龄；

（b）将应收账款和月末收到的款项进行核对；

（c）一份列明借款人截至该月底的存货清单的证明书，其格式由银行随时调整。

第 7.6 条　抵押品一览表。银行可以随时向借款人发出书面通知，借款人应当按照银行指明的格式，在规定的时间范围内，提供一份在附表日期已经存在的所有抵押品的表格。

第 7.7 条　财务报表。借款人需要在银行的促使下提供以下内容。

（a）在每个财政年度结束后的 90 天内，借款人、TPC 和 TRC 需要提供截至年底的合并资产负债表、合并经营报表和合并财务状况变动表，以及经过独立注册会计师和银行认可的会计师出具的证明和书面声明。这份声明的大意是，在审计的过程中，会计师不清楚任何相关的财务事项，这些财务事项在出现或经过一段时间后，会构成违反本协议下部分约定的事件。如果会计师在审计过程中了解到任何此类情况或事件，他们应该在报表中书面披露事件的性质和持续时段，但是合并报表无须审计，可以由 TPC 的 CFO 在企业内部编制好，并证明其准确无误。

（b）在每个月结束后的 20 天内，需要提交截至这个月底的借款人、TPC 和 TRC 的资产负债表，以及借款人、TPC 和 TRC 在这一会计年度的相关运营报表。在这种情况下，由借款人、TPC 和 TRC 的 CFO 分别对截至这一天各自的财务状况做公允的陈述。

（c）在每年 6 月 30 日之前，个人担保人和卖方需要按照银行认可的格式，提供截至当年 5 月 31 日的财务报表，并由个人担保人和卖方的合伙人证明准确无误。

（d）在合理的期限内，借款人、TPC、TRC 需要随时按照银行的合理要求提供其他财务数据和信息（包括会计师管理函），但是无须以通过审计的形式提供更多的财务数据，除非这项资料是在贷款人要求下以通过审计的形式编制的。

银行应当采取合理的、谨慎的措施将此类信息作为机密信息保管，但是行使银行对借款人或 TPC 的权利时，银行有权不受任何限制地使用这类信息。

本节所述的财务报表在编制时应该按照有效的、公认的会计准则编制。

第 7.8 条　合法存在、财产保护、资产所有权。借款人和企业担保人应采取或促使他人采取一切必要的措施，以保持其合法存在、产权和特许经营权，并使其保持充分的效力。借款人将使其在日常经营过程中使用到的或有用的全部资产维持良好的工作状态，提供所有必需的配套设备，并安排对其进行所有必要的修理、更新、更换、改进和维护，以便与之有关的所有任务在任何时候都能正常运行。

第 7.9 条　经营业务。借款人将继续单独从事目前开展的业务以及与之直接相关的业务。

第 7.10 条　自动展期贷款的用途。自动展期贷款名义下的预付款应当用作借款人的一般营运资金，在任

（续）

何情况下，预付款不得被用于收购子公司、购买新店或开设新的公司自有门店。借贷双方均清楚，任何新店的建立都应该通过额外的股权融资完成，但是，经过银行书面批准后（银行不得无故拒绝或拖延），借款人可使用贷款的一部分购买或回购 TDC 现有的门店（每家门店不超过 25 000 美元），但最多不超过 4 家。

第 7.11 条　存款账户。为了保护银行对借款人资产的抵押权益，借款人应该将本行账户作为其主要的存款账户和支票账户，包括但不限于 TPC 获取债务收益的账户。

第 7.12 条　遵守特许经营协议。借款人应当遵守其各种特许经营协议的所有条款和条件。

第 7.13 条　账簿和记录。借款人应当保存真实的记录和账簿，按照公认的会计原则，对与其业务和事务有关的所有交易或事项进行完整、真实和正确的记录。

第 7.14 条　否定性条款。借款人承诺并同意，只要有任何义务尚未履行，或者本协议下有任何承诺尚未履行，借款人将始终遵守并促使其子公司遵守以下否定性条款，除非与银行另有书面约定。

（a）借款人不得更改企业名称，进行任何合并、兼并、重组或资本重组，或对其股本进行重组，但是本协议的任何规定均不妨碍借款人更改其任何产品系列的名称。

（b）借款人不得出售、转让、租赁或以其他方式处置其全部或部分实质性的资产，除非是正常的经营过程以及处理过时或无用资产。

（c）借款人不得出售、租赁、转移、转让或以其他方式处置任何抵押品，除非是正常的经营过程以及处理过时或无用资产，但是本协议中的任何规定均不得阻止借款人中止非生产性或已经违约的特许经营权，只要借款人事先向银行提供准备采取行动的书面通知。

（d）借款人不得出售或以其他方式处置或以任何理由停止其正在经营中的部门、专属经营权或产品系列。

（e）借款人不得抵押、质押、授予或者处理其任何用于担保或有留置权的资产，但是在达成协议的日期前存在的资产除外。

（f）借款人不会直接或间接地作为担保人或以其他方式对任何其他人的任何义务承担责任，在正常业务过程中为存款或委托收款而背书的商业票据，以及在正常业务过程中为特许经营权的租约提供担保的情况除外。

（g）除下列三种类型的债务外：（i）贷款；（ii）次级债务；（iii）正常业务过程中产生的贸易负债，借款人不会招致、产生、承担或允许新增任何债务。除非以书面形式明确批准，否则借款人不得以现金或开设账户的方式从银行获取存货的预付款。

（h）借款人不得宣布或支付任何股息，或根据股本进行任何其他支付或分配，或进行任何应收账款的转让或转移，正常业务过程除外。

（i）借款人不得成立任何子公司，不得对任何人进行任何投资（包括存货或其他财产的转让），或向其他人提供任何投资性质的贷款，但是本协议的任何规定均不得禁止借款人将特许经营权的应收账款转换为定期票据，在这种情况下，此类票据应当以银行为受益人背书，并作为本协议下的额外抵押品交付给银行。

（j）借款人不会为借款人的高级职员、股东、董事或雇员提供贷款或预付款，类似于商务旅行和正常业务过程中的临时预付款除外。

（k）借款人不得发行、赎回、购买或收回其任何股本，也不得以任何对价转移、发行、购买或退市与之相关的任何认购权证、权利或期权，也不得允许借款人的已发行股本进行转让、出售、赎回、转移或所有权变更。

（l）除非在附加协议中允许，借款人不得提前偿还任何次级债务或其他债务（贷款除外），也不可签订或修改任何协议，从而修改任何前述债务的支付优先次序。

（m）借款人不会收购或同意收购任何人的全部或大部分股票资产。

（n）借款人不得修改其位于马萨诸塞州北安多弗市阿普尔顿街 385 号的租约，使租金或其他应付款项增多。

（续）

（o）借款人不会向银行提供任何包含对重要事实的不真实陈述的任何证明或其他文件，也不会遗漏任何重要事实，保证其提供的情况不具任何误导性。

第 7.15 条　TPC 条款。只要贷款尚未被全部偿还或者银行仍有义务在未来提供贷款，TPC 不得：① 转移、让与、出售、转让、抵押、授予借款人任何股份，或质押借款人的股份以及借款人的全部或实质上的资产；② 促使借款人支付任何股息，或以其他方式向 TPC 分配现金或其他资产，在 12 个月内，TPC 要求借款人以股息、分配、工资的方式向 TPC 和（或）其高级职员和雇员分配的总金额不得超过 250 000 美元；③ 允许任何涉及 TPC 股票的交易，这笔交易将会单独或共同导致 TPC 的控制权或管理权发生变更。

## 第 8 节　违约事件

在不降低票据和信贷的需求性质的前提下，发生下列情形之一的：

第 8.1 条　如果借款人未能在到期日（或之前）支付本协议下到期票据的分期利息或本金，如果借款人未能按照本协议第 2.1 条的规定减少贷款中尚未偿还的本金余额，或在贷款审核日（或违约事件后该余额可能导致较早的到期应付日期）按银行的要求支付票据的全部本金余额。

第 8.2 条　如果借款人未能在收到银行书面通知后的 10 天内履行本协议第 7 节所载的任意一项条款、契约或协议，但是如果此类违约可以补救，只是可能无法在 10 天内完成补救，则借款人应在收到通知后的 10 天内开始纠正此类违约行为，努力完成此项补救工作，但是无论如何都应当在收到通知之日起 30 天内完成。

第 8.3 条　如果借款人在本协议第 4 节中的任何承诺或保证，或本协议第 5 节中的企业担保人的任何承诺或保证，在做出之日后被证明在任何一个重大方面是虚假的。

第 8.4 条　如果借款人在银行向借款人发出书面通知后 10 天内未能履行任何经过修订的任何贷款文件中包含的任何其他条款、约定或协议，但是如果此类违约易于补救，只是在 10 天之内不能得到补救，借款人应在通知后 10 天开始补救这项违约，并应继续努力完成此类补救，但无论如何，应在通知之日起 30 天内完成。

第 8.5 条　如果借款人或任意担保人：（i）申请或同意由接管人、托管人、受托人或清算人占有其全部或大部分财产；（ii）以书面承认其无力或无法在债务到期时偿还其债务；（iii）为债权人的利益进行一般性转让；（iv）根据联邦破产法（目前或以后生效）自愿启动破产流程；（v）提出申请，寻求利用与破产、资不抵债、重组、清盘或债务构成调整有关的任何其他法律；（vi）就个人担保人而言，死亡、法律意义上的不称职或丧失行为能力；（vii）就企业担保人而言，被解散或清算；（viii）未能及时地、适当地采取措施，或以书面默许，根据破产法在非自愿情况下向借款人或任何公司担保人提出的申请；（ix）以企业名义采取行动实现上述任意项。

第 8.6 条　如果没有经过借款人在任何有管辖权的法院提出申请或同意而启动诉讼或案件调查：（i）借款人或任何企业担保人的债务清算、重组、解散、清盘或债务构成的调整；（ii）委任受托人、接管人、托管人，借款人或任何企业担保人作为其全部或任何实质性资产的清算人或类似人员；（iii）根据与破产、资不抵债、重组、清盘或债务构成调整有关的任何法律，对借款人或任何企业担保人实施救济，并且该程序或案件未被驳回，或者根据上述任何一项的命令、判决或法令应予以批准或执行，或者在破产法下对借款人或任何企业担保人的救济应当在非自愿情况下进行。

然后，在以下的每一种情况（"违约事件"）下：银行在本协议下的承诺（如果当时未偿付）应立即终止，贷款本金和利息（如果有尚未偿付的情形）应当立即到期，并且在每一种情况下均应当到期立即支付，没有付款提示或付款要求、拒付通知，以及任何形式的进一步通知或要求，均视为借款人明确放弃。本协议赋予票据持有人的任何补救措施均会纳入考虑，并且每种补救措施都是可以累加的，根据本协议或任何其他协议，现行法律、法规或其他法律条款中存在的任何其他补救措施不包括在内。

（续）

### 第 9 节　其他事项

第 9.1 条　通知。与本协议有关的任何通知或其他通信，如果以书面形式（或以电报的形式）发送至 ×××地址，且满足：（a）实际送达上述地址；（b）以信函形式送达，则应视为送达。邮件以预付邮资、挂号或认证的方式寄存于美国邮政后 3 个工作日内，应当寄送至收件人以书面通知指定的其他地址。所有通知事件应当自送达之日起计算。

第 9.2 条　成本、费用和税收。无论本协议下准备进行的任何交易是否已完成，借款人同意支付银行与本协议的准备、签署、交付和执行，以及与修订、弃权或同意上述任何事项有关的、合理的成本和费用。

第 9.3 条　留置权与抵销。借款人就银行贷记或到期应付给借款人的所有存款、余额和其他款项，向银行授予直接和持续的留置权与持续的抵押权益，作为履行其在本协议下的义务的担保。无论其他抵押品是否足够，例如已提出支付票据的要求但尚未提取，或贷款已到期应付，则任何该等存款、结余或银行贷记或到期应付给借款人的其他款项可随时在不通知借款人或不满足法令、法规或其他规定的任何其他先决条件的情况下（下文明确放弃所有这些先决条件），由银行以其自行决定的方式任意对其所有该类债务进行抵销、拨用和留置。此外，根据《统一商法典》（Uniform Commercial Code），银行应当享有担保权的相关权利。

第 9.4 条　累积权利与不弃权。本行在本协议下、票据下、贷款文件下以及现在或以后签署的与本协议、贷款文件或其他事项有关的其他协议下的所有权利均应累积，并且可以单独行使、共同行使或由本行自行决定的组合行使。在任何情况下，弃权都不应当被视为放弃其他情况下的权利。

第 9.5 条　适用法律。本协议以及双方在本协议下、贷款下的权利和义务应当根据马萨诸塞州法律进行解释、说明和判定。

资料来源：这个案例是由百森商学院教授莱斯利·查姆撰写的，由尤因·马里恩·考夫曼基金会提供资金支持。百森商学院拥有版权（2002），并保留所有权利。

第 5 部分

# 启动和超越

在快速成长的状况下，因为伴随着企业成长的是不同的管理技能要求，创业者总是要面对各种极其非凡的挑战。在企业快速成长的过程中，创业者面临来自精神上的、身体上的、情绪上的巨大压力。那些拥有清晰个人创业战略的人，那些身体健康、生活有条不紊的人，那些清楚地了解自己所从事的事业的人，会做得更好。

ENTREPRENEURSHIP

# 成长管理

## 引领快速成长，危机与重生

● 导 读

　　高增长型企业创业者拥有的营销、财务、管理和计划等领先创业实践使他们脱颖而出。

　　随着高潜力企业不断发展壮大，它们也会经历困惑、失误、震惊、掠夺和分离等一系列阶段，每一阶段都将面临特殊的挑战与危机，这些挑战和危机随着企业的快速发展而加剧。

　　许多即将陷入困境的信号：战略问题、计划和财务控制不善，以及营运资金不足等都指向一个核心原因——高层管理。

　　创业型领导的突破性方法体现了伟大之链的特征。

## 创立新的组织范式

　　灵活机动的创业企业能够通过发现全新的市场机会，从而战胜那些巨头企业。由于创业企业与生俱来的创新性与竞争性本质，它们摒弃了自二战时期到 20 世纪 90 年代工业巨头企业所信奉的组织实践和组织结构。如今时过境迁，传统的组织结构、科层制度以及管理技术不得不适应当下对组织创造力、灵活性和响应速度的要求（见表 16-1）。

表 16-1　传统一般管理和创业型领导与组织

| 传统一般管理 | 创业型领导与组织 |
| --- | --- |
| ·金字塔形 / 科层制 | ·扁平、灵活 |
| ·渐进性改进 | ·逐步的、破坏性的变革 |
| ·风险规避 / 保持稳定 | ·大胆、无畏地试验 |
| ·避免失败并惩罚失败者 | ·善于处理新问题 |
| ·资源分配，预算驱动 | ·注重机会 |
| ·集权与控制 | ·以市场和顾客为导向 |
| ·资源优化 | ·创造力资本 |
| ·成本导向 | ·资源精简与节约 |
| ·线性的、连续性的 | ·系统性和非线性 |
| ·聚焦区域、局部 | ·全球性视角 |
| ·补偿与奖励 | ·共创与分享财富 |
| ·管理与控制 | ·组织成员愿意被领导而不是被管理 |
| ·零缺陷 / 无误差 | ·风险管控：奖励与适应 |

创业领导者不是管理者也不是经理人　在成长型创业企业内，创业者在鼓励创新行为并促进企业成长的同时，专注于识别和选择机会、分配资源、激励员工并保持对企业的有效控制。

## 高速成长企业的领先实践

在第 3 章中，我们对高速成长企业进行了总结，以确定这些企业的领先实践。当我们研究营销、财务、管理与计划 4 个实践领域时，可以看到高速成长企业的创业者在实践中的一面：如何寻找机会，设计、管理和协调财务战略，创建具有协作决策能力的团队，制订富有远见、清晰和富有弹性的计划。

## 逐步壮大

### 重新审视成长的各个阶段

具有较高成长潜力的创业企业不会长时间安于现状，它们通常会在评估现有机会、组建团队、整合资源后改变运作方式，以寻求规模扩张和企业发展，从而开发和实现企业潜力。

具有较高成长潜力的企业的创始人往往缺乏创办企业的经验。在本书的第 8 章中我们已经讨论了公司成长过程将要经历的阶段或步骤。一般而言，企业创立前的 3 年被称为研发阶段（或创业前阶段），企业创立后的 3 年被称为创建和生存阶段，创业之后的第 4 ～第 10 年被称为早期成长阶段，创业之后的第 10 ～第 15 年被称为成熟阶段，创业第 15 ～第 20 年被称为收获 / 稳定阶段。

关于生命周期的各种模型，以及之前我们所讨论的内容，都将企业成长阶段描绘成一条平滑的曲线，随着销售额和利润的快速增长，趋于峰值，然后便开始不断下降。

然而，现实中却很少有新创企业能够经历如此平稳的、线性的成长阶段。如果绘制这些新创企业前 10 年的发展曲线，那么这些曲线看起来将会更像是起起伏伏的过山车曲线，而不是通常所描绘的那般平稳发展。对典型成长型企业而言，稳定成长的同时也伴随着动荡、颠簸和更新。正如图 16-1 所示，有时持续上升，有时濒临崩溃。

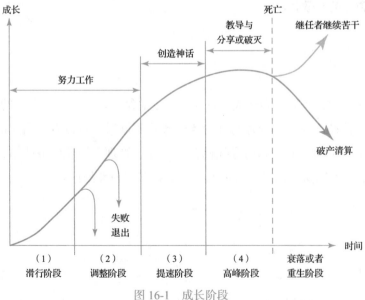

图 16-1 成长阶段

## 核心领导模式

如前所述，一些关键变量的变化将会决定企业从一个阶段过渡到下一个阶段的难易程度。因此，可以对公司成长过程中将要面临的主要的领导挑战和转型做出一些概括。领导模式通常由行业部门特征决定，也会受到公司规模（以员工数量和年收入来衡量）的影响。

正如前文表 8-1 所示的那样，在公司年销售额达到 500 万美元，员工数量达到 25 人左右之前，企业的核心领导模式就是"行动型"；当公司年销售额为 500 ~ 1 500 万美元，员工数量为 25 ~ 75 人时，企业的核心领导模式则是"管理型"；当公司年销售额超过 1 000 万美元，员工数量超过 75 人时，企业的核心领导模式则是"团队领导型"。因此，公司员工数量是衡量领导任务复杂度的指标，可以测量其范围，但不是一个精确值。

表 16-2 显示了知名公司员工平均销售额的差异。例如，在线互联网企业奈飞（Netflix），凭借线上商业模式，员工平均销售额超过 907 000 美元，而与其处在同一产业、以重资产为基础的零售型实体企业百视达的员工平均销售额则为 162 800 美元。

表 16-2　知名公司 2007 年员工平均销售额

| 公司名称 | 员工平均销售额 / 千美元 | 公司名称 | 员工平均销售额 / 千美元 |
|---|---|---|---|
| 基因泰克（Genentech） | 1 089.0 | 时代华纳（Time Warner） | 504.0 |
| 开市客（Costco） | 943.7 | 索尼（Sony Corporation） | 490.7 |
| 谷歌（Google） | 940.6 | 瞻博网络（Juniper Networks） | 462.8 |
| 奈飞（Netflix） | 907.7 | 百时美施贵宝（Bristol-Myers Squibb） | 434.2 |
| 戴尔（Dell） | 715.6 | 太阳微系统（Sun Microsystems） | 406.4 |
| 微软（Microsoft） | 684.4 | 家得宝（Home Depot） | 359.2 |
| 思科（Cisco） | 589.7 | 达美航空（Delta Airlines） | 333.7 |
| 耐克（Nike） | 572.8 | 美洲银行（Bank of America） | 330.8 |
| 渤健（Biogen） | 560.0 | 雷神（Raytheon） | 300.2 |
| IBM | 262.4 | 百视达（Blockbuster） | 162.8 |
| 添柏岚（Timberland） | 234.9 | 洲际酒店（Intercontinental Hotel Group） | 150.1 |
| 沃尔玛（Wal-Mart） | 195.0 | 桑尼斯塔酒店（Sonesta International Hotels） | 77.4 |
| 百胜餐饮（Yum Brands Restaurants） | 191.2 | 麦当劳（McDonald's） | 49.8 |

资料来源：雅虎金融。

员工平均销售额体现了一家公司在行业中的相对地位。例如，零售商沃尔玛 2007 年的总销售额为 3 705 亿美元，员工平均销售额为 195 000 美元，而生物技术公司基因泰克（2007 年的总销售额为 115 亿美元）的员工平均销售额则超过 100 万美元。有趣的是，另一家大型零售商开市客 2007 年的总销售额为 660 亿美元，在榜单上名列前茅，但它的员工平均销售额为 943 700 美元。

在成长的每个阶段，大多数企业都将面临一些障碍。表 16-3 和接下来的讨论将研究每个阶段可能面临的危机。

表 16-3　企业成长各阶段的危机与征兆

**创业前阶段（企业创立前的 3 年）**

**创业者**

关注焦点：企业的创办者是不是真正的创业者？他是一心想创建一家公司的人，还是发明家、技术爱好者或者类似的人？

销售：团队是否拥有必要的销售及相近技能，从而引入公司业务并按时制订计划？

管理：团队是否具备必要的管理技能或相关经验，或者是否在一两个部门（如财务及技术部门）超负荷运转？

所有权：是否已经做出关于所有权和股权分割的关键决策？团队成员是否承诺履行这些决策？

**机会**

关注焦点：公司业务是真正由用户、客户和市场驱动（需求或痛点驱动），还是由发明或者创造的愿望驱动？

客户：客户的具体姓名、地址和电话号码等信息是否已被清楚识别？是否已正确评估购买力水平，或者该项业务是否仅停留在概念阶段？

供给：是否了解供货商、零部件供给方以及公司核心人员的成本、利润和交货时间？

战略：进入计划是被迫的，还是精心计划的战略，或是一开始就很好地聚焦于市场？

**资源**

资源：所需的资本资源是否已经确定？

现金：创业者是否已经出现现金流和资源枯竭的情况？

商业计划书：是否有商业计划书，团队是否"脚踏实地"？

创造力 - 资本：自主创业和劳动资本是否被创造性地使用？是否正在建立智囊团？

**创建和生存阶段（第 0～第 3 年）**

**创业者**

领导：公司最高领导是否被接受？公司创立者在争夺决策权还是坚持平等的决策权？

目标：创始人目标是否一致，目标和工作方式是否相符，企业在生存压力增大时，其目标和工作方式是否开始出现冲突和分歧？

领导力：创始人是否按时制订计划并为决策和控制从"行动"到"管理"再到"放任"的转变做好了准备？

勇气与道德：创始人是否能够承受压力并保持诚信？

**机会**

经济：经济收益和对客户的回报是否能按时实现？

（续）

### 创建和生存阶段（第 0～第 3 年）

战略：公司只生产一种产品，未来不会发布新品吗？

竞争：之前不知名的竞争品或替代品在市场上出现过吗？是否实现了收入目标？

分销：在实际中，实施计划分销渠道策略是否有惊喜和困难？

**资源**

现金：企业是否因为没有商业计划书（和财务计划）而面临现金危机？是否会因为没有人监督就产生现金危机，什么时候会现金短缺？企业所有者的资产耗尽了吗？

时间表：公司是否严重偏离商业计划书中预设的项目和时间节点？公司能否按照计划时间按时完成资源分配？

创造力 - 资本：这是实践和奖励吗？

### 早期成长阶段（第 4～第 10 年）

**创业者**

"做"还是"领导"：创始人仅仅是在做事，还是通过计划建立并领导团队达到预期结果？创始人开始授权和在关键决策方面放手，还是对所有重大决策保留否决权？

关注焦点：创始人的思维模式仅停留在运营操作层面，还是也进行着严谨的战略思考？

创业文化：创始人正在建立创业型组织吗？

**机会**

市场：对新客户的销售和重复销售是否按时实现？是根据计划，还是因为与客户的互动，抑或是来自于工程、研发和计划团队？公司是否向市场导向转变，同时又不会因为丧失核心竞争力而关门？

竞争：当顾客服务很少被提及时，价格和质量是顾客流失或者无法按照销售计划达到目标的原因吗？

经济：公司毛利润开始减少了吗？

**资源**

财务控制：财务和信息系统及控制（订单、存货、应付账款、应收账款、成本利润分析、现金管理等）是否适应企业成长过程？

现金：公司是否现金流短缺或接近现金流枯竭？是否没有人监督何时现金流即将枯竭，或者是否知道为什么或如何去解决？

契约：公司是否建立了持续成长所需的外部关系网络（股东、联系人等）？

### 成熟阶段（第 10～第 15 年）

**创业者**

目标：合伙人是否在公司控制权、目标、潜在伦理道德或价值观上存在冲突？

健康：是否有迹象表明创始人的婚姻、健康或情感稳定的情况正在破裂（例如是否有婚外情、吸毒、酗酒或者与伴侣打架和发脾气）？

团队合作：创始人作为管理者，是否有团队意识去设定一个更好的目标，或者在决定公司掌控和解散的问题上是否存在冲突？

**机会**

经济 / 竞争：公司的产品或服务是否会因易逝性、竞争对手、新科技抑或外来竞争的影响而经受经济打击？公司是否拥有应对计划？

产品扩张：重大新产品的推出失败了吗？

战略：公司是继续选择快速增长的市场，从而导致缺乏战略定义（应该对哪些机会说不）？

**资源**

现金：公司是否又出现现金流短缺？公司是否直接使用现金而不是预算？

（续）

### 成熟阶段（第 10 ～第 15 年）

发展 / 信息：成长速度是否失去控制？公司体系、培训以及新经理人员发展有没有跟上成长节奏？

财务控制：财务体系是否依旧滞后于销售体系？

### 收获 / 稳定阶段（第 15 ～第 20 年）

**创业者**

继承权 / 所有权：公司是否有适当的机制用来管理继承权和比较棘手的所有权问题（特别是家族企业）？

目标：公司合伙人的个人目标、财务目标以及优先事项是否出现冲突和分歧？有没有创始人容易失去活力或者精疲力竭，是否有做出改变的想法和实际行动？

创业激情：创业者识别和寻找创业机会的激情是否正在丧失？创业者还有白手起家、追寻地位和权力象征、获得控制权的激情吗？

**机会**

战略上：公司是否具有创新和自我革新精神（例如公司是否有 5 年内一半的销售额来自某类产品或服务的目标）？公司开始死气沉沉了吗？

经济上：目前为止，机会的核心经济性和持久性是否受到侵蚀，以至于利润率和投资回报率低于《财富》500 强？

**资源**

现金：公司的运营资金缺乏问题是否因为公司创立者不想也不同意轻易放弃公司股权而通过银行贷款和杠杆工具得到了解决？

会计：公司的会计和法律问题，特别是与企业财富积累、财产以及税收计划相关的事宜是否可以合理预测和处理？长期计划中是否包含回报的概念？

## 增长率问题

增长率增加了识别危机信号和制定管理方法的难度，因而成长变得复杂。增长率越高，复杂性越大，变化也越快。

增长率会影响企业业务的方方面面。当销售额增加时，企业需要雇用更多的员工，生产规模扩大，库存增加。当设备数量增加时，企业需要投入更多的系统与控制手段去管理成长。这些发展需要和相应的资本投入必须满足需求，企业现金流在一些高利润业务扩张时也会减少。当现金使用速度快于资金回收速度，就会导致运营资金的缺口加大，即使最盈利的公司也必须扩大投资规模。

在百森商学院举行的学术会议上，那些高速成长企业的创始人和总裁讨论过由于高速增长所导致的独特问题，这些企业的年销售额起码达到 100 万美元，年增长率超过 30%。高速成长企业的创始人及总裁提到了以下问题。

- **机会超载**。这些企业面对着大量机会，而不是缺乏足够的销售机会或新的市场机会，如何从众多机会中进行选择是成熟企业的典型问题。
- **资本过剩**。虽然大部分发展稳定或成熟的企业面临着融资困难的问题，但绝大部分高速成长企业却不会受制于融资问题，这些企业面临的是如何评估作为合伙人的投资者以及他们提出的交易条款等问题。
- **现金耗用与回收速度不匹配**。这些企业都存在现金使用速度快于资金回收速度的问题。它们需要有效的会计、存货、采购、运输以及发票系统来有效地管理现金流。
- **决策制定**。许多公司之所以成功，是因为它们每天、每周都在执行职能性决策，而不是局限于战略性决策。很多具有代表性的成功企业认为在快速成长情况下，企业的成功只有 10% 可归功于战略。
- **扩大规模和空间并应对意外等**。企业规模或空间的扩张将是一个大问题，也是企业处于早期爆炸性成长阶段时最棘手的问题。许多企业的管理者往往并未准备好应对这些伴随扩张而来的意外、拖延、组织困境以及系统性干扰。

### 成长问题的来源

不受管理人员控制的外部因素会导致困境。在这些外部因素中最常被提及的有：经济衰退、利率变动、政策变化、通货膨胀、新竞争者加入、产业或产品过时等。变革管理专家表示，尽管可以认为外部环境会导致企业困难，并需要企业做出调整，但他们并不认为这是企业失败的主要原因。通常导致企业失败的主要原因在于管理，其中最常提及的三大方面是：战略问题；领导力问题；糟糕的计划、财务及会计制度和实践。这与第 3 章中提到的创业失败的原因有着惊人的相似。

### 战略问题

- **误读利基市场**。首要问题在于未能正确理解公司的利基市场，过于关注成长速度而没有考虑盈利能力。这些公司不是去制定战略，而是从事低收益业务并投入过多资源和能力实现增长，因此会缺乏运营资金。

- **供应商和客户关系管理不善**。与该问题相关的是未能正确理解同供应商和客户之间的经济关系。例如，一些公司允许使用行业惯例决定付款条件，前提是他们可以决定自己的条款。在其他情况下，由于担心冒犯新客户，公司回款的速度会很慢。
- **不相关多元化**。现金充裕的公司失败的原因，通常是在不了解财务影响的情况下就利用自己的现金头寸去拓展全新的市场。
- **目光短浅**。仅围绕一个创意而不是创业机会来创办一家企业，将带来"沉积产品"问题，即不得不寻找新市场来销售当前产品。之所以这样做是因为创业者并未从战略角度分析企业的创业机会。
- **仓促上大项目**。企业快速推进大项目，却没有认真考虑自身的现金流状况，由于产能和雇员增加需要消耗现金，因此当销量低于预期时就会出现问题。
- **缺乏应急计划**。正如反复强调过的，企业的成长并不是平稳上升的，企业需要思考出现运营不佳、销售下降或者资金回笼过慢等情况时该怎么办。

### 领导力问题

- **缺乏领导技能、经验以及诀窍**。企业成长过程中，创始人需要改变领导模式，如从团队领导转变为团队领导的领导。
- **财务职能薄弱**。一般而言，新创企业的财务职能只有一个记账人执行，当公司成立 5 年，年销售额达到 2 000 万美元时，公司创始人才开始雇用专业的财会人员。
- **核心管理人才流失**。尽管在任何公司中核心管理人员的离职都使公司面临很大的困难，但对于将专门知识或专有知识作为竞争优势的企业而言，这是一个至关重要的问题。
- **大公司对会计的干涉**。一些企业常犯的错误是过于关注应计项目，而没有很好地关注企业现金流。高成长型公司极其需要关注现金流。

### 糟糕的计划、财务及会计制度和实践

- **糟糕的定价策略、信用透支以及杠杆过度**。企业成长速度超过企业内部融

资能力会导致杠杆工具的过度使用。

- **缺乏现金管理**。企业现金预算和项目预算未完成是企业遭遇困境的常见原因。除此之外，企业缺乏持续生存能力通常是因为管理层未能根据现金流的影响做出决策。
- **糟糕的管理报表**。尽管一些企业拥有良好的财务报表，却因为糟糕的管理报表而深受其害。
- **缺乏标准成本核算**。糟糕的管理报表会延伸到成本核算领域，很多新创企业没有可参照的成本标准用来对标制造产品的实际成本。

### 识别危机信号

危机会随着时间的推移而发展，通常是因为根本性错误累积造成的。那么，危机可以预测吗？很显然，预测危机的好处是，企业创始人、员工以及外部利益相关者（如投资人、借款人、贸易债权人和顾客等），可以及时发现问题并采取正确的措施。

### 量化信号：现金资产的净流动比

百森商学院教授乔尔·舒尔曼发现，现金资产的净流动比指标可预测未来两年的贷款违约可能性，结果具有显著可靠性。公式如下：

$$净流动比 = NLB（净流动资产余额）/ 总资产$$

式中：NLB（净流动资产余额）=（现金＋有价证券）−（应付票据＋合同责任）

舒尔曼的方法值得注意，因为它认识到了现金的重要性。在企业的一般账户中，舒尔曼区分了经营性资产（如存货和应收账款）和金融资产（如现金和有价证券）。同样，舒尔曼对负债也进行了区分，其中应付票据和合同责任归为金融负债，应付账款则属于经营性负债。

舒尔曼从金融资产中减去金融负债，得到净流动资产余额（NLB），净流动资产金额可以被视为"未支配现金"，即企业用于日常应急的现金。因为有销售额的变化、资金回收慢或者利率变化造成的短期误差限度，这一指标能够很好地衡量企业资金流动性。然后，用 NLB 除以总资产就得到了净流动比指标。

### 非量化信号

一些转型专家还会使用一些非量化信号作为衡量企业可能面临困境的指标，当我们给出提示信号时，并不一定意味着危机马上降临。但是，一旦某些问题信号浮现，如果其他信号也紧随其后，那么，企业的危机和麻烦可能就会接踵而至，这些信号如下。

- 不能按时编制财务报表。
- 主要创始人行为反常（比如拒绝接听电话，上班、开会等比往常晚到，等等）。
- 管理层或咨询者变更，如董事、会计师或者其他专业咨询顾问发生变更。
- 会计师的主张获得认可但并未被落实。
- 新的竞争出现。
- 启动大项目。
- 减少研发开支。
- 特别的注销资产或者新增债务。
- 公司信用额度降低。

### 危机酝酿期

公司最主要的统计数据图，往往能够很好地反映公司所面临的危险。例如，当发现公司销售增长明显放缓，随之而来的是公司开支增加，而公司却误以为增长还会继续；当公司销售不再继续增长，仍保持高位的开支，公司却误以为这样就可以"回归正轨"。

#### 公司好景不再时会是什么样

一般而言，当一个组织在遭遇危机时会出现以下趋势。

- 忽视来自外部的建议。
- 最糟糕的情形尚未来到。

- 员工们停止做一切决策，也停止应答电话。
- 公司高层不与公司员工对话。
- 流言满天飞。
- 库存不平衡。也就是说，它没有反映历史趋势。
- 应收账款账龄增加。
- 客户开始担心公司的新承诺。
- 公司总体运营不佳问题暂时解决，但外部高压环境依然存在（一种不同寻常的组合）。

## 组织士气低落

意识到公司遭遇问题的人一般是公司员工，因为他们要处理顾客退货、接听债权人催债电话等事宜，他们会怀疑为何管理层不对此进行回应。公司处在麻烦之中时，主要创业者说话行事表面上很乐观，或者躲在办公室里拒绝同员工、顾客和供应商沟通交流。因此，公司员工会对公司的正式沟通交流丧失信心。

很显然，公司有问题且尚未解决。公司员工想知道公司可能要发生什么，他们是否会被解雇，公司是否会破产。公司员工意识到他们可能会因工作不保而陷入生存困境。

危机也可能造成一些强制干预：来自董事会的干预、借款人的干预或者官司纠纷。例如，银行会催还贷款，或者供应商会提出现金支付欠款。债权人可能试图让公司强制破产，或是外部的商业环境已经发生了根本性变化。

## 破产威胁

20 世纪 70—90 年代初，债务人控制是破产领域的重要特征。这一时期，法院会照顾陷入困境的公司的利益，给予这些公司一些回旋余地，而不是马上要求支付款项给债权人。这样债务人因为还对公司的现金有所控制，从而也就能够掌控案件的结果。

然而，当前这一局面发生了戏剧性转变：控制权开始转向债权人。现在，一旦公司濒临破产，债务人必须关注债权人群体的要求。为了协助控制现金，债权人会经常要求处于困境中的公司聘用外部专家来指导债务人完成破产流程。

此外，现在绝大多数公司破产案件最终结果是改变了其所有权结构。投标破产公司已经成为一项大生意。这一趋势可能会继续下去，因为在这种潮流下出现了许多专业的从事公司和技术并购的、资金雄厚的集团公司。

## 自愿破产

根据破产法，当一些公司申请破产获准后（参见破产法第 10 章），破产法会立刻给予公司破产保护。公司的本金或利息支付就会暂停，那么债权人就得等待属于自己的欠款。一般而言，当前公司的管理层（负债人）依然被允许运营公司，但是有时会任命外部受托人去运营公司，成立债权人委员会监控公司的运营，并与公司进行谈判。

破产法第 10 章最大的好处是为破产公司赢得了时间，即该受破产保护的公司拥有 120 天的时间去制订公司重组计划，并有 60 天的时间让债权人接受该重组计划。在重组计划中，债务可以延期或者重构，利率也会改变，可转换条款被引入，以补偿债务人因公司重组而增加的风险。债权人和债务人可能需要以股权和部分支付的方式获得部分债权（或索偿权）。如果重组计划导致破产清算，部分付款就是规则了，象征性支付范围是每 1 美元需支付 0～30 美分，这取决于优先索偿权。

2005 年 4 月，美国总统乔治·布什签署了一项法案，使得那些有巨额信用卡和医疗账单需支付的美国人很难去清除自己的债务。该法案是 25 年来美国破产法最重大的变化，该法案使得美国个人更难去申请破产法第 6 章的破产保护，以帮助他们消除绝大多数债务。个人所得超过其所在州的收入中位数时就需要遵循破产法第 12 章申请还款计划。

## 非自愿破产

非自愿破产是指债权人强制陷入困境的公司进入破产程序。虽然强制性破产的情形很少发生，但是创业者需要了解哪些情形下债权人可以对公司实施强制性破产，这是很重要的。

一家企业进入强制破产程序需要满足以下条件：任意 3 位债权人的债权总额

超过公司总资产额度（作为质押）5 000 美元，或者当债权人总数少于 12 人时，任何一位债权人的债权总额达到前述标准，就可以申请对公司强制破产。

## 议价能力

对于债权人来讲，拥有一家即将破产的公司绝不是一件具有特别吸引力的事情，却成为濒临破产的公司的议价能力来源。破产对于债权人来说之所以不具有吸引力，是因为债权人必须等待回收自己的钱，而且只能期望获得部分回款，他们也不再处理公司业务，而是与现有司法系统以及其他债权人打交道。此外，债权人在获得回款之前，还必须先行支付因处理破产而产生的所有法律及行政管理成本。

面对这些破产预期，许多债权人总结认为，与公司谈判才能更好地赢得他们的利益。因为现行破产法界定了债权人的优先索偿权，创业者也可利用法律来决定谁可能愿意进行谈判。

比如，由于贸易债务的索赔权最低，因此众多债权人最愿意对其进行谈判。假如公司净资产为负，但是依然能够产生现金流，贸易债务债权人应当愿意去商议延长付款条款或部分付款日期，或者两者兼有，除非对公司当前管理团队缺乏信任。

然而，担保债权人因为具有更高的优先索偿权可能并不太愿意去谈判。许多因素将会影响担保债权人的谈判意愿，其中有两个最重要的因素：一个是担保物权的优势，另一个是对管理层的信心。出于上述原因，他们依然尽量去避免破产。

破产能够让公司免于履行合同义务，也可令一些公司提出破产申请，作为退出工会合同的一种方式。因为破产法在这种情况下同国家劳动关系法相冲突，所以这一法案已经进行了更新，还增加了诚信测试项目。企业必须能够证明一项合同会阻碍其业务经营。这也有可能是企业为了去履行其他有效合同，如租赁、执行合同。假如一家公司以非经济的方式渐渐增加其管理费用，那么就意味着该公司可能是在将破产作为工具加以利用。

## 干预

陷入困境的公司通常会希望利用擅长扭亏为盈的外部咨询专家的服务。从技术上讲，该公司通常处于资不抵债或净资产为负的状态，且对供应商采用收付实现制。这可能会导致拖欠贷款或违反贷款合约，也可以对其贷款执行赎回准备金。随着情况的恶化，债权人就可能试图对公司实施强制破产。

### 诊断

诊断可能会因为战略错误和财务错误变得更加复杂。比如，公司有许多长期应收账款，需要解答的问题是，应收账款膨胀是因为不良的信贷政策，还是因为该公司所处的行业需要宽松的信贷条款来竞争。

诊断结果分为三个部分：商业中适当的战略态势分析、管理分析、财务数据分析。

### 战略态势分析

战略态势分析试图确定公司有能力竞争的市场，并且决定竞争战略。转型专家指出，对于一些小型企业而言，绝大多数企业战略的失误都是因公司盲目投入非营利性的产品线、客户以及地理区域而引起的。

### 管理分析

管理分析包括采访管理团队成员，随之形成一些主观判断：哪些人胜任，哪些不胜任。对于如何做到这一点，转型咨询师无法给出任何公式，因为这是经验判断的结果。

### 财务数据分析

财务数据分析涉及详细的现金流分析，会针对问题给出一些矫正措施。这一分析的主要目的是识别和量化业务的盈利核心，具体任务如下。

- 确定可用现金。第一项任务是确定公司近期可用现金有多少，这可以通过查看公司存款余额、应收账款以及已确认订单储备额获得。
- 确定资金流向。这是一项看似简单实际很复杂的任务，常用的技术手段被称为子账户分析，每一个账户产生了现金流出，则会被识别筛选出来，将这些账户按照现金支出降序排列，然后仔细检查账户的模式，这些模式可以指出问题所在的功能区域。例如，一家公司的账单上有其公司地址，而不是处理支票的密码箱地址，这种账单期可额外增加两天未付款期限。

- 计算不同业务领域的销售百分比，然后分析成本趋势。通常几个趋势会显示相对成本发生变化的拐点。
- 业务重构。在弄清楚公司的现金具体来源和去向之后，下一步就是比较公司实际业务现状与预期业务水平，这就涉及公司的业务重构。比如，可以进行现金预算，并为给定的销售额确定应收款、应付款等。或者，这个问题可以通过确定劳动力、原材料和其他直接成本以及推动既定销量所需的间接费用来解决。从本质上讲，这是一个现金流商业计划。
- 判断差异。最终现金流业务计划要同现金流量表和利润表联系起来予以考量。理想的现金流计划和财务报表需要同公司当前的财务报表进行比较分析。比如，计划的利润表需要同现有的利润表进行比较，从而找到可以减少开支的地方。那么，实际财务报表与计划财务报表间的差异就构成了公司制订重振计划和采取补救措施的基础。

最常见的可能削减和改进的领域包括：① 营运资本管理，包括从订单处理和出票，到应收账款、库存控制，当然还有现金管理等；② 工资；③ 资产使用过度或不足。超过 80% 的费用削减通常来自裁员。

## 转型计划（脱困计划）

摆脱困境的行业标准是基于长期现金流模型的 13 周现金流计划。在作为转型专家的实践中，卡尔·杨曼（Carl Youngman）要求：

- 12 个月的现金流模型。
- 持续 13 周的现金流计划，每周更新一次。
- 连续 30 天的每日现金流预测。

脱困计划不仅规定了补救措施，而且因为它是一套详细的实施方案，所以能对实际活动进行监视和控制。此外，如果单位销售量、单价、收款和谈判成功等假设发生了变化，它可以在最坏情况下制订应急计划并加以改正。

因为短期措施可能无法解决现金危机，脱困计划可以帮助公司建立足够的信誉度，从而有时间采取补救行动。例如，一家公司的顾问可以通过以下方式向银行争取时间：减少工资和应收账款贴现可以提高公司的现金流，让公司现金在 5 个月内都可以流动；如果与购销债权人就应收账款延长期限的谈判成功，公司现金就可以在 3 个月内恢复流动性；如果公司能以一半的价格出售一些未充分利用的资产，马上就可以恢复现金流动性。

脱困计划有助于解决有关组织的问题。该计划用一套界定清晰的行动和责任安排取代了不确定性。因为它向组织发出已经采取行动的信号，有助于员工摆脱已有的生存模式。一个有效的计划把任务分成可实现的最小单位，这些简单的任务很快就能完成，组织也开始慢慢体验成功的愉悦。很快，低落的组织士气也将恢复。

最后，脱困计划是议价能力的重要来源。通过发现问题和提供补救措施，它使公司的顾问能与债权人接洽，并以非常详细的方式告诉他们付款方式和时间。如果这项计划证明债权人与持续经营的企业合作要比让企业破产清算更有利，他们可能会更愿意协商解决债务延期和偿债方式等问题，从而制定出合适的付款时间表，直到企业摆脱困境。

### 快速获取现金

在理想情况下，脱困计划足以让债权人对企业恢复信心，从而有助于为企业顾问筹集资金和将未能充分利用的资产变现争取时间。然而，迅速筹集现金是当务之急。下面描述的一些操作方法可以改进现金流状况，但是远远不够，因为需要满足供应商的需求。

应收账款是流动性最强的非现金资产。应收账款是可以考虑的，但是基于这种安排的谈判需要时间，所以获得现金最好的途径是对应收款项进行贴现。针对 90 天以内的应收账款，典型的银行将发放应收账款价值的 80%，若应收账款超过 90 天，就需要偿还银行贷款。存货的流动性不如应收账款，但仍能快速产生现金。就存货"降价销售"而言，脱困专家的评论不一。第一种，也是最常见的看法是过剩的存货常被淘汰。第二种看法就是许多存货是非成品，不能出售，还需要额外的现金投入。第三种看法是，成品存货可以通过折扣销售产生现金，但是企业很可能在摆脱困境后恢复产品价格时会遭到客户的抵制。一般来说，将原材料存货销售给竞争对手的做法通常被认为是最好的选择，另一种选择就是将存货以折扣价卖给新的分销渠道，这样就不会影响以后的销售。

与快速产生现金有关的另一项内容是当前的销售活动，其标准包括增加利润总额、加快产生现金的速度和保持营运资金的最大流动性。价格和折扣也要提高，信贷条件要放宽，显然还要注意保持政策的一致性。

下一步就是搁置应付账款的支付，需要就如何向供应商付款做出相应安排，但此时现金最重要的用途是支付工资和偿还贷款，以确保供应商维持发货。应该指出的是，供应商最不可能迫使公司破产，因为他们的（清偿）优先权很靠后。

### 与贷款人交涉

接下来就是与贷款人进行谈判。如果贷款人与公司继续合作，公司必须制订一个可行的长期解决方案。

然而，一旦干预，公司很可能拖欠付款，或者即便能够付款，公司的财务状况也可能已经恶化到公司要违反贷款合同的约定。公司还可能将许多资产作为抵押品质押。更糟的是，陷入困境的创业者有可能在危机酝酿阶段一直躲避债权人，这表明他已经无法控制目前的局势，企业信用也随之丧失了。

与贷款人讨价还价有两个主要来源。一是尽管贷款人有较高的优先求偿权，但是他们不喜欢破产。因为低利润水平的银行业务无法承受巨大损失，一般银行的资产回报率只有 0.5% ~ 1.0%。二是可信度。在脱困专家的帮助下，公司已诊断出问题，并制订了详细的计划，以此向贷款人证明公司有能力偿还贷款，这样可以让公司处于更有利的谈判地位。

### 与贸易债权人交涉

与贸易债权人打交道的第一步，是了解公司讨价还价的优势。贸易债权人在公司申请破产时享有最低的优先求偿权，因此，他们通常是最愿意协商交易的。另一种能提高公司与贸易债权人谈判地位的途径就是已制订好的脱困计划。只要公司证明继续经营比破产时向贸易债权人提供的结果更好，贸易债权人就应该愿意谈判。一般来说，最好经常性地还贸易债权人一些钱。记住，贸易债权人的毛利率高于银行，所以偿还给他们的钱会更快地转变为贷款给公司的"风险"资金，尤其是如果贸易债权人可以发货并收到付款。

谈判地位相对薄弱的贸易债权人，可利用公司顾问达成令人印象深刻的交易。例如，一家公司让贸易债权人同意延长 24 个月再偿还所有未付账款。作为回报，公司承诺及时偿还所有新的应付账款。创业者能够阻止公司与许多债权人进行现金交易，把短期应付款项变成了长期债务，所以这对现金流的周转非常有利。

与贸易债权人打交道的第二步，是根据贸易债权人对脱困计划的重要性进行优先级排序，公司需要特别关照那些最重要的债权人。

与贸易债权人打交道的第三步，是在必要时更换供应商。优先级较低的供应商要求公司以现金方式付款，或拒绝做生意。陷入困境的公司必须能更换供应商，此时具有优先索偿权的供应商能帮助公司做到这一点，因为供应商可以提供信用证明。

与贸易债权人打交道的第四步，是有效沟通。"做生意就如同说实话一样简单。"一位顾问说。如果一个公司讲信用，至少债权人可以做些计划。

### 裁员计划

通常员工工资是公司的一项主要开支，企业处于困境时进行裁员不可避免。脱困专家建议，应该一次性宣布裁员计划并尽快实施。如有必要，应尽量多裁员，以补偿那些难以执行的补救措施。

### 长期补救行动

如果脱困计划创造了足够的可信度，并为企业争取到了更多时间的话，企业就能实施长期的补救行动。这些行动通常分为三类。

- 制度和程序。可以改进或消除有缺陷的制度和程序，或者可以实施新的制度和程序。
- 资产处置。清算短期内不能变现的资产。许多小公司，特别是较老的公司，它们在资产负债表上的房产价值远低于市场价值。这可以出售或者租赁，或抵押贷款以产生现金。
- 创造性的解决方案。一定要找到创造性的解决方案。例如，一家公司有大量存货，对目前的业务毫无用处。它发现如果将存货组装成零部件，就有可能找到市场。公司将存货运到牙买加，那里劳动力成本很低，而且还能卖掉所有的存货。

## 建立有助于创业的文化和组织氛围

### 六个基本维度

不管是新创企业还是现有企业，文化和组织氛围都是组织更好地推动成长和应对危机的关键。应用组织氛围这一概念（例如，员工对工作环境的认知）对大型企业绩效开展的评估研究得出了两大结论：第一，一个组织的氛围对组织绩效具有显著影响；第二，组织氛围是由员工对组织的期望以及关键管理者的实践和态度共同形成的。

组织氛围概念对于新创企业和大型组织的创业努力具有现实意义。创始人的风格和优先考虑事项都被员工所熟知，而且会影响公司绩效。例如，百事可乐的 CEO 罗杰·恩里科描述的创业氛围，其中的关键因素包括：制定短期目标，兼顾长期目标，设定高水平绩效标准，提供反应迅速的领导模式，鼓励个人能动性，帮助他人获得成功，建立有助于个人成功的社会网络，等等。又如，Mentor Graphics 公司总裁杰拉尔德·兰格勒解释了什么是"愿景陷阱"，兰格勒把所在公司创业氛围的愿景简单描述成"致力于打造人们愿意购买的东西"，Mentor Graphics 公司的文化明显受到创始人风格的影响，因为"当时我们可能有 15 个人，不仅能快速地共享信息，而且有很强的紧迫感和目的性，不依赖于已经设定好的愿景"。

有证据表明，上级团队在设定优先考虑事项、解决领导权问题、确定团队成员角色与分工、倾听和参与的态度、处理争端等方面与下级团队有所不同。此外，具体的管理方法可以影响一个成长中的组织的氛围，例如，来自激励、承诺和团队合作的收益，都是建立在管理的共识方法上的，虽然不能立竿见影，但很快会见效。到那时，企业行动和后续工作会更加迅速和果断。另外，一般总会出现新的分歧，但不会阻碍工作进展，因为团队对总体目标和基本优先事项已达成了广泛的共识。如果出现的任何新问题和分歧都会引发长时间痛苦的争执和重新谈判，可能是因为一开始并没有达成共识。

组织氛围可以从六个基本维度进行描述：

- 清晰程度，即组织良好、简洁和高效地制定和完成工作、程序和任务的程度。
- 标准，即管理层对员工达到高标准、优秀业绩的期望和施加压力的程度。
- 承诺，即员工对组织目标和目的的承诺程度。
- 责任，即员工不被监视和事后批评，自己感到有责任实现目标的程度。
- 认可，即员工感受到的、由于出色地完成任务而得到的认可和非物质奖励的程度，而不仅仅是因犯错而被惩罚。
- 团队精神，即员工在愉快合作中感受到凝聚力和团队精神的程度。

## 创业型领导方式

为建立上述创业文化和氛围，在企业核心的管理模式中，常会运用到某些管理方法（在第 8 章也讨论过）。成功企业的领导模式不是一成不变的。领导者可以共同分担，也可以是非正式的，或者一个领导者指导一项任务。然而，通常情况下，领导者通过就什么人拥有什么权利和承担什么责任，什么人应该为谁或与谁一起工作等问题做出界定并达成一致，以此确定员工的角色、任务、责任、职责和恰当的审批程序。

在这样的组织中不存在领导力的竞争。领导力是基于专业技能而非权威。虽然有些领导者强调任务导向，但是有些领导者却能以幽默和机智更好地维护领导模式和团队凝聚力。此外，领导者不会将自己的决定强加给团队，或者将一些潜在的资源占为己有。相反，领导者明白任务之间以及与他们的下属之间的关系，并能够在适当的情况下发挥领导作用，包括通过指导、建议等方式积极管理他人的活动。

这种方式与交谈方式完全相反，后者是指有 2 ~ 4 名创业者，通常是朋友或者同事，在谁是负责人、由谁来做最终决定、如何解决意见分歧等方面遗留了很多需要解决的问题。尽管角色重叠和决策权共享对新创企业是可取的，但是过于松散会导致组织逐渐衰弱。

这种方式也与领导独断专行，争夺领导权，某项任务凌驾于其他任务之上等情况不同。

### 建立共识

大多数成功的新创企业的领导者确定职权和责任的方式就是建立激励和承诺，以实现跨部门目标和公司目标。在管理中建立共识的方式要求能够与同事以及正式指挥链之外的其他人的下属（或上级）一起管理和工作，还能实现不同观点和需求的平衡。

在这种方式中，领导者愿意为了达成公司目标而放弃个人利益和权利，并考虑在设定跨职能或跨部门目标和做出决策时，加入一些重要的人。

### 沟通

有效的领导者愿意分享信息并改变个人意见。在各种会议中，以下方式有助于倾听和参与：安排圆形座位，避免打断或题外话，以及有效应对干扰、吵闹或者个别交流等情况。

### 鼓励

成功的领导者通过鼓励创新和有计划的冒险活动，而不是惩罚或批评不完美的情况来树立信心，通过期望和鼓励他人，使他们发现和改正自己的错误并解决自身问题。在同事或其他人眼里，他们平易近人，愿意在你有需要时伸出援手，并提供必要的资源帮助你完成某项工作。在恰当的时候，即使知道可能会失败，他们也会为同事和下属挺身而出。此外，差异会得到认可，良好的绩效会得到奖励。

### 信任

最有效的领导者被认为是值得信赖和坦率的。他们言出必行，不传播谣言，更开放且自然，不会过于谨慎、字斟句酌，在人们心中，他们坦诚、直率。他们名声在外，能兼顾不同观点和需求，并创造性地解决问题。

### 发展

有效的领导者在发展人力资本方面有良好的声誉，他们以身作则，培养其他有效的管理者。如第 8 章所述，布拉德福德和科恩区分英雄主义的管理者（许多情况下控制他们的需求可能会阻碍合作）和后英雄主义的管理者（通过培养企业中层管理者以促进组织表现出色）。如果公司在价格竞争和利润萎缩的情况下才培养中层管理者，那么组织可能会瓦解。将中层管理和监督层的人力资本提升计划与公司业务战略相联系是最根本的第一步。

## 21 世纪的创业领导力：三大突破

在过去 20 年里出现了 3 家非常成功的公司：堪萨斯城的马里恩实验室、密苏里州的斯普林菲尔德再造公司、威斯康星州的约翰森维尔香肠公司。这些公司相互独立、互不相关，培育了"高标准、永续学习型文化"，并创造了"伟大之链"，这些公司的经验与教训为 21 世纪的创业领袖展现了蓝图。它们制定了标准，并提供了切实可行的愿景。毫不奇怪，当今美国，那些最令人兴奋、快速增长和盈利丰厚的公司与这些公司有着惊人的相似之处。

### 尤因·马里恩·考夫曼和马里恩实验室

1950 年，马里恩实验室成立于尤因·马里恩·考夫曼的车库，1989 年与美林道琼斯合并时的销售额达到 25 亿美元，市值为 65 亿美元。公司在发展中创造了超过 300 名百万富翁和 13 个基金会，包括著名的尤因·马里恩·考夫曼基金会。与之形成鲜明对比的 RJR Nabisco 公司，在被 KKR 公司杠杆收购时，其规模比马里恩实验室大 10 倍，却仅造就了 20 名百万富翁。显然，这两家公司非常不同。马里恩实验室能够取得如此非凡的成功，是由于将具有巨大潜力的商机与基于超前的核心价值观和领先于时代的创业型领导哲学进行了结合。这些原则很简单，却难以灌输和坚持下去，无论在顺境还是逆境中：

（1）待人如待己。

（2）与创造财富的人分享财富。

（3）追求最高的绩效和道德标准。

该公司没有组织结构图，把所有人都看成是合伙人而不是员工，并且制订了广泛的利润分享和员工持股计划。

## 杰克·斯戴克和斯普林菲尔德再造公司

创业型领导的另一个例子是杰克·斯戴克（Jack Stack），他的著作《伟大的商业游戏》是所有创业者的必读书。1983 年，斯戴克和十几个同事从一家濒临破产的国际收割机公司收购了一间拖拉机发动机再制造工厂，以 89 比 1 的债务权益比和 21% 的利息率，以每股 10 美分的价格收购了这家公司。1993 年，员工持股计划的每股股票价值接近 20 美元，公司销售额接近 1 亿美元，已经完全扭亏为盈。到底发生了什么？

像尤因·马里恩·考夫曼一样，杰克·斯戴克创造和实施了一些管理方法并改变了组织的文化价值观。他的领导核心是创造名为"大图景"（big picture）的伟大愿景：每个人都要像企业所有者一样思考和行动，尽力做得最好并且永远学习。通过相互学习和保持开放态度来培养团队精神，教育每一位员工，让他们对企业的短期和长期目标承担应有的责任。斯戴克是这样描述的：

> 我们试图消除工作场所中的无知现象，通过教育而不是威胁和恐吓提高参与的积极性。在这个过程中，我们设法消除工人与管理者之间的隔阂。我们正在开发一种系统：所有人都能凝聚起来朝着共同的目标努力。要做到这一点，必须打破那些使人们分离的障碍，从而实现团队合作。

在斯普林菲尔德再造公司中，每个人都要学习阅读和分析财务报表，如利润表、资产负债表和现金流量表，还要了解他们的个人工作对财务报表的影响。这种开放型领导风格与责任的下放和扩散紧密相连，而且与财富创造和分享（如短期奖金和长期参股）的观念紧密相连。斯戴克描述了这种方法的价值："这种方法能够让人们了解他们创造的数字所带来的价值。如此一来，组织基层与高层的互动得以改善。"他在 10 年里所取得的成就令人叹为观止。更让人吃惊的是，他还跟别人分享这种方法，超过 150 家公司参加了研讨会并采纳了这种方法。

## 拉尔夫·斯泰尔和约翰森维尔香肠公司

1975 年，约翰森维尔香肠公司是一家销售额约为 500 万美元的小公司，是该行业中一家相当传统的企业。几年后，公司老板的儿子拉尔夫·斯泰尔（Ralph Staye）对公司进行了彻底改革，他的价值观、文化和理念与尤因·马里恩·考夫曼和杰克·斯戴克的原则极为相似。

改革结果令人震惊：到1980年，公司的销售额达到了1 500万美元；到1985年，达到5 000万美元；到1990年，达到1.5亿美元。他改革的核心是全面学习文化：每个人都是一个学习者，追求不断改进，寻找更好的方法。高绩效标准的培训投入，根据短期和长期业绩进行绩效考评和奖励，这些都是转型的关键。责任与解释权被下放和扩散。例如，过去投诉信直接交市场部归档并给予回复，现在可以交给对产品口味负责的一线香肠填充人员，由他们回应客户的投诉。另一个例子是新员工的面试、招聘和培训流程。新雇用的女员工指出了现有流程的许多不足之处并提出了改进建议。最终结果是，全部责任从传统的人力资源和人事部门转移到了一线人员手里，这一举措取得了极好的效果。

正如人们所猜测的那样，这种根本性的变化来之不易。看看拉尔夫的独特见解：

> 1980年，我开始寻找变革的方法，一开始想找寻一本能告诉我如何让员工关心工作和公司状况的书，不足为奇，最后没有结果。没人能告诉我该如何调动员工的工作积极性，我得自己想办法……任何管理者都会问的最重要的问题是"在所有可能的情况中，我到底想达到什么目的？"

即使迈出了如此巨大的一步，斯泰尔也已准备好采取下一个具有同样危险的举措：

> 出于本能，我下令改变。"从现在起，"我向我的管理团队宣布，"你们都要为自己的决定负责。"我从独裁控制到独裁退位。每个人要求承担更多的责任，而我迫使他们接受这一点。

在斯泰尔的另一段话中，他透露了改革像约翰森维尔香肠这样的公司所面临的挑战：

　　这两年，我一直在追求另一个详细的战略和战术计划，以实现约翰森维尔成为世界上最大的香肠制造商的宏伟目标。我们试图实施 2～3 年后才可能进行的组织结构变革……后来我意识到这些结构变革必须依赖于日常工作实践，没有人能高高在上发号施令，当然更不能提前。

表 16-4 总结了过去几年约翰森维尔香肠公司改革的重要步骤。该表无疑过于简单化了整个变革过程，并低估了完成任务所需的巨大承诺与努力，但确实能体现核心要素的组合方式。

**表 16-4　约翰森维尔香肠公司改革总结**

**转型的关键方面**

1. 从最高层开始：拉尔夫·斯泰尔认识到他是问题的核心，并且认识到最困难的一步是变革。
2. 根植于人力资源管理和公司文化特定理念的愿景：
   - 持续的学习型组织。
   - 团队观念——改革的参与者。
   - 新的工作模式（拉尔夫·斯泰尔的角色和决策）。
   - 基于绩效和结果的薪酬与奖励。
3. 拉尔夫·斯泰尔决定将责任和解释权下放给一线决策者：
   - 一线人员最接近客户和问题。
   - 定义整个任务。
   - 投资于培训和人才选拔。
   - 工作标准和反馈即开发工具。
4. 工作控制与运行机制：
   - 衡量绩效，而不是行为、行动等。
   - 强调学习和发展，而不是责任分配。
   - 为您和公司量身定制控制与运行机制。
   - 分权和裁员。

## 伟大之链

　　当我们回顾这三大公司时，我们可以发现一个非常清晰的模式，在构成要素和过程上都有一些共同特性。这些伟大之链不断得到强化和渗透（见图 16-2）。贯穿整个组织的终身学习理念和高绩效标准是这些公司价值创造创业文化的关键。教育和奖励团队合作、进步和相互尊重的企业文化，为公司运作提供了润滑剂和黏合剂。最后，一个公平慷慨的长短期奖励制度以及确保每个人都能理解并能使用数字的必要教育，创造了一种与财富创造者共享财富的机制。这些成果告诉我们：伟大之处在于优秀的个人、专业和财务成就。

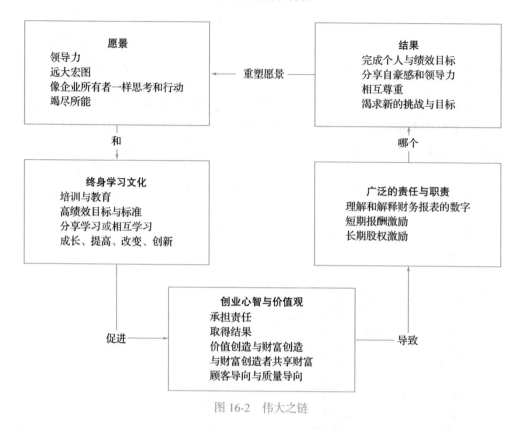

图 16-2 伟大之链

## ⊕ 案例研究 电话转换公司

### 引言

戴夫·圣泰利的创业生涯恰好体现了这样一种观念：生活是一场旅行的过程而非其最终目的地。42 岁时，他经历了商业上的成功与失败，还发现他的妻子特里面临着与癌症的艰难搏斗，当她挺过来时，他松了一口气。

2005 年年初，所有的一切似乎都开始成为他应对当前挑战的练习。他面临着来自上一次创业的投资者的起诉，法律辩护费让戴夫和特里失去了安全网。

一家足迹遍布全球、年营收 5 000 万美元、拥有 650 名员工和市值超过 2.8 亿美元的年轻公司，如何在一夜之间通过破产法第 7 章被迫进行全面清算？

戴夫的新企业——电话转换公司（Telephony Translations Inc., TTI），在 5 年后仍然无利可图。戴夫曾告诉他的投资者可能会有这样的损失，尽管如此他们还是换掉了他首席执行官的位子。虽然业务似乎走上了正轨，但这对企业却是一个关键时刻。

然而戴夫却告诉他的员工他得了癌症，必须离开公司几个月。他告诉他们他会回来的，公司很快就会好转。

### 创业激情

在康奈尔大学主修工业工程专业的时候，戴夫·圣泰利为住在校园里的学生编写了一本杂志，叫《学生生活》（*Student Life*），该杂志发行量一度增长到 120 万份。1987 年，从康奈尔大学毕业 4 年后，戴夫以近 100 万美元的价格将杂志卖给了时代公司，并搬到纽约市为出版商工作。尽管戴夫很喜欢他的工作，但他很快就开始向往曾经作为创业者的生活。

1988 年，戴夫进入哈佛商学院，打算在毕业前开创他的下一个企业。戴夫并不担心他在寻找一个令人信服的机会时，会超越自己的经验范围：

传统观点认为，你应该在以前有过一些经验的行业中开展创业。但我要创业的领域是增长节奏极快的信息技术。我有工程专业背景，所以没有被技术吓到。我确信我可以在一个我没有经验的领域开始一次成功的创业——当然，前提是我愿意深入研究这个行业和创业想法。

在哈佛商学院的第二年，戴夫设计、审查并最终放弃了 8 个商业概念。他于 1990 年毕业，成为哈佛商学院贝克学者奖获得者——这是美国大学排名前 5% 的学生才能获得的荣誉，并获得了一家知名咨询公司提供的一份薪酬丰厚的职位。他告诉该公司，将用整个夏天寻找一个可行的机会，如果在 9 月之前没有找到，就接受这份工作。

7 月中旬，美国电话电报公司（AT&T）在一份科技期刊上的一篇文章引起了戴夫的注意：

这篇文章描述了人们通过电话线发送的各种类型的信息。电话公司无法知道开放式线路是用于语音还是数据传输。它还表示数据的传输效率是语音传输的 7 倍，这意味着传真传输仅使用了给定线路容量的 1/7。

我打电话给文章的作者，以确认这一想法的基本可行性，即只要有合适的设备，一家公司可以发送的数据量比 AT&T、Sprint 和 MCI 等公司通过转换语音网络的基本传真机所能传输的数据多很多倍。我并不想在没有做更多研究的情况下就投身其中，但我很确定这是我一直在寻找的机会。

## 创办 Faxtech 公司

到 1990 年夏天结束时，戴夫拒绝了咨询公司的职位，创办了 Faxtech 公司，该公司将在美国和国际主要城市之间提供极为优越的传真传输服务。

1991 年 2 月，戴夫遇到了 52 岁的约翰·泰勒（John Tyler），约翰把大部分时间都花在工程项目管理和产品开发方面，包括在两家知名电信公司工作了 16 年。约翰作为工程管理顾问做得很棒，以至于戴夫不得不放弃他原先规划的很多业务：

约翰对于他要做的事情非常坚持，这对我来说是一个极为困难的决定。我需要他的专业知识，我们似乎对这是一家什么类型的公司有一个共同的愿景，我觉得我们会合作得很好。我的结论是，贪多求全是没有用的。

约翰回忆道，这个机会对他的吸引力超出了他在 Faxtech 计划中所看到的：

事实上，我咨询过的每家公司都要求我全职加入。我首先考虑的是戴夫的提议。我的兴趣与我对戴夫的感受以及他待人的理念有关……戴夫和我在公平对待和奖励他人的重要性方面看法一致。

Faxtech 又花了 6 个月的时间来充实工程团队，寻找合适的总部，并开始开发技术。

## 扫清技术和融资障碍

Faxtech 公司认为，客户采用的关键是一个对用户友好、无漏洞的系统，几乎不需要改变传真的传输方式。约翰的团队设计了一个插件重拨器，可以扫描每个拨出的电话。该设备将重新路由发往外国城市的传真传输，这些传真传输将通过普通电话线到达美国各州的 Faxtech 节点，在那里它们将与去往同一个外国城市的其他传输捆绑一起。一旦到达海外，传真将再次通过普通电话线到达当地目的地。

Faxtech 的系统将为客户节省 50% 的成本，并能够实现近 60% 的毛利率。然而，提高盈利能力不仅需要大的毛利率，而且需要庞大的通话量，这意味着 Faxtech 需要在全球建立办事处。

据分析，Faxtech 的最初目标是在美国到东京的市场上建立领导地位，然后是运营东京到美国的通信业务。一旦该闭环确立，该公司将在巴黎和伦敦开展业务。

戴夫把办杂志赚来的大部分钱都存了起来，用来资助 Faxtech 初始 IP 开发和早期运营，但他不想花掉超过一半的积蓄：

从外部来源筹集资金非常重要，因为如果我无法说服人们投资，那么这个想法或呈现这个想法的方式就可能有些问题。起初我尝试了在哈佛商学院听到的方法：提前筹集尽可能多的资金。我很快发现，愿意在早期阶段投资的风险投资家坚持要求获得公司的多数股权。另外，私人投资者不愿意在创意阶段冒险。

戴夫最终得出结论，最好的创业资金来源是他的管理团队。在进行了内部种子轮融资 335 000 美元后，戴夫设计了一个里程碑式的方法来吸引外部投资者：

我决定将我们的创业过程规划为一系列不同的障碍，如一个完整的原型或政府批准。随着我们向前推进并实现目标时，项目可信度提高，我们逐渐能够找到投资者来分担风险。

1992 年 2 月，一轮私募融资结束后，公司的融资总额达到了 100 万美元。为了跟得上每月 175 000 美元的现金消耗速度，公司在春末之前完成了第二轮 100 万美元的融资。

公司的技术测试效果很好，Faxtech 的系统计划在 3 月上线。除了技术，戴夫认为公司的成功将取决于响应式服务部门的开发。为此，戴夫聘请了他的妻子特里：

我第一次创业时，特里在康奈尔大学与我密切合作。我不仅发现她能力非凡，而且我们没有遇到许多夫妻在类似情况下会遇到的任何问题。我知道 Faxtech 可能需要花费数月的时间才能找到像特里那样适合这个职位的人，即便如此，新员工也需要更多的时间才能像特里一样了解公司业务或我们的愿景。

尽管存在严重的现金流挑战和零星的系统范围的停机，但 Faxtech 的系统仍然运行良好，公司发展迅速。1992 年年底，尽管在美国的业务尚未稳定，但戴夫还是觉得是时候向海外扩张了。

### 在全球化之前走向全球：Faxtech 日本公司

戴夫一直认为，成功的关键之一就是开辟美国和日本之间的双向通信渠道。因为这将利用已建立的 Faxtech 连接，以非常低的可变成本承载流量。而且在日本取得成功也代表了 Faxtech 在世界各地开设办事处的决心。

在评估了各种方案后，戴夫决定与日本公司合作，同时保持多数股权。他的第一个也是最重要的联系人是日本一家大型电信公司的联合创始人兼高级副总裁 Sachio Moto。

Moto 同意帮助 Faxtech 进入日本电信市场。随着 1993 年会议的进行，Moto 对戴夫的努力和承诺感到满意：

戴夫会在旅馆里花一整天的时间分析（从后续会议）变化的情况。他很有耐心，非常灵活。他来日本没有明确的返程日期，这对美国商人来说很不寻常。这样他就可以从容应对先前商定好的条件在最后时刻发生的变化。戴夫也非常注重细节，比如恰当地问候他人。戴夫拥有一位优秀的首席执行官所需的真诚合作的品质和人情味。

整个 1993 年，戴夫都在努力争取日本商人的承诺。Faxtech 进军日本的努力动摇了它在美国的运营，这使事情变得更加困难。戴夫回忆说：

随着增长的加速，Faxtech 正在消耗越来越多的资本，而我们的盈亏平衡点仍然遥不可及，而且还在不断提高。我相信 1993 年的任何时候，我们在银行里都不会有够超过两个月的可用现金。这或许听起来不可能或非常奇怪，但这就是我们的现实。当我试图与日本商人谈判时，我们一直在筹集资金，以维持美国业务的运转。

当 Faxtech 日本于 1994 年年末上线时，它迎来了戴夫预想的全球扩张机会。然而，在 1995 年，这项业务在更为关键的挑战面前就不再如此重要了。

## 可怕的现实

到 1995 年，特里管理着 200 多人。随着 Faxtech 的发展，戴夫和特里决定组建自己的家庭。在例行的妊娠检查中，特里的医生告诉她一个令人遗憾的消息：

那是 1995 年 10 月，公司正要开始腾飞。医生告诉我，我活不下去了，这是件坏事，他们称之为急性淋巴细胞白血病——已经到了第 4 期。他们说："即便你只有 30 岁，活下去的可能性也很小。但是如果在一周内不开始治疗，你就活不过一个月。"

特里失去了孩子，但她挺过了第一个月的治疗，然后是第二个月。戴夫专注于他们不断增长的业务，无法为妻子做更多。除了担任首席执行官外，他还接管了服务部门的管理工作。

尽管困难重重，但特里还是接受了两年的大规模化疗并战胜了癌症，而化疗让她无法再生育。与此同时，Faxtech 获得了生存和繁荣所需的能量。

## 卓越声誉与执行能力

到 1997 年，Faxtech 在全球 18 个办事处拥有 650 名员工。自 1992 年以来，该公司的年均增长率为 180%，1997 年该公司在 *Inc.* 杂志 500 家增长最快的美国私营公司排名中位列第 20。那时，Faxtech 已经从各种渠道筹集了 1.05 亿美元资金，包括朋友、家人、天使基金，以及 ORIX 和新加坡航空公司等。

戴夫和他的团队认为，现在是建立市场主导地位的时候了，他们要付出巨大努力，包括开发增强的传真和递送服务，并将 Faxtech 的国际通信网络扩展到 27 个国家。Faxtech 非常了解互联网带来的威胁，因此正在开发一个在线门户网站，允许其客户下服务订单和跟踪传真。

戴夫说 Faxtech 正准备迎接另一个挑战：这个行业将要放松管制，我们正为此做准备。全世界都知道它即将到来，作为一家公司，我们正投资新产品来应对这种变化。鉴于这些变化显然会损害我们的核心价值主张，那么我们该如何转型，并实现公司市场主导地位的目标？

为了推动市场主导地位目标的实现，该公司需要再融资 1.75 亿美元。它没有公开募股，而是选择发行高收益（14%）债券——由于 Faxtech 日益增长的全球卓越声誉和执行能力，其股权保全战略变得可行。

债券发行结束后，债务和股权融资总额刚刚超过 2.6 亿美元。该公司的年销售额约为 5 000 万美元，接近盈亏平衡，Faxtech 已成为电信行业的一支主要力量。

## 直线坠落

1997 年年初，世界贸易组织（WTO）与 200 多个国家和地区达成协议，全面放松对国际通信的管制。在不到一年的时间里，Faxtech 运营的每个市场，国际电话的平均价格从每分钟 75 美分降至 25 美分。戴夫解释了这种新环境是如何让他的公司失去翅膀的：

> 我们每分钟增加的成本约为 15 美分。1997 年，我们对国际传真电话每分钟收费 50 美分，比平均每分钟 80 美分的市场价格节省了顾客 33% 的成本。到年底，我们不得不将价格降至每分钟 25 美分的新市场价格……

> 现有业务的核心模式完全被打破了。我们意识到，我们实际上已经进入了（一个行业周期的）末端，那里有一个巨大的市场和大量的资金。当然，不利的一面是这个机会可能会很快消失。企业的财务结构必须与机会的持续时间保持一致，通过 Faxtech 公司，我们把长期融资模式放在了短期机会上。

戴夫觉得，Faxtech 刚刚完成一轮债务融资后，资金充裕，足够为他的团队几个月来一直在构思的转型战略提供资金。但是有债券持有人想退出：

> 他们想通过关闭公司进行重组，我们希望通过引进新的投资者，向债券持有人支付适当的费用，使其成为股东进行重组。我们没有归还资金的法律义务，我们当然相信，如果他们让我们完成这项战略，我们可以创造更好的结果。早期的投资者，他们的钱已经花光了，他们愿意让我们试试。

关于如何才能更好地向前迈进，崩溃的市场环境，以及不得不解雇数百名员工的争论，让 Faxtech 的管理层和董事会感到紧张。到 1998 年年初，戴夫已经更换了他的首席财务官、首席运营官和发展副总裁：

我请新任首席运营官和首席财务官共同协作，推动一个能够系统地将销售人员裁减一半的程序，以节省现金流，同时又不至于完全关闭公司任何一个国际销售网点。当执行团队专注于缩减规模和完成新产品开发时，我把全部注意力转移到寻找一种方法来重组我们的高收益债券持有人，并转化为某种形式的部分股权持有人。

1998 年 3 月，所有外部董事都辞职了——表面上是因为法国的一个陷入困境的分支机构，但更多的是因为一次不信任投票。戴夫描述了一个指标，表明 Faxtech 的下降速度有多快：

1997 年年底，我拥有公司约 15% 的股份。在董事们纷纷离职的同时，我正在购买马来西亚电信（MalTel）持有的所有股票，以协助 MalTel 完成退出业务。MalTel 最初投资了 7 000 万美元（3 000 万美元的股权加上 4 000 万美元的债务）。为了协助 MalTel 退出，我同意以 10 000 美元的价格购买它们的股票。因此，交易结束时我拥有超过 50% 的股份，但显然这些股票在当时一文不值，因为我们的公共高收益债务负担超过 1.75 亿美元。

Faxtech 金融集团的税务总监克拉克·托马斯（Clark Thomas）回忆说，大多数员工仍抱有希望：

作为一家公司，关于要去向何处，我们有一个共同的目标，事情似乎进展得很顺利。戴夫最好的品质之一就是能够让人们不断保持前进和相信。

克拉克补充说，尽管客户基本上没有意识到公司的动荡，但投资者却非常不满：

在这个行业里，有一些真实的、理性的原因导致了这种情况的发生。一些投资者能够理解这一点，而另一些人则对投资不能带来回报的前景感到非常不满。

在一位早期投资者的要求下，转型专家史蒂夫·奥德曼（Steve Oldman）来到 Faxtech 公司。他遇到了一个绝望的局面：

我见到了戴夫、首席财务官汤姆·贝辛格（Tom Basinger）、税务总监克拉克·托马斯以及其他几个关键人物。我建立了一个模型，并解释说他们将在 90 天内破产。那时我能做的最好的事情就是提出一系列建议并重新调整预测，给他们 9 ～ 10 个月的时间而非 90 天。

Faxtech 筹集了大量资金，但他们只是没有预料到，机构监管者为维护它们对金融体系的权威而准备采取行动的速度有多快。

史蒂夫补充说，在那种情况下，戴夫的心态很平和：

戴夫是一位逻辑性非常强的思想家。他并不情绪化，他有能力通过逻辑说服人们他是对的。周围人对他都非常忠诚。他们想追随这颗明亮的星星。

当我到那里的时候，他陷入了深深的困境之中，并且自我否认：这不可能发生在我身上，我一直都很成功，我一直都是对的、最聪明的、最好的。这是他一生中一段有趣的时光——发现自己实际上可能会在某些事情上失败。

克拉克还指出，一些忠诚的员工也在与现实做斗争。他们突然意识到，不打算扭转这一局面。他们就一些正在进行的、试图出售公司的交易进行谈判。当然，有一个核心小组认为这可能会发生，他们的工作仍然存在，他们可能会以某种买断方式继续下去。

债券持有人愤怒了，知道他们无法强迫戴夫认输，他们明确告诉他，如果他生意失败，损失了他们的钱，他们会对他采取法律行动。戴夫回忆说，他并没有完全理解这种情况：

我不得不说，我不明白一旦我们失败，他们威胁要起诉我将会带来的风险。我做生意已经很久了，这是我第二次创业，我有丰富的经验，我们身边有很多干练的人，但没有人能够清楚地说明我所承担的风险的负面影响。

团队又挣扎了好几个月试图恢复 Faxtech 失去的地位，但到了 11 月，他们意识到一切都结束了。

破产法庭迅速启动诉讼程序，迫使 Faxtech 以每美元投资不到 1 美分的价格完成清算。在冬天结束之前，公司将永远关闭。

融合机会

早在 20 世纪 90 年代中期，戴夫就发现了电信业即将出现的根本性脱节问题：

在早期阶段，Faxtech 公司致力于将电话网络（电路交换网络）与互联网（包交换网络）连接起来。电路转换机是一种物理通信系统，就像一个锡罐和一根绳子，不过比这更复杂，但就是这个意思。在互联网上，每一段通信都被分解成小数据包，并通过一个通用网络进行路由，这就是像思科这样的路由器公司非常成功的原因。现在已经没有电路网络了，只有通过全球电子网络。

从电路交换到分组交换的核心转变始于 20 世纪 90 年代初的电信业，当时我们正参与其中。我开始意识到，当转变真正开始的时候，电话号码即电路交换网络中的可路由地址，在互联网上是没有意义的。

对很多人来说，这似乎不是一个问题，电话号码将成为过去，但戴夫不同意这一点：

在技术世界长大的人几乎总是夸大自己的地位：认为科技在迅猛发展，是令人兴奋的、新的、时尚流行的东西……他们盲目地认为他们所做的一切对每个人都有意义。但是，在我们今天所知的全球通信网络建设方面，已经有 50 年左右令人印象相当深刻的工作。

我在想，地球上有 60 亿人——这些年来他们都受过拨打电话号码的训练——电话号码会继续存在下去——这将是一种融合，而不是接管。我们围绕这一概念申请了一项专利，即在这个新网络中赋予电话号码意义，这将要求该网络内部具有复杂的翻译功能。

当时，我们所描述的没有标准，没有名称。因此，我们编写了自己的措辞来描述我们正在做的事情，比如，必须根据数据库查询电话号码，以发现与该号码相关的不同服务的互联网服务地址……我们在这一领域的核心专利的标题解释了以下服务：将唯一标识符，如公共交换电话网（PSTN）电话号码，与互联网地址相关联，以便能够通过互联网进行通信的方法和设备……

随着 Faxtech 走向破产，戴夫花了越来越多的时间来关注这一融合机会。不久之后他就从家里得到了一些中肯的建议：

我母亲打电话对我说："只要告诉我你不会再这么做了，找份工作吧。"这让我和特里就我的职业选择进行了真诚的交流。特里问我愿意考虑什么样的工作（我受过良好的教育，并且有经验，几乎可以做任何事情），然后我们列一份职业清单逐一分析。

最终，它决定了此生我想做什么——独立于我无法控制的所有事情。无论如何，这些事情都会发生，我只能控制我如何度过我的一生……我真正感兴趣的唯一的事就是创办一家企业，旨在改变一个行业，或者参与这个革命性的过程。答案是显而易见的：我必须开始这个新的冒险，特里对此完全支持。

对于即将到来的诉讼，戴夫补充道：

没有办法减轻这种个人风险。现实情况是，如果 Faxtech 的债权人起诉我并胜诉，他们可以对我所有的资产索偿，包括新公司的股份。但是我要做什么？就不再创业了吗？

## 凤凰涅槃：创立 TTI

到 1999 年 6 月开始处理 Faxtech 资产的诉讼时，戴夫已经让转型专家史蒂夫·奥德曼了解了即将竞拍的知识产权（IP）的细节。戴夫描述了当时的情况：

我设计了 Faxtech 的知识产权，我觉得这可能成为一家在融合电话号码寻址空间领域的新公司的基础。我和我的妻子特里决定冒 2.6 万美元的险在拍卖会上获得这项技术。这个数字其实低估了其实际价值，我们寄希望于破产受托人和拍卖会的观众意识不到一些关键专利申请所隐含的多年心血，因而不会抬高这些资产的价格。

史蒂夫知道如何处理、管理和精心策划一个解决方案，使戴夫和特里可以合理合法地拍下该项知识产权。由于在破产受托人的指导下，戴夫被明确排除在拍卖过程之外，于是史蒂夫聘请了他的老朋友约翰·泰勒（Faxtech 的原工程副总裁）。约翰·泰勒同意参加拍卖并竞标相关专利，然后将专利卖回给戴夫和特里，以换取在新公司的股份。

结果好极了：尽管有几个人参加了专利申请的投标，但约翰拿着一个装满现金的公文包，成功地购买了戴夫所需的所有专利。

随着专利获得保障，Faxtech 的员工都做好了准备迎接新的挑战，他的下一个企业从上一个公司的废墟中崛起。戴夫说："我们开始积极运营新创立的电话转换公司。这是拥有原始团队的好处，这是我第三次创业。我的意思是，可以在这方面做得更好，对吧？实在太快了，从写第一份计划到有 20 个人在办公室写代码，仅仅用了 6 个月的时间。"

为了资助这一努力，戴夫知道他需要为公司注入新鲜血液。他认为，Faxtech 没有成功给他带来的真正痛苦之一就是，他失去了很多融资人脉。他在世界各地筹集资金，问题是在全世界都亏钱了。

戴夫的父亲是美国电话电报公司的退休高管，他找到了一个朋友，这位朋友有一个在风险投资领域的朋友——Signit 风险投资公司的鲍勃·库珀（Bob Cooper）。鲍勃回忆起对戴夫的第一印象：

当时有几件事给我留下了深刻印象。Faxtech 显然是一个时间窗口的机会，而戴夫并没有理解。当他应该去寻找一个买家时，他却将精力投入到其他事情上。我在戴夫身上看到的是一个聪明的思想家和战略家，但可能不是一个熟练的运营者。他也是一个有勇气站起来的人，即使他面临着可怕的问题。

就像我们所有人一样，戴夫的最佳技能也可能是一种负担。他是如此自信，而且如此聪明，他可以独立思考 40 多种不同的战略组合，然后说出"我知道答案就是这样"。这个过程中他比任何人都能挖掘出更有深度的新想法，并且一旦与正确的方向保持一致，戴夫可以更好地为新想法做出贡献，然后传达给社区和团队的其他成员，以便他们可以围绕新想法创建产品，在这方面，他比我见过的任何人都好。

当然，缺点是戴夫变得越来越固执。对企业家而言，这是好消息，也是坏消息：他们很少看到市场与他们既定的战略不一致的情况。

我想说，我认为戴夫是首席营销官，从来没有料到戴夫会长期担任该公司的首席执行官。我和他说，我会看着他做一段时间的首席执行官，但是当我可以选择什么时间需要引进一位首席执行官做他的合伙人，而不是代替他时，我才会对其投资。

戴夫很高兴找到了新的支持者。在损失了数百万美元之后，他很紧张，但鲍勃及其团队愿意倾听。值得称赞的是，Signit 公司具有远见，并愿意接受这样的看法，即经验的获得往往伴随着挫折和失败。

戴夫补充说，Signit 公司对他的愿景非常感兴趣，即在未来的某个时刻，电信行业需要一座技术桥梁将旧的物理结构过渡到数字时代：

> 电话号码将有必要存在，因为人们习惯了拨打电话这种方式，但电话号码在数字网络上没有任何实际意义。要将两者联系起来，中间必须有一个高度复杂的解决方案。当大型电信公司意识到它们需要这座技术桥时，它们将从别人手中购买该解决方案。作为一个新进入者，有机会参与的唯一方法是在没有人想要的时候建造该技术——所以，一旦它们需要，你实际上已经得到了。如果它们需要的时候你没有这个技术，它们就会联系爱立信、朗讯、西门子或北电网络等知名大公司，并为其中一家公司支付开发费用。
>
> 那些大名鼎鼎的公司现在并没有在建造它，因为没有人愿意付钱让它们去做这件事。因此，我们必须用风险投资来构建这项技术，这需要几年时间。我不知道这个机会什么时候到来，但是一旦到来，将会成为持续 30 年的大生意，因为人们不会转变这么快。客户需要稳定，行业需要稳定。但问题是，如何知道他们什么时候需要呢？我不知道。如果是 6 个月，我们就完了，因为我们不可能在 6 个月内完成；如果事实证明他们在 10 年内都不需要这个技术，我们也完了，因为我们等不起。

Signit 公司同意投资 1 000 万美元获取 40% 的股份（完全稀释的），每月分配一次，以降低笼罩在戴夫身上的法律风险。2000 年 6 月，就在法定期限的 3 天前，法律诉讼爆发了。

## 信任，但要核实

由破产受托人领导的一群债权人对 Faxtech 的董事和高管提起了索赔 8 000 万美元的诉讼。戴夫和其他管理者没有足够的资产引起债权人的注意。相反，债权人希望利用 Faxtech 的诉讼获得该公司 1 000 万美元的董事和高管人员保险单。整个董事会都出席了诉讼，戴夫不得不迎战。当戴夫把这件事告诉保险公司时，他得到了一个坏消息：

保险公司说："这不是一个有效的索赔，所以我们不会给予赔偿。"我正努力创建 TTI，同时，我也给保险公司施加压力，还竭尽所能地变卖资产以支付辩护费。到保险公司同意赔偿的时候，我已经付了 14 万美元（税后）的律师费。

戴夫回忆说，法律攻击本身远比它所引起的金钱担忧要令人痛苦得多：

被起诉的实际情况比我预想的要糟糕得多。我不认为我做错了什么，但这并没有阻止他们起诉我，也并没有阻止他们写那些把我描述成一个渣滓的长篇大论。我不得不对 TTI 的董事会说，"你们看，我很抱歉，我因违反信托责任被起诉索赔 8 000 万美元"。这听起来太糟糕了：违反信托责任！

这当然会破坏董事会的稳定性。突然之间，董事会对任何事情都不敢确定了：你确定这个发展方向正确吗？你认为我们应该这样做吗？也许我们应该采取另一种方式。

请记住：这些都是非常好的人，他们出于正确的原因把赌注押在我身上。尽管如此，有外部力量发送厚厚的文件说我是一个可怕的人，一个奸诈的经理人，因而引起投资者的担忧，是可以理解的。

像保险公司一样，董事会认为诉讼将在到达陪审团之前被驳回或解决。然而，事情还是加剧了投资者对戴夫在 TTI 融资中所起到的作用的担忧。戴夫回忆起一次特别紧张的会议：

他们说："看，你是最大的股东。你研发了所有的技术，你是所有专利的持有者，你带来了整个团队，这个团队忠诚于你，只要你让他们离开，他们就会离开。你筹集了所有的钱，你是创始人兼 CEO，你是我们唯一可以交谈的人。我们怎么知道你是对的？我们应该是董事会，但我们到底应该说什么？我们该如何进行辩论呢？"

戴夫说，董事会还担心，即使是对技术计划（见图 16-3）的信任也必须主要依靠信念的力量：

我们所做的事太新奇了。这不是玩笑，地球上不超过 50 个人能够明白我们做的事，从而评估我们的潜能，我甚至都懒得解释了。相信我：电话号码在互联网上是行不通的，世界将需要电话号码，所以得想办法实现这一转变，而我们的技术解决方案正是执行该功能的专门工具。

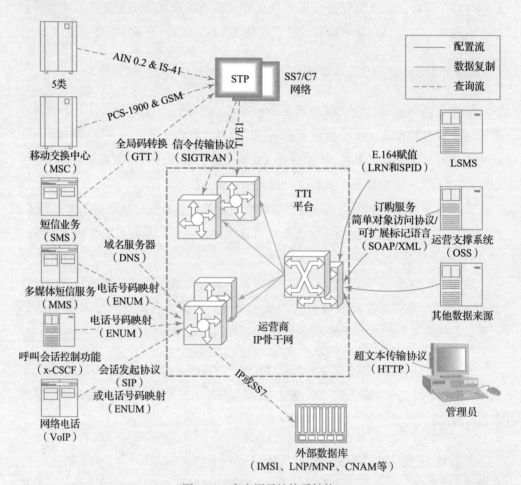

图 16-3　多应用寻址体系结构

注：TITAN 平台是一个高度灵活、运营级、多协议的下一代寻址基础设施。服务提供商和互联运营商授权该平台，以支持多 IP 和 SS7/C7 地址解析服务。TITAN 平台上支持的寻址应用包括 Carrier-ENUM、携号转网、呼叫者姓名、服务配置文件标识符（SPID）和全局码转换（GTT）。平台支持的查询协议包括电话号码映射（ENUM）、会话发起协议（SIP）、域名服务器（DNS）、简单对象访问协议 / 可扩展标记语言（SOAP/XML）和通过信令传输协议（SIGTRAN）或低速链路的多个 SS7/C7 协议。

此平台作为可以配置或自定义，从而支持各种高性能现成硬件平台和操作系统上多地址解析服务的软件包，授权给运营商。

## 新任 CEO

戴夫不得不接受董事会提出的看上去很苛刻却能够降低公司风险的解决方案：聘请一个他们认识且信任的人担任 TTI 的 CEO。乔治·马什（George Marsh）将作为 CEO 接替戴夫！他主要负责公司的业务运营（定价、销售、合同、履行）。作为创始人，戴夫将负责战略和产品开发。

戴夫认为没有必要任命一位新的 CEO，鲍勃·特纳（Bob Turner）对此并不感到惊讶：

整个想法到实践大约只用了一年，所以没花多长时间。我对所有的创业者都说同样的话，我会这么开始：我会尽我所能帮助你们，用所有的技能让你们变得更好，并帮助你们发挥到极致。如果在某个时间点，我发现这样的组合不对头，就赶紧添加具备合适技能的最恰当的人员。一旦我们做出决定，他们几乎总是被变化的速度所震惊。

鲍勃解释了他做出改变的原因：

戴夫的技能在于，他有很强的能力将一个没有规则的企业概念化。但是要想成功，这样的人需要一个能平衡他强大智慧和聪明头脑的人，并且此人绝对乐意为这样优秀的头脑奉献。他需要有人对他说不，说现在还不是时候，并与他辩论。

乔治是我们的资深人士之一，我最好的战略家，也是我最好的企业经营者之一。他为我经营了四五家公司——规模从数千万美元到十几亿美元。我绝对信任乔治，但我对他们俩说："我对二位都非常尊敬，但二位达成共识前任何事情都不能进行。这是一个需要对一个行业的形成做出一些判断和感知的领域，需要二位精诚协作去达成目标。"

幸运的是，戴夫很快接受了这一安排：

乔治头脑聪明灵活，是一个很好的选择。我们俩被放在了一起，而且效果很好。他当 CEO 的能力完全取决于他与我保持关系的能力，而我继续担任公司的创业者和推动者的能力完全取决于我与他保持关系的能力。

只有两个人都付出，才能建立良好的关系，我们每天都在努力。这并不像是痛苦的，而像是任何你每天必须努力去做的事情一样。我完全尊重他的领域，他也完全尊重我的领域，我们每天花很多时间与对方以及与我们的开发团队主管萨姆·沃克（Sam Walker）保持同步，而且确实很有效。

随着 TTI 团队成功地适应了新的管理动态，一家欧洲电信巨头意识到 21 世纪的数字网络需要复杂的软件链接来保存"毫无意义"的电话号码。

### 尝试成功

2000 年年初，特里看起来恢复了，尽管她和戴夫仍然想要生个孩子，创建一个家庭，但医生说经过两年的高强度化疗，她不可能会有孩子了。他们还去了生育诊所，诊所医生在听说特里接受了癌症治疗的那一刻，就把他们拒之门外，甚至都不会考虑他们，因为他们会拉低诊所的（成功率）统计数据。

这对夫妇拒绝放弃希望，2001 年 1 月，特里生下了他们的第一个女儿。一年半之后，他们成为一个四口之家，有两个健康的小女孩。

2001 年 4 月，TTI 与总部位于洛杉矶的互联网基础设施公司——印度软件公司建立了战略合作伙伴关系，以"促进部署完全透明的网络访问编号技术"。8 月，该合资公司完成了一轮 1 500 万美元的融资，参与投资的是科学国际公司（Science International Corp.）的风险投资子公司和一家互联网安全公司威瑞信（VeriSign），每家公司都有一名副总裁在 TTI 董事会中占有一席之地。

戴夫回忆起那个把一切打乱的"9·11"事件：

我们（创业企业）已经运营了大约一年，突然间整个世界都经历了电信业的崩溃。没有人买任何东西。朗讯解雇了 40 000 人！这是一场难以置信的灾难……全世界都在发生。幸运的是我们与印度软件公司的合作关系使我们得以抓住现有的利基市场，并应用我们的技术更高效地提供这项服务。这只是一个相对好一点的困境，在我们等待行业复苏的时候，它给了我们一些钱。

2002 年年初，TTI 团队向前 Faxtech 经理克拉克·托马斯提供了财务和行政副总裁一职。克拉克作为高科技创业公司的税收财务顾问，曾经有过成功的先例，在决定接受该职位之前，他考虑再三：

戴夫拥有很多技能来经营一家公司，凝聚人才并将人们集中在一个特定的方向上。他是一位充满活力的领导者，也很有远见，但我认为他需要从 Faxtech 的经历中学到一些东西。

我认为，Faxtech 缺乏的是一个真正强大的董事会，以及对他的执行团队的强烈反对意见。我看到在 TTI，戴夫意识到了这些弱点，而这次他非常愿意接受他人的建议，以使其发挥作用。

大约在同一时间，戴夫开始就未来进行一些有趣的谈话：

2 月，我飞往伦敦郊外会见了英国电信集团（British Telecom，BT）的一个研发团队。我觉得我和团队中的年轻人内德·撒克逊（Ned Saxon）在思想上达成了真正的一致。BT 距离需要 TTI 的解决方案还有几年的时间，而我们仍然在构建它，但我可以预见两者的合作。

内德在从 BT 内部寻找合适的团队方面做得很好。他们的团队正在设计"21 世纪网络"——一个耗资 200 亿美元的项目，旨在从电路交换技术转型。内德成功地让我与设计小组见面，尽管他们不愿见一个来自马萨诸塞州的小公司的领导者。在最初的会议中，我们回顾了整个问题空间，并探讨了我们的技术如何解决其路由问题。我向他们解释了为什么行业巨头不能做到这些，为什么我们正在建造的实际上是他们寻找的方案。

会议结束时，设计小组说："这是一个出色的故事，只是我们的知识不足以判断它是对是错。"该设计小组的负责人说："我可以肯定地告诉你，这是一个令人印象深刻的故事，但我也可以告诉你，我们不会从来自马萨诸塞州的 30 人的小公司购买东西。"

戴夫感谢他们抽出时间来见面，并且坚信他们会再见面：

英国电信集团是世界上唯一计划进行如此彻底转变的一级运营商。我只知道一件事：我们必须赢得那份合同。事实上，我们来这里的全部理由就是为了赢得那份合同。如果我们没有赢到，我们就得不到学习的机会。如果我们没有得到，这个学习机会就会给西门子或爱立信那些拥有无限资源的大公司。如果我们输给其中一个，我们就完了。

2004 年年初，戴夫又和英国电信集团的负责人会面：

他们似乎有点恼火。他们说："这件事应该是我们找到像爱立信那样的大公司，再由他们找到你。你不应该直接来找我们。"然后他们说爱立信向他们保证有技术。我摇摇头说："好吧，你们可能不知道我说的是真话，觉得从头到尾只是一个故事而已。我明白了。"

所以我把名片递给他们说："在未来的某个时间你会发现爱立信做不到这一点，这将是痛苦的，因为它们会拖着你，直到最后一刻，不得不承认它们做不到。当这种情况发生时，你们就给我打电话。"

当爱立信内部一个信心满满的团队着手设计他们的技术版本时，TTI 开始接受有意购买该技术的行业参与者的报价。戴夫及其团队认为现在考虑收获还为时过早：

在我们感到有人高估该业务的价值，或者由于某种动态变化使我们真正的竞争优势已经缩小之前，我们不会对销售该技术感兴趣。我们相信，即使竞争对手现在正非常努力地工作，仍然会落后于我们好几年。我们最终会卖给一个打算用它经营 30 年的人。但首先，我们希望通过将我们的解决方案推向市场来创造价值。

## 突然离开

2004 年 12 月，在 TTI 发展的最关键阶段，戴夫的境遇急转直下：

他们称之为头颈癌，第三阶段。他们认为它起源于我喉咙里的某个地方——鼻窦、舌头、喉咙，然后转移到我的淋巴系统。但因为找不到确切的起源，医生不得不对我的肿瘤进行治疗，从我的胸部到鼻梁，所有部位都进行最大程度的放射治疗。

我经历了长达数月放射治疗和恢复的可怕时期，我知道我必须消失一段时间。

最初的震惊之后是巨大的悲痛，戴夫的这种癌症 5 年存活率仅为 40%。克拉克说这个消息对公司是一个巨大的打击，但戴夫处理得很好：

他有一个独特的优点，那就是几乎对任何事情都能起到积极的作用。他对自己面临的一切情况完全坦诚。他开了个会，详细地解释了他将要经历的事情，并解释了积极抗击癌症的整个治疗过程。他的开放，以及他愿意让人们知道他面临的是什么，帮助人们以最好的方式应对这件事。

由于该公司仍处于发展阶段，收益尚未确定，团队需要评估这一可怕消息产生的影响，并决定怎样以最好的方式向前发展。

第 17 章

# 家族创业
## 六个维度和家族属性优势

● 导 读

　　家族进取被定义为在扩张既不紧迫也不特别明显的情况下，积极地、持续地寻找机会增长的行为。家族进取的结果是通过蒂蒙斯模型的平衡来实现跨代创业和财富创造的。

　　家族进取有六个维度：领导力、关系、愿景、战略、治理和绩效。

　　思维模式连续体评估家族的风险状况，那些对进取感兴趣的家族会从运营战略转向财务投资战略。方法连续体评估领导者和组织的组织行为，家族需要从管理战略转变到创业战略。

## 建立创业家族遗产

　　本章的目的是深入理解家族创业，我们将会研究家族企业的创业宣言、创业能力和贡献。与我们先前对创业的定义一致，有进取精神的家庭会推动创造新的经济活动，并通过几代人的努力获取长期价值，我们将其称为跨代创业和财富创造。本章将为家族企业提供三套评估和战略工具，以帮助它们建立自己的家族遗产。

## 大公司的家族遗产

首先，必须了解家族企业的经济意义和创业意义。当走进万豪酒店，看到马里奥特父子的照片，很容易引起人们对这一创业家族遗产的联想。万豪从一个小小的啤酒摊位起家，谁会想到它能够成长为一个价值 100 亿美元、员工 13.3 万人的大公司呢？现在已进入家族领导的第三代的万豪酒店，只是许多美国公司和品牌产品的一个例子，家族名称和传承是这些公司和品牌产品的代名词。

2003 年，福特汽车公司庆祝从事汽车生产 100 周年，亨利·福特（Henry Ford）所创立的公司现在已经传至第五代，第四代领导者威廉·克莱·福特（William Clay Ford, Jr.）仍担任董事长兼 CEO。福特家族至今依然控制着这家价值 1 700 多亿美元的公司约 40% 的有表决权股份。

1901 年，芝加哥药剂师查尔斯·沃尔格林（Charles Walgreen）向父亲借了 2 000 美元作为开第一家药店的首付款，这是沃尔格林家族的开端。今天，该公司已传至沃尔格林家族的第四代，查尔斯·R. 沃尔格林三世（Charles R. Walgreen Ⅲ）担任董事会名誉主席，他的儿子凯文·沃尔格林（Kevin Walgreen）担任副总裁。经过几代人的发展，它已拥有超过 4 800 家门店，年收入达 375 亿美元，虽然门店数量比竞争对手 CVS 少，但年销售额超过了 CVS。

嘉吉公司是美国最大的私人控股公司，在全球范围内经营多样化的食品、农业和风险管理业务，年收入超过 620 亿美元。在公司成立 140 多年后的今天，其创始人嘉吉（Cargill）和麦克米伦（MacMillan）背后的家族仍拥有公司 85% 的股份。

尽管人们通常认为在技术和电信领域，家族企业处于弱势地位，但拉尔夫·罗伯茨（Ralph Roberts）和布莱恩·罗伯茨（Brian Roberts）这对父子已经将康卡斯特有线电视公司（Comcast）发展成为美国最大的有线电视公司。尽管罗伯茨家族在 2002 年以 540 亿美元收购了美国电话电报公司的宽带业务，但他们仍然拥有 33% 的有表决权股份和高层领导职位。

家族企业还主导着全球许多主要的金融服务和银行机构。在波士顿，富达（Fidelity）为约翰逊家族所有，该家族控制着全球最大的共同基金公司 49% 的股份，管理规模超过 1 万亿美元。内德·约翰逊担任首席执行官和董事长，而他的女儿则担任增长最快的退休服务部门（Retiment Services Unit）的总裁。

许多受欢迎的品牌产品公司也都是由家族控制的，其中就包括泰森食品公司（Tyson Foods），泰森家族拥有这家总部位于阿肯色州、市值达 260 亿美元的公司 80% 的股份，创始人的孙子是现任董事长兼首席执行官。玛氏（Mars）则是百分之百的家族企业，这家市值 200 亿美元的公司各级领导层都活跃着几代家族成员。化妆品、香水和护肤品公司雅诗兰黛的收入近 60 亿美元，其创始家族控制着该公司约 88% 的有表决权的股份，公司高层中有 6 名成员以兰黛为姓氏。市值 36 亿美元的箭牌口香糖（Wrigleys gum）目前由其创始人的曾孙小威廉·莱格里（William Wrigley Jr.）经营，资产回报率高达 20.3%，远胜其竞争对手。斯味可果酱（Smucker's Jam）的销售额超过 20 亿美元，创始人所在家族的蒂姆和理查德兄弟继续经营着这家有 100 年历史的公司。

家族企业另一个有趣的类别是投资控股公司。沃伦·巴菲特（Warren Buffet）可能是最著名的例子之一。巴菲特的伯克希尔 – 哈撒韦（Berkshire Hathaway）旗下拥有许多知名公司，如 GEICO 保险公司、鲜果布衣（Fruit of the Loom）和冰雪皇后（Dairy Queen）。在超过 37 年的掌权时间里，沃伦对公司的投资平均年回报率达 22.6%，自 1965 年以来更是使伯克希尔 – 哈撒韦公司的价值增加了 195%。在市值高达 740 亿美元的伯克希尔 – 哈撒韦公司中，他持有 38% 的股份，这使他的净资产达到了 410 亿美元并成为世界第二富有的人，仅次于比尔·盖茨。沃伦的儿子霍华德·G. 巴菲特（Howard G. Buffet）是伯克希尔 – 哈撒韦旗下几家子公司的董事，目前是伯克希尔 – 哈撒韦董事会成员。虽然伯克希尔 – 哈撒韦的继任计划往往处于高度保密状态，但不出意外的话，预计霍华德将接任董事会主席一职。

总部位于明尼苏达州的卡尔森公司（Carlson Companies）是一家知名度较低的公司。1998 年，玛丽莲·卡尔森·纳尔逊（Marilyn Carlson Nelson）接任这一家族控股公司的首席执行官职位。到 2007 年，她使公司业务增长了近 70%，收入达到 371 亿美元。这家百分之百由家族所有的公司主要经营酒店和旅游业务，旗下拥有星期五连锁餐厅（TGI Friday）、丽笙酒店（Radisson）、丽晶国际酒店集团（Regent International Hotels）和丽亭酒店（Park Plaza Hotels & Resorts）等子公司。

此外，还有许多规模较小的家族投资控股公司，比如宾夕法尼亚州费城的伯温德集团（Berwind），发展势头迅猛。在最近 3 年的计划周期中，这家价值数十亿美元的第五代家族企业已经投资了超过 9 亿美元用于收购，包括收购埃尔默（Elmer's Products）等企业。

2006 年，超过 1/3 的《财富》500 强公司由家族控制或管理，家族遗产在其中贡献良多。这些受家族影响的公司在年度股东回报、资产回报、年收入和收入增长方面始终胜过非家族企业。但论在创业和经济上的贡献，这些大型家族企业可能才刚刚开始发挥作用。

### 中小规模公司的家族遗产

中小型公司是美国经济和创业活动中真正核心的却经常被忽视的部分。它们基本上由家族控制，但并不都是典型的夫妻经营模式。

宾夕法尼亚州费城的卡登制造公司（Cardone Manufacturing）就是一个很好的例子。它创立于 1970 年，是该市最大的非政府雇主，也是美国最大的私人汽车零部件再制造商。如今，创始人之子迈克尔·卡登（Michael Cardone）和他的第三代子孙继续经营着他们的创业遗产，将这家价值数亿美元的公司扩张到欧洲和中国，同时进军新车零部件领域。

📍 专栏

## 沃尔玛：一个成长型的家族企业

无论你对沃尔玛是爱是恨，沃尔顿家族都在家族企业财富榜上位居榜首。该家族仍控制着这家全球最大公司近 40% 的股份，年收入高达 2 880 亿美元。该家族财富总计 1 000 亿美元，超过比尔·盖茨和沃伦·巴菲特的总和，比新加坡的 GDP 还要高。沃尔顿家族有 5 名成员名列美国富豪榜前十位，自 1998 年以来，他们的慈善捐款超过 7 亿美元，其中 80% 用于教育。沃尔顿家族的罗伯·沃尔顿（Rob Walton）现担任公司董事长，他被《财富》杂志誉为"美国商界最博学的非执行董事长"之一。罗伯的父亲山姆·沃尔顿（Sam Walton）有一个梦想，那就是让普通人能够买到曾经只有富人才能买到的东西。这一梦想被转化为公司的口号"天天低价"。董事长罗伯·沃尔顿明确表示，沃尔顿的梦想依然存在，并宣称"沃尔玛仍是一家成长型公司"。

美国最大的私人连锁美发沙龙是由一对夫妇创立的。拉特纳公司（Ratner Company）拥有一支强大的高层领导团队，并且正在培训第二代家族成员。他们行事极具创业精神，表现优于规模更大的公开竞争对手里吉斯（Regis）。该公司最大的品牌 Hair Cuttery 拥有近 1 000 家门店，正在以特许经营的方式壮大这一高端品牌，并寻求建立战略合作伙伴关系，以继续其全球扩张之路。虽然联合创始人丹尼斯·拉特纳（Dennis Ratner）已经完全可以躺在自己的功劳簿上安度晚年，但他依旧致力于家族事业的发展，他告诉自己的孩子们："要么吃，要么被吃。"

许多家族企业可能没有打造出能够广受消费者认可的知名品牌，但它们凭借在大型跨国公司的供应链中占有一席之地，从而在自己的行业占据主导地位。位于伊利诺伊州芝加哥市的布鲁姆巧克力公司（Bloomer Chocolates），曾经因使芝加哥全市散发出巧克力的味道而闻名。这家价值数亿美元的第三代家族企业是美国最大的巧克力豆烘焙公司。它接手了大型巧克力公司外包的低利润商品业务，并创造了一个有利可图的利基市场。好时（Hershey's）和雀巢等公司生产的许多巧克力产品都是用布鲁姆公司生产的巧克力豆制成的。

这样"低调"的家族企业数不胜数。在波士顿，Gentle Giant 是最大的区域性搬家公司。这家价值 2 000 万美元的公司为搬家行业树立了标杆，并计划在其他城市复制这一模式。美国东海岸最大的 IAMS 宠物食品经销商由第三代企业家掌舵。两兄弟从父亲手中买下了这家公司，成了新一代的企业家。他们使公司成长为宠物食品领域的专家，并开展多样化业务以减少成为专门经销商的风险。在大型公共度假公司主导的滑雪行业中，蒂姆·穆勒（Tim Mueller）和黛安·穆勒（Diane Mueller）是杰出的家族企业家。自 1982 年以来，他们将收购的佛蒙特州滑雪度假村发展成为一家价值 1 亿美元的公司，并在丹佛又收购了一个滑雪胜地。车视界（CarSense）是一家全新的概念车经销商，这个家族企业在其第二代企业家卖掉了家族传统汽车经销店以致力于未来创新后，销售额在 7 年里增长到 1 亿美元。位于宾夕法尼亚州东部的运动服装公司 Majestic Athletic 由卡波比安科

（Capobianco）家族经营，为美国职业棒球大联盟（major league baseball，MLB）的所有球员制作队服。许多评论家认为，美国职业棒球大联盟选择一家小型家族企业而不是一家大型服装制造商很不可思议，但该家族亲力亲为的品质管理为该公司和联盟带来了巨大的成功。

在这个家族蒙太奇的故事中，我们甚至还没有提到那些即将成为下一代万豪、斯味可或拉特纳等家族企业的新创企业和小公司。我们也没有考虑到即将在未来掌权的现有家族企业中的子女。在百森商学院一堂有关家族企业的本科生课堂上，超过80%的学生表示，他们想要创办自己的企业，并将它发展成为家族企业。

### 家庭的贡献和角色

从我们对家族企业的描述中可以清楚地看到，家族企业仍然主导着美国经济，甚至在世界其他国家的经济中也占据着主导地位。美国近期的经济影响的研究报告显示，企业报税表上89%的公司和60%的上市公司都存在家族参与和战略控制，这个比例意味着，家族企业一共超过2 400万家，代表了近6万亿美元的国内生产总值（占 GDP 的 64%）和8 200 万个工作岗位（占劳动力的 62%）。世界范围内的经济数据与意大利和巴西等国家类似，报告称意大利93%的企业由家族控制，巴西为90%，如表 17-1 所示。

曾经，"生意"就是"家庭"，因为家庭被认为是所有社会经济进步的基础。但是今天，我们必须有意识地将家庭在经济和创业方面所扮演的角色进行分类。表 17-2 展示了家族在创业过程中可以扮演的五种不同角色，并对这些角色正式和非正式的应用进行了区分。

表 17-1　全球家族企业数据

| 国家 | 定义 | 家族企业 /% | GNP /% |
| --- | --- | --- | --- |
| 巴西 | 中等 | 90 | 63 |
| 智利 | 广义 | 79 | 50～70 |
| 美国 | 广义 | 65 | 40 |
| 比利时 | 狭义 | 70 | 55 |
| 芬兰 | 狭义 | 80 | 40～45 |
| 法国 | 广义 | >60 | >60 |
| 德国 | 中等 | 60 | 55 |
| 意大利 | 广义 | 93 | |
| 荷兰 | 狭义 | 74 | 54 |
| 波兰 | 广义 | "不断上升" | 35 |
| 葡萄牙 | 广义 | 70 | 60 |
| 西班牙 | 狭义 | 79 | |
| 英国 | 中等 | 70 | |
| 澳大利亚 | 狭义 | 75 | 50 |
| 印度 | 广义 | | 65 |

表 17-2 家族在创业过程中扮演的角色

| 应用类型 | 受家族影响的初创企业 | 家族企业创业 | 家族企业更新 | 家族私人现金 | 家族投资基金 |
|---|---|---|---|---|---|
| 正式应用 | 没有遗留资产或现有业务，但与家族一起正式启动新业务或打算让家族参与的创业者 | 家族控股公司或拥有正式的创业或收购战略、计划、部门或能力的企业 | 家族控制的公司，拥有通过改变商业战略、模式或结构来创造新的价值流的正式战略扩张计划 | 从家族成员或企业获得启动资金，并基于市场的投资回报或偿还的正式书面协议 | 由家族控制的独立的专业私募股权或风险投资基金或使用家族遗产产生的资本 |
| 非正式应用 | 一个没有遗留资产或现有业务的创业者，碰巧出于需要开始了新的业务，并涉及家族成员 | 家族控股公司或企业通过非正式、直观和机会主义的业务启动和收购而发展起来的企业 | 为家族企业带来商业战略、模式或结构变化和新的价值流的直观的扩张举措 | 启动资金来自家族成员或企业，没有关于投资回报或偿还事宜的书面协议或口头约定 | 家族企业用于投资房地产、被动合伙或创办新企业的内部资本或资金 |

在这方面，两种分类都是描述性和说明性的。它们描述了家庭所扮演的角色以及如何发挥作用，但也暗示出更为正式的家庭创业方法。"正式"是指规范化创业过程并建立个人与组织纪律，而不是指"官僚主义"。

第一个也是最主要的角色就是我们所说的受家族影响的初创企业。《全球创业观察》（GEM）报告的数据显示，2002 年全球共有 2 500 万家"新家族企业"成立。因为家族是由生存、财富创造和子孙后代等社会力量驱动的，所以这类初创企业在面临选择时自然会首先考虑家族。受家族影响的初创企业也就是指家族企业的愿景和领导能力会影响公司的战略意图、决策制定和财务目标。

家族企业创业类别在其开展新业务时就得以确定。家族通常也是很自然组合的创业者，家族成员在家族的保护伞下建立了许多公司。虽然这些新公司不一定都能发挥最大的潜力，但它们常常相互协作，从而为社区创造就业机会，并增加家族的净资产。这些公司的成立通常是为了让家族成员拥有自己的生意。更正式的家族企业创业方法是使新公司在利用家族资源和能力的同时，也使之并入增加家族财富的整体战略计划中。

家族企业更新是指家族的创业活动集中于通过创新和转型变革活动在企业或集团内创造新的价值流。不论是推出新产品或新服务、进入新市场还是建立具备新商业模式的公司，都在更新它们未来的战略。在家族世代更替中，或家族意识到自己的遗产业务不再具有竞争力时，这种战略性或结构性的更新尤其普遍。更正式的企业更新方式是主动的、持续的、制度化的，而不是等待外部的竞争来触发启动更新过程。

　　家族所扮演的角色之一就是为家族成员创业提供资金。超过 63% 的处于计划阶段的企业和高达 85% 的现有新企业使用家族资金。在这些创业企业所有非正式的、非风险投资中，有 30%～ 80% 的资金来自家族。在美国，这类资金比例接近 GDP 的 0.05%，在韩国则高达 GDP 的 3%。在大多数情况下，家族现金的发放是基于无私的家族情感，而非正式的投资标准。虽然提供无论正式的还是非正式的种子资本对创业起着重要的作用，但设定正式的投资标准可以避免未来家族成员之间产生混乱或冲突，同时还为家族创业者带来了更多的纪律性和责任感。家族企业支持的企业分布如表 17-3 所示。

表 17-3　家族企业支持的企业分布

|  | 案例个数 | 家族资金比例 |
| --- | --- | --- |
| 规划阶段的创业公司 | 1 425 | 63% |
| 新公司 | 1 594 | 76% |
| 老牌企业 | 3 743 | 85% |

资料来源：J. H. Astrachan, S. A. Zahra, and P. Sharma. *Family Sponsored Ventures*. 2003 年 4 月 29 日，基于百森商学院、伦敦商学院和考夫曼基金会赞助的《2002 年全球创业观察》的研究成果。

　　家族投资基金是家族专用于创业活动的资本池。当家族发现自己现金充裕时，往往会成立正式或非正式的家族基金，这一情况变得越来越普遍。在大多数情况下，正式的家族投资基金是在一个家族清查其全部或部分家族集团之后创建的。这些基金通常是与家族理财办公室同时成立的。非正式的家族投资基金通常来自现金流，家族领导人将其投资于创业活动，是为了使家族企业组合多样化或更有乐趣。他们经常利用同行关系网络，进行商业或房地产交易方面的非经营性投资。这些投资往往是他们总财富的重要部分。

　　当我们把家族在创业过程中可以扮演的非正式和正式角色分类时，这些角色也象征着他们能够为创业经济做出的贡献。但如果家族企业对跨代创业和财富积累感兴趣，则必须采用更为正式的创业方式。本章的其余部分将帮助家族确定他们的创业角色。基于第 3 章介绍的蒂蒙斯模型，我们提出了三种战略框架。这些框架侧重于创业过程中可以评估、影响和改变的可控组成部分。

## 框架一：家族创业的思维模式和方法

　　有进取精神的家族明白，当今充满活力和高度竞争的市场要求家族具备创业精神，如果他们想要长期生存和繁荣发展，就必须进行创业。蒂蒙斯模型表明创业过程的核心是机会。与此相一致的是，"进取"被视为领导者和组织在不需急于进行扩张的情况下，仍寻求机会和增长的决策行为。寻找机会的进取决策先于抓住机会的经济决策。当家族面临是继续沿着现有的道路走下去，还是花费精力和资源来调查是否有潜在机会的决策情境时，就可能展现出"进取精神"。因此，我们将"进取"定义为积极和持续地寻找增长型机会。

　　有进取精神的家族在他们的家族所有集团与商业组织的思维方式和方法中会将寻求机会的过程制度化。那些只是试图保持本地优势，保护品牌、资产和客户或提高运营效率的家族，在短期内或许不会让自己面临竞争风险。但从长远来看，如果他们的战略规划主要集中在如何将企业一代一代地传承下去，而忽略了培养人才和设定战略以创造新的价值流，那么他们的未来发展前景可能会受到限制。

### 进取的思维模式和方法模型

　　家族进取精神的第一个评估和战略框架是思维模式和方法模型（见图 17-1）。

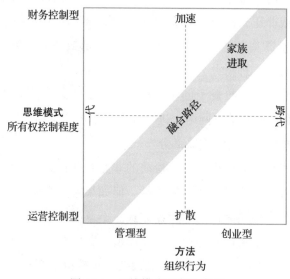

图 17-1　思维模式和方法模型

该模型表明家族企业是财务所有权思维和创业战略方法的结合。该模型的目的是确保家族会讨论创业过程中的所有权要求和管理要求。本章后面提到的思维模式和方法评估工具将帮助家族确定他们在两个维度上的一致性水平。这也将使他们能够就目前状况以及如何保持进取来进行战略对话。

◉ 专栏

## 家族保持进取的 12 个挑战

就像地球引力对我们的束缚一样，家族面临着许多固有的挑战，这些挑战可能把他们束缚在过去的战略上，而无法追求新的机会。

1. 家族认为他们过去的成功将保证他们未来的成功。

2. 家族成员将"遗产价值"归功于他们的企业或资产，但这种价值不会转化为市场价值或优势。

3. 家族希望在市场上获得"遗产通行证"——"我们的企业已经 50 岁了，所以它应该再活 50 年，因为我们一直都是那么好的公民"。

4. 领导者试图平衡股东的风险（风险和回报预期）和市场的风险与投资需求。

5. 对于公司未来的发展，老一辈和后辈有着不同的风险态度和目标。

6. 家族发现，很难将创业承诺和能力从老一辈传给不那么"野心勃勃"的下一代。

7. 家族的第一代企业是建立在创始人的直觉之上的，但企业从未建立过更具目的性的创业流程，以维持企业创业精神。

8. 家族不会使用许多一般企业家用来发展企业的财务策略：债务融资、股权融资、战略联盟和伙伴关系。

9. 家族不会为了将资源重新配置到生产率更高的地方而剥离非生产性资产和表现不佳的业务。

10. 家族成员觉得自己有资格直接获得企业，而不是寻求下一代创业机会。

11. 高层领导会告诉下一代，商业规划和创业分析是在浪费时间。

12. 作为家族遗产的一部分，家族成员可以经营企业，这在家族中被视为创业精神。

**思维模式连续体**（mind-set continuum）主要是对家族所有者（股东）的财务风险状况的一种度量。总的来说，它反映了一个财务前提，即创业领导者通过将其资源部署到回报最高的点，开发利用新机会来获得战略上的优势，并获得高于正常水平的回报。拥有运营思维模式的家族领导者，主要关注管理策略、运营效率和特定业务的永续性。财务思维模式的重点则从运营转向投资者，以期实现家族的整体资本战略，创造新的价值流，并寻求资产总回报。运营思维模式是经营高效率企业的必要条件，而对财务的关注则是跨代创业和财富创造的必要条件。

进取的财务思维模式具有以下特征：

- 追求更高风险和更高回报的倾向。
- 出售和重新配置资产以寻求更高回报。
- 通过创造更高回报的新收入流来实现增长。
- 致力于培养下一代的创业精神。
- 愿意不断地重新审视现有的商业模式。
- 假设一定比例的业务将会过时。
- 利用业务增长寻求更高回报。
- 愿意进行再投资和分配资本，愿意进入伙伴关系和联盟以求发展壮大。
- 管理家族财富以获得总回报。
- 致力于商业战略和结构的创新。
- 认为在今天的环境下要实现投资目标，必须采取大胆、广泛的行动。

**方法连续体**（methods continuum）是衡量企业中创业导向和行动的标尺。它假设进取型组织正在采取大胆的、创新的、市场领先的行动，以寻求竞争优势并创造新的价值流。它存在一个前提，即若要成为进取型组织必须有一个具备创业素养的团体，而不仅仅是一个单独的领导人或一小群家族领导人。一位具有创业精神的领导者可能会在其任职期间采取创业行动，但无法创造出跨代的家族企业或集团。进取型组织不仅仅注重维持现有的和实现增量变化的管理方法，它们还在寻求和进行创业更新。虽然创业方法不能取代管理行动，但管理行动不足以成为进取和创造跨代财富的条件。

进取的创业方法具有以下特征：

- 将不均匀的资源分配给新的商业机会。
- 系统地寻找和捕捉新的投资机会。
- 寻找超越核心（传统）业务的新机会。
- 在业务部门一级发展创新的核心能力。
- 在产品、服务、市场和客户方面做出重大改变。发起竞争性变革，引领市场。
- 尽早投资以开发或采用新技术和新工艺。
- 通常采取"消除竞争对手"的市场态度。
- 将企业的创业过程制度化。
- 有收集和传播市场情报的正式程序。
- 让公司各个层次的员工像竞争对手一样思考。
- 通常采取大胆、积极的姿态，最大限度地利用潜在的投资机会。

⊕ 专栏

### 这不是进取

想要理解一个概念，对它的反面下定义通常很有用。朱迪斯·彭罗斯（Judith Penrose）采用了这种方法，将未必进取的三类公司与真正的进取型组织进行了对比。

"新生型公司"（just grew firms）：这类公司是指在正确的时间出现在正确的地点的公司。它们处于市场扩张的浪潮中，它们必须扩张以满足需求。市场环境带来了增长，因此成长的决定是自然而然的。这种情况可能会持续很长一段时间，但由于市场不会无限扩张，竞争对手会填补机会缺口，企业成长和企业将走向终结。

"舒适型公司"（comfort firms）：这类公司通常被称为养生型公司（lifestyle firms）。有些公司不愿充分利用扩张的机会，因为这要求它们加倍努力，还会增加风险。对自己的收入和地位满意的公司没有动力去致力于大幅提升利润水平。这些公司所有者的舒适目标与公司战略紧密相连。就像"新生型公司"一样，舒适型公司可能会持续几十年，但满足所有者的舒适需求无法成为企业优势或企业更新的驱动力。

"管理型公司"（competently managed firms）：许多公司管理得力，因此能够通过维持经营效率在较长时期内获得正常回报。管理得力的公司往往努力维持创始人的创业意图。它们可能在更传统、更不活跃的环境中竞争，拥有独特的利基市场，或者作为受欢迎的企业保持地区优势。虽然这些都是可利用的策略，但这些条件本身并不是可持续的，甚至可能很快就会消失。

### 为一致性创造对话

进取的思维模式和方法模型可帮助家族实现家族创业和跨代财富创造的关键过程条件：

- 在家族所有制组织中围绕思维模式和方法问题建立有效的对话。
- 建立所有者（股东群体）的思维模式和企业组织的方法之间的一致性。

家族企业与创业企业之间的主要区别之一是，前者的团队包括家庭成员。家族创业者要么正在与家族成员一起工作，要么计划与家族成员一起工作；他们要么是跨代团队，要么希望成为跨代团队；他们要么已经拥有多个家族成员股东和利益相关者，要么将要拥有。这种固有的家族条件要求家族培养有效的沟通技巧，为家族创业建立关系资本。萨宾·维特（Sabine Veit）是加拿大多伦多 Backerhaus Veit 的创始人，当她的儿子托比（Toby）大学毕业，雄心勃勃地带着一份商业计划书回家时，她意识到建立对话和一致性的重要性。她把自己的工匠面包制造公司打造成了价值 2 000 万美元的行业重要力量。托比曾经赢得百森商学院的商业计划竞赛，萨宾当时当然很自豪，但她也知道在关于企业未来发展的沟通上，自己可能要有麻烦了。她的计划是继续发展她的事业。萨宾当然很希望托比加入企业与她一起工作，因为他也和她一样热爱手工面包。事实上，这非常符合她的期望，在上大学的时候，托比每上一节课都在想着手工面包行业，但是托比不希望仅仅经营他母亲的公司。他想把业务从制造和批发扩展到品牌产品和零售，而且现在就想这么做。在思维模式和方法模型（见图 17-2）方面，Backerhaus Veit 作为一家专注于运营、管理稳健的企业，走的是一致性的道路。萨宾在她的利基市场具有竞争力，有一个明确的收获战略。但托比致力于家族进取，希望把 Backerhaus Veit 打造成一家成长型公司。这一想法超越了他们目前的利基和养生型期望。显然托比相对萨宾有更加冒险的思维模式。

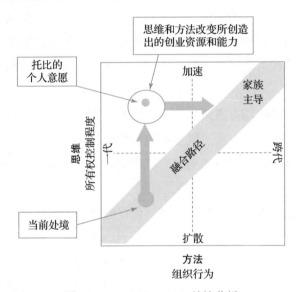

图 17-2 Backerhaus Veit 处境分析

在方法连续体上，Backerhaus Veit 没有采用托比计划的创业方法。萨宾有这样的个人能力，托比相信他也有，但是企业的创业团队和组织还没有建立起来。此时家族的思维模式和企业方法之间存在明显的不协调。萨宾和托比面临的挑战是，如果他们想抓住新的机遇，成为一个进取的家族企业，就必须制订计划和流程来使他们的思维模式和方法保持一致。

托比和萨宾需要做很多事情来实现家族进取。

第一，他们需要培养沟通技巧，进行有效的对话。大多数家族成员认为他们属于一个家族，所以自然能够对话。事实上，家族的熟悉程度会使成员很难提出差异化假设，讨论不同的观点。通常，家族需要一个调解人来帮助他们培养沟通技巧并进行对话。

第二，他们需要确保自己对未来的看法是一致的。家族成员通常对"一起工作"只有一个模糊的概念，他们认为细节问题会随着时间的推移得到解决。这可能会导致未来产生不满和冲突。实际上，托比和萨宾对未来有着截然不同的看法。

萨宾的愿景是享受她对面包的热情，同时兼顾成长和生活。托比的愿景是利用他对面包的热情，同时利用现有家族声誉和优势开辟新的业务。

第三，托比和萨宾的风险态度非常不同。萨宾愿意为将来的回报承担的风险和托比愿意承担的风险大为不同。后辈比前辈更愿意冒险，这并不奇怪。关键是要保持沟通，直到互相理解对方的观点。理解之后，就可以创建一个业务模型和组织结构来适应两代人的风险态度。固守一种或另一种观点会削弱跨代团队的集体力量。

第四，时机就是一切。通常，对于后继者来说，现在就是时机，对于上一辈来说，时机还是未来的某一天。机会可能最终降临在两代人都稍稍走出自己的舒适区的时候。托比和萨宾还意识到，时机确实是一个战略问题，这也包括如何进行，而不仅仅是进行与否或何时进行。

第五，发挥创造力。可以肯定的是，最终的结果不会完全等于设想。通过对话，托比和萨宾清楚地认识到选择的范围相当广泛。当开始进行对话时，家族成员就会明白，"a 等于 b"并不意味着"a"不可能等于"c、d，甚至 e、f、g"。一旦开始了真正的对话，可能就会发现有比最初设想的更多的选择。

## 框架二：家族创业的六个维度

第二个家族进取评估和战略框架阐述了蒂蒙斯模型在家族企业中的团队构成。在家族企业中，进取的"团队"是一个更加宽泛而复杂的概念。它包括家族所有权群体以及家族创业和非家族创业的差异。除非团队的所有权思维模式和创业方法达到如前所述的一致，否则创业过程就不会发生。当企业领导者是家族成员时，可能存在另一层的团队复杂关系，诸如亲子关系、利他动机与创业决策、裙带关系与能力、家族与个人资产和薪酬，以及成功衡量标准等。本质上，家族作为团队可以在蒂蒙斯模型中创造更完美的平衡，也可以导致不平衡，关键是要寻找机会，并强调团队支持利用这个机会。

家族创业的六个维度为家族团队提供了可以解决这些问题的六条路径，以帮助它们调整思维模式和方法，并实现家族创业的一致性。这六个维度和相应的战略问题将关键的创业考虑因素应用到家族环境中。当家族企业所有者和领导者回答这些问题时，他们就正在团结家族团队以共同实施企业行动。这六个维度如下：

- 领导力（leadership）。
- 关系（relationship）。
- 愿景（vision）。
- 战略（strategy）。
- 治理（governance）。
- 绩效（performance）。

◉ 专栏

### 成功的新一代创业精神

对托比和萨宾这样的跨代家族团队来说，面临的挑战是"保持对话"，而不是激化成一场辩论甚至断绝关系。辩论更加固执且个人化，而断绝关系则切断了机会。当家族成员把问题变成对与错、好与坏、赢与输时，很少会有人去倾听、让步或改变自己的立场。相比之下，对话这个词实际上的意思是对问题的"讨论"。它具有挑战彼此假设、保持开放思想并测试不同选择的内涵。它着眼于全局，考虑长期前景，并讨论实现目标的过程。最重要的是，对话不遵循诸如父母与孩子、老板与雇员或企业所有者与非所有者之间的等级角色。对话的目标是找到不受任何一方原有立场限制的解决方案。

**领导力维度：你的领导力是否创造了进取和跨代创造财富的共同紧迫感**

创业型领导者在组织中创造了共同的紧迫感。目标是让每个人（从老板到执行任务的人）都像竞争对手一样思考和行动。家族在本质上是传统和系统的等级制度，包括父母–子女、年长–年轻的兄弟姐妹、男性–女性，他们的家族组织通常在领导模式中体现这种等级制度。跨代创造财富要求家人摆脱"伟大领袖"的模式，成为"伟大的团队"。根据团队哲学，致力于将家人变成团队的家族领导者，就克服了家族企业领袖司空见惯的负面缺点，使家族和组织具有进取精神。

领导力维度诊断问题

- 家族领导者是否了解企业实现跨代传承的要求？

- 他们是否培养了下一代的领导力？他们是否使家族摆脱了"伟大领袖"的模式？

- 他们是否促进了开放和互助？

- 他们是否鼓励家族成员在各级参与到家族和组织中？

- 他们是否会引导他人像企业家一样思考和行动？

- 他们是否帮助家族成长为一个超越层级领导模式的"伟大团队"？

## 关系维度：你的家族是否有维持他们跨代承诺的关系资本

有效的团队建立在健康的关系之上。我们将健康的关系描述为那些能够建立关系资本并允许团队进行有效人际互动的关系。关系资本是诸如信任、忠诚、积极的情感、质疑的益处、善意、宽恕、承诺和利他动机等关系属性的储备。关系资本是团队长久发展和家族跨代传承的必要条件。这里有两个对立但又同时正确的论断：家族比其他社会群体更有建立关系资本的天生潜力，而家族比任何其他社会群体更有摧毁关系资本的天生潜力。这对家族进取来说是好消息还是坏消息？视情况而定。那些有意获取能力并努力建立关系资本的家族利用了家族团队的自然优势。但是，那些认为自己永远拥有关系资本或把关系视为理所当然的家族，会让自己暴露在潜在的家族破坏性倾向中。拥有关系资本的家族更有可能创造对话，使他们朝着家族进取的一致性目标前进。

关系维度诊断问题

- 你的家族是否有意建立关系资本？

- 你是否在钻研建立关系资本所需要的沟通和建设技巧？

- 在家族兄弟姐妹之间、分支之间以及几代人之间是否存在健康的关系？你的家族是否举行正式的家族会议来讨论家族所有权和关系问题？

- 你在家族关系中是否感受到协同作用？

- 你对全家人一起工作抱有积极的看法吗？

- 家族成员是否将关系健康视为其竞争优势的一部分？

**愿景维度：你的家族是否有一个令人信服的跨代愿景，可以使各个代际的成员都充满活力**

一个令人信服的愿景能够为家族企业创造共同的紧迫感，并动员家族成员去实现这一愿景。所谓"令人信服"，是指根据未来的市场现实，这对人们来说是符合道理的。通常，一个愿景在当下可能说得通，但在未来就没有道理了。对于有进取精神的家族来说，愿景必须描述出家族将如何共同创造新的财富流，使他们能够跨代致富。对于不同的代际来说，描绘他们对未来的个人愿景很容易。但跨代家族必须打造出一种对所有代际都有吸引力的共同愿景，并在某种意义上超越当前一代的观点。这种跨代愿景也强调了建立参与式领导方式和建立关系资本的重要性。

愿景维度诊断问题

- 你的家族是否描绘了未来市场的愿景？
- 所有代际的成员都认为这一愿景令人信服吗？
- 家族的每个人都参与制定这一愿景吗？
- 愿景与你的决策和生活有关联吗？
- 你的家人作为所有者是否定期检查和测试愿景的可行性？
- 这个愿景是跨代的吗？
- 愿景是否高于家族的个人利益？
- 愿景是否能调动其他人去创造新的价值流？
- 所有的家族成员都能分享愿景带来的回报吗？

**战略维度：你的家族是否有意制定一个建立家族竞争优势的战略**

在家族背景下，创业过程有着更直观和正式的应用。创业过程的一部分是为培育和抓住新的商业机会制定战略，但对家族来说不仅于此。家族的战略思考和规划应该基于这一问题，即如何利用其独特的家族资源和能力寻找创业优势。其中包括诸多事项，如寻找与现有资产的协同效应、利用关系网络、培养下一代企业家以及扩大家族声誉，我们将在 17.4 节中更具体地讨论这个问题。由于家族倾向于把受家族影响的资源和能力视为理所当然，他们往往看不到这些资源和能力中蕴藏的、能够为他们提供长期进取优势的机会。

战略维度诊断问题

- 你的家族如何为你提供在创业财富创造中的优势？
- 你的家族有哪些独特的资源和能力？
- 你的家族是否有正式的规划流程来指导他们的进取精神？
- 你的组织是否具有用于培养和捕捉新机会的正式架构？
- 你的家族会指导下一代家族成员成为创业者吗？
- 你的战略思考和规划能让你的家人实现他们的跨代愿景吗？
- 你的家族在战略进程中扮演什么角色？

治理维度：你的家族是否有促进家族和企业变革成长的治理结构和政策

很少有家族领导者会认为治理结构和政策能够真正刺激增长和变革。大多数人会把"治理"这个词等同于官僚主义，而且，至多承认治理结构和政策是需要容忍和最小化的恶劣存在。但我们提供了两种不同的观点。第一，缺乏有效的治理结构和政策，会使家族分工非常不明确，从而限制了进取精神。第二，当创业过程通过治理结构和政策得以制度化时，就会促进变革成长活动。例如，当所有权、股权或价值实现不明确或不能被有效讨论时，就会阻碍家族企业的发展。但是，当财务对话成为职业文化的一部分，并且拥有透明的所有权结构时，家族企业成员就清楚了游戏规则。因此，治理结构对于跨代创业和财富创造至关重要。

治理维度诊断问题

- 你的家族是否认为治理是家族和商业生活的积极组成部分？
- 你们的治理结构是静态的还是动态的？
- 你们的治理结构和政策促进了家族团结吗？
- 你们的治理结构和政策是否为家族成员提供了适当的发言权？
- 你们的治理结构和政策是否有助于你们建立家族竞争优势？
- 在你的家族和企业中是否具有将创业过程制度化的正式程序？
- 你们的治理结构和政策促进了下一代的参与和创业吗？

**绩效维度：你的绩效是否符合跨代创业和财富创造的要求**

绩效维度可以揭示家族是否真正致力于家族进取。有进取精神的家族受市场驱动，他们通过机会型创业行动加速财富创造。他们有明确的财务基准和信息，可以根据市场评估其绩效。养生型公司通常认为它们表现良好是因为它们可以维持自己的生活方式。但进取意味着将组织的核心竞争力与外部机会相匹配，以创造新的价值流。有进取精神的家族不会把过去的成绩作为评价未来是否表现良好的指标，他们也不以能够保存资产来定义成功。他们的成功衡量标准是有能力实现跨代愿景，创造社会和经济财富。

绩效维度诊断问题

- 你的家族是公开谈论财务绩效问题，还是财务保密？
- 你的家族企业是养生模式还是进取模式？
- 你的策略是否由明确的市场导向驱动？
- 家族成员对风险和回报的预期达成一致了吗？
- 下一代创业者对业绩的期望明确吗？
- 在达到业绩预期方面是否有明确的透明问责机制？
- 是否有关于业绩预期（增长、股息、再投资、ROE）的家族对话？

## 框架三：家族进取的家族属性优势

所有企业的成功和获得高于平均水平回报的机会，都是以找到比竞争对手更有优势的地方为前提的。发现优势的潜力则源于组织所拥有的独特资源和能力。蒂蒙斯模型的"资源"方面是家族创业的优势所在。因为每个家族都是独一无二的，他们可以产生非常独特的资源和能力，他们如果知道如何识别和利用这些资源和能力，就可以在创业过程中获得优势。我们把这种特殊的资源和能力称为他们的家族属性。

当这些家族的资源和能力为家族带来竞争优势时，我们称之为"独特性家族属性"或如图 17-3 所示的"f+"。当他们限制了家族的竞争进取能力时，我们称之为"限制性家族属性"或如图 17-3 所示的"f–"。图 17-4 将家族的资源和能力放在一个评估连续体中。具有进取精神的家族的工作就是确定如何生成和利用其独特性家族属性，减少或摆脱其限制性家族属性。当家族开始根据其独特性和限制性家族属性进行评估与规划时，他们就从直觉和非正式的家族创业模式转变为有意识和正式的家族创业模式。

图 17-3 f+ 和 f− 家族属性优势

为了更好地理解家族属性，让我们回到托比和萨宾就 Backerhaus Veit 做出的家族进取决定。我们将重点放在"对话"上，分析他们的独特性（f+）和限制性（f−）家族属性，并使他们沿着思维模式和方法一致的道路前进。

图 17-4 展现了他们家族资源和能力的连续体，这与新的风险机会相关。f+ 和 f− 评估全面揭示他们个人和组织对新企业的贡献。但对家族有用的不仅仅是最终的这一幅图片，识别资源和能力并确定其所在位置的对话才是真正的学习成果。

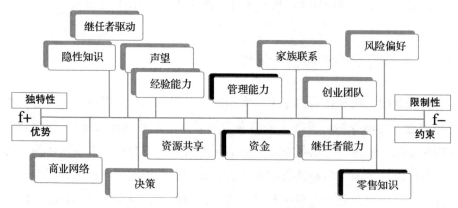

图 17-4 Backerhaus Veit 的 f+ 和 f− 分析

首先，你会注意到存在与家族企业代际成员明确相关的资源和能力。虽然托比的后继驱动力是 f+，但他的业务能力和缺乏经验是 f−。萨宾欣然承认，如果没有托比的推动，她永远不会考虑这个机会。但萨宾的顾问担心托比可能高估了自己的能力和贡献。这种讨论在下一代创业中是很自然的，家族应该让它"规范化"，而不应让它成为私人事情。相反，萨宾的资深能力、商业网络和声誉是 f+。托比也承认，萨宾使他的商业计划变成了潜力无限的企业。另外，萨宾的风险态度和养生型目标是显著的 f−，这束缚了企业进取，但它们非常适合她目前的战略。

其次，存在与 Backerhaus Veit 相关的资源和能力。托比的商业计划要求 Backerhaus Veit 提供有价值的共享资源，如批发面包供应、簿记、二手设备、维修服务等。这创造了非常重要的资源优势，我们称之为"计划 f+"，因为只有拥有现有业务资源优势的 f+，家族成员才会将其纳入计划。现有的管理团队能力也是 f+，但因为现有的团队不是创业型的（事实上，他们认为新创业是对现有业务的消耗），我们必须给创业型团队 f−。

最后，某些资源同时与萨宾和托比相关联。最重要的是面包业的隐性知识的 f+。他们都知道如何制作面包，特别有趣的是，因为在面包行业长大，虽然托比是一个年轻人，但他已经具备很先进的知识水准。相应地，零售业的 f− 也很显著。虽然萨宾在面包零售行业长大（她的家族在德国有 70 家零售面包房），但她并不了解面包休闲餐饮行业（如 Panera 面包公司），而这正是托比计划的目标。决策是 f+，家族沟通是 f−。家族关系很好，但在商业环境中，他们更多地进行母子间的交流，而不是像商业伙伴。

f+ 和 f− 连续体使托比和萨宾的"启动"工作非常清楚。管理 f+ 和 f− 连续体是家族在正式创业过程中建立他们的资源和能力的方式。这是让成功概率更高的关键一步。托比和萨宾现在需要为每个限制性资源和能力创建一个工作计划，以便将它们转移到中立或有利的位置。

从这一分析中还可以看出，继承人和长辈在家族进取方面的潜在协同作用。通过分析，有四点一目了然。第一，正如我们已经指出的，如果不是托比在推动这个过程，萨宾将永远不会探索或抓住这个机会。第二，托比如果尝试自己做生意，就没有协同的家族资源和能力。第三，尽管有积极的理由共同行动，但也有必须解决的制约因素。第四，当他们决定作为一个家族一起做，而不是不做，也不是托比独自来做时，家族进取就会发生。这并不是评判对错，只是说一起做是一种家族进取的方式。

我们将使用蒂蒙斯模型对萨宾和托比进行最终评估，以讨论合适性和平衡性。

显然，Backerhaus Veit 进军零售快餐市场的机会非常大，而且还在不断增长。事实上，在没有外部资源的情况下，Backerhaus Veit、托比和萨宾的现有资源和能力就有可能满足他们的需求。目前模型中最薄弱的环节是团队。尽管托比和萨宾具有丰富的面包知识，但他们没有专门负责零售业务的创业团队。此外，Backerhaus Veit 的领导者和顾问坚决倾向于管理他们的现有资产，而不是启动创业业务。图 17-5 显示该模型"不平衡"，并印证了评估结论，即为确保合适效果还需要进行大量的前期工作。但是如果他们完成这些前期工作，并能让蒂蒙斯模型达到平衡，他们的家族就有了很大的潜力。

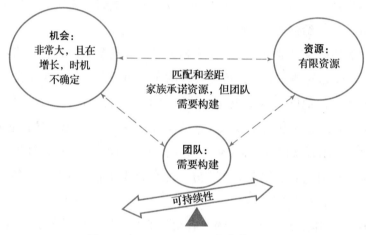

图 17-5　Backerhaus Veit 的蒂蒙斯模型

## 结论

对于那些几代人都在寻求更高潜力的机会，并希望采取更多的创业行动成为进取家族的家族企业，我们建议它们进行四个战略转变：

- 从以个人舒适为目标的养生型公司转变到致力于跨代创业和创造财富的进取型家族企业。
- 从"毫无头绪"地来看待新机会的直觉型家族企业，转变为有意识地建立能够创造和捕捉新机会的创业过程的家族企业。

- 从从事此业务的上一辈创业者角色转变到为下一代创造机会的继任者创业团队。
- 从只做一次性生意的低潜力创业家族，转变到能够调动资源创造跨代财富的高潜力创业家族。

## ⊕ 创业练习　绘制家族进取模型

确定你的家族在思维模式和方法连续体上的位置，以及进取可能带来的家族优势。填写评估调查表，绘制家族进取模型，并填写资源和能力连续体。

### 思维模式连续体

思维模式连续体评估了家族的财务风险和回报预期，以及家族在市场中的竞争态度。评估旨在揭示家族成员的想法，让他们畅所欲言。

请让当前和未来的家族股东在两种说法之间进行圈选，选出最能反映家族作为股东群体的想法的数字，来填充思维模式连续体。总分为 12 ~ 84 分，反映了从最传统到最进取的观点。

一般来说，家族成员股东……

| 对低风险业务和投资机会有强烈的偏好（有正常和一定的回报） | 1 | 2 | 3 | 4 | 5 | 6 | 7 | 有很强的高风险业务和投资机会倾向（有高回报的机会） |
|---|---|---|---|---|---|---|---|---|
| 会牺牲更高的回报来保护家族的遗产生意 | 1 | 2 | 3 | 4 | 5 | 6 | 7 | 愿意出售和重新配置资产，以在市场上寻求更高的回报 |
| 倾向于考虑培养我们当前的业务以获得回报 | 1 | 2 | 3 | 4 | 5 | 6 | 7 | 希望通过创造具有更高回报可能性的新收入流来实现增长 |
| 承诺经营企业，为家人提供就业机会 | 1 | 2 | 3 | 4 | 5 | 6 | 7 | 致力于指导下一代创业者创造新的价值流 |
| 我觉得我们有一个很好的商业模式，它将引领我们走向未来 | 1 | 2 | 3 | 4 | 5 | 6 | 7 | 我觉得我们应该不断地重新审视我们的商业模式 |
| 相信我们目前的业务和产品将会在未来继续为我们服务 | 1 | 2 | 3 | 4 | 5 | 6 | 7 | 假设我们的业务有很大一部分会被淘汰 |
| 希望避免债务，并尽可能用内部产生的现金实现增长 | 1 | 2 | 3 | 4 | 5 | 6 | 7 | 愿意利用企业来成长，并在市场上找到更高的回报 |
| 希望增加我们的财务能力，提供分配或流动性 | 1 | 2 | 3 | 4 | 5 | 6 | 7 | 希望更积极地进行再投资，以获得更快的增长和更高的回报 |
| 渴望在我们当前的财务和股权结构中成长，以确保控制自身命运 | 1 | 2 | 3 | 4 | 5 | 6 | 7 | 愿意利用联盟和合作关系或稀释股份以实现增长 |

（续）

| | 1 | 2 | 3 | 4 | 5 | 6 | 7 | |
|---|---|---|---|---|---|---|---|---|
| 会把我们描述成一家保守的公司，以满足我们家族的财务目标和个人目标 | 1 | 2 | 3 | 4 | 5 | 6 | 7 | 会把我们描述成一个冒险的集团，为家族投资集团寻求更高的总回报 |
| 我们的商业模式和战略以稳定为宗旨而不是机会主义 | 1 | 2 | 3 | 4 | 5 | 6 | 7 | 我们愿意在商业模式和结构上进行创新，以便抓住机会 |
| 相信稳健和一贯的做法将使我们实现家族未来的理想和目标 | 1 | 2 | 3 | 4 | 5 | 6 | 7 | 相信大胆、广泛的行动是在今天的环境中实现我们家族投资目标的必要条件 |

总计：

### 方法连续体

方法连续体评估了组织的创业取向和行动。它反映了股东和利益相关者对于领导者如何在组织中激发创业精神的想法。

使用评估连续体，让家族成员股东和未来股东回答这里列出的方法连续体问题。在两句话之间圈出最能反映对该家族作为股东群体的想法的数字。总分为12～84分，反映了从最传统到最进取的观点。

总的来说，我们家族组织的高层领导……

| | 1 | 2 | 3 | 4 | 5 | 6 | 7 | |
|---|---|---|---|---|---|---|---|---|
| 花时间培育现有的业务 | 1 | 2 | 3 | 4 | 5 | 6 | 7 | 对新的商业机会给予更多的关注 |
| 强调通过对经过考验的、真实的业务进行再投资来追求回报 | 1 | 2 | 3 | 4 | 5 | 6 | 7 | 注重寻找和捕获新的商业投资机会 |
| 在过去的5年里，我们没有在核心运营领域之外寻求新的投资机会 | 1 | 2 | 3 | 4 | 5 | 6 | 7 | 在过去的5年里，在我们的核心运营领域之外寻求许多新的投资机会 |
| 相信我们的核心竞争力是管理高效的业务 | 1 | 2 | 3 | 4 | 5 | 6 | 7 | 相信我们的核心竞争力在于为寻求机会型增长而创新 |
| 在现任领导层的领导下，我们在产品、服务、市场或业务单位方面做了微小的改变 | 1 | 2 | 3 | 4 | 5 | 6 | 7 | 根据市场需要，在产品、服务、市场或业务单位方面做出了重大改变 |
| 通常对竞争对手或市场发起的行动做出被动反应 | 1 | 2 | 3 | 4 | 5 | 6 | 7 | 主动发起行动和竞争，以领导市场和竞争对手 |
| 在采用新技术和新工艺流程方面，我们一般比较温和或缓慢 | 1 | 2 | 3 | 4 | 5 | 6 | 7 | 在开发或采用新技术和新工艺流程方面，通常较早 |
| 倾向于避免竞争冲突，更喜欢友好的"彼此包容"的竞争 | 1 | 2 | 3 | 4 | 5 | 6 | 7 | 在进行投资决策时，通常采取一种竞争性的"消除竞争对手"的姿态 |
| 在组织如何考虑寻找或捕获新机会方面，更加直观和非正式 | 1 | 2 | 3 | 4 | 5 | 6 | 7 | 已建立正式的治理结构和政策，使本组织的创业过程制度化 |
| 依靠家族领导了解市场和客户，并将信息传递给组织 | 1 | 2 | 3 | 4 | 5 | 6 | 7 | 对如何收集和传播市场情报有更正式的计划和方法 |

（续）

| | | | | | | | | |
|---|---|---|---|---|---|---|---|---|
| 依靠家族领导来确定基调，确保组织随着时间的推移具有竞争力 | 1 | 2 | 3 | 4 | 5 | 6 | 7 | 鼓励并授权组织中各个层次的人员像竞争对手一样思考和行动 |
| 通常采取一种谨慎的"观望"姿态，以尽量减少做出昂贵投资决定的可能性 | 1 | 2 | 3 | 4 | 5 | 6 | 7 | 通常采取大胆、积极的姿态，最大限度地利用潜在的投资机会 |

总计：

## 家族进取模型

从思维模式和方法评估调查表中得出你的总分。最低分数是 12 分，最高分数是 84 分。计算分数为你的家族对话提供了一个视觉基础。这个分数是否正确地描述了你的家族？你的家族是否走上了"一致性道路"？每个人都同意你的家族在模型中的位置吗？如果有必要的话，制定战略改变家族在这个模型中的位置。

## 家族属性 f+ 和 f- 连续体

确定家族对你的资源和能力的影响是竞争优势（f+）还是竞争约束（f-）。你可以在许多层面上进行这种分析。"元"分析将把家族集团视为一个整体，而"微观"分析将考虑特定的业务单位，或与特定创新或新产品有关（如 Backerhaus Veit 的例子）。确定你正在评估的分析单元后，列出 f+ 与 f- 资源和能力。

将 f+ 与 f- 资源和能力绘制在下面的连续体中。将它们相对放置，这样你就可以看到资源和能力是如何相互关联的。

**确定分析单元**

| 资源与能力（f+） | 资源与能力（f-） |
|---|---|
| | |
| | |

以下是可供选择的潜在资源和能力列表：

| | | | |
|---|---|---|---|
| 继任领导力 | 领导经验 | 创业过程 | 团队 |
| 土地 | 员工待遇 | 专有知识 | 长期资本 |
| 地理位置 | 解决冲突 | 专有技能 | 债务结构 |

（续）

| | | | |
|---|---|---|---|
| 现金 | 有效沟通 | 领导力发展 | 战略联盟 |
| 融资渠道 | 决策制定 | 管理天赋 | 报酬或赔偿金 |
| 分配系统 | 学习环境 | 员工生产力 | 策略制定和计划 |
| 知识产权 | 思想开放性 | 关系网络 | 信息流 |
| 原材料 | 跨部门沟通 | 员工忠诚度 | 组织文化 |
| 合约或联盟 | 个人价值 | 统一的信念和目标 |
| 生产过程 | 市场情报收集 | 灵活的工作实践 | 时间范围 |
| 创新过程 | 报告结构 | 诚信 | 品牌 |
| 公司名誉 | 协同和控制 | 培训 | 治理结构 |

## ⊕ 案例研究　Indulgence 公司

### 引言

吉米拉是道森家族的小女儿，她微笑着朝妈妈的办公室里瞥了一眼。

"早上好，妈妈！您有时间吗？"

"当然，进来吧。我只是在准备开会。"

32 岁的吉米拉喜欢努力工作。从产品装填、产品封装到市场上与水疗中心和沙龙的合作，她了解家族企业中个人护理产品业务的方方面面。吉米拉从 11 岁就开始挨家挨户销售产品。在获得沃顿商学院的学士学位和杜克大学的 MBA 学位后，吉米拉成为道森公司的首席营销官。不久后，她就对部门人员进行了调整：提拔了一位广受欢迎的 45 岁工人，解雇了她认为懒惰且低效的员工。道森公司一直因其家庭导向而闻名，在这里，工人（甚至是低效的工人）都能对长期就业充满信心。吉米拉的举措给边缘员工敲响了警钟。正如她期望的一样，营销预算削减了 1/3，利润也翻了一番。

乌丽莎一直期待着女儿们能有这样的表现（39 岁的大女儿安吉拉是道森公司的首席运营官）。自从乌丽莎的丈夫兼联合创始人罗伯特·道森开始花费大量时间研究非裔美国人在经济上的自给自足问题之后，吉米拉和安吉拉已成为其家族企业的关键人物。

"你在想什么，吉米拉？"

"我正计划将 Indulgence 水疗产品向新方向发展，希望听听您的意见。"

"当然。"

"首先，我正在改变营销策略。我的目标市场是所有女性，而不仅仅是有色人种女性。这些产品非常出色，但其定位不是为所有女性提供豪华水疗产品，从而限制了Indulgence 的增长。"

"听起来很有趣，吉米拉。但你打算如何做呢？"

"我的主要营销方式是直销，这是我们最近在道森公司开始使用的基本策略。我将组建一支由独立美容顾问组成的全国性团队，主要通过上门拜访和举办Indulgence 家庭聚会进行销售。"

"然后呢？"

"然后要做到这一点，我需要将 Indulgence 与道森公司分隔开，使 Indulgence成为一家独立的公司。"

"妈妈，"吉米拉尽可能轻柔地补充道，"我已决定要独自发展。"

## 家族企业

1959 年，罗伯特·道森购买了一套富勒产品公司的销售工具包，开始在布鲁克林挨家挨户销售个人护理产品。1962 年，他遇到了乌丽莎，此时乌丽莎正在销售富勒的产品来赚取大学学费。他们于 1963 年结婚，几年后在芝加哥开了一家富勒产品分销公司，这家公司很快成为富勒的头号产品销售商。1971 年，当他们的导师富勒遭到全国抵制的沉重打击时（见附录 17A），道森一家从厨房开始很快建立了自己的制造能力。他们将产品包装在当地理发店用过的容器、旧果冻罐和蛋黄酱罐中。

到 1978 年，该公司已包含了道森美容大学和中西部的美容用品连锁店。罗伯特担任总裁，乌丽莎在行政和生产中担当重要角色。他们的两个女儿从很小的时候开始就加入了公司，她们通过推销诸如爆米花、烘焙食品、水果甚至连裤袜等产品来学习如何挨家挨户销售。

罗伯特和乌丽莎希望他们的孩子和员工明白，建立和经营一家企业需要辛勤的工作和严明的纪律。他们定期将安吉拉和吉米拉带到办公室，给女儿们安排特定的任务。这有助于让她们明白何谓职业道德，并使家人拥有团结在一起的共同使命。

1988 年，道森一家在芝加哥南部建造了 37 000 平方英尺的公司总部和制造工厂。孩子们继续学习销售、营销和制造等各个方面的业务。1991 年，他们实地开设了道森美容中心（DCC）。DCC 成为进行道森美容大学工作员工培训的重要场所。1997 年，道森公司及其制造工厂迁至 DCC 附近，面积达 80 000 平方英尺，设备先进。

到 2000 年，道森公司为非裔美国人生产和销售了 400 多种专用和零售的头发与个人护理产品。道森美容中心设有旅行社、酒店和会议中心。道森公司的总体目标仍然是为人赋能，为自给自足提供机会并促进经济发展。2004 年，道森公司收入超过 3 200 万美元，雇用了近 500 名员工，其中大部分员工是外部销售代表。

## 创新产品线

1993 年，在完成了哈佛法学院的学业后，吉米拉的姐姐安吉拉作为法律顾问加入道森公司。一年后，道森公司收购了一家化妆品制造公司，以建立道森化妆品产品生产线。安吉拉发展了这家公司，并成为其总裁，同时兼任道森公司首席运营官。像大部分道森产品一样，这些化妆品并非在零售商店出售，而是出售给沙龙，再由沙龙出售给客户。这样专有品牌产品能使沙龙所有者从中获利。尽管道森公司的销售代表偶尔会挨家挨户销售，但这只占总销售额的很小一部分。

吉米拉于 1998 年出任市场总监。她的重组计划在普通员工中引起了轰动，但父母的大力支持平息了一些传言。2000 年，她在化妆品部门内启动了一条新产品线。这条豪华水疗产品线名为 Indulgence，最初与其他道森产品一起出售。但是，随着该系列需求的增长，吉米拉开始计划借助产品的流行从中获取更多利润。

2003 年春，吉米拉彻底改变了美容部门的工作内容和薪酬结构。道森公司不再使用有薪销售代表，而是转向了多层次的销售模式。销售代表是独立的分销商，他们销售产品并招募和指导新的代表。玫琳凯、欢乐厨妇和特百惠等公司已成功使用此方法。吉米拉认为这一方法可以在非裔美国人社区内支持促进人们经济自给自足的使命。

## 父母支持

直到那天早上之前，乌丽莎一直以为吉米拉会跟随着她姐姐的发展道路，成为道森公司的董事。她还设想 Indulgence 这一新的生产线会保留在公司部门内。乌丽莎起身走到窗前。在她的办公室里，她可以很好地看到道森综合大楼，现在道森公司是该市的第三大雇主。乌丽莎向外看着"道森大学旅馆"、庄园会议中心和道森美容大学。她回顾了他们为创建这个企业而付出的努力。就像一个骄傲的母亲一样，乌丽莎乐于看着这个特殊的孩子发展和成长。尽管她和丈夫还未准备让渡控制权，但吉米拉的这一举动将打乱他们一直认为理所当然的继任计划。

乌丽莎自言自语地说："她们的父亲罗伯特·道森是世界上伟大的推销员和企业家，我们已经把她们培养成梦想远大而非走捷径的人。"似乎传输给女儿创业精神和进取精神使她有了这一想法。如此，她难道能不支持吉米拉吗？

吉米拉走了进来。乌丽莎转身面对她的小女儿。

"吉米拉，你确定这是你想要的吗？经营一家企业会很困难。"

"是的，我有信心可以成功。您和父亲让我有能力应对这样的挑战。我已习惯长时间工作，能够做出艰难抉择。在我们的成长和工作中，您教导我们每周要至少预见一个问题。学会预见挑战并为意外制订计划，这对我帮助极大。我的基因优良，我知道我已做好准备。"

"你打算如何为这一行动融资？"

"我已经储蓄多年，有足够的钱保证可以适时开始。"

"很好。"

乌丽莎笑了。吉米拉一直很节俭。到准备上大学时，她已经积攒了 25 000 美元用作第一年的学费。

"但是，我将需要一些额外的运营资金。"

乌丽莎并不意外，她了解她的女儿。

"我可以去找银行，"吉米拉继续说，"但在我去之前，我想与您和爸爸讨论一下，看是否可以安排道森来资助 Indulgence。"

"这对我来说很合理，我相信你父亲也会愿意。"

吉米拉感到妈妈对这个主意并不高兴。父母培养她和她的姐姐来经营家族企业，而不是让她们独自创业。吉米拉不想让他们难过或伤害道森产品，但她需要独立。她知道只要还在道森，她的父母就会继续替她做所有重要决定。吉米拉明白，尽管她的父母已退休，但他们甚至还没有准备好放慢脚步。

"谢谢妈妈。我得离开了。我还有个员工会议。本周晚些时候爸爸回来时，我会与您和爸爸一起谈谈。"

**吉米拉的 Indulgence**

吉米拉花了三周时间制订了一项计划，该计划可为吉米拉提供资金支持，保证公司独立性，且没有给母公司带来压力。吉米拉将继续在道森工作，处理特殊项目。作为回报，道森将向 Indulgence 水疗产品提供 25 万美元的贷款，并让吉米拉使用道森的业务设备来支持 Indulgence 生产其大部分产品。

吉米拉的职责包括管理道森酒店。她知道 Indulgence 要持续获得支持将取决于她在道森的表现，故而提高酒店价格（仍远低于市场价格），增加酒店的外界活动来提高酒店的盈利能力。吉米拉试图利用一切资源来帮助 Indulgence。她加入直销协会，利用协会的教育项目，并借用协会发展有益人脉。她会见了玫琳凯、雅芳和开展直销业务的公司的领导者。

她开始制定竞争性的营销策略。她确定，她的主要直接竞争对手是美体小铺（Body Shop）的新部门：家中美体小铺（Body Shop at Home）。她相信，她的另一个直接竞争对手是 Warm Spirits，这家新公司由一名白人男性化学家和一名非裔女性拥有。因为其他大型的健康和美容护理公司不专门经营水疗业务，所以她不认为是竞争对手。

吉米拉设计了一个产品指南，介绍了使用水疗产品的所有种族的女性。该指南指出："本公司的建立是基于这样的信念，即女性只要花一点时间来更新和恢复自己的内在精神，就可以成为更好的朋友、母亲和妻子。"她还扩充了产品系列。

吉米拉在许多节日集市、贸易展和其他活动上展示了她的产品。通过在全国性出版物上做广告，她慢慢地发展了一个全国性的独立美容顾问小组。顶级制作人劳拉·迈克尔斯（Laura Michaels）回应广告并加入了公司。劳拉是一位具有直销经验的中年白人妇女，代表了吉米拉认为 Indulgence 一定需要吸纳的客户人群。然而，尽管劳拉成功建立了白人客户群，但大多数 Indulgence 的员工还是非裔美国人。

吉米拉设定了积极的增长目标。她计划吸引 100 位美容顾问，月销售额为 100 000 美元，并在 2006 财政年度末实现盈利。她开了一个好头。在刚开业 7 周后，她就拥有了 28 位美容顾问和 15 000 美元的月销售额。

**母公司的担忧**

2005 年春，乌丽莎注意到吉米拉似乎对与道森公司达成的协议以及对 Indulgence 的进展感到非常满意。

不过，乌丽莎感到自己的想法走向不同的两个方向：她由衷希望吉米拉成功，但她也希望增长中的家族企业道森公司继续保持成功。那周早些时候，她向一位密友吐露了心声：

使道森公司如此成功的不是装我们产品的瓶子或罐子，甚至不是产品本身，因为我们的许多竞争对手都有类似的东西。是我们的精神使我们成为第一。我们一直都知道如何取之既有，成其欲为。

在适当时间，罗伯特和我将开始准备将这项事业留给我们的女儿，但现在我们可能不得不重新制订我们的继任计划。如果吉米拉离开而安吉拉负责，我们必须雇用一名行政支持人员。即使大多数员工来自公司内部，我也不知道这些员工对安吉拉是否会像这些年来对我们一样忠诚。老前辈会不断质疑新观念和新程序吗？

罗伯特和我坚信道森公司必须始终保持家族企业的地位。我们像对待家人一样对待所有员工。许多员工的几个孩子和家人都在为道森工作。我们会一直努力照顾他们，因为他们相信我们，相信我们的使命。

乌丽莎和罗伯特还有另一个原因想让公司保持私有。在非裔美国人个人护理公司中，道森公司是极少数成功避免被白人所控跨国公司收购的公司之一（请参阅附录 17B）。其中一桩特别痛苦的收购涉及他们的密友强生一家。

强生公司曾经是一家非裔美国人拥有的护发公司。在 20 世纪 90 年代初期，乔治·强生和琼·强生结束了 35 年的婚姻。为避免混乱的法庭之争，乔治将股票转让给了妻子。他们的儿子埃里克（Eric）成为总裁，将利润提高了 50%。但埃里克给妹妹琼妮（Joanie）安排了一个她觉得低于她能力的职位，这让她深感不快。琼妮进行了报复，说服担任公司董事会主席的母亲罢免了埃里克。埃里克于 1993 年辞职，并将公司以 6 100 万美元的价格卖给了 IVAC，IVAC 是佛罗里达州一家拥有多数股权的仿制药公司。

乌丽莎理解为何强生的故事在非裔美国人社区引起了如此大的争议。虽然她和她的丈夫曾被要求出售道森公司，但他们始终拒绝。他们致力于使道森公司成为非裔

美国人的家族企业，这是社区的榜样，也是帮助非裔美国人成为"工作创造者"而非
"求职者"的推动力。

确凿事实

Indulgence 2005 财年的销售额未达预期。吉米拉意识到，为使公司步入正轨，
她必须在未来几周大幅增加销售额。就在吉米拉从办公桌旁站起来准备去与母亲共进
午餐时，她接到了劳拉·迈克尔斯的电话。

"吉米拉，我不知道发生了什么。"

"劳拉，你在说什么？"

"我的表妹帕特里夏（Patricia）本准备报名，然而她回电话告诉我说她改变了主
意。我对她的营销潜力感到非常兴奋，因为她有很多朋友都喜欢这些产品。她本来会
是一个出色的分销商，会在白色人种市场上赢得丰厚的利润。"

吉米拉知道建立一个白人客户群是很困难的，但不是那么难。她被告诫过。当她
在当地一所大学展示自己的商业理念时，研究生们质疑一名非裔女性能否在一个白人
主导、竞争激烈的市场上取得成功。白人偏见并不是唯一的问题。吉米拉知道，许多
非裔，包括道森公司员工在内的许多非裔都对她使用 Indulgence 水疗产品系列"跨
界"进入白人市场感到不满。

吉米拉说："会没事的，像这样的事情总是发生在直销中。"但劳拉听到了她颤抖
的声音。

"你知道，我通常很擅长发现潜在经销商。我不想这么说，吉米拉，但是当我告
诉我表妹公司由一名年轻的非裔女性拥有时，她的态度改变了。最近，我越来越能感
觉到这种不友好的态度。我真的不明白。人怎么会这么心胸狭窄？"

"我不知道，劳拉。也许只是我不想知道。"

## 📍 附录 17A　塞缪尔·富勒

人静止不动是违反自然法则的；人必须前进，否则永恒的进步将迫使他后退。
非裔对此无法理解；非裔认为，缺乏民权立法以及缺乏融合使他们后退了。但这
并非真相……

——塞缪尔·富勒

塞缪尔·富勒是 20 世纪中期美国最富有、最成功的非裔企业家之一。他在芝加哥的商业帝国包括生产保健和美容辅助用品与清洁用品的富勒产品公司，300 万美元的房地产，南方中心（后来改为富勒）百货公司和办公楼，纽约一家房地产信托公司，最大的非裔连锁报纸，富勒 Philco 家电中心，以及农场和牲畜的经营。

富勒 1905 年出生于路易斯安那州瓦希塔教区的农村贫困地区。早期，他以可靠和聪慧而成名。1920 年来到芝加哥后，他做了些琐碎的工作，最终成为一家煤场的经理。在大萧条时期，他尽管有一份稳定的工作，但仍然选择独自创业，并在 1934 年以 25 美元创立了富勒产品公司。

1960 年，富勒产品公司在鼎盛时期，拥有 85 个分支机构，覆盖 38 个州，共有 1 000 万美元的销售额。他的员工中有非裔和白人，包括 5 000 名销售人员与 600 名办公室和工厂工人，由他们生产和销售富勒的 300 种不同产品。1947 年，富勒产品公司秘密收购了博伊尔国际实验室（一家面向南方白人的白色化妆品制造商）。富勒产品公司还持有帕特里夏·史蒂文斯化妆品公司和麦可布雷迪公司的股权。

富勒产品公司培训了许多未来的企业家。出版商约翰·H. 约翰逊以及美发产品制造商乔治·强生、罗伯特·道森都是非裔百万富翁，他们认为富勒是他们的榜样。富勒蔑视种族主义。"个人的肤色没有任何影响，"他宣称，"没有人在乎牛是黑色、红色、黄色还是棕色。人们想知道它能产多少奶。"

富勒是一名重要的非裔共和党人，尽管他总有独立倾向。他提倡民权，曾短暂领导芝加哥南区全国有色人种协进会（NAACP）。在蒙哥马利公交公司抵制行动中，他与伯明翰非裔商人加斯顿一起，试图组织一次合作行动，收购这家有种族隔离措施的公交公司。他告诉小马丁·路德·金说："公交公司正在亏损，愿意出售。我们应该买下它。"金对这个想法持怀疑态度，并且没有足够的非裔前来筹款。尽管富勒信仰民权，但他总是强调非裔需要经商。1958 年，他抨击了联邦政府破坏自由企业。

20 世纪 60 年代初期，富勒的金融帝国崩塌了。南方白人发现了他对博伊尔国际实验室的实际所有权，并予以抵制。然后，因为此前富勒于 1963 年在美国全国制造商协会的一次演讲中说，太多非裔以他们缺乏民权作为失败的借口，导致非裔领袖开始呼吁抵制富勒产品。

富勒试图通过出售富勒产品公司的股票来筹集资金，但失败了。1964 年美国证券交易委员会指控他出售未注册证券。他被迫向债权人支付 150 万美元，并变卖了多家企业以偿还债务。

　　破产后，由于得到芝加哥主要非裔商人数十万美元的捐款和贷款等资金支持，富勒产品公司在 1972 年进行了重组，但一直没有恢复成为主要的非裔企业。富勒产品公司继续生产一系列清洁产品和化妆品，并通过经销商特许经营来销售。1975 年，富勒产品公司的销售额接近 100 万美元。富勒于 1988 年去世。

## ⊙ 附录 17B　族裔健康和美容产业

### 概述

　　族裔健康和美容产业（HBC）由护发产品、护肤产品和化妆品组成，专为少数族裔设计和销售。美国三大少数族裔是非裔、拉美裔和亚裔。由于非裔美国人是 HBC 族裔产品的最大购买者，因此大多数 HBC 族裔产品都面向他们。该行业曾经是非裔美国人公司的地盘，但当全国主要制造商意识到其潜力时，制造商就迅速占据了这一行业。

　　2004 年，少数族裔护发、彩妆和护肤品的市场规模为 16 亿美元，2006 年增长到 19 亿美元。份额最大的 HBC 类别是头发护理品，占总额的 72%，为 11.24 亿美元，其次是化妆品，为 3.27 亿美元（占 20%），然后皮肤护理品为 1.1 亿美元（占 7%）。未通过传统零售渠道销售的产品（如专业造型师使用的产品、Indulgence 水疗产品和道森产品）未反映在这些数据中。

### 非裔美国人是 HBC 产品的最大消费者

　　研究表明，非裔美国人在 HBC 产品上的花费是普通人群的 3 ～ 5 倍。根据美国健康与美容援助研究所（AHBAI）的数据，非裔美国人占总人口的 12%，但购买了所有健康和美容用品的 19% 和所有护发产品的 34%。2005 年，非裔美国人的购买力超过 6 880 亿美元。

### 族裔健康和美容产业的成长与发展

　　非裔美国人建立了族裔健康和美容产业。创始先驱 C. J. 沃克女士以及塞缪尔·富勒和乔治·强生都属于第一批发现者，他们发现了满足非裔美国人头发和皮肤护理需求的巨大潜力。

　　在他们的时代，几乎没有为非裔美国人设计的头发和皮肤护理产品。直到 19 世纪末，族裔市场主要由非裔美国人自产自销的产品组成。

美国首位白手起家的非裔女性百万富翁 C. J. 沃克，以自创护发产品的研发、制造和销售走在了前列。她还对压梳进行了创新，从而发展了整个行业。紧随其后的是塞缪尔·富勒（见附录 17A）。富勒众多的弟子之一乔治·强生，开创了现代族裔健康和美容行业。道森产品公司、Bronner Brothers、Pro-Line、Soft Sheen、Lustre 和其他许多公司都在此基础上诞生与发展。

### 非裔美发公司在非裔美国人社区中的作用

接下来的 30 年，在 C. J. 沃克女士所处的时代，为数不多的非裔美国人的健康和美容保健公司已快速发展到近 20 家。随着行业的发展，这在非裔美国人社区创造了数千个就业机会。

在种族隔离时期，许多非裔美国人认为在自己的社区创办企业并发展壮大是实现自由、正义和平等的唯一途径。因此，非裔美国人创业者被誉为社区的英雄、领袖和榜样。

废除种族隔离之后，许多由非裔拥有的企业开始把市场份额输给白人公司。非裔拥有的银行、旅馆和街角商店很快就消失了。唯一能为非裔服务的非裔企业是非裔护发公司，到了 20 世纪 70 年代，它们也开始面临来自主流企业的严峻挑战。

### 非非裔美国公司向族裔健康和美容产业的转移

20 世纪 70 年代初，主流企业开始在族裔市场看到大量机会。在此之前，少数非裔美发公司正在发展壮大。20 世纪 70 年代后期，杰里卷发（Jheri Curl，当时最热门的款式之一）的流行，推动族裔市场得到了巨大的发展。许多公司的利润飞涨，有的超过了 40%。

杰里卷发是 Playtex 公司的产品，这家公司由白人拥有。当像迈克尔·杰克逊这样的名人开始炫耀卷发时，顾客对杰里卷发的需求激增，因此需要大量的产品来实现和保持杰里卷发的外观，许多非裔美发公司从中获利。1986 年《新闻周刊》的一篇文章称，杰里卷发"刺激了 32% 的工业增长率"。

但非裔美发公司的成功使阿尔贝托·卡尔弗和露华浓等行业巨头进入市场，随后吉列在 20 世纪 80 年代中期收购了路斯特兰克。

### 所有权变动如何影响非裔美国公司

许多非裔美国人的健康和美容保健公司无法与这些行业巨头竞争，于是被出售、合并或破产。幸存的非裔美国公司也失去了相当大的市场份额。

这次重组将权力的天平转向了非非裔美国公司。例如,强生产品公司在 1976 年控制了顺发剂市场 80% 的份额。1977 年,联邦贸易委员会命令强生产品公司在其含碱顺发剂包装上贴上警告标签,这损害了公司形象,减少了客户。

到了 20 世纪 80 年代,非裔美国人的健康和美容保健公司陷入了严重的困境,其市场份额从 80% 降至 50% 以下。

## 美国健康与美容援助研究所的成立

作为回应,美国健康与美容援助研究所(AHBAI)于 1981 年成立。AHBAI 是一个全国性的非营利组织,由非裔拥有的、为非裔消费者生产护发品和化妆品的公司组成。AHBAI 创建了"骄傲的女士"徽标(一位有三层头发的非裔女性剪影),它被印在其成员的产品、包装和宣传材料上。AHBAI 的使命是让消费者了解由非裔美国人拥有的公司生产的产品。

## 露华浓宣言

当非裔美国护发公司面临收入减少以及公司收购、兼并和接管等威胁时,1986 年 10 月的《新闻周刊》杂志援引露华浓高级官员欧文·博特纳(Irving Bottner)的话,"在未来几年,非裔拥有的公司将消失。这些都会卖给白人公司"。

博特纳接着批评了 AHBAI,称它鼓励非裔消费者从非裔公司购买商品的做法对白人企业不公平:"他们把商业问题变成了社会问题。当你生产出消费者想要的产品时,忠诚度就不会消失。"

博特纳还指出,非裔公司倾向于提供"劣质"产品:"我们被指控剥夺了非裔公司的业务,但非裔消费者购买的是优质产品,他们的非裔兄弟常常没有给予他们任何好处。"作为回应,杰西·杰克逊(Jesse Jackson)发起行动抵制露华浓,要求露华浓放弃在南非的业务,雇用更多的非裔经理,并使用更多的非裔供应商。诸如 Essence、Ebony 和 Jet 等非裔出版物暂停刊登露华浓广告。为了消除负面影响,露华浓赞助了一项 300 万美元的广告活动,宣布与非裔企业合作的资金将用以支持非裔社区。

冲突在 20 世纪 90 年代升级了,一家接一家的兼并和收购摧毁了非裔拥有的健康和美容保健公司。1993 年,总部位于佛罗里达州的非专利药公司 IVAX,收购了

Afro-Sheen 和 Ultra-Sheen 的制造商强生产品公司。IVAX 还收购了弗洛里·罗伯茨化妆品——一家拥有多数股权的有色人种女性化妆品生产线。1998 年，欧莱雅收购了 Soft Sheen。同年，强生产品公司的所有权从 IVAX 转到了位于佐治亚州萨凡纳的主流企业卡森公司。2000 年 3 月，阿尔贝托·卡尔弗收购了第三大非裔拥有的制造商专业线（Pro-Line），但未披露金额。

2000 年，欧莱雅收购了卡森公司。在欧莱雅的领导下，排名前两位的非裔拥有的护发公司（强生产品公司和 Soft Sheen 公司）也加入了进来。总部位于法国的欧莱雅，现已成为全球最主要的族裔健康和美容产品制造商。

细分市场服务公司（Segmented Marketing Services）总裁兼首席执行官拉斐特·琼斯（Lafayette Jones）估计，2004 年欧莱雅族裔市场部门的销售额在 10 亿美元左右，阿尔贝托·卡尔弗的销售额在 1 亿美元左右。

第 18 章

# 收获与超越

## 一段旅程，而非目的地

● 导 读

公司要实现可持续发展，就必须回馈社区，为下一代创业者投入时间和资金。

成功的创业者会努力打造一家伟大的公司，财富随之而来。

怀揣一个收获目标并精心制定实现目标的战略，是将成功创业者与其他人区分的标准。

成功创业者拥有的一种共同感受是，他们的最大动力和满足感源自旅程中的挑战和兴奋。也许沃尔特·迪斯尼的表述是最好的："我不是通过拍电影赚钱，而是用赚的钱去拍电影。"追逐带来的快感才是最重要的。

成功创业者还谈到了这种冒险旅行对现金、时间、注意力和精力的索取无度，有人曾中肯地表示这令人上瘾。大多数人说它比他们想象中的要求更高也更困难，但他们仍旧愿意再来一次。

对于绝大多数创业者来说，累积可观的净资产需要 10 年、15 年，甚至 20 年或更长时间。根据大众媒体和政府的统计数据，如今美国的百万富翁人数比以往任何时候都多，在 2007 年全世界有近 1 000 万位百万富翁。

## 家族财富

《家族财富》是哈佛大学高级慈善顾问查尔斯·科利尔（Charles W. Collier）的得意之作。这本书是创业者必读著作，原因是在如何管理家族财富这一微妙的、矛盾的、时常令人困惑的问题上，书中充满了智慧、经验教训以及实用的建议。几乎在每一种文化中都有与"富不过三代"意义差不多的谚语。在中国也有类似的说法，"穷不过三代，富不过三代"。在世界范围内，全球创业革命正在创造前所未有的家庭财富。但正如谚语所揭示的那样，这种财富可以成为一种诅咒，也可以成为资产重建的载体。

科利尔的著作分享了许多富裕家庭如何管控财富的案例，即他们如何教导下一代有关财富的深层含义，向他们灌输一种对工作的热情，通过慈善事业而不仅仅是消费来展示他们的财富状况。这些案例说明了家族如何利用财富进行自我更新，在下一代中创造一种社会责任感，并通过回馈社会达到资产的社会性更新。这种慈善活动一次又一次地成为家族共享的活动，它深层次地展现了家族及个人的价值观，并创造了重要的家庭遗产。《家族财富》也是一本优秀的资源手册，其中包含丰富的参考书目和网络信息来源。

## 旅程会让人上瘾

创业者所经受的沉浸感、工作量、自己家庭的许多牺牲以及筋疲力尽都是真实存在的。保持活力、热情和驱动力以越过终点线、实现收获，可能会显得异常困难。例如，计算机软件行业中的一位创业者在独立工作多年后终于开发出了高度复杂的软件，然而他坚称自己再也无法忍受计算机行业了。可以试想一下，在经过这么长时间的战斗后，试图准确定位公司并将其有效售出，以及以适当的溢价水平进行谈判并最终达成交易何其艰难。

## 首先创立一家伟大的公司

对于非创业者来说，需要领悟的最简单但又最困难的原则之一就是财富和流动资产是创建一家伟大公司的结果，而不是原因。他们没有认识到赚钱和花钱之间的区别，大多数成功的创业者都清楚地了解这两者之间的区别：他们的乐趣源于促进企业成长，因为他们知道，如果他们能够更加致力于为创始人、投资者和其他利益相关者创建一家可持续发展的企业，那么回报就会自然而然地到来。

## 创建收获选项并捕获价值

无数的例子证明了创业者会出售或合并他们的公司，然后继续收购或创办另一家公司并追求新的梦想。

**案例 1**：罗宾·沃拉纳（Robin Wolaner）在 20 世纪 80 年代中期创立了 *Parenting* 杂志，并将其卖给了 Time-Life。之后，沃拉纳加入了时代周刊公司，事业有成，于 1992 年 7 月成为时代周刊日落出版公司（Time's Sunset Publishing Corporation）的负责人。

**案例 2**：乔治·穆勒（George Mueller）和加里·穆勒（Gary Mueller）兄弟在大学毕业后创办了一家公司，那时候乔治刚刚成为 MBA 学生。公司发展迅速，并于 2000 年年初以超过 5 000 万美元的价格被出售。进入初创公司大约 3 年后，弟弟加里决定自己创业。他以最佳条件离开了 Securities Online，并在波士顿创建了 Color Kinetics，到 2003 年年初，该公司已募集了超过 4 800 万美元的风险投资，作为 LED 照明技术的领先公司，它的销售额很快超过了 3 000 万美元。我们预测这两家企业不会是乔治或加里所创办的最后一家公司。

**案例 3**：克雷格·班森（Craig Benson）于 20 世纪 80 年代创立了 Cabletron，该企业是一家非常成功的公司。最终他引入了一位新 CEO，自己则与他人一起捐资创建百森商学院，然后专注于教授信息技术和互联网方面的创业课程。后来他担任了新罕布什尔州州长，这是他回馈社会和追求新梦想的另一种方式。

**案例 4**：在 20 岁出头的时候，斯蒂芬·斯皮内利被他的前大学橄榄球教练吉姆·辛德曼招募（参见 Jiffy Lube 系列案例），以帮助创建 Jiffy Lube International。作为辛德曼的橄榄球队的队长，斯蒂芬展现出的领导力、坚韧和追求胜利的竞争意志，都是创建新公司所必备的素质。后来斯蒂芬在美国建立了最大的特许经营连锁企业。1993 年，斯蒂芬将他的 49 家商店卖给了 Pennzoil，然后回到了自己的

MBA 母校教书。他对这一新的挑战充满了激情与兴趣，甚至回来获得了博士学位。斯蒂芬随后任百森商学院 Arthur M. Blank 创业中心的主任，成为所有美国大学中的第一个创业部门的首席主席，然后是副校长以至费城大学的校长。

**案例 5：**在创建美国第九大制药公司 Marion Laboratories 之后，尤因·马里恩·考夫曼以慈善家和运动员的身份过着不一样的生活。他的考夫曼基金会及其创业领导力中心成为全美第一个，也是主要的一个致力于促进创业的基金会。他为堪萨斯州带来了堪萨斯城皇家棒球队，球队所有权归市政府，并制定了即使出售也要留下的条款，以确保它会留在堪萨斯。出售球队所获的 7 500 万美元收益也捐赠给了堪萨斯城的慈善事业。

**案例 6：**杰夫·帕克（Jeff Parker）在他 40 岁时建立并出售了两家公司，其中包括技术数据公司（Technical Data Corporation）。他从这些企业中获得的巨额收益使他改行成为私人投资者，他与年轻创业者密切合作，帮助他们建立自己的公司。

**案例 7：**1987 年中期，Knight Publications 的创始人兼总裁乔治·奈特（George Knight）积极寻求收购，以令公司成为推动社会发展的一股强大的力量。乔治对于业内小公司的估值异常之高深感震惊，他认为现在应该成为卖家而非买家。因此，1988 年，他将 Knight Publications 卖给了一家大公司，在新公司他成为首席执行官，为一家规模更大的公司的发展做出贡献，实现自己的抱负。他使这家大公司摆脱了此前陷入的困境，并且目前正在积极寻求收购一家小公司，以将该公司发展成为一家规模更大的公司。

## 设定收获目标：价值实现

怀揣一个收获目标并精心制定实现目标的战略，是区分成功创业者与其他人的标准。许多创业者的目标只是为自己创造工作机会和美好生活。这与创造一项事业截然不同，后者为包括员工和投资者在内的许多其他人创造了美好生活，这是通过可以带来资本收益的价值创造而实现的。

设定收获目标实现了很多目的，其中最重要的目的是帮助创业者从企业获得税后现金收入，并大幅提高其净资产。在推动业务发展的过程中，这样的目标还可以确立高标准的绩效要求和对迈向卓越的严肃承诺。此外，它还可以提供激励力量和战略焦点，避免以牺牲客户、员工、增值产品和服务为代价的情况出现，从而最大限度地提高季度收益。设定收获目标还有其他充分的理由。与无法实现收获的企业相比，以收获为导向的企业要求的实际工作量可能更少，而且可能要容易一些。管理这样的企业可能比管理一家非收获导向企业的压力更小。

## 制定收获战略：时机至关重要

一贯来说，创业者会避免考虑收获问题。在 1983 年至 1986 年间对计算机软件行业进行的一项调查中，史蒂文·霍姆伯格（Steven Holmberg）发现，在被调查的 100 家公司中，80% 的公司只有一个非正式的收获计划。其余的样本证实了创业者对收获计划的回避，只有 15% 的公司在其商业计划中有正式的书面收获战略，其余 5% 的公司在商业计划完成后撰写了正式的收获计划。当一家公司成立后，它需要为了生存而奋斗，最终逐渐崛起，出售通常是公司创始人最不可能考虑的事情。在创业者看来，出售通常等同于完全抛弃自己精心培育的"孩子"。

通常情况下，公司创始人只有在历经可能失去整个公司这样的恐怖事件之后，才会考虑出售公司。这些可能的情况往往是猝不及防的：新技术可能造成超越现有产品线的威胁，在一个小市场上突然出现了一个强有力的竞争对手，或者丢失了一个大客户。继而，一种恐慌感袭上了这家由少数人持股的公司的创始人和股东心头，公司突然就要被出售：在错误的时间因为错误的情况导致了错误的报价。自愿地在正确的时机出售公司，涉及瞄准创业者面临的众多战略窗口之一。创业者发现，在某种创意开始萌芽之前，收获是一个不成问题的问题，而且再强调一次，在为一个正在进行的业务创造现有现金流和为从零出发的业务创造现金流之间，还存在巨大的差距。大多数创业者都认为，保护客户和创造持续的销售收入比他们想象中要困难得多，而且花费的时间也要长得多。此外，在报表上预估和操作这些收入很轻松，这掩盖了将这些预测转化为现金流所需的时间和精力。

制定收获战略是一项极其复杂和困难的任务。因此，创业者不能过早地开始制定这样的战略。1989—1991 年，银行业紧缩信贷的政策加剧了自 1987 年 10 月股市崩溃后所导致的经济低迷。该事件其中一个受害者是一家我们称之为"有线电视"（Cable TV）的公司。1989 年年初，该公司的价值超过 2 亿美元，到 20 世纪

90 年代中期，这一数字已降至零以下。沉重的债务使公司不堪重负。经过 5 年多殚精竭虑的挣扎，创始人最终卖掉了这家公司，转售的价格仅仅为 1989 年公司价值峰值的 1/4。这一模式在 2001 年和 2002 年再次成为普遍现象，大公司在互联网泡沫破灭和股票市场崩溃后宣布破产，其中包括安然、凯马特、环球电讯等杰出企业，也包括知名度较低但规模庞大的电信公司和互联网公司。这是一个不断重演的历史教训。虽然建立一家公司是最终目标，但如果不能保留收获的选项，并在可行时对其加以利用，则对创业者来说可能是致命的。在制定收获战略时，以下指导方针和注意事项将十分有用。

- 耐心：正如上文所述，成立并建设最成功的公司需要许多年，因此耐心是有价值的。明智的收获战略应该允许一个少则 3～5 年、多则 7～10 年的时间框架。耐心的另一面则是不要因为突发事件而惊慌失措。在压力下抛售公司通常是世界上最糟糕的决策。
- 现实的价值：如果急躁是诱人收获的敌人，那么贪婪就是刽子手。
- 外部建议：在业务发展的同时，虽然寻找一位能够帮助制定收获战略的顾问是困难的，但也是值得的。该顾问同时能够保持对公司估值的客观性，并具有提供最大化收获建议的耐心和技能。一个主要的问题似乎是出售企业的人与房地产经纪商具有相同的经济作用和职能，如投资银行家或经纪商。本质上，他们的动机是获得短期时间内（通常大约为几个月）的佣金。然而，一位与企业领导者合作 5 年甚至更长时间的顾问可以就整体业务制定和实施收获战略，从而在收获机会出现时，帮助企业发现并对这些机会做出反应。

## 收获选项

通过以下七种主要途径，公司可以从它创造的价值中实现收获。

### 资本牛

"资本牛"对创业者来说就像大公司的"现金牛"一样。从本质上讲，这家企业（"牛"）为自己投入的现金（牛奶）比大多数创业者所能花费的要多。结果是，这家公司拥有充裕的资本和现金，也有能力承担债务和进行再投资。例如，有一家建于 20 世纪 70 年代早期的健康护理相关的公司，它在早期取得了成功并实现上市。几年后，创办人决定从公众持股人手中回购公司股份，并恢复到少数人持股状态。如今，该公司的年销售额超过 1 亿美元，每年产生数百万美元的资本。这头"资本牛"使其创业者能够组建实体，投资其他一些更具潜力的项目，包括参与了对一家大型公司销售部门 1.5 亿美元的杠杆收购，以及一些风险投资交易。有时，创造一头"资本牛"会导致创业者在原始公司外持有大量不入账的地产资产。这使得现金流分配和后续的财富分配具有更大的灵活性。

## 员工持股计划

员工持股计划作为一种没有正式市场的股票估值机制，在少数人持股公司中非常流行。通过将股票销售给计划员工和其他员工，员工持股计划也是创始者实现自身股票某种程度的流动性的工具。而且，由于员工持股计划通常会在员工之间创造广泛的股权分布，因此它也被视为一种积极的激励手段。

## 管理层收购

另一种途径被称为管理层收购（MBO），创始人可以通过将股票出售给现有的合作伙伴或业务中的其他关键经理来获得流动性。如果企业既有资产又有现金流，还可以通过从事杠杆收购和管理层收购的银行、保险公司和金融机构进行融资。即使企业的资产不够丰厚，只要现金流能够偿还债务以支付购买价格，那么也能说服贷款人进行管理层收购。通常的问题是，经理从所有者手中买下缺乏现金流的公司。管理层收购通常要求卖方只能提前支取一定数量的现金，并在未来几年内实现购买价格的平衡。如果购买价格与企业未来的盈利能力有关，那么卖方获得的金额将会完全依赖于买方是否具有成功经营企业的能力。

## 收购与战略联盟

对于创始人来说，与另一家公司合并是实现收获的一种方式。例如，有两位企业创始人已经为迅速崛起的个人计算机行业开发了高质量培训程序，他们将公司与另一家公司进行了合并。他们有计算机背景，但缺乏市场营销或一般管理经验。他们公司的业绩显示，前 5 年的年销售额低于 50 万美元，并且公司无法吸引风险投资。进行合并的公司是一家价值 1 500 万美元的公司，在管理培训程序方面声名卓著，并拥有《财富》1 000 强企业的客户基础。买方获得了小公司 80% 的股份，以便将被合并公司的收入和收益合并到自己的财务报表中，小公司的两位创始人仍保留其公司 20% 的股权。两位创始人还获得了雇用合同，在新公司建立的第一年，买方提供了近 150 万美元的资本预付款。在出售协议下，两位创始人将能够从他们拥有的 20% 的公司股份中实现收获，但这要取决于该公司未来几年的业绩。这两位创始人现在需要向母公司的总裁汇报，而母公司的一位创始人则在较小的公司担任了关键的执行职务，这是由少数人持股的公司之间合并的常见方法。

在战略联盟中，创始人可以从一家对其技术感兴趣的大公司中获取急需的资金。这样的安排往往会导致下游创始人的公司被完全收购。

## 直接出售

大多数顾问认为直接出售公司是理想的选择，因为人们往往更加青睐到手的现金而不是股票，尽管后者可能是免税交易。股权交换交易的问题在于收购方公司股票价格的波动性和不可预测性。当买方公司的股票价格持续下跌时，许多创业者只能得到原始购买价格的一点零头。收购公司通常希望留用被收购企业的核心管理人员，与他们签订长达数年时间的雇用合同。

## 公开上市

就价值而言，最有吸引力的选择是公开上市，对于许多想要成功的创业者来说，这种愿望非常有吸引力，但公开上市是一件罕见的事情。

1987 年 10 月股市崩溃后，新发行股票的市场萎缩到 1983 年、1985 年和 1986 年强劲 IPO 市场的一小部分。新发行的股票数量和首次公开募股的数量没有反弹，相反，它们在 1988—1991 年有所下降，然后在 1992—1993 年初，首次公开募股的机会窗口再次复苏。在这次 IPO 热潮中，"总资产在 50 万美元以下的小公司有超过 68% 进行了首次公开募股"。以前，小公司在 IPO 市场上没有那么活跃。(莲花、康柏和苹果等公司确实得到了前所未有的关注和追捧,但这些公司确实是例外。)美国证券交易委员会(SEC)试图"降低发行成本,减少小公司的注册和报告负担,并通过采用 S-18 表格简化注册过程(该表适用于少于 750 万美元的新股发行),同时减少了披露要求"。同样,条例 D 规定,免除注册资金不足 50 万美元的小企业的注册费。

在 20 世纪 90 年代中期到 2002 年,这种周期性现象再次出现。1995—2000年,随着互联网、电信和网络爆炸式发展的持续加速,IPO 市场也蓬勃发展。例如,1996 年 6 月,近 200 个小公司进行了首次公开募股,这一势头直到 1999 年仍十分强劲,甚至持续到 2000 年的头两个月。当纳斯达克在 2000 年 3 月开始崩盘时,IPO 窗口实际上也几乎关闭了。在 2001 年,有几个月没有出现一次 IPO,而在这一年,全年 IPO 企业数量还不到 100 个。2002 年几乎没有明显的复苏迹象。现在教训很深刻了:依靠 IPO 市场获得收获是一种高度周期性的策略,它可以带来巨大的快乐,同样也会导致巨大的失望,这就是股票市场的现实。图 18-1和图 18-2 生动地展示了这一模式。

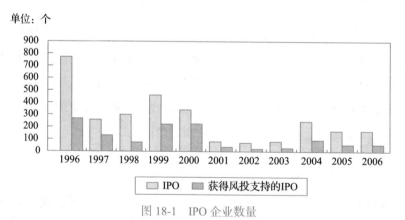

单位: 个

图 18-1 IPO 企业数量

资料来源: Thomson Venture Economics/NVCA.

公开上市有几个好处,其中许多与公司为高速增长提供资金的能力有关。公开上市提供了获得长期资本的渠道,同时也满足了后续的资本需求。公司可能会利用 IPO 所得资金来扩大现有市场的业务或进入相关市场。创始人和初始投资者可能是在寻求流动性,但 SEC 的限制条件越来越严格,制约了高管、董事和内部

图 18-2  IPO 总额

资料来源：Thomson Venture Economics/NVCA.

人士在公开市场上处置股票的时间和数量。因此，公司可能要在首次公开募股几年后，才能实现流动性收益。此外，正如 Jiffy Lube 公司的吉姆·辛德曼所认为的那样，一次公开发售不仅提高了公司的公众认可度，而且促进了产品的销售能力，包括特许经营权。

然而，成为一家上市公司也有风险。例如，霍姆伯格所调查的 100 家计算机软件公司中，50% 的公司同意以下观点，即把关注焦点放在短期利润和绩效上是上市公司存在的一种负面特征。此外，由于披露要求，上市公司失去了一些操作上的保密性，更不用说必须持续支出用于公开披露、审计和税务申报的成本。面对流通股股东，由于存在内幕交易的风险，公司的管理层必须对信息流保持谨慎。因此，很容易看出，为什么公司需要同时考虑上市公司存在的积极特性和消极特性。

## 财富创造机制

1986 年的"税收改革法"严格限制了以前私人公司利用退休金计划转移大笔可减免税金的款项实现财富积累的优惠措施。更糟糕的是，遵守联邦法院要求所需的行政管理费用和日常文书工作简直就像一场噩梦。尽管如此，仍有一些机制可以使公司所有者每年将高达 25% 的工资用于退休计划，这笔钱可以从公司扣除并增加免税额。创业者如果能够在短时间内缴纳如上金额退休金，就将积累起巨额财富。

## 未来之路：制定个人创业战略

在创业过程中你可以想到的所有目标中，有三个是最重要的：

（1）实现目标的强烈愿望。

（2）坚持不懈的竞争精神和必胜的决心。

（3）高标准的个人道德和正直的品质。

### 🔾 创业练习　收获的智慧：对一位收获颇丰的创业者的采访

"成功就是得到你想要的，幸福就是想要你得到的！"

——多萝西·史蒂文森

在本书的开头，我们曾请你采访一位创业者，他需要在过去 10 年左右的时间里建立一家公司，销售额达到 1 000 万美元或更多。现在，本着多萝西·史蒂文森的智慧，我们建议，在价值创造和实现的生命周期的另一端，与一名创业者接触，可以学到很多东西。

著名的记者蒂姆·拉塞尔在他最近出版的《父辈的智慧》一书中，极富洞察力地讲述了关于孩子和父亲之间关系的令人心碎的故事。这本书是根据数万封读过他的《大罗斯和我》这本书的孩子们的来信写的，讲述了他从他的父亲那里得到的爱和智慧，而那些孩子现在已经 30 ~ 50 岁了。第三本必读书是本章前面提到的查尔斯·科利尔的《家庭财富》。我们强烈推荐这些书，它们将为这个练习和采访奠定很好的基础。

先找一位年龄为 45 ~ 61 岁的创始人，他通过建立自己的公司并实现收获而拥有非常可观的净资产。作为一项指导方针，如果公司的收入超过 1 亿美元，则公司的估值可能会达到或超过类似的金额。此外，还要确定这位创业者是否有退休的打算；十有八九他正作为创始人、联合创始人或天使投资人参与了另一家（甚至是两家或三家）企业的经营，同时还担任顾问或董事的角色。

我们发现这个模式已经是一种规则，而不是例外。以约翰·康诺利为例，20 世纪 90 年代初，他在波士顿创立了 Course Technology，后来他的公司实现了 IPO，成为第一批非常成功的学习技术公司之一。然后，在 40 多岁的时候，约翰以约 2 000 万美元的价格收购了另一家公司 Main Spring，他扭转了这家公司的经营不善局面，逐步推进公司发展，并以6亿多美元的价格卖掉了它。约翰现年54岁，个人资产状况足以支持他退休，再也不需要工作了，但他在最近接受访谈时明确表示，这是他最不可能考虑的事情。他这样说："我喜欢建立和创办公司，我喜欢做CEO，我想我永远不会退休！"

与像约翰这样收获颇丰的创业者花一个小时或更长的时间喝一杯咖啡或共进午餐，可以获得宝贵的见解和教诲。这里有一些问题可以引导你的谈话，并与同学、朋友和家人分享你学到的知识。我们敦促你在自己的创业之旅中进行更多这样的谈话。

（1）你为何决定将你的公司出售、合并或上市？从那以后你做了什么，以及为什么？

（2）在成长和实现收获的过程中，你必须面对的最困难的冲突、道德困境和决定是什么？

（3）在平衡婚姻、家庭生活以及合伙人和投资者的收益方面，最具挑战性和最有回报的方面是什么？

（4）在创业的过程中，有什么经历和磨难是你很庆幸自己在创业前不了解的，因为如果你了解的话可能就不会尝试创办一家公司了？如果我是创业者，你有什么建议给我呢？

（5）一些野心勃勃的创业者（也许是盲目的）过于追求胜利和经济上的成功，以至于他们为了交易而放弃正直的品行和声誉。他们似乎能够合理化自己的行为，直到进监狱也坚信自己没有做错什么，如泰科的科斯洛夫斯基以及安然的斯基林和德莱。结合你对那些保持诚信声誉的创业者和那些不保持诚信声誉的创业者的观察，你有什么建议和见解？

（6）当你在经济上非常成功时，你的孩子多大了？他们对家庭的经济状况有多少了解？你谈论过你家的财富、家庭价值观和慈善事业吗？这对他们的信仰和价值观、他们的期望（汽车、假期、物质生活等）以及他们努力工作的动机有什么影响？

（7）在孩子们的成长期，你有没有对他们说或做过什么特别的事情，使他们能够保持脚踏实地的品质，给他们树立一种节俭和遵守职业道德的意识，并给他们留下雄心壮志和回报社会的精神遗产？

（8）观察其他成功的创业者如何处理他们孩子的这些问题以及结果，你认为最好和最差的做法是什么？除了金融资产，他们和你还想在家庭中保留什么？

（9）在处理知名度、同龄人压力和家庭成长过程面临的环境方面，讲讲你所知道的最鼓舞人心和最令人沮丧的富裕家庭（你不必透露任何名字）。这些家庭分别认为家庭的真正财产是什么？

（10）对于渴望自己创业并取得成功的人来说，你能给出哪些最重要的建议、见解和教训？

（11）一些创业者似乎在他们的生活中实现了平衡，拥有有意义的婚姻，为社区做出了贡献，培养了对家庭和社区创造价值的子女。另有一些富有的创业者则仿佛在讲恐怖故事，如酗酒（先是父母，然后是子女），导致婚姻失败的婚外情，几乎不参与社区活动，以及其他悲伤的故事，这些似乎否定了关于成功的最明智的观念。根据你的经验，这些结果之间的区别是什么？一个年轻的创业者能做些什么来效仿前者而不是后者？

（12）是什么让你决定不退休，继续追求更多的事业？讲讲这方面给你带来的物质和心理上的回报。

（13）你希望你的孩子和孙辈有多富有，为什么？

（14）除了上述方面，你还有其他的观察和建议分享吗？

最后，在这里添加你想问的其他问题。

_____

_____

_____

## 总结与分享

把你所发现的、你认为最重要的经验教训和见解，以及你认为会改变你自己的目标和想法的任何方式，通过一到两页的书面总结，与大家分享你的成果。

在你自己的创业生涯中，你很可能会想重温这些话题。

## 终极思考：如果钱没了怎么办

你的遗产将是什么？除了金融资产，你还想保留什么？当你 50 岁左右的时候，你会如何回答这些问题？为此现在和将来你需要做些什么？

### ⊕ 案例研究  光学科技

### 引言

2008 年 1 月，在返回丹佛的途中，吉姆·哈里斯驾驶他的里尔 35（Lear jet-35）滑行到图森（Tucson）东郊尘土飞扬的小机场上。当等待清洁时，哈里斯想到了他建立了将近 14 年之久的光学科技公司（Optitech）——这一伟大工程承载了他对飞行的热爱。但现在他正在商谈卖掉它，希望确保他的生活在收获后会像现在一样快乐。

### 竞争驱动

吉姆·哈里斯就读于科罗拉多大学博尔德分校，离他在丹佛的家很近。他的父亲比尔是一位很有成就的商人。比尔有点担心儿子的平均成绩，但不担心他的未来发展前景。比尔认为，吉姆一直都很有竞争力，从他的背景来看田径是一个重要因素……很明显，无论他做什么，他都会 110% 投入。

1993 年获得历史和政治科学学位后，吉姆跟随女友凯伦去了圣迭戈，试图以职业铁人三项运动员的身份谋生。不幸的是没过多久钱就花完了，吉姆搬回了丹佛，但仍与凯伦保持着联系。

吉姆在一家再制造激光喷墨墨盒供应商处找到了一份销售工作。三个月后，这家总部位于纽约的公司关闭了在丹佛的办事处，吉姆不得不开始独自创业。他住在家里，除了汽车保养和油费几乎没有其他支出。他的父母借给他 8 500 美元，然后他开始开车四处销售再制造墨盒。

### 参与游戏

1994 年，近 6 000 个小型销售办事处和门店占据了容量为 22 亿美元的打印机墨盒售后市场的主导地位。吉姆找到现成的打印机墨盒供应商目录，在车库里开了一家店。为了找到顾客，他采用了电话营销的方式：

我的目标是那些印刷量可能很大的区域性企业，比如医院、律师和会计师事务所。这些都不是大公司，当时它们的业务竞争并不激烈。在另一家公司工作时，我知道这是一场数字游戏，如果我每周安排 15 次约见，那么 3 次中就可能会成交一次。仅仅是开始业务就需要很强的自制力，打数百个电话。我一天打几个小时的电话，一周打 5 天——但大部分是 7 天。

这个行业的一个永不会消失的主要挑战是，大多数大公司对办公用品采取捆绑购买，即从一家供应商那里订购所有东西。要试图让采购经理相信，将墨粉从一站式订单中去除是值得的，这通常是一项艰难的销售任务……

说实话，我害怕遭到拒绝，我试图用铁人三项的纪律来阻止我头脑中的消极情绪。我觉得，只要有一线希望，光明就会到来。只要我能有一两个客户，接下来就会容易很多。

为了让收入基础更持续稳定，吉姆需要几个大客户，而通常像这样的组织可能需要几年时间才能做出决定，同时还需要一些大额交易做参考，吉姆在找到一些大客户前是不会有这样的机会的。幸运的是最终他找到了。由于利润率在 25% ～ 30%，吉姆几乎从第一天起就开始盈利。到夏天，哈里斯的月收入约为 12 000 美元。尽管如此，他知道他必须做得更好，才能走出车库。

正当他开始探索将其微薄的应收账款作为一种增加一些额外资本的方法时，他取得了突破：

我和丹佛的一家 VA 医院谈了很长时间。医院在每个财政年度结束时都下了大量订单，9 月它们给了我 118 000 美元的订单。这笔业务从两个方面来看都是巨大的进步，既给我打下了营运资金的基础，又让我踏进了医疗保健行业的大门。

### 坚持不懈的追求

1995 年年末，吉姆利用来自第三方的旧墨盒（空盒）建立了光学科技公司，经营自己的再制造业务。在接下来的几年里，光学科技建立了广泛的客户群，并开始以高质量的产品和良好的客户服务赢得声誉。

随着业务的发展，吉姆保持了一个扁平、简单的组织结构。他的会计师远程办公，工厂没有装饰，租金低廉。但是他并没有克扣他最重要的资产：

通过实施精益运营，我们对待员工非常好。他们的薪酬和福利一直是业内最好的。我们保持了人员稳定，并促使他们竭诚为客户服务。

到 20 世纪 90 年代末，光学科技的月销售额为 80 万美元。吉姆的父亲一直从旁提供建议和鼓励，他这样评论吉姆的盈利之路：

令吉姆受益匪浅的是，他专注于向终端用户销售。光学科技的所有最大竞争对手都是批发商，因为像吉姆一样销售和管理零售客户是一项很难建立和维持的业务。但是，相较于竞争对手，高端服务业务为吉姆创造了额外的利润。

我认为他正在建立一个精简而有利可图的组织，这很棒，但是我觉得公司结构可以开始多元化了。

### 重大胜利

到 21 世纪初，办公用品超市已经开始销售再制造激光喷墨墨盒。2004 年 2 月，吉姆了解到全国超级市场"All Office Supply"（AOS）正在接受墨盒再制造商的投标。他小心翼翼地进行了尝试：

批发是一种低利润、大批量的业务，这与我们所做的完全不同，但是，我们最终成为 AOS 决定考虑的 12 家公司之一。

光学科技的年销售额为 1 500 万美元，是迄今为止投标公司中运营规模最小的。在 AOS 的高管参观了丹佛这家规模不大但运转良好的工厂后，吉姆得知光学科技已经进入最后的筛选阶段，竞争本色开始显现：

没有人会提供托运服务，因为微薄的利润不允许有任何差错。我抓住了一个机会，在几款型号上提供了这项服务。这对我们来说一点都不划算。我只是想先涉足，然后我会想办法让我们在这方面赚钱。

15 个月后，光学科技赢得了一份为期 5 年的合同，续约权 3 年。2005 年 5 月，光学科技在亚利桑那州图森购买了一个 55 000 平方英尺的批发工厂，吉姆和凯伦在那里有一个度假屋。新工厂有 1 名经理和 8 名员工，他们像吉姆一样，愿意尽一切努力来寻找和维持与 AOS 的交易。吉姆说，这比他想象中更加困难：

我们在这笔交易中赚了很多钱，所以我认为我们会有一个很好的缓冲。在设备方面，我们投入了大约 250 万美元，这对我们来说是一大笔钱。我们通常习惯于在 20 天内收回货款，但这次在我们开始运送产品后（2005 年 11 月），AOS 将付款期延长到 140 天。到 2006 年年初，仅 AOS 一个大客户，我们就持有超过 1 200 万美元的应收账款。

这是一项巨大而危险的事业，有时我们的状况很糟糕。我们不得不从美林银行借贷，同时我们把零售端赚来的所有现金都用于支持这项交易。在两年前，我们还没有足够的钱来完成这项工作，事实上，至少有 6 个月时间，我们真的不确定是否还能继续。

光学科技坚持了下来，到初夏 AOS 已经开始按照 70 天的周转标准支付费用，并且接受了不托运的产品。不到一年，位于图森的光学科技工厂就达到了满负荷运转，共有 40 名员工。为了协助儿子工作，比尔也加入了光学科技，帮助寻找其他地区供应商：

去其他地区购买零件和成品，需要大批量购进才能得到最低价格。我们知道与 AOS 的交易会有助于我们吸引一些高度可信的供应商，但是我们也知道会面临引入其他地区供应商的一些风险，包括寄来的产品质量与样品的质量完全不同，复杂的文案工作，运送的产品数量错得离谱，发货时间经常会延迟数周……

我们知道，我们必须有一个人在现场，以随时检查质量和发货情况。我们没有任何头绪，但是我的姐夫推荐了中国的一位绅士，我的姐夫已经和他做了 25 年的生意。他就是文森特·马，非常诚实和勤奋——每晚只睡三四个小时……

文森特陪同光学科技团队在中国参加一个贸易展。他选择了 5 家供应商，组团参观了他们的工厂。在他的帮助下，光学科技与供应商进行了合同谈判。对于光学科技从中国订购的所有产品，文森特收取 1.42% 的佣金，负责处理出口文件并检查每批货物。尽管这个复杂的供应链并不完美，但比尔表示，能打开海外市场已经是一个重大胜利：

这些工厂的所有者大多是年轻的创业者——40 岁左右。他们十分优秀，反应迅速，这让我们大吃一惊。当我们遇到问题时，他们马上就来了。目前，我们正在处理长达 3 周的航运延误，但这一问题正在得到解决。关键是有一个诚实、聪明、勤奋的中国人在那里支持我们。

这给予 AOS 和我们极大的帮助，成本优势已经扩散到零售业务方面。大卖场越来越强大，所以我们正在规划零售商店，帮助我们继续直接面向大型终端用户……如果我们不这样做，最终我们会被踢出这笔交易。

到 2006 年年中，AOS 的年销售额接近 3 000 万美元。光学科技的盈利水平处于行业领先地位。它有 200 名员工，图森和丹佛的生产工厂，以及丹佛、堪萨斯城和洛杉矶的区域销售办事处。尽管光学科技本可以关闭其在丹佛的创业工厂，但吉姆没有这么做：

丹佛的工厂是拼凑起来的，布局不太好，本应该在图森。我本可以关掉它，每年节省 30 万美元，但我不愿那样做。归根结底，这是向那些多年来一直照顾我的人致敬。

### OEM 的抵制

随着行业的成熟，原始设备制造商（OEM）开始寻找方法来阻止印有它们品牌的空盒子流向"牟取暴利"的再制造商。一种策略是使用智能芯片，这种芯片号称具有终端用户特色，可以跟踪打印机功能并监控墨盒容量，带有芯片的墨盒一旦用完就不能再用了，因为嵌入的芯片无法重置。有一段时间，这使得消费者很难重新填充他们自己的墨盒，并对回收者和再制造商构成了重大挑战。尽管兼容的替换芯片很快就在再制造领域得到广泛应用，但这些芯片增加了成品的成本。

为了让抵制进行下去，包括佳能、爱普生、惠普、利盟、理光和施乐在内的原始设备制造商开始起诉再制造商侵犯专利。吉姆表示，这可能成为一场重大斗争的开始：

这些巨头资金充足，它们每年从这种消费品中赚取数十亿美元。售后市场业务占 20% ～ 25% 的市场份额……在如今 800 亿美元的行业价值中，这是一大笔钱。

爱普生公司刚刚得到一项裁决，对侵犯其专利的产品予以全面抵制。这几乎涵盖了我们销售的所有兼容爱普生的产品。这些产品在我们的销售额中并不占很大比例——4 500 万美元中的不到 200 万美元，但这是我们的业务中有利可图的一部分。

这项裁决不包括旧型号的空墨盒，我们已经和美国的一名主要经纪人达成了内部协议，将 150 000 个爱普生空墨盒运往中国进行再制造。数十家第三方供应商在这样的侵权诉讼中被点名。到目前为止，我们还没被发现。

吉姆和他的团队对这样一个事实感到欣慰。由于爱普生通过 AOS 实现了可观的销售，即使光学科技被发现了，爱普生也不会施加太大压力。吉姆在美林银行的长期经纪人乔治·阿诺德表示，OEM 并不是光学科技面临的唯一挑战：

自从吉姆创业以来，业界发生了很大变化，在很多方面，空间变得更加狭小。在过去的几年里，30% 的竞争对手已经出局，因为他们没有足够出色的业绩来保持价格竞争力。

史泰博正在进行再制造，墨盒世界（Cartridge World）正在提供一项再填充计划。这些竞争对手都在进一步压低价格，增加对空墨盒的竞争，使得光学科技的零售客户有了更多的选择。

因为吉姆非常喜欢他正在建立的业务，也喜欢他雇用的共同成长的伙伴们，阿诺德打了几个电话，才说服吉姆与一家投资银行公司合作。

## 机遇评估

总部设在波士顿的 Shields and Company 公司成立于 1991 年，为私人和上市公司提供投资银行服务。吉姆的经纪人认为这是光学科技的一个好伙伴。该公司与创业者和少数人持股公司广泛合作。其总经理蒂莫西·怀特，曾在巴克莱全球投资者银行部门的技术小组工作，其间他曾参与 Lexmark 从 IBM 拆分的业务。

2007 年年初，怀特和两名同事在丹佛会见了吉姆。他们参观了光学科技工厂，收集了更多数据，帮助评估公司规模。他们提供了对该行业的评估（见表 18-1），并制作了财务分析表，其中 2007 年 EBITDA 估计为 830 万美元，销售额为 5 000 万美元。尽管 Shields and Company 团队对光学科技的业绩和盈利能力印象深刻，但怀特指出，吉姆在构建光学科技方面相当散漫的做法造成了一些问题：

吉姆建立了一个伟大的企业，但它缺乏结构。他们必须聘用一名全国销售经理和一名质量工程师来管理和开发这方面的能力。我们最大的短板是财务和会计，他们必须更好地掌握这些数字。

我们的另一个主要担忧是他们严重依赖 AOS，尤其是有三四个规模不错的竞争对手也希望获得这一业务，他们时常拜访 AOS 公司。光学科技也在不断争取 AOS 的好感。

### 表 18-1　行业概览

**在过去的几年里，这个行业一直处于不断变化的状态。**
- 市场已经成熟，越来越多的人意识到再制造是一种选择。
- 受过良好教育的终端用户持续改变市场。
- 全球采购的趋势仍在继续。
- 供应（空墨盒）的不确定性是一个持续的问题。
- 日益复杂的环节和质量要求。
- 墨盒世界和提供再填充服务的零售商令人担忧。

**原始设备制造商大幅度的垂直整合变得越来越有侵略性。**
- 施乐公司出售硒鼓和散装墨粉。
- 必能宝通过收购打入市场。
- 大多数原始设备制造商都卷入了一场或多场诉讼。

**新的 OEM 战略、策略和趋势正在出现。**
- 智能芯片（例如：佳能的战争芯片和利盟的杀手级芯片）。
- 机械与化学解决方案。
- 许可再制造：这是未来趋势吗？

**投资界对消费品市场表现出更强烈的兴趣。**
- PE（私募股权投资）友好型商业模式；低成本支出、可扩展、分散化。
- 公共市场不太有利，部分原因是一些供应商的业绩较差，如 Adsero、美国墨粉服务公司和丹卡。
- 全球成像系统公司因市场的整合战略而获利。

资料来源：Shields and Company, Boston, Massachusetts.

在对位于图森的工厂随访两周后，Shields and Company 团队介绍了他们对机遇的评估，包括优势和风险（见表 18-2），并讨论了他们为光学科技提供的战略选择：维持现状、收购、战略销售（见表 18-3）。吉姆觉得有两种选择值得一试：

安于现状是行不通的，因为在这个行业里，不进则退。我们对上市或引入少数股东进行股权重组没有太大兴趣。这虽然是一种获利的方式，但是我已经赚了很多钱,我真的不希望有更多的股东。

表 18-2  投资考虑因素初探

| 积极因素 | 需要规避的风险 |
| --- | --- |
| 显著的收入增长趋势 | 行业竞争日益激烈。硬件原始设备制造商提起诉讼,进口面临威胁。光学科技将如何维持目前的增长水平 |
| 行业领先的盈利水平 | 大卖场渠道和进口的增长给利润带来了压力 |
| | 需要保护利润率较高的客户项目 |
| 强大的资产负债表,有能力支持有机或外部增长 | AOS 和大型实体客户的增长将对运营资本造成压力。需要了解和定位管理层在杠杆环境中运作的能力 |
| 年轻但经验丰富的管理人员 | 该精益组织由吉姆的精力和经验支持。当前的基础设施能否在一系列未来情景下继续为公司提供支持 |
| 持续有机或外部扩张的机会 | 实现有机增长需要对销售和营销基础设施进行投资。通过收购实现外部扩张则需要对管理和金融基础设施进行投资 |
| 消耗性商品使用的有利趋势 | 尽管消费者使用了更多的墨盒,但当前的诉讼对银行或投资者来说将是一个负面因素。需要仔细观察 Lexmark 的未决规则 |
| 持续投资于研发和技术 | 尽管很明显光学科技已经在技术方面进行了大量投资,但"智能芯片"技术似乎还会继续存在,而且技术成本只会增加 |
| 优秀的客户声誉 | 零售竞争加剧(墨盒世界、史泰博),可能会破坏与已有客户的关系,受过更好的教育的消费者有助于再制造但对价格敏感 |
| 资本要求低 | 持续增长可以通过从其他地区进口来支持,几乎不需要资本支出 |

资料来源:Shields and Company.

表 18-3  战略选择

股东的流动性目标和风险 / 回报概况
预测的公司业绩和与预测对应的业务风险
当前管理层的角色和参与程度
交易尽职调查,涉及诉讼、环境、管理
市场时机:当前的并购和资本市场状况以及未来时期相应的市场风险
墨盒制造行业的规模和增长潜力

选项 A:维持现状——维持私人公司结构

| 优点 | 缺点 |
| --- | --- |
| 保持对运营的控制 | 股东缺乏大量流动性 |
| 管理的连续性 | 增加管理人员的责任风险 |
| 向股东分红的能力 | 来自大型成长型公司的竞争 |
| 追求持续增长战略 | 增长受到潜在的资本限制 |
| | 管理继承问题 |

（续）

| 选项 B：通过收购战略实现增长 | |
| --- | --- |
| **优点** | **缺点** |
| 迅速增长 | 整合风险 |
| 增加市场份额 | 实现协同增效 |
| 更强的购买力和其他协同作用 | 需要以合适的价格找到合适的目标 |
| 可以产生可观的未来价值 | 管理额外的杠杆。同一个篮子里有了更多的鸡蛋 |

| 选项 C：公司的战略销售 | |
| --- | --- |
| **优点** | **缺点** |
| 向所有股东提供大量流动性 | 很少有大型的行业参与者 |
| 可能与更大的实体企业合作 | 缺乏对管理和运营情况的控制 |
| 利用并购和资本市场的现有优势 | 管理层和员工可能会也可能不会继续跟踪交易 |
| 潜在的协同作用可能会增加销售价值 | 将机密信息透露给行业竞争者。从未来业务增长中获益的能力有限 |

资料来源：Shields and Company.

根据他们的估价方法和可比数据，Shields and Company 得出了光学科技的潜在价值大约为 6 000 万美元。这是一个很大的惊喜，这让吉姆想到了他们谈到的另外两个选项——特别是通过收购，利用有利可图的基础条件实现增长。

这样的战略符合吉姆的目标，即积极拓展零售业务，以平衡 AOS 这位客户的批发业务。他解释了他会怎么做：

我已经和 Shields and Company 谈过，可能会做一些 B2B 业务，收购零售总额约为 500 万美元的再制造企业——这个规模的企业不足以直接从中国购买原材料。如果我们将其中的四五家企业与我们的业务整合，我们可以建立 1.5 亿美元的业务，并将我们的整体利润率提高 20%。我们认为我们会在 18 ～ 24 个月内从这些投资中收回我们的钱，并拥有一家利润丰厚且平衡的公司。

在计划将公司带向这个目标的过程中，Shields and Company 突然想到了一种新的可能性。

### 退出选项

吉姆和他的团队已经与 Shields and Company 公司商议了大约 7 个月，但该投资银行家又在圣路易斯遇到一家价值 20 亿美元的私募股权公司，该公司对墨盒行业表现出极大的兴趣。Talcott Equity Partners 在这一领域进行了一些收购，Shields and Company 发现了一个机会。吉姆很感兴趣：

安德鲁·菲尔德斯曾经为世界上最大的售后供应公司工作，我们所有的硒鼓都是在那里购买的。所以我们之间有良好的合作基础，安德鲁对我们非常熟悉。他在 Talcott Equity Partners 的工作是出去寻找（行业内）可以收购的公司。

安德鲁·菲尔德斯解释了他的想法：

我们正在考虑通过四五次收购建立一个可以获得 4 亿美元收入的业务，这是为了通过逐步积累实现 IPO 的重要战略，将最大限度地实现价值。光学科技是一个战略性的购买选项，因为它同时从事 B2B 零售以及超市批发业务。其业务中的 AOS 部分对我们来说不成大问题，因为这种滚动投资会冲淡依赖性。光学科技也有一些小问题，比如落后的设施，尤其是丹佛的工厂，还有一些会计方面的挑战。

吉姆对上述对话进行了评价：

在汇总过程中，我们在会计和财务报告方面的一切都必须符合《萨班斯－奥克斯利法案》。过去 4 个月，我们已经有一家公司在这方面开展了工作。从它们告诉我们的情况来看，这样做非常准确。

Talcott Equity Partners 肯定会让我们关闭丹佛的设施，并把所有厂房合为一体，这一举措将会导致大量员工失业。我在这家公司有一些重要的员工，而这必须是一笔对每个相关的人都有利的交易。公司里有些人对公司能发展至今确实不可或缺，我想确保他们的利益有所保障。不过 Talcott Equity Partners 的主意听起来很不错。

他们说的是 4 000 万～ 5 000 万美元，但是因为我们无法控制股票，我们将至少支付 75% 的现金预付款。与我们规模近似的公司有这样实力的并不多，所以我认为我们有很好的"讨价还价"的条件。

随着早期谈判的进展，Talcott Equity Partners 表示，他们将根据吉姆是否愿意继续执掌他这家被收购的公司，以及执掌多长时间，提出两个独立的交易结构。吉姆意识到他以前从来没有为别人工作过，他需要考虑很多事情。

## 一生的选择

当光洁的喷气式飞机的一侧机翼以优美的弧线朝着下方的沙漠倾斜时，吉姆正向落基山脉前进，他回忆起上周他对父母说过的话：

如果我卖掉公司，我会有钱做我想做的任何事情，但是我能做什么呢？我已经经营这家公司 13 年了，并非常享受这份工作。一方面，我想把所有产业都集中在一起，并通过收购使企业成长。但是另一方面，我在想，自己到底能投入多少精力以使公司销售额超过 1.5 亿美元呢？

36 岁时，吉姆走到了人生的岔路口。随着次贷危机的爆发，经济衰退逐步逼近，他知道自己的业务将很难以指数形式增长了。尽管如此，吉姆自大学毕业后，仅花了几个月的时间就建立了光学科技，他把这归功于家庭的支持和他忠诚勤奋的员工。随着与私募股权公司的交易进入"同意／不同意"的决定阶段，吉姆知道，是时候做出一些重大的人生决定了。

# 彼得·德鲁克全集

| 序号 | 书名 | 要点提示 |
|---|---|---|
| 19 | 旁观者：管理大师德鲁克回忆录<br>Adventures of a Bystander | 德鲁克回忆录 |
| 20 | 动荡时代的管理<br>Managing in Turbulent Times | 在动荡的商业环境中，高管理层、中级管理层和一线主管应该做什么 |
| 21☆ | 迈向经济新纪元<br>Toward the Next Economics and Other Essays | 社会动态变化及其对企业等组织机构的影响 |
| 22☆ | 时代变局中的管理者<br>The Changing World of the Executive | 管理者的角色内涵的变化、他们的任务和使命、面临的问题和机遇以及他们的发展趋势 |
| 23 | 最后的完美世界<br>The Last of All Possible Worlds | 德鲁克生平仅著两部小说之一 |
| 24 | 行善的诱惑<br>The Temptation to Do Good | 德鲁克生平仅著两部小说之一 |
| 25 | 创新与企业家精神<br>Innovation and Entrepreneurship:Practice and Principles | 探讨创新的原则，使创新成为提升绩效的利器 |
| 26 | 管理前沿<br>The Frontiers of Management | 德鲁克对未来企业成功经营策略和方法的预测 |
| 27 | 管理新现实<br>The New Realities | 理解世界政治、政府、经济、信息技术和商业的必读之作 |
| 28 | 非营利组织的管理<br>Managing the Non-Profit Organization | 探讨非营利组织如何实现社会价值 |
| 29 | 管理未来<br>Managing for the Future:The 1990s and Beyond | 解决经理人身边的经济、人、管理、组织等企业内外的具体问题 |
| 30☆ | 生态愿景<br>The Ecological Vision | 对个人与社会关系的探讨，对经济、技术、艺术的审视等 |
| 31☆ | 知识社会<br>Post-Capitalist Society | 探索与分析了我们如何从一个基于资本、土地和劳动力的社会，转向一个以知识作为主要资源、以组织作为核心结构的社会 |
| 32 | 巨变时代的管理<br>Managing in a Time of Great Change | 德鲁克探讨变革时代的管理与管理者、组织面临的变革与挑战、世界区域经济的力量和趋势分析、政府及社会管理的洞见 |
| 33 | 德鲁克看中国与日本：德鲁克对话"日本商业圣手"中内功<br>Drucker on Asia | 明确指出了自由市场和自由企业，中日两国等所面临的挑战，个人、企业的应对方法 |
| 34 | 德鲁克论管理<br>Peter Drucker on the Profession of Management | 德鲁克发表于《哈佛商业评论》的文章精心编纂，聚焦管理问题的"答案之书" |
| 35 | 21世纪的管理挑战<br>Management Challenges for the 21st Century | 德鲁克从6大方面深刻分析管理者和知识工作者个人正面临的挑战 |
| 36 | 德鲁克管理思想精要<br>The Essential Drucker | 从德鲁克60年管理工作经历和作品中精心挑选、编写而成，德鲁克管理思想的精髓 |
| 37 | 下一个社会的管理<br>Managing in the Next Society | 探讨管理者如何利用这些人口因素与信息革命的巨变，知识工作者的崛起等变化，将之转变成企业的机会 |
| 38 | 功能社会：德鲁克自选集<br>A Functioning society | 汇集了德鲁克在社区、社会和政治结构领域的观点 |
| 39☆ | 德鲁克演讲实录<br>The Drucker Lectures | 德鲁克60年经典演讲集锦，感悟大师思想的发展历程 |
| 40 | 管理（原书修订版）<br>Management(Revised Edition) | 融入了德鲁克于1974~2005年间有关管理的著述 |
| 41 | 卓有成效管理者的实践（纪念版）<br>The Effective Executive in Action | 一本教你做正确的事，继而实现卓有成效的日志笔记本式作品 |

注：序号有标记的书是新增引进翻译出版的作品